Reflexionen vor Reflexen

Memoiren eines Forschers

L. Wolfgang Bibel

Bibliografische Information der Deutschen Nationalbibliothek
Die Deutsche Nationalbibliothek verzeichnet diese Publikation in der Deutschen Nationalbibliografie; detaillierte bibliografische Daten sind im Internet über http://dnb.d-nb.de abrufbar.

1. Aufl. - Göttingen: Cuvillier, 2017

Umschlag: Büro Fleischmann · Prof. Gerd Fleischmann
Porträt: Nora Bibel http://www.nora-bibel.de

Nonnenstieg 8, 37075 Göttingen
Telefon: 0551-54724-0
Telefax: 0551-54724-21
www.cuvillier.de

1. Auflage, 2017
Gedruckt auf umweltfreundlichem, säurefreiem Papier aus nachhaltiger Forstwirtschaft

ISBN 978-3-7369-9524-6
eISBN 978-3-7369-8524-7

Im Gedenken an meine Eltern

Hans und Marie Bibel

Dank

Mein größter Dank geht an meine liebe Frau, die mich in den vielen letzten Monaten gefühlt „immer geistig abwesend“ — weil in Gedanken allzu oft bei der Arbeit an diesem Buch — erleben mußte und mich dabei mit ihrer liebevollen Geduld unterstützte. Bärbel und Fritz Volkert verdanke ich viele Informationen zu meinen mütterlichen Vorfahren. Von Karlheinz König, Max Liedtke, Rainer Liedtke und Manfred Schreiner habe ich dankenswerterweise unzählige Informationen und Einschätzungen zu den Jahren vor dem zweiten Weltkrieg erhalten, ohne die meine Darstellung dieser Zeit bei weitem nicht so umfassend und schlüssig geworden wäre. Ulrich Furbach, Josef Schneeberger, Hannes Bibel und Joachim Richter haben mir substanzielle Hilfe zur Überwindung technischer Probleme bei der Texterstellung auf dem Rechner geleistet. Ihnen allen möchte ich hier meinen herzlichen Dank aussprechen. Die Verantwortung für verbliebene Fehler im Text liegt natürlich ausschließlich bei mir.

Wolfgang Bibel

Vorwort

Dieses Buch schildert das Leben des Autors, das Umfeld, in dem es sich abgespielt hat, und wichtige Einflüsse, die dieses Leben geprägt haben, wobei das dem Titel des Buches zugrundeliegende Prinzip durchgängig eine Rolle spielt. Die geschilderten Umstände sind außergewöhnlich im Hinblick auf jeden dieser drei genannten Aspekte Leben, Umfeld und Einflüsse. Der Autor ist Wissenschaftler und Hochschullehrer, speziell Universitätsprofessor für Informatik. Er wurde für seine wissenschaftlichen und beruflichen Leistungen mit hohen internationalen und nationalen Ehrungen ausgezeichnet.

Der Beginn seiner beruflichen Karriere fiel zusammen mit einer historischen Epoche des technologischen und im Gefolge dann auch des gesellschaftlichen Umbruchs. Dieser wurde von fundamentalen theoretischen Einsichten in den Wissenschaften ausgelöst, die schließlich zur Entwicklung des Komputers sowie zur Etablierung der neuen Gebiete Informatik und Künstliche Intelligenz geführt haben, welche bis heute und noch auf absehbare Zeit die Entwicklung in allen Bereichen der Gesellschaft, Wirtschaft und Wissenschaft grundlegend beeinflussen. Der Autor gilt als einer der Begründer der Künstlichen Intelligenz in Deutschland und hat deren internationale Entwicklung maßgeblich mitgestaltet. Der höchst außergewöhnliche Verlauf seiner akademischen Karriere, von dem berichtet wird, dürfte in der deutschen Universitätsgeschichte der letzten Jahrhunderte einmalig sein.

Die ersten Jahre dieses Lebens fielen in vollem Umfang in die Zeit des zweiten Weltkriegs und der extrem schwierigen Nachkriegsjahre, die bis heute nicht erschöpfend aufgearbeitet ist. Auch hiervon erzählt dieses Buch ausführlich. Vor allem geschieht dies auch unter dem Aspekt der Einflüsse von den Eltern und Großeltern des Autors. Beispielsweise war sein Vater Pädagoge und einflußreicher Lokalpolitiker in der zweitgrößten Stadt Bayerns, der in seinen verschiedenen öffentlichen Ämtern deren Wiederaufbau nach dem Krieg maßgeblich mitgestaltet hat. Auch dessen Lebensgeschichte wird umfassend geschildert. Alle zugrundeliegenden Sachverhalte wurden in wissenschaftlich fundierten Recherchen ermittelt.

Lindenau, im März 2017 Wolfgang Bibel

Inhaltsverzeichnis

Einleitung

Zur Rolle von Memoiren

Das Erzählen von Geschehnissen gehört zu den verbreitetsten kommunikativen Tätigkeiten von Menschen. Wenn man einen Bekannten trifft oder anruft, dann ermuntert das übliche „wie geht's" zum Erzählen besonderer Vorkommnisse der jüngsten Vergangenheit, was in der Regel dann auch ausführlichst befolgt wird. In jeder gesellschaftlichen Runde geht es gleichfalls darum zu erzählen, was geschehen ist oder was die Anwesenden erlebt haben. Und zu jedem erzählten Geschehnis hat gleich ein anderer etwas ähnlich Erlebtes beizusteuern. Auf diese Weise reihen sich die Gesprächsinhalte wie Perlen an einer Kette aneinander, wobei benachbarte Perlen assoziativ aufeinander bezogen sind.

Auch Zeitungen machen weitestgehend nichts anderes als zu erzählen, was sich ereignet hat und was geplant ist, und Meinungen dazu zu berichten. Romane erzählen Geschehenes in einer Form, die zudem weitere Zwecke verfolgt. Beispielsweise wird die Erzählung so gestaltet, daß sich beim Leser Spannung aufbaut und er vom romanhaften Geschehen gefangen genommen und mit einbezogen wird. Der Inhalt der Erzählung wird oft auch so gestaltet, daß quasi eine Art von typischem Geschehen, abstrahiert von individuell besonderen Gegebenheiten resultiert, mit dem sich sehr viele Menschen identifizieren können. Gleichwohl geht es immer ums Erzählen von Geschehnissen und Impressionen. Analoges gilt für das Fernsehen, für Filme, Opern, Schauspiele usw. Gerne werden dabei vor allem Vorkommnisse behandelt, die für uns Menschen von besonderer Bedeutung sind und deshalb immer unsere Aufmerksamkeit erregen, nämlich Geburt, Liebe, Tod, Unfälle, Verbrechen usw. usf.

Es gibt wohl tiefere, evolutionär entstandene Gründe für diese menschliche Vorliebe für das Erzählen. Zum einen sind wir soziale Wesen mit der Fähigkeit zur Empathie. Wir reagieren auf die Emotionen anderer Menschen, die in deren Erzählungen zum Ausdruck kommen, empfinden Mitgefühl, Mitleid oder Mitfreude. Nur so können soziale Bindungen entstehen, und die Vorbedingung dafür ist eben Kommunikation. Beim Menschen ist diese vor allem durch Sprache geprägt, die wiederum nur durch ständige Ausübung als vielgestaltiges Medium für Kommunikation erhalten bleibt.

Zum anderen sind wir Menschen in unserem Handeln in erster Linie geprägt vom Gedächtnis und nur zu einem relativ geringen Teil von unseren Problemlösungsfähigkeiten. Denken wir etwa an die unzähligen Entscheidungen, die wir täglich im Rahmen unseres Tuns treffen. Zu der Problemstellung, die einer solchen Entscheidung zugrunde liegt, sagt uns in aller Regel unser extrem leistungsfähiges Gedächtnis, wie dieses oder ein ähnliches Problem schon vorher gelöst wurde und wie wir es also auch in diesem Fall wieder lösen können. Mit anderen Worten, wir rufen Problemlösungen aus dem Gedächtnis ab und entscheiden so quasi in reflexhafter Weise. Je mehr Fälle im Gedächtnis gespeichert sind, umso besser. Genau deshalb sammeln wir entsprechendes Wissen wie beispielsweise auch nützliche Verhaltensregeln nicht nur aus eigenen Erfahrungen, sondern eben auch aus den Erzählungen anderer.

Aus diesen und weiteren Gründen sind wir existenziell daran interessiert, auch die Erlebnisse von anderen Menschen zu erfahren, weil diese genauso wie die eigenen helfen können, unser Verhalten vorteilhaft zu beeinflussen, indem man Fehler vermeidet, die andere in Widrigkeiten geführt haben, oder Entscheidungen imitiert, die andere zum Erfolg verholfen haben.

Memoiren, auch Selbst- oder Autobiographien genannt, reihen sich in dieses verbreitete menschliche Kommunikationsverhalten quasi wie selbstverständlich ein. Ein Mensch erzählt, wie er an einem bestimmten Punkt seines Lebens dessen bisherigen Ablauf in Erinnerung hat und wie er ihn beurteilt. Wie jede solche Erzählung kann sie anderen Menschen für deren Leben möglicherweise nützlich sein. Von einem besonderen Interesse sind Memoiren für diejenigen, die dem Autor persönlich nahestehen oder ihm besonders vertrauen. Denn gegenseitiges Wissen um Erlebtes des Anderen vertieft die vertrauensvolle Beziehung noch mehr. Ist der Autor eine Persönlichkeit des öffentlichen Lebens, dann besteht dieses natürliche Interesse auch bei Personen, die diese Persönlichkeit zwar nicht persönlich kennen, aber durch die Medien soviel von ihr gehört oder gesehen haben, daß sie von ihnen wie ein persönlich Nahestehender empfunden wird. Zudem erscheinen solche Persönlichkeiten meist als besonders erfolgreich, sodaß die Kenntnis deren Lebens vielleicht auch hilft, das eigene Leben erfolgreicher zu gestalten.

Ein besonderes Interesse an den Memoiren einer Person kann sich darüber hinaus natürlich auch aus den besonderen Konstellationen ergeben, in denen sich das Leben des

Autors abgespielt hat und deren Beschreibung für die Nachwelt daher aus historischen Gründen von Interesse ist.

Die Motivation zu diesem Buch

Die Motivation zur Niederschrift von Memoiren ergibt sich nach dem Vorangegangenen aus dem Bedürfnis zur Erzählung der Lebensumstände des Autors für einen bestimmten Kreis von Lesern sowie ggf. aus einem möglichen historischen Interesse. Über alle diese potentiellen Leser hinaus gibt es noch jemanden, für den Memoiren von Interesse sind, nämlich für den Memoirenschreiber selbst. Wenn das Leben sich dem Ende zuneigt, ist die Zeit gekommen, sich nochmals an vieles Vergangene zu erinnern und quasi Bilanz zu ziehen. Ich möchte mir über den Verlauf meines Lebens eine Übersicht erarbeiten und Klarheit darüber verschaffen. Ich möchte mein Leben und seine Zusammenhänge selbst besser verstehen. Für mich ist dies eine wichtige, wenn auch nicht die einzige Motivation für diese Seiten. Die Beschäftigung mit meiner eigenen Vergangenheit während der Niederschrift hat mir nach meinem eigenen Empfinden tatsächlich auch richtig gut getan. Es ist fast so, als ob es sich für die entsprechenden Gedächtnisbereiche im Gehirn als eine Erfrischung auswirken würde, wenn sie nach Jahrzehnten endlich wieder einmal aktiviert werden. Auch gewinnt das eigene Leben in seiner Ganzheit eine neue und intensivierte Tiefe.

Ob meine dabei gewonnenen und im Folgenden festgehaltenen Einsichten und Lehren auch für andere von Nutzen sein könnten, überlasse ich dem Urteil möglicher Leser. Auch wenn ich selbst mit meinen im Leben erzielten Erfolgen voll und ganz, ja mehr als zufrieden bin, sind angesichts der Vielgestaltigkeit menschlicher Lebensläufe meine Einsichten und Lehren nicht notwendigerweise auf andere übertragbar. Wenn sie gleichwohl hilfreich wären, würde mich das sehr freuen. Zudem bin ich in meinem Leben unzähligen Menschen begegnet und mit ihnen in unterschiedlichen Beziehungen gestanden. Wenn der eine oder andere unter ihnen auch aus persönlichen Gründen ein Interesse an diesen Seiten finden sollte, würde mich das natürlich ebenfalls freuen. Ich selbst war aber keineswegs eine Person des öffentlichen Lebens im üblichen Sinne, deshalb wird der Kreis der persönlich Interessierten gleichwohl vergleichsweise eher eng bleiben. Der Lohn einer Lektüre für andere ist aus all diesen Gründen daher nicht garantiert; der Lohn für den Memoirenschreiber selbst dagegen ist mit Sicherheit gegeben.

Zusätzlich zu dieser allgemeinen Motivation gibt es mindestens drei weitere wichtige Gründe, die mich zu dieser Niederschrift quasi verpflichtet haben. Erstens war mein Vater eindeutig eine Person des öffentlichen Lebens, der in den schwierigsten Jahren der deutschen Geschichte eine nicht unbedeutende Rolle spielte. Die hier ebenfalls gegebene Schilderung seines Lebens und seiner Karriere, die mit unzähligen Dokumenten belegt wird, könnte daher durchaus von einem gewissen historischen Interesse sein. Da sein Leben, aber auch meines, sich in den turbulentesten Jahren der deutschen Geschichte abspielten, erhalten diese Schilderungen zusätzliches Gewicht. Zudem ist meine eigene Vita in einer gewissen Hinsicht einmalig, was meine akademische Karriere anbelangt, die eigentlich gescheitert ist und sich gleichwohl zu einem herausragenden internationalen Erfolg emporschwang. Und drittens gehöre ich zu einer Handvoll von Wissenschaftlern, die in Deutschland das inzwischen florierende Gebiet der Künstlichen Intelligenz begründeten. Jede dieser drei Besonderheiten könnte auch historisch von bleibendem Interesse sein und sollte also nach meiner Einschätzung der Nachwelt in seinen Einzelheiten hinterlassen werden.

Diese Motivation der eigenen Rückbesinnung sowie der soeben skizzierten, selbst auferlegten historischen Verpflichtung wirkt sich auf die Art der Darstellung des Erzählten entscheidend aus. Meine Memoiren wollen die Erlebnisse nicht — wie beispielsweise in Romanen — so berichten, daß Spannung beim Leser aufgebaut oder besondere empathische Stimmungen in ihm erzeugt werden. Vielmehr geht es mir ausschließlich um eine möglichst wahrheits- und detailgetreue Schilderung von Erinnertem. Dies ist natürlich leichter gesagt als getan.

Wir wissen, daß das menschliche Gedächtnis lückenhaft, selektiv und verzerrend ist. Auch neigt der Mensch dazu, hinsichtlich bestimmter Erinnerungen — vielleicht sogar vor sich selbst — nicht ehrlich zu sein. Beispielsweise ist — um ein extremes Beispiel anzuführen — bekannt, daß Hitlers Minister Albert Speer in seinen Memoiren behauptete, von den Gräueln der Nazis überhaupt nichts gewußt zu haben, obwohl man aufgrund von vorhandenen Unterlagen nachweisen kann, daß dies nicht der Fall gewesen sein kann. Gottseidank habe ich es in dieser Hinsicht viel leichter als Speer, weil mich mein Gewissen nicht wirklich an irgendeiner Stelle bedrücken muß. Zudem stehen mir hilfreiche Unterlagen wie umfangreiches Archivmaterial, Tagebücher und Fotoalben sowie die im Web abrufbaren Informationen zur Verfügung, die meinem Gedächtnis auf die Sprünge helfen können und die ich beim Schreiben auch entsprechend ausführlich zu Rate gezogen habe.

Sollte es mir gelungen sein, eine informative Darstellung meines Lebens zu schreiben, so könnte sie im günstigsten Fall neben der Schilderung der drei aufgezählten besonderen historischen Konstellationen, in denen sich mein Leben ereignete, vielleicht auch als Dokument eines in unserer Zeit möglichen Lebensablaufs dienlich sein. Wissenschaftliche Untersuchungen haben ja in den seltensten Fällen Einblick in größere Abschnitte eines gelebten Lebens. Jedenfalls ziele ich mit dieser Niederschrift eher auf eine mögliche derartige künftige Auswertung des hier vorgelegten Materials als auf die Unterhaltung irgendwelcher Müßiggänger,[1] die mit der Lektüre von Lebenserinnerungen ihre eigene Langeweile vertreiben möchten. Wegen dieser konkreten Motivation belege ich viele Sachverhalte aus meinem Leben (bzw. dem weiterer auftretender Personen wie beispielsweise meines Vaters) mit entsprechenden und in unzähligen Fußnoten gesammelten Verweisen auf diesbezügliche Unterlagen, gemäß der gängigen Praxis in Werken der Geisteswissenschaften.

Neben der Wahrheitstreue geht es mir immer auch um allgemeinere Bedeutungen, die durch das jeweilige Geschehen zum Ausdruck kommen können. Meine obigen Auslassungen zum Erzählen waren schon ein erstes Beispiel dafür. Ich wollte schon da nicht einfach mit dem Erzählen beginnen, sondern den Leser erst einmal gemeinsam mit mir zum Nachdenken darüber anregen, warum wir überhaupt über unser Erleben reden. Dieser Hang zur Reflexion ist bei mir schon immer sehr ausgeprägt gewesen und läßt sich daher auch in meinen Memoiren nicht unterbinden. So ergeben sich auch in diesem Buch wie in seinem Vorgänger[2] wieder viele Lehren aus meinem Leben.

Reflexion ist nicht nur ein besonders ausgeprägtes Merkmal in meiner psychischen Anlage. Vielmehr bin ich durch meine Lebenserfahrung auch zutiefst von seiner überragenden Bedeutung für uns Menschen generell überzeugt. Im täglichen Leben treffen wir, wie weiter oben schon geschildert, fast alle Entscheidungen in reflexartiger Weise. Auch das Unterhalten mit anderen geschieht reflexartig, ohne weiteres Nachdenken. Der signifikante Unterschied von „Reflexion“ gegenüber „Reflex“ ist in den letzten Jahrzehnten in der Psychologie wissenschaftlich eingehend studiert worden. Wie beispielsweise ein äußerst lesenswertes Buch von Kahnemann[3] nachweist, führt das schnelle, reflexartige Denken nur in einfachen Fällen zu guten Ergebnissen. Schon in geringfügig anspruchsvolleren Aufgaben sinkt die Lösungsqualität drastisch und in komplexen Problemstellungen liefert es sehr oft miserable Lösungen. In schwierigeren Aufgabenstellungen ist daher das langsame und gründliche Nachdenken, also Reflexion angesagt, um zu besseren Lösungen zu kommen.

Obwohl diese Feststellungen als selbstverständlich erscheinen, hat langsames Denken oder Reflexion bis heute keinen sehr hohen Stellenwert in unserer Gesellschaft. Im Gegenteil, hohe Belohnungen vergibt die Gesellschaft vor allem für das schnelle, reflexartige

[1] So wurden gewisse Leser von Friedrich-Wilhelm Nietzsche in seinem Zarathustra bezeichnet: „*Ich hasse die lesenden Müssiggänger*“ (S.29).

[2] W. Bibel, Lehren vom Leben – Essays über Mensch und Gesellschaft. Deutscher Universitäts-Verlag, Wiesbaden, 339 Seiten (2003).

[3] Daniel Kahnemann, Schnelles Denken, langsames Denken (engl. Thinking, fast and slow), Siedler Verlag, München, 2012.

Verhalten, wie unzählige Beispiele belegen. Man denke etwa an einen Kandidaten für ein politisches Amt (Bürgermeister, Abgeordneter, Präsident etc.). Alle erwarten von ihm Antworten auf die kompliziertesten Fragen wie aus der Pistole geschossen. Wer in einer solchen Situation vor laufender Kamera zu einer Frage beispielsweise eines Journalisten sagt, darüber müsse er erst einmal gründlich nachdenken, der hat die Sympathie der meisten seiner potentiellen Wähler schon verspielt. Alle Berufe, die mit besonders hohen Gehältern dotiert sind (und mir auf Anhieb ohne gründliches Nachdenken einfallen), sind durch die Fähigkeit zum raschen Entscheiden charakterisiert. Man denke etwa an Fußballer, die Millionen verdienen und die Massen wegen ihrer reflexartigen Reaktionen begeistern, vor allem dann, wenn sie erwartungsgemäß gelingen. Höchstverdienende Unternehmer oder Manager großer Unternehmen haben nie ausreichend Zeit, um ihre Entscheidungen gründlich zu durchdenken. Entsprechend schlecht fällt so manche Entscheidung solcher Personen aus, die hier als weitere Beispiele angeführt sind. Sänger, Instrumentalisten, Artisten, Kabarettisten und viele andere können hier ebenfalls als Beispiele angeführt werden, die sich in ihrem Tun vor Publikum keine Nachdenkenspause gönnen dürfen.

Diese Charakterisierung von reflexartigem Tun und seiner Bewertung ist zugegebenermaßen viel zu wenig differenziert. Die Reflexe des sein Publikum begeisternden Pianisten sind von ganz anderer Art als der Reflex des Politikers auf eine Journalistenfrage zu einem unvertrauten Sachverhalt. In den Reflexen des Pianisten während seines Vortrags stecken Jahre der Reflexionen in kondensierter und komprimierter Form. Jede Phrase ist in allen Details so genau vorherbedacht und eingeübt, daß der Solist sich sogar ohne Risiko die Freiheit erlauben kann, tatsächlich selbst auf momentane Einflüsse, beispielsweise auf das Verhalten des Publikums oder des Dirigenten, spontan und doch kontrolliert zu reagieren. Wir könnten in diesem Fall quasi von *reflexionsgeladenen Reflexen* sprechen.[4] Selbst in diesem Sinne wird die reflexartige Antwort des Politikers im Gegensatz zum Musiker allzu oft inhaltlich fragwürdig ausfallen, weil die zur Formulierung einer eingehenden Antwort erforderliche Zeit in keinem Interview verfügbar ist. Deshalb haben sich Politiker stattdessen angewöhnt, Journalisten in solchen Fällen mit Antworten abzuspeisen, die inhaltlich bar jeglicher Substanz sind oder der Frage inhaltlich einfach ausweichen; Hauptsache irgendeine Antwort kommt wie aus der Pistole geschossen.

Wie diese Beispiele gleichwohl zeigen, sind wir generell fasziniert von besonders beeindruckenden reflexhaften Fähigkeiten von Menschen und bereit dafür hohe Belohnungen zu vergeben. Das mühevolle Nachdenken im stillen Kämmerlein dagegen ist für so gut wie al-

[4]Wie alle derartigen Begriffsbildungen ist auch der Begriff des reflexionsgeladenen Reflexes nur vage umrissen und bedürfte in einer präzisen Untersuchung eine viel umfangreichere Charakterisierung, für die dieses Buch jedoch nicht der geeignete Platz ist.

le Außenstehenden von keinem besonderen Interesse und wird selten angemessen belohnt. Genau aus diesem Grunde wurde in der Geschichte größten Geistern — wie beispielsweise Komponisten, mit deren Werken unzählige Interpreten heute viel Geld verdienen — leider allzu oft die verdiente Anerkennung für ihre großen Leistungen zu Lebzeiten in demütigender Weise gesellschaftlich verweigert oder sie wurden gar völlig ignoriert und fanden ihre Anerkennung dann erst post mortem, also zu spät für wohlverdiente Belohnungen.

Man kann dieses Buch daher auch als einen Aufruf zu einer viel höheren Bewertung des gründlichen Nachdenkens, also der Reflexion verstehen. Nachdenken hat in meinem Leben immer eine wichtige, wenn nicht sogar zentrale Rolle gespielt, sowohl in meiner Arbeit als Forscher, wo generell ohne Reflexion nichts erreichbar ist, als auch in meinen vielen nichtberuflichen Aktivitäten. Ich meine also zu wissen, wovon ich rede, wenn ich mit dem Buch auch dazu aufrufe, daß Reflexion verdientermaßen einen deutlich höheren Stellenwert in der Gesellschaft erlangen möge und nicht wie bisher hinter den oft stark überbewerteten reflexhaften Leistungen nachstehen sollte. Unter all diesen Aspekten soll der Buchtitel *Reflexionen vor Reflexen* quasi als ein mein Leben charakterisierendes Prinzip ebenso wie als Aufruf verstanden werden.

Abschließend möchte ich noch eine weitere Motivation für diese Zeilen nicht unerwähnt lassen. In ihnen werden viele Menschen genannt, die prägend für mein Leben waren, darunter zuallererst meine Eltern, denen ich dieses Buch gewidmet habe. Durch meine Rückbesinnung auf ihre Rolle finden diese genannten Personen die verdiente Anerkennung, die ich ihnen schuldig bin. Wenigstens einmal noch stehen sie durch meine Formulierungen in engem Kontakt mit mir, auch wenn sie vielleicht schon vor langer Zeit verstorben sind, wie es bei vielen von ihnen leider bereits der Fall ist. Damit kann ich Ihnen indirekt nochmals meinen Dank für Ihren Einfluß auf mein Leben zum Ausdruck bringen. Leider werde ich angesichts der Beschränktheit des menschlichen Gedächtnisses und den für ein Buch gesetzten Grenzen nicht wirklich alle nennen können, die eine Erwähnung verdient hätten, wofür ich hier um Verständnis bitte.

Zum Inhalt

Jeder Mensch entwickelt sich nicht zuletzt auf der Grundlage seiner ererbten und anerzogenen Fähigkeiten. Der Rückblick auf das eigene Leben wäre daher unvollständig, würde man nicht die eigenen Eltern, Großeltern und deren Vorfahren mit in Betracht beziehen. Das erste Kapitel beschäftigt sich daher mit dem Wissen über meine Vorfahren bis zum Zeitpunkt meiner Geburt. Aufgrund von umfangreichen Recherchen konnte ich hierzu relativ zuverlässige Informationen sammeln, die bis ins fünfzehnte Jahrhundert zurückreichen, wobei der Schwerpunkt naturgemäß bei Eltern und Großeltern liegt.

Unter diesen gelang meinem Vater, Hans Bibel, vor allem nach dem Krieg eine herausragende Karriere als Lokalpolitiker, in der er den Wiederaufbau von Nürnberg maßgeblich mit gestaltete. Auch schon in den zwanziger Jahren des zwanzigsten Jahrhunderts spielte er eine maßgebliche Rolle bei der Gestaltung des bayerischen Schulwesens, die ebenso wie seine Rolle in der Zeit nach 1933 im ersten Kapitel ausführlich beschrieben sind. Seinem Lebensweg nach meiner Geburt wird dann in den beiden folgenden Kapiteln ein gebührender Platz eingeräumt. So enthalten diese ersten drei Kapitel neben den auf mein Leben zugeschnittenen Aspekten auch eine in sich weitgehend abgeschlossene Darstellung der herausragenden Karriere meines Vaters, die für sich genommen als historischer Beitrag dieses Buches gewertet werden kann, von dem schon im vorausgehenden Unterabschnitt die Rede war.

Das zweite Kapitel beschreibt die Zeit meiner Kindheit bis etwa zum vollendeten vierzehnten Lebensjahr. Sie war für mich und meine Familie (ebenso wie für Millionen von Mitbürgern) von der schrecklichen Kriegszeit und den ersten Nachkriegsjahren geprägt, die auch uns sehr in Mitleidenschaft gezogen haben. Viele der außergewöhnlichen Umstände habe ich erst jetzt im Rahmen dieser Nachforschungen aus Archivmaterialien in Erfahrung bringen können, da Kinder naturgemäß das Geschehen in ihrem Umfeld nicht voll begreifen und aufnehmen können und da kluge Eltern mit ihren Sorgen ihre Kinder möglichst nicht zu sehr belasten. Diese außergewöhnlichen Umstände könnten schon für sich eine Lehre für die heutige Generation darstellen, die sich angesichts des in unseren Breiten herrschenden derzeitigen Friedens solche Verhältnisse überhaupt nicht mehr vorstellen können, auch wenn wir täglich mit Fernsehbildern dieser Art, aber eben aus vermeintlich entfernten Regionen konfrontiert sind.

Während die Kindheit weitgehend vom Umfeld eines Kindes gestaltet wird, beginnt danach die immer bewußtere Suche nach der eigenen Identität und einem dazu passenden Lebensweg. Diese Suche hat bei mir eineinhalb Jahrzehnte in Anspruch genommen und äußerlich zu einer Reihe ungewöhnlicher Entscheidungen und Neuanfänge geführt, die im dritten Kapitel beschrieben werden. Im Rückblick ist aber eine inhaltlich stringent und konsequent eingehaltene Linie bei meinem Weg klar erkennbar. Im Einzelnen beschreibe ich im dritten Kapitel meine spätere Gymnasialzeit, das Studium bis zum Diplom sowie die Zeit danach bis zum Abschluß der Promotion. Die mit der beruflichen Ausbildung zusammenhängenden Aspekte bilden aber nur den einen Teil dieser prägenden Jahren, weshalb ich auch auf alle weiteren, ebenso einflußreichen Geschehnisse ausführlich eingehe.

Am Ende des Kapitels steht die erfolgreich abgeschlossene Promotion ebenso wie die Heirat mit meiner ersten Frau Jutta. Beide Ereignisse stehen als herausragende Zeichen für das Erreichen einer sehr aussichtsreichen Ausgangsbasis für das weitere Erwachsenen- und Berufsleben.

Nach einem intensiven Suchprozeß habe ich mich dann für eine akademische und wissenschaftliche Karriere entschieden, die im vierten Kapitel beschrieben wird. Sie ließ sich in jeder Hinsicht auch außerordentlich aussichtsreich an, sah sich nach sechs Jahren jedoch unerwartet mit größten Widerständen konfrontiert. Diese kulminierten schließlich im Scheitern meines Habilitationsverfahrens, einer im deutschen Sprachraum üblichen Qualifikationshürde für jede akademische Karriere. Schon ein solches Scheitern ist ein sehr seltenes Vorkommen, weil das Verfahren bei ungewissem Ausgang in der Regel von vorneherein vermieden wird. Daß aber ein so Gescheiterter dann doch noch zum angesehenen Professor an einer führenden deutschen Technischen Universität avanciert und als Wissenschaftler zu weltweiter Anerkennung gelangt, dürfte in der deutschen Hochschulgeschichte tatsächlich nur einmalig vorgekommen sein. Die Umstände dieses einmaligen Falles, der schon im vorausgegangenen Unterabschnitt erwähnt wurde, werden in aller Ausführlichkeit geschildert.

Der Autor gehört zu der Handvoll von führenden Wissenschaftlern, die in Deutschland das Gebiet der Künstlichen Intelligenz (KI) maßgeblich begründet haben, das sich seither aufgrund von teilweise spektakulären technologischen Erfolgen als akademisches Fach ebenso wie als Technologiesektor fest etabliert hat. Deshalb bietet dieses vierte Kapitel infolge dieser besonderen Konstellation auch eine Fülle historischer Details dazu, wie sich dieses technologisch und geistesgeschichtlich führende Gebiet in seinen Anfangsjahren entwickelt hat. Auch hierauf wurde im vorausgegangenen Unterabschnitt schon hingewiesen.

Die Kombination dieser beiden historisch jeweils einmaligen Gegebenheiten haben zu einer Vita geführt, die reich an höchst ungewöhnlichen Vorkommnissen und Verläufen ist, aus denen sich allgemeinere Lehren ziehen lassen. Der Text enthält durchgängig entsprechende Schlußfolgerungen, die die geschilderten Ereignisse nahelegen. Vor allem geschieht dies auch im fünften Kapitel, in dem versucht wird, gewissermaßen ein Ressumee aus diesem bewegten Leben zu ziehen. Dabei wird immer wieder die Dichotomie gebildet von Reflex und Reflexion sowie ihre zentrale Rolle in unserem Leben deutlich herausgestellt. Mein Ressumee enthält daher noch einmal ein engagiertes Plädoyer zugunsten eines deutlich höheren Stellenwertes der Reflexion und einer Relativierung unserer verbreiteten Überbewertung von Reflexen.

Um an speziellen Themen interessierten Lesern die Auswahl zu erleichtern, ist der Text mit einem detaillierten Inhaltsverzeichnis ebenso wie mit einem sehr ausführlichen Stichwort- und Namensverzeichnis versehen. Beide können helfen, Passagen im Text leicht aufzufinden, die sich auf eine bestimmte Person (wie beispielsweise den genannten Hans Bibel) oder auf ein spezifisches Thema (wie beispielsweise das Fachgebiet Künstliche Intelligenz) beziehen. Zudem sind viele der im Text dargebotenen Informationen in Hunderten von Fußnoten genauer ausgeführt, sodaß man wählen kann, diese entweder meist zu ignorieren ohne Gefahr zu laufen, den Faden zu verlieren, oder alle Details in allen Einzelheiten zu studieren.

Abschließend sei darauf hingewiesen, daß der Autor aus sachlicher Überzeugung bewußt Teile der neuen Rechtschreibung nicht übernommen hat und sich auch in anderen Punkten (wie bei Standardabkürzungen) stilistische Freiheiten erlaubt.

Kapitel 1

Vorfahren

Jedes menschliche Leben ist von dem Bodensatz genährt, den die Vorfahren hinterlassen haben. Will man ein gewisses Verständnis für ein Leben erreichen, sollte man sich daher unbedingt auch über diesen hinterlassenen Bodensatz kundig machen. Deshalb beginne ich den Rückblick dieses Buches auf mein eigenes Leben bei meinen Vorfahren.

Die väterliche Linie meiner Vorfahren hat mir zumindest einen ganz besonderen Namen vererbt. Denn ich trage den Namen des *„am häufigsten gedruckten und publizierten, in die meisten Sprachen übersetzten schriftlichen Werkes der Welt,"* nämlich der Bibel.[1] Zu dieser Namenskoinzidenz ist es vor Hunderten von Jahren mutmaßlich durch eine wohlmeinende Art von Manipulation gekommen. Zum einen vermuten Sprachwissenschaftler den Ursprung meines Familiennamens in dem Vornamen „Bitbert" und dessen Koseform „Bibo".[2] Zum anderen hießen meine Vorfahren im sechzehnten Jahrhundert „Buebel", was zB. auch von „Bube" herrühren könnte.[3] Welcher Ursprung der richtige ist, bleibe dahingestellt. In jedem Fall klang der Name fast so wie das seit Luther populär gewordene Buch. Und wenn man bei den damals unpräzisen Schreib- und Sprechweisen schon so ähnlich wie das verehrte Werk der eigenen Religion hieß, warum dann nicht gleich eine übereinstimmende Aussprache oder sogar Schreibweise: So oder so ähnlich könnte es zu dem Namen gekommen sein und in diesem harmlosen Sinne meinte ich es, wenn ich von „Manipulation" gesprochen habe.

Wichtiger als der Name sind aber die von meinen Vorfahren vererbten Gene, Eigenschaften und besonderen Fähigkeiten. Deshalb habe ich Daten über fast eintausend dieser

[1] http://de.wikipedia.org/wiki/Bibel, Zugriff 30.1.2015.

[2] Max Gottschald, Unsere Familiennamen, de Gruyter, 5. Auflage 1982, S.116.

[3] Siehe auch meine Notiz zu Individuum I578 in der nachfolgend beschriebenen Ahnendatei.

Vorfahren in einer Datei gesammelt,[4] aus denen sich — zugegeben spärliche — Hinweise zum Leben dieser Vorfahren ergeben, deren Einfluß auf das eigene Leben nach meiner Überzeugung nicht unterschätzt werden darf. In erster Linie gilt das für das Leben meiner Eltern, mit denen ich den Blick auf meine Vorfahren daher beginnen möchte.

1.1 Eltern

Meine Eltern sind Hans Gustav Bibel und Johanna Maria (Marie) Bibel, geborene Riegelbauer. Mein Vater Hans ist am 23.6.1900 in Nürnberg geboren und sprach deshalb immer von seinem Jahrgang als dem Latrinenjahrgang 00. Wie oft üblich dürfte sein zweiter Vorname derjenige seines Paten gewesen sein, der mutmaßlich Gustav Kurtze aus Marktbreit gewesen ist. Meine Mutter Marie ist am 13.7.1906 in Georgensgmünd geboren. Der erste ihrer beiden Vornamen dürfte auf ihre Großmutter mütterlicherseits, Johanna Braun geb. Walter, zurückzuführen sein. Hans und Marie haben am 9.4.1927 in Georgensgmünd geheiratet. Die Zeit bis zur Heirat sei für jeden von ihnen getrennt beschrieben.

1.1.1 Vater

Mein Vater ist als Einzelkind in einer relativ gut situierten Familie und in den guten Jahren des beginnenden zwanzigsten Jahrhunderts aufgewachsen. Es hat ihm daher in seiner Jugend wohl an nichts gemangelt. Seine Mutter war mutmaßlich immer für ihn da und hat ihm seine Wünsche erfüllt. Vielleicht als Ersatz für Geschwister war darunter der Wunsch nach einer Vielfalt von „Haustieren“ wie Fische, Vögel,[5] Eichhörnchen und weiße Mäuse, die das Zimmer des Buben teilen durften.

Diese Liebe zu Tieren (und allgemein zur Natur) hat sein ganzes Leben durchzogen. Im späteren Leben waren es Pferde (in seiner Zeit als Soldat), Hunde, Hühner, Stallhasen und Tauben.[6] Als über Deutschland hinaus bekannter Züchter von Tauben, besonders

[4]Die Daten sind auf meinem Rechner mittels des GenealogyJ-Programms gespeichert, aber auch im großen Daten-Pool der Gesellschaft für Familienforschung, Nürnberg, hinterlegt. Zu meiner genealogischen Sammlung haben viele beigetragen. Besonders erwähnen möchte ich Eduard Egidius Bibel aus Vohenstrauß, der schon 1927 einen Familienstammbaum erstellt hat, Christoph Sperl, der mir seine weit zurückreichenden Daten überlassen hat, sowie Bärbel und Fritz Volkert, die sich in der Sammlung von Daten zu unseren Familien große Verdienste erworben haben.

[5]Siehe das Bild auf S.2 im Fotoalbum Nr.1 von Hans Bibel, im folgenden kurz FAHB1 genannt, das wohl den Vogelkäfig in seinem Zimmer zeigt.

[6]Im Fragebogen vom 8.2.1947 gibt er seine Mitgliedschaft im Geflügelzuchtverein von 1925 bis in die Gegenwart an. Staatsarchiv Nürnberg Signatur „Regierung von Mittelfranken, Abgabe 2000 Nr. 15750,“ Personalakt, Blatt 80ff.

der Taubenrassen *Nürnberger Schwalben* und *Strasser*,[7] konnte er in den fünfziger Jahren sogar große Erfolge bei Prämierungen verzeichnen und darüber publizieren.[8]

Seine Eltern waren gesellige Leute, wie die Bilder von gesellschaftlichen oder verwandtschaftlichen Zusammenkünften in Fotoalben nahelegen. Allerdings weiß ich so gut wie nichts über die Identität der Personen auf diesen Bildern. Seine Großväter hat er nicht mehr bewußt erlebt, da der letzte bereits 1903 gestorben ist. Seine Großmütter haben aber noch bis 1914 bzw. 1925 gelebt, sodaß mit diesen enge Kontakte wahrscheinlich sind (ohne daß er nach meiner Erinnerung von diesen je erzählt hätte). Seine Kusine Karola Michel, ebenfalls ein Einzelkind, war vielleicht so etwas wie eine Ersatzschwester. Denn beider Eltern waren zeitlebens eng befreundet. Zu ihr bestand bis zuletzt eine herzliche Verbindung mit durchaus geschwisterlichem Habitus.

Zudem nahm er offenbar öfter an Jugendfreizeiten — ausschließlich mit Jungen — teil, von denen Bilder im Fotoalbum dokumentieren, daß er dort voll integriert war.[9] Die Bilder vermitteln teilweise einen vormilitärischen Übungscharakter, der angesichts des Kriegsbeginns 1914 vielsagend ist. Unter all diesen Umständen mag sich seine Geschwisterlosigkeit nicht wirklich als Nachteil, sondern vielleicht durchaus als Vorteil für seine spätere soziale Kompetenz erwiesen haben.

Unter seinen Begabungen sind — neben diesen sozialen — ua. auch künstlerische Fähigkeiten zu nennen. Schon als Zehnjähriger spielte er Geige im Orchester von Carl Böck's Privatem Musik-Institut, wie eine Fotografie vom Schülerfest 1910 zeigt. Im Rahmen seiner beruflichen Ausbildung zum Volksschullehrer an der Altdorfer Lehrerbildungsanstalt lernte er zudem Harmonielehre, Gesang, Klavier, Orgel und Violine, was ihn später auch zum Organisten und Chorleiter in der Gemeinde von Georgensgmünd befähigte, eine für einen damaligen Volksschullehrer durchaus nicht unübliche Nebentätigkeit. Neben der Musik war es auch das Hobby der Fotografie, bei dem diese künstlerische Ader zum Vorschein trat. Seine Alben enthalten ua. bemerkenswert schöne Landschafts-, Personen- und Blumenaufnahmen. Vor allem gilt dies für das gesamte Album FAHB4.

Ich weiß nicht, wie mein Vater auf die Idee kam, Volksschullehrer zu werden, bzw. Grund- und Hauptschullehrer, wie man heute sagen würde. Soweit ich aus den Unterlagen erkennen kann, finden sich in seinem engeren Umkreis keine Vorbilder dafür. Sein Vater pflegte als Buchhalter enge Kontakte vor allem zu Geschäftsleuten. Seine Großväter

[7] FAHB4, S.18.

[8] FAHB4, S.34ff; dort findet sich auch ein 4-seitiger Artikel von ihm über Nürnberger Schwalben (schwedisch: Svalan) in der Zeitschrift „Svensk Duvavelsförenings Tidskrift“ (Schwedische Tauben...verbindungen Zeitschrift, duva=Taube, förening=Verbindung) vom August 1952.

[9] FAHB1, S.5ff.

waren Brauereibesitzer bzw. Kondukteur. Auch die Freunde der Familie (Michel, Kurtze etc.) waren vorwiegend Geschäftsleute. Eine Ausnahme bildete der Cousin seines Vaters, nämlich Johannes Stark (1874–1957), der zu jener Zeit bereits Professor in Aachen war. Man könnte daher mutmaßen, daß sein Vater in der Familie hin und wieder mit Stolz von diesem erfolgreichen Cousin erzählt hat, wodurch die Aufmerksamkeit des jungen Sohns auf den Lehrberuf gelenkt worden sein könnte. Zudem hat natürlich jeder Schüler durch seine Lehrer eine unmittelbare Erfahrung über den Lehrberuf. Vielleicht war unter seinen Lehrern einer, dem seine besondere Sympathie galt und der ihn daher in diese Richtung hin motivierte.

Jedenfalls schloß Hans Bibel 1916 die Schule[10] mit der mittleren Reife ab — bzw. mit dem Einjährigen, wie man damals sagte. Aufgrund dieser Schulbildung konnte er Schulkenntnisse in Latein, Englisch und Französisch und übrigens auch Kenntnisse in Kurzschrift und Schreibmaschine vorweisen. Im Anschluß an die Schule begann seine Ausbildung zum Lehrer im Königlich–Bayerischen Lehrerseminar in Altdorf. Diese Ausbildungsstätte befand sich in den Räumen der ehemaligen Universität Altdorf, die 1809 geschlossen worden war. Sie allein war zuständig für die Ausbildung aller protestantischen Lehrer in Bayern und sie war als Internat organisiert.

Nun befand sich Deutschland 1916 mitten im Ersten Weltkrieg. Deshalb ist die Ausbildung nach etwa zwei Jahren und nach der Vollendung des 18ten Lebensjahres zugunsten des Kriegsdienstes 1918 noch unterbrochen worden. Mutmaßlich ist dies nicht freiwillig geschehen. Er legte noch rasch den ersten Abschnitt der Schlußprüfung seiner Ausbildung in Form einer Notprüfung ab und trat am 22.6.1918 in das Heer ein,[11] woran er sich dann auch noch ein Jahrzehnt später in einem Schriftsatz erinnert.[12]

Der achtzehnjährige Hans Bibel erhielt seine kurze Wehrausbildung im Rekruten Depot 2 des 14. Infanterie-Regiments.[13] Er kam dann im August 1918 im Feldrekrutendepot zu Gent in Flandern zum ersten Kriegseinsatz. Gent war schon 1914 von den Deutschen Truppen eingenommen worden. Das im Album vorhandene Bildchen von seinem „Gefechtsstand“ hinterläßt einen fast idyllischen Eindruck.[14] Im September kommt er dann in die 6. Kompanie des 11. Infanterieregiments und nimmt in ihr an Nachhutkämpfen beiderseits der Schelde teil, die von Frankreich her Belgien von Süd nach Nord vorbei an Gent

[10]1906–1910 Volksschule, 1910–1916 Realgymnasium an der Landauer Gasse, heute Willstätter-Gymnasium. Mehr Informationen über diese Schule finden sich am Beginn des Abschnitts 2.5. Sie war damals mit etwa 900 Schülern das größte Gymnasium Bayerns (Willstädter-Gymnasium Nürnberg (Hrsg.), 150 Jahre Willstädter-Gymnasium – Festschrift, 2014, S.55).

[11]Vormerkungsbogen im Personalakt, aaO. Fußnote 6.

[12]FAHB3, S.1.

[13]Siehe FAHB1, S.10.

[14]FAHB1, S.11.

und Antwerpen durchfließt. Am 11.11.1918 wurde das Waffenstillstandsabkommen unterzeichnet, mit dem der Erste Weltkrieg zu Ende geht. Auch zu diesem Zeitpunkt war von deutschen Truppen noch immer „gut die Hälfte Belgiens ... besetzt".[15] Sein Einsatz fand also in einem relativ stabilen Frontabschnitt statt. Gleichwohl wurde er für diesen Einsatz am 8.10.1936 mit dem Ehrenkreuz für Frontkämpfer ausgezeichnet.[16] Am 12.12.1918 wurde er in Regensburg vom Militärdienst entlassen, war aber vom April bis Juli 1919 dann nochmals im Freikorps „Oberland" in München. Anläßlich seiner eidlichen Verpflichtung als Lehrer gab er 1925 seinen Wehrpaß zurück.

Ich schließe aus all diesen Daten, daß sein Einsatz zu spät erfolgt ist, um von den grauenvollen Geschehnissen dieses Krieges noch unmittelbar berührt werden zu können. Auch die diesbezügliche, bereits genannte Bemerkung in einem späteren Album läßt diesen Schluß zu. Der kurze Kriegseinsatz könnte in seinem Fall infolge der gewonnenen Erfahrungen seinen Reifungsprozeß daher eher positiv beschleunigt haben. Auch scheint er durch seine Erfahrungen eine positive Einstellung zum deutschen Heer als Organisation im Staate angenommen zu haben, worauf seine spätere Meldung 1935 als Anwärter für die Reserveoffizierslaufbahn auch gegründet haben mag, auf die wir auf S.28 genauer eingehen werden.

Nach Kriegsende konnte er seine Lehrerausbildung im Rahmen eines Kriegssonderkurses in Altdorf abschließen und die teilweise bereits vor dem Militärdienst absolvierte Seminarschlußprüfung 1919 mit der Gesamtnote II[17] vollenden. Vom 1.9.1919 bis 31.3.1923 absolvierte er den Vorbereitungsdienst an der Volksschule in Nürnberg.[18] 1923 bestand er dann die Anstellungsprüfung, wiederum mit der Gesamtnote II und belegte damit Platz 19a unter 123 Kandidaten. Dazu gehörte eine Lehrprobe in der Klasse IIIA an der Simultanschule Schoppershof in Nürnberg am 21.3.1923, die um den Begriff des „Verkehrs" angelegt war und mit „lobenswert" beurteilt wurde. Die dazugehörige Niederschrift eines Prüfers deutet schon damals an, daß Hans Bibel die Klasse bestens im Griff hat, sich aber nicht streng an die vermittelten pädagogischen Regeln hält, sondern sich zugunsten eines lebendigen Unterrichts über diese mutig hinwegsetzt.

---

[15] https://de.wikipedia.org/wiki/Erster_Weltkrieg, Zugriff 4.7.2015.

[16] Siehe Personalakt, aaO. Fußnote 6. Vergleiche dazu: Gerd Berghofer, Die Anderen: Das fränkische Georgensgmünd und seine Juden vor und während des Dritten Reiches, wek-Vlg, 2013, S.39.

[17] Die Einzelnoten schwanken zwischen 2, 2,5 und 3.

[18] Im Einzelnen beinhaltete dieser Dienst die folgenden Einsätze: 1.9.19–30.9.20, 7. Klasse Mädchen, Volksschule am Lutherplatz Nürnberg; 16.10.20–31.12.20, Verwesung in der einklassigen Volksschule in Bubenheim bei Treuchtlingen; 1.4.21–31.7.22, Verwesung in der zweiklassigen Volksschule in Buch bei Nürnberg; 1.9.22–31.3.23 3. Klasse Knaben, Simultanschule, Bismarckschule, Nürnberg; dabei fanden wohl parallel jeweils Ausbildungskurse statt, beispielsweise 29.9.19–6.12.19 in Nürnberg.
„Verwesung" bezeichnet dabei einen Einsatz mit wechselnden Aufgaben.

Zum 1.4.1923 trat er offiziell den Dienst als Hilfslehrer (in der Bes.Gr.A4b, Grundgehalt 14.705,– Mark)[19] an der Volksschule in Georgensgmünd an,[20] wo er vor allem Mittelklassen unterrichtete.[21] Zum 1.7.1925 bekam er dort eine feste Stelle als beamteter Lehrer (A4b, 2.310,–) und blieb in dieser Position bis zur Versetzung zum 1.12.1927 (an die Thusnelda Schule in Nürnberg-Mögeldorf). Er war immer ein engagierter Lehrer, der diesen Beruf als eine gesellschaftlich relevante Aufgabe begriff. Deshalb trat er gleich am Beginn seines Vorbereitungsdienstes am 1.9.1919 in den Bayerischen Lehrerverband (BLV)[22] ein und wirkte dort während seines gesamten Berufslebens in verschiedenen Funktionen, nicht zuletzt als engagierter Redner in Sachen Pädagogik und Verbandsorganisation mit. Insbesondere trat er in dessen damalige, 1908 gegründete Arbeitsgemeinschaft Bayerischer Junglehrer (ABJ) ein, in der Konzepte für die Erziehung der Kinder zu mündigen Demokraten in der neugegründeten Weimarer Republik erarbeitet und ausgetauscht wurden. Bereits 1922 wurde er zum Vorsitzenden in Mittelfranken und 1927 zum 2. Landesvorsitzenden der ABJ gewählt. Im Rahmen dieser Tätigkeit nahm er an Kursen zur Weiterbildung teil, veranstaltete und leitete selbst *„eine Reihe von pädagogischen Tagungen und Freizeiten im Rahmen der Fortbildungsarbeit für die Junglehrerschaft"*.[23] *„Ich beteiligte mich an der von Nbg. ausgehenden Gründung der Schullandheimbewegung in Bayern und an den Aufbauarbeiten des Schullandheimes auf der Wülzburg"*, stellt er selbst fest.[24] Zudem fungierte er innerhalb des Geschäftsführenden Ausschusses der ABJ auch als Mitherausgeber der „Deutschen Junglehrer-Zeitung". Wie schon vorher als Soldat führte auch diese ehrenamtliche Tätigkeit zu einem für die damalige Zeit eher ungewöhnlich hohen Maß an Reisetätigkeit.[25] Im Album finden sich dazu Ansichten bzw. Postkarten von München,

---

[19]Wen der hohe Betrag des Jahresgehalts von damals möglicherweise überrascht, der sei daran erinnert, daß 1923 ein Jahr galoppierender Hyperinflation war. Lt. https://de.wikipedia.org/wiki/Inflation kostete am 6.8.23 ein Frühstücksei 923 Mark (auch Papiermark genannt), drei Wochen später am 27.8.23 bereits 177.500 Mark, also das fast 200-fache, usw. Siehe dazu auch https://de.wikipedia.org/wiki/Deutsche_Inflation_1914_bis_1923.

[20]Berghofer, aaO, spricht fälschlicherweise vom „20-jährigen Bibel", der damals jedoch kurz vor Vollendung des 23. Lebensjahres stand.

[21]Im FAHB1 ist zur S.27 ein Blatt mit der Aufnahme einer Klasse der Jahrgangsstufe 1916 mit ihm als Lehrer eingelegt, das entsprechend dem Alter der Schüler|innen etwa 1925 aufgenommen sein könnte.

[22]Heute Bayerischer Lehrer- und Lehrerinnen Verband (BLLV).

[23]Ein Beispiel ist der in Bayreuth vom 2.–4.8.1926 durchgeführte Kurs für wissenschaftliche Schulpolitik.

[24]Lebenslauf vom 18.5.1956, Personalakt S.126f, aaO. Fußnote 6.
Er bezieht sich hierbei ua. auf die 1928 vom Nürnberger Lehrerverein (NLV) erfolgte Gründung des Schullandheimwerkes (http://www.bllv.de/Geschichte.6909.0.html, Zugriff 27.8.2015). Bilder von der Wülzburg und von Schullandheimaufenthalten dort finden sich unter FAHB1, S.8, 52f. Die Eröffnung der Wülzburg als erstem Schullandheim in Bayern fand am 20.6.1929 statt, https://de.wikipedia.org/wiki/Wülzburg, Zugriff 6.7.2015.

[25]Ein Beispiel ist die Teilnahme am Pädagogischen Kongreß in Wiesbaden 6.–7.10.1930.

Darmstadt, Brüssel, usw. Sein Blick wurde dadurch schon früh über die engen Grenzen seiner fränkischen Heimat hinaus geöffnet.

Auch die politische Ader von Hans Bibel erwachte in ihm bereits in den zwanziger Jahren und veranlaßte ihn 1925 zum Eintritt in die linksliberale Deutsche Demokratische Partei (und deren Jugendorganisation „Jungdemokraten"). Zwischen 1928 und 1933 wirkte er dort als Ausschußmitglied mit.[26] Die Nationalsozialisten erzwangen 1933 die Selbstauflösung auch dieser Partei bzw. ihrer Nachfolgerin, der Deutschen Staatspartei, wodurch seine Ausschußmitgliedschaft erlosch.

Der Junglehrer wohnte in einem Zimmer eines Gemeindegebäudes unterhalb der Georgensgmünder Kirche.[27] Wie sein Fotoalbum dokumentiert, war er als junger Mann in seiner neuen Gemeinde in das dortige gesellschaftliche Leben voll integriert, was in einem derartigen Dorf für einen zugereisten Städter, noch dazu einen „Studierten", sicher alles andere als selbstverständlich war. Eine Reihe von Fotografien hübscher junger Damen zeugen von der für dieses Alter natürlichen Neugier für das andere Geschlecht. Durch seine Nebentätigkeit als Privatmusiklehrer lernte er in diesen Jahren die Möbelfabrikbesitzerstochter Marie Riegelbauer kennen, die er am 9. April 1927 in Georgensgmünd heiratete. Sein unternehmerisch sehr erfolgreicher Schwiegervater war mutmaßlich nur bedingt begeistert von dieser Verbindung: „a Schollmasster"! Im Trauungsbuch steht zusätzlich zum Volksschullehrer noch Chordienstleiter als Berufsbezeichnung, was dokumentiert, daß er nicht nur am Sonntag jeweils Orgeldienst[28] geleistet, sondern auch den Kirchenchor geleitet hat, was nicht nur seine Marie, sondern vielleicht auch seinen Schwiegervater etwas beeindruckt haben könnte.

1.1.2 Mutter

Meine Mutter Marie war das dritte von sechs Kindern (3 Mädchen, 3 Jungen), die in einer überaus tüchtigen Familie aufwuchsen. Fünf der Kinder (Lisl, Fritz, Marie, Loni, Willy) sind zwischen 1904 und 1909 geboren, die Nachzüglerin (Anni) kam erst 1921 zur Welt. Über ihre Jugend ist uns so gut wie nichts bekannt. Es dürfte in der optimistisch geprägten Friedenszeit vor 1914 aber eine unbeschwerte Jugend gewesen sein. Da der Vater wohl aus Altersgründen nicht mehr in den Krieg ziehen mußte und die Kämpfe die fränkische Region nicht unmittelbar tangierten, dürften die Kriegseinflüsse diese Unbeschwertheit auch nach

[26] Meldebogen vom 25.4.1946, Personalakt, aaO. Fußnote 6. An anderer Stelle in den dortigen Akten heißt es, daß seine Mitgliedschaft in der Dt. Staatspartei bis Frühjahr 1932 (statt 1933) währte.

[27] Auf S.27 ist im FAHB1 links oben das Fenster seines Zimmers mit ihm darin zu sehen.

[28] Am 1.3.1927 ist ihm von der Schulbehörde die Erlaubnis zur Übernahme des Dienstes als Organist erteilt worden. Personalakt, aaO. Fußnote 6.

1914 nicht allzu sehr beeinträchtigt haben. Die Familie besaß, gemessen am dörflichen Umfeld, ein stattliches Zuhause und beachtlichen Grundbesitz, der mehrfach erweitert wurde.[29] Da gab es entsprechend auch viel Arbeit im Haushalt, im Handwerksbetrieb und in der nebenbei betriebenen Landwirtschaft zu verrichten, in die die Kinder mutmaßlich frühzeitig mit eingespannt wurden.

Marie besuchte die Volksschule in Georgensgmünd bis etwa 1920. Eine höhere Bildung stand angesichts eines Handwerksbetriebes in einem dörflichen Umfeld nicht zur Debatte, schon gar nicht bei einem Mädchen. So läßt sich für sie die Jugendzeit eines ganz normal aufwachsenden Mädchens in dieser Region ohne besonders herausragende Ereignisse vermuten, die mit ihrer älteren Schwester sowie mit der Freundin Anna Blaß viel gemeinsam unternahm. Einige Photos aus jenen Jahren bestätigen diese Annahme.[30] Aus Erzählungen meiner Mutter weiß ich nur, daß sie in jungen Jahren (und dann auch später wieder) an Rheumatismus gelitten hat. Da ihr Vater davon überzeugt war, diese Krankheit mit Brennnesseln bekämpfen zu können, trieb er sie unter Androhung der Peitsche in die grausame Tortur, sich nackt in Brennnesselbüschen zu wälzen. Er war wohl zeitlebens ein sehr beherrschender Mann und eben auch Vater, der seinen Willen unter allen Umständen durchzusetzen wußte.

Aber er sorgte sich auch für seine Kinder und deren Ausbildung. Während die älteste Tochter, Lisl, wohl wie üblich vor allem als Unterstützung der Mutter zur Bewältigung deren umfangreichen Arbeitspensums unabkömmlich war, bekam Marie nach der Schulzeit die sicher willkommene Gelegenheit, in einem Hotel in Bad Tölz als Hauswirtschaftslehrling einige Zeit tätig zu sein. Von dieser Zeit erzählen wohl die Bilder S.20ff im FAMB1. Erzählt hat sie darüber nach meiner Erinnerung nur die folgende Anektode zum Thema „Kaffee Hag“. Nämlich, wann immer sie mit einer entsprechenden Bestellung in die Küche zur Chefin gekommen sei, habe diese angeordnet, einfach etwas zusätzliches heißes Wasser in den Kaffee zu gießen; das sei dann eben Kaffee Hag.

Nehmen wir also an, Marie sei Anfang der zwanziger Jahre eine gewisse Zeit in Bad Tölz zur Ausbildung tätig gewesen, was auch für sie eine Öffnung des Horizonts bedeuten mußte, vor allem wenn sie bei dieser Arbeit in einem Hotel mit Gästen in Kontakt trat. Nach dieser Ausbildung muß sie aber wohl nach Hause zurückgekehrt sein. Womit sie sich dann dort beschäftigte, ist mir nicht bekannt. Man könnte jedoch vermuten, daß ihr Vater sie in seinem immer weiter expandierenden Betrieb beschäftigt hat. Wir wissen nur, daß sie nebenbei damit begann, bei dem Lehrer an der örtlichen Volksschule, der am Sonntag in der Kirche auch die Orgel spielte und den Chor leitete, Klavierstunden zu

[29] Fritz Volkert, Chronik der Familie Riegelbauer und der Firma Leonhard Riegelbauer, 2004, S.9ff.

[30] Fotoalbum von Marie Riegelbauer, kurz FAMB1, zB. diejenigen auf den Seiten 14 und 16 uva.

nehmen. Offensichtlich war sie wißbegierig und wollte sich weiterbilden, was ihr an Musik interessierter Vater durchaus guthieß. Sehr erfolgreich können die Stunden nicht gewesen sein, denn ich habe meine Mutter nie am Klavier erleben dürfen.

Irgendwann ist später in unserer Familie zur Sprache gekommen, daß der einige Häuser entfernt wohnende Sohn des Metzgers Brunner ein Auge auf die hübsche junge Frau geworfen habe. Wer unter den jungen Burschen im FAMB1 das gewesen könnte, konnte ich nicht ermitteln. Angesichts des Erfolgs ihres Vaters, war sie ja nicht nur hübsch, sondern auch finanziell eine vergleichsweise richtig gute Partie. Es ist deshalb zu vermuten, daß es da eine ganze Reihe von Freiern gegeben hat. Sie aber hat ihr Herz dem zugereisten und unvermögenden, aber lebenslustigen und umtriebigen Lehrer, quasi einem Intellektuellen mit künstlerischen Neigungen geschenkt, der in dem Album FAMB1, abgesehen von den wohl erst später eingeklebten Bildern auf S.3, erstmals auf S.28 und dann ab S.33 erscheint. Es spricht für ihren Vater, daß er diese angesichts der äußeren Umstände eher ungewöhnliche Verbindung dann doch gutgeheißen und sie gefördert hat. Er war ein wißbegieriger Mann, der vielleicht gerne selbst seine engen Grenzen gesprengt hätte und diesen Wunsch quasi über seine Tochter zu verwirklichen versuchte.

1.1.3 Ehepaar

Meine Eltern haben, wie erwähnt, am 9. April 1927 in Georgensgmünd geheiratet, er 26-, sie 20-jährig. Offenbar war für den Lehrer hierzu erst ein Einverständnis des Bezirksschulrats erforderlich, der mit Schreiben Nr.1422 vom 1.12.1926 an den Gemeinderat Georgensgmünd wie folgt schrieb.

„*Hr. Lehrer Bibel in G. beabsichtigt sich mit Frl. Marie Riegelbauer, Tochter des Möbelfabrikanten L. Riegelbauer in G., zu verehelichen. Als vorgesetzte Dienstbehörde von Hr. Lehrer Bibel ersuche ich um dienstliche Mitteilung, ob etwa über die Person seiner Braut dortselbst etwas Nachteiliges bekannt ist. Knoellinger*"

Die Antwort des Gemeinderates vom 7.12.1926 lautete: „*Gegen die Braut des Herrn Lehrer Bibel ... ist Nachteiliges nichts bekannt. Dieselbe ist ein sehr braves und anständiges Mädchen. Lödel*"

In den ersten Monaten der Ehe bezog das Paar möglicherweise für kurze Zeit eine Wohnung in dem von Leonhard Riegelbauer 1923 erbauten Haus in der Petersgmünderstraße.[31]

[31] Jedenfalls wird dies im Gesuch vom 28.11.1926 an die Schulbehörde von Hans Bibel so formuliert, wobei er erwähnt, daß dieses Haus bisher leer stand (Personalakt, aaO. Fußnote 6). Den Leerstand dokumentieren die geschlossenen Fensterläden auf dem Bild im FAMB1 S.38.

Zum 1.12.1927 wurde Hans auf eigenen Antrag vom 10.11.1927[32] als Lehrer in Mögeldorf an die dortige Thusnelda Schule versetzt. Soweit ich weiß, war damals eine solche Karriere durchaus üblich: man erwarb sich seine ersten Sporen in der Provinz und konnte erst dann bei entsprechendem Erfolg zurück in die Stadt. Mögeldorf war jedenfalls eine für ihn aussichtsreiche Stelle in einem sehr guten und aufstrebenden Stadtteil von Nürnberg, den er schon von Wochenendausflügen mit seinen Eltern kannte. Das Schulgebäude war Anfang der zwanziger Jahre errichtet worden und für damalige Verhältnisse sehr modern angelegt.

Im Kontext dieses Schul- und Ortswechsels mußte er sich zugleich intensiv um eine Bleibe für seine Frau und sich möglichst in der Nähe der Schule bemühen. Es zeugt von großem Mut und Zuversicht, daß er dafür gleich ein großes Haus mit über 1000qm Grund in der noblen und damals für den Verkehr gesperrten Schmausenbuckstraße laut Kaufvertrag vom 16.11.1927 für einen Kaufpreis von 31.000 Goldmark erwarb.[33] Am Verkaufstag wurden 22.000 Reichsmark davon in bar übergeben. Woher dieses Geld gekommen ist, läßt sich heute wohl nicht mehr klären. Mutmaßlich haben neben aufgenommenen Krediten die Eltern und vielleicht auch die nicht unbegüterten Verwandten von Hans in welcher Weise auch immer geholfen und auch die Eltern der Frau eine Mitgift beigesteuert. Das Haus umfaßte drei Wohnungen und das junge Paar bezog diejenige im ersten Stock. Südlich des Grundstücks schloß sich ein wunderschönes Gartengrundstück und danach Wiese an.[34] Auch die östlich und nördlich anschließenden Grundstücke waren damals noch unbebaut.

Die Wahl von Mögeldorf für die Arbeitsstelle ebenso wie für den Wohnsitz ist mutmaßlich nicht zufällig getroffen worden. Sie hätte jedenfalls besser nicht ausfallen können. Denn es handelt sich hier um einen Ortsteil von Nürnberg, der älter als die Stadt selbst ist, auf eine reichhaltige Geschichte zurückblicken kann, an markanter Stelle über dem Pegnitztal platziert ist und einen noch heute beeindruckenden Kern an historischen Bauten aufweist. Darunter sind etwa ein halbes Dutzend von beeindruckenden mittelalterlichen Herrensitzen bzw. Schlössern. Dominiert wird der Dorfkern von der Mögeldorfer Kirche.[35] Um diesen Ortskern hat sich in den letzten einhundert Jahren eines der attraktivsten Wohngebiete von Nürnberg entwickelt.

[32]Personalakt S.13f, aaO. Fußnote 6. Im Antrag wird vor allem mit seinen Aktivitäten im BLV argumentiert. Im letzten Satz spricht er von der für den Nachfolger verfügbaren Wohnung, woraus ich schließe, daß er auch nach der Heirat die dortige Dienstwohnung behalten hatte und möglicherweise auch zusammen mit seiner Frau bewohnte.

[33]FAMB1, S.39, sowie Fotoalbum Wolfgang Bibel Nr.3, kurz FAWB3, S.47 unten.

[34]FAHB4, S.2.

[35]Die Kirche wurde nach ihrer Fertigstellung 1416 St. Nikolaus und St. Ulrich geweiht.

Ein solch fulminanter Start in einen neuen Lebensabschnitt mit Heirat, guter neuer beruflicher Position, mit der bereits auf S.16 erwähnten Wahl zum 2. Landesvorsitzenden der ABJ und dem Kauf eines stattlichen Hauses in bester und zukunftsträchtiger Lage, alles im Laufe des Jahres 1927, legte einen optimalen Grundstein für die kommenden Jahre der Familie, die bis 1939 auch richtig gute Jahre für sie waren.

Das damals erworbene Anwesen ist bis zum heutigen Tag in Familienbesitz, genau gesagt jetzt im Besitz des Sohnes des Autors, Hannes Bibel. Dieses Grundstück Pl.Nr.325 wurde von den ersten Bauherren, Johann und Anna Seuffert, 1863 erworben, die in den Jahren danach ein Gebäude darauf errichteten, dessen Grundmauern bis heute vorhanden sind. Ein Anbau 1869, einige Besitzerwechsel, zuletzt der von 1904 und ein daran anschließender Umbau prägen die Geschichte des Hauses bis zum Erwerb durch Hans Bibel.[36] Dieser stellt einige Jahre später einen Bauantrag zur Erweiterung der beiden oberen Stockwerke durch je ein Badezimmer, der am 15.3.1934 genehmigt wurde.[37]

Die ersten acht Jahre der Ehe waren kinderlos. Ich erinnere mich an Bemerkungen, daß meine Mutter mehrere Abgänge erlitten habe. Gleichwohl deuten die vielen Bilder von Feiern im Album darauf hin, daß diese Jahre durchaus glückliche waren.

Hans ging weiter engagiert seinem Beruf nach. Das Klassenbild der 8. Schulklasse 1933/34[38] zeigen ihn als stolzen und selbstbewußten Lehrer gemeinsam mit seinen 42 (!) Schülern. Das Bild strahlt ein Einvernehmen zwischen Lehrer und Schülern und gleichwohl eine natürliche Autorität des einen in Bezug auf die anderen aus, wie es heute nicht mehr denkbar ist. Es dokumentiert zudem, daß Hans Bibel schon damals wie auch später nach dem Kriege wohl vorwiegend die beiden letzten Klassen 7 und 8 unterrichtete, die angesichts des pubertären Verhaltens der ausschließlich männlichen Schüler wohl auch die schwierigsten waren. Einer seiner Schüler schreibt: *„Der Lehrer Bibel war auch ein sehr netter Lehrer.“*[39]

Mutmaßlich aufgrund seines breiten pädagogischen Interesses und vielleicht auch zur Aufbesserung der durch den Hauskauf angespannten Finanzen unterrichtete Hans Bibel von 1927 bis 1929 in Nebentätigkeit noch zusätzlich an der städtischen Bauschule Deutsch, Geschichte und Rechnen und später 1937/38 Werken.[40]

---

[36]Wolfgang Bibel, Geschichte des Anwesens Nürnberg, Schmausenbuckstraße 37, 2010, unveröffentlicht.

[37]Der Antrag vom 20.01.1934 mit der Nr.1070/V/34 befindet sich in den privaten Unterlagen des Autors.

[38]FAHB4, S.1.

[39]http://www.moegeldorf.de/geschichte/zeitzeugen/h&w/h&w.html, Zugriff 5.9.2015. Die dortigen Mutmaßungen zu meinen Eltern treffen teilweise allerdings nicht zu.

[40]Personalakt Hans Bibel, Stadtarchiv Nürnberg, C 18/II Nr.8897.

Durch seine herausragende Rolle in der ABJ als 2. Landesvorsitzender wurde er in besonderer Weise ausgelastet, gewann aber auch an zusätzlichem Ansehen. So finden sich im Album Bilddokumente von gemeinsamen Ausflügen mit Kollegen, an denen auch Marie teilnahm. Mit dem (mutmaßlichen) Kollegen Fritz Mayer[41] und dessen Frau Lotte hat sich beispielsweise in diesen Jahren eine lange andauernde Freundschaft zwischen den beiden Paaren entwickelt. Hinzu kamen Aufenthalte mit seinen — ausschließlich männlichen Schülern — in Schullandheimen.

Meine Mutter war durch das relativ große häusliche Anwesen in jenen Zeiten ohne jegliche elektrische Haushaltsgeräte wohl voll ausgelastet. In dem großen Garten wurden auch schon zu der damaligen Zeit Gemüse, Baumobst und Beeren gezogen und geerntet.[42] Meine Schwester erinnert sich, daß zur Aufbesserung der Einkünfte solche Ernten von den Eltern sogar mit dem Handleiterwagen auf den Nürnberger Hauptmarkt zum dortigen Verkauf gefahren wurden. Wahrscheinlich wurden auch Hühner gehalten.[43]

Aber auch außerhalb des beruflichen und häuslichen Umfeldes führten meine Eltern damals wohl ein vielgestaltiges gesellschaftliches Leben. Zwei der Wohnungen im eigenen Haus waren wohl vermietet, woraus sich Verbindungen, ja in einigen Fällen, wie beispielsweise im Fall der Familie Hansmeier aus Hamburg, richtige Freundschaften entwickelten.[44] Ein Bild zeigt meine Mutter mit einer Mieterfamilie vor einem fein gedeckten Kaffeetisch[45] und ist mutmaßlich im eigenen Garten aufgenommen worden. Auch mit den beiden Verwandtschaften wurden enge Beziehungen gepflegt. Erstaunlicherweise ist mir von diesen auch nie irgendeine Zwistigkeit aus der damaligen Zeit bekanntgeworden. Alle Bilder dokumentieren, daß meine beiden Eltern überall recht beliebt waren. Unter den gesellschaftlichen Höhepunkten waren wohl auch die Festlichkeiten, die von der „Norica“ ausgerichtet wurden, mutmaßlich einem von Lehrern getragenen Verein bzw. einer Studentenverbindung (analog der Schülerverbindung Absolvia) in Nürnberg.

Irgendwann in den dreißiger Jahren entwickelten sich zwei weitere langjährige Freundschaften. Anni und Heinrich Bauer waren beide Lehrer, wobei nach meiner Erinnerung Anni schon in Mögeldorf Kollegin von Hans war. Die andere Freundschaft betraf das Ehepaar Mielich aus Reutlingen mit deren beiden Kindern Rolf und Peter. Wodurch die

[41] Ob es sich bei ihm um einen Sohn der Patentante Marie Barbara Mayer von Marie handelte, vermochte ich nicht zu ermitteln.

[42] Ein wunderschönes Bild meiner Mutter aus der Vorkriegszeit (um 1937) auf S.13 im FAHB4 zeigt meine Mutter beim Pflücken von schwarzen Johannisbeeren in unserem Garten.

[43] S.31 im FAHB1.

[44] Herr Hansmeier war wohl als Ingenieur am Bau der Nürnberger Kongreßhalle am Dutzendteich tätig.

[45] S.36 im FAHB1.

Beziehung zu Mielichs zustande kam, ist mir nicht bekannt, mutmaßlich infolge einer zufälligen Bekanntschaft. Von ihnen allen wird im nächsten Kapitel noch die Rede sein.

Um und nach 1933

Die politischen Ereignisse um das Jahr 1933 brachten auch für meine Eltern Veränderungen mit sich. Hans Bibel war, wie bereits erwähnt, ein politisch engagierter Mensch. Anni Bauer berichtete beispielsweise, daß ihm beim Tod des Außenministers Gustav Stresemann (Oktober 1929) die Tränen gekommen seien. Stresemann war Gründer und Vorsitzender der Deutschen Volkspartei (DVP). Die Gründung dieser Partei am 15.12.1918 erfolgte kurz nach der Gründung der Deutschen Demokratischen Partei (DDP), wodurch ein Zusammengehen der liberalen Kräfte zum Bedauern auch meines Vaters verhindert wurde. Wie bereits erwähnt, schloß sich mein Vater 1925 der DDP an, die politisch von der DVP jedoch nicht allzu weit entfernt war.

Infolge der Tätigkeit von Hans Bibel in der Arbeitsgemeinschaft Bayerischer Junglehrer (ABJ) innerhalb des Bayerischen Lehrervereins (BLV) sind seine politischen Einschätzungen gut dokumentiert. Denn die ABJ fungierte als Verleger und Herausgeber der „Deutsche Junglehrer-Zeitung" (DJZ).[46] Verantwortlich dafür war der Geschäftsausschuß (GA) der ABJ, dem Hans als 2. Vorsitzender angehörte.[47] Zudem leitete er *„den sehr aktiven Schulpolitischen Arbeitskreis"*.[48] Entsprechend dieser herausragenden Stellung finden sich viele Beiträge in der Zeitung aus seiner Feder bzw. über ihn, meist unter der Rubrik „Schulpolitik".[49] Sie alle zeugen von seiner auch in jenen Zeiten unverändert liberalen politischen

[46]Die DJZ wurde am 1.1.1911 ins Leben gerufen. Ihr Untertitel lautete: „Zeitschrift der Arbeitsgemeinschaft Bayerischer Junglehrer / Jugendgruppen des Bayerischen Lehrervereins".

[47]Als Verlag der DJZ ist die Geschäftsstelle der ABJ am Bavariaring 37 in München angegeben, wo sich der BLLV noch heute befindet.

[48]Otto Barthel, Die Schulen in Nürnberg 1905–1960, Nürnberg 1963, S.503.

[49]Hier gebe ich eine Liste solcher Beiträge in der DJZ beschränkt auf die Jahre 1930–1933, die in dem Band mit der Mediennummer 36607359760017 und der Signatur 4 Paed.th. 505 f-22/25 in der Bayerischen Staatsbibliothek gefunden werden können. Die DJZ findet einen umfangreichen Niederschlag in: Der Bayerische Lehrer- und Lehrerinnenverein – Seine Geschichte, Band II, Ein Jahrhundert Standes- und Vereinsgeschichte, der zweibändigen Geschichte des Bayerischen Lehrer- und Lehrerinnen Vereins von Professor Dr. Johannes Guthmann, Oldenbourg Verlag, München 1961, 10. Kapitel: Von der Junglehrerarbeitsgemeinschaft 1908 bis 1934, insbesondere S.296–298. Angesichts der folgenden kleinen Auswahl aus einer umfangreichen Liste von Beiträgen ist es bemerkenswert, daß Guthmann dabei den Namen von Hans Bibel nur ein einziges Mal erwähnt.
Bericht über einen Vortrag von Hans Bibel, 22(12), 124f (15.6.30), dh. 22. Jahrgang, Nr.12, S.124–125, 1. Juni 1930.
Hans Bibel, Die Jugendfrage im D.L.V. [Deutschen Lehrer Verein] akut!, 23(10), 109–111 (15.5.31).
Hans Bibel, Die Wesensgestalt der protestantischen Schule, 23(11), 117f (1.6.31).
Hans Bibel, 23 Sondernummer, 6f (16.12.31).
Sitzung des GA am 30.4./1.5.32, Pflanz und Bibel berichten, 24(10), 99 (15.5.32).

Einstellung. Generell handelt es sich bei der ABJ und der DJZ um sehr bemerkenswerte und zukunftsorientierte Institutionen. Beispielsweise wird im 22. Jahrgang von einer Freizeit berichtet, die 1929 in Georgensgmünd — und daher mit Sicherheit auf Anregung und unter der Leitung von Hans Bibel[50] — stattfand und *„den Verzicht auf körperliche Strafe“* im Schulunterricht forderte, eine Forderung, die bekanntlich erst Jahrzehnte später schließlich erfüllt wurde.

1929 wurde der Nationalsozialistische Lehrerbund (NSLB) als ein der Parteigliederung der NSDAP (Nationalsozialistische Deutsche Arbeiter Partei) angeschlossener Verband gegründet.[51] Die Entwicklung vorausahnend trat Hans Bibel schon 1931 öffentlich für die Unabhängigkeit des BLV ein. Seine Befürchtungen sollten sich bewahrheiten, denn ab 1933 entwickelte sich der NSLB zur alleinigen Lehrerorganisation im Deutschen Reich, in die 1934 auch der BLV überführt wurde, und bestand bis Anfang 1943.

Ab Mitte 1932 begann der NSLB den direkten Angriff gegen die DJZ mit einem Brief, in dem es ua. hieß: *„Wir haben uns lange genug ihre Zeitung gefallen lassen. ... Wir nehmen den Kampf gegen die Schriftleitung der DJZ auf.“*[52] Die DJZ weist die Angriffe in einer Antwort entschieden zurück. In seinem Beitrag „Ein Volk – eine Schule“[53] versucht Hans Bibel offenbar ein gewisses Entgegenkommen zu zeigen, indem er ausführlich aus einer Schrift von Johannes Stark zitiert, der zu jener Zeit ein Vordenker für und überzeugter Verfechter von nationalsozialistischen Ideen war.[54] Dieser Name ist im Kontext der Berufswahl meines Vaters im Abschnitt 1.1.1 schon einmal aufgetaucht und wird im Abschnitt 1.2.1 noch eine weitere Rolle spielen, denn es handelt sich um den Vetter meines Großvaters.[55]

Hans Bibel, Worte! – Taten?, 24(11), 106 (1.6.32).
Hans Bibel, Weniger Theorie – Gestaltung der Wirklichkeit, 24(13/14), 129f (1.7.32).
Hans Bibel, Die Wende, 24(15), 133f (15.7.32).
Gesamtvorstandssitzung der ABJ 1932, 24(16/17), 149 (15.9.32).
Hans Bibel, Ein Volk – eine Schule, 25(1/2), 3f (16.1.33).
Hans Bibel, Hunderttausend Mann Reichswehr!, 25(4), 26f (16.2.33).
Hans Bibel, Aufruf im Namen des GA, 25(7), 53 (1.4.33).
Der GA bestehend aus Pflanz, Bibel, Schlepp, Büttner, Kellermann, 25 Sondernummer, 63 (25.4.33).

[50] *„In den Jahren 1922 bis 1933 veranstaltete und leitete ich eine Reihe von pädagogischen Tagungen und Freizeiten im Rahmen der Fortbildungsarbeit für die Junglehrerschaft“* schreibt er in seinem Lebenslauf, Personalakt S.127, aaO. Fußnote 6.

[51] Fritz Schäffer, Nationalsozialistischer Lehrerbund (NSLB), 1929–1943. In: Historisches Lexikon Bayerns. http://www.historisches-lexikon-bayerns.de/artikel/artikel_44923, Zugriff 30.7.2015.

[52] DJZ 24(15), 137 (15.7.32).

[53] DJZ 25(1/2), 3f (16.1.33).

[54] Johannes Stark, Nationalsozialismus und Lehrerbildung: Denkschrift, Verlag Franz Eher Nachf., München (1931).

[55] Ob sich Hans Bibel dieser Verwandtschaft zu Stark damals bewußt war, ist zwar wahrscheinlich, aber aus diesem Zitat von Stark nicht zu erschließen. Denn Stark war von der ABJ Ende Juni 1932 zu

Hans Bibels letzter Artikel in der DJZ mit dem Titel „Hunderttausend Mann Reichswehr!",[56] veröffentlicht am 16.2.1933, verfaßt also mutmaßlich noch vor Hitlers Machtergreifung am 30.1.1933, läßt einen ratlosen Liberalen erkennen, der gegen Konfessionsschulen und Spaltungen plädiert und mit folgendem „Fazit!" endet: *„Noch eine Feststellung: Die Hunderttausend Mann Reichswehr sind heute der einzig übriggebliebene Garant der „Ordnung" in Deutschland."* Vieles schwingt in diesem allerletzten Satz von Hans Bibel in der DJZ mit: Die Resignation angesichts der damaligen gesellschaftlichen Zerrissenheit ohne jegliche verläßliche staatliche Ordnung; vielleicht etwas letzte Hoffnung, daß die Reichswehr und deren öffentlicher Repräsentant Hindenburg die Entwicklung doch noch in bessere Bahnen lenken könnten; die Überzeugung, daß die Reichswehr jedoch keine wirkliche gesellschaftliche Ordnung bringen könnte (deshalb eben „Ordnung" in Anführungszeichen); gleichwohl ein gewisser Respekt vor der Reichswehr, der nicht zuletzt auf seinen Erfahrungen im letzten Kriegsjahr 1918 basierte. Dieser sein Respekt könnte einer der Erklärungsgründe dafür sein, warum er sich bereits zwei Jahre später wieder zum Militär meldete.

Über Jahre hinweg hat der GA der ABJ über alle Meinungsunterschiede hinweg offenbar bestens zusammengearbeitet. Der 1. Landesvorsitzenden der ABJ, Josef Pflanz, charakterisierte die Zusammenarbeit als „ideal". Hitlers Machtergreifung zwang im Frühjahr 1933 den GA jedoch zu einer grundlegenden Entscheidung: Mitmachen bei den Nazis oder Rücktritt. Pflanz war für Mitmachen, Bibel für Rücktritt. Offensichtlich in Abstimmung untereinander forderte Hans Bibel im Namen des GA alle Ortsgruppen und Einzelmitglieder auf, anläßlich der aktiven Hinwendung von Pflanz an die „gegenwärtige Revolution" zu erklären, ob Pflanz *„das Vertrauen der Mitglieder der ABJ noch besitzt"*.[57] Nur fünf Ortsgruppen und zwei Einzelmitglieder beantworteten diese Vertrauensfrage mit nein.[58] Das ist ein Lehrbeispiel, aus dem man auch heute noch vieles sowohl über die Anfänge des Nationalsozialismus als auch über analoges Verhalten in unserer Zeit lernen könnte; wider mögliches besseres Wissen lassen Menschen die Dinge lieber ihren Lauf nehmen, auch wenn dieser letztlich gegen ihre eigenen Interessen geht.

Die Quittung für diese mangelnde Zivilcourage folgte auf dem Fuße: ab der Nummer 16/17 des 25. Jahrganges vom 10.9.1933 fungierte nicht mehr die ABJ, sondern Josef Streicher, der Gauamtsleiter des NSLB von München-Oberbayern, als Herausgeber und

---

einem Streitgespräch mit Paul Oestreich nach Kulmbach eingeladen, sodaß die Beschäftigung mit ihm auch hierdurch ausgelöst worden sein könnte. Siehe dazu S.294 in J. Guthmann, aaO.

[56] DJZ 25(4), 26f (16.2.33).

[57] DJZ 25(7), 53 (1.4.33). Siehe auch: Otto Barthel, Die Schulen in Nürnberg 1905-1960, Nürnberg 1963, S.296ff.

[58] Die Informationen hierzu finden sich in J. Guthmann, aaO.

die Zeitung war auf der Titelseite rechts oben mit dem Hakenkreuz geschmückt. Streicher war hauptamtlich Kreisschulrat und ab 1937 Regierungsschulrat. Er gründete 1933 auch das Magazin „Pädagogischer Umbruch“.[59] Es handelte sich dabei um einen am 7.6.1880 geborenen älteren Bruder[60] des berüchtigten, am 12.2.1885 geborenen und am 16.10.1946 in Nürnberg hingerichteten Julius Streicher, der ebenfalls Lehrer war. Ihr Vater, Friedrich Streicher, war ebenfalls Lehrer und hatte insgesamt neun Kinder.

Hans Bibel war mit dem letzten Auftritt in der Sondernummer der DJZ vom 25.4.1933 von seinen Ämtern als 2. Vorsitzender der ABJ und als 1. Vorsitzender der ABJ in Franken zurückgetreten bzw. zum Rücktritt gezwungen worden. Er selbst formulierte es so:[61] *„1933 wurde ich daher meiner Ämter enthoben, da ich wegen aktiver demokratischer Gesinnung unerwünscht war.“* Seine in den Jahren bis 1933 öffentlich demonstrierte Haltung, die in seinen Beiträgen zur oben beschriebenen DJZ auch heute noch nachgelesen werden kann, belegt seinen politischen Weitblick ebenso wie seine makellose demokratische Gesinnung und absolute Unbestechlichkeit in grundsätzlichen Fragen. Hätten doch damals seine Kollegen mehr auf ihn gehört! Daß sie es nicht getan haben, hatte seinen bitteren Preis: die ABJ hat es dann 1935 bereits überhaupt nicht mehr gegeben. Rationalität und tieferes Nachdenken, also Reflexion im Sinne des Titels des vorliegenden Buches, war immer schon anstrengend; einfacher ist es bis heute geblieben, der Mehrheit reflexhaft nachzutrotten oder sich überhaupt aus allen Schwierigkeiten oder Entscheidungen herauszuhalten.

Möglicherweise hat Hans Bibel infolge der Auflösung der ABJ sein diesbezügliches Engagement auf einen anderen Schwerpunkt verlagert. Denn *„seit meiner Lehrertätigkeit habe ich mich aktiv in der Elternbewegung in Nürnberg beteiligt und einige Jahre bis zum Kriegsausbruch eine Elternzeitschrift geleitet“* läßt er uns in seinem Lebenslauf wissen. Es ist mir jedoch trotz umfangreicher Recherchen nicht gelungen, diese Elternzeitschrift

[59]http://www.wehrmacht-awards.com/forums/showthread.php?t=329316, Zugriff 25.4.15.

[60]Die Details verdanke ich Herrn Karlheinz König.

[61]Schreiben vom 6.8.1946 an die Spruchkammer. Staatsarchiv Nürnberg, Spruchkammer Nürnberg II, B-315.

ausfindig zu machen.[62] Jedenfalls war er weiterhin auch in der Schulpolitik aktiv, beispielsweise im BLV, wie vorhandene Protokolle belegen.[63]

Reserveoffizierslaufbahn

Hitler begann bald nach seinem Machtantritt, den militärischen Apparat wieder massiv aufzubauen. Hans Bibel war kein Pazifist. Er war sehr heimatverbunden. Diese Verbundenheit galt in erster Linie seiner fränkischen Heimat und in zweiter Linie dem deutschen

[62]Lebenslauf vom 18.5.1956, Personalakt S.126f, sowie Anlage zum Fragebogen vom 8.2.1947, S.80, aaO. Fußnote 6. Lt. der letztgenannten Quelle hieß die Zeitschrift: Elternhaus und Schule – Schulgemeinde.
Zum 100. Geburtstag meines Vaters habe ich eine kleine Schrift „Stadtrat Hans Bibel, 23. Juni 1900 – 23. August 1967" verfaßt, in der ich auf S.2 Hans Bibel als Herausgeber der Elternzeitschrift „Die Schulgemeinde" angegeben hatte. Diese Information hatte ich damals dem Text der Grabrede des 1. Vorsitzenden des Nürnberger Lehrer- und Lehrerinnen Vereins (NLLV), Herrn Erwin König, entnommen, die ich in den Geschäftsräumen des Vereins einsehen konnte und in der von eben dieser Elternzeitschrift die Rede ist. Damit werden die Angaben meines Vaters durch ihn bestätigt, wobei ich es als unwahrscheinlich einschätze, daß Herr König damals Zugang zum Personalakt hatte, seine Information also unabhängig von den vorgenannten Quellen einzuschätzen ist.
Es gibt eine Zeitschrift mit dem Titel „Elternhaus und Schule, Monatsschrift für Erziehung und Pflege des Kindes", die vor dem Krieg von 1920 bis 1934 in Nürnberg herausgegeben wurde, in der ich aber keine Rolle oder Beiträge meines Vaters finden konnte und die auch nicht die Bezeichnung „Schulgemeinde" trägt. Die Schriftleitung hatten nacheinander die Herren Georg Vogel, Fritz Heller, Georg Schönhut und Otto Hopf inne. Der Charakter der Zeitschrift spricht nach meinem Urteil nicht für eine Mitwirkung meines Vaters.
Auf Anregung von Herrn Prof. Max Liedtke habe ich die Jahrgänge 1933–1938 der Bayerischen Lehrerzeitung auf einen Hinweis auf die von meinem Vater angeblich herausgegebene Zeitschrift erfolglos durchgesehen. Auch im Archiv der Thusneldaschule befindet sich nach Aussage des vormaligen Rektors Günter Neumann kein Hinweis auf eine solche Zeitschrift.
Auch intensive Bemühungen von Prof. Karlheinz König haben kein Ergebnis gezeitigt, der ua. 2016 im Bundesarchiv in Berlin nach Spuren von dieser Zeitschrift, beispielsweise in den Listen erschienener pädagogischer Zeitschriften sowie von registrierten Schriftleitern, gesucht hat. Er hat dort allerdings Anhaltspunkte in Form von analogen Beispielen dafür gefunden, daß es sich hier lediglich um eine Art Mitteilungsblatt gehandelt haben dürfte, das auf die „Schulgemeinde" der von meinem Vater vertretenen Thusnelda Schule bezogen war. Dies würde erklären, warum die Zeitschrift keine auffindbaren Spuren in überregionalen Dokumenten oder Organisationen hinterlassen hat. Für diese Erklärung spricht auch die Tatsache, daß Reichserziehungsminister Rust 1934 die Elternbeiräte durch „Schulgemeinden" ersetzt hat, worauf der Zeitschriftentitel zurückzuführen sein dürfte.
Nach all diesen erfolglosen Recherchen wurde die Suche nach dieser Zeitschrift eingestellt. Eine von meinem Vater bewußt falsch gemachte Angabe ist schon deshalb auszuschließen, weil mit der Angabe keinerlei Vorteile verbunden waren. Denkbar wäre höchstens eine Verwechslung mit seiner Herausgebertätigkeit bei der „Deutsche Junglehrer-Zeitung" (DJZ) (siehe Fußnote 46). Da diese jedoch überhaupt nicht den Charakter einer Elternzeitschrift aufweist, ist auch diese Möglichkeit höchst unwahrscheinlich. Die Frage, um welche Zeitschrift es sich dabei tatsächlich gehandelt hat, konnte also leider nur mit der beschriebenen Mutmaßung und nicht mit letzter Sicherheit beantwortet werden.

[63]Protokollband der Vereinssitzungen des Nürnberger Lehrervereins zwischen 18.7.1931 und 29.6.1934, zB. Blatt 15f.

Vaterland. Dieses zu schützen gehörte nach seiner Überzeugung zu den Aufgaben des Staates und seiner Bürger. In diesem Sinne war er ein überzeugter deutscher Patriot.[64]

Aus dieser Einstellung heraus sowie aufgrund seiner früher beschriebenen militärischen Erfahrungen im letzten Jahr des Ersten Weltkriegs und in dem Vertrauen auf die nach seiner Ansicht letzte zuverlässige Bastion, von der oben bei seinem letzten Beitrag für die DJZ mit dem wörtlich zitierten „Fazit" die Rede war, meldete er sich im Mai 1935 im 14. Infanterie-Regiment in Regensburg als Anwärter für die Reserveoffizierslaufbahn. Mit Hitler und den Nazis hatte dieser Schritt mit Sicherheit nichts zu tun gehabt, eher war dies im Gegenteil ein Schritt hin zu einer Institution, die einen gewissen Freiraum für oppositionelles Gedankengut gegen das politisch herrschende Regime gewährte.

Sehr wahrscheinlich hatte dieser Schritt auch mit der Aussicht auf einen beträchtlichen Ansehensgewinn für einen ehrgeizigen jungen Mann zu tun. Wie man in einer Reihe von Artikeln der DJZ der zwanziger Jahre nachlesen kann, waren das Ansehen ebenso wie das Gehalt eines Volkschullehrers nicht gerade üppig, um nicht zu sagen erbärmlich, und jedenfalls weit unter dem eines Offiziers der Reichswehr. Hier bot sich ihm also die Chance für einen gesellschaftlichen und auch finanziellen Aufstieg, die er sich nicht entgehen lassen wollte. Dies umso mehr als der vormals in weithin sichtbaren Ämtern tätige Hans Bibel seit Hitlers Machtantritt in dieser Hinsicht infolge seiner demokratischen Einstellung für zwei Jahre so gut wie kaltgestellt war.

Bei dem genannten Feldregiment hatte er schon 1918 für kurze Zeit gedient. Vielleicht hat er aus dieser kurzen Erfahrung heraus damals schon eingesehen, daß es im Falle des Falles zudem besser wäre, als Offizier die Geschicke selbst mit zu entscheiden statt als Gefreiter den Befehlen der Vorgesetzten ausgeliefert zu sein. Und vielleicht ahnte man aufgrund der Reden Hitlers und seiner Genossen schon damals, daß dieser Fall des Falles gar nicht mehr so lange auf sich warten lassen werde. Als weitere Erklärung für diesen Schritt lese ich aus den Bildern, daß sich mein Vater in diesen männlichen Gemeinschaften schon als Junge, als Lehrer in Landschulheimen, bei Feiern unter Freunden oder Kollegen und eben dann auch in der Gemeinschaft der Soldaten durchaus wohlgefühlt zu haben schien. Diese unterschiedlichen Aspekte erklären überzeugend diesen Schritt eines ansonsten eher unsoldatischen liberalen Geistes, der von seiner Persönlichkeit her alles andere als ein Militarist war.

---

[64]In der Datenbank der Mandatsträger des Stadtarchivs Nürnberg finden sich unter „GSI_Datenbank / GSI 99 – Gemeindevertreter" die Daten zu Hans Bibel. Dort liest man unter „Gutachten Za" die Passage: *„bereits seit 1935 nahm er, der stets stolz auf sein Vaterland war, am Wiederaufbau des deutschen Heeres … teil"*, dh. hier wird der Vaterlandsstolz explizit als Grund angegeben.

Er wurde nach Aufnahme im Juni 1935 dem Infanterie-Regiment 21, kurz den „Einundzwanzigern“, zugeteilt, mit dem er dann auch einen Teil des Krieges erleiden sollte. Ab Herbst 1936 nahm er an der Ausbildung zum Reserveoffizier in Form von vier Übungseinheiten teil, die ihn bis zum Kriegsbeginn zum Leutnant und Zugführer der Reserve[65] (d.R.) qualifizierten und die er in einem eigenen Album (FAHB2) ausführlich dokumentiert hat. Die erste Übung, der Unterführeranwärterkurs, fand in der Zeit vom 26.10. bis 21.12.1936 statt, die zweite und dritte, dann bereits als Gefreiter bzw. Unteroffizier der Reserve, vom 7.1. bis 4.3. und vom 23.4. bis 4.6.1937 (II Inf.Rgt. 21), und die vierte im Juni 1938 als Feldwebel der Reserve, in allen Fällen als Reserveoffiziersanwärter. Während dieser Zeiten war er jeweils von seinem Schuldienst ohne Einkommensverlust beurlaubt und seine Unterrichtsaufgaben wurden von Aushilfen durchgeführt. Mutmaßlich konnte er während dieser Ausbildung an Wochenenden nach Hause kommen. Die Aufnahme auf S.17 im Album FAHB4 demonstriert den bei einem Aufmarsch (mutmaßlich unter seiner Beteiligung) am Nürnberger Hauptmarkt zur Schau gestellten Nationalstolz und diejenigen auf den Seiten 37ff seinen persönlichen Stolz als Führungsperson innerhalb der Truppe. Nach einer politischen Beurteilung durch einen Herrn König von der Gauleitung der NSDAP vom 12.11.1939 wurde er am 10.1.1939 mit Wirkung vom 1.12.1938 zum Leutnant der Reserve ernannt.[66]

Es ist historisch belegt, daß das Militär auch unter Hitlers Herrschaft ein relativ unabhängiges Eigenleben führte und — jedenfalls in Friedenszeiten — einen bestimmten Ehrenkod aufrecht erhielt. Beispielsweise sind fast alle Attentatsversuche auf Hitler, auch der des 20. Juli 1944, von der Führungsschicht der Reichswehr ausgegangen. In den Zeiten des Kaiserreiches wurde das Militär sogar als „Schule der Nation“ tituliert und dieses Ansehen hat bis zu einem gewissen Grade auch den ersten Weltkrieg überdauert. Um 1933 spielte die auf 115.000 Mann begrenzte Berufsarmee die Rolle eines „Staates im Staate“. Das militärische Engagement meines Vaters hatte daher, wie bereits weiter oben ausführlich dargestellt, von der politischen Einstellung her nichts mit dem Gedankengut des Nationalsozialismus oder des Militarismus zu tun. Da liberales Gedankengut und eine darauf beruhende Opposition im zivilen und beruflichen Umfeld ihm nicht mehr möglich war, blieben aus seiner Sicht offenbar nur zwei Auswegmöglichkeiten: die innere oder äußere Emigration, die beide seinem Engagement für die Heimat und seiner zur Führung drängenden Persönlichkeit widersprachen, oder der Eintritt in eben die nach seiner Überzeugung einzig verbliebene Organisation, die noch die Kraft zu einer innerhalb des

[65]Lt.d.R. ab 1.12.1938, lt. Karteikarte aus Kartei: Beförderungen der Kriegsreserveoffiziere (Bundesarchiv – Militärarchiv, Signatur: RW 59/2077).

[66]Personalakt, aaO. Fußnote 6. Siehe auch die in Fußnote 65 angegebene Quelle.

Regimes eigenständigen Position aufbringen konnte. Unter diesen Gesichtspunkten wird seine Meldung bei der Reichswehr aus dem damaligen Kontext heraus voll verständlich. Sie erfolgte aus einer ehrenhaften Einstellung im — durch die gegen sein Engagement entstandenen Machtstrukturen — eng gesteckten Rahmen der verbleibenden Möglichkeiten und entzieht sich einer nachträglichen kritischen Beurteilung aus heutiger Sicht. Das sei zudem mit dem Hinweis illustriert, daß an einem heutigen Eintritt in die Bundeswehr auch nichts Anrüchiges gefunden werden kann, obwohl deren künftiges Verhalten ja genauso wenig prognostizierbar ist, wie das der Reichswehr im Jahr 1935 prognostizierbar war.

NSDAP Mitgliedschaft

Gleichwohl war Hans Bibel dann doch auch Mitglied bei gleich mehreren nationalsozialistischen Organisationen geworden. Als Mitglied des Bayerischen Lehrervereins (BLV) wurde er wie alle dessen Mitglieder am 1.9.1933 in den Nationalsozialistischen Lehrerbund (NSLB) automatisch überführt,[67] den es dann bis 1945 gab.[68] Vom NSLB war schon auf S.24 im Zusammenhang mit dessen Angriff gegen die Redaktion der DJZ die Rede. Im Kontext des NSLB wurde Hans Bibel ab Oktober 1933 auch Mitglied des Opferrings, offenbar einer mit dem NSLB assoziierten Wohlfahrtseinrichtung.[69] Zudem war er vom 1.5.1934 bis 1945 Pflichtmitglied der Nationalsozialistischen Volkswohlfahrt (NSV),[70] möglicherweise weil diese sich auch der Familien- und Jugendfürsorge widmete, was für den Dienst eines Volksschullehrers eine funktionelle Bedeutung gehabt haben konnte.[71]

---

[67]Erklärung vom 26.9.1935, Personalakt, aaO. Fußnote 6.
Das Aufnahmedatum wird ua. durch die Mitgliederkarteikarte bestätigt, die im Bundesarchiv, Abteilung Deutsches Reich, in der Akte unter der Signatur R 9361 II / 73232 vorliegt.
Durch eine Vereinbarung vom 22.6.1934 wurde der BLV ab 1.7.1934 innerhalb des NSLB als „Abteilung Wirtschaft und Recht im NSLB, Bayerischer Lehrerverein e.V." geführt (siehe dazu S.317 in: J. Guthmann, Der Bayerische Lehrer- und Lehrerinnenverein, München, 1961) und genau so bezeichnet ihn Hans Bibel in dieser Erklärung. Auch im Fragebogen vom 8.2.1947 für das Military Government of Germany, ebendort 80ff, fügt er die Bemerkung hinzu: „Nach Überführung des BLV". Bzgl. der Überführung des BLV siehe zB. auch https://de.wikipedia.org/wiki/Nationalsozialistischer_Lehrerbund, Zugriff 3.10.2015.

[68]Der NSLB wurde am 21.4.1929 in Hof gegründet. Siehe dazu S.191 in: Thomas Schörner, Paul Georg Herrmann – Familienforscher und NSLB-Funktionär, Blätter für fränkische Familienkunde, Hrsg. Gesellschaft für Familienforschung in Franken, Bd. 38, 189–202, 2015.

[69]Fragebogen zur politischen Beurteilung, 25.5.1938, Bundesarchiv Akte, aaO. Fußnote 67.
Unter dem Begriff „Opferring" gab es auch eine damit nicht zu verwechselnde, der NSDAP nahestehende Einrichtung zur Beschaffung von Geldmitteln für diese Partei. Siehe zB. http://images.library.wisc.edu/History/EFacs/GerRecon/GesetzBefreiung/reference/history.gesetzbefreiung.i0061.pdf, Zugriff 3.10.2015.

[70]Fragebogen zur Politischen Beurteilung, Bundesarchiv Akte, aaO. Fußnote 67, Fragebogen v. 8.2.1947, Personalakt, aaO. Fußnote 6 sowie Meldebogen vom 24.4.1946, Spruchkammerakte, aaO. Fußnote 61.

[71]Wie raffiniert die Nazis etwa ab 1938 dann sogar schon die Kindergartenkinder dogmatisierten, zeigt das in der NSV verwendete Hitler-Kult Motto: „*Händchen falten, Köpfchen senken — immer an den*

Überdies war er ab dem 1.9.1934 Mitglied des Reichsluftschutzbundes (RLB),[72] mutmaßlich weil er als Hausbesitzer und Vermieter unter der Verpflichtung des Schutzes der Hausbewohner stand.

Wie bereits in Fußnote 6 festgestellt, war Hans Bibel seit 1925 Mitglied des Geflügelzuchtvereins. Daß selbst dieser von der Thematik her völlig unpolitische Verein unter den massiven Einfluß der Nazis geriet, dokumentiert der folgende Sachverhalt. Mit Schreiben vom 19.4.1938 erkundigt sich die „Reichsgruppe Ausstellungsgeflügelzüchter e.V." in Berlin bei der NSDAP Gauleitung Franken, *„ob der Genannte Mitglied der N.S.D.A.P. ist, falls nicht, ob derselbe politisch einwandfrei ist"*. Sie möchten nämlich Hans Bibel *„zur Mitarbeit in unserer Organisation"* heranziehen. In der Antwort vom 5.5.1938 werden von der Personalabteilung der Gauleitung seine Mitgliedschaften in NSDAP, NSV und NSLB bestätigt.[73]

Es sei an dieser Stelle beiläufig auch noch erwähnt, daß er am 26.9.1934 wie jeder Beamte den Eid auf Hitler ablegen mußte.[74] Wer ihn verweigerte, wurde fristlos entlassen. Manche haben diese Verweigerung aus tiefer Überzeugung gleichwohl gewagt und die drastischen Folgen dann ertragen müssen, wofür ihnen Respekt gebührt. Ich kann jedoch nachvollziehen, daß man sich als machtloser Einzelner der Staatsmacht in ihren Funktionen und ihren derartigen Anordnungen beugt, auch wenn einem diese Staatsmacht noch so zuwider ist, und ich hätte in einer vergleichbaren Situation dann wohl auch so wie mein Vater gehandelt und den Eid — als reine Äußerlichkeit mit entsprechenden Hintergedanken — eben auch abgelegt.

Alle bislang genannten Mitgliedschaften sind aus der Sicht jener Zeit nicht wirklich zu beanstanden. Entscheidender und problematischer ist seine Mitgliedschaft ab dem 1.5.1937 in der Nationalsozialistischen Partei Deutschlands (NSDAP). Kommen wir nun also zu der entscheidenden Frage: *Warum trat ein überzeugter Liberaler dann aber schließlich doch in die NSDAP ein?* Lesen wir dazu, was er selbst darüber „wahrheitsgemäss" gegenüber der Spruchkammer in seinem Schreiben vom 6.8.1946 aussagt.[75]

„Etwa in den Jahren 1935/37 wurde ich wiederholt von Parteiseite zur Mitarbeit aufgefordert. Ich lehnte dies ab. Noch Anfang 1937 wurde ich in gleicher Angelegenheit persönlich zur Vorstellung bei der Partei beordert. Ich kam dieser Aufforderung nicht nach. In der 2. Hälfte des Jahres 1937 teilte mir der Vertrauensmann des N.S.L.B. im Schulhaus

---

Führer denken. Er gibt euch euer täglich Brot und rettet euch aus aller Not." Siehe https://de.wikipedia.org/wiki/Nationalsozialistische_Volkswohlfahrt, Zugriff 4.10.2015.

[72] https://de.wikipedia.org/wiki/Reichsluftschutzbund, Zugriff 5.10.2015.

[73] Bundesarchiv Akte, aaO. Fußnote 67.

[74] Personalakt, aaO. Fußnote 6.

[75] Personalakt, aaO. Fußnote 6.

mit, dass er mich auch zur Aufnahme in die Partei vorgeschlagen habe. Etwa zu Beginn des Jahres 1938 wurde mir meine Aufnahme in die Partei eröffnet. Ich hatte mich hiezu weder persönlich beworben noch irgendwelche Schritte dazu getan."

Man würde sich die Aufgabe zu einfach machen, wenn man diese eidesstattlich gemachte Aussage nicht auf ihren Wahrheitsgehalt überprüfen würde. Genau das versuche ich im folgenden zu tun. Dazu stellen wir uns zwei entscheidende Fragen. Erstens, ist eine pauschale Parteiaufnahme wie hier behauptet mit den verfügbaren historischen Erkenntnissen denkbar? Zweitens, warum hat Hans Bibel die Parteiaufnahme dann widerspruchslos hingenommen (oder sie vielleicht doch sogar selbst beantragt)? Als wohl eher unerheblich werden wir beiläufig auch die Frage nach dem Eintrittsdatum diskutieren. Die Parteimitgliedschaft ist als Ausgangsfaktum für diese Diskussionen aufgrund dieser Aussage sowie des betreffenden Archivnachweises unbestritten.[76]

Versuchen wir also die erste Frage zu beantworten. Meine diesbezüglichen Recherchen haben leider sich widersprechende Aussagen zutage gefördert. Die einen behaupten strikt, daß es pauschale Parteiaufnahmen damals nicht gegeben habe.[77] Die anderen erachten sie zumindest für denkbar.[78] Für keinen der beiden Standpunkte habe ich fundierte und belastbare Beweise finden können. Wir müssen also festhalten, daß sich nach dem Stand der derzeitigen historischen Recherchen diese Frage nicht zweifelsfrei und letztlich also nur spekulativ beantworten läßt.

Eine Reihe von Merkwürdigkeiten spricht eher dafür, daß mein Vater in Bezug auf die erste Frage die Wahrheit gesagt hat, er also *nicht* auf eigenen Antrag bzw. mit eige-

[76]NSDAP-Zentralkarte 12966 mit Mitgliedsnummer 4644418, Bundesarchiv Akte, aaO. Fußnote 67. Als Funktion in der Partei gab Hans Bibel „Hauswart" an, was sich auf die Schule oder die Räume des BLV resp. NSLB bezogen haben könnte (Personalakt, aaO. Fußnote 6).

[77]Unter https://de.wikipedia.org/wiki/Nationalsozialistische_Deutsche_Arbeiterpartei#NSDAP-Mitgliedschaft_auch_ohne_Zustimmung.3F ist zu lesen: „*Der Historiker Michael Buddrus vom Institut für Zeitgeschichte[31] kommt deshalb zu dem Ergebnis, dass eine Aufnahme in die NSDAP ohne eigene Unterschrift unwahrscheinlich sei.*" Zugriff 1.7.2015.
„*Mitgliedschaft in der NSDAP ohne eigenen, selbst unterschriebenen Antrag ist nach dem gegenwärtigen Forschungsstand undenkbar*" schreibt auch der ehemalige Leiter des Nürnberger Schulverwaltungsamtes, Manfred Schreiner, in einer privaten Korrespondenz vom 2.9.2015 mit dem Autor.
Mir ist im Jahr 2000 anläßlich der Feier zum 100ten Geburtstag von Hans Bibel von einem Teilnehmer, der mir den Eindruck von Sachkunde in dieser Frage machte, gesagt worden, daß es solche pauschalen Parteieintritte nicht gegeben habe.

[78]Unter Verweis auf „Götz Aly: Was wusste Walter Jens? Wahrscheinlich geschah seine Aufnahme in die NSDAP ohne eigene Kenntnis, in DIE ZEIT 7. März 2008" korrigiert der in der vorangegangenen Fußnote genannte Manfred Schreiner seine Einschätzung später in seinem privaten eSchreiben vom 7.1.2016 wie folgt: „*Die immer wieder vorgebrachte Behauptung, 'keiner kam ohne persönlichen Antrag in die Partei', lässt sich offensichtlich nicht immer halten.*" Wie mir Karlheinz König sagte, sei Aly's Einschätzung aber von dessen Kollegen dann auch wieder bestritten worden.

ner Unterschrift unter einen derartigen Antrag Parteimitglied geworden ist.[79] Nach allem was man von jener Zeit weiß, ist generell davon auszugehen, daß beamtete Lehrer sowie Mitglieder einer Organisation wie derjenigen des NSLB mit raffinierten Mitteln zur Mitgliedschaft in der NSDAP gedrängt, „überredet“ oder automatisch gebracht wurden.[80] Auch Manipulation von Dritten kann nicht ausgeschlossen werden. Da in Franken zudem der Gauleiter Julius Streicher, selbst ein Volksschullehrer sowie aktives Mitglied des BLV,[81] *„die unbedingte Führungsrolle in der Partei und im Gau“* für sich reklamierte,[82] hat er dort sicher die geeigneten Schritte unternommen, um bis auf wenige Ausnahmen praktisch alle organisierten Lehrer in die Partei einzubinden. Die Nazis und ihre Anhänger haben derart Schreckliches vollbringen können, warum nicht auch etwas Trickserei im Zusammenhang mit Parteimitgliedschaften.[83]

Aus all diesen Hinweisen möchte ich als ein der wissenschaftlichen Präzision Verpflichteter zwar keine Antwort auf die erste der beiden Fragen ableiten, die Frage also letztlich unbeantwortet lassen. Es sei mir gleichwohl zugestanden, meine persönliche Meinung dazu zu äußern. Auch mir hat mein Vater in späteren Jahren zu der Frage seines Parteieintritts einmal beiläufig gesagt, daß dieser im Rahmen einer pauschalen Überführung aller Mitglieder des Bayerischen Lehrerverbands (BLV) bzw. dessen Nachfolgeorganisation NSLB

---

[79] Zunächst sei hierzu bemerkt, daß in der Bundesarchiv Akte, aaO. Fußnote 67, zwar die Mitgliedskarte, jedoch nicht der zugehörige, von Hans Bibel unterzeichnete Aufnahmeantrag vorhanden ist, nach dem der Autor in seiner Anfrage an das Archiv ausdrücklich verlangt hatte.
Merkwürdig an der Aktenlage in Bezug auf die Parteimitgliedschaft von Hans Bibel ist, daß in fünf der entsprechenden Dokumente des NSDAP Gauleitung-Personalamts zwar die Mitgliedschaft im NSLB, aber nicht die in der NSDAP bestätigt wird. Dies könnte bedeuten, daß die Gauleitung eben doch, wie mein Vater behauptet, die Mitgliedschaft in der NSLB als vollgültigen Ersatz für den in der NSDAP ansah und per 1.5.1937 dann tatsächlich aus der ersteren die letztere auch formal ableitete.
Im Fragebogen vom 28.4.1938, Bundesarchiv Akte, aaO. Fußnote 67, wird als Mitgliedsnummer noch „PA“ angegeben, was für „ParteiAufnahmeantrag“ stehen dürfte, was die Darstellung von Hans Bibel stützt, daß er erst „zu Beginn des Jahres 1938“ von der Mitgliedschaft informiert worden sei.
Auch *„ist bemerkenswert, dass viele Nürnberger NLLV-Funktionäre in den Spruchkammerverfahren immer wieder argumentierten, dass sie aufgrund ihrer Ämter im NLLV bei der Zwangsüberführung in den NS-Lehrerbund, NSLB, auch automatisch in die NSDAP aufgenommen wurden. Ob sie hier eine Ausrede abgesprochen haben oder ob dies tatsächlich der Fall war, kann ich nicht belegen.“* Dies stellte Manfred Schreiner in dem Schreiben vom 2.9.2015, aaO., fest.
Und schließlich ist die Unstimmigkeit bzgl. des Datums des Parteieintritts auch in diesem Zusammenhang bedenkenswert, auf die wir noch zu sprechen kommen werden.

[80] In: Thomas Schörner, Paul Georg Herrmann – Familienforscher und NSLB-Funktionär, Blätter für fränkische Familienkunde, Hrsg. Gesellschaft für Familienforschung in Franken, Bd. 38, 189–202, 2015, wird dazu auf S.192 festgestellt: „Selbstverständliche Pflicht für den im NSLB organisierten Lehrer war die gleichzeitige Mitgliedschaft in der NSDAP.“

[81] Mitteilung von Max Liedtke, eBrief an den Autor vom 10.10.2015.

[82] Julius Streicher, Wikipedia, Zugriff 18.2.2015.

[83] Die folgenden beiden Sätze liest man unter http://www.spiegel.de/spiegel/print/d-52263711.html (Zugriff 31.10.2016): *Auch der Historiker Norbert Frei hält eine unwissentliche Mitgliedschaft für möglich. „Es gab augenscheinlich beides: die strenge Ordnungsrhetorik des Aufnahmeprocederes und die schlampige Realität der Aufnahmen.“*

in die Partei erfolgt sei. Selbst wenn er, für den Moment unterstellt, gegenüber der Spruchkammer eine wahrheitswidrige Aussage gemacht hätte, warum hätte er diese dann selbst mir gegenüber und viele Jahre später in einer Situation beibehalten sollen, in der er wahrhaftig nichts mehr zu befürchten hatte?![84] Kurz, so wie sich mir die Umstände insgesamt darstellen und vor allem wie ich meinen Vater als einen immer wahrheitsliebenden Menschen gekannt habe, glaube ich seiner zitierten Aussage.

Soweit also zur ersten Frage. Beiläufig nun noch zu der Frage des Beitrittsdatums, ohne ihr eine allzu große Bedeutung beimessen zu wollen. Obwohl in der angeführten NSDAP-Zentralkarte als auch in einem offiziellen Dokument im Personalakt als Datum des Parteieintritts der 1.5.1937 genannt wird, bestand mein Vater mehrfach darauf, daß der Parteieintritt erst 1938 erfolgt wäre.[85] Für diesen Widerspruch gibt es eine mögliche und plausible Erklärung,[86] die darauf hindeutet, daß er auch in diesem Fall die Wahrheit gesagt hat. Eine nachweisbar eindeutige Antwort ist mir aber auch hier nicht möglich.

Kommen wir also zur zweiten entscheidenden Frage, warum ein Liberaler wie Hans Bibel die Aufnahme in die Partei widerspruchslos hingenommen und ab einem gewissen Zeitpunkt seine Mitgliedsbeiträge brav entrichtet hat. Abgesehen vom Druck,[87] der vom

---

[84]Natürlich weiß auch ich um die Eigenheit menschlicher Gedächtnisse, die vieles völlig verdrängen können.

[85]zB. im Dokument vom 3.6.48 im Personalakt, aaO. Fußnote 6, sowie in dem im Text angeführten Zitat.

[86]Wie mir Prof. Dr. Karlheinz König erklärte, gab es ab 1933 einen Parteiaufnahmestopp, der erst zum 1.5.1937 aufgehoben wurde. Viele nach diesem Termin erfolgte Parteizugänge wurden aus ökonomischen Gründen auf den 1.5.1937 zurückdatiert.
Aufgrund dieses Sachverhalts halte ich den Widerspruch für erklärbar aufgelöst. Nur um unwahrscheinliche, aber denkbare Alternativen nicht zu unterschlagen, seien noch die beiden folgenden denkbaren, aber höchst unwahrscheinlichen Erklärungen erwähnt. Unterstellte man doch die Existenz eines Aufnahmeantrags, der Bibels Unterschrift trug, so war es bis zur Aushändigung der Mitgliedskarte beziehungsweise des Mitgliedsbuches durchaus möglich, daß „bis zu zwei Jahre vergehen konnten“ (siehe https://de.wikipedia.org/wiki/Nationalsozialistische_Deutsche_Arbeiterpartei#Mitglieder, Zugriff 4.10.2015). Vielleicht bezog er sich in diesem unterstellten Fall in gutem Glauben auf den Zeitpunkt der Aushändigung.
Noch eine weitere, ebenso rein hypothetische Überlegung: Unterstellte man Hans Bibel eine bewußt falsche Angabe des Eintrittsdatums, so könnte ein Grund dafür darin gelegen haben, daß in den Entnazifizierungsgesetzen der 1.5.1937 eine Rolle als Stichtag spielte. Siehe dazu Paul Hoser, Entnazifizierung. In: Historisches Lexikon Bayerns. http://www.historisches-lexikon-bayerns.de/artikel/artikel_46003, Zugriff 30.7.2015.

[87]Zum atmosphärischen Hintergrund hierzu sei aus einem Text zur 100-Jahrfeier der damaligen Schule meines Vaters aus http://www.thusneldaschule.de/100-jahre-thusneldaschule/das-schulhaus/index.html die folgende Passage zitiert: „*Ein Schlaglicht auf die unduldsam-brutale Atmosphäre dieser Zeit kann allerdings das Erlebnis des Mögeldorfer Lehrers Oschatz werfen, das der spätere Rektor Guthmann in seinem Zeitzeugenbericht schildert: 'Dieser Lehrer (Oschatz) war 1944 bei der Eröffnung einer Lehrer-Pflichtkonferenz im Deutschen Hof beim Horst-Wessel-Lied sitzen geblieben. Tischkollegen trugen ihn mit Stuhl ins Nebenzimmer und verprügelten ihn dort, weil er sich nur zum Deutschlandlied erhoben hatte.'* “

damaligen „Schwarmverhalten“ der Gesellschaft generell ausging,[88] war eines der wirksamsten Druckmittel — damals wie bis heute — Geld, Einfluß und Ansehen, beispielsweise in Form der Verschleppung einer überfälligen Beförderung.[89] Wenn man zu jener Zeit schon nicht einmal für die Geflügelzüchter ohne eine entsprechende Bestätigung der Gauleitung tätig werden durfte, wie ich oben dokumentiert habe, ist es selbstverständlich, daß eine Beförderung als Lehrer oder Offizier ohne eine entsprechende Einwilligung umso undenkbarer war. Hierin sehe ich denn auch das Hauptmotiv für meinen Vater, die Parteimitgliedschaft einfach hinzunehmen, wie immer sie auch zustandegekommen sein mag. Denn schon die auf S.29 erwähnte Ernennung zum Leutnant der Reserve zum 1.12.1938 wäre ohne die dort genannte Stellungnahme der Gauleitung wohl nicht zustande gekommen. Ebenso ist seine Beförderung zum Hauptlehrer zum 1.8.1939,[90] Jahre zu spät angesichts seiner führenden Tätigkeiten im bayerischen Schulwesen, aber eben genau im Jahr nach seinem Parteieintritt erfolgt.[91] Vor der Durchführung der Beförderung mußte die zuständige Regierung von Mittelfranken tatsächlich mit Schreiben vom 6.5.1938 um eine gutachtliche Äußerung des Personalamts der Gauleitung ersuchen, die mit Schreiben vom 4.7.1938 unter Angabe der Mitgliedschaften erfolgte. Dieser Vorgang wiederholte sich aus unerfindlichen Gründen nochmals nahezu inhaltsgleich mit dem Austausch des Schreibens vom 24.9.1938 und der Antwort darauf vom 12.11.1938, worauf dann seine Beförderung im darauf folgenden Jahr endlich erfolgen konnte.[92]

Jedenfalls hat man also auch meinen Vater in den Jahren 1937/1938 zumindest formal an das System gebunden und er ist — wie etwa 11–14 Millionen erwachsener Deutscher — also schließlich Parteimitglied geworden und mußte nach Kriegsende dann dafür im Rahmen eines Spruchkammerverfahrens auch büßen, worüber ich später auf den Seiten 77ff ausführlich berichten werde. Zum Widerstandskämpfer in einer aussichtslosen Lage — und also quasi zum Märtyrer — war er mit seinen Anlagen nicht geboren; vielmehr war er zeitlebens auf Ausgleich und liberale Toleranz bedacht, offenbar schweren Herzens eben

[88]Zu diesem Begriff, mit dem Hans Magnus Enzensberger in anderer Form auf die im vorliegenden Buch behandelte Dichotomie Reflexion vs. Reflex abhebt, siehe: http://www.faz.net/aktuell/feuilleton/debatten/frank-schirrmacher-preis-schwaermt-ihr-noch-oder-denkt-ihr-schon-13868712.html?printPagedArticle=true#pageIndex_2, Zugriff 29.9.2016.

[89]Prof. Dr. Rainer Liedtke schreibt: *„Gerade für Beamte war eine Nichtmitgliedschaft zumindest ein Hinderungsgrund für weiteren beruflichen Aufstieg“*. Privates Schreiben vom 2.9.2015 an den Autor.
In diesem Zusammenhang weist Prof. Dr. Karlheinz König auch auf die vom Bayerischen Kultusministerium 1935 verfügten Wohlverhaltenserlasse hin, wonach die fehlende Mitgliedschaft in der NSDAP Zweifel an der Zuverlässigkeit des Beamten begründen und dann zu entsprechenden Konsequenzen führen konnten, wobei die Art der Konsequenzen offengelassen wurde.

[90]Personalakt, aaO. Fußnote 6.

[91]Mein Kollege Ernst Dickmanns erzählte mir am 11.5.2015 von seinem Vater, der ebenfalls Volksschullehrer war, daß man ihn seinerzeit vor die Alternative gestellt habe: Parteieintritt oder Entlassung.

[92]Bundesarchiv Akte, aaO. Fußnote 67.

auch gegenüber der damaligen Staatsmacht, auch wenn er sie politisch zutiefst ablehnte. Wie auch nach dem Krieg wird er auch zu jener Zeit sich zu allen freundlich und verbindlich verhalten haben, auch wenn ihm sein innerer Kompaß eine ganz andere Richtung vorgab. Dadurch blieb er im neuen Machtgefüge unauffällig, da er seine politische Opposition als solche verdeckt hielt und nicht nach außen mit zu jener Zeit sinnlos gewordenen Einzelaktionen umsetzte. Wenn man wollte und genauer hinsah, konnte man seine Einstellung jedoch durchaus erkennen, weil er beispielsweise der Unterdrückung von Kritik öffentlich entgegentrat und die Ächtung von durch das System Ausgestoßenen nicht mitmachte, sondern auch zu ihnen ein unverändertes Verhalten beibehielt, wie ihm später im Rahmen des Spruchkammerverfahrens von glaubwürdigen Zeugen ausdrücklich bestätigt wurde. Infolge seines gelegentlichen mutigen Verhaltens soll meine Mutter, die selbst nicht NSDAP-Mitglied wurde, zu ihm gesagt haben:[93] *„Dich werden's nochmal hängen."* Auch die NSDAP Gauleitung bestätigt ihm für die Zeit vor dem 5.3.1933: *„Gegner der NSDAP"*. Sie beurteilt ihn 1938 aber aufgrund seines dann eher unauffälligen Verhaltens so: *„Heute ist sein Verhalten einwandfrei"*, *„politisch zuverlässig"*, *„anständiger Charakter"*, *„bejaht den nat.-soz. Staat"*, *„Nachteiliges nicht bekannt"* usw.[94] Auf diese Weise wurde er insgesamt einerseits seinen Verpflichtungen gegenüber der 1938 wachsenden Familie gerecht, für deren verantwortungsvoller Wahrnehmung wir Kinder ihm heute noch dankbar sein müssen, und bewahrte sich dabei gleichwohl seine innere charakterliche Würde.

Aus heutiger Sicht interessieren uns die Jahre nach 1933 und vor 1939 vor allem unter dem Gesichtspunkt der NS-Zeit und ihrer Auswirkungen, denen wir daher in diesem Abschnitt so viel Raum gegeben haben. Dabei waren diese Jahre für meine Eltern wohl viel mehr durch ein ansonsten völlig normales Privat- und Berufsleben geprägt. Am 27.2.1935 wurde das erste Kind, Annelore, geboren. Nach einer Bekundung von Anni Bauer soll mein Vater nach ihrer Geburt geäußert haben, daß er sie — anders als von Goebbels dem Volk propagiert — zu einer selbstbewußten und demokratischen Deutschen heranziehen werde, ein weiterer Hinweis auf seine innere Distanz zum System Hitler. Der im Abschnitt 1.1.3 bereits angesprochene Erweiterungsumbau des Hauses war wohl noch rechtzeitig vor der Schwangerschaft abgeschlossen worden.

Noch waren die Jahre vor dem Krieg für die Familie relativ angenehm. Ungeachtet der erheblichen beruflichen und häuslichen Inanspruchnahme wurden Reisen unternommen und es wurde weiterhin gern gefeiert. Am 28.10.1938 folgte dann das zweite Kind, Wolfgang. Vier Wochen darauf gab es auch im Parterre des Wohnhauses den ersten Nach-

[93] An diesen Ausspruch erinnerte sich meine Schwester (mitgeteilt 6.5.2015).

[94] Siehe vier unterschiedliche Fragebögen zur Politischen Beurteilung sowie zehn beurteilende Schreiben, Bundesarchiv Akte, aaO. Fußnote 67.

wuchs, Max (Maxi) Schmidt.[95] Es kam also gleich doppelt neues Leben in das Haus in der Schmausenbuckstraße. Leider verblieben danach nur noch wenige Monate bis zum Ausbruch des zweiten Weltkriegs, der diese relativ glücklichen Jahre jäh beendete.

1.2 Großeltern und Vorfahren

Menschen werden durch ihre Veranlagungen und durch ihr Umfeld geprägt. In der Regel spielen in Bezug auf beide Aspekte die Eltern die wichtigste Rolle. Daher wurde das Leben meiner Eltern bis zu meiner Geburt im letzten Abschnitt ausführlich dargestellt. Weil mein Vater in den ersten sieben Jahren meines Lebens lange Zeiten kriegsbedingt nicht zu Hause war, wurde ich in diesen sieben Jahren vor allem von meiner Mutter und ihrem unmittelbaren Umfeld geprägt. Zu diesem Umfeld gehörten meine dreieinhalb Jahre ältere Schwester und eine Reihe von Tanten oder von Freundinnen meiner Mutter. Der sonst zusätzlich übliche Einfluß der Großeltern war in meinem Fall bedingt durch die äußeren Umstände eher gering.

Gleichwohl bin ich davon überzeugt, daß Prägungen über genetische (und vielleicht ja auch epigenetische) sowie kulturelle Tradierungen auch über mehrere Generationen weitergegeben werden. Aus dieser Überzeugung heraus habe ich, wie auf S.12 bereits dargelegt, im letzten Jahrzehnt die Daten von fast eintausend direkten Vorfahren gesammelt. In diesem Abschnitt werde ich einige Kenntnisse zu diesen Vorfahren darstellen, vor allem natürlich zu den Großeltern.

1.2.1 Großeltern und Vorfahren väterlicherseits

Mein Großvater väterlicherseits, Johann (Hans) Leonhard Bibel, wurde am 13.5.1872 in Vohenstrauß (Oberpfalz) als fünftes von sieben Kindern (drei männlich, vier weiblich) geboren. Sein Vater, Johann Erhard Bibel, war Besitzer einer Privatbrauerei am zentralen Marktplatz von Vohenstrauß, heutige Hausnummer 22, Braumeister und Landwirt. Seine Frau Anna Margaretha war eine geborene Gollwitzer, deren Schwester die Mutter des Nobelpreisträgers für Physik Johannes Stark war. Stark und mein Großvater waren also Cousins. Die Familie Bibel war in Vohenstrauß angesehen und schon weit mehr als einhundert Jahre dort ansässig. Beispielsweise war der Großvater, Johann Georg Bibel, meines Großvaters dort neben seinen ausgeübten Berufen des Färbermeisters und Braumeisters in der Zeit 1840–1851 auch Bürgermeister.

[95]FAHB1 zeigt auf S.49 ein Bildchen der beiden Mütter mit den Babies.

Vohenstrauß war in einer kulturell besonderen Lage. Die Oberpfalz mit ihrer Metropole Regensburg ist seit etwa 1620 bis heute ein streng katholisches Land. Vohenstrauß war aber ab dem 16ten Jahrhundert Pfälzisch, genauer gehörte es damals zum Herzogtum Pfalz-Neuburg. Kurzzeitig war es sogar Residenzstadt, wovon noch heute das dortige Schloß Friedrichsburg zeugt. Nach dem „cuius regio, eius religio“ Prinzip wurde daher Vohenstrauß eine evangelische Enklave und Sammelplatz vieler evangelischer Christen innerhalb der katholischen Oberpfalz. Die Religion spielte daher wohl immer eine ganz besondere Rolle in dieser Stadt. Für Bürger mit dem passenden Namen „Bibel“ konnte das nur förderlich sein, solange sie sich auch entsprechend verhielten.

Irgendetwas Außergewöhnliches muß in der Vohenstraußer Familie Bibel in der zweiten Hälfte des neunzehnten Jahrhunderts vorgefallen sein. Denn mein Urgroßvater, eben jener Johann Erhard Bibel, und seine Frau haben ihr stattliches Haus am Marktplatz[96] am 22.4.1871 für 10.400 Gulden verkauft. Das Anwesen war ihnen am 13.7.1859 von den Eltern dieses Johann überschrieben worden. Seine Mutter war 1863 gestorben, aber der 1871 siebzigjährige Vater Johann Georg lebte mutmaßlich dort noch immer. Auch die Verkäufer lebten darin noch einige Jahre weiter. Nach Geburt des sechsten Kindes 1875 in Vohenstrauß sind sie dann vor Mai 1877 nach Sulzbach (Oberpfalz) umgesiedelt, wo am 12.5.1877 das siebte Kind geboren wurde. Ausgerechnet am Tag nach dieser Geburt starb in Vohenstrauß Johann Georg, der Großvater dieses Kindes. Anfang der 1880er Jahre ist die Familie dann weiter nach Nürnberg-Gleishammer gezogen.[97] Mit diesen — für damalige Verhältnisse extrem turbulenten — Veränderungen war offenbar ein dramatischer wirtschaftlicher Abstieg verbunden, denn in Nürnberg arbeitete der vormalige Brauhaus-Besitzer Johann Erhard dann irgendwann als Lagerarbeiter.

Was vorgefallen ist und was der Grund für diesen wirtschaftlichen Abstieg war, konnte ich nicht ausfindig machen. In einer in Vohenstrauß vorgefundenen Notiz heißt es: *„Bibel selbst ging später Konkurs.“* Aber warum sollte ein familiärer Betrieb mit stattlichem und am zentralen Stadtplatz gelegenen Hausbesitz und etwas Landwirtschaft in der damaligen Zeit in Konkurs geraten? In unserer Familie wurde davon gesprochen, dieser Brauereibesitzer habe seine Brauerei „selbst versoffen“, was — wenn es nicht als Spaß gemeint war — man als Hinweis auf Alkoholismus als mögliche Ursache deuten könnte. Ua. da das dama-

[96]Das Anwesen war 2008 im Besitz der Familie Werner Ochantel, einem Nachfahren der Käufer von 1871. Es ist zwar schön renoviert; die alte Anlage ist aber noch weitgehend erhalten.

[97]Die sich in Nürnberg besonders erfolgreich gestaltende Industrialisierung führte in der Gründerzeit am Ende des neunzehnten Jahrhunderts zu einem sprunghaften Anstieg der Bevölkerungszahl von 63.000 Einwohnern im Jahre 1860 auf 261.000, dh. mehr als das Vierfache, zur Jahrhundertwende 1900 (http://www.atlas-europa.de/t04/bevoelkerung/europ_staedte/pdf/BevStaedte-Tabelle_dt.pdf, Zugriff 25.9.2016). Die Familie meines Urgroßvaters ließ sich von diesem Sog offenbar mitreißen, um die Existenz sichern zu können.

lige Bier jedoch nur sehr geringen Alkoholgehalt aufwies, ist diese gemutmaßte Erklärung nicht wirklich überzeugend. In der Häuserliste steht: *„Besitzer kommt durch eigene Schuld vom Anwesen.“* Um welche „eigene Schuld“ handelte es sich aber? Oder war diese Notiz doch nur eine (unter Menschen gerne vorgetäuschte) Schuldzuweisung zur Beruhigung schlechten Gewissens? Immerhin ist belegt, daß die Brauzulassung und Schankkonzession vor der Bewilligung umstritten war, weshalb das Bräuhaus, seine Schenke und Bewohner bewußt gemieden worden sein könnten. In Vohenstrauß konnte — oder wollte — mir dazu niemand etwas sagen. Nachkommen der Geschwister meines Großvaters habe ich bis heute nicht ausfindig machen können, die sich dazu vielleicht hätten äußern können. Auch mein Vater hat — mit Ausnahme der Rindl-Tante und ihres Mannes — nie von Onkels oder Tanten, Cousins oder Kusinen väterlicherseits gesprochen. Derer hat es angesichts seiner sechs Geschwister ja eine Reihe gegeben, die teilweise auch viele Nachkommen gezeugt haben und wohl ebenfalls wie der Großvater ein durchaus normales Leben geführt zu haben scheinen. Kurz, auch aus den Lebensverhältnissen der Familie nach dem Umzug nach Nürnberg läßt sich nichts wirklich Nachteiliges erschließen, das auf eine Erklärung für das Geschehen in Vohenstrauß hindeuten könnte. So wird dieses besondere Kapitel in unserer Familie nicht mehr aufgeklärt werden können. Jedenfalls hat es eine Entwicklung in Gang gesetzt, ohne die es beispielsweise mich überhaupt nicht gegeben hätte.

Für meinen Großvater konnten die Kindertage unter diesen Umständen allerdings nicht sonderlich angenehm gewesen sein. Er besuchte ab dem sechsten Lebensjahr sieben Jahre bis 1886 die Werktagsschule (wie die Volksschule damals genannt wurde), erst in Sulzbach, dann in Nürnberg-Gleishammer. In seinem sehr guten Abschlußzeugnis werden ihm „sehr viele Geistesgaben“ bescheinigt. Von 1890 bis 1914 arbeitete er erst als Commiss, dann als Buchhalter in der Weingroßhandlung Carl Rennebaum in Nürnberg.[98] In seinem Abschlußzeugnis werden ihm „besondere Gewissenhaftigkeit“ und „hervorragender Fleiß“ bescheinigt. Von 1916 bis 1922 arbeitete er dann ebenso erfolgreich als Buchhalter und Kassier in der Papier- und Schreibwaren-Großhandlung C. Müller am Hauptmarkt in Nürnberg. Anschließend wurde er erfolgreicher Leiter mit Prokura der Abteilung Buchhaltung bei der Deutschen Aluminium-Tuben AG. 1926 wurde diese Firma von der Süddeutschen Metallindustrie-AG geschluckt, weshalb die Stelle verlustig ging.

[98]Im Gewerbeanmelderegister von 1905 der Stadt Nürnberg, Stadtarchiv C22/II OA Nr. 39, Lfd.Nr. 451, 452 v. 3.5.1905, meldet Bibel Hans led. prot. wohnh. Gugelstr. 125 eine Schankwirtschaft in der Heroldstr. 10 an, die er am 1.4.05 übernommen hat. Mein Großvater Hans war zu diesem Zeitpunkt natürlich nicht ledig. Falls der Eintrag bzgl. „led.“ korrekt ist, kann es sich bei diesem Hans daher nicht um meinen Großvater gehandelt haben. Einer möglichen ferneren verwandtschaftlichen Verbindung bin ich nicht nachgegangen.

Durch diese Tätigkeiten hat er sich offenbar so weitergebildet, daß er später beim Nachweis seiner arischen Abstammung im Zulassungsantrag als Steuerberater von 1933 zu seinem Beruf folgende Angaben machen konnte:[99] *„selbständiger Bücherrevisor, Steuerberater & teilweise feste Anstellung bei der Firma Süddeutsche Wein Vertriebsgesellschaft Nürnberg.“* Daraus ist zu schließen, daß er sich in der Zeit zwischen 1926 und 1933 selbstständig machte, wobei die Zäsur 1926 für den in diesem Jahr 54-Jährigen für diesen Schritt am naheliegendsten erscheint. Als Bücherrevisor (bzw. Wirtschaftsprüfer, wie man heute dazu sagen würde) und Steuerberater war er nach meiner Kenntnis dann in einer Reihe von angesehenen Nürnberger Geschäftsbetrieben[100] tätig und erwarb sich mit seinem liebenswürdigen Wesen und seiner Sorgfalt und Zuverlässigkeit weiter ein beachtliches Ansehen. Das Ansehen war immerhin so groß, daß ich noch als junger Mensch Jahre nach seinem Tod in einem Koffergeschäft — nach meiner vagen Erinnerung handelte es sich um Koffer Berner am Kornmarkt — unter Berufung auf seine frühere dortige Tätigkeit einen erheblichen Preisnachlaß beim Kauf eines Koffers bekam.

Es ist bemerkenswert, daß mir keinerlei Kontakte meines Großvaters mit dessen Cousin Johannes Stark bekannt sind, die in unserer Familie irgendwann einmal erwähnt worden wären. Immerhin war Stark in den dreißiger Jahren eine bedeutende Persönlichkeit in Deutschland.[101] Ich halte es daher für nicht ausgeschlossen, daß solche Kontakte tatsächlich überhaupt nicht existiert hatten, vielleicht sogar in bewußter Distanz zu einem Verwandten, der sich in der bei den Bibels nicht beliebten NSDAP führend engagierte.

Meine Großmutter väterlicherseits war Elise (Lisl) Friederike Bibel. Sie war als geborene Engelhardt am 15.10.1873 in Nürnberg als viertes von sieben Kindern (zwei männlich, fünf weiblich) auf die Welt gekommen. Ihr Vater war Zugführer bzw. später Oberkondukteur und stammte aus Neunkirchen am Brand nördlich von Nürnberg, wo sein Vater als Büttnermeister tätig war. Ihr Abschlußzeugnis der Werktagsschule, die sie von 1880 bis 1887 in Nürnberg besuchte, enthält als Bewertung „sehr gut“ in ausschließlich allen

[99] Die Zulassungspflicht als Steuerberater wurde 1933 erstmals eingeführt. Siehe dazu: http://www.bundesfinanzministerium.de/Content/DE/Standardartikel/Ministerium/Geschaeftsbereich/Bundesfinanzakademie/Steuermuseum/Museumsfuehrer/21-die-entwicklung-des-steuerberatenden-berufes.html oder https://de.wikipedia.org/wiki/Steuerberater. Zum Begriff des Bücherrevisors siehe https://de.wikipedia.org/wiki/Wirtschaftsprüfung#Entstehung_in_Deutschland, Zugriffe 31.10.2016.

[100] Nach der Erinnerung meiner Schwester war darunter beispielsweise die traditionsreiche und noch heute bestehende Gaststätte Goldenes Posthorn in der Glöckleinsgasse 2 direkt oberhalb der Sebalduskirche in Nürnberg, für die er die Buchhaltung und die Steuererklärungen in Händen hatte.

[101] Ich erinnere mich nur an ein Gespräch nach dem Krieg mit Herrn Höcker in Bayreuth, in dem dieser auf den bedeutenden Verwandten hingewiesen hat. Wie Höcker mit uns verwandt ist, habe ich bis heute nicht herausfinden können. In meiner Datei gibt es allerdings einen Johann Georg Höcker aus Vohenstrauß, geboren 1851.

Fächern. Von 1889 bis 1893 war sie in der Fränkischen Papierwaaren-Fabrik (sic) tätig, aus der sie dann wegen Geschäftsübergabe an einen neuen Inhaber ausschied.

Meine Großeltern haben am 16.6.1898 in Nürnberg geheiratet. Lisl war katholisch, ihr Mann dagegen evangelisch, und sie haben beide ihre unterschiedliche Konfessionszugehörigkeit bis zum Tode beibehalten, den einzigen Sohn dann aber evangelisch taufen lassen. Über die Ehe ist mir mit Ausnahme von Anekdoten verständlicherweise nichts bekannt. So erzählt meine Schwester von folgendem, dem gutgelaunten Großvater zugeschriebenem Spruch zu seinem Sohn: *„Ach Bub, wie gut könnten wir beide es doch haben, wenn ich Deine Mutter nicht geheiratet hätte.“* Nach Erzählungen meines Vaters seien einvernehmliche Entscheidungen zwischen den Großeltern wie folgt herbei geführt worden. Wenn beispielsweise der Sonntagsausflug nach dem Wunsch des Großvaters an den Schmausenbuck statt an den Dutzendteich (zwei beliebte Ziele) gehen sollte, dann setzte er seinen Willen angeblich mit folgender List durch. *„Lisl, gehn mer heit an Dutzendteich?“* — *„Na, af gar kan Fall, ich will endlich wieder amol zum Schmausenbuck.“* — *„Na ja, wenns'd manst, na geh ma halt af'n Schmausenbuck.“*

Die Wohnung der Großeltern befand sich in der Comeniusstraße 12 in Nürnberg, direkt hinter dem dortigen Hauptbahnhof. In unmittelbarer Nähe, nämlich in der Allersberger Str. 4 gab es die Lederhandlung Bibel[102] des Sohnes Fritz Bibel eines Cousins und Namensvetters Johann meines Großvaters, die beide ebenfalls aus Vohenstrauß stammten. Mutmaßlich haben sie sich schon wegen des gemeinsamen und seltenen Nachnamens gekannt.

Infolge des offenbar recht guten Einkommens des Großvaters konnten sich die Großeltern neben der Stadtwohnung auch ein Wochenenddomizil leisten. So kauften sie sich — mutmaßlich nach Aufnahme der Tätigkeit meines Vaters dort — in Georgensgmünd am Kirchenbuck ein Wochenendhaus mit einem idyllischen Garten. Im Gegensatz zu meinem mütterlichen hat der väterliche Großvater sein übriges Geld aber offenbar nicht gewinnbringend in Unternehmen oder Immobilien, sondern nur auf Sparbüchern angelegt. Deshalb verlor er dem Vernehmen nach viel Geld durch die Inflation der zwanziger Jahre und seine Frau dann nochmals durch die Währungsreform von 1948, sodaß sie danach noch auf unterstützende Zuschüsse von ihrem Sohn angewiesen war.

Von den Familien beider Großeltern sind mir keine Kriegsteilnehmer oder Opfer im ersten Weltkrieg bekannt, was nicht ausschließt, daß es solche doch gegeben haben könnte, vor allem da ich über keinerlei Informationen zu männlichen Cousins meines Vaters (bzw.

[102] Eine Reklameaufschrift für diese Firma konnte man noch bis 2015 auf einem dann abgerissenen Gebäude lesen.

deren Nachkommen) verfüge. Mein Großvater war bei Kriegsbeginn bereits 42 Jahre alt und wurde daher aus Altersgründen nicht mehr für den Wehrdienst berücksichtigt.

Nach den Großeltern nun zu den weiteren Vorfahren der väterlichen Linie. Der früheste direkte Vorfahre mit Namen Bibel, damals Bübel geschrieben, wurde 1610 in Waldthurn geboren, dessen Gemeindegebiet an das von Vohenstrauß angrenzt. Diese Aussage steht unter dem Vorbehalt, daß die Abstammungslinie in meiner Datei wirklich korrekt ist. Wie unter dem 1735 in Königstein geborenen Johann Georg Bibel in einer Notiz in der auf S.12 genannten Datenbank ausgeführt ist, gibt es in dieser Linie eine Reihe von Unsicherheiten. In der Notiz zum Individuum I578 werden weitere Buebels aus den Salbüchern der Herrschaft von Waldthurn genannt, die dort gearbeitet haben und zu meinen Vorfahren zählen könnten. Wenn man weitere Nachforschungen anstellen möchte, müßte man nach Ausräumen der genannten Unsicherheiten dort ansetzen. Die frühesten direkten Vorfahren (väterlicherseits) überhaupt in meiner Sammlung sind Peter Sperl, geboren 1460, und Niclas Mullner, geboren 1464, beide in Vohenstrauß. Viele der Vorfahren sind Handwerker verschiedenster Gewerke, unter anderen eine Reihe von Färbern, aber auch beispielsweise ein Richter in Vohenstrauß (was immer diese Berufsbezeichnung damals heißen mochte). Sie gehörten jedenfalls allesamt dem damaligen Mittelstand an.

1.2.2 Großeltern und Vorfahren mütterlicherseits

Der mütterliche Großvater, Leonhard Riegelbauer, wurde am 17.1.1877 in Georgensgmünd im Haus Friedrichsgmünd 36 geboren.[103] Dessen Eltern waren Georg Friedrich (Fritz) Riegelbauer und Katharina Barbara Riegelbauer, geborene Scharrer. Fritz wurde 88 Jahre alt, während Barbara schon 1895 starb.

Vorweg sollte man wissen, daß Georgensgmünd, wie der Namensteil „gmünd“ schon andeutet, am Zusammenfluß der Fränkischen und Schwäbischen Rezat liegt, die von da an den Fluß Rednitz bilden. Durch die beiden Flußarme wird das heutige Georgensgmünd in drei Teile geteilt, das östliche Georgensgmünd mit der den Ort dominierenden Kirche, das im Mündungsdreieck gelegene Friedrichsgmünd und das westliche Petersgmünd, das früher eine eigene Gemeinde war.

Barbara brachte das genannte Anwesen mit der damaligen Nummer 36 in Friedrichsgmünd mit etlichem Grund in die Ehe ein, das den Grundstock für den wirtschaftlichen

[103] Die Nummerierung der Häuser in Friedrichsgmünd wurde später geändert; dann trug das Haus die Nr. 23. Erst irgendwann nach 1950 wurde die Nummerierung der Häuser innerhalb der Petersgmünder Straße eingeführt.
Zur Geschichte dieses Hauses siehe: Barbara Volkert, Ein altes Haus erzählt, unveröffentlicht, 2014.

Aufstieg der Familie bildete.[104] Fritz war, wie seine Vorväter, Leinenwebermeister, betrieb dann aber dort im Haus einen Lebensmittelladen sowie die Landwirtschaft auf dem umliegenden Grund. Das Paar hatte sechs Kinder, von denen aber nur drei (Leonhard und zwei Schwestern) das Erwachsenenalter erreichten.

Leonhard brach die Familientradition und erlernte nach den Volksschuljahren bei der Firma Freytag in Georgensgmünd den Beruf des Schreiners. Nach der Gesellenprüfung mußte er zum — damals frühestens mit 25 Jahren möglichen — Erwerb des Meistertitels mindestens drei Jahre auf Wanderschaft gehen. Er machte daraus ganze sieben Jahre, die ihn ua. nach Roth, Esslingen am Neckar und Worms führten. Nach Erreichen des erforderlichen Alters machte er sich am 2.1.1904 im Hause seines Vaters selbstständig.

Kurz vorher, am 6.10.1903, heiratete er die neunzehnjährige Babette, eine am 13.8.1884 in Georgensgmünd geborene Braun, meine mütterliche Großmutter, die bei der Hochzeit bereits im dritten Monat schwanger war. Von deren sechs Kindern war schon oben im Abschnitt 1.1.2 zu meiner Mutter die Rede. Ihr Vater, Johann Braun, war Hafnermeister in Georgensgmünd und hatte neun Kinder, von denen sechs Mädchen das Erwachsenenalter erlebten. Babette war die zweitälteste von diesen.

Unter diesen in vieler Hinsicht günstigen Voraussetzungen — eine hübsche, junge Frau, ein stattliches Anwesen mit erheblichem, auch landwirtschaftlich nutzbarem und genutztem Grund, der tüchtige und wohl auch sehr verständnisvolle Vater mit im Haus, dazu ein wohl weiter vom Vater betriebener Gemischtwarenladen im Haus, ein wohl sehr kluger Kopf angefüllt mit wertvollen Erfahrungen aus den Jahren der Wanderschaft — startete Leonhard etwas in der bisherigen Familientradition völlig Neues: eine eigene Schreinerei. Der Start dieses Unternehmens war ebenso wie dessen Entwicklung in den kommenden Jahrzehnten von fulminantem Erfolg geprägt.

Schon nach zwei Jahren kauften die Eheleute ein Ackergrundstück mit etwa 3000qm Fläche jenseits des Eisenbahndamms unter Aufnahme einer Hypothek hinzu.[105] Dieser erste unternehmerische Schritt zeugt von einem guten Start des Betriebs. Ein Bild der Belegschaft etwa vier Jahre nach der Gründung weist neben den beiden Chefs bereits sechzehn Mitarbeiter aus. Auch der Krieg konnte diese Aufwärtsentwicklung kaum beeinträchtigen. Vor allem mußte Leonhard aus Altersgründen nicht mehr einrücken. In einer Notarurkunde vom 3.10.1921 wird sein Beruf bereits als Möbelfabrikant angegeben. In einem Brief vom 14.4.1930 spricht Leonhard davon, daß in seiner Fabrik „ca. 30 Mann dauernd beschäftigt sind". Dies sind ein paar ausgewählte Hinweise auf eine außerordent-

[104] Fritz Volkert, Chronik der Familie Riegelbauer und der Firma Leonhard Riegelbauer, unveröffentlicht, 2004, S.3ff.
[105] Fritz Volkert, aaO. S.10.

lich erfolgreiche und zielgerichtete unternehmerische Entwicklung hin zu einer in ganz Bayern bekannten Möbelfabrik mit der Spezialisierung auf Schlafzimmereinrichtungen, die zu ihren Spitzenzeiten bis zu 80 Mitarbeiter beschäftigte.[106]

Der Grund für den herausragenden unternehmerischen Erfolg liegt in folgenden Merkmalen. Wie gesagt, war Leonhard ein sehr kluger Kopf. Auch hatte er einen unerbittlichen Willen und die Fähigkeit sich durchzusetzen. Dabei war er ein durchaus geselliger Mitbürger. Dies zusammen machte ihn zu einer anerkannten Führungspersönlichkeit in seiner Familie, in seiner Fabrik, in seiner Gemeinde und bei seinen Geschäftspartnern. Aus meiner Sicht entscheidend war seine Einsicht in einen — nach damaligen Verhältnissen — optimierten Produktionsablauf bei der Herstellung der Produktpalette. Hierzu verwendete er baldmöglichst immer die neueste Technologie, auch in Bezug auf die erforderliche Energie. Unterstützt wurde diese Optimierung der Abläufe durch Fokussierung und Spezialisierung, denn die hergestellten Produkte waren in ihrer Vielfalt sehr eng begrenzt und vor allem klug ausgewählt, da sich jedes junge Paar ein neues Schlafzimmer wünscht. Mit dem von ihm gewählten Design hat er zu seinen aktiven Zeiten dabei immer den Geschmack der Zeit innerhalb des angesprochenen Kundenmilieus getroffen. Er expandierte schrittweise und der Kapitaldecke jeweils angemessen. Dabei kam ihm die Lage seines Betriebs sehr entgegen, weil sie auch flächenmäßig eine nach damaligen Verhältnissen enorme Expansion zuließ.[107] Er anerkannte aber durchaus auch seine Grenzen und griff deshalb bereits damals auf das Instrument des Subunternehmers zurück, indem er dem Malermeister Martin Baumgärtner auf eigene Regie die Lackiererei innerhalb des Firmengeländes überließ. Auch die Büroarbeit und die Kapitalverwaltung wurden wohl sehr umsichtig abgewickelt. Schließlich waren ihm alles in allem auch die Zeiten günstig gesinnt. Beispielsweise mußte sich die inflationäre Entwicklung Anfang der zwanziger Jahre für einen Unternehmer mit viel investiertem Kapital und daraus resultierenden Hypotheken günstig auf die Vermögenslage auswirken.

Jeder Betriebswirtschaftler würde bestätigen können, daß Leonhard damit entsprechend der heute herrschenden betriebswirtschaftlichen Lehren so gut wie alles richtig gemacht hat. Nur, woher hatte der Sohn eines Krämers alle diese wichtigen Einsichten, da seine Ausbildung sich auf die Volksschule und eine Schreinerlehre in einem Bauerndorf beschränkte? Sicher, er muß in seinen Wanderjahren vieles gesehen und dazugelernt haben. Aber alle mußten damals wandern und wenige hatten danach einen derartigen Erfolg wie er. Meine — von Dokumenten und meinen eigenen Erlebnissen mit ihm gestützte — These ist, daß Leonhard außergewöhnlich intelligent und begabt war. Mit dieser Begabung hat er

[106]Geschichtsbuch von Georgensgmünd, S.244.
[107]FAHB4, Seiten 16 und 19 zeigen zwei Ansichten etwa aus dem Jahre 1937.

sich in alles selbst eingearbeitet, den Markt und die einschlägige technologische Entwicklung genau beobachtet und die anstehenden Problemstellungen dann jeweils bestmöglich gelöst.

Ein Blick auf die damalige Konkurrenz zeigt, daß die Jahre des ausgehenden neunzehnten und beginnenden zwanzigsten Jahrhunderts eine Reihe vergleichbarer Gründungen von Möbelfabriken aufweisen. Beispielsweise entstanden vor 1910 allein in der Schweiz zehn derartige Möbelfabriken.[108] Von den in Deutschland in dieser Zeit gegründeten und später erfolgreichen Unternehmen seien nur drei beispielhaft genannt. 1897 gründet der 25-jährige Wendelin Rauch im baden-württembergischen Freudenberg einen kleinen Schreinerbetrieb und fertigt dort überwiegend Kleinmöbel.[109] Im Jahr 1900 eröffnet der Schreinermeister Georg K. Mahler im beschaulichen Kirchheim am Ries zwischen Bopfingen und Nördlingen eine Schreinerei, in der er 1909 mit der Fertigung eigener Möbel beginnt.[110] Im Jahr 1905 gründet Johann Popp in Erlangen eine Schreinerei-Glaserei.[111] Es gab also durchaus eine Reihe von Vorbildern, an denen sich Leonhard orientieren konnte, soweit er davon Kenntnis erhielt. Bei der Umsetzung mußte er sich dann aber auf seine eigene Intelligenz und Begabung verlassen.

Seine Wißbegier hat ihn — jedenfalls später, zu meiner Zeit als Kind in seinem Haus — dazu gebracht, am Bett immer ein Lexikon griffbereit zu haben, in dem er dann vor dem Einschlafen noch lesen und Neues lernen konnte. Auch kulturell war er sehr aufgeschlossen. Die Gemeinschaft des Chorgesangs war ihm zeitlebens sehr wichtig. Ein entsprechendes Bild vom Männergesangsverein hing an exponierter Stelle in seinem Büro. In seinem Wohnzimmer hing eine Kopie von Michelangelos „Erschaffung Adams“ aus den Fresken der Sixtinischen Kapelle im Vatikan. Klavierspieler bekamen für ein Vorspiel privatim ein ordentliches Honorar, wobei er eine Passion für Liszts Klavierkonzerte pflegte. Die Heirat seiner Tochter mit einem Studierten hat er unterstützt, hat vielleicht dessen Vater und Experten in Verwaltungsfragen auch um Rat gefragt. Die jüngste Tochter schickte er zu Studien ins Ausland.

1924 ließ er sich auch in den Gemeinderat von Georgensgmünd wählen. Dort erging es ihm aber wie jedem überdurchschnittlich Begabten in einem derartigen Gremium: er kollidierte mit den weniger Bemittelten; mit seinem Schreiben vom 28.9.1927 ersuchte er daher um seine Austrittserlaubnis.[112] Das Schreiben beeindruckt durch seine sprachliche

[108] http://www.hls-dhs-dss.ch/textes/d/D13990.php, Zugriff 22.5.2015.
[109] http://www.rauchmoebel.de/unternehmen/historie.html, Zugriff 22.5.2015.
[110] http://www.moebel-mahler.de/unternehmen/historie, Zugriff 22.5.2015.
[111] http://www.nordbayern.de/region/forchheim/moderne-formen-schreinerei-popp-auf-erfolgskurs-1.4231194 sowie http://www.popp-group.com/popp_002.htm, Zugriff 7.12.2015.
[112] Fritz Volkert, aaO. S.20.

Geschliffenheit und ironisch-boshafte Raffinesse, die man sonst von einem Schreinermeister eher nicht erwarten könnte. Auch wenn er sich bei der Formulierung vielleicht hat helfen lassen, erscheinen mir Dokumente wie dieses als weitere Evidenz für meine oa. These. Politisch hat er sich später nicht mehr engagiert, ist jedoch — wohl pflicht- und zeitgemäß und im Interesse seines Unternehmens — 1937 in die NSDAP eingetreten. Die Entnazifizierung nach Kriegsende war jedoch in seinem Fall problemlos.

Der wirtschaftliche Erfolg der Fabrik ermöglichte nicht nur deren beständigen weiteren Ausbau über ein großes Areal hinweg; er führte auch zur Investition in weiteren Grund- und Immobilienbesitz bzw. in Bauvorhaben in Georgensgmünd, Roth und Nürnberg. Dabei wurde auch jedes seiner Kinder fair bedacht mit Abstrichen bei der unverheirateten Lisl, worauf ich auf S.95 später noch zu sprechen komme. Mutmaßlich hat meine Mutter bei der Heirat eine schöne Mitgift bekommen, die für den anschließenden Hauskauf sehr gelegen kam, wenn sie denn wirklich geflossen ist. Auch der jüngste Sohn Willy, der als Drogist eine eigene Karriere aufbaute, erhielt für die Eröffnung seiner Drogerien in Ingolstadt und München finanzielle Unterstützungen.

Eine dominante Persönlichkeit wie mein Großvater fordert natürlich irgendwie auch Opfer. In der Familie war das vor allem meine Großmutter. Es ist zu vermuten, daß sie ihrem Mann bei dessen Dynamik nicht wirklich gewachsen war, auch wenn sich die beiden mutmaßlich durchaus gut verstanden haben. Hinzu kam bei ihr eine auch unter ihren Schwestern — beispielsweise bei der immer in Tränen stehenden Tante Anna — erkennbare psychische Anfälligkeit. Jedenfalls erkrankte sie Anfang der dreißiger Jahre — mutmaßlich im Zusammenhang mit dem Eintritt ins Klimakterium — an Depression, kam 1934 zur Kur nach Bad Kohlgrub und 1935 nach Bad Wörishofen. Ein längerer gemeinsamer Urlaub mit ihrem Mann wäre angesichts der damaligen medizinischen Möglichkeiten vielleicht wirksamer gewesen, ließ sich angesichts seiner beruflichen Überlastung aber wohl nie realisieren. Selbst ihre neue 1935 ihr zugewachsene Rolle als Großmutter der ersten Enkelin Annelore hat ihre psychische Verfassung nicht verbessern können. Die Bilder aus jener Zeit zeigen eine tief-depressive Person.[113] Sie nahm sich am 13.4.1936 das Leben durch Erhängen in der Fabrik (oberhalb des Maschinenraums). Es war wohl für Leonhard ein Schlag, von dem er sich psychisch nie mehr ganz erholt hatte. Seinen umtriebigen Unternehmungen hat dies aber keinen Abbruch getan.

Die Spuren der dominanten Persönlichkeit Leonhard Riegelbauer sind auch bei denjenigen seiner Kinder deutlich zu erkennen, die sich aus seinem direkten Einflußbereich

[113] Schon das Verlobungsbild meiner Eltern (FAHB1, S.28) zeigt sie mit einer für einen solchen Anlaß erschreckend düsteren Miene. Allerdings gibt es (im Besitz von Annelore) auch ein Bild ua. mit der Enkelin, auf dem sie einen durchaus glücklichen Eindruck macht.

nicht befreien konnten. Dazu gehörten Lisl, Fritz und Loni. Lisl wurde als älteste Tochter von Anfang an so stark in den Haushalt eingespannt, daß ihr dadurch zeitlebens eine Heirat oder ein Partner quasi verwehrt blieb. Nach dem Tod der Mutter mußte sie die Haushaltsführung vollends übernehmen, die sie mit großem Fleiß energisch in der Hand behielt.

Die beiden Söhne Fritz und Loni haben nach der Volksschule beide das Schreinerhandwerk erlernt und ihren Meister darin gemacht. Beide wurden wohl so gut wie immer in der Fabrik des Vaters mit eingespannt. Offenbar vermied es der Vater, einen Nachfolger unter den beiden zu favorisieren. Dadurch hatte keiner der Söhne jemals die Chance, sich mit moderneren Produktionstechniken und deren Grundlagen vertraut zu machen, so neue Impulse von außen einzubringen und die in einem derartigen Betrieb immer wieder erforderliche Erneuerung und Optimierung in Angriff zu nehmen, vor allem sich zu einer eigenen unternehmerischen Führungspersönlichkeit zu entwickeln. So blieb das Unternehmen bis nach Kriegsende unter der dominanten Regie des Seniorchefs. In dieser ambivalenten Situation wagte offenbar auch keiner der beiden Söhne vor dem 39ten Lebensjahr zu heiraten. Erst die Kriegsteilnahme ließ die beiden so weit heranreifen, um diesen Schritt zur Eigenständigkeit und Heirat endlich zu gehen.

In den darin zum Ausdruck kommenden Einstellungen des Vaters dieser Söhne, die man unter wirtschaftlichen Erfolgsaspekten auch als Versäumnisse bezeichnen könnte, dürfte die tiefere Erklärung dafür liegen, daß das Unternehmen in den Nachkriegsjahren den Anschluß an eine neue Entwicklung hinsichtlich der Fertigungstechniken ebenso wie der am Markt präferierten Modelle verpaßte und im Oktober 1975 den Betrieb (ohne Insolvenz) einstellen mußte, während damalige Konkurrenten wie die oben beispielhaft genannten Firmen Rauch, Mahler und Popp bis heute erfolgreich agieren.[114] Mit diesem einseitigen Vergleich soll aber die Erfolgsgeschichte der Firma Riegelbauer nicht geschmälert werden. Denn man könnte den drei beispielhaft ausgewählten erfolgreichen Firmen zahlreiche Unternehmen aus der gleichen Branche gegenüberstellen, die ebenfalls in jener Zeit der Jahrhundertwende gegründet wurden, die aber nicht oder nur kurze Zeit erfolgreich operierten, die in jedem Fall längst vom Markt wieder verschwunden sind. Auf der

[114] Im modernen Management spricht man hier vom „Effekt des Innovators Dilemma“: Unternehmen, die erfolgreich in einer Technologie sind — wie die vom Großvater zu seiner Zeit gut konzipierte industrielle Produktion von Schlafzimmern — haben Schwierigkeiten, bei einem Technologiebruch auf neue Unternehmenskonzepte umzusteigen, wie etwa der Einführung der Fließbandtechnik durch Henry Ford 1913 oder gar von IT-Technik in Fertigungsprozessen in den 1960/70er Jahren auf der Grundlage von CNC (computerized numerical control bzw. rechnergestützte numerische Steuerung). Siehe dazu zB. IM+io, Das Magazin für Innovation, Organisation und Management, Heft 1, 2015, S.10.

Erfolgsachse zwischen den Polen „völlig erfolglos“ und „höchst erfolgreich“ liegt unter allen Firmen der Branche die Firma Riegelbauer also allemal im obersten Segment.

Die männliche Linie der Riegelbauers konnte von meiner Kusine Bärbel und ihrem Mann Fritz Volkert lückenlos zurückverfolgt werden bis zu dem Besitzer, Georg Rieglbauer, des Rieglhofs im Ortsteil Riegl der heutigen Marktgemeinde Bad Zell, östlich von Linz in Oberösterreich, der dort um 1600 als Bauer wirtschaftete. Über ihn findet man in den Matrikelbüchern von Bad Zell im Ländlein ob der Enns folgenden Eintrag: *„Georg auf der Braitenaich am Rigl starb 1647 in der Zehler Pfarr.“* Das *am Rigl* darin erklärt wohl auch den Ursprung des Namens: die Riegelbauers waren die Bauern am Rigl, irgendeine dort befindliche landschaftliche Formation. Sein Sohn Adam, der den Hof ererbte und evangelischen Glaubens war, gab den Hof irgendwann in den vierziger Jahren des siebzehnten Jahrhunderts unter dem dort herrschenden unerbittlichen Druck der Gegenreformation auf und wanderte — wie viele derartige „Exulanten“ — nach Westen aus. Gleichwohl steht der Hof noch bis heute und heißt nach seinem damaligen Besitzer erstaunlicherweise noch immer Riegelbauerhof, obwohl die zwischenzeitlichen Besitzer seither ganz andere Namen trugen bzw. tragen.

Auf der Wanderung scheint sich Adam Riegelbauer vorübergehend in Reinwarzhofen als Bauer verdungen zu haben. Er heiratete 1647 in Regensburg eine Exulantin aus St. Martin, ebenfalls im Mühlkreis nordwestlich von Linz in Oberösterreich gelegen, und ließ sich mit ihr dann im fränkischen Waizenhofen bei Thalmässing nieder. Der Hof des Sohnes von Adam, Johann Riegelbauer, in Waizenhofen heißt noch heute nach ihm „Riegelhanselhof“.[115] Von hier wanderten die Nachfahren dann über eine Reihe von Generationen über das westlich von Thalmässing gelegene Bergen weiter nach Wernsbach, Petersgmünd und schließlich nach Friedrichsgmünd (wo dann die oben beschriebene Geschichte der Großeltern ihren Ausgang nahm). Sie ehelichten Frauen, die in diesen genannten Orten oder in deren Umgebung ansässig waren.[116] Dadurch hat sich ihre Exulantenerfahrung über die Generationen hinweg zwar sehr abgeschwächt, ist bis hin zu meinem Großvater aber doch immer noch spürbar geblieben.

1.2.3 Zusammenfassung

Nach dem Stand der Wissenschaft ist jeder Mensch ein durch Zusammenwürfeln von genetisch geprägten Anlagen der beiden Eltern und deren Vorfahren ausgeführtes Experiment der Natur. Es mag daher zum Verständnis der eigenen Persönlichkeit durchaus

[115] Bärbel Volkert, Kurzchronik der Familie Riegelbauer, unveröffentlicht, 2016.
[116] Fritz Volkert, aaO. S.50ff.

hilfreich sein, dazu auch die Persönlichkeiten eben dieser Vorfahren zu Rate zu ziehen. Diesem Zweck sollte der Inhalt des vorliegenden Abschnitts dienen, der Einiges über das Wurzelgeflecht meiner Herkunft bis zum Zeitpunkt meiner Geburt berichtet hat.

In diesen abschließenden Bemerkungen dazu werde ich mich natürlich davor hüten, dieses Wurzelgeflecht in allgemeiner Weise zu bewerten. Dazu müßte man ja einen Maßstab haben, mit dem man das Leben zweier Menschen in ihrem jeweiligen Wert vergleichen könnte. Einen solchen Maßstab gibt es nicht. Jeder ist ein Experiment für sich und sollte als solches in seiner Würde als Mensch von uns geachtet werden.

Aus gesellschaftlicher Sicht sind die Beiträge von Menschen gleichwohl recht unterschiedlich. Der eine prägt das Geschehen mehr bzw. sichtbarer, der andere weniger. Wenn man eine stärkere und als positiv empfundene Prägung als Wert zum Maßstab nähme, dann könnte man mein Wurzelgeflecht als „überdurchschnittlich gut" einschätzen. Von der bemerkenswerten politischen Rolle meines Vaters wird im Folgenden noch die Rede sein. Der eine Großvater hat das Nürnberger Wirtschaftsgeschehen mit gestaltet, der andere hat die Schlafzimmer von Tausenden bayerischer Bürger mit Möbeln ausgestattet und dabei für das wirtschaftliche Florieren seiner Gemeinde einen wichtigen Beitrag geleistet. Deren Vorfahren waren nahezu ausnahmslos Handwerker oder Bauern und gehörten damit zur bürgerlichen Mittelschicht, die unterhalb der adligen Schicht in einem eingeschränkten Rahmen einen gewissen Einfluß frei ausüben konnten, manchmal etwas herausragend in den Rollen beispielsweise eines Bürgermeisters oder eines Richters.

Bemerkenswert ist das Zusammentreffen durch meine beiden Eltern zweier unterschiedlicher Linien von religiöser Beharrlichkeit oder Eigensinn. Die beiden Linien kommen aus ganz unterschiedlichen Regionen, die eine aus der Oberpfalz, die andere über Franken aus Oberösterreich. Genetisch war diese Mischung aus weiter auseinander liegenden Regionen sicher erfrischend. Auffallend dabei ist aber die übereinstimmende Motivationslage hinsichtlich der Religionszugehörigkeit. Denn es gehört schon eine besondere Portion Willenskraft dazu, den eigenen stattlichen Bauernhof zugunsten seines Bekenntnisses zu opfern, wie es Adam Riegelbauer getan (S.48) und seinen Nachfahren überliefert hat. Die gleiche Einstellung hat die väterlichen Vorfahren in der evangelischen Diaspora Vohenstrauß geprägt. Auch das Georgensgmünd meiner mütterlichen Großeltern war von einer starken Zerklüftung der kirchlichen Zuordnungen der umliegenden Gemeinden geprägt. Während die Nachbarorte Spalt oder Abenberg weitgehend katholisch waren, ist Georgensgmünd bis heute sehr evangelisch geprägt. Hat diese religionskulturelle Ähnlichkeit der Herkunftsorte und die daraus resultierende Einstellung das Zusammenfinden meiner Eltern unbewußt beeinflußt?

Mit dieser Frage ziele ich nicht nur auf den religiösen Hintergrund, sondern auch auf die zugrunde liegende charakterliche Ausprägung, die in Zügen wie Geradlinigkeit, Beharrlichkeit, Willensstärke usw. zum Ausdruck kommt. Wenn ich an das freiwillige Ausscheiden meines mütterlichen Großvaters aus dem Gemeinderat (S.45) denke, so kann ich mich aufgrund meiner eigenen Erfahrungen tatsächlich bestens in seine Lage versetzen. Und, wer weiß, vielleicht liegt in dieser besonderen charakterlichen Ausprägung ja doch auch der Schlüssel zu dem undurchsichtigen Vorkommnis um meinen Urgroßvater Johann Erhard und dessen Wanderung nach Nürnberg samt seiner neunköpfigen Familie (S.38). Auch gewisse Aspekte der in einer Seitenlinie aufgetretenen Persönlichkeit des Nobelpreisträgers Johannes Stark könnte man vielleicht hierunter einordnen. Jedenfalls hatte mich nach meiner Geburt die Natur und die mich umgebende Gesellschaft dazu aufgefordert, das mir Mögliche auf der Grundlage dieser Vorgaben zu machen. Davon soll im Weiteren nun die Rede sein.

Kapitel 2

Kindheit

Täglich werden auf dieser Erde viele Kinder geboren und jedes entfaltet sich in einer einmaligen Weise. So betrat auch ich im Jahre 1938 die Bühne der Welt. Das Umfeld, in das ich hineingeboren wurde, habe ich im letzten Kapitel grob umrissen. Nun wollen wir einen Blick auf meine Kindheit werfen, die sich in einer außerordentlich bewegten Zeit abspielte, in der ein massenmörderischer Weltkrieg auch mich und meine Familie aus unserer Geborgenheit herausriß und ringsum mit Zerstörungen wütete. Erst gegen Ende meiner Kindheit, das ich wie üblich um das Alter von etwa 14 Jahren platziere, begann sich die Welt um uns herum wieder einigermaßen zu normalisieren.

Die Zeit vor dem vollendeten zweiten Lebensjahr hinterläßt in uns Menschen keine bleibenden Erinnerungen. Auch sind alle schon gestorben, die bei meiner Geburt schon ein bewußtes Leben führen konnten. Deshalb bin ich in Bezug auf meine ersten Lebensjahre wie schon im letzten Kapitel ausschließlich auf überlieferte Dokumente angewiesen. Glücklicherweise sind die Quellen hierfür dank der Sorgfalt meines damaligen Umfeldes, vor allem meiner Eltern, durchaus reichhaltig. Danach aber setzen auch meine Erinnerungen an meine frühen Lebensjahre erstaunlich lebendig ein, deren Zuverlässigkeit anhand der vorhandenen Quellen gesichert werden kann. Steigen wir also ein in die Zeit des Herbstes 1938, in der mein Lebensweg begann.

2.1 Geburt

Das erste Dokument, das anläßlich meiner Geburt von meiner Mutter erstellt und in den darauf folgenden Jahren weitergeführt wurde, ist das Album „Unser Kind“.[1] Danach bin ich am 28. Oktober 1938 um 23:52 Uhr geboren. Die Entbindung erfolgte im Wöchnerinnenheim des Diakoniewerks Martha-Maria in Nürnberg, Sulzbacher Straße 75.[2] Dort fand am 4.11.1938 auch die Taufe auf den Namen Leonhard Wolfgang Bibel statt. Leonhard darin verweist auf meinen Taufpaten Leonhard Riegelbauer (jr.) und passenderweise gleichzeitig auf den zweiten Vornamen meines väterlichen Großvaters Johann Leonhard Bibel und auf den ersten des mütterlichen Großvaters, Leonhard Riegelbauer.

Im Hinblick auf den Zeitpunkt der Geburt ist in der Familie später die folgende Geschichte erzählt worden, die als weiteres Indiz für die im letzten Kapitel ausgeführte Gesinnung meines Vaters gewertet werden kann. Zu jener Zeit waren die Geburtstage der Nazi-Größen offenbar national zelebrierte Tage. So wußte jedermann und eben auch mein Vater, daß Josef Goebbels am 29. Oktober Geburtstag feierte.[3] Da nun am 28. die Wehen einsetzten, konnte es ja durchaus geschehen, daß sein zweites Kind ausgerechnet am gleichen Kalendertag wie Goebbels zur Welt kommen würde. Offenbar war das für ihn ein grauenvoller Gedanke. Deshalb soll er meine Mutter mit der Ermunterung immer wieder bedrängt haben: „Marie — schick' Dich!“ Und Marie hat ihm gefolgt und es noch knapp geschafft, die Entbindung acht Minuten vor Mitternacht zu bewerkstelligen. Goebbels kann meinen Geburtstag mit seinem also nicht beschmutzen. Stattdessen feiert der reichste Mann der Welt, Bill Gates, jeweils mit mir Geburtstag, der entscheidend zum Durchbruch der von unserer Zunft entwickelten Informations-Technologie (IT) beigetragen hat.[4]

Meine Mutter hat im genannten Album FAWB1 alles sorgfältig notiert, ua. Haarfarbe, Augenfarbe, Gewichte der ersten zwölf Monate und Besucher in der Entbindungsstation. Unter letzteren waren alle drei noch lebenden Großeltern, alle Geschwister und weitere Verwandte meiner Mutter, bezeichnenderweise von den Verwandten meines Vaters auch hier nur die Kusine Karola und ihre Mutter. Insgesamt sind 31 Besucher für die wenigen

[1] Entsprechend meiner in diesem Buch verwendeten Systematik als FAWB1 (Foto-Album Wolfgang Bibel Nr.1) bezeichnet. Das Büchlein enthält das Firmenzeichen der Bürohandlung Kurtze in Würzburg, einer in meiner Ahnen-Datenbank enthaltenen Verwandtschaft. Es dürfte sich also um ein Geschenk von dort anläßlich meiner Geburt gehandelt haben.

[2] Die Adresse ist entnommen der Publikation: Chronik 1889—1989, 100 Jahre Diakoniewerk Martha-Maria, S.17. Dort findet sich auch eine Fotografie der Gebäude.

[3] Geboren 29.10.1897 in Rheydt.

[4] Geboren 28.10.1955 in Seattle, WA. Sein Vermögen 2014 wurde von Forbes mit 76 Mrd. Dollar beziffert. Ich habe ihn 2006 in Brüssel persönlich kennengelernt, will damit aber nicht andeuten, daß er ein besonderes Vorbild für mich sei, auch wenn ich seine Leistung und Fähigkeiten durchaus sehr schätze.

Tage in der Klinik verzeichnet, was die große Beliebtheit meiner Eltern widerspiegeln dürfte.

Die Geburt des „Stammhalters" war für die — inzwischen ja bereits elf Jahre verheirateten — Eltern offenbar ein beglückendes Ereignis, wie die Bilder und Notizen dazu dokumentieren. Es wurde extra noch ein weiteres Fotoalbum für den Buben angelegt (FAWB2). Je ein Bild von ihm aus dem ersten Lebensjahr[5] und eines seiner Schwester hingen in späteren Jahren dauerhaft über dem Kopfende des Ehebetts der Eltern. Die Fotos wurden meist von meinem Vater mit seiner Leica gemacht und sind, wie schon erwähnt, Zeugnis seines fotografischen Talents. Aber auch meine Mutter besaß eine Rolleiflex-Kamera, mit der sie wohl auch eine Reihe von Bildern schoß, die in den Alben zu finden sind.

Vor Kriegsbeginn

Die auf die Geburt folgenden neun Monate waren wohl der abschließende Höhepunkt der glücklichsten Jahre der Familie Bibel in der Schmausenbuckstraße. Mein Vater war mit seiner Aufgabe als Lehrer, nach allem was ich weiß, voll und ganz zufrieden. Seine Unterbrechungen zum Zweck der Ausbildung als Offizier der Reserve haben ihn sicherlich weiter bereichert. Meine Mutter hatte sich als Städterin gut eingelebt und war eingebettet in einen geselligen Verwandten- und Freundeskreis beachtlichen Umfangs.

Das stattliche Dreifamilienhaus war in einem zeitgemäßen baulichen Zustand.[6] Die damaligen Mieter, darunter die Familien Ing. Hansmeier und Dr. Fritz und Dr. Olga Schmidt im Parterre, waren bestens situiert und beide genannten mit meinen Eltern eng befreundet. Die Mieteinnahmen zusätzlich zum Gehalt des Lehrers haben der Familie eine sorgenfreie wirtschaftliche Situation beschert, die sogar die Beschäftigung eines Dienstmädchens ermöglichte. Das Haus stand an einer der schönsten Straßen am Rande von Nürnberg, die direkt zum Tiergarten am bewaldeten Schmausenbuck führt. Sie war von breiten Gehsteigen für mindestens drei bequem nebeneinander flanierende Personen und einer Allee mit großen Bäumen eingesäumt und ihre Fahrstraße war für den Durchgangsverkehr gesperrt. Das Haus selbst hatte einen großen Garten, der von meinen Eltern mit viel Liebe und Einsatz gepflegt wurde. Südlich schloß sich ein weiterhin unbebautes Gartengrundstück und danach eine Wiese an und auch nördlich und östlich befand sich (zu jenem Zeitpunkt inzwischen bebautes) Park- und Gartengelände, was dem Anwesen damals eine einmalig solitäre und sonnige Lage verlieh. Im Umkreis entstanden schöne Villen und Häuser[7]

[5]Es handelt sich um das gleiche Bild wie das in FAWB1, dort gegenüber der Seite 5.

[6]FAWB3, S.47 oben.

[7]Beispielsweise wurden um das Jahr 1938 die Elternhäuser meiner späteren Freunde Gerd Fleischmann in der Eichenstraße 10 und Peter Lindner in der Bothmerstraße 8 gebaut.

bestens situierter Personen. Kann man sich eine bessere Ausgangskonstellation für ein neugeborenes Knäblein wünschen?

So durfte ich mich in den ersten neun Monaten unter wahrhaft glücklichen Umständen entwickeln, was vermutlich einen entscheidenden Anteil am Fundament meiner späteren stabilen Persönlichkeit gehabt haben dürfte. „*An einem schönen Sonntag am 13. Nov. ging ich mit meinem Wolfgang, 15 Tg. alt, schon 1 Std. im Garten spazieren, 8 Tage darauf machten wir mit unserem Buben die erste Spazierfahrt.*“ schreibt meine Mutter ins Album.[8] Die Bilder aus dieser Zeit in den Alben dokumentieren die entspannte und liebevollste Fürsorge meiner damals 32-jährigen Mutter für ihr Bübchen, offensichtlich ohne dabei ihr erstes Kind Annelore zu vernachlässigen. „Unser sonniger Bub“ wird eine Bilderserie betitelt.[9] Man traf sich zum Austausch der Mutterfreuden mit anderen Müttern ähnlich alter Säuglinge, allen voran mit Frau Dr. Olga (Olli) Schmidt im Parterre des Hauses, die ebenso wie ihr Mann beide als Ärzte auch den einen oder anderen guten Rat geben konnten. Mutmaßlich wurde auch nach der Geburt wieder — beispielsweise Fasching — gefeiert und wurden Reisen unternommen, beispielsweise mit einem der vier Autos (der Marke Adler) des mütterlichen Großvaters und seiner drei Söhne.

2.2 Kriegsjahre

Leider hat die politische Entwicklung die Fortsetzung dieser glücklichen Zeit unserer Familie — wie Millionen anderer — nicht mehr gegönnt. Schon ausgerechnet am Tag meiner Geburt wurden auf Befehl der Gestapo polnische Juden zu Tausenden aus Deutschland nach Polen ausgewiesen und zwölf Tage später veranstalteten die Nazis ihre abscheulichen Gewaltakte gegen Juden und jüdische Einrichtungen im gesamten Deutschen Reich.[10] Auch wenn Eltern so kurz nach der Geburt eines Neugeborenen von der ihnen damit zugewachsenen Aufgabe voll in Beschlag genommen werden, konnten sie diese Alarmzeichen dabei sicher nicht völlig ausblenden.

Mein Vater umriß die generelle Situation in einem im April 1940 fertiggestellten Dokument (FAHB3) wie folgt: *„Ich hatte seit Frühjahr 1938 nicht mehr daran gezweifelt, daß es in absehbarer Zeit zur bewaffneten Auseinandersetzung mit unseren Feinden kommen werde. Nachdem meine Mob[ilisierungs]-Beordnung als Zugführer bei der 4. s.M.G. Komp. [schwere Maschinengewehr Kompanie] feststand und nachdem ich dort im Februar 1939*

[8] FAWB1, S.7.

[9] FAWB2, S.4f.

[10] https://de.wikipedia.org/wiki/Novemberpogrome_1938.

für den Ernstfall eingewiesen war (mein ganzes Gepäck lag seitdem dort griffbereit), war ich gewissermaßen zu jeder Stunde sprungbereit." Bei aller Freude begann sich offenbar mehr und mehr ein Schatten über die glücklichen ersten Monate meines Lebens zu breiten. Denn bei aller Heiterkeit konnte die aufkeimende Sorge wegen eines Krieges keine wirkliche Freude bereiten, zumal die Generation meiner Eltern und Großeltern den ersten Weltkrieg und seine Folgen durchaus noch in lebhafter Erinnerung hatten.

2.2.1 Kriegsbeginn

Kinder sind für Sorgen und Ängste der Eltern wie die gerade beschriebenen besonders sensibel. Die zeitliche Koinzidenz des Kriegsausbruchs mit meiner Erkrankung Juli/August 1939 und gleich danach noch einmal etwa August/September 1939 erscheint mir daher alles andere als Zufall zu sein. Meine Mutter schrieb: „*Unser Bub hatte mit 3/4 Jahr Brechdurchfall u. kostete es viel Pflege, um ihn wieder auf die Höhe zu bringen; kaum war er soweit, bekam er mit 10 Monaten den Keuchhusten u. kam er wieder sehr herunter.*" Ich erinnere mich an eine Erzählung meines Vaters, wonach er mir beim Anblick meines Zustandes damals keine Überlebenschancen mehr einräumte. Eine offenbar sehr ernste Erkrankung mitten im Sommer!

Parallel zu diesen Erkrankungen kam es zu den folgenden dramatischen Entwicklungen. In den Worten meines Vaters:[11] „*In der letzten Juli Woche 1939 wurden plötzlich die 4 Offiziere d.R. [der Reserve], welche bei der aktiven Truppe mob[ilisierungs]mäßig eingeteilt waren, zu einem achttägigen Reitkurs einberufen. Wir waren uns klar: das sollte noch der letzte Schliff sein!*" Dies koinzidiert rechnerisch also genau mit meinem Brechdurchfall.

Mein Vater dann weiter: „*Mitte August arbeitete ich meinen Garten nochmals gründlich durch. Am Donnerstag den 24. Aug. 39 war ich gerade gegen 14h fertig geworden. Es galt nur noch die Wege durchzurechen. Das wollte ich unserem Dienstmädchen überlassen. Befriedigt, daß alles nun in so tadellosem Zustand sei, wollte ich eben durch den Staudenweg in die Wohnung gehen. Es war ein heißer Tag, die Sonne brannte; ich trug nur eine kurze Tuchhose. Da kam zum Hoftor herein: der Uffz. (R.O.A.) [Unteroffizier, Reserveoffiziersanwärter] Arnold von der 4. Kp. [Kompanie] — der seit langem mobmäßig bestimmte Bote für mich im Alarmfalle. 'Herr Ltn. [Leutnant] sollen sofort zur Komp. kommen! Alarm!'*"

[11] FAHB3, S.3.

Zwei Stunden später übernahm er als Leutnant[12] die Führung seines Zuges. Seine Kompanie war Bestandteil des Infanterie-Regiments 21.[13] Sein Vorgesetzter war nach seinen eigenen Angaben Major Braun.[14] Der Transport startet am 26.8.1939 und führt mit der Eisenbahn bis Militsch. Von dort beginnt der Marsch.[15] Am 31.8. wird die Grenze zu Polen überschritten. Unter geringem feindlichem Widerstand rückt die Kompanie bis zur Warthe (polnisch Warta) vor, wo es am 4. und 5.9. bei Belen zu heftigen Kämpfen kommt, bei denen mein Vater am 5.9. verwundet wurde. Und diese Ereignisse koinzidieren mit meinem Keuchhusten, wie ich jetzt erstmalig aus den verfügbaren Zeitdaten schließen kann. Wäre es nicht naheliegend, daß sich die Ängste meiner Mutter um ihren Mann in meiner Erkrankung ausgewirkt hatten?

Die Ereignisse zwischen dem 24.8. und 5.9.1939 hat mein Vater in einem bemerkenswerten Dokument (FAHB3) in Text und Bild festgehalten, in dem auch andere (ua. verwundete) Kameraden zu Wort kommen. Er hatte Glück im Unglück, denn seine Koppel, die durch den Geschoßtreffer zerfetzt wurde, hat ihn offenbar vor einer schlimmeren Verletzung bewahrt. Zeitlebens zeugte eine große Narbe an der linken Seite seines Rückens von der damaligen Verwundung. Es dauert dann etwa zwei Wochen, bis der Verwundete zusammen mit anderen nach mühsamen Transporten und verschiedenen Zwischenetappen mit dem Lazarettzug in Leipzig eintrifft, wo er im Diakonissen Krankenhaus wieder hergestellt wird.[16]

Auf S.41 im FAHB4 findet sich die Ansichtskarte des Reserve-Lazaretts Annaberg im Erzgebirge südlich von Chemnitz. Ich schließe daraus, daß er nach dem Krankenhausaufenthalt dort vollends ausgeheilt wurde.[17] Nach seiner Genesung wird er in seiner Heimat in Fürth bis Februar 1940 als Kompanieführer mit der Aufstellung einer Genesungskompanie beauftragt.[18] Er war also für eine geraume Zeit wieder in Reichweite seiner Familie, ein weiteres, eher seltenes Glück in diesen schrecklichen Kriegstagen. Vor allem, er — und auch ich: wir waren beide wieder gesund und ein normales Familienleben war wieder möglich.

[12] Er wurde am 1.12.1939 zum Oberstleutnant der Reserve befördert und behielt diese Stellung bis zum 31.8.1942.

[13] http://www.lexikon-der-wehrmacht.de/Gliederungen/Infanterieregimenter/IR21.htm. Siehe auch: Karteikarte aus Kartei: Beförderungen der Kriegsreserveoffiziere (Bundesarchiv – Militärarchiv, Signatur: RW 59/2077).

[14] Fragebogen vom 8.2.1947; Staatsarchiv Nürnberg Signatur „Regierung von Mittelfranken, Abgabe 2000 Nr. 15750“, Personalakt, S.80ff.

[15] Die Route ist in der Karte markiert, die FAHB3 beigefügt ist.

[16] FAHB3, S.41.

[17] Alternativ könnte es möglicherweise sein, daß er dort 1944/45 noch stationiert war. Die exakte Interpretation der Ansichtskarte ist mir nicht gelungen.

[18] FAHB3, S.53, sowie FAHB2, letzter Teil, Nov. 1939 bis Feb. 1940.

Die von meinem Vater stammenden Texte lassen aus heutiger Sicht an der einen oder anderen Stelle durchaus auch aufhorchen. Beispielsweise spricht er „*von den schweren und doch so schönen Tagen des Polenfeldzuges*“.[19] Nun, das Dokument ist als offizieller Bericht für die 21er konzipiert und 1940 fertiggestellt. Da gehörte es wohl zum guten Ton, den Stolz der deutschen Wehrmacht auch in entsprechenden Worten zum Ausdruck zu bringen. Offensichtlich war mein Vater aber auch selbst durchaus ein stolzer und ehrgeiziger Soldat. Dabei war er nach meiner Einschätzung zeitlebens eine eher vorsichtige, in jedem Fall umsichtige Persönlichkeit und alles andere als ein Haudegen wie beispielsweise sein damaliger Kamerad Schuler. Aber vielleicht gerade deshalb gab ihm die soldatische Gemeinschaft wohl Halt und verlieh ihm Stolz. Es ist jedenfalls wenig wahrscheinlich, daß ihn als überzeugten Patrioten zu jener Zeit sonderlich kritische Gedanken im Zusammenhang mit diesem Krieg geplagt hatten. Daß dies ein von Hitler angezettelter Aggressionskrieg war, hat er sich — wie so viele damals — wohl einfach nicht klar gemacht bzw. infolge des Fehlens einer freien Presse auch nicht klarmachen können.[20]

2.2.2 Die ersten Kriegsjahre

Die folgenden drei Jahre waren für die Familie trotz des Krieges vergleichsweise normale Jahre. Ich habe keine sicheren Informationen über die Tätigkeit meines Vaters nach dem og. Februar 1940 und vor seinem Einsatz an der Ostfront im Mai 1943. Die einzigen beiden Bilder von ihm aus dieser Zeit zeigen ihn in Uniform.[21] Nach seinen eigenen Angaben war er bis zum 31.8.1942 noch immer im Inf.Reg.21 und ab dem 1.9.1942 im Inf.Reg.42.[22] In einer handschriftlichen nach dem Krieg erstellten Notiz hält er fest: „*Wolfis Kinderzeit fiel in die schrecklichen Kriegsjahre. Sein Vater war Soldat, die Mutter führte allein das Hausregiment.*“ Aus solchem und weiterem Kontext schließe ich, daß er in den drei Jahren 1940–1943 als Oberleutnant weiter in der Heimat diente und daher relativ oft auch zu Hause sein konnte.

Über mich schreiben mein Vater: „*Ein braves, sonniges Kind*“ und meine Mutter: „*Wolfi war ein lieber drolliger Bub, immer mit einem spitzbübischen Lächeln u. voller Übermut u.*

[19] FAHB3, S.53.

[20] Inzwischen ist das zugrunde liegende menschliche Verhalten vor allem durch das Milgram-Experiment überzeugend geklärt: „*Wir töten und foltern fast alle, wenn es von der Autorität befohlen und in einem scheinbar alltäglichen, aber kriminellen Kontext wie dem Nationalsozialismus erfolgt*“, wie Niels Birbaumer in „Das Böse beginnt im Gehirn, Hirnforschung mit Straftätern“ schreibt (http://www.faz.net/aktuell/wissen/mensch-gene/hirnforschung-mit-straftaetern-das-boese-beginnt-im-gehirn-13649029.html?printPagedArticle=true#pageIndex_2 , Zugriff 23.6.2015).

[21] FAHB1, S.51, FAWB2, S.20.

[22] Fragebogen vom 8.2.1947, Personalakt S.80ff, aaO. Fußnote 14.

mit seinem Schwesterlein jauchzte er voller Lust u. Freude. Er war überall der Liebling." Das „überall" hat sich wohl vor allem auf Frauen im Umkreis meiner Mutter bezogen. Beispielsweise sind sieben Frauen — und keine Männer — als Gäste zu meinem ersten Geburtstag aufgezählt, darunter vor allem und für viele Jahre die Tanten Hanna, Michel und Karola, Frau Stärker mit deren Tochter Inge und später noch Tante Lisl.

„Die ersten Gehversuche machte unser Wolfgang mit 10 Monaten, doch sicher laufen konnte er erst mit 14 Monaten" schreibt meine Mutter, also etwa im Februar 1940.[23] Laufen auf zwei Beinen ist eine der unzähligen Fähigkeiten, die der Mensch in den ersten Lebensjahren erlernt. Die dazu gehörenden Lern- und Entwicklungsprozesse gedeihen umso besser, je freier diese Prozesse sich einerseits entfalten können und andererseits je mehr positive Anregungen von der Umwelt auf deren Entwicklung einwirken. Für beides scheint vor allem meine Mutter in bester Weise gesorgt zu haben. Die Fürsorge und Liebe für ihre beiden Kinder war tief und reif, wie viele Bilder in den Alben sichtbar machen. In solcher Geborgenheit werden eventuelle Hemmungen der Entwicklung schon im Ansatz erstickt.

Die positiven Anregungen erhalten Kinder durch die Einbeziehung in verschiedenartigste Situationen und Geschehnisse. Dazu gehören die täglichen Verrichtungen im Haushalt, der in meinem Fall auch ein Hinterhaus und einen großen Garten mit einer Sommerlaube umfaßte. Soweit ich mich zurück erinnern kann, waren wir Kinder in allem mit einbezogen — also positive Anregung pur. Dabei sei daran erinnert, daß es damals noch keine Staubsauger, Waschmaschinen oder Rasenmäher gab. In einem gut in Schuß gehaltenen 5-Personenhaushalt mit dem beschriebenen Umfang war daher auch unter Mithilfe eines Dienstmädchens eine Fülle an vielgestaltiger Arbeit zu verrichten, sodaß es für einen kleinen Buben immer etwas Neues zu beobachten und entdecken gab. Dazwischen — mutmaßlich an Wochenenden — wurden die Großeltern, Verwandte und Freunde besucht oder Besuche von diesen empfangen, Besichtigungen einer fremden Tierwelt im Tiergarten direkt am Ende unserer Straße gemacht, mit Vaters Pferden, die ihm mutmaßlich im Rahmen seines militärischen Dienstes zur Verfügung standen, Ausfahrten in der Pferdekutsche oder einfach nur Spaziergänge in der unmittelbaren Umgebung unternommen.

Im Sommer 1940 arrangierte meine unternehmungslustige Mutter mit der ganzen Familie bereits meine erste Ferienreise und zwar an den Weissensee bei Füssen gemeinsam mit Familie Mielich aus Reutlingen samt deren beiden Söhnen Rolf und Peter, von denen schon im vorangegangenen Kapitel die Rede war.[24] Meine Mutter spricht von Tante und Onkel Mielich. Dabei dürfte es sich aber mutmaßlich nur um Nennbezeichnungen und nicht um eine verwandtschaftliche Verbindung handeln. 1941 führte eine erneute Reise

---

[23] FAWB2, S.11.

[24] FAHB1, S.54ff, FAHB4, S.20f.

wieder ins Allgäu, diesmal nach Maderhalm bei Fischen/Oberstdorf. 1942 ging es dann in der gleichen Region noch ein Stückchen weiter, nämlich zum ersten Mal ins Haus Elferblick in Hirschegg im Kleinwalsertal. Aber davon dann erst später.

„Mit 2 Jahren hatte Wolfi eine schwere Lungen- u. Rippenfellentzündung u. hing sein Leben an einem Faden. Es war Kriegszeit u. fürchtete man nebenbei immer, daß man mit dem schwerkranken Buben in den Keller bei Alarm mußte. Zum Glück hatte er sich bald wieder erholt.“[25] Damit erzählt meine Mutter einerseits von der Fortsetzung in der Reihe meiner Kindheitserkrankungen. Mein Vater bestätigt: *„Wolfgang hat s. Eltern in den ersten Lebensjahren viel Sorge bereitet. Er war empfindlich und viel krank.“*

Meine Mutter deutet in dieser Notiz andererseits darauf hin, daß auf diesen relativ unbeschwerten Jahren eben doch auch immer der Schatten des Krieges lag. Abgesehen von der Tätigkeit meines Vaters beim Militär, die dem Sohn natürlich nicht verborgen bleiben konnte, war Nürnberg gezielt im Fokus der alliierten Luftangriffe,[26] die 1940 noch recht harmlos begannen, Jahr für Jahr stärker wurden und ab 1944 dann massiv die weitgehende Zerstörung der ganzen Stadt zur Folge hatten. Bei „Fliegeralarm“ mußte die Bevölkerung entsprechende Schutzräume aufsuchen. Der Auslösung eines solchen Alarms folgte häufig kein Angriff und es gab nach einer geraumen Zeit wieder Entwarnung. Für Kinder war die Situation, vor allem nachts, dann gleichwohl beängstigend und für kranke Kinder eben ein zusätzliches Problem.

Zudem hatte unser Haus nur einen winzigen und feuchten Keller, der den Anforderungen an einen Luftschutzraum in keiner Weise entsprach,[27] sodaß ich mir die Situation von drei Mietparteien darin angesichts der Alarme gar nicht vorstellen möchte. Die Behörden haben im Verlaufe des Krieges die geeigneten Schutzräume identifiziert bzw. nötigenfalls neue geschaffen und die Bevölkerung in diese entsprechend eingewiesen. Nach einer meiner sehr frühen eigenen Erinnerungen wurden wir angesichts unseres winzigen Kellers später — mutmaßlich um das Jahr 1943 — in den Keller des Gebäudes auf dem nördlich von uns gelegenen Grundstück eingewiesen. Das — noch heute bestehende und erst jüngst (2014) grundsanierte — Gebäude gehörte damals dem weithin bekannten Anwalt Thorwart, der beispielsweise nach dem Krieg auch als Verteidiger bei den Nürnberger Kriegsverbrecherprozessen tätig war. Als Staranwalt hatte er auch einen entsprechenden Habitus gegenüber normalen Sterblichen wie seinen unmittelbaren Nachbarn: es hatte nie auch nur den geringsten Kontakt mit ihnen, auch nur über den Zaun, gegeben. Die Ein-

[25] 2016 wurde im oberen Lappen meines linken Lungenflügels ein 3x2cm großes Gebilde festgestellt, das vielleicht noch von der damaligen Lungenentzündung stammen könnte.

[26] http://de.wikipedia.org/wiki/Luftangriffe_auf_Nürnberg.

[27] Ein wichtiges Kriterium dafür ist beispielsweise der Schutz vor der teils ungeheuren Druckwelle, die mit Bombeneinschlägen verbunden ist und menschliche Lungen zerreißen kann.

weisung dieser und wohl auch weiterer Nachbarn in seine Villa mußte er daher als eine unerträgliche Zumutung empfunden haben. So erinnere ich mich an die extrem beklemmende Atmosphäre, die auch mir als Kind nicht entgehen konnte, anläßlich eines solchen Aufenthalts in seinem Keller während eines Alarms. Meine Eltern haben dann aber dafür bald eine bessere Lösung in Form eines Bunkers im eigenen Garten gefunden. Dazu mehr später.

Meine Schwester kam 1941 in Mögeldorf in die Schule. Mutmaßlich 1943 bin ich in den Kindergarten gekommen, der sich in Mögeldorf an der nördlichen Seite der Ostendstraße befand. Auch heute noch kann ich die Straßen- und Häuserkarte vom Mögeldorfer Kern aus dem Kopf zeichnen. Denn zusammen mit meiner Schwester, später aber auch alleine, wurden wir zum Bäcker Fiedler in der Ortsstraße mit der Schlosserei Schelter unmittelbar daneben, zum Metzger beim Gasthaus zur Friedenslinde an der Nordseite der Hauptstraße, zum Milchladen der alten Frau Hutzler[28] und ihrer Tochter Quenzler an der Südseite der Ostendstraße und dem Gemischtwarenladen daneben oder dem Lebensmittelladen von Förtner am nördlichen Ende der Schmausenbuckstraße auf der westlichen Seite zum Einkaufen geschickt. Beim Metzger gab's dann immer eine Scheibe Gelbwurst für den Buben.

Im Fotoalbum tauchen Hunde (Irish Blue Terrier) auf, an die ich aber keine eigenen Erinnerungen habe.[29] Eltern und Kinder sind auf den Bildern immer gut gekleidet (Vater meist in Uniform, jedoch seltenst abgebildet, da wohl meist er die Kamera betätigte, wenn er dabei war). Kurz, es ist in diesen Jahren bis etwa 1943 in der Familie nur bedingt etwas von Krieg zu spüren gewesen; in jedem Fall scheint dieser unter dem liebevollen Schutz meiner Mutter meine Entwicklung nicht nachhaltig eingeschränkt zu haben. Ich kann also sagen, in den ersten vier Jahren — mit Ausnahme der kritischen Monate des Kriegsbeginns und weiterer Erkrankungen — eine recht glückliche Kindheit erlebt haben zu dürfen. Das Ende dieser vier Jahre bestand dann aber nochmals in einem monatelangen Siechtum.

Es war im September 1942, als wir — wie in diesen Jahren wohl oft — wieder einmal beim mütterlichen Großvater zu Besuch waren. Das große Gelände der Fabrik war von Süd nach Nord hin zum Fluß der Fränkischen Rezat leicht abschüssig. In dieser Richtung lagen am Boden des freien Geländes zwischen den Fabrikgebäuden Schienen. Dazu gab es Rollwagen. Sie bestanden aus zwei Achsen mit vier schweren Eisenrädern und dar-

[28] An die nachfolgenden drei Namen hat mich mein Freund Peter Lindner erinnert.
[29] FAHB5, S.9 und FAWB2, S.25.

auf ein Viereck bestehend aus massiven Balken.[30] Mit ihnen konnte Material vom einen zum anderen Ende des Geländes transportiert werden. Auf ihnen konnte man aber auch wunderschön über das Gelände rollen, was meine Schwester und weitere Kinder natürlich liebend gerne taten, auch wenn es Ihnen eigentlich untersagt war. Meine Schwester hatte als die dreieinhalb Jahre Ältere natürlicherweise oft den Auftrag, auf mich aufzupassen. Also packt man den kleinen Bruder halt einfach auf den hinteren Querbalken mit den Füßen in das Innere des Vierecks und ab geht die Fahrt. Für derartige Unternehmungen war dieser aber noch viel zu unerfahren und unbeholfen. Er verlor auf dem freien Balken den Halt und kam im wahrsten Sinne des Wortes „unter die Räder". Mit einem Bruch des linken Oberschenkels wurde ich ins Cnopfsche Kinderspital in der Hallerwiese in Nürnberg gebracht.

An eine solche Rollwagenfahrt, vielleicht genau die hier beschriebene, kann ich mich noch gut erinnern. Das Unglück selbst und den Transport ins Krankenhaus, die beide sicher von furchtbaren Schmerzen begleitet waren, hat mein Gedächtnis wohl für immer ausgeblendet. An die Situation im Krankenhaus gibt es dagegen dann wieder Erinnerungsfetzen. Ich lag dort für mehr als einen Monat im „Streckverband". Das heißt, daß mein linkes Bein an einem am unteren Bettende angebrachten Gestell quasi senkrecht nach oben gezogen hing, und das fünf ganze Wochen lang! *„Ein geduldiger, braver Patent"* schreibt mein Vater. *„Heldenhaft tapfer trug er sein Los u. bei jedem Besuch empfing er uns mit Lachen u. wenn wir gingen, verdrückte er die Tränen"* formuliert es meine Mutter. Und weiter: *„Es war für uns Eltern eine kummervolle Zeit, zumal in Nürnberg der Bombenkrieg begann u. die Sorge, wenn die Kinder im Spital in den Keller mußten, doppelt schwer war."*

An meinem vierten Geburtstag kam ich aus dem Krankenhaus wieder nach Hause, leider immer noch schwer krank. Im Spital bin ich nämlich durch Infektion an Scharlach erkrankt, was dort in diesen Kriegszeiten nicht erkannt worden war. Der Scharlach hatte dann noch zusätzlich eine schwere Nierenentzündung zur Folge. Mutter: *„... gleich in der ersten Nacht mußte man ihn mit in den Keller stecken u. lange Wochen brauchte es, bis er sich von dieser schweren Krankheit wieder erholte."* Vater: *„Nur aufopfernder Pflege seiner Mutter verdankt er seine Genesung."*

„Fünf Wochen" im Krankenhaus und unmittelbar anschließend „lange Wochen" im Bett zu Hause macht zusammen jedenfalls mehr als zwei Monate als darnieder liegender Patient. Ein derartiger Einschnitt in der kindlichen Entwicklung hinterläßt mit Sicherheit tiefe Spuren im Charakter, wie immer auch diese ausgeprägt sein mochten. Woran damals

[30] FAWB2, S.27, wo sowohl die Schienen auf mehreren Bildern und ein Rollwagen auf dem Bild rechts unten zu sehen sind.

und auch später niemand gedacht hat, sind die rein körperlichen Veränderungen, die mit einem solchen Bruch einhergehen und auf die mich erst fünfzig Jahre später Rita Holst, eine hervorragende Physiotherapeutin in Lindenberg (später in Oberstdorf) aufmerksam gemacht hat. Meine beiden Beine hatten seitdem nämlich unterschiedliche Längen, wobei das linke mit dem verheilten Bruch trotz der Streckung etwas kürzer blieb. Im Gefolge davon entwickelte sich eine seitliche Krümmung der Wirbelsäule, eine einseitige Schädigung der Bandscheiben in der Lendengegend und ein aus dieser gekrümmten Haltung resultierendes Hochziehen der linken Schulter. Dies alles kam durch Rückenschmerzen ins Bewußtsein, die ich dann aber durch einen von Frau Holst empfohlenen bewußten Ausgleich dieser Schieflage — ua. Buch als Unterlage unter der linken Pobacke beim Sitzen — weitestgehend überwinden konnte.

Ob das erneute Auftreten der Krankheitskombination Nierenentzündung und Scharlach im Alter von fünfzehn Jahren, von der auf S.143 noch die Rede sein wird, ein Zufall ist oder mit jener Erkrankung im Alter von vier Jahren doch kausal in Beziehung stehen könnte, kann niemand sagen; bemerkenswert ist die Koinzidenz allemal. In summa waren die Folgen jenes Unfalls mit dem Rollwagen, auf den das lange Siechtum zurückzuführen ist, jedenfalls dramatisch, vielleicht aber ja auch in gewissem Sinne positiver Natur, haben sie mich doch leiden und geduldig ertragen gelehrt, eine Lehre, zu deren Anwendung mir das spätere Leben ausreichend Gelegenheiten verschaffte.

Nicht daß ich gerne gelitten hätte! Meine Tante Rola (Karola Michel) erzählte die Geschichte eines relativ harmlosen Sturzes, der ein übliches Kindergeheul ausgelöst hatte. Sie versuchte mich mit folgenden Worten zu beruhigen: „*denk doch an die Soldaten, die im Krieg sind und noch viel Schlimmeres ertragen müssen*“, worauf ich wimmernd, aber nachdrücklich gesagt haben soll: „*ich will aber kein Soldat sein*“, ein früher Vorsatz, den ich bis heute durchhalten konnte.

Mögen diese Krankheitswochen von allen Beteiligten auch besonders einschneidend empfunden worden sein, so scheinen sie gleichwohl nicht prägend für mein nachfolgendes Leben gewesen zu sein. Jedenfalls zeigen die Bilder dieser Jahre in den Alben fast immer einen fröhlichen Buben, oft gemeinsam mit seiner ebenso fröhlichen Schwester. Als die um dreieinhalb Jahre deutlich Ältere führt sie natürlich bei manchen Tätigkeiten wie Schiffschaukeln[31] oder Rollwagenfahren (so.) das Kommando, wenn auch neben ihr der kleinere Bub immer einen sehr selbstbewußten Eindruck hinterläßt. Was natürlich nicht heißt, daß es — wie bei allen Kindern — nicht auch Zwistigkeiten gegeben hätte. Beispielsweise ist mir die Szene in Erinnerung geblieben, bei der mich meine Schwester drohend

[31]FAWB2, S.23.

über unseren Hof jagte. Meine panische Flucht auf die dortige Treppe zum Dachboden des Hinterhauses endete mit einem — glücklicherweise folgenlosen — Absturz von dort auf das Hofpflaster.

Höhepunkte dieser trotz aller Rückschläge jedenfalls für mich vergleichsweise glücklichen Jahre waren vor allem auch einige Reisen, über die im nächsten Abschnitt Einiges zu erfahren sein wird.

2.2.3 Die letzten Kriegsjahre

Ich hatte schon erwähnt, daß wir im Sommer 1942 erstmals ins Kleinwalsertal nach Hirschegg fuhren. Dunkel kann ich mich an die gefühlt sehr langen und aufwändigen Zugfahrten — mutmaßlich über Augsburg nach Oberstdorf — erinnern. Wir wohnten dort im Haus Elferblick bei Frau Rüscher. Das Haus gibt es — nur wenig verändert — auch heute noch (Am Sonnenbühl 39) und wird von Frau Gessner, der Tochter der Schwester von Frau Rüscher, geführt. Auch in den Sommern 1943–1944 und im Winter 1945 verbrachten wir im gleichen Haus, nach meinen Erinnerungen und den Bildern zu urteilen, herrliche Ferienwochen, wohl jeweils zu dritt, also ohne den vom Militärdienst unabkömmlichen Vater. Nach Angabe meiner Mutter bestiegen wir schon 1942 den Hohen Ifen mit seinen 2230 Metern Höhe sowie die (Walser) Hammerspitze (2170m) und einen weiteren Zweitausender. Da Hirschegg 900 Meter hoch liegt, waren bei einer derartigen Besteigung immerhin 1300m Höhenunterschied zu überwinden.[32] Mutter: *„bei jeder Bezeichnung juchzte er vor Freude, weil er glaubte, die Wegbezeichnungen, rote Striche etc., haben die Zwerglein für ihn gemacht. Es war eine Wonne mit ihm zu wandern.*“[33]

Kurz vor Kriegsende fuhren wir nach Hirschegg erstmalig im Winter[34] und zwar ohne meine Schwester Annelore, die in der letzten Kriegszeit (ca. 1944 bis Anfang 1945) die Volksschule in Leupoldsdorf absolvierte und bei dieser Reise — mutmaßlich während der Schulzeit — auf allen Bildern fehlt. Von diesem Aufenthalt habe ich noch einige Erinnerungen behalten. Als wir eines Morgens aus dem Haus wollten, hatte es über Nacht so viel geschneit, daß erst ein Gang durch den vielleicht zwei Meter hohen Schnee ge-

[32]Heutige Zeitgenossen muß man daran erinnern, daß es zu jener Zeit noch keinen einzigen Lift zB. rund um das Ifengebiet gegeben hatte, während man heute fast bis zum Gipfel mit der Bahn fahren kann.

[33]Das Spiel mit den Wegbezeichnungen hat 2015 bei einer Wanderung auf 1900m Höhe meine Enkelin Lara in gleicher Weise erfreut.

[34]FAWB2, S.38f. Meine Mutter schrieb dazu in den Notizen in FAWB1: *„Im Frühjahr 44 durfte er mit ins Walsertal nach Hirschegg u. Wolfi entpuppte sich als schneidiger Skifahrer.*“ Ich vermute, daß sich dabei ein Fehler eingeschlichen hat: es müßte wohl Winter 45 heißen; jedenfalls deuten nach meiner Einschätzung die Bilder darauf hin.

schaufelt werden mußte. Für einen kleinen Jungen war die Schlucht durch diese hohen Schneemauern als einziger Ausgang ins Freie etwas tief Beeindruckendes.

Wir waren im Haus nicht die einzigen Gäste. Unter diesen war eine Frau, von der ich noch das Bild ihres erschütternden Jammers im Kopf habe: sie hatte wohl an jenem Tag eine schreckliche Nachricht — vielleicht Tod Ihres Mannes oder Zerstörung ihres Hauses — erhalten. Ihr Unglück hatte mich offenbar sehr berührt.

Ansonsten waren das herrliche Skiferien in diesem vom Krieg nicht berührten Tal. Ich konnte mit meinen Holzbrettchen, sprich Skiern, wunderbar herumrutschen und tat dies zusammen mit dem Buben des Hauses, dem Seppl. An ihn hege ich freundschaftliche Erinnerungen. Er wurde später Schreinermeister und baute sich für seine Familie unterhalb des Elferblicks ein neues Haus. Leider war er bei meinem Besuch 2014 bereits gestorben.

Ist es ein reiner Zufall, daß ich heute in relativer Nähe dieses Ferienortes, an dem ich so schöne Wochen in meiner Kindheit erleben durfte, quasi ein Tal weiter, meinen Alterswohnsitz gefunden habe? Beim Kauf des Hauses hier hatte ich jedenfalls keinen bewußten Gedanken an jene Zeit im Kleinwalsertal. Aber die unbewußten Prozesse in unserem Gehirn haben ja einen möglicherweise dominierenden Anteil an unseren Entscheidungen.

Reisen wie diejenigen nach Hirschegg waren zugleich Flucht vor Bombennächten und für meine Mutter Ablenkung von der Angst um das Leben ihres Mannes im Krieg. Dadurch ist der Schrecken des Krieges für die beiden Kinder sicher sehr gemildert worden, durfte man dadurch zwischenzeitlich doch immer wieder das ganz normale Leben erfahren. Meine Mutter war damals eine Enddreißigerin, also eine reife Frau, deren Mann so gut wie nie zu Hause sein konnte. Sie hat ihre Liebe in dieser Situation wohl ganz auf ihren Sohn ventilieren müssen. Da ich in jenem Alter die Dimension des Krieges überhaupt nicht ermessen konnte, hat mir das Schicksal trotz der Verhältnisse eine relativ glückliche Kindheit beschert, woran meine Mutter einen unermeßlich großen Anteil hat.

Neben Hirschegg gab es in den Kriegsjahren weitere Reiseziele. Mein väterlicher Großvater hatte sich offenbar in Zirndorf bei Nürnberg 1941 längere Zeit zur Kur aufgehalten, wo wir ihn gelegentlich besucht hatten. Die letzten Bilder von ihm gibt es aus dem Jahre 1941.[35] Ihn mochte ich herzlich gerne und in meiner Erinnerung war er ein richtig lieber Opa. Allerdings gab es wohl nicht allzu viele Begegnungen mit ihm. An einen Besuch von ihm in unserer Wohnung kann ich mich jedoch noch erinnern und zwar an die Szene, als er auf die Toilette ging und ich vor deren Türe gefühlt unendlich lange auf sein Wiederauftauchen warten mußte. Er war am Dickdarm erkrankt. Man hatte ihm seitlich einen künstlichen Darmausgang eingerichtet, was die Stuhlentleerung sicher sehr langwie-

[35] FAWB2, S.13, FAHB5, S.8.

rig machte. Genaueres weiß ich nicht, aber nach diesen Erinnerungsfragmenten könnte es sich durchaus um Darmkrebs gehandelt haben. Jedenfalls ist er — mutmaßlich an dieser Erkrankung — am 7. September 1944 im Alter von 72 Jahren gestorben. Er wurde im Grab seiner Eltern am Friedhof St. Peter in Nürnberg beerdigt.[36]

Für Fahrten nach Georgensgmünd, regional bekannt als Gmünd, gab es mutmaßlich eine Reihe von Anlässen, weilte doch dort eine große Verwandtschaft meiner Mutter, allen voran ihr Vater. Ein derartiger Besuch im Jahr 1943 ist im Album dokumentiert.[37] Zudem hat Tante Anni, genannt Baja, im Juni 1944 dort geheiratet und zwar einen aus Goslar gebürtigen Leutnant, Eugen Wellmann.[38] In zeitlicher Nähe zu dieser Hochzeit haben wir die väterliche Großmutter besucht, die zu dieser Zeit im Krankenhaus zu Zell, heute einem Ortsteil von Hilpoltstein, lag. Die schönen Bilder dazu hat wohl mein Vater gemacht.[39] Sie spiegeln einen heiteren Eindruck wider und deuten nicht auf eine beängstigende Krankheit von Oma hin. Nach meiner Erinnerung litt sie in ihren letzten Jahren, also mutmaßlich erst später nach dem Krieg, an „Wasser im Rücken“, das ihr abgesaugt werden mußte. Medizinisch spricht man von einem Ödem. Um welches der vielen Arten von möglichen Ödemen im Brustraum es sich bei ihr handelte, kann ich natürlich nicht sagen. Schon relativ kurze Zeit nach dieser Hochzeit samt Krankenhausbesuch hat am 23. Februar 1945 Onkel Fritz in Gmünd Käthe Schmidt aus Nürnberg geheiratet. Auf beiden Hochzeitsbildern ist auch mein Vater zugegen, auf letzterem in äußerlich durchaus guter Stimmung. Zu dieser Zeit war Gmünd dann schon unser neuer Wohnort. Hierzu dann weiter unten mehr.

Für 1944 ist ein Aufenthalt im Kurbad Marienbad in der heutigen Tschechei im Album dokumentiert.[40] Aus einem Fragebogeneintrag[41] ist zu entnehmen, daß mein Vater in der Zeit 1.4.1944–5.1.1945 im Lazarett war. Ich mutmaße, daß er dort nach der Schlacht am Inhulez eingewiesen wurde, von der weiter unten die Rede sein wird. Ein besonderes Reiseziel war darüber hinaus Leupoldsdorf im Fichtelgebirge.[42] Dort hatte sich das eng befreundete Lehrerehepaar Anni und Heinrich Bauer niedergelassen, von denen schon im vorangegangenen Kapitel die Rede war. Sie wohnten gemeinsam mit Annis verwitweter Mutter, „Tante“ Heinzel, im dortigen Schulhaus im ersten Stock. Im Parterre waren die

---

[36] Grabstätte AF 842.
[37] FAWB2, S.27.
[38] FAWB2, S.36.
[39] FAHB5, S.17.
[40] FAWB2, S.34f. Meine Mutter schreibt dazu in den Notizen in FAWB1: *„Mit 6 Jahren durfte Wolfi mit nach Marienbad, wo sein Papa im Lazarett war. Als kleiner stolzer Kurgast durchwanderte er Marienbad u. fand großen Gefallen an den Konzerten.“*
[41] Fragebogen vom 8.2.1947, Personalakte S.80ff, aaO. Fußnote 14.
[42] FAWB2, S.36.

Schulräume untergebracht. Die beiden waren wohl für ein 2-Klassensystem die einzigen Lehrer am Ort. Heinrich wurde natürlich auch zum Militär eingezogen. Als die Luftangriffe auf Nürnberg an Intensität zunahmen und auch das Mögeldorfer Schulhaus mehrfach von Brandbomben getroffen wurde,[43] muß der Plan entstanden sein, meine Schwester von der Schule in Mögeldorf ins sichere Leupoldsdorf und die dortige Schule zu transferieren. Dies dürfte im Laufe des Schuljahres 1943/44 erfolgt sein.

Annelore wohnte dort bei und unter der Obhut von Anni, die selbst keine Kinder hatte. Zugleich besuchte sie den von Anni gehaltenen Unterricht, vielleicht eine nicht ganz glückliche Konstellation. Aber es war halt Krieg. Annelore erzählt von ihrem Schockerlebnis an ihrem zehnten Geburtstag dort. Mit viel Geheimnistuerei war an diesem Tag ein Zimmer für sie für tabu erklärt worden. Erst für die Bescherung mit den Geburtstagsgeschenken durfte sie es dann betreten und — da stand ihre Mutter, quasi als schönstes Geburtstagsgeschenk. Manchmal konnte meine Mutter etwas grob bei ihren Scherzen sein, denn für eine Zehnjährige, die quasi in einer fremden Familie wohnt, muß der völlig unvorbereitete und plötzliche Anblick ihrer Mutter wie ein Geist erschienen sein. Da wir zum Zeitpunkt des Geburtstags bereits ausgebombt und also fest in Gmünd waren, ist wahrscheinlich, daß Annelore dann gleich anschließend mit der Mutter nach Gmünd fuhr, um von da an die dortige Volksschule zu besuchen.

Meine Erinnerung an die Bauersche Wohnung im Leupoldsdorfer Schulhaus ist besonders geprägt von deren ungeheiztem und eiskaltem Badezimmer an der Nordseite des Hauses, in dem das fließende Wasser (im sibirisch kalten Fichtelgebirge) so kalt aus der Leitung kam, daß sich der kleine Bub noch unwilliger als sonst die Zähne putzen wollte, weil das kalte Wasser im Mund fast schmerzte.

Schon als kleiner Junge mußte ich wie alle meine Altersgenossen das Spannungsfeld im Leben zwischen glücklichen und schmerzlichen Phasen in extremer Weise erleben. Die vorangegangenen Schilderungen haben sich allein auf den glücklichen Teil konzentriert. Wenden wir uns nun dem — durch die zur gleichen Zeit stattfindenden Kriegsereignisse — geprägten schmerzlichen Teil zu.

Am 11.1.1943 starb mein Onkel Willy, der Lieblingsbruder meiner Mutter, als Soldat an der Ostfront an Fleckfieber, wo er auf einem dortigen Soldatenfriedhof begraben wurde. Er diente bei der SS und hatte in dieser Funktion beispielsweise eine unmittelbare Begegnung

[43] *„Im Schuljahr 1944 waren starke Beschädigungen des Schulgebäudes zu beklagen, sodass kein Unterricht mehr stattfinden konnte.“ „Die Bombardierungen der Jahre 1944/45 fügten dem Schulhaus schwere Zerstörungen zu, deren Reparaturen sich lange hinzogen.“* Diese Aussagen sind der folgenden Webseite entnommen: http://www.thusneldaschule.de, Zugriff 18.3.2015.

mit Hitler, die in seinen Fotoalben dokumentiert ist.[44] Trotz seines Versuchs, wegen seiner unternehmerischen Tätigkeit als Drogist für unabkömmlich (UK) eingestuft zu werden, mußte er als Unteroffizier doch an die Front. Auch die beiden anderen Brüder meiner Mutter mußten als Soldaten im Krieg dienen, beispielsweise Fritz in Frankreich, sind aber dem Schicksal Ihres jüngsten Bruders entronnen und gesund zurückgekommen.

Von den Luftangriffen auf Nürnberg und den damit zusammenhängenden Fliegeralarmen war schon mehrfach die Rede. Die Bevölkerung wurde offenbar sogar mit Stahlhelmen für ihren Schutz ausgerüstet.[45] Zur Überwindung der gut organisierten deutschen Abwehrflak wurden die Angriffe der Alliierten nachts geflogen. Bei Alarm wurden dann die Kinder aus dem tiefsten Schlaf gerissen und eiligst in einen Luftschutzraum verfrachtet. Als solcher taugte schlecht und recht der Keller in unserem Haus und später dann für einige Male der Keller des Nachbarhauses, wie bereits im Abschnitt 2.2.2 beschrieben.

Irgendwann in den Jahren 1943/44 bauten meine Eltern im eigenen Garten einen Bunker, wohl um die unangenehmen Besuche beim Nachbarn vermeiden zu können. Nach meiner Erinnerung handelte es sich um einen Schacht von ca. $4 \times 1,5\text{m}^2$ Grundfläche, der vielleicht $1,5$m tief gegraben war. Wie dessen Decke geschützt war, kann ich nicht sagen, mutmaßlich eher sehr schlecht im Sinne eines echten Schutzes. Am südlichen Grundstücksrand stand etwa fünf Meter vom Haus entfernt eine schöne Gartenlaube. Der Bunker lag in etwa gleicher Entfernung vom Haus neben der Laube. Zum Haus hin hatte sein Raum am nördlichen Ende eine sich nach innen öffnende Holztüre, von der aus ein paar Stufen nach oben führten. Im Raum war an der Ostseite eine Holzbank, auf der wir alle sitzend und wartend uns dem Schicksal ergaben. Am Fußboden war ein Holzlattenrost, der vor der Erdfeuchtigkeit schützen sollte.

Dazu schrieb meine Mutter über mich: *„Bei Alarmen u. Angriffen hielt er sich im Gegensatz zu Annelore immer sehr tapfer; er erfaßte auch die furchtbare Gefahr, die vom Himmel kam, nicht.“* Wohl auch aus diesem Grunde wurde meine Schwester relativ bald nach Leupoldsdorf transferiert. Ich selbst erinnere mich daran, daß bei einem der Angriffe, mutmaßlich 1944, ein befreundeter Kamerad meines Vaters im Bunker an der Türe mit zugegen war. Als es einen fürchterlichen Schlag tat, öffnete er danach vorsichtig die Türe und verkündete: *„es steht noch“*. Er meinte damit natürlich unser Haus. Dieses war zwar nicht direkt getroffen, sondern im gegenüberliegenden Gebäude Schmausenbuckstraße 36 war eine Mine eingeschlagen und hatte dieses zerstört. In unserer Wohnung hatte der mit dem Einschlag verbundene Luftdruck jedoch beispielsweise die Wand zwischen den beiden

[44] Fotoalbum Willy Riegelbauer Nr.2, FAWR2, S.18.

[45] Jedenfalls tragen die beiden Buben auf dem Bild S.37 in FAWB2 mit großer Freude Stahlhelme. Dabei handelt es sich neben mir um den Sohn Helmut der Mieter Reif im zweiten Stock unseres Hauses.

nordwestlich gelegenen Zimmern flachgelegt. Natürlich waren, wie bei anderen Angriffen vor- und nachher, zudem unzählige Fensterscheiben geborsten.

Weil an Kochen in der so zerstörten Wohnung nicht zu denken war, schickte mich meine Mutter tags darauf alleine zum Gasthof Linhard (damals noch) in der Mögeldorfer Hauptstraße gegenüber der Friedenslinde, wo Fliegergeschädigte kostenlos Essensportionen bekommen konnten. Selten habe ich mich so unwohl gefühlt wie bei dieser für mich beschämenden Situation, die ich als peinlichste Bettelaktion empfand. Diese Erfahrung ebenso wie ähnliche Erfahrungen später beim „Hamstern“ haben sicher dazu beigetragen, daß ich mich im späteren Leben immer doppelt abzusichern versuchte, um möglichst nie mehr in solche Situationen geraten zu müssen. Genau dieser Angriff, von dem ich hier erzählt habe, könnte der Anlaß für den Entschluß meiner Mutter gewesen sein, für einige Zeit ganz nach Gmünd umzusiedeln, was mutmaßlich gegen Ende 1944 erfolgte.

Ich hatte schon erwähnt, daß mein Vater nach der Verletzung im Polenfeldzug offenbar einige Jahre an einem Standort in der Heimat diente. Diese für das Familienleben angenehmen Jahre gingen im Mai 1943 zu Ende: er wurde nun in der südrussischen bzw. ukrainischen Steppe an der Ostfront eingesetzt. Etwa drei Wochen nach seiner Abreise schickte er seiner Frau einen elfseitigen Bericht über die mehrtätige Fahrt zu seinem neuen Einsatzort Nowaja Sofijewka: *„Am 18.5. morgens 6h ging es von Eger ab, durch herrliche deutsche Landschaft ...“*, so beginnt dieser Bericht. Am 21.7.43 sandte er ihr einen zweiten Bericht über das dortige Dorf. Diese beiden Texte klingen wie die Erzählungen von einer Urlaubsreise im Ausland. Sie reflektieren über die Landschaft und die ihn beeindruckende Infrastruktur des Landes ohne geringste Anflüge von Besatzermentalität oder kriegerisch-aggressiver Rhetorik.

Leider gibt es von ihm keine weiteren Berichte über den Fortgang seiner dortigen Stationierung und den Operationen seines Verbandes. Mutmaßlich ging es bald nicht mehr so friedlich zu wie am Beginn dieser seiner Tage an der Ostfront, wie das später im Zusammenhang mit dem Spruchkammerverfahren zitierte Gutachten des Truppenarztes nahelegt. Im Versuch, die heute im Internet auffindbaren Informationen zu den Operationen des deutschen Heeres[46] mit Erinnerungen an Erzählungen unseres Vaters in Einklang zu bringen, ergibt sich folgendes Bild.

In Bezug auf den Dienstgrad hatte es mein Vater als Offizier bis zum Hauptmann (ab 1944), davor Oberstleutnant d.R., gebracht.[47] Offenbar war seine Einheit, das Sicherungs-

[46] http://de.wikipedia.org/wiki/Dnepr-Karpaten-Operation, Zugriff 17.3.2015.

[47] Ab 1.6.1942 Hauptmann der Reserve, eine Beförderung, die mit Verfügung vom 17.9.1942 wieder aufgehoben wurde, und ab 1.8.1944 Hauptmann, lt. Karteikarte, aaO. Fußnote 13.
Das im Rahmen des Spruchkammerverfahrens später auf S. 80 besprochene Gutachten von Herrn Dr.

bataillon 844, in dem er ab dem 1.5.1943 seinen Dienst tat,[48] Bestandteil der Heeresgruppe Süd unter der Führung von Erich von Manstein, mutmaßlich Teil der 6. Armee unter Generalfeldmarschall Friedrich Paulus.[49] *„Im südlichen Teil der Ostfront befand sich die Rote Armee seit dem Fehlschlag des deutschen Unternehmens Zitadelle im Juli 1943 ständig in der Offensive gegen die Wehrmacht, die mit ihren dezimierten und desorganisierten Truppen vergeblich versuchte, stabile Verteidigungslinien zu bilden.“*[50]

Die von ihm geführte Kompanie versuchte eine Stellung östlich des Flusses Inhulez (oder Ingulez) zu verteidigen. Wahrscheinlich war das im Februar/März 1944. Den russischen Streitkräften gelang es, die deutschen Truppen in jenem Teil der Front einzukesseln, eine Gefahr, die mein Vater offenbar schon 1943 erkannte, wie einem Gutachten zu seinem Spruchkammerverfahren zu entnehmen ist.[51] Sie schnürten mit ihrer Angriffsfront den Ring um die deutschen Truppen immer enger und drängten diese an den Fluß. Unter dem Dauerbeschuß durch russische Panzer mußte mein Vater in aussichtsloser Lage seiner Kompanie den Befehl erteilen, sich in voller Montur schwimmend ans andere Ufer zu retten.

Einer seiner untergebenen Soldaten kniete vor ihm nieder und flehte ihn in Todesangst an: *„Ich kann nicht schwimmen.“* Damit war dessen Schicksal besiegelt; auf einem sinkenden Schiff kann auch der Kapitän nichts weiter retten als vielleicht seine eigene Haut. Die übrigen Soldaten versuchten den eiskalten Fluß zu durchschwimmen, während dieser unter Dauerbeschuß lag. Nur wenige sind lebend am anderen Ufer angekommen.[52] Meinem Vater war das Glück diesmal günstig gesinnt. Er wurde am Ufer von einem deutschen Fahrzeug aufgesammelt und an einen sicheren Standort hinter der Front gefahren.

Die an diesem Tag durchgestandenen traumatischen Erlebnisse haben meinen Vater ein Leben lang nicht mehr losgelassen. Oft stöhnte er im Schlaf auf, wenn er von jenen furcht-

---

Stockhausen enthält Aussagen, die eine Erklärung für die 1942 aufgehobene Beförderung liefern, wie zB. den Satz: *„Er wurde aus politischen Gründen mehrmals von der Beförderung zurückgestellt.“*

[48] Fragebogen vom 8.2.1947, S.80ff, aaO. Fußnote 14.

[49] *„Am 6. März 1943 wurde die 6. Armee aus der in Südrussland kämpfenden Armeeabteilung Hollidt bei der neuen Heeresgruppe Süd neu aufgestellt. Sie hielt zunächst Linien am Mius und musste sich im Herbst 1943 aus dem Donezbecken an den Dnepr zurückziehen. Hier hielt sie bis Anfang 1944 einen Brückenkopf bei Nikopol, den sie im Februar räumen musste. Sie zog sich hinter den Ingulez und später hinter den Bug in das rumänische Besatzungsgebiet Transnistrien zurück“.* http://de.wikipedia.org/wiki/6._Armee_(Wehrmacht), Zugriff 17.3.2015.

[50] http://de.wikipedia.org/wiki/Dnepr-Karpaten-Operation, Zugriff 17.3.2015.

[51] Gutachten Dr. Stockhausen, Staatsarchiv Nürnberg, Spruchkammer Nürnberg II, B-315.

[52] *„Die Rote Armee stieß auf der 200 km breiten Front bis zu 140 km vor, zerschlug acht deutsche Divisionen (diese verloren 50% ihres Personals und fast die gesamte Technik) und erreichte günstige Positionen für die Odessaer Operation.“* http://de.wikipedia.org/wiki/Dnepr-Karpaten-Operation, Zugriff 17.3.2015. Wenn es sich bei der väterlichen Erzählung um diesen Vorstoß handelte, dann fanden diese Ereignisse im Zeitraum 16.-18.3.1944 statt, möglicherweise aber schon am 29.2.1944 bei einer ähnlichen Einkesselung an einer anderen Stelle des Inhulez.

baren Situationen im Traum heimgesucht wurde, in denen er damals machtlos zusehen mußte, wie die ihm anvertrauten Soldaten ringsum reihenweise im Kugelhagel niedergemäht wurden. Nicht zuletzt das Bild des vor ihm knieenden Soldaten, der überdies früher sein Schüler in seiner Schule war, der vielleicht Minuten später schon von Kugeln durchsiebt wurde, hat ihn nie mehr losgelassen. Von therapeutischer Betreuung hatte man zu jener Zeit noch nichts gehört, ohne die eine Verarbeitung derartiger Traumata kaum mehr gelingen kann.

Die von mir hier versuchte örtliche und zeitliche Einordnung seines Einsatzes an der Ostfront sowie ein Fragebogeneintrag[53] erklärt seine Anwesenheit bei den og. Hochzeiten, beispielsweise im Juni 1944. Danach war er ab dem 1.4.1944 im Lazarett und ab dem 6.1.1945 bei einer Abnahmeinspektion als Sachbearbeiter bis zum 1.5.1945 tätig. Daraus ist zu schließen, daß er seinen restlichen militärischen Dienst in den letzten 12 Kriegsmonaten in einem nicht allzu großen Umkreis um die fränkische Heimat ableistete, denn sowohl von Osten wie auch von Westen rückten die russischen und alliierten Truppen in dieser Zeit auf und durch Deutschland vor. Wo diese Dienstorte im Einzelnen gewesen sein könnten, konnte ich leider nicht in Erfahrung bringen.

Einem Dokument vom 2.6.1945 in seinem Personalakt[54] ist zu entnehmen, daß er an diesem Tag aus dem Gefangenenlager Emling in Bockhorn (PLZ 85461) entlassen wurde. Daraus ist zu schließen, daß er an seinem letzten Einsatzort von den Amerikanern für kurze Zeit als Kriegsgefangener inhaftiert[55] und in dieses Lager verbracht wurde. Ich weiß nur, daß er nach Kriegsende wohl von diesem Lager nach Hause die weite Strecke zu Fuß zurückgelegt hat und zwar weitgehend bei Nacht. Denn für jeden deutschen Soldat war bei Kriegsende die Gefahr einer weiteren Kriegsgefangenschaft gegeben, der mein Vater auf diese Weise entgangen ist. Eine vage Erinnerung sagt mir, daß er am Ende seines Marsches über Heideck nach Gmünd herein gewandert kam, was mit den obigen Angaben in Übereinstimmung ist. Bei diesem Fußmarsch kamen ihm als Lehrer seine guten geographischen Ortskenntnisse zugute.

Jedenfalls kann ich mich noch daran erinnern, wie ein völlig erschöpfter und ausgemergelter Mann eines Tages, vermutlich noch im Mai 1945, wieder in unserer Wohnung aufgetaucht war. Nach Jahren überwiegender Abwesenheit war er mir, der bis dahin in einem sehr weiblich geprägten gesellschaftlichen Umfeld aufwachsen mußte,[56] fast wie ein

[53] Fragebogen vom 8.2.1947, S.80ff, aaO. Fußnote 14.

[54] aaO. Fußnote 14.

[55] Siehe auch Lebenslauf vom 18.5.1956, Personalakt S.126f, aaO. Fußnote 14.

[56] Neben den verwandtschaftlichen und freundschaftlichen Kreisen meiner Mutter, die natürlicherweise von Frauen geprägt waren, wurde ich auch zunehmend in die gleichermaßen weiblichen Kreise meiner Schwester eingebunden, wie beispielsweise das dritte Bild auf S.41 in FAWB2 eindrucksvoll demonstriert.

Fremder erschienen. Natürlicherweise war der mit dieser einschneidenden Zäsur verbundene Neuanfang auch für meine Eltern keine einfache Zeit. Nach Jahren der kriegsbedingten Trennung mußten sie als ein normales Ehepaar erst wieder zueinander finden. Und bei der Sensibilität von Kindern hinsichtlich der familiären Stimmungen spielten all diese Ereignisse auch für mich eine sicherlich prägende Rolle.

Vor allem war das dann aber auch für einen 45-jährigen Mann eine sehr schwierige Zeit, nach fast sechs Jahren als Offizier wieder ins normale bürgerliche Leben zurückzukehren, das nach dem Zusammenbruch des Reiches zudem alles andere als wirklich normal war, wie wir gleich noch sehen werden.

2.3 Die Zeit in Georgensgmünd

Im Vorangehenden habe ich schon geschildert, daß häufige Besuche in Gmünd (genauer in Georgensgmünd) beim Großvater, Patenonkel und anderen Verwandten und Bekannten auf der Tagesordnung standen, war doch meine Mutter eine geborene und echte Gmünderin. Mein Großvater besaß ja ein relativ großes Haus, das durch Zubauten, der Heirat zweier Töchter und im Gefolge deren Wegzug sowie durch den Tod der Großmutter mehr als ausreichend Platz für Gäste wie uns bot.

Ich erinnere mich, daß ich bei solchen Besuchen in einem kleinen Zimmer im ersten Stock an der Westseite geschlafen habe. Im westlichen Nachbargebäude betrieb die Familie Heiden eine Dorfwirtschaft, den Bayerischen Hof, in der man damals noch das abendliche Bier im Krug geholt hat. Zudem war im hinteren Teil dieses Gebäudes ein Kino eingerichtet worden. Wenn ich mich recht entsinne, konnte ich von meinem Zimmerchen sogar die Leinwand sehen, in jedem Fall den Ton laut und deutlich hören, insgesamt also bei Vorführungen kostenlos „fern“ sehen im wahrsten Sinne des Wortes (auch wenn das echte Fernsehen erst Jahre später aufgekommen ist).

Angesichts der lebensbedrohlicher werdenden Situation in Nürnberg reifte mutmaßlich gegen Ende des Jahres 1944 der Entschluß, bis zum Ende des Krieges ganz nach Gmünd auszusiedeln. Wir teilten dieses Schicksal mit wohl Zehntausenden Nürnbergern (und analog natürlich mit Einwohnern vieler anderer Städte), die irgendwohin ins Umland evakuiert wurden, wie man dazu sagte.

2.3.1 Die Gmünder Zeit bis Kriegsende

Im Anwesen des Großvaters gab es im ersten Stock oberhalb der Waschküche ein paar zusammenhängende Zimmer, die wir, meine Mutter und ich, vorübergehend wohl einige Wochen als Wohnung benutzen konnten. Jedenfalls schließe ich dies aus der Erinnerung einer dort äußerst unangenehm erlebten Begegnung mit meiner Tante Anni, die mir „aus Spaß“ Schnee in den Mund stopfte, während ich im Bett lag. Diese jüngste Schwester meiner Mutter war damals Anfang zwanzig, wohl noch nicht ganz reif, jedenfalls gelegentlich sehr grob. Dieser Schnee zwischen meinen Zähnen war eine der ersten Grobheiten gegen mich, an die ich mich erinnern kann. Denn es sollten von Grobheiten aller Art gegen mich noch sehr viele in meinem Leben folgen, von denen im weiteren Verlauf dieses Buches noch öfter die Rede sein wird. Irgendetwas an mir scheint Menschen zu reizen, mir derartige „Liebenswürdigkeiten“ antun zu müssen.

Wir hatten nun also unser Haus in Nürnberg allein ge- — und damit seinem Schicksal über- — lassen. Welche der beiden anderen Mietparteien noch verblieben waren, kann ich nicht sagen. Mein Vater war ohnehin noch im Militärdienst, meine Schwester zur Schule in Leupoldsdorf und meine Mutter samt mir also nun in Gmünd. Das Schauspiel von Flieger- und Bombenangriffen auf die Stadt konnten wir nun aus etwa 40km Entfernung verfolgen. Das Fabrikgelände war zum Bruckespan hin genau in Richtung von Nürnberg hin angelegt. Ich erinnere mich daran, daß in einer der Nächte furchtbarster Bombardierungen meiner Heimatstadt wir in einer größeren Gruppe im Hof des Fabrikgeländes zusammenstanden und in den vom brennenden Nürnberg hell erleuchteten Himmel starrten. Möglicherweise handelte es sich um jene schlimmste Bombadierung von Nürnberg am 2. Januar 1945, bei der 1800 Menschen starben, von den unzähligen Verletzten ganz zu schweigen, und große Teile der Stadt zerstört wurden. Immer waren solche Angriffe für uns mit der bangen Sorge verbunden, ob unser Haus nun wie viele andere zerstört worden sein könnte.

Leider wurde diese Befürchtung am 22. Februar 1945 dann zur Gewißheit.[57] Mein Elternhaus wurde an diesem Tag von einer Brandbombe getroffen und brannte samt einem Großteil der Einrichtung völlig aus. Neben dem im Abschnitt 2.2.3 genannten, von einer Mine getroffenen Haus war unser Haus im weiten Umkreis dieser sonst vom Krieg nicht allzu sehr in Mitleidenschaft gezogenen Wohnregion das einzige, das durch Bomben zerstört wurde. Insofern hat es das Schicksal nicht gut mit uns gemeint.

[57] Ich entnehme das Datum den Unterlagen zu einem später (auf S.104) zu besprechenden Prozeß, beispielsweise der S.2 des Beschlusses vom 19.2.1952 des Bayerischen Obersten Landesgerichts. Auf der Webseite http://de.wikipedia.org/wiki/Luftangriffe_auf_Nürnberg ist dieses Datum unter der Liste der Angriffe nicht verzeichnet.

Irgendjemand muß während des Angriffs noch am Haus gewesen sein. Denn meine Schwester erinnert sich, daß Möbel und Einrichtungsgegenstände auf den Gehsteig vor dem Haus aus dem brennenden Gebäude geräumt wurden. Es könnten die Mieter Schmidt und/oder Reif gewesen sein, wobei Schmidts in jener Zeit (ebenso wie wir) so oft wie möglich beim Vater von Frau Schmidt in Sonthofen weilten, der dort als Landrat Waller tätig war.

Wie oben erwähnt fand tags darauf am 23.2.45 in Gmünd die Hochzeit von Fritz statt. Ich erinnere mich, daß er in diesen Tagen in Nürnberg war und den Auftrag hatte, nach unserem Haus zu sehen. Er kam mit der Nachricht von der Zerstörung zurück und berichtete zudem, daß unsere Nachbarn von der anderen Straßenseite angesichts des unbewachten brennenden Hauses die Gelegenheit zur Plünderung genutzt hatten. Wir hatten so gut wie alles verloren, was meine Eltern in den ersten 18 Jahren ihrer Ehe mit großer Energie aufgebaut hatten. Damit war auch die vorübergehende Evakuierung nach Gmünd eine endgültige geworden.

Die letzten Kriegsmonate waren für den kleinen Jungen auch dort mit aufregenden Kriegserlebnissen verbunden. Meine Mutter nahm mich auf ihre Besorgungstouren mit dem Fahrrad in der näheren Umgebung im Kindersitz mit. Bei einer solchen Tour auf einer ländlichen Straße wurden wir von feindlichen Tieffliegern überflogen. Meine Mutter besaß ein tiefes Urvertrauen und übertrug dieses auf mich, nicht nur in dieser Situation sondern wohl in meiner gesamten Kindheit. Sie radelte einfach unbeirrt weiter.

Auf der Bahnstrecke von Gmünd Richtung Roth wurde in jenen Tagen ein Güterzug von derartigen Tieffliegern völlig zerschossen und lag dann als bestaunenswerte Zugruine am Ausgang von Gmünd, deren ausgiebige Besichtigung ich ebenso wie alle Buben des Dorfes mir natürlich nicht entgehen lassen konnte. Das war wohl der einzige Angriff, der sich in der Umgebung von Gmünd während des Krieges ereignet hat.

Mitte April 1945 erreichten die ersten Einheiten der 7. US-Armee den mittelfränkischen Raum. Gleichwohl gab es auch damals völlig Unbelehrbare, die noch immer an einen möglichen Sieg der Deutschen glaubten. Die zwei Häuser meines Großvaters an der Friedrichsgmünder Straße standen direkt am Bahndamm und vor einer Unterführung. Ich trage noch heute das Bild in mir, wie zwei junge Heißsporne und Halbstarke mit Handgranaten bepackt an den beiden Seiten dieser Unterführung in Deckung stehen — bereit, der amerikanischen Armee so den Weg in das Dorf zu versperren. Ob sie der damals in Deutschland noch aktiven Gruppe „Werwolf“ angehörten, vermag ich nicht zu sagen. Irgendein vernünftiger Ortsbewohner hat dann aber so lange auf sie eingeredet, bis sie vielleicht selbst die Lächerlichkeit Ihres Unterfangens eingesehen haben und abgezogen sind.

Kurze Zeit darauf rückten dann die Amerikaner tatsächlich durch diese Unterführung in Gmünd ein.[58] Wir standen an der Straße Spalier und bestaunten die Fahrzeuge samt deren Insassen — wie einen Faschingszug und doch mit sehr gemischten Gefühlen. Als geeignetsten Unterbringungsort in Gmünd machten die Amerikaner die Fabrikgebäude meines Großvaters aus. Von da an lebten wir einige Tage hautnah mit den Amis zusammen. Das hatte vielerlei Vorteile, auch für einen Buben. Denn erstmals bekam man von diesen freundlichen Mitbewohnern so exotische Dinge wie Kaugummis, „Negernüsse“ (gesalzene Erdnüsse) und andere Köstlichkeiten spendiert. Die deutschen Männer waren auf Zigaretten scharf. Die Frauen kokettierten mit den jungen Soldaten und freuten sich über Bohnenkaffee, den es sonst nirgends gab. Bald waren sie dann aber wieder abgezogen und hinterließen uns Brauchbares wie Büchsen mit Corned Beef.

2.3.2 Die Gmünder Zeit nach Kriegsende

Als relativ wohlhabender Unternehmer hat mein Großvater im Februar 1938 von Johanna Gern das Haus Friedrichsgmünd Nr.20[59] gekauft, das schräg gegenüber seinem eigenen Anwesen lag. Familie Gern war eine in Gmünd angesehene und lange ansässige jüdische Familie, über die sich in dem bereits im letzten Kapitel erwähnten Buch von Herrn Berghofer ausführliche Informationen finden.[60] Um dem Nazi-Terror zu entfliehen, wanderte die verwitwete Frau Gern im Mai 1938 in die USA aus.

Mein Großvater stellte uns die Parterrewohnung dieses „Gerns-Hauses“ zur Verfügung, in der wir dann bis Oktober 1947 gewohnt haben. Insgesamt drei Jahre meiner Kindheit bin ich also auf dem Dorf aufgewachsen. Das war in einem Alter, in dem das jugendliche Gedächtnis wie ein Schwamm noch alles aufsaugt, weshalb ich noch viele Erinnerungen an jene Zeit habe.

Relativ zu den in der unmittelbaren Nachkriegszeit gegebenen besonderen Umständen normalisierte sich unser Familienleben. Der Vater war wieder zu Hause, auch Annelore kehrte von der Evakuierung nach Leupoldsdorf zur Familie zurück und wir hatten wieder

[58] Am 20.4.1945 feierten die Amerikaner ihren Einmarsch in und die Einnahme von Nürnberg. Am 30.4.1945 besetzten sie München. Zwischen diesen beiden Daten dürften sie daher dem zwischen beiden Städten liegenden Gmünd ihre Visite abgestattet haben, von der hier die Rede ist.

[59] In Formularen gab mein Vater als Adresse „Friedrichsgmünd Nr.19“ an. Nach heutiger Nummerierung (mutmaßlich) Petersgmünder Str.10.

[60] Gerd Berghofer, Die Anderen: Das fränkische Georgensgmünd und seine Juden vor und während des Dritten Reiches, wek-Vlg, 2013, S.39.

eine gemeinsame Wohnung. Wie wohl auch schon vorher in Nürnberg wohnte bei uns zudem ein sogenanntes Pflichtmädchen. Die Nationalsozialisten hatten 1938 ein Pflichtjahr für alle Frauen unter 25 eingeführt, das beispielsweise in Haushalten abgeleistet werden konnte.[61] Ich habe nur sehr vage Erinnerungen an die bei uns in dieser Form beschäftigten Mädchen. Nur der Name Hermine ist mir von einem der Mädchen noch in angenehmer Erinnerung. Sie alle waren wohl in einem Alter von etwa 15 bis 18 Jahren und sollten durch Mithilfe in einer Familie die Führung eines Haushalts erlernen.

Neuanfang

Für meine Eltern wie für Millionen von Menschen[62] hieß es jetzt: ganz von vorne anfangen. Denn ohne jegliche persönliche Schuld standen sie nach der Zerstörung ihres gesamten Eigentums wie nie zuvor in ihrem Leben erst einmal vor dem Nichts. Der in diesem Zusammenhang verwendete Begriff der „Schuld" im Kontext der Hitlerschen Diktatur und des von dieser angezettelten Weltkriegs ist sehr komplex. Millionen ermordeter Juden mußten ein noch brutaleres Schicksal erleiden als den Verlust des Vermögens, obwohl auch sie keinerlei Schuld in dem hier gemeinten Sinne hatten. Der vom Einzelnen zu verantwortende Anteil an einem solchen von einer Gesellschaft von Menschen gemeinsam gestalteten Geschehen variiert über ein breites Spektrum. Im vorliegenden Fall des zweiten Weltkrieges umfaßte diese Gesellschaft von Menschen sogar viele Völker und Staaten der Erde.

Ungeachtet dieses breiten Spektrums ist die Verantwortung dafür, wie es zu all dem kommen konnte, gleichwohl unterscheidbar. In einer ersten groben Näherung kann man alle Beteiligten sehr wohl in die folgenden drei Untergruppen einteilen: (a) die Initiatoren und aktiven Beförderer, allen voran Hitler und seine engere Umgebung; (b) die aktiven Gegner, die im Rahmen ihrer Möglichkeiten zumindest versucht haben, sich gegen die Entwicklung zu stemmen, um sie in bessere Bahnen zu lenken; (c) die große Mehrheit der mehr oder weniger passiven Mitläufer, die sich vorwiegend um das eigene Wohl gekümmert und quasi den Kopf in den Sand gesteckt haben.

Wie ich beschrieben habe, gehörte mein Vater durch seine Aktivitäten bis 1933 eindeutig in die b-Gruppe. Wie wir bei der Beschreibung des Spruchkammerverfahrens weiter unten noch sehen werden, haben meine beiden Eltern das Hitlersche Regime auch danach nie in irgendeiner Weise aktiv unterstützt, sondern vor allem mein Vater ist immer

[61] https://de.wikipedia.org/wiki/Pflichtjahr, Zugriff 28.7.2015.

[62] Darunter waren beispielsweise etwa 14 Millionen Heimatvertriebene, aber auch viele Kriegsversehrte, Spätheimkehrer aus Kriegsgefangenschaft, um nur einige der betroffenen Menschengruppen zu nennen.

ein Nazigegner geblieben.[63] Den Wehrdienst sah ein national Gesinnter wie mein Vater als Dienst am Vaterland und nicht als Unterstützung des augenblicklich regierenden Regimes, vielleicht sogar als Chance zu einer positiven Beeinflussung der Entwicklung an, auch wenn man im Rückblick von heute diese Einstellung durchaus als naiv bezeichnen könnte.

Also, Schuld hin oder her, für meine Eltern wie für Millionen andere hieß es nun, wie gesagt: von vorne anfangen. Der Neustart, immerhin im Alter von bereits 45 Jahren im Falle meines Vaters, wurde aber durch weitere unverschuldete Schicksalsschläge noch für Jahre erschwert. Werfen wir einen Blick auf den ersten und lebensbedrohenden dieser Schläge.

Schicksalsschläge

Mein Vater kam wie viele als kranker Mann aus dem Krieg zurück. Ich habe ihn bereits weiter oben als einen eher bedächtigen Menschen beschrieben. Die furchtbaren Erlebnisse im Krieg mußten ihn daher psychisch extrem belastet haben. Psychische Belastungen schlagen einem auf den Magen, sagt man wohl mit Recht. Nach dem Krieg hat man bei ihm ein großes Geschwür am Zwölffingerdarm diagnostiziert. Bei der operativen Entfernung dieses Geschwürs mußten auch etwa zwei Drittel des Magens mit entfernt werden. Die restlichen zwei Jahrzehnte seines Lebens mußte er also mit einem extrem reduzierten Magen auskommen, was ihm erstaunlich gut gelang. Die im Krankenhaus Schwabach durchgeführte Operation ist zwar gut verlaufen, hatte aber eine Lungenembolie zur Folge, an der er um Haaresbreite gestorben wäre. Dem wohl sehr fähigen und engagierten behandelnden Chirurgen gelang es aber, ihn mit allen damals verfügbaren Mitteln der Medizin zu retten.

Im Anschluß an den langen Aufenthalt im Krankenhaus kam er zur Rehabilitation für lange Monate in den Konvent Marta und Maria in der Marienburg in Abenberg bei Roth und wurde dort von den Schwestern der „Kongregation der Schwestern von der Schmerzhaften Mutter“ liebevoll betreut. Er war von der Betreuung und dem in diesem Konvent herrschenden Geist offenbar so beeindruckt, daß er sich in dieser Zeit ernsthaft überlegte, zum katholischen Glauben zu konvertieren, dem auch seine Mutter angehörte.

[63] Im Gemeindearchiv von Georgensgmünd liegt der von Hans Bibel ausgefüllte Fragebogen zur Gemeindewahl 1946 vor. Dort wurden von ihm alle NSDAP-Fragen (5c-d, 6a-b, 7a-h, 8) mit Ausnahme der Mitgliedschaft selbst mit „nein“ beantwortet. Auf dem Bogen findet sich oben der handschriftlich angebrachte Vermerk: *„lt. Ausschußsitzung berechtigt“*, dh. seine Angaben wurden für richtig befunden und er wurde zur Wahl zugelassen. Damit sei dieser dörfliche Ausschuß keineswegs überbewertet. Viel aufschlußreicher sind die später zu besprechenden Spruchkammerakten.

Ich habe keine genaueren Informationen über den Zeitraum dieser Krankengeschichte. Aus einem der Dokumente im Personalakt ist nur ersichtlich, daß der Aufenthalt in Abenberg den Tag des 9.5.1946 beinhaltete. Es ist daher anzunehmen, daß die Operation irgendwann im Winter 1946 erfolgt ist, der Reha-Aufenthalt sich daran anschloß und mindestens bis Mai dauerte. Aufgrund der gesundheitlichen Folgen dieser Operation war Hans Bibel danach zeitlebens als 25-prozentig schwerbeschädigt eingestuft, obwohl er nach einigen Jahren doch wieder so gut wie voll hergestellt war.

Soweit in Kürze der erste der auf den Krieg folgenden Schläge. Der zweite Schlag entwickelte sich parallel zu diesem ersten und kulminierte in seiner Entlassung aus dem Schuldienst, die dann erst eineinhalb Jahre später als unbegründet rückgängig gemacht wurde. Angesichts der untadeligen politischen Einstellung meines Vaters auch in den Jahren nach 1933 muß ihn diese ungerechte Behandlung ganz besonders getroffen haben und war seiner Gesundung sicher nicht förderlich.

Die Geschichte beginnt damit, daß nach der weiter oben beschriebenen Rückkehr aus der Internierung mein Vater am 8.8.1945 an die Schulbehörde den Antrag auf Verwendung als Volksschullehrer im neuen Wohnort Georgensgmünd stellte.[64] Am 14.8. schob er den zusätzlichen Antrag nach, ihm dort die Rektorenstelle anzuvertrauen, wofür er sich offenbar für ausreichend qualifiziert hielt. Mit Genehmigung der Militärregierung Schwabach wurde er zum 1.9.1945 an der Volksschule Georgensgmünd lediglich als Hauptlehrer eingestellt und unterrichtete dort dann ab dem 24.9.1945 bis zum 9.5.1946.

Am 7.11.1945 verfügte das Headquarter des Military Government Nürnberg jedoch seine Entlassung aus dem Schuldienst. Weil sich die unterschiedlichen Militärstellen der Amerikaner mit den beiden Verfügungen widersprochen hatten, erbat der Regierungspräsident in einem Schreiben vom 30.1.1946 nochmals eine endgültige Entscheidung. Diese erfolgte am 27.4.1946, mit der „Entlassung zwingend“ verfügt wurde, was dann zum letzten Unterrichtstag am 9.5.1946 geführt hat. Wie oben bereits angedeutet war der Entlassene zu diesem Zeitpunkt in der Reha-Klinik.

Es blieb meinem Vater daher nun nichts anderes übrig, als im Rahmen der Entnazifizierung[65] aufgrund des damals am 5.3.1946 in Kraft getretenen „Gesetzes zur Befreiung von Nationalsozialismus und Militarismus“[66] sich einem Spruchkammerverfahren zu unterziehen und auf diesem Wege sein Unbelastetsein nachzuweisen. Das zugehörige Verfahren

[64]Die im Folgenden geschilderten Details beruhen auf den Informationen, die im Personalakt, aaO. Fußnote 14, sowie in der Spruchkammerakte, aaO. Fußnote 51, vorgehalten werden.

[65]Paul Hoser, Entnazifizierung. In: Historisches Lexikon Bayerns. http://www.historisches-lexikon-bayerns.de/artikel/artikel_46003, Zugriff 30.7.2015.

[66]http://www.verfassungen.de/de/bw/wuertt-b-befreiungsgesetz46.htm, Zugriff 30.6.15.

begann mit einer Anforderung vom 3.8.1946 der Spruchkammer. Hierauf antwortete er mit einem Schreiben vom 6.8.1946, dem er den bereits am 25.4.1946 ausgefüllten Meldebogen[67] sowie fünf Gutachten beifügte. Er selbst hat sich darin in die Gruppe der Entlasteten[68] eingestuft. Mit dem Sühnebescheid vom 8.1.1947 wurde er wegen der Mitgliedschaft in der NSDAP dagegen als Mitläufer eingestuft und es wurde ihm unter Berücksichtigung des erlittenen Gehaltsverlustes eine Geldsühne von 800,- RM auferlegt. Daraufhin wurde am 12. Geburtstag seiner Tochter Annelore, dh. am 27.2.1947 durch die Militärregierung verfügt, ihn wieder zum Schuldienst zuzulassen. Nach Eingang der Verfügung folgte am 5.4.1947 sein Gesuch um Wiederanstellung, worauf er bereits am 9.4.1947 erst einmal eine Anstellung auf Dienstvertretung an der Volksschule Mögeldorf (Thusnelda Schule) erhielt, an der er ja auch vor 1945 tätig war. Die Vereidigung als Staatsbediensteter erfolgte dann bereits am darauffolgenden Tag. Sein damaliges Gehalt betrug 433,50 RM brutto. Nach eineinhalb bangen Jahren einer drohenden und faktischen Arbeitslosigkeit konnte der berufliche Neustart nach dem Krieg nun endlich wieder seinen Gang gehen. Am 29.9.1948 wurde er in das Beamtenverhältnis auf Probe aufgenommen und erhielt seinen früheren Status als Hauptlehrer bei einem monatlichen Grundgehalt von 480,- DM wieder. Mit Erlaß vom 28.9.1949 wurde er rückwirkend ab 29.8.1949 dann endlich wieder Beamter auf Lebenszeit.

Spruchkammerverfahren

Was war mein Vater in der Nazizeit nun wirklich? Ist seine Einstufung durch die Spruchkammer als Mitläufer und seine insgesamt vier Jahre dauernde Bestrafung durch die Entlassung und später der Ausschluß vom Status des Beamten gerechtfertigt? Als Sohn kannte ich meinen Vater natürlicherweise besser als jeder außerhalb der Familie. Ich kann daher mit Sicherheit meine bereits weiter oben im Zusammenhang mit seinem Eintritt in die NSDAP gemachte Feststellung auch unter Berücksichtigung meiner Befangenheit als Sohn uneingeschränkt wiederholen: er war nie Nazi oder Militarist. Er hat die Nazis vielmehr zu einer Zeit mutig bekämpft, als diese noch nicht an der Macht waren und die Entwicklung noch in eine bessere Zukunft gesteuert hätte werden können, wenn seine Mitbürger damals ebenso aktiv geworden wären wie er, wie ich im Zusammenhang mit seiner Arbeit in der Deutschen Junglehrer-Zeitung (DJZ) auch anhand seiner Artikel dar-

---

[67] Jeder Erwachsene mußte diesen Meldebogen aufgrund des Befreiungsgesetzes ausfüllen. Spruchkammerverfahren wurden dann gegen diejenigen geführt, bei denen der Verdacht auf Nationalsozialismus und Militarismus gegeben war.

[68] Es gab die Kategorien: Hauptschuldige, Belastete, Minderbelastete, Mitläufer, Entlastete. Nach Art.12 ist Mitläufer: *„wer nicht mehr als nominell am Nationalsozialismus teilgenommen oder ihn nur unwesentlich unterstützt und sich auch nicht als Militarist erwiesen hat.“*

in dargestellt habe. Aber damals hat sich die große Masse der Gesellschaft wie eh und je nicht die Mühe zum Zuhören und Nachdenken gemacht und die verhängnisvolle, von einer Minderheit angezettelte Entwicklung einfach treiben lassen. Daß er dann zu einer Zeit, als die Machtverhältnisse geklärt und Einzelproteste in der Massenbewegung sinnlos geworden waren, quasi in diese Massenbewegung untergetaucht und zum Vorteil für die ganze Familie 1938 unter ungeklärten Umständen Parteimitglied geworden ist, hat die zu diesem Zeitpunkt bereits übermächtige Entwicklung nicht mehr beeinflußt. Deshalb bewerte ich seine dadurch auf sich geladene geringe Schuld als bereits durch seinen beachtlichen früheren Mut abgegolten und jedenfalls als geringer als beispielsweise diejenige der Kollegen, die 1933 nicht auf ihn hören wollten. Zudem hatte er auch als Parteimitglied seine kritische Einstellung gegenüber der NSDAP und der Reichsführung nie verheimlicht und auch dann noch offen kund getan, als dies geradezu lebensgefährlich geworden war, nämlich mitten im Krieg. Wie wir gleich noch beim Gutachten von Dr. Stockhausen sehen werden, wurde er für diese offen bekannte kritische Einstellung sogar mit einer demütigenden Degradierung bestraft. Wenige hatten damals den Mut zu einer solchen Opposition. Ich bin daher zu der tiefsten Überzeugung gelangt, daß das Urteil der Spruchkammer in seinem Fall sich zu engstirnig an dem äußerlichen Fakt der Parteizugehörigkeit orientiert und diese Gesamtschau bzw. die wichtigen Fakten und Details unberücksichtigt gelassen hat und daher schlicht ungerecht war. Die Spruchkammern haben es sich zu einfach gemacht und die große Mehrheit, nämlich 77% der in 1. Instanz erledigten Fälle als Mitläufer eingestuft.[69] Gerechterweise hätte Hans Bibel wegen seiner mutigen Opposition dagegen als Entlasteter eingestuft werden sollen.

Zur weiteren Begründung dieser Überzeugung gehe ich nun auf die eidesstattlichen Gutachten von fünf herausragenden Persönlichkeiten ein, die er in seinem Schreiben vom 6.8.1946 zu seiner Entlastung der Spruchkammer vorgelegt hatte.[70] Darüber hinaus hatte er zwei weitere herausragende Persönlichkeiten als Zeugen benannt, einen weiteren Regierungsschulrat, Herrn von Rudolph, und den Ortsvorsitzenden der Freien Demokratischen Partei in Nürnberg, Herrn Dr. Fritz Linnert, die die Aussagen der fünf Gutachten nochmals bestätigen hätten können. (Von Linnert wird in diesem Kapitel noch mehrmals die Rede sein.)

Das erste Gutachten stammt vom damaligen kommissarischen Regierungsschulrat für den Kreis Mittelfranken, Herrn Adolf Salffner, also vom höchsten Repräsentanten aller mittelfränkischen Lehrer. Dieser wurde von den Nazis über lange Zeit unter Druck ge-

[69] Paul Hoser, Entnazifizierung. In: Historisches Lexikon Bayerns. http://www.historisches-lexikon-bayerns.de/artikel/artikel_46003, Zugriff 30.7.2015.

[70] AaO. Fußnote 51.

setzt und am 29.9.1937 schließlich aus dem Schuldienst aus rassepolitischen Gründen entlassen, weil seine Frau Jüdin war. Letztere wurde dadurch in Verzweiflung getrieben und nahm sich am 16.10.1937, also gut zwei Wochen danach, das Leben.[71] Dieser von den Nazis schamlos geschädigte und gedemütigte Mann bescheinigt Hans Bibel zunächst seine demokratische und antinationalsozialistische Gesinnung, verweist auf die führende Rolle in der Junglehrerbewegung und mutmaßt, *„dass er durch besondere Umstände gezwungen wurde Parteimitglied zu werden"*. Aber erst der darauf folgende persönliche Teil könnte überzeugender nicht sein und stellt meinen Vater so dar, wie auch ich ihn immer gekannt habe: *„Trotzdem ich also ein Unzuverlässiger, ein vom 3. Reich Bestrafter war, hat Hans Bibel nach wie vor mit mir verkehrt. Er hat sich nicht, wie so mancher zurückgezogen, hat nach wie vor uns in unserer Wohnung besucht, hat auch gegen meine Frau, die Jüdin war, dasselbe freundschaftliche Verhalten an den Tag gelegt, wie wir es seit Jahren von ihm gewohnt waren. Dazu hat nach meiner Entlassung Mut gehört. Herr Bibel hat ihn besessen. Wer sich so verhält kann kein Nazi sein."*

Auch die nächsten drei Gutachten stammen von herausragenden pädagogischen Kollegen, nämlich von dem Direktor des Jugendamtes in Nürnberg, Herrn Andreas Staudt, dem kommissarischen — und später auch offiziell ernannten — Stadtschulrat und Rektor in Nürnberg, Herrn Otto Barthel,[72] und dem (damals noch kommissarischen) Rektor Hans Braun aus Fürth. Sie alle bescheinigen ihm seine antinationalsozialistische und demokratische Einstellung. *„Er stand in den Reihen derer — und war dafür überall bekannt —, die obwohl Mitglied der Partei, doch in der Opposition waren."* (Staudt) *„Es ist mir bekannt, dass er im Kampf gegen massgebende Leute des NSLB die Rechte des Bayer. Lehrervereins und pädagogisch soziale Belange mit Entschiedenheit wahrnahm."* (Barthel) Braun schildert einen Vorfall bei der Konferenz der Nürnberger Oberklaßlehrer, die Mitte 1938 im Luitpoldhaus stattfand und in der er, Braun, vom damaligen städtischen Schulrat Dossler in schärfstem Ton öffentlich gerügt wurde. *„Trotz der gereizten Auseinandersetzung meldete sich nun Herr Bibel und unterstrich in tapferster Weise die Richtigkeit meiner Ausführungen. Auch er, schon als Nazi-Gegner bekannt, setzte sich dadurch bei der Schulbehörde zu seinem Nachteil in ungünstiges Licht."*

Das fünfte Gutachten stammt von einem Facharzt für Dermatologie aus Saarlouis, Herrn Dr. Wilhelm Stockhausen, der 1943/44 als Truppenarzt in der damals von meinem Vater befehligten Kompanie diente. Es ist als Einblick in die Situation an der Front besonders aufschlußreich. *„Schon gleich am ersten Tag erklärte mir Herr Bibel, daß die damalige*

[71]Die Details zu diesem persönlichen Schicksal verdanke ich Herrn Prof. Karlheinz König.

[72]Bei diesem handelt es sich um den Autor des bereits mehrfach zitierten historischen Standardwerks: Otto Barthel, Die Schulen in Nürnberg 1905–1960, Nürnberg, 1963.

Stellung unserer Einheit äußerst gefährdet sei eingeschlossen zu werden. An diese strategischen Betrachtungen des Herrn Bibel schloß sich eine allgemeine politische Unterhaltung, aus der mir klar wurde, daß er den Nazismus grundlegend ablehnte. ... Den Krieg hielt er damals für schon verloren und sprach davon, daß die Nazis weiterkämpfen liessen, um ihr Leben möglichst lange zu erhalten. ... Bei Herrn Bibel kamen allabendlich die Offiziere zusammen, die Nazigegner waren. Herr Bibel stellte jedesmal den englischen Nachrichtendienst im Radio ein. ... Vom Kommandeur wurde ihm bei Offiziersbesprechungen mehrmals Cliquenbildung und Verbreitung pessimistischer Stimmung bei den Offizieren vorgeworfen. Er wurde aus politischen Gründen mehrmals von der Beförderung zurückgestellt. Trotz allen persönlichen Schwierigkeiten wollte er sich nicht ins Lazarett einweisen lassen von mir, weil er seine Kompagnie bei dem Rückzug im Frühjahr 1944 nicht allein lassen wollte."

Dieses Gutachten ist in mehrfacher Hinsicht besonders aufschlußreich. Unter anderem erklärt es in schlüssiger Weise, warum die schon weiter oben erwähnte Beförderung von Hans Bibel zum Hauptmann d.R. zum 1.6.1942 durch Verfügung vom 17.9.1942 wieder aufgehoben wurde:[73] er war für die Nazis politisch einfach nicht zuverlässig genug und zu unbeugsam, wie das Gutachten detailliert beschreibt.

Die Auswahl der Gutachter schließt aus, daß hier Freundschaftsdienste im Sinne von geschönten Charakterisierungen — „Persilscheine", wie man das damals in diesem Zusammenhang nannte und auch ausgiebig praktizierte — geleistet wurden, denn einerseits ist Saarlouis, der Wohnort des letzten Gutachters, dafür einfach zu weit von Nürnberg entfernt und bei den anderen Gutachtern verbietet andererseits deren berufliche Position ein falsches oder geschöntes Zeugnis. Die detaillierten Angaben und Übereinstimmungen könnten zudem überzeugender nicht sein und konnten angesichts der gegebenen äußeren Umstände gar nicht untereinander abgestimmt worden sein.

Die Gruppe der fünf Gutachter, der beiden weiteren genannten Zeugen und Hans Bibel repräsentieren eine Minderheit in der deutschen Bevölkerung des Dritten Reichs, die man als „liberal-konspirative Oppositionsgruppe in Deckung" bezeichnen könnte. Als liberale und eigenständige Denker konnten sie gar nicht in den Sog des Nationalsozialismus geraten. Andererseits waren sie unter den gegebenen Umständen nicht in einer Position, die ihnen ermöglicht hätte, Widerstand so zu organisieren, daß er zu wirksamen Veränderungen in den von den Nazis ausgeklügelten und fest betonierten Strukturen hätte führen können. So tauschten sie sich in ihrer oppositionellen Haltung unter Wahrung gebotener Vorsicht zwar untereinander aus, übten möglichen Widerstand im Kleinen aus, mußten

[73] Karteikarte aus Kartei: Beförderungen der Kriegsreserveoffiziere (Bundesarchiv — Militärarchiv, Signatur: RW 59/2077).

sich darüber hinaus aber ihre Machtlosigkeit eingestehen und mit Geduld auf den Zeitpunkt warten, zu dem ein Engagement hin in eine bessere Richtung wieder möglich war. Dieser Zeitpunkt war erst nach Beendigung des Krieges gekommen. Die erstaunlich rasche Erholung Deutschlands von da an in Bezug auf seine politischen und organisatorischen Strukturen war nicht zuletzt auch dieser kleinen, in dieser prägenden Zeit aber umso einflußreicheren Bevölkerungsschicht geschuldet, die dem Denken in der Nachkriegszeit eine neue und nachhaltigere Richtung gegeben und dadurch diese erstaunlich positive Entwicklung maßgeblich beeinflußt und vorangetrieben hat. Diese Bevölkerungsschicht bildete so eine Keimzelle für den raschen Aufbau eines demokratischen Deutschlands, woran sich mein Vater in engagiertester Weise beteiligte.

Aufgrund all dieser Gesichtspunkte halte ich aus heutiger Sicht das Urteil der Spruchkammer über meinen Vater eindeutig für ein Fehlurteil. Hans Bibel war Teil dieser sich bedeckt haltenden und mit Vorsicht operierenden Oppositionsgruppe und eben kein Mitläufer. Das Urteil hat den formalen Tatbestand der Parteizugehörigkeit und nicht den tatsächlichen Sachverhalt beurteilt. Es beruhte nicht auf eingehender Reflexion, sondern nur auf einem bürokratischen Reflex auf einen Formulareintrag, wie er in allen Bürokratien bis heute massenhaft und nur allzu oft einsichts- und geistlos stattfindet.

Stattdessen hätte das Urteil gerechterweise der eigenen Eingliederung von Hans Bibel in die Gruppe der Entlasteten folgen müssen, deren Merkmal laut Gesetz ein wie immer auch gearteter Widerstand gewesen ist.[74] Angesichts der Masse der Spruchkammerverfahren und der bekannten teilweise mangelnden Professionalität ihres „richterlichen“ Personals waren solche Fehlurteile in die eine und andere Richtung leider eher häufig.[75] So wurde beispielsweise Hauptlehrer Paul Georg Herrmann aus Warmensteinach bzw. Bayreuth, ein Gründungsmitglied des NSLB, Reichshauptstellenleiter für das Dritte Reich und überzeugtester Nazi, ebenfalls als Mitläufer eingestuft[76] und so mit meinem Vater in einen Topf geworfen, was dieser als schreiendes Unrecht empfunden haben muß.

[74]Punkt 13 im Meldebogen vom 25.4.1946, aaO. Fußnote 14.

[75]Ohne hier auf Einzelheiten eingehen zu wollen, sei daran erinnert, daß auch die Amerikaner im Prozeß der Entnazifizierung nur bedingt eine gute Rolle gespielt haben, ungeachtet ihrer großen Hilfe zum Wiederaufbau des Westdeutschen Staates. Denn letztlich geht es in menschlichen Gesellschaften so gut wie immer darum, zugunsten der Mächtigen die weniger Mächtigen — vor allem Minderheiten — zu unterdrücken. Gerecht geht es dabei nie zu. Das war unter Hitler so — mit exzessiven Auswirkungen ua. gegenüber der Minderheit der Juden. Und das haben die Amerikaner nach dem Krieg auch wieder relativ willkürlich in Deutschland praktiziert. Dabei haben sie im Verlauf ihrer eigenen Geschichte selbst genügend derartige Schuld auf sich geladen, gegenüber den Ureinwohnern von Amerika, den schwarzen Sklaven, im zweiten Weltkrieg gegenüber den bereits eingebürgerten Japanern, danach wieder gegenüber den Schwarzen, aber auch den Latinos, um nur einige Beispiele dafür aufzuzählen.

[76]Thomas Schörner, Paul Georg Herrmann – Familienforscher und NSLB-Funktionär, Blätter für fränkische Familienkunde, Hrsg. Gesellschaft für Familienforschung in Franken, Bd.38, 189-202, 2015.

Zum Abschluß dieser aus gutem Grunde sehr ausführlichen Darlegungen sei noch auf einen letzten aufschlußreichen Unterschied zwischen den üblichen Mitläufern und einem kritischen Geist wie mein Vater hingewiesen. Paul Hoser schreibt als Resümee seiner Darstellung der Entnazifizierung:[77] *„Die Mehrzahl der kleinen Parteigenossen war sich keiner Schuld bewusst und fühlte sich trotz aller öffentlichen Appelle an ihr Gewissen zu Unrecht bedrängt — man gefiel sich in seiner Opferrolle.“* In krassem Gegensatz dazu sagte einmal mein Vater zu mir kurz und bündig etwa das Folgende, als ich ihn als Jugendlicher auf das Dritte Reich und seine möglicherweise auch positiven Aspekte ansprach: *Ein Regime, das soviel Unglück über sein Volk und die Welt brachte, hat dadurch auch den letzten Funken an Anerkennung verspielt.* Hätte sich Hans Bibel in einer Opferrolle gefallen, hätte er das zumindest seiner Familie gegenüber zum Ausdruck gebracht, was nie geschehen ist.

Um den roten Faden wieder aufzugreifen, erinnere ich daran, daß wir in diesem Abschnitt bei der Beschreibung des Neuanfangs nach Beendigung des Krieges angelangt sind. Wie ich bis hierher geschildert habe, wurde dieser Neuanfang meinen Eltern durch unverschuldete Schicksalsschläge sehr erschwert, nämlich durch die lebensbedrohende Krankheit meines Vaters und durch dessen ungerechtfertigte — und nach einem eineinhalb Jahre dauernden Verfahren schließlich rückgängig gemachte — Entlassung aus dem Schuldienst.

Mußte schon allein die Vernichtung des gesamten Eigentums den Lebensmut meiner Eltern nahezu auf Null gebracht haben, so kann man sich bei diesen beiden zusätzlichen Schlägen kaum mehr vorstellen, wie sie die Kraft dafür aufbringen konnten, sich trotz allem nicht unterkriegen zu lassen. Sie haben dabei fast Unmenschliches geleistet. Beispielsweise haben sie die mit der Entlassung des Vaters entstandenen Sorgen nicht auf ihre Kinder übertragen. Weder meine damals schon fast zwölfjährige Schwester noch ich haben bis heute von dieser Entlassung etwas gewußt (oder sie damals als unbedeutend gleich wieder vergessen). Erst die Archivrecherchen haben diese Tatsachen ans Tageslicht gefördert.

Anstatt zu lamentieren haben meine Eltern aus dieser belastenden Not sogar noch eine Tugend gemacht und die durch die Arbeitslosigkeit verfügbar gewordene Zeit sofort zur Inangriffnahme des Wiederaufbaus unseres Elternhauses genutzt. Bevor ich davon berichte, will ich nun aber erst einmal auf das „normale“ Leben unserer Familie in jener Zeit eingehen.

[77]Paul Hoser, Entnazifizierung. In: Historisches Lexikon Bayerns. http://www.historisches-lexikon-bayerns.de/artikel/artikel_46003, Zugriff 30.7.2015.

Einschulung

Im Herbst 1945 kam meine Schwester ins Gymnasium in Weißenburg. Sie war nach der Evakuierung in Leupoldsdorf noch einige Monate in Gmünd in die dortige Volksschule gegangen. Nach meiner Erinnerung hatte meine Mutter zusammen mit mir in der Gmünder Volksschule schon 1944 wegen meiner möglichen Einschulung zum Schulbeginn im Herbst 1944 vorgesprochen. Zu meiner damals großen Erleichterung hielt mich der Lehrer aber zu jener Zeit konstitutionell für noch nicht schultauglich, zumal ich das sechste Lebensjahr zu Schuljahrsbeginn noch nicht ganz vollendet hatte. So wurde ich dort erst im September 1945 eingeschult.

Unterricht erhielten wir von Lehrer Haas. Mit ihm verbinde ich persönlich angenehme Erinnerungen. Umgekehrt beurteilte er mich auf Anfrage meines Vaters wie folgt: „*Ein gut begabter, sympathischer Schüler, an dem der Lehrer seine helle Freude hat. Der kleine Improvisator versteht aus nichts etwas zu machen; man kann ihn auch zu allem brauchen. Kasperlspiel ist seine Lieblingsbeschäftigung; den Zauberkasten versteht er aus dem „ff“. Max und Moritz in einer Person! — Auf eine gute Handschrift scheint er zunächst noch keinen besonderen Wert zu legen.*“[78]

Mir selbst sind vor allem die folgenden beiden Schulerlebnisse in Erinnerung. Jeweils zu Beginn des Unterrichts pflegte Lehrer Haas zu fragen, wer von uns denn gerne „Kraft“ bekommen möchte. Darunter verstand er Hiebe auf den Hosenboden, die nach seiner Interpretation uns Kraft geben würden. Einer meiner Kameraden meldete sich dann jeweils freiwillig. Ich saß damals in der ersten Bankreihe und mußte die unnatürliche Prozedur daher immer genau vor meinen Augen miterleben. Heute würde man vielleicht beide Akteure therapeutisch behandeln.

Das andere für mich viel unangenehmere weil unmittelbar betreffende Erlebnis dürfte sich mutmaßlich erst in der zweiten oder dritten Klasse abgespielt haben. Ich kam durch die Tür ins Klassenzimmer. Rechts von der Tür hing eine Landkarte an einem Ständer. Von dort sprang ein Mitschüler hervor und boxte mich so auf den Mund, daß meinen beiden mittleren unteren Schneidezähnen bis heute jeweils eine Kerbe fehlt, die er mir dabei herausschlug. Ich hatte mit diesem Schüler keinerlei vorausgegangenen besonderen Kontakt; vor allem habe ich ihm vorher sicher nichts angetan, muß aber gleichwohl seine Aggression irgendwie allein durch meine Rolle in der Klasse derart erregt haben, daß er mir diesen bleibenden Schaden zufügen mußte.

[78] Notizen von Hans Bibel im FAWB1.

Von Grobheiten dieser Art gegen mich habe ich schon oben im Zusammenhang mit Anni erstmals gesprochen. Hier also eine zweite dieser Art. Das Motiv für beide könnte Neid gewesen sein: bei Anni der Neid der noch Kinderlosen auf die Schwester, die schon einen Buben hatte, bei dem Mitschüler, ein einfacher Bauernbursche, der Neid auf einen aus seiner Sicht vom Lehrer bevorzugt behandelten Klassenkameraden, der als Klassenbester nur Einsen im Zeugnis bekam.

Leben in Gmünd

In Gmünd lernte ich unter der „Anleitung" meiner Mutter Fahrradfahren und Schwimmen. Beide Erlebnisse sind mir noch sehr lebendig in Erinnerung. Zum Fahrradfahren setzte mich meine Mutter auf ein Fahrrad auf einer leicht abwärts führenden Straße, versprach hoch und heilig, mich hinten am Gepäckträger fest zu halten und los ging die wunderbare Fahrt. Daß sie mich längst losgelassen hatte, habe ich in der Freude über die Bewegung nicht mehr gemerkt: ein Crashkurs par excellence — ich konnte ab sofort Fahrradfahren.

Das Schwimmen wurde mir in der gleichen Manier beigebracht, die für meine Mutter nicht ganz untypisch war. Am Zusammenfluß der schwäbischen und fränkischen Rezat warf mich meine Mutter einfach ins tiefe Wasser, sodaß mir nichts anderes übrigblieb, als ans Ufer zurück zu strampeln. Dies erst einmal geschafft, war meine Angst weg und ich konnte schwimmen, oder besser gesagt, beginnen schwimmen besser zu lernen.

Dies soll kein Plädoyer für die von meiner Mutter praktizierten, etwas grobschlächtigen Lehrmethoden sein. Der Kontrast zur übermäßig ängstlichen Fürsorge heutiger Mütter für ihre Kinder könnte diesen aber durchaus zu denken geben. Für eine solche Überfürsorge war damals aufgrund der harten Verhältnisse einfach kein Raum gegeben. Der trotzdem resultierende gute Erziehungserfolg könnte daher ein Fingerzeig für ein ausgewogeneres Mittelmaß in dieser Hinsicht sein. Ich bin jedenfalls überzeugt davon, daß es einen kausalen Zusammenhang gibt zwischen solchen unter der Obhut meiner Mutter, zu der ich tiefstes Vertrauen hatte, gemeisterten Herausforderungen einerseits und meinem während meines ganzen Lebens vorhandenen inneren Sicherheitsgefühl auch in gewagten, dabei aber kontrolliert beherrschten Situationen andererseits.

Im Übrigen waren diese Jahre in Gmünd gemessen an den damaligen Notverhältnissen der Nachkriegszeit aus Sicht eines Kindes durchaus keine schlechten Jahre für uns. Wir hatten eine brauchbare, wenn auch nicht ausgesprochen komfortable Wohnung in einem eher bäuerlich geprägten Haus mit einem separaten Scheunengebäude. In der Küche gab es beispielsweise einen holzgefeuerten Herd. Die Toilette war außerhalb des Hauses an der östlichen Ecke von dessen Südseite angebracht. Sie bestand aus einem kleinen Holzverschlag mit Holztüre, nach außen offen und daher winters wie sommers mit der jeweiligen Außentemperatur auch im Örtchen, also beispielsweise im Winter arschkalt. Der Sitz war aus Holz mit einer ausgeschnittenen, für ein Kind viel zu großen Öffnung darin. Darunter sammelten sich die Fäkalien in einem wachsenden Turm an, der im Winter gefror und im Sommer intensivste Gerüche verströmte. Als Toilettenpapier dienten zurechtgeschnittene Zeitungen.

Als zusätzliches Familienmitglied holten wir uns eine junge Schäferhündin, namens Hala, von der Familie Wechsler in Eckersmühle, die auf dem Weg von Gmünd nach Spalt liegt. Sie brach zwar gleich in den ersten Tagen aus ihrem Zwinger im Gelände der Fabrik über einen mehr als zwei Meter hohen Zaun wieder aus, um zu ihrem vormaligen, etliche Kilometer entfernten Zuhause zurückzukehren, fügte sich dann aber doch gerne in ihr neues „Rudel“ ein.

Zudem hielten wir uns im Scheunengebäude Stallhasen, die man dann auch schlachten konnte — falls sie nicht vorher von Hala gerissen wurden, was trotz Käfiggitter vorkam. Das Futter für die Hasen holte ich von den Wiesen hinter dem Eisenbahndamm, was vor dem Wiesenbesitzer Karl Heiden verheimlicht werden mußte. Die Iltisse im Scheunengebäude, deren Anwesenheit schon an ihrem scharfen Geruch erkennbar war, wurden mit Fallen gefangen und deren Fell veräußert. Von den Bauern wurden Zuckerrüben erstanden und im Hofgelände des Hauses zu Sirup verarbeitet. Durch die Einbindung von uns Kindern in all diese sowie die nachfolgend beschriebenen Tätigkeiten ergaben sich für mich vielgestaltige Lernerfahrungen, die mir später wohl sehr zugute kamen.

Bauern gab es überall ringsum. Für diese Berufsgruppe, vorausgesetzt sie hatten keine Kinder im Krieg verloren, waren die Auswirkungen des Krieges und der Nachkriegszeit vergleichsweise am harmlosesten. Zerstörungen hat es auf dem Lande kaum gegeben. Landwirtschaftliche Produkte waren immer gefragt und die Produktion wurde praktisch nicht unterbrochen. In der Zeit größter Not unmittelbar nach dem Krieg waren Bauern auf dem Höhepunkt ihres Ansehens.

Durch Mitarbeit beim Heuen, Kartoffelkäfer sammeln, Kartoffelernten und vor allem beim Hopfenzupfen hatte sich meine tüchtige Mutter samt ihren beiden Kindern deren Gunst erworben, sodaß es uns auch in jener Zeit nie an Essen gemangelt hat. Zudem wurden die Vorräte durch gezieltes Hamstern im bäuerlichen Umfeld aufgestockt. So sind wir mehrfach in die relativ abgelegene, aber fruchtbare bäuerliche Region südlich der Altmühl mit dem Fahrrad gefahren. Unter anderem war der Ort Seufersholz Ziel solcher

Fahrten. Dort gingen wir dann von Hof zu Hof und erbettelten alles Eßbare wie Brot, Eier, Fleisch, teilweise auch gegen Tauschobjekte.

Die Fahrten mit Mutter und Schwester durch das schöne Frankenland waren natürlich immer besondere Erlebnisse. Wenn mich meine Mutter dann aber alleine in einen dieser Bauernhöfe schickte, während sie derweil andere abgraste, waren das für mich beklemmendste Momente. Denn diese Höfe hatten keine Klingeln. Man mußte in den Eingangsflur eintreten und sich dort mit Rufen bemerkbar machen. Diese Flure waren dunkel und schon das war für einen kleinen Buben in völlig fremder Umgebung furchterregend. Und was sollte ich dann sagen, wenn sich eine Türe öffnete und eine fremde Bäuerin zum Vorschein kam? Meine Erfolge dabei — ganz im Gegensatz zu denen meiner Mutter — waren denn auch spärlich und bestanden beispielsweise aus einem Ei oder einer Scheibe fein nach Sauerteig duftenden Bauernbrotes. Diese abschreckenden Erfahrungen stecken noch immer tief in mir (genauso wie die analoge Erfahrung bei der Essensausgabe nach dem Fliegerangriff im Gasthof Linhard, die ich im Abschnitt 2.2.3 beschrieben habe) und haben mutmaßlich mein späteres Verhaltensmuster mit geprägt.

Fahrradfahrten in nahegelegene Wälder, vor allem in diejenigen um Mauk herum, brachten dagegen keine solch unangenehmen Begleitumstände mit sich. Dort gab es im Sommer ein reiches Angebot an Schwarz- und Preiselbeeren[79] sowie an Pilzen wie beispielsweise Pfifferlingen. Solche Aufenthalte im Wald waren für mich die reine Wonne, weil es ringsum so Vieles zu entdecken gab. Leider war meine Ausbeute beim Beerensammeln auch hier eher kärglich, einfach weil diese Beeren ja auch wunderbar geschmeckt haben und deshalb gerne ins Kröpfchen statt ins Töpfchen wanderten. Meine Mutter hat's geduldet.

Im Juli durfte eine Fahrradtour in das nahegelegene Großweingarten nicht fehlen. Dies ist in vieler Hinsicht ein ganz besonderes Dorf in Franken. Es liegt südwestlich von Gmünd und südöstlich von Spalt und zwar auf einem Bergrücken, dem 450m hohen und fast 100m über dem umgebenden Niveau herausragenden Michelsberg am südlichen Rand des Tals der fränkischen Rezat. An seinem klimatisch durch diese Lage besonders begünstigten Südhang unterhalb des Dorfes ist seit Jahrhunderten bis heute ein ertragreicher Kirschgarten angelegt. Welch ein Erlebnis für einen Buben, diese betörend süßen Früchte direkt vom Baum kosten und essen zu dürfen! Großweingarten zählt auch sonst, nicht nur zur Kirschblüte, zu einem der schönsten Straßendörfer von ganz Deutschland. Wenn auch die Anfahrt mit dem Fahrrad den steilen Berg hinauf recht mühsam ist, so lohnt dafür die schnelle Fahrt hinab auf dem Weg zurück nach Hause.

[79]Diese beiden Waldbeerenarten tragen regional sehr unterschiedliche Namen; hier werden die in Franken geläufigen verwendet.

Dieser frühe, intensive und unmittelbare Kontakt zur Natur und dem Wirken darin hat meine Sinne geschärft und mich zeitlebens beeinflußt. Schon damals lauschte ich den Vögeln in den Bäumen oder beispielsweise auch dem Rascheln der im Herbst reichlich gefallenen Kastanienblätter, wenn man durch diese Blätterhaufen hindurch schlurfte (zB. im Wirtschaftsgarten des Bayerischen Hofes in der unmittelbaren Nachbarschaft unserer Wohnung). Diese Blätter eigneten sich nach meiner damaligen Meinung auch zu Experimenten auf dem Sektor der Tabakherstellung und des Rauchgenusses, die entsprechend auch durchgeführt werden mußten.

Ein echter saisonaler Höhepunkt war in all diesen Jahren die Hopfenernte ab Ende August. Vor allem beim Hopfenbauern Merkenschlager in Hauslach haben wir uns als Zupfer verdungen. Da saß man dann den ganzen Tag gemeinsam mit einem Dutzend anderer Pflücker auf einem Hocker im Hopfengarten und zupfte Dolde für Dolde von den Reben in Weidenkörbe. Für jeden vollen Korb gab es eine Marke, die man am Schluß in Geld oder in bäuerliche Erzeugnisse eintauschen konnte, also ein rein leistungsorientiertes Verfahren.

Auch hier brillierte ich nicht durch auffallende Leistungen, sondern genoß den wunderbaren Geruch von Hopfen und die vielen Anregungen und Entdeckungen, die sich in einem solchen Garten in der Gemeinschaft von entspannten Menschen bei einer derartigen Tätigkeit boten. Es wurde dort viel erzählt, gesungen und gelacht. Aus den Erzählungen bekam ich mit, daß der Sohn der Merkenschlagers Professor sei, was mit der Aura einer besonderen Hochachtung mitgeteilt wurde.[80] Mittags kam dann das Fuhrwerk mit einem deftigen Essen wie beispielsweise Schweinefleisch, Kraut und Kartoffeln: eine köstliche Mahlzeit auf dem Felde in einer fröhlichen Gemeinschaft! Jedenfalls in Bezug auf das Hopfenzupfen hat uns die Automatisierung der Möglichkeit dieser hier angedeuteten herrlichen Erlebnisse beraubt.[81]

Besonders erinnere ich mich in diesem Kontext an meinen Onkel Loni (Rackelmann), ein Cousin meiner Mutter, der mich mit vielen Kunststückchen unterhalten hat und meine volle Sympathie genoß. Dabei soll er vor dem Krieg als Mitglied der NSDAP-Gauleitung an häßlichen Nazi-Operationen sehr übereifrig beteiligt gewesen sein, dann aber nach

[80] Es handelt sich um den Agrikulturbotaniker Friedrich Merkenschlager, über den unter http://de.wikipedia.org/wiki/Friedrich_Merkenschlager Detailliertes und Bemerkenswertes zu finden ist (Zugriff 3.7.2015).

[81] Über das vom Hopfenanbau geprägte Dorf gibt das folgende Büchlein detailliert Auskunft: Barbara und Fritz Volkert, Brigitte Schwarz, Hauslacher Erinnerungen – 700 Jahre Hauslach 1316–2016, Georgensgmünd, 2016.

Kriegsbeginn versucht haben, sich davon zu distanzieren.[82] Im Sinne meiner im Unterabschnitt 2.3.2 getroffenen Einteilung gehörte er also zuerst zur a-Gruppe der aktiven Unterstützer, aus der er sich dann in die c-Gruppe der Mitläufer zurückziehen wollte. Unter der Anschuldigung seiner (mutmaßlichen, aber nicht gesicherten) Homosexualität steckten die Nazis ihn als Verräter von 1940 bis 1945 ins Gefängnis in Berlin-Tegel bzw. später ins Konzentrationslager Natzweiler. Im Hopfengarten wurde darüber nicht geredet, sodaß ich erst Jahrzehnte später davon erfahren habe. Von 1946 bis 1948 kam er dann wegen seiner Nazi-Vergangenheit erneut ins Internierungs- und Arbeitslager. Jahre später hatte er dann endlich wieder eine Anstellung als Buchhalter bei Radio Pruy in Nürnberg gefunden, wo ich ihn auch einmal in seinem Büro besucht hatte. Dadurch bekam ich in diesem Geschäft Schallplatten zu einem reduzierten Preis. Auch zu jener Zeit empfand ich ihn als einen zwar sonderbaren, aber doch liebenswerten Onkel, der mich heute zu den folgenden Gedanken anregt.

Er war ein williger, fleißiger Angestellter mit vielleicht nicht allzu hohen intellektuellen, aber durchaus anderen positiven Fähigkeiten. Von der durch Hitler initiierten Bewegung ließ er sich wie viele andere mitreißen und sah in einem Wechsel des Arbeitgebers Ende 1934 seine große Chance kommen, vielleicht auch im Hinblick auf seine Homosexualität. Ohne viel nachzudenken hat er dort wieder, wie vorher und nachher auch, alles so getan, wie sein Umfeld es von ihm erwartete. Im Bild des breiten Spektrums des Verantwortungsanteils war er ein wohl eher harmloser a-Gruppen-Zugehöriger. Auch wenn es sechs Jahre gebraucht hat, bis er den damit verbundenen Fehler erkannt hatte, scheint er immerhin früher als andere zur Einsicht gekommen zu sein. Dadurch fiel er dann aber zwischen alle Stühle und kam sowohl ins KZ durch die Nazis als auch ins Arbeitslager nach dem Krieg wegen der Nazis. Er hat seine Fehler damit weit mehr als viele gebüßt, die durch die bewußte und aktive Förderung eines verbrecherischen Systems große Schuld auf sich geladen haben. Tatsächlich ist ein erschreckend hoher Anteil von diesen nie für diese Schuld zur Rechenschaft gezogen worden. Vielmehr sind nicht wenige von diesen erstaunlich schnell nach Kriegsende wieder in teils hohe Ämter zurückgekehrt. Bis heute gilt als Faustregel, daß die Kleinen büßen, die Großen aber geschont werden.

Ich habe mich mit diesen Gedanken von meinen Schilderungen der unmittelbaren Nachkriegsjahre ablenken lassen und kehre wieder zu diesem eigentlichen Thema zurück. Einer der Höhepunkte in dieser Zeit war die Hochzeit meines Patenonkels Loni, der im April 1947 Marianne Oeckel aus Nürnberg ehelichte.[83] Damit haben alle Kinder meines Großvaters,

[82]Detaillierte Informationen hierzu finden sich in folgender am 22.5.2015 per eSchreiben eingegangener Schrift: Barbara Volkert, Die Rackelmanns, privat, 2010.

[83]FAWB2, S.43, FAHB5, S.20.

soweit sie geheiratet haben, ihre Ehepartner von außerhalb der näheren Region gewählt. Das ist in einem Dorf wie Gmünd für die damalige Zeit schon ein bemerkenswerter Schritt hin zur neuen Zeit.

Wie ich beschrieben habe, waren wir trotz der in Deutschland 1945 dramatisch schlechten Versorgungslage durch das besondere Engagement meiner Mutter immer in einer vergleichsweise guten Situation ohne jegliche spürbare wirtschaftliche Not. Soweit es neben diesen Anstrengungen zur Versorgung der Familie, den beruflichen Pflichten und den gesundheitlichen Problemen des Vaters möglich war, strebten meine Eltern sofort nach Kriegsende das Ziel an, das zerstörte Haus in Mögeldorf wieder aufzubauen. Die Entlassung meines Vaters aus dem Schuldienst im April 1946 — als der eine der beiden beschriebenen Schicksalsschläge — konnte für dieses Ziel sogar als Chance genutzt werden. Entsprechend ihrer Lebenseinstellung haben sie diese Chance sofort ergriffen.

Vorweg sei noch auf eine weitere höchst bemerkenswerte Initiative meines Vaters in diesen leid- und sorgenvollen Monaten hingewiesen. Trotz der erlittenen schweren Schläge im und unmittelbar nach dem Krieg lag ihm offenbar sofort wieder auch die bürgerliche Verantwortung für das Ganze der deutschen Gesellschaft am Herzen, zu dem nach seiner Überzeugung auch eine demokratische Parteienstruktur gehörte. Auch wenn er, weiß Gott, in den Monaten des Jahres 1946 Sorgen genug für sich und seine Familie hatte, gründete er in diesem Jahr an seinem Wohnort Georgensgmünd den Ortsverband der Freien Demokratischen Partei Deutschlands (FDP). Die Deutsche Demokratische Partei (DDP), eine der Vorgängerinnen der FDP, war ja auch seine politische Heimat vor 1933, wie im vorangegangenen Kapitel (Abschnitt 1.1.1) beschrieben wurde. Auch diese erstaunliche Initiative zur Zeit seiner schweren Erkrankung manifestiert noch einmal eindrucksvoll die Konstanz seiner politischen Einstellungen über die Nazi-Zeit hinweg und durch diese hindurch. Dieses Ergreifen der erstmöglichen Gelegenheit bestätigt überzeugend meine weiter oben in diesem Unterabschnitt 2.3.2 ausführlich formulierte Einschätzung der politischen Rolle meines Vaters während der NS-Zeit.

Wiederaufbau

Nun aber, wie schon weiter oben angekündigt, zum Großprojekt „Wiederaufbau". Wie im Abschnitt 2.3.1 geschildert, war das Elternhaus in Mögeldorf durch eine Brandbombe zerstört worden. Der Brand hatte den aus Sandsteinquadern bestehenden Grundmauern des Hauptgebäudes nichts anhaben können. Auch das Hinterhaus[84] war ebenso wie die Laube im Garten verschont geblieben. Das Hinterhaus hatte an seiner Ostseite zwei Räume, die

[84] S. zB. FAWB2, S.46.

quasi als Einzimmer-„Apartment" mit „Küche" provisorisch hergerichtet werden konnten. Dies hat mein Vater wohl als erstes in Angriff genommen und sich so eine Bleibe vor Ort für die Arbeiten im Rahmen der Planungen und der Durchführung des Wiederaufbaus geschaffen. Von den entsprechenden planerischen Bemühungen habe ich nichts mitbekommen, was mir in Erinnerung geblieben wäre. So kann ich aufgrund der Unterlagen nur feststellen, daß bereits am 16.9.1946, also wenig mehr als ein Jahr nach Kriegsende, unterzeichnet von meinem Vater und dem Planfertiger Schuh, ein entsprechender Bauantrag an die Stadt Nürnberg gestellt wurde.

Die Durchführung des Baus eines Dreifamilienhauses ist auch in normalen Zeiten für jedermann eine Herausforderung. In den Jahren 1946/47 war die Meisterung dieser Herausforderung angesichts des wirtschaftlichen Zusammenbruchs[85] nur ganz wenigen Bauherren gelungen.[86] Zu diesen wenigen Bauherren gehörten meine Eltern, die es schafften, daß die Familie bereits im November 1947 wieder in ihr Haus in Mögeldorf einziehen konnte. Die extremen Schwierigkeiten bestanden über die brachliegende Volkswirtschaft hinaus in der von den Alliierten weitergeführten Zwangsbewirtschaftung, in einem daraus sich ergebenden gravierenden Mangel an den erforderlichen Materialien und, verbunden damit, in einem florierenden Schwarzmarkt und Tauschhandel. Angesichts der über fünf Millionen gefallenen deutschen Soldaten und vieler weiterer Kriegstoten[87] waren die kompetenten Handwerksbetriebe so gut wie ausgeblutet und konnten ihre Arbeit nach dem Krieg nur sehr langsam wieder aufnehmen. Meine Eltern haben in den späteren Jahren von der mit dem Wiederaufbau verbundenen außerordentlichen Leistung nie ein Aufheben gemacht. Erst wenn man selbst Bauvorhaben in normalen Zeiten durchgeführt hat, kann man das Außerordentliche dieser Leistung in jenen Zeiten des extremen Mangels ermessen.

Aufgrund der stehen gebliebenen Grundmauern aus Sandstein waren der planerischen Freiheit enge Grenzen gesetzt. Dabei sollte das Haus mit seiner bald einhundertjährigen Geschichte natürlich auch an den neuesten Standard der Bautechnik angepaßt werden. Im Ergebnis gelang zum einen ein derart schön umgestaltetes Haus, daß dieses Jahrzehnte später in die Denkmalliste des Bayerischen Landesamtes für Denkmalspflege als Baudenkmal eingetragen wurde. Zum anderen erreichten meine Eltern einen Qualitätsstandard auf so hohem Niveau, daß sich die Wohnungen noch Jahrzehnte später und nach entsprechen-

[85] Die Industrieproduktion beispielsweise war auf ein Drittel des Vorkriegsniveaus gesunken.

[86] In dem Artikel „Walther Kluge, Der Wiederaufbau des Realgymnasiums. In: 100 Jahre Realgymnasium Nürnberg – Jubiläumsschrift, Nürnberg, 1964, S.44–53." werden beispielsweise die Bemühungen des Direktors meiner Schule geschildert, dem einzig verbliebenen Schulgebäude auch nur zu einem wasserdichten Dach zu verhelfen, was erst nach mehr als drei Jahren 1948 endlich gelang, obwohl höchste Dringlichkeit und öffentliches Interesse mehr als geboten war.

[87] https://de.wikipedia.org/wiki/Kriegstote_des_Zweiten_Weltkrieges#Deutschland, Zugriff 3.7.2015.

den Sanierungen bis heute attraktiv vermieten ließen bzw. lassen. Letzteres sei am Beispiel der Heizung illustriert.

Bis zur Zerstörung hatte das Haus mutmaßlich einzelne Öfen in den Zimmern, die mit Holz und Kohle befeuert wurden. Das entsprechende Brennmaterial dazu lagerte im Hinterhaus. Beim Wiederaufbau wurden alle drei Wohnung mit je einer Etagenzentralheizung und Heizkörpern in allen Räumen ausgestattet. In jeder Wohnung stand dazu ein Koksofen in der Diele bzw. im Badezimmer. Der Koks lagerte im vorderen Teil des Hinterhauses für die Parterrewohnung, im mittleren Teil für den 1. Stock und in der von innen abgedichteten und mit einer Tür versehenen Laube für den 2. Stock. Weil das Schüren mit Koks Staub in der Wohnung und viel Schlepperei verursachte, wurde in jeder Wohnung der zentrale Koksofen ein Jahrzehnt später durch eine Gastherme ersetzt, eine Lösung, die bis heute Bestand hat.

Die Finanzierung des Wiederaufbaus gelang zweifelsohne auch durch substanzielle großelterliche Mitwirkung. Mein Vater war als einziger Sohn gemeinsam mit seiner Mutter Erbe des Vermögens seines 1944 verstorbenen Vaters, von dessen Umfang mir nichts bekannt ist, das zu diesem Zeitpunkt aber nicht mehr allzu üppig gewesen sein dürfte. Mein mütterlicher Großvater führte 1946 eine Aufteilung seines Besitzes durch, bei der sogar schon meine Schwester und ich mit jeweils 15.000 Goldmark bedacht wurden. Diese wurden meinen Eltern quasi als Leihgabe ihrer Kinder ausbezahlt und die so entstehende elterliche Schuld wurde mit einer Hypothek auf das Elternhaus abgesichert. So wollte mein Großvater sicherstellen, daß diese Anteile in jedem Fall seinen beiden Enkelkindern zugute kommen. Meine Mutter bekam als Vorabvermächtnis das 2-Familienhaus in der Alex-Zink-Str. 10 in Roth.

Aufgrund der charakterlichen Dispositionen und der Talente meiner beiden Eltern vermute ich, daß mein Vater für den planerischen und verwaltungsmäßigen Teil dieses großen Projektes verantwortlich zeichnete, während meine Mutter ihr außergewöhnliches Talent im Handeln mit Lieferanten und Handwerkern zur vollen Blüte bringen konnte. Denn die unmittelbare Nachkriegszeit mit ihrer galoppierenden Inflation war eine Zeit des Tauschens, Schiebens und Schacherns. So weiß ich aus meiner Erinnerung noch sicher, daß meine Mutter einen jungen Schäferhund aus einem Wurf unserer Hala für einen nagelneuen Kühlschrank eingetauscht hat, der 1947 noch eine sehr beachtliche Anschaffung darstellte. Da diese Würfe zweimal im Jahr immer je etwa ein Dutzend Welpen umfaßte, konnte schon allein mit diesen Zuchtergebnissen so manches an Materialien und Gegenständen eingetauscht werden.

Diese Einschätzung der Aufgabenteilung mag in Bezug auf meinen Vater aus folgendem Grund unvollständig sein. In einem Dokument vom 21.9.1947 seiner Personalakte wird folgende Tätigkeit bestätigt: „*7.7.46 - 31.3.47 als Hilfskraft bei Maurermst. Andreas Braun Ggmd.*“[88] Daraus ist erstens mit hoher Wahrscheinlichkeit zu schließen, daß Herr Braun die Maurerarbeiten beim Wiederaufbau geleistet bzw. geleitet hat. Zweitens ist sehr wahrscheinlich, daß mein Vater in dieser Periode der Arbeitslosigkeit tatsächlich beim Bau selbst Hand mit angelegt hat. Es ist jedoch eher unwahrscheinlich, daß er dabei explizit als Hilfskraft bezahlt wurde; vielmehr hat man seine Mitarbeit mutmaßlich beim Rechnungspreis berücksichtigt.

Vom Bau selbst habe ich deshalb nicht viel mitbekommen, weil ich wohl nur ausnahmsweise einmal mit vor Ort sein durfte. Ich kann mich nur noch an die Kalkgrube erinnern, die hinter dem Haus im Garten wie damals wohl üblich angelegt war. Die besondere puddingartige Konsistenz und die kalt-weiße Farbe des gelöschten Kalks in dieser Grube hat sich tief in mein Gedächtnis eingegraben. Die Grube war vermutlich genau an der Stelle des vormaligen Bunkers und in dessen Aushub angelegt. Die Bauarbeiten waren gegen Ende 1947 dann soweit abgeschlossen, daß wir endlich wieder in unser wiederaufgebautes Haus zurückziehen konnten. Vom Einzug und der Zeit danach wird dann der Abschnitt 2.4 ausführlicher berichten.

Großeltern

Meine beiden Eltern waren also durch Versorgungsmanagement, Beruf des Vaters, Krankheit des Vaters, Spruchkammerverfahren, Parteiarbeit und Hausbau sicher vollstens ausgelastet. Angesichts dieser völligen Auslastung der Eltern war ich in den Jahren 1945 bis 1947 wohl oft mir selbst überlassen. Da diese Jahre altersgemäß bei mir mit der Bewußtwerdung von Handlungen und Denkvorgängen einhergehen, sind mir aus dieser Zeit noch viele Details präsent.

Mein Großvater war damals noch immer Herrscher seines aufgebauten Reiches. Er hatte daher so gut wie keine Zeit für die Rolle des Opas seiner Enkel, obwohl ich nun ja im Haus gegenüber wohnte. Neben dem Ankurbeln des Betriebs nach dem Kriege zurück auf Vorkriegsniveau mit etwa 70 Mitarbeitern war er auch in umfangreiche Immobiliengeschäf-

[88]Die Bestätigung wurde seinem Wiederaufnahmeantrag in das Beamtenverhältnis vom 23.9.1947 (Personalakte S.100) als Beilage angehängt, aaO. Fußnote 14.
Andreas Braun hatte ein Baugeschäft in der Rittersbacher Straße in Georgensgmünd, das als „Säger-Braun“ apostrophiert wurde. Es war zu jener Zeit eines der beiden örtlichen Baugeschäfte mit etwa einem Dutzend Beschäftigten. (Die Information hierzu verdanke ich Barbara Volkert.)

te verwickelt. Beispielsweise besaß er vorübergehend eine Häuserzeile in der Nürnberger Marienstraße mutmaßlich aus vormals jüdischem Besitz.

1946 stürzte der Schwergewichtige auf der steilen Treppe in seinem Hause und brach sich dabei das Bein. In der gleichen Nacht knickte ein Sturm einen Baum auf dem Fabrikgelände ab. Meine abergläubische Tante Lisl meinte eine genaue Übereinstimmung der Bruchstruktur auf dem Röntgenbild mit der Bruchstruktur des gebrochenen Baums erkennen zu müssen. Daß mir dieses Detail in Erinnerung geblieben ist, könnte auf meine schon damals aufkeimende kritische Einschätzung der menschlichen Fähigkeiten zur genauen Beobachtung und vorurteilslosen Bewertung hindeuten. Was kann ein Beinbruch mit einem Baumbruch gemein haben und weshalb sollte es da einen Zusammenhang geben?!

Andererseits war dieser Unfall, der sich mutmaßlich unter Alkoholeinfluß ereignete und zu einer längeren Bettlägerigkeit zwang, der Beginn seiner letzten sechs Lebensjahre, die von Alkoholismus und körperlichem Abbau geprägt waren. Auf dem markantesten Bild in meiner Erinnerung sehe ich ihn im dunkelbraunen Ledersessel mit hohen Armlehnen in seinem Wohnzimmer thronen, vorzugsweise mit einer Kognakflasche in Griffweite. Selbst gegenüber seinem damals erst einzigen (männlichen) Enkel vermittelte er einen herrischen Eindruck und nicht die Spur von großväterlicher Zuneigung. Entsprechend waren auch meine Gefühle für ihn sehr verhalten. Wenn er barfuß war, empfand ich bisweilen sogar ein Gefühl der Abscheu vor seinen von starkem und chronischem Ekzem befallenen Füßen. Gleichwohl habe ich bzw. haben wir alle ihm viel an materieller Unterstützung zu verdanken. Kein Sterblicher kann es wohl schaffen, alles zugleich zu geben.

Neben ihm war mir in diesen Jahren als einziger weiterer Großelternteil nur noch meine väterliche Großmutter geblieben. Nach dem Tode ihres Mannes 1944 und der Zerstörung des Hauses in der Comeniusstraße samt ihrer Wohnung war sie in den Lohgartenweg 6 in Roth gezogen, einem — käuflich erworbenen oder gemieteten — kleinen Gartenhaus. Ich kann mich nur an einen einzigen Besuch dort und an die altmodischen Möbel in ihrem Wohnzimmer erinnern. Auch mit ihr gab es für mich nach meinem Empfinden keine besonders herzliche Verbindung.[89] Sie war zu jener Zeit gesundheitlich angeschlagen, eher wortkarg und vielleicht auch etwas verbittert infolge der schicksalhaft erlittenen Verluste, die sie — bis kurz vor Kriegsende noch eine wohlhabende Frau — nach der Währungsreform 1948 bis zu ihrem Tod 1954 an den Rand wirtschaftlicher Not brachte.

[89]Meine Schwester lag ihr wohl näher, denn Oma nannte sie ihr „Goldele“. Annelore hatte sie in Roth auch regelmäßig anläßlich dortiger wöchentlicher Klavierstunden besucht.

Mir blieben aber ersatzweise eine Reihe von Tanten wie Tante Rola, Großtanten Lisbeth Kaußler und Hanna Seitz. Nicht zuletzt ist hier auch Tante Lisl zu nennen, die wie bereits erwähnt den Haushalt meines Großvaters führte und in deren Küche ich mich gerne aufhielt. Sie war zeitlebens das Aschenbrödel der Familie und wurde bis zum Tode ihres Vaters als seine billige Haushälterin in einem gewissen Sinne quasi ausgebeutet. Während beispielsweise alle ihre Geschwister wertvollen Grundbesitz vom Vater vererbt bekamen, blieb ihr nach meiner Kenntnis nur ein kärgliches Wohnrecht in der kleinen Wohnung im ersten Stock über dem Waschraum des väterlichen Hauses und eine ausreichende, wenn auch nicht wirklich angemessene Versorgung in Form einer von der Firma ausgezahlten Rente. Darüber hinaus erbte sie ein Gebäude.[90] Alle Geschwister hatten Familien mit Kindern, die sich nach dem Tode des Vaters um ihre eigenen Sorgen kümmerten. So wurde von allen Seiten versäumt, ihr die verdienten Anerkennungen für ihre Leistungen zuteil werden zu lassen. 1969 erhängte sie sich in ihrer Wohnung, wohl aus Einsamkeit und vielleicht auch Verbitterung. Auf eine diesem Suizid mutmaßlich vorausgegangene Depression ist offenbar niemand in ihrem täglichen Umfeld aufmerksam geworden, obwohl die familiäre Disposition zu solcher psychischen Anfälligkeit ja angesichts der Suizide meiner Großmutter und Mutter den Beteiligten wohlbekannt war. Ein Teil der Schuld an diesem Schicksal, so man in solchen verstrickten Fällen von Schuld überhaupt sprechen kann, geht auch zu Lasten ihres sonst durchaus fairen Vaters.

Erlebnisse

Aufgrund der Freiheit von allzu behütenden Eltern oder Großeltern konnte ich als heranwachsendes Kind innerhalb des engen, für mich gleichwohl reichhaltigen Gmünder Radius meinen eigenen Entdeckungen und Beobachtungen nachgehen. Einige davon seien hier zum Besten gegeben.

Das Fabrikgelände[91] mit seinen vielen Bretterstößen war ein ideales und vielgestaltiges Spielterrain. Dazu gehörte beispielsweise ein entlegener Raum im ersten Stock im Gebäude an der Ostseite, den wir uns als Spielzimmer eingerichtet hatten. Aber auch die Arbeiten in der Fabrik konnten mich stundenlang fesseln. Mit Vorliebe besuchte ich die Lackiererei und den dortigen Malermeister Baumgärtner, der sich gerne die Zeit zum Schwätzen mit mir nahm. Es roch infolge der verarbeiteten Lacke dort auch immer ganz

[90] Es handelte sich lt. Barbara Volkert um das alte Postgebäude in Gmünd, mit dem sie nach meiner Einschätzung so gut wie nichts anfangen konnte.

[91] Das Gelände ist heute im Besitz der Fa. Haarländer. Bei einem Besuch am 28.5.2016 konnte ich jedoch feststellen, daß sich ein Großteil der Baulichkeiten im Fabrikationsteil bis heute so gut wie nicht verändert hat. Verschwunden ist vor allem das Eingangsgebäude, in dem die Wohnungen und Büros untergebracht waren.

besonders. Ebenso beliebt bei mir war der immer gut gelaunte Leonhard Wittmann, der mit dem Magirus Lastwagen die Möbel ausfuhr und mich oft auf solchen Fahrten mitgenommen hat. Abgesehen von diesen kostenlosen Tagesreisen in die weitere Umgebung waren diese Fahrten wegen der vielen Wittmannschen Späße eine besondere Freude für mich. Meister Alfons Hausmann war dagegen immer ein wenig grimmig, aber doch nie wirklich unfreundlich zu mir. Später wurde ihm in seiner Funktion als verantwortlicher Schreiner der sympathische Meister Franz Schimpl an die Seite gestellt. Natürlich faszinierten die vielen Maschinen, die zum Teil über lange Lederriemen angetrieben wurden, deren Rollen angenehme und wabernde Klänge erzeugten. Beeindruckend waren auch die großen Haufen von Sägemehl, mit denen (neben anderem Brennmaterial) eine Dampfmaschine zur Stromerzeugung befeuert wurde. Auch in dieser bemerkenswerten Anlage zur Energieerzeugung zeigte sich die erstaunliche Weitsicht meines Großvaters, von der im Abschnitt 1.2.2 schon ausführlich die Rede war. Denn die darin zum Ausdruck gebrachte Nachhaltigkeit der Verwendung des Abfallproduktes Sägespäne und Sägemehl gleich wieder zur Stromerzeugung bereits in der Zeit vor dem zweiten Weltkrieg dürfte unter den damaligen Fabriken sicher eine seltene Ausnahme gewesen sein.

Ich hatte bei der Charakterisierung der beiden Brüder Fritz und Loni ebenfalls im Abschnitt 1.2.2 schon auf die unangemessen gelöste Nachfolgerregelung und auf sich daraus ergebende Führungsschwächen in der Firma Riegelbauer der Nachkriegszeit hingewiesen. Die daraus resultierenden Beeinträchtigungen in Bezug auf eine optimale Fertigung und Vermarktung waren eigentlich schon zu der Zeit ersichtlich, von der ich hier bislang gesprochen habe, also schon zwanzig Jahre vor der Abwicklung der Firma.

Es gab beispielsweise einen Maschinenraum am Kopf des Osttrakts sowie weitere Maschinen weiter unten im Westtrakt, der die eigentliche Schreinerei bildete. Wie oft sah man Beschäftigte auf dem Dutzende von Metern langen Weg zwischen beiden Zentren über den Hof mit Teilen unter dem Arm hin- und herlaufen. Das war in der Anlage von einer durchdachten Fließbandfertigung noch meilenweit entfernt, wie sie Henry Ford schon 1913 eingeführt hatte.[92] Für mich als Knaben war das vorteilhaft, waren diese „Spaziergänge“ der Mitarbeiter doch immer eine Gelegenheit zum kurzen Plausch.

Betriebswirtschaftlich waren diese aus den Vorkriegsjahren überkommene Ausprägung des unternehmerischen Betriebsablaufs ebenso wie viele weitere Aspekte der Fertigung, Vermarktung und Marktforschung nicht mehr zeitgemäß. Zu einer (spätestens ab 1970 erforderlichen) Umstellung auf CNC-Verfahren und Büromodernisierung fehlte meinen Onkeln jegliches Knowhow. Nur durch den kriegsbedingt unermeßlichen Nachholbedarf

[92] http://de.wikipedia.org/wiki/Fließbandfertigung.

und durch das qualitativ sehr gute Angebot ist es der Firma nach dem Kriege gleichwohl noch eine gewisse Zeit gut gegangen.

In der Liste meiner damaligen Erkundungen habe ich mit der engsten Nachbarschaft, nämlich dem schräg gegenüber unserer Wohnung liegenden Fabrikgelände begonnen. Unmittelbar gegenüber lag auch das Gebäude der Gaststätte „Bayerischer Hof", die als solche natürlich viele Eindrücke hinterließ, wie etwa das gelegentliche Bierholen dort, das man damals noch im offenen Krug nach Hause trug; oder das Feiern des Neujahrbeginns am Silvesterabend vor der Gaststätte, das wir Geschwister durch das Oberlicht auf der Eisenstange stehend verfolgten, die den einen Haustürflügel fixierte; oder ein Besuch im dortigen Kino, wo zB. einen Film mit Marilyn Monroe sah, deren Busen mich tief beeindruckte.

Wenn ich nun die Kreise etwas weiter ziehe, so komme ich als erstes in eine von unserem Haus wegführende Gasse mit dem vielversprechenden Namen „Am Schlößlein". Ob sie ihn damals schon getragen hat bzw. ob er mir geläufig war, weiß ich nicht mehr. Jedenfalls verbarg sich dahinter einer der damals unschönsten Ecken in Gmünd. Die nach meiner Erinnerung damals noch ungepflasterte Gasse führte entlang ärmlicher Gebäude zu einem größeren Gebäude, das einst wohl einem Adeligen gehörte — daher „Schlößlein" — und in dem bis heute der Gasthof Krone untergebracht ist. Vor dem Gebäude weitete sich die Gasse zu einem kleinen, von schmuddeligen Häusern umsäumten Platz, mit dem ich das Erlebnis eines tollwütigen Hundes verbinde, der sich dort mit Schaum vor dem Maul irre immer im Kreise drehte und von den umstehenden Leuten nicht eingefangen oder gebändigt werden konnte.

Geht man die Gasse von diesem Platz weiter durch zur Bahnhofsstraße, so stand gleich links der Schreibwarenladen von Anna Blaß und ihrer Partnerin, an den ich mich vor allem wegen des schönen Klangs des Geläutes erinnere, das oben an der Ladentüre angebracht war und daher beim Öffnen der Türe seinen schönen Glöckchen-Schall erklingen ließ.

Das Gebäude schräg gegenüber dieses Ladens sehe ich in meiner Erinnerung nur in Verbindung mit der kauernden Figur eines Mannes auf den Stufen der Eingangstreppe, der in einem Streit kurz vorher von einem anderen bereits flüchtigen Mann einen Messerstich in den Bauch versetzt bekommen hatte. Da es seinerzeit noch keinen Notarztruf gab, bin ich nicht sicher, ob ein Arzt noch rechtzeitig herbeigerufen werden konnte und er seine schwere Verletzung tatsächlich überlebt hat.

Von unserem Haus aus konnte man in westlicher Richtung, statt in die beschriebene Gasse, auch die Petersgmünderstraße zur Brücke über die fränkische Rezat hin gehen. Gleich rechts wohnte Gerhard Heckel, ein etwas älterer Junge. Er hat sich in mein Gedächtnis dadurch für immer eingeprägt, weil er mitten in dieser Straße spazierend in hohem Bogen vor sich hin urinierte. Danach kommt rechts die noch immer erfolgreich betriebene Metzgerei Brunner, von der im Abschnitt 1.1.2 schon die Rede war. Um die Ecke war eine Bäckerei.

Nach der Brücke öffnet sich ein größerer Platz, durch den der Steinbach in die fränkische Rezat fließt. Gleich das erste Haus links diente als Schlächterei, an dem ich die erste Tötung eines quiekenden Schweines miterleben konnte, weil die Schlachtungen dort in der Regel bei offenem Tor und daher bei freiem Einblick stattfanden. Kurz danach stand das Haus mit einer Konditorei. Die für mich verlockenden täglichen Auslagen ließen in mir damals den Entschluß reifen, später einmal den Beruf des Konditors zu ergreifen, den ich dann aber doch nicht verwirklicht habe. Am Ende des Platzes lag die Scherer-Schmiede. Dort konnte man von der Gasse am Bach aus dem Schmied am Feuer oder beim Beschlagen der Hufe eines Pferdes zuschauen.

Von der südwestlichen Ecke des Platzes geht es hinauf zum Kirchenbuck und zum Schulhaus, das man von dieser Stelle auf verschiedenen Wegen erreichen kann. Entweder rechts nördlich am Friedhof vorbei Richtung Hauslach, wo einmal ein bissiger, kläffender Hund aus dem rechts an der Straße gelegenen Haus mich zu Tode erstarren ließ. Oder hinauf zur Kirche und links an der südlichen Friedhofsmauer entlang, wo ich einmal auf eine Gruppe junger Zigeuner stieß. Der eine von ihnen hantierte mit einem stehenden Messer und flößte mir damit größten Respekt und Furcht ein. Ja, kurz nach dem Krieg gab es trotz der Aktionen der Nazis doch auch wieder Zigeuner, wie man damals die Sinti und Roma noch ausnahmslos zu nennen pflegte. An diesem Weg lag links auch das Wochenendhäuschen meines Großvaters, in dem zu jener Zeit dann meine Großtante Rackelmann wohnte.

Geradeaus kam man dann an einen Platz vor unserem Schulhaus am Mühlbuck 4. Unser Klassenzimmer lag nach meiner Erinnerung im Erdgeschoß an der Südseite. Das 1889 erbaute Gebäude dient heute als Jugendhaus. An dem Platz lag westlich auch das Leichenhaus, das unsere noch immer kindliche Fantasie damals des öfteren beflügelte, vor allem wenn wir dort aufgebahrte Leichname bestaunen konnten. Kann so einer auch nur scheintot sein? Was, wenn man ihn beerdigt und er wacht dann wieder auf?

Leichen, mit Messern fuchtelnde Zigeuner, furchterregende Hunde, in Todesangst quiekende Schweine, tollwütige Hunde, ein Mann mit einem Messer im Bauch: im damaligen Dorf konnte ein wacher Junge unendlich viel erleben und erkunden. Mit zwei Erlebnissen will ich diese Schilderungen abschließen.

Nördlich vom Fabrikgelände lag am Ufer der fränkischen Rezat ein Sportplatz. Von unserem Haus konnte man dahin durch ein sehr schmales Weglein zwischen der Westmauer der Fabrik und einem Zaun gelangen, oder auch durch das Fabrikgelände und das nördlich gelegene Tor. Auf diesem Gelände fand so manches Sehenswerte für einen Jungen statt. Beispielsweise der Jahrmarkt zur Kirchweih. Mein aufregendstes Erlebnis auf einem solchen Markt dort führte mich vor einen Stand unter anderem mit Krawatten, die nach vorne von der Theke des Standes herunterhingen. Es müßte mir doch gelingen, eine dieser Krawatten unbemerkt von der Verkäuferin herauszuziehen und verschwinden zu lassen! Und das Experiment gelang mit klopfendem Herzen. Stolz zeigte ich das Diebesgut meiner Mutter, die mich sprachlos ansah. Dieb bin ich später dann doch auch nicht geworden. Gleichwohl war das für mich eine tiefe und daher unvergessene Erfahrung.

Von unserem Haus Richtung Osten kam man durch die bereits erwähnte Unterführung über ein Wiesengelände zur schwäbischen Rezat, längs der man flußaufwärts schön spazieren konnte. Dorthin ging ich eines Tages mit unserer Hala, für die ich eine Leine mitführte. Diese konnte man wunderschön über dem Kopf schwingen und dann wie ein Lasso loslassen. Verdammt! — da landete sie dabei einmal direkt im Fluß, unwiederbringlich für mich. Am Wochenende, als mein Vater (mutmaßlich von seiner Lehrertätigkeit in Mögeldorf) wieder zu Hause war, beichtete ich ihm den Verlust und erwartete eine entsprechende Standpauke. Er aber nahm es ganz verständnisvoll auf, wofür ich ihn am liebsten umarmt hätte. Er ging mit mir den gleichen Weg zu der Unglücksstelle, wo wir aber beide nur den endgültigen Verlust feststellen konnten und mußten.

Die beiden beschriebenen Reaktionen meiner Eltern, Mutter wie Vater, sehe ich heute als Indiz für deren reifen pädagogischen Instinkt, dem wir Kinder unendlich viel zu verdanken haben. Vor allem traten sie uns Kindern gegenüber trotz der kriegsbedingten Jahre der familiären Zerrissenheit immer in harmonischer Übereinstimmung auf. Einen fruchtbareren Boden für eine ausgewogene Reifung kann man sich wohl kaum wünschen.

Im Oktober 1947 näherte sich infolge der Fertigstellung des wieder aufgebauten Elternhauses in Mögeldorf das Ende unserer Evakuierungszeit in Georgensgmünd. Dies führte bei mir zu dem folgenden herzzerreißenden Zwiespalt. Denn einerseits freuten wir uns natürlich alle auf die Rückkehr in das vertraute Zuhause. Andererseits hatte ich inzwischen eine richtige Freundschaft mit einem Jungen aus Petersgmünd geschlossen, mit dem ich vor allem oft Fußball spielte, wobei Torwart meine Lieblingsrolle war. Diesen Freund wollte ich eigentlich zu meinem neunten Geburtstag einladen, was aber den Umzugsvorbereitungen geopfert werden mußte. Der Umzug fand Anfang November statt. Meinen Freund habe ich danach wohl nie mehr gesehen und irgendwann auch seinen Namen vergessen. Nach meinem ersten Erlebnis einer aufkeimenden, durch die äußeren Umstände aber jäh abgebrochenen Freundschaft mit Seppl im Kleinwalsertal 1945, von der im Abschnitt 2.2.3 erzählt wurde, war das also meine zweite derartige Erfahrung.

2.4 Neuanfang in Nürnberg

Unter der Obhut der Eltern ist der Umzug im November 1947 zurück ins Elternhaus für einen 9-Jährigen nicht wirklich etwas Dramatisches, sodaß mir davon auch nichts in Erinnerung geblieben ist. Allerdings waren mit dem Umzug naturgemäß auch Schulwechsel der beiden Kinder verbunden. Meine Schwester wechselte vom Gymnasium in Weißenburg an die Städtische Oberrealschule für Mädchen in der Schnieglinger Straße und dann später am 1.4.1951 nochmals weiter in die Zeltnerschule in der Zeltnerstraße, wieder eine Oberrealschule für Mädchen. Ich kam in die nahegelegene Thusnelda Schule, an der auch mein Vater die beiden obersten Klassen 7 und 8 unterrichtete.

Mein erster Schultag dort ist mir unvergessen geblieben. Ich kam mitten im laufenden Schuljahr in die dritte Volksschulklasse, die von Lehrer Hagen unterrichtet wurde. Die Klasse umfaßte 48 Schüler.[93] Das im ersten Stock an der Südseite gelegene Klassenzimmer hatte drei Reihen mit Zweierbänken. Ich saß in der Türreihe etwa in der vierten Bank an deren linkem Platz.

In der Pause ging ich — als neuer Schüler allein — die Treppe hinab in Richtung Hof. Am Treppenabsatz wurde ich völlig unvermittelt von einem der Schüler in der Klasse angegriffen und verprügelt. Offenbar wollte er dem Neuzugang gleich die Rangordnung innerhalb der Klasse deutlich einbläuen. Den Vorfall hat der Klassenlehrer aber mitbekommen. Am Beginn der Stunde nach der Pause erhielt der Schläger von diesem daher Strafhiebe auf den Hosenboden. Mein Einstand wurde also mit gleich zwei Schlägereien umrahmt. Die eine davon erinnert an die in Abschnitt 2.3.2 erwähnten Schläge, die ich ein paar Jahre früher schon in der Schule in Gmünd von einem Mitschüler erhielt, und stellt also die dritte Grobheit in dieser makabren Serie von Angriffen in meinem Leben dar.

Vom Schulleben in dieser Klasse bis 1949 ist mir nicht viel in Erinnerung geblieben. Lehrer Hagen war ein etwas knochiger, nüchterner und doch liebenswerter Lehrer, der sich redlich bemühte, dem großen, bunten Kinderhaufen etwas beizubringen und ihn im Zaum zu halten. Der lange Rohrstock war dazu ein für ihn wichtiges Erziehungsmittel. Vor allem der Schüler am rechten Platz der ersten Bank in der mittleren Reihe hat viele Hiebe auf seinen Hosenboden bekommen. Er kam aus einer sozial zerrütteten Familie,

[93] Das Klassenbild in FAWB2, S.46, zeigt 45 Schüler. Bemerkenswert ist, daß ich extra für das Klassenbild eine Krawatte verpaßt bekommen — oder auch gewollt — habe.

die „im Block“ wohnte, einer Sozialsiedlung im Westen von Mögeldorf, und er hatte halt oft seine Hausaufgaben nicht gemacht. Dafür gab es dann Prügel, die ich ebenso wie in Georgensgmünd zutiefst verabscheute. Auch ich hatte einmal samt meinem Banknachbarn wegen Schwätzens den harten Stock auf meinen Händen zu spüren bekommen und bin dabei furchtbar erschrocken, weil Hagen sich unbemerkt angeschlichen hatte.

Meine Schulleistungen waren auch hier in Nürnberg bestens mit Einsen in fast allen Fächern ausgenommen in Schrift, teilweise in Deutsch und später in Leibesübungen sowie zunehmend auch in Betragen, wo es dann eben jeweils nur zu einer Zwei reichte. *„Ein anständiger, fleißiger Junge, der mit Lust u. Liebe immer bei der Sache ist“* liest man im Abgangszeugnis am Ende der vierten Klasse. Dabei ist aus heutiger Sicht bemerkenswert, daß wir als Kinder bei den Hausaufgaben völlig auf uns allein gestellt waren, da mein Vater sich zuhause ohnehin wenig einmischte und meine Mutter sich ihrer Grenzen in Hinsicht auf schulische Aufgaben sehr bewußt war.

Meine Schrift ist tatsächlich bis heute nie die allerbeste gewesen. So liegt im FAWB1 ein Blatt, das ich mutmaßlich Anfang der fünfziger Jahre beschrieben habe. Die Schrift darauf ist „unter aller Sau“, wie man sagt. Heute bin ich davon überzeugt, daß es sich dabei um eine angewöhnte Verkrampfung im Schulterbereich gehandelt hat, die ich bis heute nicht überwinden konnte.[94] Neben der Schrift sind ein Zittern beim Aufnehmen einer Tasse, beim Bogenstrich auf der Geige, generell Phänomene eines essentiellen Tremors und ein tägliches Ringen gegen angezogene Schultern weitere Symptome dieser durch Fehlhaltung erworbenen Verkrampfung. Eltern und Lehrern von damals und heute fehlte und fehlt es an Wissen und der Zeit, Kinder durch korrigierenden Einfluß erst gar nicht in entsprechende Fehlhaltungen verfallen zu lassen, die später dann kaum mehr rückgängig gemacht werden können. Wer wie ich Pech hatte und in ein solches Loch gefallen war, kommt daraus ohne erfahrene Hilfe so gut wie nicht mehr heraus. Gleichwohl konnte ich mit diesem spezifischen und nicht allzu gravierenden Manko ganz gut durchs Leben kommen.

Mein kurzer Schulweg führte von der Schmausenbuckstraße durch die Blütenstraße, die in einen Feldweg überging, bis rechts ab zum Bahnübergang direkt an der Schule. Ich teilte diesen Weg mit dem einiger weiterer Mitschüler, allen voran mit Gerd Fleischmann aus der Eichenstraße, mit dem mich bis heute eine langjährige Freundschaft verbindet. Damals hat es auf dem Feldweg aber erst einmal eine Rauferei mit ihm gegeben, infolge derer Blut aus seinem Ohr floß, was zu einer Strafpredigt von seiner allein erziehenden Mutter,

[94]Das Bild in FAWB2, S.40, zeigt, welch aufrechte Haltung ich am Beginn meiner Schulzeit als Siebenjähriger noch hatte. In den Bildern einige Jahre später sind die vor- bzw. hochgezogenen Schultern und die zunehmende Krümmung des Rückens immer klarer zu erkennen.

Frau Fleischmann, führte. Unter den weiteren Mitschülern auf diesem Schulweg waren die „Müllerin“ aus der Schmausenbuckstraße 89, die immer mit Inge Geck zusammen ging. Auch diese beiden habe ich zusammen mit einem Kameraden einmal „gestellt“, was dann wenige Jahre später im Fall der Müllerin in eine romantische Verehrung umgeschlagen ist; also war wohl auch das damalige Imponiergehabe nur ein sehr frühes und unbeholfenes verstecktes Werben.

Neben der Schule spielte sich mein Leben vor allem im Umfeld unseres Hauses ab. Zuhause hatte ich eine kleine Burg mit Zinnsoldaten und Kanonen, in die man sich mit Spielen stundenlang versenken konnte. Aus irgendeiner Zeitschrift konnte ich mir Teile ausschneiden, die zusammengeklebt ein Modell des schönen Nürnberger Bratwurstglöckleins ergaben. Meine engsten Kameraden im häuslichen Leben waren unsere Schäferhündin Hala und zweimal im Jahr deren Welpen, meist in der Größenordnung von einem Dutzend wie weiter oben bereits erwähnt.[95] Die Hundehütte stand hinter der Gartenlaube am Zaun zum südlichen Nachbargrundstück. In dieser lag ich zusammen mit dem Hund sicher nicht nur einmal und genoß das gegenseitige Vertrauen. Und wenn es Junge gab, machte das Schmusen mit diesen drolligen Wollknäueln natürlich noch mehr Spaß. Der Hund lebte so gut wie immer im Garten und durfte nur gelegentlich, vor allem bei winterlicher Kälte und meist nur für kurze Zeit, in die Wohnung.

Zu den Hundefreuden gesellten sich aber auch Pflichten. So bin ich mit Hala viel „Gassi“ gegangen, meist in Richtung des Geländes jenseits des unbebauten südlichen Nachbargrundstücks zum Schmausenbuck hin. Auch mußte Annelore aus der Stadt Speiseabfälle aus dem Hotel Deutscher Hof als Futter nach der Schule mit nachhause bringen.

Unser Haus hatte ja drei Wohnungen. Im Parterre wohnte schon vor dem Krieg die Arztfamilie Dr. Schmidt, wie im Abschnitt 2.1 bereits erwähnt ist. Beim Wiederaufbau wurde das Parterre eigens so konzipiert, daß im Zimmer zum Hof eine Praxis und daneben ein kleines Wartezimmer für dieses Arztehepaar eingerichtet werden konnten.[96] Auch die einzige Garage zum Haus war an Schmidts vermietet, die als einzige Bewohner des Hauses damals ein Auto, nämlich einen Hanomag, für die ärztlichen Hausbesuche besaßen. Im zweiten Stockwerk wohnte nach dem Krieg die Familie Späth.

Zur Aufbesserung der durch den Wiederaufbau besonders angespannten familiären Finanzlage vermieteten meine Eltern zudem das während der Bauzeit von meinem Vater

[95] FAWB2, S.48, FAHB5, S.21.

[96] Vorher war die Schmidtsche Praxis in der Ostendstraße nahe der Ecke Thusneldastraße. Familie Schmidt bewohnte nach der Zerstörung des Hauses ein Zimmer in der Schmausenbuckstraße an der Ecke der Siedlerstraße. Sie zogen dann bis zur Fertigstellung des Wiederaufbaus vorübergehend in eine Wohnung in der Bothmerstraße. Diese Informationen verdanke ich meinem Freund Maxi.

benutzte Zimmer im Hinterhaus für eine gewisse Zeit an eine alleinstehende Dame. Diese hatte einen in der US-Armee höhergestellten amerikanischen Mann quasi als Verlobten, der sie oft mit seinem aus damaliger Sicht riesigen Buick Straight-8 (Fireball 8) zum Rendezvous abholte. Dieses Paar erregte natürlich — nicht nur wegen des Autos — die Aufmerksamkeit aller.

Neben dem ebenfalls bereits erwähnten und vier Wochen nach mir geborenen Maxi Schmidt kam in dieser Familie noch sein jüngerer Bruder Kurt (Kurti) hinzu. Ich hatte also zwei Spielkameraden im Haus, mit denen ich im Treppenhaus oder im Hof, gelegentlich auch in den Wohnungen, alles Mögliche spielen konnte, was wir weidlich genutzt haben.[97] Im östlich angrenzenden Grundstück wohnte die Familie Lindner, ebenfalls mit zwei Söhnen, Klaus und Peter, in vergleichbarem Alter, sodaß es mir an Spielkameraden nie mangelte. Vor allem haben wir im Hof oft stundenlang Tischtennis auf einer Platte gespielt, die ich in der Fabrik meines Großvaters in Georgensgmünd eigens gefertigt bekommen hatte.

2.4.1 Nachwehen des Krieges

Das Leben der Familie war nach dem Wiederaufbau und dem Umzug in das Elternhaus gleichwohl weiter von Belastungen geprägt, die als unmittelbare Kriegsfolgen einzustufen sind. So schreibt meine Mutter:[98] *„Überaus rührend und tapfer war Wolfi, als die Mutti an einem Gelenkrheuma schwer krank darniederlag; er pflegte und versorgte sie mit seinen 9 Jährlein, wie es ein Erwachsener nicht besser könnte.“* Die explizite Altersangabe läßt (den Winter) 1947/48 als Zeitraum für diese Krankheit vermuten, an die ich selbst mich nur sehr vage erinnern kann. Vielleicht reicht sie aber auch noch in die Zeit vor dem Umzug (und vor meinem neunten Geburtstag) zurück. Jedenfalls dürften die Ursachen für diese Erkrankung in der mangelhaften Klimaqualität der vorübergehenden Wohnung in Gmünd gelegen haben.

Für alle Deutschen brachte das Jahr 1948 nach Jahren der Geldentwertung und des Schacherns einen radikalen Einschnitt: die Währungsreform.[99] Ab 21.6.1948 war die neue Deutsche Mark (DM) das alleingültige Zahlungsmittel. Reichsmarkbestände wurden grob 10:1 umgetauscht. Meine Eltern hatten nach dem Wiederaufbau des Hauses mutmaßlich keinerlei Rücklagen übrigbehalten können, sodaß für sie die neue Währung erst einmal keine besonderen Nachteile mit sich brachte. Für meinen mütterlichen Großvater und

[97] FAWB2, S.46 zeigt die vier fröhlichen Kinder des Haus gemeinsam nach dem Ostersuchen 1948.
[98] Notizen in FAWB1.
[99] https://de.wikipedia.org/wiki/Währungsreform_1948_(Westdeutschland), Zugriff 20.6.2015.

meine väterliche Großmutter dürfte dies anders gewesen sein. Vor allem meine Großmutter kam im Hinblick auf ihren Lebensstandard für die wenigen verbleibenden Lebensjahre in eine gewisse wirtschaftliche Bedrängnis.

Die Währungsumstellung hatte natürlich aber auch Folgen für vorhandene Belastungen wie Hypotheken. Auch mein Elternhaus war 1948 mit Hypotheken belastet, deren Umstellung zu einem drei Jahre dauernden Rechtsstreit meiner Eltern gegen die Bayerische Staatsschuldenverwaltung führte.[100] Schuldner dieser Hypotheken waren meine Eltern, Gläubiger waren meine Schwester und ich. Wie ich im Abschnitt 2.3.2 bereits erläutert habe, hatte mein (mütterlicher) Großvater dies in dieser Form arrangiert, als er meinen Eltern bei der Tilgung von Schulden und beim Wiederaufbau im Rahmen eines Vorvermächtnisses unter die Arme griff, weil er diesen Anteil als Erbe für seine Enkel verstanden und gesichert wissen wollte.

Die Bayerische Hypotheken- und Wechsel-Bank wollte die Umstellung 10:1 durchführen, während mein Vater auf einer Umstellung 1:1 bestand. Als politisch weitsichtiger Bürger war ihm offenbar bewußt, daß im Hinblick auf das später dann 1952 in Kraft getretene Lastenausgleichsgesetz eine höhere Hypothek einen finanziell günstigeren Ausgangspunkt für Ausgleichszahlungen darstellte. Familienintern war der Kurs damals aktuell eigentlich irrelevant.

Der Rechtsstreit ging über drei Instanzen. Dabei ließ sich mein Vater von dem befreundeten städtischen Verwaltungsbeamten, Herrn Johannes Schuffenhauer, juristisch beraten, dh. er verzichtete sogar — wohl aus Kostengründen — auf einen professionellen Anwalt. Das Amtsgericht legte die Umrechnung im Beschluß vom 19.10.1951 auf 10:1 fest, das Landgericht Nürnberg-Fürth in seinem Beschluß vom 27.12.1951 und das Bayerische Oberste Landgericht in seinem Beschluß vom 19.2.1952 gaben dagegen meinem Vater mit einer Umstellung 1:1 Recht. Die Verfahrenskosten mußte der Bayerische Staat tragen. Soweit die Fakten.

Wer die Jahre des Wiederaufbaus nach dem Krieg miterlebt und schon einmal selbst einen Rechtsstreit durchgefochten hat, wird sofort verstehen, welch ungeheure zusätzliche Belastung ein derartiger Rechtsstreit, noch dazu quasi gegen die Staatsmacht darstellte, der sich zudem relativ kurz nach dem bereits extrem belastenden Spruchkammerverfahren entwickelte. Aus heutiger Sicht habe ich den höchsten Respekt vor meinen Eltern, die diese Belastung auf sich genommen und schließlich gewonnen haben. Das subjektiv empfundene Unrecht bestand darin, daß das Lastenausgleichsgesetz beispielsweise Hausbesitzer, die

[100]Die Akten zu diesem Rechtsstreit liegen in meinem privaten Archiv unter Aktenordner 8b: „Prozeß Hypothekenumstellung RM $\rightarrow$ DM.“

von Kriegsschäden verschont waren, an der Beseitigung der Kriegsschäden mit Fug und Recht beteiligen und so einen gewissen Ausgleich zwischen Geschädigten und Verschonten schaffen wollte. Unser Haus hatte aber 1945 einen Totalschaden erlitten. Insofern fielen wir eben nicht unter diejenigen, die verschont geblieben waren. Nur durch die Tüchtigkeit meiner Eltern war das Haus schon 1947 vor dem Stichtag weitgehend wieder aufgebaut, also nach dem ursprünglichen Kauf 1927 bereits ohne Schuld ein zweites Mal bezahlt worden, und nun forderte der Staat quasi eine dritte Bezahlung. Durch die 1:1 Umstellung der vorhandenen Hypotheken wurde dies billigerweise dann ganz oder wenigstens teilweise vermieden; die resultierenden Vorteile habe ich nicht genauer recherchiert.

Bislang habe ich in meiner Schilderung den Eindruck erweckt, als sei der Wiederaufbau des Hauses im November 1947 vollständig abgeschlossen gewesen, was keineswegs zutraf. Die Handwerker waren noch einige Jahre danach immer wieder vor Ort. Vor allem war der Verandaanbau an der Südseite des Gebäudes wohl aus Kostengründen erst einmal im Rohbau stehengeblieben. Erst wurde der Raum in diesem Anbau im Parterre ausgebaut und erst Jahre später dann auch derjenige im ersten Stock (siehe Abschnitt 2.5.3).

Sodann gab es von Anfang an Probleme mit der Schwerkraftwarmwasserheizung, die ohne Pumpe den Transport des warmen Wasser nicht in alle Räume schaffte. Unser Monteur Bittner versuchte nach meiner lebhaften Erinnerung über Monate verzweifelt, dieses Problem in den Griff zu bekommen. Wenn ich mich recht entsinne, waren auch verstopfte Rohre eine der Ursachen für das Problem. Denn 1947 konnte man nicht einfach neue Rohre im Baumarkt holen, sondern behalf sich durchaus auch mit Rohren aus zerstörten Häusern, die dann halt auch unerwartet mit Schutt verstopft gewesen sein konnten.

Meine Eltern wurden damals wirklich von nichts verschont, wenn man sich die hier aufgelistete Serie von Widrigkeiten in ihrer Fülle als Ganzes vor Augen hält. Eines Tages stellte man im Bodenbereich des Südwestzimmers des Parterres fest, daß sich in diesem nicht unterkellerten Teil des Hauses der (echte) Hausschwamm eingenistet hatte. Durch die totale Zerstörung war die Ruine ja über lange Zeit ohne Dach geblieben und völlig durchnäßt worden, ideale Bedingungen für diesen ärgsten Feind eines jeden Hausbesitzers, der aber beim Wiederaufbau noch nicht entdeckt worden war. Dieser Teil der bewohnten Wohnung, in der gleich im Zimmer daneben eine gutgehende Arztpraxis untergebracht war, mußte also grundlegend saniert werden. Entfernung des Fußbodens und des darunter befindlichen Grundes sowie des Schwamms aus den umgebenden Mauern und dann Wiederherstellung des ursprünglichen Zustandes waren angesagt.

Im Zuge des Wiederaufbaus des zerstörten Hauses war der Keller nach Süden hin erweitert worden (während der alte Hausteil aus Kostengründen weiterhin nicht unterkellert bleiben mußte). Dabei hat man mutmaßlich bei der Herstellung der Betonmischung an Zement gespart, der wie alle Baumaterialien damals Mangelware war. Deshalb sickerte in dem neuen Teil bei der ersten Nässeperiode vom Grundwasser her Wasser in den Keller ein, das dann knöcheltief den gesamten Fußboden bedeckte. Neben der Familie spannte mein Vater in solchen Fällen seine gesamte Schulklasse beim Schöpfen und Hochtragen des Wassers in Eimern ein, wie mir einer der Schüler viel später erzählte, ein Lehrer-Schüler-Verhältnis, wie man es sich heute nicht mehr vorstellen könnte. Der Kellerboden und die Kellerwände wurden zur Abdichtung mit einer zusätzlichen Betonschicht überzogen.

Die Entlassung meines Vaters aus dem Schuldienst durch die Militärregierung war auch nach der Wiederaufnahme seiner Tätigkeit an der Volksschule in Mögeldorf, der Thusnelda Schule, noch nicht vollends ausgestanden. Erst am 28.9.1949 wurde, wie bereits erwähnt, seinem Antrag vom 23.9.1947 in vollem Umfang stattgegeben und er wurde wieder Beamter auf Lebenszeit wie auch vorher seit 1925.[101] Inzwischen war er bereits im fünfzigsten Lebensjahr angekommen und stand in einem gewissen Sinne doch erst wieder am Anfang.

All diese hier aufgelisteten Widrigkeiten waren Folgen des Krieges, mit denen man sich also auch Jahre nach Kriegsende noch herumschlagen mußte und die in ihrer Gesamtheit die Haushaltskasse auf Jahre drastisch einengte. Hinzu kamen weitere Probleme am Haus, die mit dem Krieg nicht mehr unmittelbar etwas zu tun hatten. Im Hinterhof war in Ermangelung einer ausreichenden Abwasserleitung in unserer Straße eine Zweikammergrube für die Fäkalien angelegt worden, die mein Vater jeweils eigenhändig mit einer Schöpfe leerte und im Garten verteilte, wobei ich selbstverständlich mit eingespannt wurde. Dann aber wurden wir an das Abwassersystem der Stadt angeschlossen, was erneute Handwerkeraufträge und Kosten verursachte.

Auf dem nördlichen Nachbargrundstück unmittelbar an der Grundstücksgrenze stand eine Hängeweide, die mit ihrem Wurzelwerk immer wieder das zentrale Abwasserrohr für das Haus vor dem Eingangstor verstopfte, was durch erneutes Aufgraben und anschließendes Pflastern mehrmals behoben werden mußte. An ein Entgegenkommen des Nachbarn, dessen Baum dies immer wieder verursachte, war bei dessen Arroganz und juristischer Professionalität nicht zu denken.

Daß ich damals als Junge von etwa zehn Jahren mich noch heute an all diese Widrigkeiten (mit Ausnahme der Anstellungsproblematik) lebhaft erinnere, zeigt, wie stark diese Probleme meine Eltern und damit die ganze Familie seinerzeit belasteten. Es wurde

[101] Personalakte, aaO. Fußnote 14. Siehe auch: Otto Barthel, Die Schulen in Nürnberg 1905–1960, Nürnberg 1963, S.162f.

ihnen und damit uns allen wie gesagt wahrhaft nichts geschenkt. Aber wir haben alles erfolgreich durchgestanden, nicht zuletzt auch deshalb, weil es trotz all dieser Rückschlägen insgesamt doch spürbar aufwärts ging, wovon nunmehr die Rede sein soll.

2.4.2 Trittfassen

Die vielen Widrigkeiten, die im vorangegangenen Abschnitt beschrieben wurden, haben den Neuanfang meiner Eltern im wiederaufgebauten Haus zwar erschwert, ihren Lebensmut aber keineswegs zerstört. Gemeinsam und jedes Familienmitglied für sich haben wir alle zusammengeholfen, in der neuen alten Umgebung wieder Tritt zu fassen. Für die Kinder sind die Jahre 1947 bis 1949 daher eher von guten Erinnerungen geprägt. Eines der schönsten, auf einer der vielen Wanderungen entstandenen Bilder, das diese Stimmung jener Jahre fotografisch meisterlich einfängt, zeigt Wolfgang, Mama und Annelore in innigstem Einvernehmen, das echtes Glück bei allen ausstrahlt. Der Vater ist zwar nicht sichtbar abgebildet, ist als der Fotograf unsichtbar aber spürbar dabei.[102]

Ich erinnere mich beispielsweise, daß ich vor Weihnachten unter der ermunternden und verständigen Anleitung meines Vaters eifrig und peinlich genau Nadelzweige gemalt habe. Oberflächlich betrachtet eine unbedeutende Reminiszenz. Gleichwohl hat sich diese Beschäftigung sicher nicht grundlos so tief in mein Gedächtnis eingegraben, wobei das Malen selbst, die genaue Beobachtung der echten Zweige und vor allem die volle Aufmerksamkeit und Anerkennung des Vaters wichtige Gründe dafür sein dürften.

Weihnachten war immer ein herausragendes familiäres Ereignis, bei dem mein Vater für den Baumschmuck zuständig war. Für meine Mutter war das Fest immer eine ziemliche Strapaze wegen ihres Strebens nach Perfektion im Hinblick auf die Sauberkeit der Wohnung, wegen des aufwändigen Gänsebratens und der vielen fränkischen rohen Klöße samt der Geschenke und allem Drum und Dran.

Wann immer möglich, versuchte ich aus dem weiteren Familien- und Freundeskreis Zuschauer für das von mir betriebene Kasperltheater zu gewinnen. Dazu besaß ich ein kleines bemaltes Theaterhaus mit Bühnenfenster und eindrucksvoll geschnitzte und bemalte Figurenköpfe mit passenden Gewändern darunter: einen sympathischen Kasperl, einen richtig teuflischen Teufel mit tiefrotem Kopf usw. Damit fantasierte ich mir, manchmal von Annelore unterstützt, theatralisches Geschehen für meine Zuschauer zusammen.

[102] FAWB2, S.47.

Unabhängig von dieser Neigung zum Kasperlspiel wurde mir auch im sonstigen Leben ein ausgeprägter Hang zum „Kaspern“ nachgesagt, was manche Bilder erahnen lassen.[103]

Im Winter gingen wir auf den nahegelegenen Schmausenbuck zum Schlittenfahren. Dort gab es hierfür eine bestens ausgebaute Rodelbahn. Auch das Skifahren, das ich schon in Georgensgmünd und dann 1945 im Walsertal auf primitiven Brettchen erproben konnte, wurde am Schmausenbuck zwischen den Bäumen hindurch praktiziert. Wir bauten uns durch Schneeaufhäufen sogar kleine Sprungschanzen. Derlei Aktivitäten förderten die — nicht nur — für Kinder so wichtige Körperbeherrschung, die ich für verschiedenste Aktivitäten wie eben beispielsweise das Skispringen sehr früh gezielt trainiert habe. Einige weitere darunter waren unterschiedliche Pfeifkünste (einschließlich Triller), Kuckuckstöne durch Blasen in entsprechend geformte Hände, Ohrenwackeln, Schielen, Schattenspiele mit den Fingern usw.

Die Bilder in den Alben zeigen an Ostern 1948 schon wieder eine fröhliche Familie im Garten mit den Osternestern und Ostergeschenken.[104] Im nächsten Haus Richtung Tiergarten wohnten damals Amerikaner, von denen uns Kindern an Ostern Geschenke vor die Tür gestellt wurden. Gespendet von den Amerikanern bekamen wir damals in der Schule auch täglich eine Schulspeisung.[105]

Nach der bereits erwähnten Währungsreform gab es plötzlich auch wieder vieles zu kaufen. So erinnere ich mich an die damals quasi als Sensation verbreitete Nachricht, daß es in der Nähe des Nürnberger Hauptbahnhofs Südfrüchte wie beispielsweise Orangen zu kaufen gäbe. Allerdings ist keine Erinnerung daran verblieben, daß wir uns — angesichts der knappen Haushaltskasse — diese dann auch schon leisten konnten, eher wohl nicht. Aber die Möglichkeit dazu war ja auch schon eine große Bereicherung. Apropos Währungsreform: auch für einen Jungen war das neue Geld, überhaupt die dabei gelernte Tatsache, daß sich Geld und sein Wert ändern können, eine einprägende Erfahrung. Zudem spürte man sofort, daß dieses neue Geld richtig etwas wert war.

Der Garten war durch die Brandbombe im Krieg natürlich nicht in Mitleidenschaft gezogen worden, erhielt während des Hausbaus zusätzlich ein gemauertes Frühbeet mit Fenstern darüber und lieferte infolge planmäßigen Anbaus Salat, Gurken, Spargel, verschiedene Gemüsesorten wie Spinat, Rosenkohl, Rettiche, Radieschen usw., Kräuter wie Liebstöckel, Petersilie etc., Stachel-, Erd-, Himbeeren, rote und schwarze Johannisbeeren, Äpfel, Birnen, Zwetschgen, Pfirsiche, ja sogar Weintrauben, usw. Mein Vater hatte sich seit den zwanziger Jahren eingehendere Kenntnisse zum Gartenbau erworben. Dazu gehör-

[103] zB. FAWB2, S.45.

[104] FAWB2, S.46.

[105] https://de.wikipedia.org/wiki/Schulspeisung, Zugriff 6.7.2015.

te beispielsweise eine bemerkenswerte Expertise auf dem Gebiet des Obstbaumschnitts. So war die Süd- und Ostseite des Hinterhauses mit Spalierobst (Pfirsich und Apfel) bepflanzt. Am Eingang des Gartens vom Hof aus prangte in der Mitte ein im Sommer üppig blühendes Rosentor. Quer durch den ganzen Garten lag in Hausnähe ein großes, sorgfältig bestücktes und gepflegtes Blumen- und Staudenbeet. Ich habe mich bei der Gartenarbeit immer gerne und eifrig beteiligt. Der Garten war für uns alle ein Ort der Erquickung, von drei Seiten umgeben von den Gärten und Parks der Nachbarn mit mächtigem altem Baumbestand. Für ein Kind ist ein solcher Garten zudem Ort und Gelegenheit für das wichtige Erlernen natürlicher Farben, Gerüche und Geräusche (und schützt mutmaßlich auch vor späteren Allergien). Die dort gewonnenen Empfindungen und Erfahrungen bilden mutmaßlich die Grundlage für ein tieferes Verständnis des Geschehens in der Natur sowie auch für die Entwicklung des persönlichen Geschmacks und der Urteilsbildung selbst zu kulturellen Werken.

Die Früchte des Gartens (oder des Waldes) wurden teilweise für den Winter in großen, mit Folie und Gummi verschlossenen Keramiktöpfen konserviert, was im feuchten Keller den Schimmel leider nicht fernhielt. Wir haben damals sogar rohe Eier in solchen Töpfen in einer gelartigen Flüssigkeit[106] zur Haltbarmachung eingelegt. Im Keller wurden natürlich auch Marmeladen und vor allem Kartoffel und Äpfel gelagert. Alle damit zusammenhängenden und andere Arbeiten wurden im Hof direkt am Haus gerne gemeinschaftlich verrichtet.

In der Küche war alleine meine Mutter zuständig. Sie war eine durchaus gute Köchin, geprägt von der fränkischen Küche. Dazu gehörten Fleischküchlein (meist Samstags), Schweinebraten mit Klößen oder aber auch gebratene Täubchen (meist Sonntags), Fisch (meist Dienstags, weil sie an diesem Vormittag jeweils zur Gymnastikstunde in die Stadt fuhr), aber auch viele fleischlose Speisen, vor allem dann eben auch Gemüse aus dem Garten, aber auch Aufläufe und Süßspeisen wie Brei mit Früchten, um nur einiges aus unserem Speisezettel zu nennen. Meine Mutter war dabei durchaus auch offen für Einflüsse und Anregungen von Freundinnen. So hat sie von den Hamburger Mietern die in unserer Familie bis heute begehrten, schon damals asiatisch angehauchten „Nudeln mit Fleischle“ ebenso wie „Rote Grütze“ mit Milch (als Suppenersatz im Sommer) übernommen. Abends gab es Vesper. Das Frühstück war aus meiner heutigen Sicht mit Butter- oder Margarine- und Marmelade-bestrichenen Broten oder Brötchen leider allzu kärglich.

[106] Laut https://de.wikipedia.org/wiki/Wasserglas handelt es sich dabei um Wasserglas, das durch Einrühren einer gewissen Menge einer Alkalisilicatlösung in Wasser hergestellt wird. Handelsnamen für die Lösung sind Garantol und Eiwol. Zugriff 15.7.2015.

Die Sommer waren also geprägt von den umfangreichen Tätigkeiten im Garten, Besuchen im nahegelegenen Tiergarten, Radfahren, Spaziergängen vor allem zum Schmausenbuck, Ausflüge etwa nach Brunn oder zum Tattersall (zB. mit den bereits im letzten Kapitel genannten und befreundeten Mayers),[107] der Nürnberger Reitbahn, und Wanderungen in der weiteren Umgebung von Nürnberg sowie dem Baden im Ebensee oder in der Pegnitz vor dem Wehr nahe der Flußstraße und unweit der Satzinger Mühle. Hinzu kamen Fahrten zum Großvater in Gmünd, der Großmutter in Roth, den Bauers in Leupoldsdorf usw.

Im Herbst 1949 fuhren wir erstmals wieder in Ferien mit Mutter und Tante Lisl, aber ohne Vater und zwar nach Oberjoch im Allgäu. Lisl wohnte dort in einem anderen, von unserem etwas entfernt gelegenen Haus, dessen Fenster jedoch von unserem Balkon aus sichtbar waren. So lernte ich erstmals in praxi die Möglichkeit einer binären Zeichensprache: war das Handtuch hinausgehängt, war man bereit zu einem Treffen. Besonderen Eindruck hat mir der neue Geschmack von Ziegenmilch hinterlassen, die wir dort reichlich genossen haben.

1949 war auch das Jahr von Annelores Konfirmation, zu der ihre Patin Baja, aber auch mein Pate Loni mit Marianne zu Besuch nach Nürnberg kamen.[108] Die Mitglieder unserer Familie waren damals alle ordentliche Gemeindemitglieder der evangelischen Kirche. Schon in Georgensgmünd sind wir in jedem Fall an den Festtagen, aber wohl angemessen oft auch zu den sonntäglichen Gottesdiensten gegangen. Auch wenn ich so gut wie keine konkrete Erinnerung mehr daran habe, war mir bei späteren Gelegenheiten wie etwa Beerdigungen immerhin der Kirchenraum von Gmünd in all seinen Details noch sehr vertraut. Diese Riten haben sich in Mögeldorf fortgesetzt, wenngleich vor allem meine Mutter oft um eine Ausrede nicht verlegen war und darauf pochte, daß sie für eine Zwiesprache mit ihrem Herrgott nicht in die Kirche gehen müsse. Hinzu kam, daß die Mögeldorfer Gemeinde damals mit ihrem Pfarrer Geyer eine vorbildliche, (auch unter den Nazis) mutige und kluge Persönlichkeit vorweisen konnte.[109] Auch dessen Familie war bemerkenswert mit zwei im Vergleich zu mir etwas älteren Söhnen. Sonntags ging es für mich daher oft zum Kindergottesdienst um 11 Uhr in das schöne Mögeldorfer Kirchlein. Zuhause gab es dann wie erwähnt nicht selten einen guten Schweinebraten mit rohen Klößen oder gebratene Täubchen.

[107] FAHB5, S.21.
[108] FAWB2, S.45, FAHB5, S.22.
[109] FAHB5, S.45, zeigt zwei Bilder dieses aufrechten Mannes.

2.4.3 Musik — Die Anfänge

Etwa im Jahre 1948 brachte mich mein Vater eines Tages zur Wohnung des Organisten der Katholischen St. Karl Borromäus Kirche im ersten Stock des Pfarramts in der Lindnerstraße 9 in Mögeldorf. Ich sollte bei ihm Klavierstunden bekommen, die ich dann auch für einige Jahre absolvierte.

Den Namen dieses gutmütigen älteren Herrn habe ich schon lange vergessen. Er lebte mit seiner Frau in dieser Wohnung und hatte wohl keine eigenen Kinder. Beide hatten eine etwas pummelige Figur. Das Zimmer mit dem Klavier, das links vom Eingang stand, war in der Südwestecke des Gebäudes gelegen. Irgendeine Erinnerung an den Ablauf einer dieser Klavierstunden ist nicht geblieben, nur ganz vage eine Erinnerung an ein Duospiel mit meiner Schwester, die wohl einige Zeit ebenfalls bei ihm Stunden nahm. Dieser fehlende Eindruck ist insofern erwähnenswert, weil er auch die Qualität dieser Stunden charakterisiert, die wohl nicht die geringsten Ansprüche an musikalische Gestaltung oder Technik stellte. Ich lieferte einfach Woche für Woche meine selbst eingeübten Stückchen ab und der Herr war damit zufrieden.

Nur an zwei besondere Vorkommnisse dabei kann ich mich noch erinnern. Im einen Fall nahm mich der Organist mit zur Orgel in der angrenzenden Kirche und ließ mich darauf ein eingeübtes Stück spielen. Die Aktivierung eines so gewaltigen Instruments war schon ein besonderes Erlebnis für den kleinen Knaben, das sich in seine Erinnerung eingegraben hat.

Für das zweite Vorkommnis muß ich vorweg erwähnen, daß mein Vater schließlich auch zu dem Entschluß kam, mich bei dem gleichen Lehrer zusätzlich noch für Geigenstunden anzumelden. Das Problem dabei war, daß dieser vom Geigenspielen wohl so gut wie keine Ahnung hatte und auch selbst die Geige kaum spielen konnte. Vielleicht aus diesem Grunde war er relativ bald der Meinung, ich könnte — bei irgendeinem heute vergessenen Anlaß — von ihm auf dem Klavier begleitet die Kleine Nachtmusik von Mozart einem Publikum vorspielen, ein geigerisch anspruchsvolles Stück, das ich auch heute noch nicht so bewältige, wie ich mir das wünschen würde. Das war für mich eine Überforderung, die sich tief und in höchstem Maße unangenehm in meine Erinnerung eingegraben hat. Kein auch nur minimal guter Pädagoge würde das einem Anfänger zumuten.

Später und rückschauend bin ich zur Überzeugung gelangt, daß diese Klavier- und Geigenstunden für eine spätere Beherrschung dieser Instrumente und für meinen Zugang zur Musik eher von Nachteil waren. Sie haben falsche Haltungen und Einstellungen in das junge Gehirn eingegraben, die später immer wieder bekämpft und überwunden werden mußten. Meinem Vater ist dies nicht zur Last zu legen. Zum einen konnten wir uns zu jener Zeit teurere Stunden kaum leisten. Zum anderen war diese Lösung deswegen sehr bequem, weil meine damalige Volksschule gleich neben diesem Pfarramt gelegen war. So konnte ich die Stunden ohne Nutzung irgendeines Verkehrsmittels und völlig unabhängig von meinen Eltern besuchen. Die gleiche Volksschule war zur damaligen Zeit wie erwähnt auch die Dienststelle meines Vaters.

Nach meinem Eintritt ins Realgymnasium nahm ich dort für eine gewisse Zeit am Gruppenunterricht für Geige teil. Dessen Qualität war wohl eher noch schlechter als der bei dem Organisten. Dadurch ergab sich reichlich Gelegenheit, weiteres zu verderben.

Ich bin meinen Eltern zu tiefstem Dank dafür verpflichtet, daß sie mir relativ früh überhaupt Musikunterricht ermöglicht haben. Leider wurde ich von ihnen aber musikalisch nicht aktiv in dem Sinne gefördert, daß sie sich unmittelbar um mein Musizieren gekümmert hätten. Obwohl mein Vater Klavier und etwas Geige spielen konnte, habe ich ihn höchstens ein paar Male am Klavier (und nie mit der Geige) erleben dürfen, meistens an Weihnachten als Begleitung zum Singen von Weihnachtsliedern. Auch hat er nach meiner Erinnerung nie mit mir oder meiner Schwester gemeinsam musiziert. Ich habe mich wohl auch standhaft geweigert, im Familienkreis vorzuspielen. Hier trat zur Scheu des Knaben sicher auch das fehlende Vorbild.

Auch von Seiten meiner beiden noch lebenden Großeltern wurde ich in dieser Hinsicht nicht ermutigt. Die entfernt wohnende Bibels-Oma hatte, wie bereits erwähnt, kein wirklich herzliches Verhältnis zu mir und interessierte sich nach meinen damaligen Eindrücken so gut wie nicht für mein Tun. Der Riegelbauers-Opa äußerte sich eher verletzend statt verständnisvoll über meine musikalischen Versuche. Er pflegte, wie bereits im ersten Kapitel erwähnt, in Gutsherrenart für einen Geldschein einen ortsansässigen Klavierspieler zu engagieren, der ihm die Lisztschen Klavierkonzerte vorspielte. Mit Verweis auf dieses Vorbild hielt er mir dann meine diesbezüglichen mangelnden Fähigkeiten vor.

2.5 Beginn der Gymnasialzeit

Nach dem Abschluß der 4-jährigen Volksschule war der Übertritt in das Gymnasium für mich eine von niemandem hinterfragte Selbstverständlichkeit. Es ist mit Sicherheit anzunehmen, daß hierbei die Entscheidung für das Realgymnasium[110] am Egidienplatz statt für eine der in Nürnberg vorhandenen Alternativen von meinem Vater vor allem

[110]Heute Willstätter-Gymnasium.

auch deshalb getroffen wurde, weil wie berichtet dieses Gymnasium halt vier Jahrzehnte vorher auch seine Schule war. Im Rückblick handelte es sich um eine in jeder Hinsicht glückliche Entscheidung.

In erster Linie betrifft diese heutige Einschätzung den gewählten Schultypus mit seiner ausgewogenen Mischung der vermittelten Bildung unter dem Motto: *„Et musis et vitae“* (sowohl den Musen als auch dem Leben). Ohne dessen Gewichtung auch auf Mathematik und die Naturwissenschaften hätten sich meine Begabungen mutmaßlich nicht in gleicher Weise entfalten können. Dabei möchte ich bis heute die gleichzeitige intensive sprachliche Schulung nicht missen, die uns durch das allerdings mühevolle Erlernen einer so systematisch aufgebauten Sprache wie Latein, aber zusätzlich eben auch der lebenden Sprachen Englisch und Französisch zuteil geworden ist. Und entsprechend seinem Motto kamen eben auch die Musen nicht zu kurz. Das 1864 gegründete Nürnberger Realgymnasium hatte sich in seinen ersten 85 Jahren in meiner Heimatstadt ein hohes Ansehen als erfolgreiche und moderne Bildungsanstalt erworben (das es bis heute genießt).[111] Zudem glaube ich sagen zu können, daß unsere Lehrer im Vergleich überdurchschnittlich gut und engagiert waren.[112] Der Grund dafür könnte am Schultyp, dem inzwischen gewonnenen Ansehen der Anstalt und nicht zuletzt an der Leitung unseres Gymnasiums gelegen haben. Sein Oberstudiendirektor und Schulleiter für die Jahre 1946–1957 war Herr Dr. Walther Kluge, der nicht nur seinem Namen alle Ehre machte, sondern zugleich auch eine äußerst liebenswürdige Persönlichkeit und damit sowohl bei Lehrern wie Schülern überaus beliebt war.

Mein Eintritt in diese Schule stand noch in einer weiteren Hinsicht unter einem glücklichen Stern. Wie im Abschnitt 2.2 geschildert, war Nürnberg vom Krieg in besonderer Weise gezeichnet. Vor allem die Innenstadt war so gut wie völlig ruiniert. Davon waren auch die Nürnberger Schulen und nicht zuletzt das Realgymnasium betroffen, dessen Gebäude durch den verheerenden Luftangriff am 2. Januar 1945 alle fast vollständig zerstört wa-

[111] Die Geschichte dieser Schule und des Areals in Nürnberg, auf dem sie steht, reicht viel weiter zurück. Schon 1140 wurde dort das benediktinische Schottenkloster St. Egidien errichtet, in dem eine der vier Lateinschulen von Nürnberg im Mittelalter unterhalten wurde. Nach der Auflösung des Klosters wird am 23.5.1525 dort eine „Obere Schule bei St. Egidien“ gegründet. Sie war eine der ersten drei protestantisch-humanistischen Schulen, die damals in Deutschland entstanden sind. Diese Pionierrolle wiederholte sich, als auf den königlichen Erlaß König Ludwigs II. von Bayern vom 14.5.1864 hin in Nürnberg ebenso wie an fünf weiteren bayerischen Standorten das Realgymnasium Nürnberg gegründet wurde. Von seinem Gründungsstandort im Peunthof zieht es aber erst 1900 wieder auf das Areal um die Egidienkirche, wo es bis heute beheimatet ist. Zu weiteren Details siehe: Christoph Fürbringer, Das Willstätter Gymnasium als Ort bildungspolitischer Neuanfänge. In: Willstädter-Gymnasium Nürnberg (Hrsg.), 150 Jahre Willstädter-Gymnasium – Festschrift, 2014, S.28–47.

[112] Ein Bild der gesamten Lehrerschaft samt dem rührigen und kauzigen Pedell, Johann Breinbauer, (wahrscheinlich) aus dem Jahre 1953 findet sich in FAWB2, S.57.

ren. Nur der damals noch so genannte „Neubau“ konnte relativ rasch wieder einigermaßen hergerichtet werden, reichte aber mit seinen sechs Klassenzimmern für einen ordentlichen Schulbetrieb bei weitem nicht aus. Deshalb konnte ich es als besonderes Glück empfinden, daß ausgerechnet zu meinem Eintritt am Schuljahresanfang 1949 der Wiederaufbau des sogenannten „Altbaus“ (Melanchtonbau) abgeschlossen wurde.[113]

Zu jener Zeit konnte man nun nicht einfach ins Gymnasium überwechseln, sondern mußte erst eine dort absolvierte Aufnahmeprüfung erfolgreich bestehen. Eine dunkle Erinnerung an diese mehrstündige schriftliche Prüfung in einem größeren Raum ist in meinem Gedächtnis noch ohne irgendeine emotionale Färbung vorhanden. Ich habe sie damals einfach absolviert und offenbar auch gut bestanden. Jedenfalls ging mein Schulweg ab Herbst 1949 nun in die Innere Laufer Gasse zu dem dortigen Schulgebäude neben der ausgebombten Ruine der Kirche St. Egidien.

Unter den vier Parallelklassen 1a–1d wurde ich der Klasse 1c nach irgendeinem schulinternen Verfahren zugeteilt.[114] Diese umfaßte laut Klassenbild[115] 38 Schüler, darunter drei Mädchen. Unser Klaßleiter war Herr Studienprofessor Dr. Hans Ueberschaer, ein gebildeter, väterlich gütiger Mann, den der Krieg aus Ostpreussen nach Nürnberg verschlagen hatte. Er unterrichtete uns zumindest in Erdkunde, was ihm ermöglichte, uns seine Ortskenntnisse der Heimat an der Ostsee besonders einprägsam und ausführlichst nahezubringen, denn nur von diesem Stoff ist mir aus seinem Unterricht der ersten beiden Jahre etwas Konkreteres im Gedächtnis verblieben.[116]

Unser Klassenzimmer befand sich nach meiner Erinnerung im Parterre des Melanchtonbaus am Egidienplatz und zwar in dem Flügel mit den Fenstern nach Süden hin Richtung Innere Laufer Gasse. Wegen der anhaltenden Raumnot fand der Unterricht im Schichtbetrieb, also abwechselnd an Vor- oder Nachmittagen und damals auch noch an Samstag-

[113] Walther Kluge, Der Wiederaufbau des Realgymnasiums. In: 100 Jahre Realgymnasium Nürnberg – Jubiläumsschrift, Nürnberg, 1964, S.44-53.
Von nun an wurde der vormalige Altbau als Neubau und der vormalige Neubau als Altbau apostrophiert, einer Regelung, der sich auch der folgende Text anpaßt.

[114] Nach der heute üblichen Zählung handelt es sich um fünfte Klassen. Ich bleibe in meiner Schilderung bei der damals üblichen Zählung.

[115] FAWB2, S.49.

[116] Im Jahresbericht des Realgymnasiums von 1953/54 sind seine Fächer mit D,G,P, also wahrscheinlich Deutsch, Geschichte und Religion (weil P — wohl für Pfarrer — auch bei allen Religionslehrern angegeben ist). Sein Einsatz als Erdkundelehrer war daher mutmaßlich eine Notmaßnahme, die aus der Nachkriegssituation zu erklären ist. Vielleicht unterrichtete er uns auch in Deutsch, während Geschichte erst im dritten Gymnasialjahr unterrichtet wurde.
Psychologisch und pädagogisch interessant ist der tiefe Eindruck in meinem Gedächtnis, der von seiner Heimatschilderung verblieben ist. Die Empathie ist bei Kindern sicher schon sehr stark ausgeprägt. Deshalb fanden diese bei ihm mutmaßlich stark emotional geprägten Schilderungen über seine Heimat wie im Text erwähnt bei mir einen besonderen und unvergessenen Widerhall, während sonst überhaupt nichts von seinem Unterricht verblieben ist.

Vormittagen statt, wobei es dann durchaus auch Wechsel in den Klassenzimmern gegeben haben mag, woraus sich der damalige Begriff „Wanderklassen" ableitet. Zum Sport ging es in ein Hallenschwimmbad in der Innenstadt bzw. an einem bestimmten Nachmittag der Woche zum Waldsportplatz des TSV 1846 an der Weißenseestraße in Erlenstegen, wo wir nach der Sportstunde dann im Wald auch noch gerne „Räuber und Gendarm" spielten. Erst zum Schuljahresbeginn 1952 wurde am Gymnasium ein neuer Trakt an der Ostseite des Melanchtonbaus fertiggestellt, in dem sich dann auch eine Turnhalle mit allen entsprechenden Einrichtungen und einem kleinen Freigelände für Weitsprung befand.

Meine Erinnerungen an den Unterricht der ersten beiden Klassen selbst sind sehr spärlich, wie ich es schon für unseren Klaßleiter angedeutet habe. Die an jedem Unterrichtstag mehrfach wechselnden Lehrer prägten sich halt nicht so nachhaltig wie der permanente Lehrer in der Volksschule ein. In guter Erinnerung ist mir das beeindruckende Erlebnis geblieben, die erste Fremdsprache, nämlich Latein, lernen zu dürfen (mutmaßlich unterrichtet von Studienassessor Michael Suttner). Es ging im Lehrbuch mit agricola, der Bauer, los, wie ich noch sicher zu wissen meine. Eine recht negative Erinnerung habe ich dagegen an die folgenden Teile des Mathematikunterrichts, der mir ansonsten nie Schwierigkeiten bereitet hatte.

Der Lehrer, höchstwahrscheinlich Herr Studienrat Schmitt, versuchte bei uns Schülern ua. das Ziel zu erreichen, das Einmaleins mit Faktoren bis 20 auswendig im Kopf verfügbar zu haben. Zum Test und zur Bewertungskontrolle begannen viele der Mathematikstunden mit einigen Testminuten, die so abliefen: er nannte zwei Faktoren wie beispielsweise 17 mal 13 und wir hatten gerade so viel Zeit wie nötig ist, um das fertige Ergebnis niederzuschreiben. Wer versuchen wollte, das Ergebnis mit $10 \times 17 + 3 \times 17$ oder gar mit $10 \times 17 + 3 \times 10 + 3 \times 7$ zu bestimmen, hatte aus Zeitgründen sofort verloren.[117] Unsere in solchen Tests erzielten Leistungen wurden selbstverständlich auch bewertet und flossen in die Benotung des Fachs ein. Ein gutes und vor allem rasches Gedächtnis war nie meine Stärke, weshalb dieser Teil des damaligen Mathematikunterrichts für mich ein Horror und eine lange andauernde und bis heute unvergessene angsterfüllende Qual war.

Auch heute noch beurteile ich den pädagogischen Wert dieser Methode als höchst zweifelhaft; zumindest hat sie nichts mit Mathematik zu tun. Natürlich hilft es im praktischen Leben, das Einmaleins für Faktoren bis 10 im Kopf zum jederzeitigen Abruf verfügbar zu haben. Dazu muß man 100 Zahlentripel so im Kopf parat haben, daß die Nennung der beiden ersten Zahlen den Ergebniswert im Kopf reflexartig erscheinen läßt. Aber schon zur Einübung dieses Reflexverhaltens sollte ein guter, psychologisch geschulter Mathema-

[117] Selbst trickreichere Berechnungsmethoden wie die folgende hätten, wenn wir sie denn damals erfahren hätten, wohl auch zuviel Zeit erfordert: $(17 + 3) \times 10 + 7 \times 3$.

tiklehrer pädagogische Hinweise geben. Zu diesen gehört vor allem der Hinweis auf die Reduzierung der Tripel auf 50 infolge der Kommutativität der Multiplikation. Zum anderen gehört zu jedem Training auch eine Trainingsmethode, mit der man das Training absolviert. Als erstes müßte der Lehrer also versuchen, den Schülern möglichst individuell diese Methode beizubringen, was sich bei 38 Schülern verständlicherweise verbietet. Bestandteil einer solchen Methode könnte im vorliegenden Fall beispielsweise die separate Einübung der Reihen je Faktor — wie beispielsweise 9, 18, 27, 36 etc. zum Faktor 9 — am effektivsten sein. An derartige Hinweise kann ich mich jedoch nicht erinnern und sie wurden wohl auch nicht gegeben. Es ging — wie auch sonst in unserer Gesellschaft bis heute bevorzugt — einfach um die unreflektierte hohe Wertschätzung der Fähigkeit zu Reflexen und deren Vorrang vor den unterschätzten Reflexionen, in der Mathematik eine besonders fatale Fehleinschätzung, auch in einem *Real*gymnasium. Vom Einmaleins für Faktoren über 10 ist in meinem Kopf auch nichts zurückgeblieben und ich habe diesen „Mangel“ in keiner Situation meines Lebens als solchen verspüren müssen.

Diese kritische Einstellung zu einem Aspekt des damaligen Mathematikunterrichts wurde etwas weiter ausgeführt, weil sie von allgemeinerer Bedeutung ist und auch andere Fächer (zB. Sprachen mit Vokabellernen) sowie die Bewertung von schülerischen Leistungen betrifft und auch heute ihre Aktualität noch nicht verloren hat. Wir wissen, daß unser Intellekt zu sehr unterschiedlichen funktionellen Leistungen fähig ist. Die assoziative Erinnerungsfunktion ist nur eine davon. Bei unterschiedlichen Menschen ist eine solche Funktion unterschiedlich leistungsfähig. Die Leistung kann sogar zusätzlich je nach Parameterbereichen (Zahlen, Vokabeln etc.) variieren. Konkret heißt das beispielsweise, daß Schüler A sich spielend Paare wie $(17 \times 13, 221)$ einprägen kann, während Schüler B hierzu größte Schwierigkeiten haben mag. Es macht aus verschiedenen Gründen Sinn, A und B auf diese individuellen psychometrischen Besonderheiten bzgl. einer solchen Funktion hinzuweisen. Es ist jedoch höchst fragwürdig, einen solchen Unterschied in irgendeine Art von allgemeiner und quantitativer Qualitätsbewertung von A und B in willkürlicher Form einzubringen, was mit der Benotung ja tatsächlich geschieht.

Natürlich möchte ich mit dieser Fachkritik das Ansehen unseres damaligen Mathematiklehrers in keiner Weise beschädigen, der ansonsten bei uns durchaus nicht unbeliebt war.[118] Vor allem führte auch bei mir dieser Aspekt des Unterrichts keineswegs zu Noten

[118] Vorausgesetzt die angenommene Identität dieses Lehrers stimmt, wie mir von Hans Reichinger bestätigt wurde, dann findet sich eine besonders amüsante Würdigung dieses Mathematiklehrers auf den Seiten 68f in der folgenden Veröffentlichung: Willstädter-Gymnasium Nürnberg (Hrsg.), 150 Jahre Willstädter-Gymnasium – Festschrift, 2014.

schlechter als 2. Vielmehr bereitete mir das Fach Mathematik unabhängig vom Lehrer während meiner gesamten Schulzeit nie irgendwelche Probleme.

Ein großväterlich gütiger Mann war unser Religionslehrer, Kirchenrat Hermann Galsterer. Mit „Du armes Würmlein“ begegnete er dem disziplinlosen Verhalten eines Schülers, womit er unseren Flausen sofort den Wind aus den Segeln nahm. Das Fach Turnen bei Studienprofessor Georg Weihmann ertrug ich damals noch leidlich. Meinen Produkten im Fach Kunst (Studienrat Fritz Kugler), die ich bis heute aufbewahrt habe, fehlte unverkennbar eine größere Sorgfalt im Detail. Vielleicht lag dies wie bei der Schrift auch an einer mangelnden Beherrschung der Feinmotorik in meinen Armen und Händen. Für Farbkompositionen hatte ich aber von Anfang an ein gutes Auge. Interessanterweise finden sich unter den Bildern Abbildungen aus Georgensgmünd.

In Musik hatte ich durchweg die bestmögliche Bewertung. Auch heute noch unverständlich ist mir umso mehr, daß ausgerechnet unser durchaus beliebter Musiklehrer, Studienrat Karl Ruisinger, eines Tages so wütend über ein Grinsen von mir wurde, daß er mir dafür einen Direktoratsverweis[119] verpassen wollte. Ob diese Absicht dann wirklich in die Tat umgesetzt wurde, habe ich vergessen. Wie ich schon vorher — ich erinnere an die in den Abschnitten 2.3.2 und 2.4 beschriebenen Grobheiten — und vor allem auch nachher immer wieder erleben mußte, kann irgendetwas an mir andere Menschen außerordentlich reizen, ohne daß mir das selbst bewußt würde. Vielleicht habe ich in jener Unterrichtsstunde nur an etwas völlig Unterrichtsfremdes gedacht und mußte darüber grinsen, was dieser emotionale Musiker dann reflexartig, aber fälschlicherweise auf seine Person bezog.

Hierin könnte die Erklärung für dieses mein Leben durchziehende Phänomen liegen, das ich zu Ehren jenes Mannes das *Ruisinger-Phänomen* nennen möchte. Niemand hat es gerne nicht beachtet zu werden, wenn ihm Achtung gebührt. Redner, Lehrer, Professoren, sie alle werden irritiert, wenn Zuhörer sie ignorieren und untereinander schwätzen oder vor sich hin träumen. Der beste Zuhörer erscheint ihnen einer, der mit wachen, auf sie gerichteten Augen durch ständiges Nicken seine uneingeschränkte Aufmerksamkeit und Zustimmung vorgibt. In diesem Sinne bin ich immer ein schlechter Zuhörer gewesen, selbst — oder gerade — wenn ich aufmerksam bei der Sache war. Denn die Verarbeitung jeder inhaltsträchtigen Aussage kostet einem reflektiv eingestellten Kopf Zeit zur Verarbeitung und zwar zuviel Zeit, um auch den nächsten Satz dann noch richtig mitzukriegen. So führt der reflektierende Zuhörer ein von der Rede unabhängiges geistiges Eigenleben und genau dadurch entsteht dann ein Zwiespalt zwischen Redner und Zuhörer, der von jedem Redner

[119]Die Hierarchie der Bestrafungsmaßnahmen bestand aufsteigend aus: Nachsitzen, Verweis, Arrest (beides mit einem Brief des Lehrers an die Eltern), Direktoratsverweis, -arrest (beides mit einem Brief an die Eltern vom Schuldirektor), Verweis von der Schule.

als mehr oder weniger große subjektive Störung empfunden wird. Dies macht vielleicht verständlich, warum sich der Redner über ein Grinsen ärgert, das überhaupt nicht zu seinem aktuell Gesagten paßt. Der/die Leser|in sei darauf hingewiesen, daß sich dahinter wieder die allgemein verbreitete falsche Einstellung verbirgt, dem rein Reflexhaften den Vorrang zuzumessen; denn ein Zuhören, das die Rede wie eine Berieselung über sich ergehen läßt, besteht eben aus reinen Reflexen, die zu nichts weiter führen. Der reflektierende, nachdenkende Zuhörer ist allemal der wünschenswertere.

Insgesamt verliefen die ersten zwei Jahre im Gymnasium aber ohne besondere weitere Vorkommnisse. Meine Noten waren im Durchschnitt immer noch „gut“. Zur Schule ging es bei Vormittagsunterricht morgens mit der Straßenbahn Linie 3 um 7:24 Uhr in Mögeldorf los, mit Umstieg am Hauptbahnhof zum Rathenauplatz und von dort zu Fuß zur Schule. Leider ging von der damaligen Haltestelle „Milchhof“ keine direkte Verbindung auf der von dort viel kürzeren Strecke zu unserer Schule. Meine Schwester hatte einen noch etwas weiteren Weg und mußte daher schon 10min früher los. Da in meiner Straße auch die Klassenkameraden Peter Molter und Günter Neumann wohnten, wuchs auf der gemeinsamen Strecke ein Freundschaftsbund heran, in dem sowohl auf dem Schulweg als auch in unserer Freizeit Einiges gemeinsam unternommen wurde.[120] Dabei wuchs mir der Spitzname „Gnagflow“ — „Wolfgang“ rückwärts — zu, was man fränkisch ausgesprochen durchaus auch als „Knackfloh“ interpretieren konnte.

Zu jener Zeit gab es zum Realgymnasium eine Filiale in Gräfenberg,[121] in der die ersten beiden Gymnasialklassen in je einer Abteilung unterrichtet wurden. Die erfolgreichen Schüler der zweiten Klasse mußten für die dritte Klasse dann auf die vorhandenen Abteilungen 3a–3d am Hauptstandort in Nürnberg aufgeteilt werden. Dadurch wurde zur dritten Klasse eine größere Umschichtung der Schüler zwischen den vier Abteilungen nötig. Mutmaßlich nur aus organisatorischen Gründen wurde zudem versucht, zwei konfessionell unvermischte Abteilungen (3a, 3b, evangelisch) zu bilden. Aus diesen Gründen kam ich mit einer Reihe von Schülern (einschließlich meiner beiden genannten Freunde) aus der Klasse 2c im dritten Schuljahr in die Klasse 3b mit insgesamt 32 Schülern, unter denen keine Mädchen mehr waren.[122] In diesem Verband blieben wir dann bis zum Abitur zusammen, wenn man von individuellen Zu- und Abgängen absieht.

Die Identität von Gruppen und die Identifizierung mit ihnen wächst mit der Dauer und der Intensität der Bindungen. Auch sind die persönlichen Bindungen unter Kindern noch recht oberflächlich und flüchtig. Für mich war im Alter von 12 Jahren das inzwi-

[120] FAWB2, S.48.
[121] Willstädter-Gymnasium Nürnberg (Hrsg.), 150 Jahre Willstädter-Gymnasium – Festschrift, 2014.
[122] FAWB2, S.57.

schen bereits der vierte Klassenverband, dem ich angehörte. Es verwundert daher nicht, daß ich die allermeisten meiner vorherigen Kameraden und Kameradinnen völlig aus dem Gedächtnis und aus den Augen verloren habe. Insoweit es wenige Ausnahmen gibt, sind Verbindungen zu diesen erst später neu geknüpft worden. Der nun aber gebildete Verband wurde sieben Jahre lang durch viele gemeinsame Erlebnisse zusammengeschweißt und hat seine dadurch gewachsenen Bindungen bis heute erhalten. Die Herkunft der Mitschüler, die erstaunlicherweise in den Jahresberichten in Form des väterlichen Berufes angegeben wurde, war reine bürgerliche Mittelschicht ohne Ausschläge, weder nach oben noch nach unten, innerhalb der Mittelschicht aber weitgestreut. Sie hat unter uns Schülern nach meiner Wahrnehmung überhaupt keine Rolle gespielt. Aus heutiger Sicht kann man feststellen, daß alle diese Schüler in ihrem weiteren Leben in dieser Schicht verblieben sind, wiederum keine besonderen Ausschläge nach oben oder unten.

Wir erhielten in der neuen Klasse in vielen Fächern auch andere Lehrer, was infolge dieser vielen Wechsel das Verblassen der Erinnerung auch an die Lehrer erklärt, wovon ich schon weiter oben gesprochen habe. Von nun an kamen zudem die beiden Fächer Englisch und Geschichte neu hinzu. Meine Leistungen waren notenmäßig weiterhin gut, wenn auch den wachsenden Anforderungen entsprechend etwas abfallend. Unser Klaßleiter wurde in der 3. Klasse der bereits oben erwähnte Michael Suttner sowie in der 4. Klasse dann der Studienassessor Herbert Hörmann, die beide Latein unterrichteten. Klaßleiter spielten nur zu speziellen Gelegenheiten wie etwa zu Ausflügen eine besondere Rolle. Noch weniger als zu den einzelnen Lehrern sind Erinnerungen an irgendwelche Inhalte des Unterrichts in den 11 Fächern geblieben. Auch sonst ist aus diesen Schuljahren nichts wirklich Auffälliges zu berichten. So kann ich nur Anektodisches und Szenarisches aus Unterrichtsstunden und von sonstigen schulischen Aktivitäten erzählen, wovon ich ein paar Beispiele geben möchte.

Englisch unterrichtete Frau Studienrätin Hildegard Rotkegel. An sie habe ich aus dieser Zeit noch die stärksten Erinnerungen, nicht nur wegen der Neugier auf die neue Sprache, sondern auch wegen ihrer besonderen Persönlichkeit. Die Nachkriegszeit war von der Dezimierung des männlichen Bevölkerungsanteils durch den Krieg geprägt. Wie so manche Frau, vor allem als Akademikerin, war sie daher wohl alleinstehend. Gleichwohl hatte sie ein mütterliches Herz. Ihr Beruf war für sie alles, sodaß sie voll darin aufging. Eine unvergessene Szene mag dies verdeutlichen.

Mein Freund Günter Neumann war von Seiten seines Elternhauses mutmaßlich unter einem andauernden psychischen Leistungsdruck. Zudem bedeuteten die gymnasialen Anforderungen bei seinen begabungsmäßigen Anlagen für ihn eine dauernde Herausforderung. In einer der Englischstunden (etwa um das Jahr 1951) mußte er eine englische Passage vorlesen, die die Phrase „to do" enthielt. Er sprach dies mit [to do:] (statt [tu du:]) aus, aus deutscher Sicht also gesprochen wie geschrieben. Wir waren zu diesem Zeitpunkt schon so weit fortgeschritten, daß jedem in der Klasse der Fehler sofort klar war und als belustigend erschien. Geduldig bat Frau Rotkegel ihn mehrfach um die Wiederholung der Passage. „Aber Junge!" flehte sie ihn an, sich eines Besseren zu besinnen. Er jedoch erlebte einen totalen Block, stand in einem beklagenswerten Zustand links vorne neben der zweiten Bankreihe vor dem Fenster[123] und starrte die Lehrerin nur entgeistert an, der angesichts der sichtbaren Verzweiflung dabei wohl das Herz brach. Nebenbei gesagt, hielt diese Überlastung für ihn in dieser Klasse an, sodaß er sie schließlich wiederholen mußte. (Gleichwohl wurde er später erfolgreicher Rektor der Thusnelda Schule.)

Im Fach Deutsch mußten wohl alle Schüler irgendwann einmal Gedichte und Balladen der deutschen Klassiker auswendig lernen, so natürlich auch wir. Klugerweise wurden aber eine Reihe dieser Balladen auf die Klasse so verteilt, sodaß beispielsweise ich für den Schillerschen Handschuh[124] und andere eben für andere dieser Werke zuständig waren. Im Gegensatz zu dem auf S.115 kritisierten Auswendiglernen von Einmaleins-Resultaten halte ich diese Übung für mehr als nützlich. Denn nur in der Innenschau auf ein derartiges Werk erschließt sich dessen Qualität erst richtig. Das von Ritter Delorges dem Fräulein Kunigunde samt dem Handschuh entgegen geschleuderte „Den Dank, Dame, begehr ich nicht" — man beachte die genial eingesetzte Alliteration D-D-D sowie die damit verbundene gleichwertige Betonung der drei Versfüße im zugrundeliegenden Anapäst — und viele andere Passagen darin haben mich so ein Leben lang begleitet. Auch der Vortrag einer solchen Ballade wird erst dann überzeugend, wenn er aus dem eigenen tiefen Inneren kommt, was ohne auswendiger Verfügbarkeit unmöglich ist. So wurde wohl auch bei mir die Grundlage für die Fähigkeit zum Redner gelegt, der ich für mein späteres Leben viel verdanke. Mit diesem einen Gedicht konnte ich also tiefer in das Wesen von Dichtung sowie von Sprache eindringen, während die horizontale Dimension, also unterschiedliche Gedichte durch den Vortrag der Klassenkameraden zumindest präsent geblieben war. Darunter war selbstverständlich auch die Schillersche Bürgschaft.[125]

Gelegentlich durften Schüler mit den besten Aufsätzen diese der Klasse vorlesen. Besonders ist mir davon der vom Kameraden Gerhard Gleißner (genannt „Base") haften geblieben, der darin seine Ferien auf einem Bauernhof schilderte. Beispielsweise kam darin die humorvoll beschriebene Szene vor, wie der Bauer am Morgen im hölzernen Klo-Häuschen

[123] Das Zimmer muß wohl an der Westseite des Melanchtonbaus gelegen haben.

[124] http://gutenberg.spiegel.de/buch/friedrich-schiller-gedichte-3352/75, Zugriff 25.10.2015.

[125] http://gutenberg.spiegel.de/buch/friedrich-schiller-gedichte-3352/162, Zugriff 25.10.2015.

auf dem Hof bei offener Tür sein „großes Geschäft“ verrichtete und gleichzeitig seinen Knechten und Mägden von diesem „Thron“ aus seine Anweisungen für deren Arbeit gab. (Von früheren Herrschern wird ja das gleiche Verhalten berichtet.)

Wir waren in den ersten Gymnasialjahren während des Unterrichts richtig brave Schüler. Eine Szene aus jenen Jahren (etwa 1953) charakterisiert unser mit dem wachsenden Selbstbewußtsein aufkeimendes Aufbegehren. Das betreffende Klassenzimmer lag im Altbau, mutmaßlich im Parterre an der Südostecke. Dieser Bau und seine 6 Klassenzimmer waren in einem desolaten Zustand, was üblicherweise zu weiterer Verwahrlosung reizt. Irgendein Kamerad fand heraus, daß man mit dem Löschpapier in den Heften den Raum zur Erheiterung seiner Mitschüler verzieren konnte. Man riß ein Stück davon ab, durchtränkte es kauend mit Speichel, formte daraus einen feuchten Klumpen und warf diesen an die Decke. Dort blieb er fortan, auch nach der Durchtrocknung kleben und „zierte“ so den seit langem nicht erneuerten Anstrich. Mutproben sind Bestandteil des gegenseitigen Kräftemessens von Heranwachsenden. So entwickelte sich ein regelrechter Wettkampf, derartige Löschpapierklumpen auch während des Unterrichts zu werfen, die in immer größerer Zahl Decke und Wände zierten oder Mitschüler trafen. Besonders der Mathematikunterricht des jungen Studienassessors Paul Hupfer, der noch ganz in seinem Fach aufging, reizte zu solchen Spielen. Sie kulminierten darin, daß ein solcher Klumpen die Tafel genau an der Stelle traf, wo der Lehrer gerade sein Wissen anschrieb. Dessen Empörung war natürlich groß. Der Täter wurde aber nicht verraten und unser Verband damit enger zusammengeschweißt. So begann sich unter den Lehrern ein etwas ungünstiger Ruf unserer Klasse zu verbreiten.

Auch wir hatten als Schüler immer dann die größte Freude, wenn der Unterricht ausfiel oder durch andere Unternehmungen ersetzt wurde. Unter diesen ragt aus jener Zeit vor allem ein denkwürdiger, mehrtägiger Schulausflug heraus. Er könnte etwa am Ende der 4ten Klasse, also 1952 stattgefunden haben und führte uns in die Gegend von Kehlheim an der Donau. Unser Klassenlehrer war der bereits oben erwähnte Hörmann, der den Ausflug organisierte und leitete. Er hatte (vermutlich im Krieg) den linken Arm verloren. Umso bemerkenswerter war, daß er uns vorschlug, mit dem Fahrrad dorthin zu radeln. Das ist immerhin eine Strecke von je gut 120km in jede Richtung. Heute wäre die Durchführung eines derartigen Schulausfluges überhaupt nicht mehr denkbar.

Schon die Fahrt gestaltete sich für uns alle zu einem unvergessenen Erlebnis. Wir fuhren auf verkehrsarmen Straßen als Gruppe hintereinander mit je zwei Schülern nebeneinander und hatten dabei größten Unterhaltungsspaß. Als wir beispielsweise durch einen kleinen Ort — nennen wir ihn Hintertupfing — fuhren, hörten wir aus irgendeinem Stall lautes

Geblöke der dortigen Kühe. „Ah hört, der Männerchor von Hintertupfing!“ kommentierte dies mein Klassenkamerad Ralph Beran. Ist man schon in dauernder Albernheit, dann genügt eine solche schlagfertige Pointe als Auslöser für eine explosive Lachsalve. Ich mußte jedenfalls dermaßen lachen, daß ich vom Rad sprang und dieses fallen ließ. Diesen klugen Witz und seine Schlagfertigkeit hat Ralph später in seinem Beruf als erfolgreicher Anwalt in der Bundeshauptstadt Bonn voll ausleben können, wo ich ihn anläßlich einer Dienstreise dorthin in den 90er Jahren sogar einmal privat besuchen konnte. Damals erzählte er mir noch von seinem unerledigten Plan, auf dem Gebiet des internationalen Rechts zu promovieren. Leider ist daraus nichts mehr geworden, da er schon vor einigen Jahren verstarb.

Bei Kehlheim haben wir die Befreiungshalle besichtigt, die an die siegreichen Befreiungskriege 1813–1815 gegen Napoleon erinnert. Vielleicht waren auch das Kloster Weltenburg oder die Walhalla bei Regensburg noch auf unserem Besichtigungsprogramm. Viel interessanter war für uns jedoch der Aufenthalt in einer örtlichen Jugendherberge, der durch den gleichzeitigen Aufenthalt einer Mädchenklasse einen unvergeßlichen Glanz erhielt. Unter einer sehr verständnisvollen Regie unseres Lehrers verbrachten wir den gemeinsam gestalteten Abend mit Gesellschaftsspielen. Bei einem dieser Spiele mußte sich eines der Mädchen auf meinen Schoß setzen: welch ein angenehmes Gefühl! Zum ersten Mal wurde ich vom anderen Geschlecht in einige Unruhe versetzt.

Für Klassen-interne Veranstaltungen durften einzelne Schüler auch Schul-extern erworbenes Können darbieten. Deshalb hatte ich gelegentlich auch meine Geige in der Klasse dabei, die ich von meinem Vater bekommen hatte. Klassenkamerad Gerd Schwarz (genannt „Blacky“) spielte sehr gut Klavier, sodaß wir auch gemeinsam etwas vortragen konnten. Er war bei weitem der Jüngste in der Klasse (14 Monate jünger als beispielsweise ich) und entsprechend immer auch der Albernste, der viel Unfug im Kopf hatte. So ging es eines Tages auch wieder so hoch her, daß sogar Stühle kippten. Wie immer es dann auch passierte, jedenfalls fiel durch seine Unbeherrschtheit etwas Schweres auf den Steg meiner Geige, sodaß die Decke in Form eines sogenannten Stimmrisses einbrach. Auch wenn bei einer Schülergeige ein solcher Schaden verschmerzbar ist, hat er mich damals sehr bekümmert. Das gute Verhältnis zu Blacky wurde dadurch aber nicht beschädigt.

Untereinander haben wir uns als Schüler in der Regel mit Nachnamen angeredet, weil auch die Lehrer immer nur Nachnamen verwandt haben. Wir haben uns auch meist recht gut vertragen. Da die Altersunterschiede untereinander bis zu mehr als drei Jahre betrugen und auch Pubertät bei den einzelnen daher sehr unterschiedlich fortgeschritten war, war das durchaus nicht selbstverständlich. So haben wir vor allem in den Pausen oder nach dem Unterricht viel Spaß miteinander gehabt. Beispielsweise sind wir bei Schnee im Winter auf dem Weg zur Straßenbahn gerne zum Laufertorgraben gestapft und dort auf unseren Büchertaschen quasi als Schlitten den Graben hinuntergerodelt. So geschehen dummerweise auch nach dem Erhalt des Winterzeugnisses. Welches Entsetzen, als die Folgen davon zu Hause ans Tageslicht kamen: der geschmolzene, in die Tasche gelangte Schnee hatte das Zeugnis fast unlesbar gemacht. Wohl aus diesem Grunde fehlt das entsprechende Blatt heute in meiner Zeugnissammlung.

Bei aller Freundschaft gibt es gleichwohl unter Kameraden dann doch auch einmal Zoff. Die Gründe habe ich zwar vergessen, nicht aber die Folgen eines Streites mit Hans-Peter Dorlöchter. Wir vereinbarten, ihn quasi in Form eines Ringkampfes nach dem Unterricht auszutragen. Nördlich unserer Schulgebäude lag noch viele Jahre die Ruine der Egidienkirche und um sie herum infolge der Zerstörung verstreute Sandsteinquader. Wir beide, gefolgt von weiteren Kameraden, suchten uns zwischen diesen Quadern ein passendes Gelände aus und begannen vor den Kameraden ein unerbittliches Raufen miteinander. Er war mir kräftemäßig zwar deutlich überlegen, ich aber wehrte mich verbissen, sodaß ich mich nicht wirklich als Verlierer vom Platz schleichen mußte.

Streit gab es gelegentlich auch mit meinem Freund Peter Molter. Da wir ja den gleichen Heimweg hatten, weil er in einem Haus 50m nach unserem auf der anderen Straßenseite wohnte, ergab sich dann in einer solchen Phase die skurrile Situation, daß wir von der Straßenbahn aus nach Hause trotteten, er auf der rechten Straßenseite, ich auf der linken, wobei wir uns möglichst keines Blickes würdigten.

Einer meiner oben bereits erwähnten Kameraden, Gerhard Gleißner (genannt „Base“) verlor in dieser Zeit seinen Vater, was mich damals tief berührt hatte. Wenn ich mich recht entsinne, vertrat ich mit anderen bei der Beerdigung unsere Klasse mit einem Blumengebinde. Ich bin irgendwann in jener Zeit für einige Jahre zum Klassensprecher für unsere Klasse gewählt worden, habe den genaueren Zeitraum aber vergessen.[126] Auf dieser Beerdigung war ich aber sicher nicht nur aus repräsentativen Gründen, sondern auch aus echtem Mitgefühl mit einem tief unglücklichen Kameraden.

Ein anderer Schicksalsschlag traf unseren Kameraden Klaus Kriegel. Er erkrankte an Kinderlähmung, die ihn schwer und für immer schädigte, was uns alle tief erschütterte. Er kam deshalb nach der Erkrankung auch nie mehr in unsere Klasse zurück. Erstaunlicherweise hat er es doch zu hohem Ansehen, nämlich zum Richteramt geschafft.

Diese kurzen anektodischen Erzählungen dürften unsere gute Klassenkameradschaft sowie den erfolgreich überstandenen Unterricht erkennen lassen. Auch wenn ich in einer

[126] Diese Tätigkeit wird nur im Jahreszeugnis für das Schuljahr 1952/1953 explizit und lobend erwähnt.

bestimmten Entwicklungsphase bei der Aufstellung nach Größe im Sport als Zweitkleinster fungieren mußte, fühlte ich mich immer bestens integriert. Offenbar war ich ein durchaus angesehener Schüler, was auch das erwähnte Amt des Klassensprechers dokumentiert. Das Ansehen reichte offenbar sogar bis hinauf zum Direktor, denn in einer der Sommerferien hatte dieser einen Interessenten für den Klasseneintritt ausgerechnet zu mir nach Hause geschickt. Es handelte sich um den offensichtlich sehr verwöhnten Sohn eines erfolgreichen Unternehmers, der mich bei der Gartenarbeit antraf. Ein hand-arbeitender Gymnasiast hat ihn dann aber wohl so abgeschreckt, daß er schließlich — gottseidank — doch nicht in unsere Klasse kam.

Vor Unterrichtsbeginn fanden Morgenandachten in der Tetzelkapelle statt, die zwischen den Schulgebäuden und der zerstörten Egidienkirche gelegen ist. In jener Lebensphase war ich sehr religiös eingestellt und nahm daher gelegentlich an diesen Andachten teil, obwohl man dafür eigens früher aufstehen mußte. Im Sommer war das aber vor allem dann durchaus erträglich, wenn ich den Schulweg nicht mit der Straßenbahn, sondern auf dem Fahrrad über den Johann-Soergel-Weg durch das schöne Pegnitztal zurücklegte. Wenn man sich ins Zeug legte, konnte man die Strecke in einer guten Viertelstunde bewältigen, sodaß sich im Vergleich mit der Straßenbahnfahrt der Schulweg dadurch um mindestens die Hälfte verkürzte. Mit zunehmendem Alter war daher das Fahrrad für den Schulweg das Transportmittel der Wahl ausgenommen bei allzu schlechten Straßenverhältnissen im Winter.

2.5.1 Musikintensivierung

Musik hat in meinem jugendlichen Leben zunehmend eine wichtige Rolle gespielt. Denn die Beschäftigung mit ihr hat sich in den Gymnasialjahren immer stärker ausgeweitet und durchzieht mein ganzes Leben wie ein roter Faden. Gleichwohl spielte sie immer nur eine Nebenrolle. Sie schaffte mir wohl einen eigenen inneren Freiraum, in dem ich mich wohler als sonst fühlen konnte. Auch konnte sich damit eine eigenständigere Persönlichkeit entwickeln, die dann auch mehr Achtung erfahren durfte.

Vom Klavier- und Violinunterricht bei einem Organisten wurde schon im Abschnitt 2.4.3 berichtet. Dort war auch kurz vom Gruppenunterricht für Geige an unserer Schule die Rede. Dieser führte dann 1951 auch zu meinem Eintritt in das Schulorchester des Gymnasiums, dem ich bis zum Abitur angehörte. Konzertante Aufführungen zu Weihnachten oder zur Schuljahresschlußfeier waren von da an für mich die Regel. In diesem Abschnitt wollen wir die weitere Intensivierung der Beschäftigung mit Musik beleuchten.

Posaunenchor

Etwa 1951 begann ich zusätzlich zu den beiden dann schon einige Jahre praktizierten Instrumenten Klavier und Geige das Tenorhorn zu erlernen. Dies geschah in Verbindung mit der kirchlichen Jugendgruppe in der Gemeinde Mögeldorf, an deren Veranstaltungen ich spätestens seit Beginn des Präparantenunterrichts teilnahm — und dies wohl schon aus eigener Entscheidung ohne elterliche Vorgaben, wenngleich mit deren Wohlwollen, vor allem von Seiten meiner Mutter.

Jedenfalls gab es an der Mögeldorfer Kirche, wie in evangelischen Gemeinden üblich, einen Posaunenchor unter Leitung des Jugendleiters, Herrn Häberlein, in dem ich ab irgendeinem Zeitpunkt als Tenorhornist mitwirkte. Durch meine musikalischen Vorkenntnisse und die auf S.108 angedeuteten Übungen zur Körperbeherrschung fiel mir das Erlernen dieses weiteren, von der Gemeinde für die Zeit der Mitwirkung zur Verfügung gestellten Instruments vergleichsweise leicht.

Dieser etwa ein gutes halbes Dutzend Spieler umfassende Posaunenchor übernahm eine Reihe von Funktionen bei der Gestaltung von Gottesdiensten und sonstigen Feiern. Als besonders einprägsam habe ich noch die Darbietungen um 6 Uhr des Ostermorgens am Friedhof in Erinnerung, mit denen der „Auferstehung des Herrn“ gedacht wurde. Denn die Blechinstrumente waren um diese Jahres- und Tageszeit verdammt kalt und die Lippen hatten entsprechend Mühe, darauf einen warmen Ton zu erzeugen.

Insgesamt war diese Tätigkeit für mich sicher sehr vorteilhaft für meine Entwicklung. Ich konnte mir dabei wichtige soziale Kompetenzen aneignen, wie beispielsweise mich in eine freundschaftliche Gemeinschaft einzufügen und etwas Gemeinsames mit ihnen zustande zu bringen. Zudem ist es für einen jungen Menschen sicher auch prägend, wenn er vor der gesamten Gemeinde mit seinen Fähigkeiten darstellerisch mitwirken kann. Gleichwohl hatte sich die Mitwirkung in diesem Chor irgendwann überholt, sodaß ich mich auf andere Aufgaben konzentrieren konnte. Wann dieser Abgang stattfand, weiß ich heute nicht mehr.

Gitarre

Die drei praktizierten Instrumente taugten alle nicht für die Unterhaltung von Gruppen. In der Jugendgruppe oder in Jugendherbergen griff man vielmehr zur Gitarre — oder „Klampfe“, wie wir in solchem Kontext damals dazu sagten. Als Geiger müßte es doch leicht sein, zusätzlich auch Gitarre zu lernen. Dann könnte ich zur Unterhaltung von Gruppen in dieser Weise beitragen. So oder so ähnlich müssen meine Überlegungen gewesen sein, die mich dazu führten, Gitarrestunden bei einem Lehrer in der Nähe der Peterskirche in Nürnberg zu nehmen. Dieser Entschluß läßt mein Bedürfnis erkennen, mich in Gruppen einzubringen und zwar durchaus in einer hervorgehobenen Rolle.

Ich schätze, daß ich diese Stunden höchstens etwa ein Jahr lang bekam, mutmaßlich in einem Alter von etwa 14 oder 15 Jahren. An den Lehrer selbst kann ich mich nicht mehr genauer erinnern. Geblieben ist allerdings das Gefühl, daß sein Unterricht gut war und er auch recht gut Gitarre spielen konnte. Da ich in die Stunden mit dem Fahrrad strampeln mußte, was in jede Richtung eine knappe halbe Stunde erforderte, ist mir dieser zusätzliche Unterricht wohl irgendwann zu viel geworden. Immerhin kam ich in der Beherrschung des Instruments so weit, die Begleitung im Falle gemeinsamen Singens zu übernehmen. Allzu oft hat sich das dann allerdings nicht ergeben.

Mein Vater besaß auch ein Akkordeon, ohne es selbst zu praktizieren. Da zu dessen Beherrschung die rechte Hand wie auf dem Klavier agieren mußte und die systematisch angeordneten Griffe der linken Hand leicht hinzugelernt werden konnten, habe ich gelegentlich dann auch noch dieses fünfte Instrument praktiziert und mir später sogar auch noch eine Flöte samt einer Schule für das Flötenspiel und eine relativ anspruchsvolle Mundharmonika angeschafft, insgesamt also sieben Musikinstrumente praktiziert.

Konservatorium

Die Welt und das menschliche Leben sind so komplex, daß jeder sich irgendwie einschränken muß. Dabei gibt es wohl generell zwei Hauptdimensionen für die entsprechende Orientierung. Da ist zum einen die horizontale Dimension, in der die Vielgestaltigkeit sowie die Gemeinsamkeiten und Unterschiede in einem Gebiet überschaut werden können. Durch meine Beschäftigung mit einem halben Dutzend musikalischer Instrumente habe ich mir in dieser Hinsicht einen gewissen Überblick der Musikpraxis verschaffen können.

Meinem Charakter liegt vielleicht die vertikale Dimension etwas mehr, die sich stärker auf ein Thema beschränkt und dieses in seiner Tiefe auslotet. In Bezug auf die Musikpraxis ist dies in meinem Fall die Geige, die bis heute ein enger Partner geblieben ist. Wie vor allem im Abschnitt 2.4.3 beschrieben, stand der Anfang mit diesem Instrument im Hinblick auf einen qualitativ anspruchsvollen Unterricht unter keinem besonders guten Stern.

Dies sollte sich aber, wohl auf Initiative meines Vaters hin, um das Jahr 1951 herum ändern. Er meldete mich nämlich zum Klavier- und Geigenunterricht am Städtischen

Konservatorium an, das später in Meistersinger-Konservatorium umgetauft wurde.[127] Wie ich auf S.148 berichten werde, war er inzwischen ein angesehener Stadtrat in Nürnberg geworden und hatte daher auch den Einfluß, mich vom Direktor des Konservatoriums, Herrn Robert Seiler, zwei guten Instrumentalisten zuweisen zu lassen, was vor allem für die Geige besonders gelungen ist.

Da das frühere Gebäude des Konservatoriums durch den Krieg zerstört war, wurde der Unterricht in jener Zeit behelfsmäßig in der Gebrüder-Grimm-Schule in Erlenstegen erteilt. Von unserem Haus war das streckenmäßig nicht allzu weit entfernt und daher mit dem Fahrrad leicht erreichbar. Dabei mußte nur jeweils ein relativ steiler Anstieg, hinwärts im Thumenberger Weg auf der Nordseite und rückwärts in der Flußstraße auf der Südseite des Pegnitztales, überwunden werden, was mit der Geige am Lenkrad immer ziemliche Mühe bereitete. Erst 1957 erhielt das Konservatorium wieder ein eigenes Gebäude am Katharinenkloster 6. Im Jahre 2008 wurde es schließlich in die „Staatliche Hochschule für Musik Nürnberg“ umgewandelt.

An den Namen der Pianistin kann ich mich aus gutem Grunde nicht mehr erinnern. Ich mochte sie einfach nicht. Der Unterricht bei ihr machte mir nicht allzu viel Freude. Das äußerte sich eines Tages in einem Freudschen Versprecher so stark, daß ich beim Betreten des Unterrichtszimmers sie mit „Auf Wiedersehen“ begrüßte. Sie selbst spielte Klavier mit unnatürlich gespreizten Fingern und legte vor allem Wert auf präzise gespielte Tonleitern und Etüden. Für eine Pianisten-Karriere hätte sie mutmaßlich eine gute Grundlage geschaffen. Für mich war das nicht, was ich mir vorstellte. Ich habe auch vergessen, wie lange ich es bei ihr ausgehalten hatte — vielleicht zwei oder höchstens drei Jahre. Immerhin bin ich bis zum Niveau der technischen Beherrschung von Klaviersonaten von Beethoven gediehen. Wahrscheinlich habe ich eines Tages beschlossen, daß neben der Schule ein zweites Instrument einfach zu viel des Guten sei.

Mein Geigenlehrer dort war Willi Horváth, den ich dagegen immer sehr geschätzt habe. Durch ihn dürfte meine Fokussierung auf dieses besonders schwierig zu berrschende Instrument schließlich ausgelöst worden sein. Horváth (1917-2011) war der Sohn eines Ungarn-stämmigen Geigers Seby Horváth,[128] der bis nach Ende des 2. Weltkrieg als 1. Konzertmeister beim Philharmonischen Orchester Nürnberg und als Professor am Städtischen Konservatorium Nürnberg tätig war. Willi war Schüler ua. des berühmten Wiener Geigers Wolfgang Schneiderhan und Mitglied in dessen Kammerorchester Festi-

---

[127] Siehe www.nuernbergwiki.de/index.php/Meistersinger-Konservatorium bzw. http://www.hfm-nuernberg.de/.

[128] Manfred H. Grieb, Nürnberger Künstlerlexikon: Bildende Künstler, Kunsthandwerker, Gelehrte, Sammler, Kulturschaffende und Mäzene vom 12. bis zur Mitte des 20. Jahrhunderts, Walter de Gruyter, 2007.

val Strings Lucerne, das bis zum heutigen Tag Bestand hat. Zudem gründete Horváth 1955 das Horváth-Quartett und trat neben seiner langjährigen Tätigkeit als Professor am Konservatorium überdies als gefragter Solist bei den Nürnberger Symphonikern auf.[129] Geigerisch war ich daher unversehens, aber nicht zufällig, in allerbeste Hände gekommen. Ich verblieb Horváths Schüler für mehr als ein halbes Dutzend Jahre, in etwa bis zum Abitur.

Die Geige ist, wie gesagt, ein schwieriges Instrument. Es muß mit der linken Hand so am Hals balanciert werden, daß gleichwohl die linke Hand, Arm, Schulter und Rückenpartie völlig entspannt bleiben. Das Gleiche gilt völlig unabhängig davon für die rechte Hand, Arm, Schulter und Rückenpartie. Jegliche Verspannung an irgendeiner Stelle behindert die Beweglichkeit der zur Tonerzeugung erforderlichen Glieder. Leider ist das viel leichter gesagt als getan. Wer sich diese Fähigkeiten in langen Jahren angeeignet hat, vergißt darüber meist, wie er dazu gekommen ist und worauf sein Können beruht. Zudem ist das Unterrichten von derartigen Fähigkeiten naturgemäß ohnehin eine bis heute sehr schwierige Angelegenheit, weil sie sich bis zu einem gewissen Grad der Verbalisierung entzieht. Vorspielen, versuchen zu imitieren, korrigieren usw. sind die hierbei üblichen Standardtechniken. In jedem Fall waren ausgefeiltere Methoden zu jener Zeit noch nicht Bestandteil der Geigenpädagogik.

Ich hatte schon auf S.111 darauf hingewiesen, daß mein erster Geigenunterricht durch mangelhafte Anleitung zu falschen Haltungen in den genannten Körperbereichen geführt hat, aufgrund derer Verspannungen unausweichlich waren. Die Fortsetzung des Unterrichts war deshalb durch ein von vorneherein vorhandenes Handicap belastet. Herr Horváth war in dieser Hinsicht aus den soeben genannten Gründen pädagogisch und physiologisch nicht versiert genug, den tieferen Grund dieser Probleme zu erfassen bzw. ein Mittel zu deren Überwindung verfügbar zu haben. Meine diesbezüglichen Verspannungen wurden daher im Verlauf seines Unterrichts nicht wirklich beseitigt, sondern höchstens überspielt. Man kann ihm das auf keinen Fall zum Vorwurf machen. Er konnte hervorragend geigen, nur war ihm selbst nicht im Einzelnen bewußt, warum das bei ihm bestens klappte und bei mir als seinem Schüler nicht.

Ich erwähne all dies nur, um mich quasi dafür zu entschuldigen, daß ich trotz eines von da an über viele Jahre wirklich hervorragenden bis exzellenten Unterrichts mich nicht zu einem herausragenden Geiger entwickelt habe. Es war vorher zu viel „versaut“ worden und die kompetente Unterrichtung setzte dann zu spät, nämlich erst nach der Pubertät,

[129] http://www.nordbayern.de/kultur/musiker-aus-passion-1.1065216, Zugriff 25.8.2015.

so richtig ein. Dies führte dann viel später zu meinem lebenslangen Ringen gegen die eingefahrenen Verspannungsprobleme, aus dem ich viel gelernt habe.

Bei Horváth hatte ich nun aber erst einmal einen ganz „normalen“ Violinunterricht in der tschechisch-Wiener Tradition von Otakar Ševčík, Wolfgang Schneiderhan und Willi Horváth. Die unzähligen Etüden von Ševčík waren wöchentliches Brot. Zudem wurde ich langsam an ein breites Geigenrepertoire herangeführt, das schließlich auch die Solopartien von Konzerten wie diejenigen von Bach, Mozart und Mendelson-Bartholdy beinhaltete. Immer brachte vor Inangriffnahme eines neuen Konzerts Horváth seine Noten mit den Strichen und Fingersätzen mit, die zum größten Teil noch von Schneiderhan stammten. Zur Vorbereitung auf die wöchentliche Stunde war natürlich häusliches Üben angesagt, das ich pflichtbewußt, aber dann auch wieder nicht allzu übermäßig durchführte, denn es gab ja soviel anderes gleichzeitig zu betreiben.

Mehr und mehr konzentrierte ich mich musikalisch überwiegend auf dieses Instrument, das dann auch mein ganzes Leben begleiten sollte. Etwa 1957 spendierte mir mein Vater anstelle seiner bisherigen Schülergeige ein deutlich besseres Instrument, mutmaßlich eine deutsche Arbeit aus dem neunzehnten Jahrhundert (das heute meine Tochter Nora besitzt). Es ist mir unvergessen, wie hierzu eines Tages ein Händler aus Bubenreuth mit einem großen Rucksack voll Geigen in die Unterrichtsstunde damals schon am Katharinenkloster kam. Eine davon wurde nach langem Ausprobieren dann eben meine, wobei ich mich weitgehend auf den Rat meines Lehrer verließ.

Wie bereits auf S.122 erwähnt, musizierte ich gelegentlich mit meinem Klassenkameraden Gerd Schwarz. Er genoß Klavierunterricht von wohl dem besten damals in Nürnberg ansässigen Pianisten, nämlich von Ernst Gröschel, und verfügte zuhause über einen wunderbaren Flügel. Wir studierten daher in seiner elterlichen Wohnung eine Reihe von Duos ein. Bei Blacky, wie er bis heute genannt wird, gab es schon damals einen behäbigen Kater, den er mit Vorliebe mit einem gefühlvollen Fußschwung durch den langen und glatt-gebohnerten Flur gleiten ließ. Blackys Eltern waren mit den meinigen in einem Freundeskreis, der sich gelegentlich zu einem gemeinsamen Abend privat getroffen hatte.

2.5.2 Freizeitaktivitäten

Mit Beginn der Gymnasialzeit begannen sich die bisherigen Gewichte zu verlagern: die Schule und andere äußere Aktivitäten traten zunehmend in den Vordergrund, während der Einfluß des Elternhauses zurückging. Gleichwohl blieben die elterliche Wohnung und das elterliche Anwesen natürlich mein Lebenszentrum, an deren Gestaltung wir Kinder auch nicht unerheblich beteiligt wurden.

Diese Beteiligung begann schon mit der Zimmeraufteilung. Da, wie in Abschnitt 2.4.1 erwähnt, aufgrund der angespannten Finanzsituation der Raum im Südanbau bis etwa 1952 im Rohbau blieb, waren in der Wohnung vier Zimmer und eine schöne Wohnküche verfügbar. Wiederum aus finanziellen Gründen vermieteten meine Eltern einen der Räume vor allem in den ersten Jahren zeitweise als privates Übernachtungsquartier bzw. als Studentenzimmer. Dadurch blieb für mich in solchen Fällen immer nur ein Schlafplatz beispielsweise im Wohnzimmer übrig. Kurz, ich hatte damals nicht wirklich ein Zimmer für mich und übernachtete nach meiner Erinnerung je nach Lage in einer der drei Westzimmer, im Falle von zusätzlichen Übernachtungsgästen auch einmal „im Gräbele“ zwischen den Eltern.

Unter den Untermietern ragt vor allem Herr von Engelberg heraus. Er war aus allerbestem, vermögendem Hause und ein attraktiver junger Mann. Ihm und seiner (wohl) späteren Familie wurde im Fotoalbum sogar eine ganze Seite gewidmet.[130] Dies läßt erkennen, daß er sich bei uns durchaus wohlfühlte und auch später noch gelegentliche Kontakte mit meinen Eltern pflegte. Er war mir dann zu einer meiner in Kürze geschilderten Aktivitäten auch besonders nützlich, worauf ich weiter unten noch zu sprechen kommen werde.

Ein anderer Übernachtungsgast brachte mich in ärgste Verlegenheit, als meine Mutter an einem Morgen vor dessen Versorgung mit einem Frühstück ausnahmsweise das Haus verlassen mußte und leichtsinnigerweise die Verantwortung dafür mir übertrug. Ich mußte dann wohl zum ersten Mal in meinem Leben selbst Bohnenkaffee durch den Filter laufen lassen und versuchte es als sparsamer Mensch vorsichtshalber mit so wenig Pulver wie möglich: das Ergebnis war leicht angebräuntes Wasser. Der Gast trug's mit Humor, freute sich über meinen Eifer und zahlte anstandslos den ansehnlichen Messeübernachtungspreis.

Meine weitere Mitwirkung am Haushaltsgeschehen bestand im Winter in der Befeuerung des großen Koksofens im Badezimmer, in dem pro Tag drei bis fünf Eimer Koks verglühten. Die Eimer mußten im Hinterhaus gefüllt und in den ersten Stock getragen werden. Das verursachte etlichen Staub, auch in der Wohnung. Abstauben war deshalb eine weitere regelmäßige Tätigkeit, für meine Schwester oft schon morgens noch vor der Schule. Kein Teenager würde sich das heute noch gefallen lassen und verständlicherweise gab es darüber zwischen den beiden Damen in der Familie immer wieder auch Zoff. Hinzu kamen Aufträge wie Kehren der Stiege oder des Hofes, Bohnern des Linoleumbodens, Blumengiesen, im

[130] FAHB5, S.51.

Winter Schneeräumen, Einkäufe machen, in der Küche beispielsweise beim Kuchen- und Plätzchenbacken[131] helfen und vieles andere mehr.

Wie ich schon erwähnt hatte, arbeitete ich besonders gerne im Garten mit beim Ernten, Unkraut Jäten, Pflanzen, Gießen, Jauchegrube Entlehren, ja auch beim selbständigen Legen von Trittplatten auf den Gartenwegen[132] oder beim Tauben Füttern, Schlachten und Rupfen. Dann wollte regelmäßig der Hund Hala gefüttert und ausgeführt werden. Ein Tag in der Woche war Waschtag, was für mich gelegentlich Kesselheizen, in jedem Fall Wäscheleinenspannen, Wäschezureichen zum Aufhängen, Abnehmen vom Abhängen, Spannen, Zusammenlegen usw. bedeutete. Jährlich stand einmal der Frühjahrsputz und tagelang andauerndes Stöbern an. Kurz, ich habe ausgiebig lernen dürfen, daß ein angenehmes Zuhause nicht von Ungefähr kommt und daß sich jeder nach Kräften daran beteiligen sollte.

Basteln und Experimentieren

Wer aus heutiger Sicht das Pensum grob abschätzt, das aus der Schule und den täglichen Schulaufgaben, den Musikstunden und dem möglichst täglichen Üben der Instrumente sowie aus all diesen Nebenarbeiten bestand, der kommt in jedem Fall zu dem Ergebnis, daß es einen Jungen im Alter von etwa 11 bis 14 Jahren voll auslasten und die eventuell noch verbleibende Zeit ausschließlich mit Spielen verbracht werden müßte. Nicht so in meinem Fall: voll des Tatendrangs suchte ich offenbar weitere zu bewältigende Aufgaben bzw. zielgerichtete und fördernde Beschäftigungsmöglichkeiten.

So kam mir ein Baukasten zum Zusammenbasteln eines kleinen Radios in die Hände. Mit primitivsten Mitteln konnte man damit ein kleines Gerät zusammenbauen, das sich auf einen Radiosender einstellen und das Programm übertragen ließ. Dieses selbstgebaute Gerät faszinierte mich. Ich konnte damit abends im Bett beispielsweise Fred Rauchs mittwöchliches Wunschkonzert im Bayerischen Rundfunk anhören. Die Quelle für dieses Gerät vermute ich in meiner jährlichen und ausführlichsten Lektüre der Bände der Jugendbuchreihe „Das Neue Universum — Ein Jahrbuch des Wissens und Fortschritts“.[133]

[131] *„Besondere Fähigkeiten entwickelte er beim Kuchen und Weihnachtsplätzle backen“* liest man in den Notizen meiner Mutter im FAWB1.

[132] Das auf S.4 im FAWB3 links unten befindliche Bild zeigt beispielsweise von mir völlig eigenständig verlegte Trittplatten.

[133] https://de.wikipedia.org/wiki/Das_Neue_Universum, Zugriff 7.9.2015.
Das Bild auf S.9 im FAWB3 zeigt unter den Geschenken auf dem weihnachtlichen Gabentisch von 1954 auch einen Band dieser Reihe.

Da durch derartige Basteleien meinen Eltern mein Geschick zum Werkeln bewußt geworden war, schenkten sie mir zu Weihnachten um das Jahr 1950 erst einmal einen kleinen Schienenkreis einer Märklineisenbahn mit Spur 00. Von da an waren die künftigen Weihnachten charakterisiert durch gezielte vorherige Planungen der mir finanziell tragbaren Erweiterungsmöglichkeiten der Anlage, des stunden- und tagelangen Aufbaus, in den ersten 1–2 Jahren unterstützt durch einen geschickten Verwandten, und dann dem endlosen Spielen mit der Anlage. Sie wurde auf unserer Tischtennisplatte im Wohnzimmer aufgebaut, wo sie die gesamte Fensterwand in Beschlag nahm. Bald begann ich auch damit, die Platte als Landschaft mit Hügeln, Tunnels und Gebäuden zu gestalten.

In unserer Straße wohnte etwas näher zum Tiergarten die Familie Haygis mit zwei Söhnen in einem architektonisch bemerkenswert schönen Haus. Der jüngere der Söhne, Werner, kam 1952 infolge von Klassenwiederholungen in meine (dann vierte) Klasse im Realgymnasium, obwohl er mehr als zwei Jahre älter als ich war. Einmal ließ er sich dazu herab, mir seine eigene Märklinanlage zu zeigen. Seine Spur 1 Bahn stellte die meinige im Hinblick auf Größe und Umfang weit in den Schatten. Alles ist bei der Spur 1 im Vergleich mit der Spur 00 um ein Mehrfaches größer. Seine Bahn nahm daher gleich den Fußboden des etwa 40qm großen Wohn- und Eßzimmers im Parterre in Beschlag, ein offensichtlich extremes Zugeständnis seiner Eltern. Er war, selbst in meiner damaligen kindlichen Beurteilung, einfach sehr verwöhnt und uns beide verband trotz der Nähe in der Klasse, auf dem Schulweg und in der Straße rein gar nichts.[134]

Leider war Eisenbahnspielen rein saisonbedingt und meine Platte wurde allerspätestens im Februar wieder abgebaut (und ab dem Frühjahr wieder für das Tischtennisspiel gebraucht). Was sollte man im Sommer stattdessen in Angriff nehmen? Da hörte ich, daß die große Nürnberger Adam-Opel-AG Filiale 1950 ein Programm zur Etablierung eines Seifenkistenrennens auf dem Schmausenbuck unweit unseres Hauses startete und den Teilnehmern dazu einen Radsatz, bestehend aus Achsen, Räder, Lenkung, etc., zur Verfügung stellte.[135] In der Mögeldorfer Ortsstraße direkt am Anfang der Schmausenbuckstraße befand sich das vor allem von Frau Hüttinger betriebene Elektrogeschäft Hüttinger. Herr Hüttinger konzentrierte sich dagegen beruflich voll auf die Sparte des Modellbaus, in der er ein anerkannter Meister war. Mutmaßlich unter Vermittlung meiner Mutter nahm sich dieser herzensgute und hochbegabte Mann meiner wie eines eigenen Sohnes an und baute mit mir auf diese zwei Achsen eine Sperrholzkiste mit Lenkung und Bremse.

[134] Der ältere der Söhne wurde später Leiter der Unteren Denkmalsschutzbehörde von Nürnberg und veranlaßte in dieser Funktion persönlich die Aufnahme meines Elternhauses als Baudenkmal in die Denkmalliste, was mir später gelang wieder rückgängig zu machen.

[135] https://de.wikipedia.org/wiki/Seifenkiste berichtet davon, daß das Programm ursprünglich von der amerikanischen Besatzungsmacht initiiert wurde (Zugriff 3.9.2015).

Das erste Rennen endete leider schon bald mit einem Rennunfall — quasi genau wie in wirklichen Autorennen. Die Bahn ging auf der relativ steilen Straße vom damaligen Tiergartenhotel (und heutigen Löwensaal) in einer 180° Kurve vor den Eingang des Tiergartens hinab.[136] Das klappte einige Male recht gut — bis ich dann bei einer nächsten Fahrt die Kontrolle über mein „Fahrzeug“ verlor. Ich flog aus der Kiste auf den Asphalt und das Gefährt landete im angrenzenden Wald. Ich trug lediglich eine Schürfwunde am linken inneren Ellbogen davon, die jedoch deswegen recht scheußlich war, weil ich damit unzählige Splittsteinchen des Straßenbelags aufgesammelt hatte. Aber wir hatten den Arzt ja im eigenen Hause: geduldig holte Herr Schmidt mit seiner Pinzette Steinchen für Steinchen aus der offenen Wunde. Ich war Leiden aus meinen bisherigen Lebensjahren ja gewohnt und ertrug die Schmerzen daher ohne mit der Wimper zu zucken. Der Rennsieg war natürlich dahin und die Narbe der relativ großen Wunde ist bis heute vorhanden.

Aber es gab im nächsten Jahr 1951 ja ein erneutes, viel professioneller aufgezogenes Rennen. Aufgeben war nie meine Sache. Wieder half mir Herr Hüttinger eine diesmal richtig edle Seifenkiste zu bauen. Hier kommt auch der weiter oben genannte Untermieter, Herr von Engelberg, ins Spiel. Sein Vater war mutmaßlich der Unternehmer Alexander von Engelberg[137] mit irgendwie gearteten geschäftlichen Interessen am Motorenöl „Castrol“. Auf der Webseite der Herstellerfirma liest man heute: *„... machte sich CC Wakefield nun daran, eine neue Methode zu entwickeln, um Kunden auf das Produkt aufmerksam zu machen: das Sponsoring. Der Name Castrol erschien auf Transparenten und Flaggen bei Flugwettbewerben, Autorennen und ...“.*[138] So prangte auf der „Kühlerhaube“ meines „Rennwagens“ wirkungsvoll das Castrol-Emblem, womit denn auch ein Teil der Kosten für das Gefährt gedeckt werden konnten. Offenbar war ich einer der frühen Nutznießer dieser neuen Firmenmethode und lernte selbst sehr früh den Mechanismus des Sponsoring direkt von dessen Erfinder kennen. Meine Kiste war wohl auch die einzige, die sogar gleich mit etwa drei unterschiedlichen Werbeträgern geschmückt war; jedenfalls suggerieren dies die vorhandenen Bilddokumente.

Und diesmal lief dann auch alles bestens. Die Bahn war, vielleicht nicht ganz ohne Wirkung durch meinen Unfall vom Vorjahr, direkt vor das Eingangstor des Tiergartens kerzengerade die Schmausenbuckstraße hinunter verlegt worden. Um das erforderliche Tempo zu bekommen, wurde der Startabschnitt als eine etwa 10m hohe Anfahrtsrampe ausgestaltet. Unter etwa 200 nordbayerischen Teilnehmern wurde ich aufgrund der Er-

[136] Wie die Bilder auf der Webseite https://www.seifenkistenrennen-nbg.de/ nahelegen, finden die heutigen Rennen wieder auf dieser alten Strecke statt (Zugriff 3.9.2015).

[137] https://de.wikipedia.org/wiki/Alexander_von_Engelberg, Zugriff 3.9.2015.

[138] http://www.castrol.com/de_de/germany/about-us/history.html, Zugriff 3.9.2015.

gebnisse mehrerer Läufe vierter.[139] Die im Album von dem Ereignis zeugenden Bilder[140] beeindrucken durch die Professionalität der Veranstaltung mit Hunderten von Zuschauern, die die Rennbahn dicht säumten. Vielleicht war ich 1952 nochmal mit der gleichen Kiste dabei — vielleicht aber auch nicht, da nach heutigen Informationen im Web die Juniorklasse nur bis zum vollendeten 13ten Lebensjahr reichte.

Auch aus heutiger Sicht stellt sich die derartige Erfahrung eines 12-Jährigen als ein unschätzbarer Wert dar. Der Bau eines Fahrzeugs mit einfachsten Mitteln erschließt dessen Funktionen, etwa die einer Lenkung oder einer Bremse, in einer Weise, wie es der beste Schulunterricht nie bewerkstelligen könnte. Die Zusammenarbeit mit einem fähigen Handwerker öffnet die Augen für unvorstellbar viele kleine Details des Werkens.[141] Aber auch die Konzentration auf die Rennsituation unter Einsatz aller denkbaren Tricks (Anschubunterstützung, Eintauchen des Kopfes zur Vermeidung des Luftwiderstandes usw.) sowie dabei das Erlebnis, im Rampenlicht bzw. unter dem Schall der die ganze Straße entlang hallenden Lautsprecher zu stehen, sind wohl für das ganze Leben prägend. Vor allem habe ich dabei lernen können, wie man ein Projekt neben allen sonstigen Verpflichtungen und Tätigkeiten konsequent im Zeitplan zu Ende und zum Erfolg führt, eine Erfahrung, die ich in meinem Leben dann unzählige Male nutzen und immer wieder verfeinern konnte. Die Veranstalter haben übrigens die Teilnehmer danach zum professionellen Norisring Rennen und dort sogar ins Fahrerlager eingeladen und damit geschickt eine Beziehung zwischen der eigenen Erfahrung und einer solchen Großveranstaltung hergestellt. Aus dieser Verbundenheit heraus fand ich mich noch 1957 bei diesem traditionellen Rennen ein, was in einer Bilderserie in meiner Sammlung von Diapositiven seinen Niederschlag fand.

Im Jahre 1953 kam ich zu einer eigenen Kamera. Möglicherweise habe ich sie mir mit den Geldgeschenken zu meiner Konfirmation anschaffen können, die am Ende dieses Abschnitts zur Sprache kommen wird. Nun begann ich auch mein erstes eigenes Fotoalbum FAWB3 anzulegen. Auf dessen Seite 5 findet sich dann auch ein Bild vom Seifenkistenrennen 1953, das ich damals quasi als „pensionierter“ Rennfahrer mit überlegener Geste *„Ein alter Sport ... “* betitelte.

Schon weiter oben in diesem Abschnitt habe ich von meinem ungewöhnlichen Tatendrang und dem großen Pensum an gezielt ausgewählten und dann auch konsequent durchgeführten Unternehmungen gesprochen und wir sind auch jetzt mit deren Schilderungen

[139] Notizen in FAWB1.

[140] FAWB2, S.50f.

[141] Herr Hüttinger ist leider schon bald darauf in sehr jungen Jahren an Krebs gestorben. Frau Hüttinger erzählte, daß er morgens Blut gespukt habe und dann mit einem resignierenden *„Frau, jetzt ist's aus“* gestorben sei, was mich verständlicherweise besonders tief berührte und in einer Notiz im Tagebuch I, kurz TBI, S.79, seinen Niederschlag fand.

noch lange nicht am Ende. Was hat mich als Kind hierzu angetrieben? Jedenfalls nicht ein besonderer Ehrgeiz meiner Eltern, mit denen diese Unternehmungen nur mittelbar etwas zu tun hatten. Sie haben mich meist ungestört gewähren lassen, mich aber wenn nötig durchaus bereitwillig oder sogar stolz unterstützt. Ich glaube vielmehr, daß diese Neugier auf Wissen über diese uns umgebende Welt mehr oder weniger in jedem Kind steckt. In meinem Fall war sie jedenfalls brennend und ist es bis heute geblieben. Der Unterschied zu anderen Kindern — und dann später Erwachsenen — ergibt sich wohl tatsächlich infolge der oft kaum erkennbaren Reaktionen der umgebenden Erwachsenen, die von den ersten Lebenstagen an ein Kind anregen oder eben leider auch sehr bremsen können. In dieser Hinsicht war ich in der Tat ein besonders glückliches, weil in seiner Neugier wohl immer gefördertes Kind, worauf ich schon auf S.58 hingewiesen habe.

Diese Neugier wurde auch nicht verbogen. Wenn mir das Pauken von lateinischen Vokabeln eher weniger Spaß machte und die Noten dann entsprechend mäßig ausfielen, so fand dies zuhause keine besondere Beachtung, sondern es wurde kommentarlos zur Kenntnis genommen. So führten all diese vielen Aktivitäten unabhängig vom Schulwissen zu einem weit überdurchschnittlichen tiefverankerten Wissen über diese Welt, seine Abläufe und Strukturen. Da meine hohe Aktivitätsrate bis heute kaum nachgelassen hat, konnte auch nicht ausbleiben, daß ich vieles rascher oder besser erkenne als die meisten anderen, worauf wir im Einzelnen naturgemäß noch mehrfach im weiteren Verlauf dieses Textes zu sprechen kommen werden.

Meine Neugier trieb auch extreme Blüten. Man belehrte mich, daß das an unserem Herd ausströmende Stadtgas giftig sei und ich daher Vorsicht damit walten lassen sollte. Das wollte ich genauer wissen. Ich fing eine Fliege, was ich schon damals sehr geschickt beherrschte, verbrachte sie in ein leeres Marmeladenglas, das ich über die Gasdüsen am Herd hielt. Die Fliege überlebte das Experiment schadlos, was in mir eine offene Frage aufwarf (ist Stadtgas nur für Menschen giftig?), die sich erst durch später erworbenes Wissen über das spezifische Gewicht unterschiedlicher Gase beantwortete. Ein anderes Experiment mit einer bemitleidenswerten Fliege, der ich einfach die Flügel ausriß, brachte keinen wirklichen Erkenntnisgewinn, mußte gnadenlos einfach einmal durchgeführt werden, um erfahren zu können, wie es einer flügellosen Fliege ergeht.

Sport und Spiel

Kinder haben neben Unternehmungs- und Wissensdrang in erster Linie einen ungeheuren Bewegungsdrang, den ihnen die Evolution eingepflanzt hat. In dem Alter von 11–14 Jahren, das wir in diesem Abschnitt über die beginnende Gymnasialzeit beschreiben, kommt dieser Bewegungsdrang in vielfältiger Weise zur Geltung, die wir in spielerische einerseits und planvoller organisierte andererseits unterteilen wollen. Letztere bezieht sich in der Regel auf die Ausübung sportlicher Tätigkeiten, womit wir hier beginnen wollen.

Auch hier fällt bei dem kleinen Wolfgang sofort wieder eine besondere Vielfalt auf, und das zusätzlich zu den bislang schon beschriebenen außergewöhnlich umfangreichen Tätigkeiten. Natürlich nahm ich wie alle Kameraden am Sportunterricht teil. Er umfaßte Schwimmen, Laufen, Springen, Hochspringen, Werfen und nach der Fertigstellung der Turnhalle ab 1952 auch Boden- und Geräteturnen. Spielsportarten wie Basketball kamen aus Zeitgründen leider zu kurz. Zudem ergaben die damaligen Lebensumstände ein gehöriges Pensum auf dem Fahrrad zur Überwindung der Strecken zum Gymnasium, zum Konservatorium und zu anderen Aktivitäten. Damals hat keine Mutter ihr Kind mit dem Auto irgendwohin gebracht, wie das heute fast ausschließlich üblich ist. Wie schon auf S.103 erwähnt, haben wir zudem in unserem Hof bei jeder sich bietenden Gelegenheit Tischtennis gespielt. Und natürlich waren wir im Sommer bei entsprechendem Wetter Baden mit Schwimmen, Ball- und Fangspiel. Im Winter ging es stattdessen zum Rodeln, aber auch zum Skifahren am Schmausenbuck oder auch in Schnaittach am Moritzberg.

Neben all diesen quasi normalen sportlichen Betätigungen kam ich aufgrund einer besonderen situativen Konstellation auch zum Schlittschuhlaufen. Unsere Schmausenbuckstraße mündete an ihrem oberen Ende ja direkt vor dem Eingangstor zum Tiergarten. Im außergewöhnlich naturnah angelegten Tiergarten selbst gab es auch einen idyllisch gelegenen Weiher, in dem sich im Sommer die Enten tummelten und der im Winter (vor der Klimaerwärmung) immer tragfähig zufror. Am hintersten Ende des Tiergartens, unweit dieses Weihers, befand sich ein in jeder Hinsicht ganz ungewöhnliches Wohnhaus. Dieses bewohnte der damalige Stadtbaurat von Nürnberg, Herr Baudirektor Kurt Schneckendorf mit Frau sowie Sohn Axel.[142] Mutmaßlich infolge freundschaftlicher Kontakte unter unseren Eltern habe ich mich mit Axel angefreundet, der auch das Realgymnasium eine Klasse unter mir besuchte. Da die Familie in der Tiergartenanlage infolge ihres dortigen Wohnsitzes naturgemäß eine Sonderrolle spielte, konnte ich bei einem Besuch meines Freundes auch so nebenbei den Affen oder Löwen an deren Gehege jederzeit einen kurzen Besuch abstatten. Und im Winter verabredeten wir uns eben zum gemeinsamen Schlittschuhlauf auf dem besagten Weiher, der uns dann ganz alleine zur Verfügung stand. So konnte ich auch diese Sportart in mein Repertoire aufnehmen.

[142] Der seit 1935 im Nürnberger Hochbauamt tätige Vater wurde zum 1.8.1956 als Leiter des Hauptamtes für Hochbauwesen in Nürnberg berufen (Nürnberger Nachrichten vom 23.2.1956, S.9). Der Familie war keine glückliche Zukunft beschert. Die Frau verstarb sehr früh. Dann folgte ihr 1966 Axel in den Tod. Zudem wurden dem Vater Gefälligkeiten zum Verhängnis, die er sich als Stadtbaurat gerne gefallen ließ, woran damals eher noch niemand Anstoß nahm.

Ähnlich nahe zu meinem Elternhaus wie der Tiergarten liegt bis zu diesem Tage der Nürnberger Hockey- und Tennisclub (NHTC). Deshalb bin ich auf meinen regionalen Erkundungsfahrten mit dem Fahrrad dort öfter vorbeigekommen. Die Neugier zwingt dann zum Anhalten und Zuschauen. Und so entstand wohl die Idee, in den letzten Winkeln der verfügbaren Zeit auch noch Tennis zu erlernen. Ich habe daher von da an dort regelmäßig Tennisstunden bekommen. Auch meine Mutter begann mit dem Tennisspielen, sodaß wir dann auch öfter zusammen spielen konnten. In einem solchen Club, der mir ansonsten aufgrund des dort auftretenden Publikums eher weniger angenehm war, ergeben sich dann natürlich auch Gelegenheiten zum Spielen mit anderen Partnern. Zudem besaß eine Freundin meiner Mutter, Frau Pähler, in Mögeldorf einen eigenen privaten Tennisplatz, sodaß ich später dort auch mit ihr gelegentlich spielen konnte.

Wie bei meinen vielen anderen Tätigkeiten stand auch hinter dem Interesse an Tennis die große Neugier, meinen Erfahrungsschatz über diese Welt zu erweitern. Ich wollte — in späteren Jahren noch stärker als damals am Anfang — hinter das Geheimnis kommen, wie es der Mensch schafft, mit einem Schlag einen Ball über den relativ großen Tennisplatz gezielt in die Ecke des gegenüber liegenden Feldes zu platzieren. Die übliche Motivation von Tennispartnern, gegeneinander wettbewerblich zu spielen und möglichst den Partner zu besiegen, war für mich dagegen eher nachrangig und später überhaupt nicht mehr vorhanden. So wird verständlich, warum ich anstelle eines intensivierteren Tennistrainings lieber dann noch zusätzlich einen Hockeyschläger anschaffte, um auch diese in diesem Club betriebene Sportart zu ergründen. Diese besondere Einstellung hat mich dann später ua. zu Yoga und zu einer immer kritischeren Einstellung gegenüber dem vorherrschenden Sportbetrieb geführt. Der „Weg ist das Ziel“ in all diesem Tun nach meiner tiefen Überzeugung, also die körperliche Betätigung zum Nutzen der Gesundheit und zur Förderung der eigenen Fähigkeiten in Bezug auf deren späteren nutzbringenden Einsatz, und *nicht* eine in dieser Hinsicht absolut bedeutungslose Zahl, die beispielsweise den Ergebnisstand eines Tennismatches oder die während eines 100m-Laufs verstrichene Zeit oder auch eine Note für Sportleistungen im Zeugnis angibt.

Diese meine sich damals anbahnende Einstellung erklärt auch, warum ich schon in diesen ersten Gymnasialjahren den Sinn des „Unterrichts“ unseres auf seine Stoppuhr und sein Maßband fixierten Sportlehrers Weihmann[143] unbewußt hinterfragte und später dann offen verspottete. Die in einem solchen Unterricht eigentlich erwartbaren Unterweisungen, wie man körperliche Funktionen im Hinblick auf einen gesunden und effektiven Bewegungsablauf optimal einsetzen sollte, waren ihm (ebenso wie dem zugrundeliegenden

[143]Sein Spitzname war „Mörrörrö“, mit dem wir seine generell merkwürdig unartikulierte Aussprache, im konkreten Fall von „mehrere“ auf's Korn nahmen.

Lehrplan) wohl völlig unbekannt. Man setzte einfach auf die zufälligen Reflexe der Schüler, statt sie zur Reflexion über ihre Bewegungsabläufe gezielt anzuregen.[144] Ansonsten war er ein ziemlich harmloser und einfältiger Lehrer. Meine Note im Fach „Leibesübungen“ schwankte dementsprechend zwischen befriedigend und ausreichend, was in offensichtlichem Kontrast zu den durchaus guten körperlichen Fähigkeiten des Knaben Wolfgang und dem damaligen Erringen irgendeines Sportabzeichens stand, und daher nur mit meiner (aus Sicht des Lehrers) fehlenden Einstellung zu erklären ist.

Nachdem ich nun die Fülle meiner kindlichen Aktivitäten dargestellt habe, könnte man geneigt sein, mich in ein bekanntes Schema einzuordnen. Es gibt ja Kinder oder Jugendliche, die sich so in eine Tätigkeit verbeißen, daß sie sich dabei völlig isolieren. Bei mir war es nun ja sogar eine Vielzahl solcher zeitraubender Tätigkeiten und ich konnte mich schon damals sehr wohl völlig alleine mit einer davon beschäftigen. Aber ich war deswegen alles andere als isoliert, sondern immer auch fest in das soziale Netzwerk meiner Klassenkameraden und einer Reihe von Freunden eingebunden. Von den letzteren habe ich im Abschnitt 2.3.2 bereits die im Haus wohnenden Maxi und Kurti sowie die unmittelbaren Nachbarn Peter und Klaus genannt, mit denen ich gerne und viel neben Tischtennis auch alles mögliche Andere gespielt habe. Mit dem jüngeren Kurti habe ich beispielsweise gerne kindliche Phantasiespiele in unserem Treppenhaus erfunden. Oder wir haben zusammen Monopoly gespielt. Mit Peter und Klaus durchstreiften wir gerne den südlich gelegenen verwilderten Nachbarsgarten. Die beiden hatten sich dort auf einer hohen und stattlichen Pappel ein Baumhaus gebaut, in dem wir uns treffen konnten.

Am Beginn dieses Abschnitts habe ich den Dreierbund mit den Klassenkameraden Peter Molter und Günter Neumann erwähnt, der einige Zeit sehr eng gewesen ist und zu vielen gemeinsamen Aktivitäten wie Geburtstagsfeiern, Wandern[145] oder Faschingstreiben geführt hat. Es gibt ein besonders eindrucksvolles Bild anläßlich der Geburtstagsfeier von Peter in dessen elterlicher Wohnung, auf dem wir drei sowie Peters jüngerer Bruder Kurti als Indianer, Trapper etc. verkleidet vor dem Haus mit der Molterschen Wohnung im dritten Stock Peter an den Marterpfahl gebunden haben und ihn mit unseren Pistolen bedrohen.[146] Günter hatte zudem eine nette Schwester und die eine noch nettere Freundin, deren Gesellschaft wir gerne gesucht haben. Auf S.136 habe ich Axel Schneckendorf und einige Unternehmungen mit ihm erwähnt. Auch mit dem in Abschnitt 2.3.2 bereits erwähnten Gerd Fleischmann gab es eine freundschaftliche Verbundenheit. Vor allem übte

[144]Unser jüngster Sohn, der 2009 sein Abitur machte, bestätigt mir, daß sich insoweit auch zu seiner Schulzeit noch so gut wie nichts im Fach Sport geändert habe.

[145]FAWB2, S.48.

[146]Das Bild befindet sich im Original bei Peter und liegt auf meinem Rechner als Anhang zum eBrief 04.02.2008 13:09 von Peter.

der reichhaltige Vorrat meiner Mutter an Faschingskostümen einen starken Anreiz auf ihn aus. All diese genannten Freunde wohnten in der allernächsten Umgebung und waren zu Fuß erreichbar. Drei von ihnen waren in der gleichen Schule und von diesen zwei in der gleichen Klasse.

Fasching, die dazu gehörigen Verkleidungen und damit das Rollenspielen waren, wie soeben angedeutet, bei uns Kindern immer beliebt. Bei einer vergleichbaren Gelegenheit durfte ich auch meiner Schwester sekundieren, als sie auf der Bühne ihrer Schule ein Stück von Ludwig Thoma vortrug.[147] Wie das Bühnenfoto zeigt, hatte sich meine Mutter um eine perfekte Tracht für meine Schwester als Bäuerin und mich als Bauer gekümmert. Bei derartigen Aufgaben war sie in ihrem Element. Und für mich war das eine weitere lehrreiche Erfahrung im Rampenlicht.

Ausflüge und Reisen

Erstaunlicherweise hatte auch meine Freude am Wandern mit der Familie damals noch überhaupt nicht nachgelassen. Zu den Wanderzielen zählten der Moritzberg,[148] den man von unserem Haus aus sehen konnte, der Rothenberg,[149] die Festung Hohenstein,[150] Kalchreuth,[151] Norissteig,[152] die nahe gelegenen Orte Fischbach und Brunn sowie mutmaßlich etliche weitere in der näheren und weiteren Umgebung. Beim letztgenannten Ort mußte immer der Spruch *„da kann man Brunn sehn“* (ausgesprochen als „brunsen“) für ein Grinsen herhalten. Unser Schmausenbuck samt dem dortigen Tiergarten waren ohnehin Standardziele für häufige kürzere Spaziergänge.

Mutmaßlich im Sommer 1951 nahm ich an einer Fahrt der schon im Abschnitt 2.5.1 genannten kirchlichen Jugendgruppe unter der Leitung von Herrn Häberlein ins Württembergische Allgäu teil. Auch aus heutiger Sicht erscheint das zunächst als nichts besonders Außergewöhnliches. Gleichwohl wäre die damalige Durchführung heute in dieser Form überhaupt nicht mehr denkbar. Denn erstens fuhren wir die etwa 280km lange Strecke in jede Richtung mit dem eigenen Fahrrad, natürlich in Tagesetappen. Und zweitens lebten wir am Ziel in Eglofstal gemeinsam in einem Heustadel. Beides war für einen zwölfjährigen Buben schon eine besondere Herausforderung. Als bleibende Erinnerung ist mir daher ge-

[147]FAWB2, S.47.
[148]FAWB2, S.47, FAHB5, S.24.
[149]FAHB5, S.30.
[150]FAWB2, S.48. Das Motiv im dortigen Bild findet sich identisch wieder auf S.58, jedoch nun in einer etwa drei Jahre späteren Aufnahme, die den Fortschritt der aufstrebenden Nachkriegszeit in den inzwischen durchgeführten Renovierungen dokumentiert.
[151]FAHB5, S.23.
[152]FAHB5, S.31.

blieben, daß ich nach einigen Tagen einen ziemlichen Tiefpunkt bis hin zu bitteren Tränen erlebte, weil die Anstrengungen und die Trennung von Familie und gewohntem Umfeld an mir zu zehren begannen. Aber, *„was einen nicht umbringt, macht einen stärker."*

Von der Reise sind mir denn durchaus auch zwei schöne Eindrücke besonders hängengeblieben. Zum einen gab es in Memmingen einen Halt für ein gutes Mittagessen und zwar in einer dortigen Pferdefleischgaststätte, was für uns alle damals ein besonders ungewöhnliches Erlebnis darstellte. Die Wahl dafür war durch das dort besonders preiswerte Essen bestimmt, was der rührige Herr Häberlein irgendwie ausfindig gemacht hatte. Zum anderen machten wir von Eglofstal aus einen Ausflug auf den Säntis, den mit 2502m höchsten Berg der Nord-Ost-Schweiz. Wir fuhren mit der Bahn hoch und stiegen zu Fuß ab. Da war ich dann wieder in meinem Element, der ich ja, wie in Abschnitt 2.2.3 beschrieben, schon als Dreijähriger auf Gipfel von 2200m Höhe mit meiner Mutter gestiegen war. So wurde dies wohl auch meine erste Auslandsreise, eben in die Schweiz, wenn auch nur für einen Tag.

Im darauffolgenden Sommer 1952 begaben wir uns erneut auf eine Reise und zwar zur herrlich gelegenen Jugendherberge in Urfeld am Walchensee[153] sowie nach Garmisch. Meine Schwester Annelore fuhr zusammen mit ihrer damaligen Freundin Hedi[154] mit einem Lastwagen eines Nürnberger Gemüsegroßhändlers nach München und von dort auf den mittransportierten Fahrrädern für etwa zwei Wochen weiter und danach in der analogen Weise wieder zurück. Meine Mutter konnte dieses Abenteuer ihrer siebzehnjährigen Tochter nur genehmigen, wenn sie sich von deren Wohlergehen an einigen Stationen selbst überzeugen konnte. So fuhr sie zusammen mit mir wohl mit Zug und Bus erst nach Urfeld und dann nach Garmisch nach. Wir erlebten dabei schöne Tage, von denen mir einer der Abende in der Jugendherberge am Walchensee in besonderer Erinnerung geblieben ist. Dort versammelten sich die beherbergten jungen Menschen zu einem gemeinsamen, mit Gitarre begleiteten Singen in einer unglaublich fröhlichen Atmosphäre. Soweit ich mich entsinnen kann, spielte dabei Alkohol damals (im Gegensatz zu heute) absolut keine Rolle. Dieser Abend könnte der Auslöser für meinen Entschluß zum Erlernen der Gitarre gewesen sein, wovon in Abschnitt 2.5.1 die Rede war. Die beiden jungen Damen bestiegen in den verbleibenden Tagen beispielsweise die 2962m hohe Zugspitze auf dem langen Weg durch das Reintal,[155] während meine Mutter und ich dorthin mit der Bahn hochfuhren und mit jenen auf der Bergstation zusammentrafen. Beruhigt infolge derartiger gemein-

[153]https://www.gruppenunterkuenfte.de/DJH-Jugendherberge-Walchensee__i3977.html?newform=true, Zugriff 5.9.2015.

[154]Hedwig Nützelberger, geborene Freiberger, die bis heute (2015) in Nürnberg-Ebensee lebt.

[155]http://www.alpenverein.de/bergsport/sicherheit/sicher-wandern-und-bergsteigen/zugspitze_aid-_12915.html, Zugriff 6.9.2015.

samer Erfahrungen konnte meine Mutter die beiden dann für den Rest der Reise ihrem Schicksal überlassen, und sie fuhr samt Sohn mit dem Zug wieder nach Hause zurück.

Selbstverständlich waren auch Georgensgmünd und Leupoldsdorf aufgrund der engen verwandtschaftlichen und freundschaftlichen Verbindungen weiterhin Ziele kleinerer Reisen. Auf dem Weg nach Leupoldsdorf, wo wir wiederholt Sommerwochen verbrachten, haben wir auch einmal in Bayreuth Halt gemacht und das Ehepaar Höcker dort besucht. Herr Höcker, der bereits in Abschnitt 1.2.1 erwähnt wurde, war vor allem von meiner inzwischen siebzehnjährigen Schwester so angetan, daß er ausrief, sie sei „reif wie eine Birne“ und müsse baldigst unter die Haube kommen, was sie glücklicherweise noch einige Jahre verschob. Mir schwärmte er dagegen von unserem gemeinsamen Verwandten, dem Nobelpreisträger Johannes Stark vor, von dem schon im letzten Kapitel die Rede war.[156]

Wir saßen anläßlich dieses Besuchs bei Höckers am späten Vormittag in der Küche, als sich die Tür öffnete und eine ansehnliche, vollschlanke Dame im Nachtgewand hereintrat. Sie wurde uns als Martha Mödl[157] vorgestellt, nahm aber nur wenig Notiz von uns, trank etwas und verzog sich wieder. In jenen Jahren war sie unter führenden Dirigenten wie Wilhelm Furthwängler[158] eine der ganz großen Sopranistinnen, vor allem für Wagner-Rollen. Während der Bayreuther Wagner-Festspiele logierte sie jedoch nicht wie andere Stars in einem noblen Hotel, sondern über Jahre hin eben bei diesem Ehepaar Höcker. Frau Mödel kam nämlich aus schlichten Verhältnissen in Nürnberg. Sie wurde dort als kaufmännische Angestellte auf einem Betriebsausflug quasi von ihrem Vorgesetzen wegen ihrer schönen Stimme entdeckt, durch dessen Initiative sie dann erst im Alter von 28 Jahren zur Sängerin ausgebildet wurde und danach erst ihre große Karriere begann.

Gesundheitsprobleme

Für Besuche in Georgensgmünd gab es immer wieder Anlässe. So verstarb dort am 4. März 1952 nun auch mein mütterlicher Großvater, zu welchem Anlaß sich natürlich die ganze Familie versammelte. Während eines anderen Aufenthalts dort begleitete ich einen Lastwagentransport auf das Grundstück von meiner Tante Anni Wellmann und deren Mann Eugen im dortigen Hammerweg. Wir öffneten die hintere Lastwagentüre, mußten auf dem Grundstück dann aber noch ein Stück rangieren. Dabei stellte ich mich auf die

[156] Über Johannes Stark habe ich einen biographischen Text verfaßt, der als Version vom 17.1.2014 in der deutschen Wikipedia verfügbar ist: https://de.wikipedia.org/w/index.php?title=Johannes_Stark&direction=prev&oldid=126786755, Zugriff 5.9.2015. Durch seine Rolle im Dritten Reich ist Stark bis heute sehr umstritten, weshalb der Wikipedia-Eintrag über ihn im Gefolge der Wikipedia-Philosophie bis heute nicht stabil bleibt und seit meiner Version unzählige Male wieder verändert wurde.

[157] https://de.wikipedia.org/wiki/Martha_Mödl, Zugriff 5.9.2015.

[158] https://de.wikipedia.org/wiki/Wilhelm_Furtwängler, Zugriff 5.9.2015.

Ladefläche und hielt mich mit der linken Hand am seitlichen Rahmen fest. Durch einen Baum wurde beim Fahren die offene linke Türe zugeworfen. Sie klemmte dabei meine Hand zwischen Rahmen und Türe so heftig ein, daß der Mittelhandknochen zum kleinen Finger hin gebrochen wurde.

Wie im Abschnitt 2.2.2 beschrieben wurde, war ich als Kleinkind relativ oft krank. Nach dem dort beschriebenen Oberschenkelbruch war dieser Mittelhandknochenbruch schon der zweite Knochenbruch, dem später noch zwei weitere Brüche folgen sollten. Bruch Nr. 3 ereignete sich im Alter von fünfzehn Jahren bei einer Ausflugsfahrt mit dem Auto einer Freundin meiner Mutter, Frau Pähler, zum Hohenstein. Am Ziel angekommen stieg ich, von der Fahrt etwas benommen, aus dem Wagen, machte ein paar Schritte auf dem angrenzenden bergigen Gelände, verlor den Halt und fiel so unglücklich auf meine Schulter, daß dabei ein Schlüsselbein brach. Bei Autofahrten im Fonds eines Wagens wurde mir oft übel, was vielleicht die Unsicherheit verursachte. Hinzu kommt natürlich das von meiner ständigen Neugierde getriebene Ungestüm, gleich den ebenen Parkplatz zu verlassen und im Gelände herumzuturnen.

Neben den Brüchen waren auch die ersten Gymnasialjahre gesundheitlich durch weitere Vorkommnisse charakterisiert. Von dem Unfall mit der Seifenkiste wurde schon am Beginn dieses Abschnitts berichtet. Eine weitere Verletzung zog ich mir im Pausengelände unserer Schule zu. Denn wie schon am Beginn der Abschnitts 2.5 erwähnt, lagen um die Ruine der Egidienkirche Steinquader verstreut, um die und auf denen sich trefflich „Fangerle“ spielen ließ. Bei einem solchen Anlaß zog ich mir durch einen Sprung von einem solchen Quader einen Bänderriß am Fußknöchel zu.

Bei einem anderen Spiel simulierten mein Freund Günter Neumann und ich einen Indianerkampf mit stehenden und scharfen Messern, wobei ich infolge einer besonders verrückten und ungeschickten Bewegung mir selbst ein Stück Fleisch aus meinem rechten Oberschenkel schnitt. Die Narbe davon oberhalb des Knies ist mir bis heute geblieben.

Natürlich wurde ich auch nicht von den üblichen fiebrigen Erkältungskrankheiten verschont, die meine Mutter mit Hausmitteln bekämpfte wie strikter Bettruhe, Wadenwickel zur Fiebersenkung, Brustwickel mit heißen Handtüchern oder Halsumschläge mit Tüchern, in denen heiße, gekochte Kartoffel eingewickelt waren und die unangenehm brennen konnten. Auch unser Zahnarzt, Dr. Linnert, war der Meinung, daß sich mein Gebiß allein durch starke Beanspruchung beispielsweise beim Kauen auf harten Brotrinden besser entwickeln würde, künstliche Zahnregulierungen also nicht erforderlich seien. So wurde schon damals bei mir das Vertrauen auf die Selbstheilungskräfte des Körpers sehr gestärkt.

Aus irgendeinem Anlaß wurde damals auch mein Herz untersucht und dabei ein Herzklappenfehler diagnostiziert, den die Selbstheilungskräfte des Körpers dann im Laufe der Jahre wohl behoben haben. Nicht immer haben wir aber auf diese Kraft vertraut und dadurch möglicherweise eine erneute mehrmonatige Krankheitsphase im Winter 1954 ausgelöst. Sie begann mit einer üblichen Erkältung mit Halsschmerzen, gegen die mir unser Hausarzt, Dr. Schmidt ein entsprechendes Mittel verschrieb. Im Gefolge gesellte sich eine Nierenentzündung hinzu, an der ich wochenlang laborieren mußte. Schließlich diagnostizierte der Arzt sogar noch Scharlach. Zufällig hörte mein Vater genau in dieser Zeit in einem Vortrag davon, daß das mir verabreichte Mittel als Nebenwirkung Nierenentzündungen auslösen könnte. Es könnte also sein, daß ich diese lange Krankheitsphase neben meiner Unvorsichtigkeit, die zur Erkältung geführt hatte, entscheidend auch diesem Mittel zu „verdanken" habe. Mit ihr wiederholte sich eine ähnlich lange Krankheitsphase im Alter von vier Jahren, die ich im Abschnitt 2.2.2 beschrieben habe und die ebenfalls von einer Nierenentzündung gefolgt von Scharlach geprägt war.

Konfirmation

Aus evangelisch-kirchlicher Sicht endet die Kindheit mit der Konfirmation. In den Jahren davor war ich ein richtig frommes Kind. Der regelmäßige Besuch des Kindergottesdienstes in der Mögeldorfer Kirche sowie die mit religiösen Riten umrahmten Veranstaltungen der dortigen Jugendgruppe waren hierfür nur äußere Anzeichen, die beide schon erwähnt wurden. Konzentriertes Beten morgens und abends sowie tägliches Bibel-Lesen untermauern diese Aussage schon mit einer tieferen Bedeutung. Tatsächlich habe ich in jener Zeit die ganze Bibel einschließlich dem Alten Testament zweimal aufmerksam durchgelesen. Entsprechend hoch war für mich die Bedeutung der Konfirmation und die Vorbereitung darauf. Letztere begann mit einem Jahr Präparantenunterricht und schloß mit einem weiteren Jahr Konfirmandenunterricht, beides von Pfarrer Kollert durchgeführt, der uns 42 Jungen und — getrennt unterrichtet — eine ähnliche Zahl von Mädchen am 29.3.1953 dann in der einmalig gelegenen gotischen Kirche in Mögeldorf auch konfirmierte.[159] Ich habe das Heft zu diesem Unterricht mit großer Sorgfalt und mit vielen Malereien verziert geführt.

In den Notizen meiner Mutter im FAWB1 schreibt sie mir Besinnlichkeit, Überlegenheit und Sparsamkeit als besondere Eigenschaften zu. Zu letzterer bemerkt sie: *„Mit 13 Jahren schon sparte er sich von seinem Taschengeld ein Fahrrad über 200,- zusammen."* Mein Fahrrad davor war noch ein kleineres Rad, das man auf einem eingesteckten Bildchen

[159] FAWB2, S.54ff.

auf S.52 im FAWB2 sehen kann. Das neue sollte nach meiner Vorstellung unbedingt ein Herkules Herrenrad sein, das ich mir dann zur Konfirmation mit meinen Ersparnissen selbst gekauft habe.[160] Zudem bekam ich aus diesem Anlaß meinen ersten Anzug, den wir bei dem soliden Herrenausstatter Blümlein in der Kaiserstraße in Nürnberg aussuchten und der auch äußerlich aus mir nun einen angehenden jungen Mann machte. Auch sonst wurde ich zu diesem Tag reich beschenkt, an dem selbstverständlich mein Pate, Onkel Loni, mit seiner Frau teilnahmen. Daneben sieht man auf den Bildern auch Tante Lisl, die ihrer Lebensaufgabe durch den Tod des Großvaters im Jahr davor beraubt wurde und meiner Mutter wohl in der Küche für das Festessen behilflich war.

Ich wurde fast überschüttet mit Dutzenden von Glückwunschkarten, in denen nicht selten auch Geldgeschenke steckten. Viele der Karten kamen von Personen in Mögeldorf, die ich oft persönlich gar nicht kannte. Denn damals war in dieser Gemeinde die Vorstellung noch sehr präsent, daß die Kirche als verbindende Institution die ortsansässigen Einwohner zu einer Gemeinschaft so formte, daß deren Mitglieder für einander einstanden. Dies wollten viele anläßlich der Konfirmation gegenüber dem neuen vollgültigen Gemeindemitglied sichtbar zum Ausdruck bringen (vor allem wenn dieser der Sohn eines einflußreichen Stadtrats war). Nach der Konfirmation ging ich denn auch auf Tour und bedankte mich vor allem bei den großzügigeren darunter persönlich. Jeder nahm sich Zeit für einen kurzen Austausch, was mein Gefühl des Erwachsenseins verstärkte. In diesem Sinne fühlte ich mich erwachsen geworden.

2.5.3 Familie

Mit dem Erreichen der Gymnasialzeit, deren erste Hälfte in diesem Abschnitt im Fokus steht, begann der Einfluß der Familie auf die Entwicklung des Kindes natürlicherweise abzunehmen. Gleichwohl bildete diese nach wie vor einen prägenden Bezugspunkt und trug zu meiner weiteren Formung bei. Deshalb wollen wir zum Ende des Kapitels nun auch noch auf die übrigen drei Familienmitglieder und ihr Leben in jenen Jahren zu sprechen kommen.

Meine Mutter[161] teilt das Schicksal ihrer Geschlechtsgenossinnen der damaligen Zeit. Das Gewicht ihrer Rolle für den Erfolg aller Familienmitglieder kann sich mit der des Vaters in jeder Hinsicht messen lassen. Und doch läßt sich Ihr großer Beitrag nicht an äußeren Erfolgen wie etwa beim Vater sichtbar machen. Ihre Leistung bestand vielmehr

[160] Dieses Fahrrad, das sage und schreibe 30 Jahre Garantie auf Rahmen und Lenker aufwies, habe ich mehr als zwei Jahrzehnte gefahren, bis es mir in Neubiberg am Bahnhof gestohlen wurde.

[161] FAWB3, S.1 sowie auf vielen anderen Bildern.

in den lebenslang und täglich mit Sorgfalt und unerschöpflicher Energie durchgeführten „Kleinarbeiten“. Im Gegensatz zum Rest der Familie war sie eine Frühaufsteherin, die schon um sechs Uhr morgens im Haus unterwegs und dann bis zum Abend, mit Ausnahme eines kurzen Mittagsschlafs,[162] immer in Aktion war. So bekam jeder zu seiner Zeit sein Frühstück und jeder zu seiner Zeit sein Mittagessen, denn diese Zeiten waren durchaus recht unterschiedlich. Nur das Abendbrot konnten wir in der Regel in unserer gemütlichen Wohnküche gemeinsam einnehmen. Dort hing an der Wand das folgende Gedicht in einem Rahmen, dessen Moral sich meine Eltern über die Kriegsjahre offenbar zu eigen gemacht hatten.

> Immer wenn Du meinst, es geht nicht mehr,
> kommt von irgendwo ein Lichtlein her,
> daß Du es noch einmal zwingst
> und von Sonnenschein und Freude singst,
> leichter trägst des Alltags harte Last
> und wieder Kraft und Mut und Glauben hast.

Essen bereiten, Einkaufen, den Haushalt im Schuß halten einschließlich dem damals noch üblichen und mühsamen Teppiche klopfen, Wäsche und Kleidung besorgen und sauber halten, also waschen, trocknen, bügeln, zusammenlegen und einräumen, oder ausbürsten, lüften, ein großes Haus samt Hinterhaus und Garten in Ordnung halten, jährlich einmal stöbern (dh. Frühjahrsputz und Durchsicht bis in die letzten Winkel des großen Anwesens), Beeren und Gemüse ernten, einmachen, Hund und Katze versorgen und Tausende anderer Kleinigkeiten im Auge behalten und erledigen, all dies summierte sich zu einem Arbeitspensum, das eine 40-Stundenwoche weit überstieg. Um dies richtig zu verstehen, muß man sich aus heutiger Sicht bewußt machen, daß es damals noch keine Wasch- und Spülmaschinen gab, um nur eines von vielen derartigen Beispielen zu nennen, die unser Leben heute sehr erleichtern. Wie ein Waschtag ablief, habe ich bereits im Abschnitt 2.5.2 kurz beschrieben. Wie das Waschen gestalteten sich viele andere Arbeiten damals noch um ein Vielfaches aufwändiger als heute. Es war daher selbstverständlich, daß auch wir Kinder Teilaufgaben übernehmen mußten. Auch kam jede Woche einmal unsere Putzfrau, Frau Buchner, die alle Wünsche meiner in ihrer Sorgfalt fast schon pingeligen Mutter willig und zuverlässig erfüllte. Dieser Putztag war für mich wegen der damit verbundenen häuslichen Unruhe immer ein Gräuel.

Dienstag vormittags war Stadttag für meine Mutter. Sie besuchte gemeinsam mit einer Reihe von Freundinnen eine Gymnastikschule in der Nähe des Hauptbahnhofs. Auch ich

[162] FAWB3, S.2.

sollte dort Gymnastikunterricht erhalten, habe dies aber nur sehr kurze Zeit über mich ergehen lassen. Meine Schwester war in dieser Hinsicht williger, bezahlte es eines Tages jedoch mit einem dabei gebrochenen großen Zehen. Im Anschluß an die Gymnastikstunde ging meine Mutter dann in der Regel in der Stadt Besorgungen machen. In vielen Geschäften dort war sie infolge häufiger Vorsprachen persönlich bekannt, beispielsweise im Teppichhaus Wüst und Taufelder in der Sterngasse, das durch eine entsprechend häufige Erwähnung tief in mein Gedächtnis verankert wurde.

Meine Eltern führten getrennte Kassen, nicht zuletzt weil meine Mutter Vermieterin des im Abschnitt 2.3.2 bereits genannten 2-Familienhauses in Roth war und diese Verwaltung in völlig eigener Regie in Händen hielt. Wie schon beim Wiederaufbau des Hauses oblagen ihr auch weiterhin die Kontakte zu Handwerkern, die aus verschiedenen Anlässen immer wieder herbeigerufen werden mußten. So war sie 1952 beim dann endlich durchgeführten Ausbau der Veranda[163] zu unserer Wohnung erneut mit ihren entsprechenden Fähigkeiten gefordert. Dieser letzte Bauabschnitt zum Wiederaufbau des Hauses nach der Kriegszerstörung war aus finanziellen Gründen, wie in Abschnitt 2.4.1 erwähnt, zurückgestellt worden. Vermutlich durch den Tod meines Großvaters und einen sich daraus ergebenden Erbanteil konnte diese Hürde nun endlich — sieben Jahre nach Kriegsende — genommen werden. Ohne das auch hier wieder zum Einsatz gebrachte und generell beeindruckende Organisationstalent meiner Mutter hätten sich die übrigen Familienmitglieder nicht ganz auf ihre eigenen Rollen konzentrieren, dabei Erfolge erringen und sich gleichwohl auf ein jederzeit stabiles und angenehmes Zuhause verlassen können. Sie hat damit einen entscheidenden Anteil an unseren nach außen sichtbareren Erfolgen. Dies trifft nicht zuletzt auch auf meinen Vater zu, wie wir gleich sehen werden.

Aus dem Kreis der Teilnehmerinnen der Gymnastikschule entstand ein enger Kreis von Freundinnen, die viele gemeinsame Unternehmungen wie beispielsweise Radtouren[164] und gegenseitige Einladungen organisierten. Darunter war auch die im Abschnitt 2.5.2 bereits genannte Frau Pähler. Ihr Mann war der Direktor der Noris-Brennerei in Mögeldorf, die einen damals bekannten Weinbrand herstellten. Darunter war weiter Frau Emma Trapp, die Frau des Zimmermanns und Schreiners Jakob Trapp aus der Gleißhammerstraße 131.[165] All diese besaßen damals auch schon Autos, mit denen dann auch Ausflüge wie beispielsweise nach Pommersfelden unternommen wurden.[166]

[163] FAWB3, S.4.
[164] FAHB5, S.29.
[165] http://www.moegeldorf.de/geschichte/trapp/trapp.html, Zugriff 6.9.2015.
[166] FAHB5, S.28f.

Weitere Freundschaften bestanden mit unseren Mietern Dr. Schmidt, dem Ehepaar Bernreuther, der Familie Stärker, der Familie Dr. Schwarz und dem Ehepaar Eggersdörfer, von denen Meta Eggersdörfer meiner Mutter gelegentlich auch beim Nähen behilflich war. In unterschiedlichen Konstellationen wurden unter diesen allen regelmäßig Treffen oder gemeinsame Unternehmungen, auch zusammen mit den Männern, durchgeführt, von denen neben den bereits zitierten weitere Bilder in den Alben zeugen.[167] Bei all diesen Personen handelte es sich fast ausnahmslos um sehr gut situierte Familien in und um Mögeldorf.

Die Arztfamilie Schmidt baute sich 1951 ein Haus an der zentral gelegenen Mögeldorfer Ortsstraße mit geeigneten Praxisräumen. Als Nachmieter im Parterre unseres Hauses folgte die Familie Wagner. Der Mann hatte eine Handelsagentur aufgebaut und betrieben, dann aber einen Schlaganfall erlitten, der ihn an den Rollstuhl fesselte, sodaß er einen Geschäftsführer einstellen mußte. Das Büro wurde im Nordwest-Zimmer der Wohnung eingerichtet. Die Tochter Irmgard lernte in dieser Zeit Siegfried Ledermann aus Suhl kennen, den sie 1952 heiratete.[168] Dieser arbeitete sich schnell in das Unternehmen ein, verdrängte bald den Geschäftsführer und übernahm dann die Firma unter seinem Namen, um sie weiter auszubauen. Auch mit diesen Mietern entwickelte sich eine jahrzehntelang andauernde Freundschaft.

Wie im Abschnitt 2.3.2 beschrieben, wurde mein Vater erst 1949 beruflich wieder voll rehabilitiert. Nach meiner Erinnerung und seinen eigenen Angaben im 1956 verfaßten Lebenslauf[169] unterrichtete er von da an in der Volksschule ausschließlich die siebten und achten Klassen. Wie mir viele frühere seiner Schüler ohne Ausnahme über die Jahre hinweg bis heute immer wieder bestätigt hatten, war er ein beliebter, wenn auch strenger Lehrer. Für ihn erledigte man auch gerne Aufgaben wie das Nachhausetragen der Büchertasche, wenn er selbst nach dem Unterricht gleich in die Stadt zu einer Sitzung mußte, oder sogar das Wasserschöpfen, von dem im Abschnitt 2.4.1 die Rede war. Durch den Krieg hatte seine Persönlichkeit sichtlich weiter an Format gewonnen und ihm eine natürliche Autorität verliehen, was Schüler bis heute schnell durchschauen und dann auch uneingeschränkt anerkennen.

Da der Unterricht, so kompetent er ihn wohl auch weiterhin durchführte, ihn nicht voll auslastete, begann er sofort nach der weitgehenden Fertigstellung des Wiederaufbaus des Wohnhauses sich wieder wie vor dem Krieg in Nebentätigkeiten zu engagieren. So fungierte er in der Zeit 1948–1952 als Vertreter der Nürnberger Lehrerschaft in der Stadtschulpfleg-

[167] FAHB5, S.42, FAWB3, S.6f.
[168] FAHB5, S.45.
[169] Personalakte S.126ff, aaO. Fußnote 14.

schaft. In der Zeit 1951–1954 war er Vorsitzender des Betriebsrates im Schulaufsichtsbezirks Nürnberg II. Auch im Bayerischen Lehrer- und Lehrerinnen Verband (BLLV) bzw. in dessen einflußreichem und lokalem Nürnberger Lehrer- und Lehrerinnen Verein (NLLV) war er sofort wieder aktiv dabei. So fungierte er als Bezirksausschußmitglied im BLLV Nürnberg und war beispielsweise BLLV-Vertreter beim Kongreß der Lehrer und Erzieher, der von den deutschen Lehrerverbänden vom 28.5. bis 1.6.1953 in Flensburg veranstaltet wurde.

Es wurde bereits im Abschnitt 2.3.2 berichtet, daß Hans Bibel bereits 1946 in Georgensgmünd den Ortsverband der Freien Demokratischen Partei Deutschlands (FDP) gründete. Auch in Nürnberg nahm er sofort wieder Kontakt mit den früheren fränkischen Parteifreunden in der Deutsche Demokratische Partei (DDP) auf, zu denen Dr. Thomas Dehler[170] (nach dem Krieg in Bamberg) und Dr. Fritz Linnert[171] zählten, und war so auch an der Gründung des Nürnberger Kreisverbands der FDP beteiligt. Nach dem Wiedereinzug ins wiederaufgebaute Haus engagierte er sich ab 1948 am Aufbau der Parteiorganisation bestehend aus den einzelnen Ortsgruppen.

Es war daher eine logische Folge dieses parteilichen Engagements, daß er sich für die Stadtratswahl am 30.3.1952 als Kandidat der FDP aufstellen ließ. Natürlicherweise versuchte er besonders in seinem Stimmbezirk Mögeldorf möglichst viele persönliche Stimmen auf sich zu vereinen. Neben den Parteiveranstaltungen und öffentlichen Plakaten machte er mit persönlichen Werbeflyern auf seine Kandidatur aufmerksam. Wer aber trägt diese zu den Briefkästen? Mit Stolz und der mir eigenen Sorgfalt übernahm ich gerne diese Aufgabe. Nicht zuletzt auch deshalb ist mir auch der letzte Winkel in Mögeldorf nicht verborgen geblieben. Und das gemeinsame Engagement hat sich gelohnt: Die FDP erhielt damals 12,0 Prozent der Stimmen[172] und Hans Bibel wurde Stadtrat in Nürnberg. Nicht zuletzt auch aufgrund seines guten persönlichen Abschneidens bei dieser Wahl wurde er 1953 von seiner Fraktion als Vorsitzender gewählt, eine führende Funktion, die er vierzehn Jahre lang bis zu seinem Tode innehatte und mit der auch die Mitgliedschaft im Ältestenrat von Nürnberg verbunden war.

In den in diesem Abschnitt beschriebenen Jahren konzentrierte sich mein Vater neben seinen Unterrichtsverpflichtungen also auf eine Reihe von schulpolitischen Tätigkeiten sowie auf die parteipolitischen Aktivitäten, zu denen dann vor allem seine Kandidatur und danach die Rolle als Stadtrat in einer Großstadt gehörten. Aber selbst dieses riesige Pensum ließ bei ihm noch Raum für weiteres Engagement. Wie auf Seite 104 beschrie-

[170] https://de.wikipedia.org/wiki/Thomas_Dehler, Zugriff 7.9.2015.
[171] https://de.wikipedia.org/wiki/Fritz_Linnert, Zugriff 7.9.2015.
[172] https://de.wikipedia.org/wiki/Ergebnisse_der_Kommunalwahlen_in_Nürnberg, Zugriff 10.9.2015.

ben, betrieb er bis 1952 weitgehend in Eigenregie den dann endlich gewonnenen Prozeß. Wie im Abschnitt 1.1.1 ausgeführt, züchtete er bis in die beginnenden sechziger Jahre Tauben, beteiligte sich dabei an Ausstellungen und schrieb bis 1952 darüber Artikel in Fachzeitschriften. Und täglich stand auch mehr oder weniger Arbeit im Garten an.

1951 entwickelte sich zudem ein neuer Konflikt durch die Planungen eines 6-Familienhauses auf dem bis dahin unbebauten und baumbestandenen südlichen Nachbargrund, genannt der „Wolfsgarten“.[173] Das Gelände wurde vorher meinem Vater zum Kauf angeboten, überstieg aber trotz des heute unvorstellbaren Preises von ca. 1DM/qm die finanziellen Möglichkeiten unserer Familie. So wurde es von der profitorientierten Baufirma Winkler erworben, die es dichtestmöglich bebaute, was es in dieser Region vorher nie gegeben hatte und bezeichnenderweise auch nachher nirgends Nachahmung fand.[174] Meinem Vater gelang damals nur, die von der Genehmigungsbehörde auferlegte Verpflichtung durchzusetzen, eine mächtige Birke nahe zu unserer Grenze stehen zu lassen. Die Firma legte diese Verpflichtung in ihrer Weise aus: sie ließ zwar den Stamm auf etwa 5m Höhe stehen, schnitt in einer Blitzaktion auf dieser Höhe aber die gesamte darüberstehende Krone ab. Wen wundert es, daß der Stamm nie mehr einen einzigen Zweig ausgetrieben hat. Ein Baum hatte damals keinen Wert; heute ist eine Baumfällung in dieser Region nur unter strengsten Auflagen erlaubt.

Von all diesen Belastungen und dem riesigen Arbeitspensum erholte sich mein Vater in häufigen Spaziergängen mit seinem Hund im nahegelegenen Wald des Schmausenbucks, bei Wanderungen in der Region, von denen oben schon die Rede war, sowie auf einigen ersten Reisen in der Nachkriegszeit. Größere Reisen haben bei meinen Eltern ja schon vor dem Krieg eine wichtige Rolle gespielt, von denen etliche in den vorangegangenen Abschnitten beschrieben wurden.

Eine der ersten größeren Reisen nach dem Krieg führte nach Sylt.[175] Da meine Mutter auf keinem der Bilder gezeigt ist, war er dort wohl im Rahmen einer dienstlichen Reise alleine oder mit einem Kollegen unterwegs, möglicherweise derjenigen nach Flensburg, die oben bereits erwähnt wurde. Die erste gemeinsame Reise der beiden Eltern hatte an Ostern 1952 das Tessin und den Lago Maggiore zum Ziel, von wo eine Reihe von Touren beispielsweise bis nach Mailand unternommen wurden.[176] Für uns Kinder zuhause sorgte während der elterlichen Abwesenheit mutmaßlich die gute Tante Lisl, was sie nach dem Tode ihres Vaters zur Abwechslung sicher sehr gerne tat. Es dürfte für das Ehepaar nach

[173]Das Bild meiner Schwester im FAWB3, S.1, dürfte das letzte in dem noch unberührten Garten sein, der wohl einer Familie Wolf gehörte.
[174]Bilder zu diesem Bau finden sich im FAWB3, S.3.
[175]FAHB5, S.32–36.
[176]FAHB5, S.37–41.

fast dreizehn Jahren der kriegsbedingten Zerrissenheit und Belastungen die erste Chance für ein entspanntes Zusammensein gewesen sein, das sie wohl erst wieder erlernen mußten. Tatsächlich gehören nächtliche eheliche Auseinandersetzungen unter meinen Eltern in jener Zeit zu meinen damals sehr beklemmenden und angsterfüllenden Erinnerungen.

Bevor ich auf die letzte Reise in diesem Abschnitt zu sprechen komme, erst noch ein paar Worte zu meiner Schwester Annelore und ihrer damaligen Entwicklung. Sie war ja fast dreieinhalb Jahre älter als ich. Zudem sind Mädchen im Backfischalter in ihrer Psyche entwicklungsmäßig ohnehin weiter als selbst die gleichaltrigen Jünglinge. Deshalb lebten wir zu jener Zeit in meist geschwisterlicher Eintracht weitgehend jeder sein eigenes Leben für sich. Natürlich gab es hin und wieder auch Streit, bei dem ich bis zu einem gewissen Zeitpunkt als der deutlich kleinere eben auch klein beigeben mußte. Dieser Zeitpunkt wird durch einen erbitterten Kampf in der Diele unserer Wohnung markiert, der mit Kratzen, Spucken und Ringen ausgefochten wurde und bei dem ich mich infolge der vorangeschrittenen männlichen Muskelbildung erstmals nicht mehr unterkriegen ließ. Von da an hatte ich mir ihren Respekt in dieser Hinsicht gesichert und wir haben uns danach eigentlich immer bestens vertragen, vielleicht auch weil wir sehr verschiedene Charaktere unser eigen nennen.

Annelore war mir schulisch zeitmäßig viel weiter voraus, als es der Altersunterschied von dreieinhalb Jahren erwarten ließ. Denn zum einen rundeten sich infolge unserer Geburtsmonate die dreieinhalb zu vieren Jahren auf. Zum anderen war sie nicht mehr von dem 1951 eingeführten Übergang von der acht- zur neunstufigen Form der höheren Schule[177] tangiert und machte ihr Abitur daher bereits 1953, ganze fünf Jahre früher als ich.

Aus diesem Grunde ergab es sich in dem genannten Jahr, daß die erste größere gemeinsame Familienreise nach dem Krieg auch die letzte mit allen vier Mitgliedern sein sollte. Sie führte uns nach Hintertux im hinteren Zillertal und wurde für alle zu einer unvergeßlich glücklichen Reise. Die Bilder davon spiegeln dieses Gefühl wider.[178] Der Krieg und seine Folgen für die Familie waren endlich Vergangenheit, auch wenn die davon zurückgebliebenen seelischen und körperlichen Narben natürlich nie mehr ganz verschwunden sind. Der Vater hatte die Anknüpfung an seine bereits zwanzig Jahre früher erreichten Führungspositionen durch seine neuen Rollen als Stadtrat, Fraktionsvorsitzender und Ältestenrat von Nürnberg endlich wieder erreicht. Die Tochter hatte das Abitur erfolgreich bestanden. Die Mutter bildete den Mittelpunkt der Familie und war in einen großen Freundinnenkreis fest eingebunden. Und der Sohn stand an der Schwelle von der Kindheit zum Jünglingsal-

[177] http://www.historisches-lexikon-bayerns.de/artikel/artikel_46261, Schulsystem/Gymnasien, Zugriff 13.9.2015.

[178] FAHB5, S.46–49.

ter. Für die Gesamtfamilie markierte Hintertux daher einen besonderen Höhepunkt. Mit dem 1500m hoch gelegenen Dorf mit seinen europaweit höchst gelegenen Thermalquellen war das Reiseziel in dieser Hinsicht auch symbolisch optimal gewählt. Bergwanderungen, Baden im kleinen Thermal-Freibad mit 27° warmem Wasser, Gondelfahrt zum Gletscher, Genießen des Heuduftes vor dem Fenster des privaten Gästehauses füllten diese glücklichen Tage aus. Nur einmal litt mein Vater an einem für ihn sehr unangenehmen Bergkoller in unwegsamem Gelände, den er aber sofort überwunden hatte, als sein Fuß wieder auf einem festen Weg stehen konnte; er war — ganz im Gegensatz zum Rest der Familie — nicht so recht schwindelfrei.

Ich hatte inzwischen ein Alter erreicht, in dem ich begann für eine frühere Klassenkameradin in unserer Straße, der im Abschnitt 2.3.2 bereits erwähnten „Müllerin", zu schwärmen, die ich wohl in der Straßenbahn hin und wieder beobachten konnte. Das Gefühl war wohl noch nicht so stark, daß ich mir getraute, ihr dieses zu eröffnen. So nutzte ich die Gelegenheit der Reise und sandte ihr in einem Briefumschlag anonym ein auf unseren Touren selbst gepflücktes (Alpen-) Edelweiß mit folgendem Text: *„Gell da guckste, den Absender suchste."* Wahrscheinlich hat sie nie herausfinden können, wer ihr dieses Präsent gemacht hat. Das war vielleicht auch besser so, denn die Schwärmerei für sie verflog sich mit der Zeit auch wieder.

Damit sind wir mit unserer Schilderung am Ende meiner Kindheit angelangt. Auch heute noch bin ich davon überzeugt, daß in den ersten vierzehn Jahren der Charakter und die grundlegenden Fähigkeiten des Menschen weitestgehend geformt werden. Von da an findet quasi nur noch eine weitere Ausgestaltung des so erreichten Rahmenwerkes und in diesem Sinne eine Reifung und Zielfindung statt, von der dann im nächsten Kapitel die Rede sein wird. Wie dieses Kapitel gezeigt hat, war ich trotz der widrigen Zeiten in der glücklichen Lage, daß diese Formung in meinem Fall besonders gut gelingen konnte. Nun lag es also vor allem auch an mir selbst, daraus etwas Brauchbares zu machen.

Kapitel 3

Zielsuche

Die Kindheit ist ein Kinderspiel im Vergleich zu den auf sie folgenden Jahren. Denn zu vieles wird auf einmal von Jugendlichen verlangt. Mit der in der Pubertät erfolgenden hormonellen Umstellung sind sie mit bislang völlig unbekannten Empfindungen konfrontiert, mit denen umzugehen man erst ganz neu lernen muß. Die individuelle Rolle unter Gleichaltrigen ebenso wie unter Erwachsenen ist ebenfalls noch nicht verläßlich ausgeprägt. Die umgebende Welt erscheint weitgehend noch unbegreiflich. Für die eigene Willensbildung und für individuelle Entscheidungen fehlt noch eine klare Vorstellung der eigenen Werte und Ziele im individuellen Leben. Kein Wunder, daß auch ich als Heranwachsender mit vielen Herausforderungen schwer zu kämpfen hatte. Wie ich versuchte, diese zu meistern, und zu welcher Richtung meines Lebensweges dies führte, wird das durchgängige Thema dieses Kapitels sein.

3.1 Ende der Gymnasialzeit

Der wichtigste Teil meines jugendlichen Lebens bis hin zum Abitur wurde von der Schule geprägt. Mit anderen Worten, meine zu spielende Hauptrolle war: Schüler zu sein. Die gymnasialen Anforderungen waren in der damaligen Zeit sicher nicht geringer als heute, sondern eher deutlich höher. Denn der Anteil eines Altersjahrganges, der das Abitur oder eine gleichwertige Qualifikation absolvierte, ist seither von damals etwa 6 Prozent auf heute über 50 Prozent angestiegen,[1] eine quantitative Steigerung, die naturgemäß nur durch eine entsprechende Absenkung des Anforderungsniveaus zu realisieren ist. Aus

[1]Die sogenannte Studienberechtigtenquote lag 2014 bei 53% (https://www.destatis.de/DE/Publikationen/Thematisch/BildungForschungKultur/Hochschulen/BroschuereHochschulenBlick0110010167-004.pdf?_blob=publicationFile, Zugriff 23.3.2017).

diesen Gründen steht die Schilderung meiner restlichen Schulzeit etwa ab der fünften Gymnasialklasse gleich am Beginn dieses Kapitels.

Schon zu der ersten Hälfte meiner Gymnasialzeit habe ich im Abschnitt 2.5 festgestellt, daß meine Erinnerungen sowohl zu Lehrern wie Unterrichtsinhalten dürftig sind. Für die zweite Hälfte sind sie leider auch nicht viel besser. Wo die Fakten jedoch nicht so relevant sind, beispielsweise bei welchem Lehrer in welchem Jahr wir welches Fach unterrichtet bekamen, habe ich sie für das Folgende auch nicht weiter gründlich recherchiert, sondern mich auf meine verbliebenen Erinnerungen verlassen.

Die Fächerzahl hat sich durch den Wegfall der Musik in den Klassen fünf bis acht erst einmal von elf auf zehn reduziert. In der sechsten Klasse kamen dann Französisch und Physik und in der siebten noch zusätzlich Chemie hinzu, sodaß das Abiturzeugnis am Ende der neunten Klasse insgesamt 14 Pflichtfächer aufweist, die wir im Folgenden in drei Teilabschnitten besprechen wollen.

Naturwissenschaftliche Fächer

Im Hinblick auf das nach der Schulzeit gewählte Studium der Physik stellt sich gleich die Frage, in wieweit sich diese naturwissenschaftliche Ausrichtung schon in jenen Schuljahren abgezeichnet hat. Unter den naturwissenschaftlichen Fächern wurde Biologie als reines Lernfach ohne jeglichen wissenschaftlichen Anspruch unterrichtet. Da mußte man halt eine Menge über Pilze, Farne, Korallen, Säugetiere usw. so lernen, daß die nächste Extemporale oder Schulaufgabe nicht daneben ging. Das war leidlich — aber auch nicht besonders — interessant. Zumindest half es die eigenen Erfahrungen in der Natur oder im Garten zu vertrauten Pflanzen oder Tieren wie Gemüse, Ameisen, Asseln usw. etwas besser einzuorden, obwohl genau diese Brücke zwischen den jugendlichen Erfahrungen und dem abstrakten Lehrstoff im Unterricht so gut wie nie geschlagen wurde. Auf keinen Fall jedoch fand sich in diesem Unterricht ein Hinweis auf eine künftige berufliche Ausrichtung. Höchstens bei Themen wie den Mendelschen Gesetzen der Vererbung habe ich meine Ohren schon etwas mehr gespitzt.

Mathematik war in der fünften Klasse das einzige weitere Fach aus der naturwissenschaftlichen Richtung. Es wurde wohl noch immer von dem im Abschnitt 2.5 bereits genannten Paul Hupfer unterrichtet. Daß ich in seinem Unterricht in jenem Jahr nur ein „befriedigend“ erreichte, hat wohl mehr mit dessen pädagogischen Qualifikationen als mit meinen mathematischen Fähigkeiten zu tun. So erinnere ich mich vor allem an eine besonders herausragende Stunde in diesem Fach, in der wegen Krankheit des Lehrers Herr

Studienprofessor Konrad Meßlinger die Vertretung übernahm. Er führte einen für uns neuen mathematischen Sachverhalt ein und machte ihn dabei so klar, daß jedenfalls ich alles sofort verstanden hatte. Leider dauerte die Krankheit von Herrn Hupfer nicht allzu lange. Der Kontrast zwischen diesen beiden Lehrern demonstrierte mir die große Bedeutung pädagogischer Fähigkeiten für den Erfolg beim Schüler auf eindrucksvolle Weise.

Mutmaßlich ab der sechsten Klasse wurde unser Lehrer für Mathematik und Physik der Studienrat Kurt Rießner. Mit ihm kam ich einigermaßen zurecht, auch wenn sich mein Respekt für dessen Persönlichkeit und Fähigkeiten in Grenzen hält. Ein Mensch mit einer verklemmten, emotionslosen Psyche, der bei einem Wiedersehen anläßlich des 125-jährigen Jubiläums unserer Schule im Jahre 1989 nicht wirklich begreifen konnte, daß aus mir ein mathematisch-informatischer Professor an einer Technischen Universität geworden war und er seinerzeit keinerlei Anzeichen dafür vorausgesehen hatte. Das Erkennen der Fähigkeiten und des Potenzials eines Schülers erfordert halt mehr als ein erfolgreiches Lehramtsstudium. Aber er hat sich wenigstens redlich um uns und um eine faire Bewertung bemüht und mich von dem dann ergriffenen Studium der Physik zumindest nicht abgeschreckt.

Den eindeutig farbigsten Unterricht überhaupt hatten wir in Chemie in der siebten (und wahrscheinlich auch schon sechsten) Klasse genießen dürfen. Bei dem Lehrer, Herrn Oberstudienrat Dr. Karl Kuhn, handelte es sich um einen wohl angesehenen und kompetenten Chemiker mutmaßlich aus der Industrie oder Forschung. Zudem war er stellvertretender Schulleiter. Sein Haar war weißlich ergraut und er trug wohl immer ein und dasselbe karierte helle Sakko zusammen mit einer Fliege. Er ging voll und ganz in seinem Fach auf und dozierte den Unterricht wie eine Vorlesung an der Universität. Vor allem ignorierte er absolut das Verhalten der Schüler; wir konnten buchstäblich machen, was wir wollten. Zum Beispiel während des Unterrichts photographieren: eine während einer solchen Chemiestunde von mir aufgenommene Bilderstrecke[2] zeigt meine Kameraden beim Kartenspiel, Essen, Schlafen, Bilderanschauen, Lesen oder Unterhalten. Dabei lümmelten wir an den Fensterbänken, auf den Tischen, auf dem Fußboden oder bisweilen auch auf den dafür vorgesehenen Plätzen. Während der für die Benotung relevanten Schularbeiten hatte man das offene Buch auf dem Schoß und löste die Aufgaben damit und gemeinsam mit dem Nachbarn. Für uns verband sich die Erinnerung an seinen Unterricht für immer mit dem schulischen Szenario, das der Film „Die Feuerzangenbowle“[3] mit Heinz Rühmann in der Hauptrolle so einmalig beschrieben hat.

[2] FAWB3, S.19ff.

[3] https://de.wikipedia.org/wiki/Die_Feuerzangenbowle_(1944), Zugriff 14.10.2015.

Unser Verhalten war objektiv gesehen dumm und töricht. Er war eine herzensgute, wenn auch als Pädagoge nicht allzu begabte Persönlichkeit. Fachlich hätten wir von ihm jedoch unglaublich viel lernen können. Aber wir waren halt in einem Alter, in dem die Vernunft noch nicht die Oberhand gewonnen hatte. Da er wohl nach unserer siebten Klasse in Pension ging, bekamen wir für die letzten beiden Jahre in Chemie den Studienrat Karl Nägele, von dessen Unterricht mir nur in Erinnerung geblieben ist, daß Alkohol als Nahrungsmittel durchaus tauglich wäre, wenn man von seinen Nebenwirkungen absähe.

Zusammenfassend macht der Unterricht in diesem mathematisch-naturwissenschaftlichen Bereich in meiner Erinnerung zumindest fachlich und pädagogisch keinen sehr überzeugenden Eindruck. Kein Wunder, daß meine Klassenkameraden mit nur zwei Ausnahmen, also zu mehr als 90 Prozent, sich daher auch nicht für einen voll-akademischen mathematisch-technisch-naturwissenschaftlichen Beruf erwärmen konnten. Ich selbst habe mutmaßlich viele entsprechende Anregungen zumindest auch aus Büchern wie dem bereits im Abschnitt 2.5.2 genannten *„Das Neue Universum“*, Robert Jungks[4] *„Die Zukunft hat schon begonnen – Amerikas Allmacht und Ohnmacht“*, das mich sehr beeindruckt hat, oder aus unseren Schulbüchern erhalten. Von den wissenschaftlichen Entwicklungen der fünfziger Jahre wie beispielsweise der sich rasant entwickelnden Komputertechnologie hat wohl keiner unserer Lehrer irgendetwas mitbekommen, sonst müßte doch irgendwann einmal darüber ein Wort gefallen sein, das meinen Ohren sicher nicht entgangen wäre. Meine Noten schwankten in diesem Bereich über all diese Jahre ausnahmslos in dem Bereich gut bis befriedigend, was die mäßige Begeisterung, aber auch das Ausbleiben besonderer Schwierigkeiten widerspiegelt. Dabei muß man im Vergleich mit dem heutigen Notenniveau im Auge behalten, daß ein Notendurchschnitt mit einer 1 vor dem Komma damals viel seltener als heute vorkam.

Sprachliche Fächer

Das Selbstverständnis unserer Anstalt war also zu jener Zeit trotz des „Real“gymnasiums ganz offensichtlich noch deutlich stärker von einem philologischen als von einem naturwissenschaftlichen Geist geprägt. Die Gewichte lagen eindeutig auf den immerhin vier Sprachen Deutsch, Latein, Englisch und Französisch. Für mich war das ein Vorteil und ein Nachteil zugleich. Der Vorteil lag in der profunden sprachlichen Grundlage, die ich in meiner Schulzeit erwerben durfte und die mir bis heute sehr zugute gekommen ist. Der Nachteil bestand einerseits in der für ein anschließendes naturwissenschaftliches Studium vergleichsweise unzureichenden Vorbildung und andererseits in den Hürden, die das Erler-

[4]https://de.wikipedia.org/wiki/Robert_Jungk, Zugriff 26.10.2015.

nen von drei Fremdsprachen für mich bedeuteten. Von beiden Aspekten wird im weiteren Verlauf die Rede sein.

Oberflächlich betrachtet sind wir Menschen im Normalfall mit den gleichen Anlagen ausgestattet. Unsere demokratischen Strukturen gehen daher auch davon aus, daß alle Menschen — vor dem Gesetz — gleich sind. Niemand will offen zugeben, daß sein Kollege oder Nachbar ihn in irgendeiner Weise übertrifft. Genauer betrachtet sind die menschlichen Anlagen von Individuum zu Individuum aber extrem unterschiedlich ausgeprägt. So habe auch ich Stärken, teilweise sogar extreme Stärken, von denen später noch die Rede sein wird. Aber genauso habe ich auch Schwächen. Eine meiner Schwächen ist ein auffallendes Merkmal meines Gedächtnisses: ich kann mir nur sehr schwer Namen und Bezeichnungen merken. Vor allem ringe ich im Gespräch oft um den richtigen Ausdruck zur Bezeichnung eines Gegenstands, der mir dann partout nicht einfallen will. Ich kann dann alles Mögliche zur Charakterisierung des Gegenstands berichten, nur eben nicht das entscheidende Wort, das ihn bezeichnet.

Nun könnte man einräumen, daß dies einer schreibt, der auf die Achtzig zugeht. In diesem Alter ist es ja nichts Ungewöhnliches, daß das Gedächtnis allgemein (ebenso wie andere Fähigkeiten) nachläßt. In meinem Fall bin ich jedoch sicher, daß mich diese Schwäche bereits ein Leben lang begleitet hat. Beispielsweise hat mich schon als etwa Siebzehnjähriger ein Kamerad im Gespräch nach dem Namen meines damaligen Deutschlehrers gefragt, also eines Lehrers, den ich wöchentlich mehrere Stunden erleben konnte. Sein Name, Zinecker, wollte mir jedoch partout nicht einfallen. Dieses und beliebig viele ähnliche Beispiele aus meinem ganzen Leben zeugen von dieser meiner spezifischen Gedächtnisschwäche.[5] Man kann durch entsprechendes Üben eine solche Schwäche abmildern; gleichwohl hat es derjenige einfach viel leichter, der in dieser Hinsicht schon von Natur aus mit einer besseren Begabung ausgestattet ist.

Das Erlernen einer fremden Sprache beinhaltet ua. das Memorieren von Tausenden von Worten: lateinisch agricola heißt deutsch der Bauer, bellum heißt der Krieg, cantare singen, usw. usf. Latein weist zudem eine zwar sehr systematische, aber extrem vielgestaltige Grammatik im Hinblick auf Konjugation etc. auf. Es genügt daher nicht, die lateinische Bezeichnung für ein einzelnes Verb zu erlernen; man muß sich zusätzlich Dutzende seiner Beugungsformen einprägen. Zwar werden diese innerhalb einer Verbklasse, von denen es einige gibt, analog gebildet. Gleichwohl gibt es dazu wieder Hunderte von Ausnahmen, den sogenannten unregelmäßigen Verben, deren Erlernen nur durch eine entsprechende Gedächtnisleistung möglich ist. Kurz, das Erlernen einer Fremdsprache erfordert ein

[5]Im Tagebuch I (TBI) habe ich mir auf den Seiten 68f schon 1963 Gedanken über diese Schwäche gemacht.

möglichst gutes Gedächtnis zur Speicherung von Worten und Wortformen. Und genau das ist mir angesichts der beschriebenen Schwäche ein Leben lang besonders schwer gefallen.

Zu den beiden Fremdsprachen Latein und Englisch ist in der sechsten Klasse dann noch zusätzlich Französisch hinzugekommen. Die Bewältigung von drei Fremdsprachen wäre aus den beschriebenen Gründen auch unter normalen Umständen für mich nicht ganz leicht gewesen. Meine altersbedingte pubertäre Entwicklungsphase hat die Umstände aber alles andere als normal gestaltet. Die Folge dieser Ursachen, zu denen noch eine weitere hinzutrat, von der weiter unten noch ausführlich die Rede sein wird, war eine Verschlechterung meiner Leistungen, vor allem in den drei Fremdsprachen. Das Klassenziel der siebten Klasse erreichte ich daher nur gerade noch auf die knappst mögliche Weise. Denn sowohl in Latein wie in Englisch bekam ich „mangelhaft“ (dh. eine 5) und in Französisch „ausreichend“ (4). Mit zwei Fünfen war man durchgefallen, es sei denn man konnte mit zwei Zweien im naturwissenschaftlichen Bereich „ausgleichen“, was mir in Physik und Biologie auch nur so gerade noch gelang.

In den letzten beiden Schuljahren ging es dann auch im sprachlichen Bereich wieder deutlich aufwärts. In Englisch bekamen wir mit Herrn Studienrat Werner Steubl einen neuen und hervorragenden Lehrer, der es verstand, unsere Leistungen regelrecht zu trainieren. So kam er fast in jede Unterrichtsstunde mit der Ankündigung: *„machen wir ein kleines Diktätchen“*. Nur für zehn Minuten, aber das beinahe täglich; so wurde ein englisches Diktat zur Routine und damit viel leichter zu bewältigen. Sein Unterricht war in jeder Hinsicht ausgezeichnet und motivierend. Meine Leistungen in den letzten beiden Jahren kehrten in diesem Fach entsprechend wieder zurück auf das frühere Niveau „befriedigend“. Auch in Französisch landete ich in diesen Jahren wieder auf diesem Niveau. Mehr war angesichts der vor allem auf eine gute Gedächtnisleistung hin orientierte Bewertungsstrategie in diesen Fächern bei meinen Anlagen einfach nicht zu erreichen. Denn unter den notenrelevanten Schulaufgaben war beispielsweise die Kategorie „Nacherzählung“, bei der man einen zweimal vorgelesenen Text in Englisch möglichst wortgetreu nacherzählen sollte. Unser Klassenbester, Dieter Popp, konnte sich dabei ganze Passagen wörtlich auswendig merken und bekam so immer die bestmöglichen Noten.

Unser Lateinunterricht wurde in den wohl vier letzten Jahren von Herrn Studienrat Alois Bittner geprägt. Er verfügte über keine sehr ausgeglichene Persönlichkeit. Und ich mochte ihn einfach nicht. Er wollte uns mit besonderer Strenge in seinem Sinne erziehen, was in mir eher Widerstand und Abneigung erzeugte. Junge Menschen können das Persönliche vom Sachlichen noch nicht trennen. Das einzige „ausreichend“ in meinem Abiturzeugnis hat neben der beschriebenen begabungsmäßigen Schwäche daher sicher auch viel mit dieser Lehrerpersönlichkeit zu tun.

Ein Beispiel seines Verhaltens mag seinen Charakter andeutungsweise illustrieren. In der siebten Klasse war er unser Klassenlehrer. Ihm oblag daher die Ausgabe der Zeugnisse am Jahresende. Angesichts meiner schwachen Leistungen in genau diesem Jahr war ich bis zum Platzen gespannt zu erfahren, ob ich es denn doch geschafft habe. Alle Klassenkameraden bekamen ihr Zeugnis ausgehändigt, nur ich nicht das meinige. Überdies ließ er mich völlig im Unklaren über das Ergebnis. Zur Begründung wies er darauf hin, daß noch die Fertigstellung von Hausarbeiten im Fach Kunsterziehung ausstand. Unmittelbar nach dem Ende dieses Schuljahres machte ich mich zu einer Reise nach England auf, von der ich weiter unten noch berichten werde. Während des ersten Teils dieser Reise blieb ich daher noch immer völlig im Unklaren darüber, ob ich das Klassenziel erreicht hatte. Ein Lehrer, der sich so gegenüber einem Schüler verhält, weist eindeutig sadistische Züge auf.

Dieses Verhalten wollte auch mein Vater nicht tolerieren, der sich sonst so gut wie nie in meine schulischen Angelegenheiten einmischte und mutmaßlich nie in einer Elternsprechstunde eines meiner Lehrer vorsprach. Wenn ich ihn wirklich brauchte, konnte ich mich aber auf ihn verlassen. Er wendete sich nach dieser verweigerten Herausgabe des Zeugnisses sofort persönlich an die Schule, wies auf mein juristisch verbrieftes Recht zur Herausgabe hin und kam dann auch prompt mit dem ausgehändigten Zeugnis nach Hause, konnte mir das Ergebnis wegen meines Aufenthalts in England dann aber erst Tage oder sogar Wochen später auf irgendeine Weise übermitteln. Die monierten Hausarbeiten für Kunst habe ich nach der England-Reise im Laufe der Sommerferien dann auch noch brav abgeliefert.

Bittner hatte schon auch seine guten Seiten. Er beherrschte sein Fach in respekteinflößend souveräner Weise. Seine Strenge hat mich jedenfalls zum Bestehen des Großen Latinums gebracht; inwieweit sie dabei besonders förderlich war, bleibe dahingestellt. Bis heute kann ich dank seiner beispielsweise aus dem Goldenen Zeitalter der Ovidschen Metamorphosen aus dem Kopfe rezitieren.[6] Er konnte, verbrämt in ästhetischen Beschreibungen, sogar Gefühle zeigen. So erinnere ich mich an die Analyse eines wunderbaren lateinischen Liebesgedichtes, mutmaßlich eines von Horaz, mit der er uns dessen sprachliche Schönheiten überzeugend erläuterte. Ihm verdanke ich auch die folgende tiefe Einsicht in die enge

[6] Aurea prima sata est aetas, quae vindice nullo,| sponte sua, sine lege fidem rectumque colebat. [Zuerst ist das goldene Zeitalter entstanden, das ohne (strafenden) Richter,| von selbst, ohne Gesetz die Treue und das Rechte pflegte.]
Ovid, Metamorphosen I, 89f.

Verwandtschaft unserer europäischen Sprachen, auf die er uns unter Verweis auf einen Freund nachdrücklich hingewiesen hat, der mehr als ein Dutzend Sprachen beherrscht haben soll: nämlich wenn man eine von ihnen gut beherrscht, lassen sich die anderen unter Ausnutzung der engen Bezüge untereinander sowie genereller Regeln innerhalb jeder von ihnen viel leichter erlernen.

Diese Einsicht hat geholfen, meine beschriebene Schwäche zu kompensieren. Denn ich verfüge wohl ebenfalls anlagemäßig über eine sehr stark ausgeprägte Fähigkeit zu quasi inneren assoziativen Verknüpfungen. Beispielsweise habe ich gerade gestern das amerikanisch-englische Wort „sled" gelesen und sofort dessen sprachgeschichtlich gemeinsame Herkunft mit unserem „Schlitten" wahrgenommen, obwohl die beiden Worte syntaktisch auf den ersten Blick ja nicht gerade ähnlich aussehen. Mit dieser zusätzlichen Assoziation und erst durch sie wird bei mir eine solche Wortbedeutung („sled" heißt „Schlitten") sofort und für immer verankert. Nur so, glaube ich, ist es mir später gelungen, Englisch richtig gut zu beherrschen und zwar tatsächlich so gut, daß ich Hunderte meiner Publikationen in dieser Sprache veröffentlichen konnte. Die engen Bezüge, die zwischen Latein und den lebenden europäischen Sprachen bestehen, haben mein Sprachverständnis spezifisch für die einzelnen Sprachen ebenso wie für natürliche Sprachen allgemein sehr vertieft.

Mein assoziativ und verknüpfend geprägtes Denken hat mich dort stark gemacht, wo es um Reflexionen geht, während es mich umgekehrt bei Anforderungen schwach erscheinen läßt, die reflexhaftes Reagieren erfordern, wie beispielsweise das reflexhafte Nennen eines Namens einer Person, der man gerade begegnet. In einem Fach wie Deutsch spielen beide Fähigkeiten eine eher gleichgewichtige Rolle. Einen Aufsatz über ein vorgegebenes Thema zu verfassen erfordert beispielsweise das reflexhafte Erinnern an unterschiedliche und Leser beeindruckende Sachverhalte ebenso wie die Fähigkeiten zur inhaltlichen Analyse und zur strukturell logisch aufgebauten Präsentation. Stärken im einen Teil konnten daher Schwächen im anderen kompensieren, sodaß ich notenmäßig immer im Bereich gut bis befriedigend rangieren konnte. Mit Deutsch verbinde ich daher aufgrund meiner spezifischen Begabungslage ausschließlich angenehme Erinnerungen. Das Fach wurde in den letzten etwa fünf Jahren erst von Herrn Studienrat Emil Harsch und dann von dem oben bereits erwähnten Herrn Studienprofessor Dr. Rudolf Zinecker geprägt, beides sehr geschätzte Persönlichkeiten. Vor allem hat sich Harsch für unsere Klasse ebenso wie für die Schule insgesamt außerordentlich verdient gemacht. Von seinem besonderen Engagement für unsere Klasse wird im weiteren Verlauf noch die Rede sein. Für die Schule hat er beispielsweise die Redaktion für die bereits mehrfach genannte Jubiläumsschrift *„100 Jahre Realgymnasium Nürnberg"* innegehabt.

Aufsätze habe ich schon damals gerne verfaßt, vor allem wenn ich genügend Zeit dafür zur Verfügung hatte. Das war besonders bei Hausaufsätzen der Fall, bei denen ich auch für die Recherchen viel Zeit investieren konnte und das Gedächtnis daher keine entscheidende Rolle spielen mußte. Besonders erinnere ich mich hier an einen Aufsatz über das Thema *Europa* etwa um das Jahr 1955, in dem ich aus tiefer Überzeugung ausführlichst für die Schaffung der „Vereinigten Staaten von Europa“ in Analogie zu den USA argumentierte. Da die Lektüre von Tageszeitungen wie der „Nürnberger Nachrichten“ oder der „Nürnberger Zeitung“ ebenso wie das tägliche Verfolgen von Nachrichten und Kommentaren im Radio infolge der politischen Arbeit meines Vater bei uns zuhause gang und gäbe war, hatte ich selbstverständlich als Schüler auch die jahrelangen Debatten verfolgt, die schließlich am 1.1.1958 zum Inkrafttreten der Römischen Verträge[7] geführt hatten. In jenem Aufsatz hatte ich dazu klar inhaltliche Stellung in genau die Richtung bezogen, die dann teilweise auch realisiert wurde. Ich sehe darin den ersten in einer langen Reihe von Fällen, in denen ich mit meinen Analysen und Prognosen vollkommen richtig gelegen habe. Zu dieser besonderen Fähigkeit verhilft mir eben meine Stärke im reflektiven Nachdenken, dh. in der umfassenden Anwendung von Reflexionen.

Für meinen Abituraufsatz habe ich mir aus den wohl drei vorgegebenen Alternativen das Thema *„Vergessen ist Gnade und Gefahr zugleich“* ausgesucht.[8] Es handelt sich um ein Zitat des damaligen Bundespräsidenten Theodor Heuss,[9] unserem ersten Bundespräsidenten. Da die Generation der Nazi-Zeit nach dem Krieg völlig verstummt war, wollte er damit schon damals gegen das totale Vergessen plädieren. Papa Heuss haben wir alle sehr verehrt.

Ich habe in diesem Abschnitt quasi nebenbei versucht, grobe Aspekte meines genetisch vererbten Begabungsprofils (Namensschwäche, Reflexionsstärke uvam.) aufzuzeigen. Nach meiner Überzeugung spielt ein solches Begabungsprofil — neben anderen Ursachen (wie beispielsweise dem familiären Umfeld) — eine sehr entscheidende Rolle für den schulischen und dann auch für den beruflichen Erfolg und ist viel grundlegender und aussagekräftiger als das schulische Notenprofil. In meinem Fall ist recht offensichtlich, daß schon das erläuterte grobe Muster meines Begabungsprofils das in diesen Jahren erzielte Notenprofil in Bezug auf einen Vergleich des naturwissenschaftlichen mit dem sprachlichen Teil der Fächer weitgehend erklärt. Denn generell ergibt sich das Notenprofil zu wichtigen Teilen aus dem Begabungsprofil, während man aus dem Notenprofil keine zuverlässigen Schlüsse auf

[7]https://de.wikipedia.org/wiki/Römische_Verträge, Zugriff 18.10.2015.

[8]http://www.beste-zitate.de/theodor-heuss/vergessen-ist-gnade-und-gefahr-zugleich/, Zugriff 18.10.2015.

[9]https://de.wikipedia.org/wiki/Theodor_Heuss, Zugriff 18.10.2015.

das Begabungsprofil ziehen kann. Hätte ich mein Begabungsprofil schon damals gekannt, hätte ich die schwächeren Seiten gezielt trainieren können, während aus dem Notenprofil eine derartige spezifische Förderung so gut wie nicht ableitbar ist.

Kurz, ich plädiere hier für die professionelle Erstellung von detaillierten Begabungsprofilen in unseren Schulen, zumindest ergänzend zu den üblichen Notenprofilen, sowie für daraus zu erschließende pädagogische Konsequenzen zugunsten der einzelnen Schüler. Aus der psychologischen Forschung sind entsprechende Methoden hervorgegangen, mit denen solche Begabungsprofile zuverlässig erstellt werden können. Deren Kenntnis wäre dann für viele Entscheidungen im Leben eines Individuums, beispielsweise bei einer rational zu treffenden Berufswahlentscheidung, außerordentlich hilfreich. Noten sind dagegen vergleichsweise nur sehr bedingt aussagekräftig.

Restliche Schulfächer

Von den insgesamt 14 Schulfächern wurden in den beiden vorangegangenen Abschnitten die vier naturwissenschaftlichen sowie die vier sprachlichen Fächer besprochen. Hier wollen wir nun noch auf die verbleibenden sechs Pflichtfächer sowie auf weitere Wahlfächer kurz eingehen und mit einigen allgemeinen Bemerkungen den fachlichen Teil abschließen.

Es macht eine Menge Sinn, daß wir als Menschen auf dieser Erde innerhalb des Kosmos schon in der Schule grobe Kenntnisse über die geologischen, soziologischen und politischen Strukturen unseres Heimatplaneten im Fach Erdkunde vermittelt bekommen. Von der Taiga in Rußland oder von den Staaten in den USA etwas zu erfahren, war für uns Schüler durchaus auch interessant, da der Reiseradius in jenen Jahren noch nicht über die engere Heimat hinaus ging. Gleichwohl habe ich mir das Meiste hierzu erst später aus eigenem Interesse angeeignet, was aber vielleicht ohne die in der Schule erworbene Grundlage nicht so leicht möglich gewesen wäre. Bemerkenswert ist das Versäumnis, daß der naturwissenschaftliche Anteil in diesem Fach als solcher überhaupt nicht präsentiert wurde. Das betrifft sowohl die geologische Struktur der Erde und der sich daraus ergebenden Dynamik. Wohl wurden uns die Alpen als ein junges Faltengebirge nahegebracht, die zugrundeliegende Plattendynamik wurde dabei aber nicht ausgeführt. Ähnlich hörten wir zwar über den sommerlichen Dauerregen Monsun, ohne jedoch die dazugehörige metereologische Dynamik erklärt zu bekommen. Angesichts meines Hangs zu einem tieferen Verständnis der Phänomene hätte ich mir hier also eine andere Gewichtung in solchen Beispielen gewünscht. Auch war das Fach in die sprachliche und nicht die naturwissenschaftliche Gruppe eingereiht, woraus sich die faktische Gewichtung mutmaßlich abgeleitet hat.

Genauso wichtig erscheint mir die Vermittlung eines Gefühls für Geschichte und ihrer Struktur. Da unser Geschichtsunterricht wiederum sehr fakten- und gedächtnisorientiert gestaltet wurde, habe ich mir dieses Gefühl erst viel später durch großartige Bücher wie den „Friedell“[10] selbst erarbeitet. Geschichte, die vorwiegend aus Jahreszahlen, Namen von Herrschern, Kriegen etc. besteht, ist blutlos und nahezu sinnlos. Zusammenhänge — vor allem auch mit der Jetztzeit — zu vermitteln fällt Geschichtslehrern, wenigstens denen meiner Schulzeit, nicht leicht. Angesichts meiner beschriebenen Schwäche in Bezug auf ein memorierendes Gedächtnis ist mir aus dem Geschichtsunterricht der Schulzeit daher außer leeren Sprüchen wie *„drei drei drei, bei Issus Keilerei“* nicht wirklich etwas Brauchbares geblieben.

Das Fach Religion steht in allen Zeugnissen aus leicht erkennbaren Gründen an erster Stelle. Dabei ist es das inhaltsleerste Fach von allen, brauchbar nur zur Aufbesserung des Notendurchschnitts. Dabei könnte man in der gleichen Zeit durchaus eine überzeugende Ethik oder ein fundierteres Gefühl für die Bedingungen der menschlichen Existenz vermitteln.

Ähnlich dürftig empfinde ich die Ausbeute aus dem Fach Turnen, was ich schon im Abschnitt 2.5.2 genauer begründet habe. Der aus dieser Einschätzung resultierende mangelnde Respekt vor dem Turnlehrer Weihmann, den wir wohl neun lange Jahre lang erdulden mußten, trieb in meinen pubertären Flegeljahren dann besondere Blüten voller Spott. Beispielsweise schickte dieser die ganze Klasse zum 1000m-Lauf für die dazu benötigten zweieinhalb Runden um den Sportplatz, der mit einer etwa ein Meter hohen Brüstung umgeben war. Wenn er nach dem Startpfiff quer über den Platz zum Ziel lief und dabei nicht auf uns achtete, sprang ich über die Brüstung und wartete dort versteckt, bis der Haufen zwei volle Runden ohne mich absolviert hatte. Dann sprang ich zurück und mischte mich wieder unter den Haufen, sparte mir so die Mühen von 800 der 1000 Meter. Oder, wenn er unsere Zeiten im 100m-Lauf in Vierergruppen stoppte und der wartende Rest der Klasse auf der Tribüne saß, winkte ich diesen während meines gemütlich absolvierten Laufes jovial zu. Über derartige Provokationen konnte er sich maßlos ärgern, was unsereinen dann umso mehr erfreute. Über ein „befriedigend“ bin ich so nie hinausgekommen, erfreute mich in den Klassen 6 und 7 sogar über ein „ausreichend“, was in krassem Gegensatz zu meiner körperlichen Konstitution und meinen sportlichen Fähigkeiten beispielsweise beim Skilaufen stand.

[10] Friedell, Egon, Kulturgeschichte der Neuzeit, C.H. Beck, München, 1989.

Das Fach Kunsterziehung bei den Studienräten Kugler und Weigand[11] mochte ich dagegen ganz gerne. Denn da wurde man vom Lehrer über längere Zeiten sich selbst überlassen, was mir und meinen reflektierenden Gedanken entgegen kam. Die Bewertungen schwankten zwischen „sehr gut“ und „befriedigend“. Die noch heute aufbewahrten „Werke“ können nur bedingt überzeugen, erscheinen teilweise schlampig und unfertig, zeichnerisch schwach und nur in der Farbgebung talentiert. In der kritischen Klasse 7 ging es einerseits um meiner (zittrigen) Hand überhaupt nicht gelegene Tuschfederzeichnungen. Andererseits hatte ich in jenem Alter von 17 Jahren überhaupt keinen Sinn für kunsthistorische Betrachtungen über beispielsweise die Hl. Katharina in einem Bild von 1410, sondern interessierte mich viel mehr für real erfaßbare Mädchen. Diese beiden Fachthemen bildeten aber den ausschließlichen Gegenstand in jener Klasse. Daher verwundert nicht, daß ich die für das Erreichen eines „befriedigend“ noch nachzureichenden Blätter, von denen ich im Zusammenhang mit unserem Klassenlehrer Bittner oben berichtete, zugunsten interessanterer Tätigkeiten vernachlässigt hatte. Daß diese Blätter wegen bürokratischer Regelungen ohne nachvollziehbarem Sinn letztlich für das Erreichen des Klassenziels dann ausschlaggebend waren, bleibt ein besonderes Kuriosum in meiner Vita.

Wißbegierig wie ich war, hatte ich an möglichst vielen angebotenen Wahlfächern teilgenommen. So lernte ich in den Klassen 4 und 5 Stenographie, in den Klassen 5 und 6 „Technisches Zeichnen“ und schnupperte in den Klassen 8 und 9 in den komplexen Gegenstand der Sozialkunde.

Wie bereits im Abschnitt 2.5.1 erwähnt, trat ich am Beginn der Klasse 3 in das Schulorchester ein, ein Kammerorchester, dem ich bis zum Ende meiner Schulzeit sehr gerne als erster Geiger angehörte, was in den Zeugnissen Jahr für Jahr lobend erwähnt wird. In den späteren Jahren wurde das Orchester von Herrn Studienrat Hermann Pfister geleitet. Dort traf ich beispielsweise auf den hervorragenden Cellisten Dieter Meßlinger, ein Schüler aus der Parallelklasse und ein Neffe des am Beginn dieses Abschnitts bereits erwähnten Mathematiklehrers Meßlinger. Es war schon damals absehbar, daß Dieter eine beachtliche Karriere vor sich hatte. Tatsächlich wurde er später erster Solo-Cellist der Essener

[11] Der später zum Studienprofessor beförderte Weigand machte sich um unsere Schule in besonderer Weise verdient. An der Südostecke des neuen Schulgebäudes befindet sich in der Landauer Straße die Landauerkapelle (auch Allerheiligenkapelle genannt). Für deren Innenausstattung schuf Albrecht Dürer 1511 ein Allerheiligenbild, auch Landauer Altar genannt. Eine Abbildung findet sich unter: https://de.wikipedia.org/wiki/Allerheiligenkapelle_(Nürnberg) (Zugriff 21.10.2015). Das Originalgemälde befindet sich heute im Kunsthistorischen Museum Wien. Von diesem Gemälde fertigte Herr Weigand eine Kopie für die wiederhergestellte Kapelle an, sodaß der Altar und der Kapellenraum seit 1964 wieder den ursprünglichen Eindruck vermittelt.
Siehe dazu S.30 in: „Helmut Reichold, 100 Jahre Realgymnasium Nürnberg. In: 100 Jahre Realgymnasium Nürnberg – Jubiläumsschrift, Nürnberg, 1964, S.7–30.“

Philharmoniker sowie Komponist von Opern und anderen Musikwerken.[12] Die Begegnung mit interessanten Schülern aus anderen Klassen machte den Reiz an der Mitwirkung im Schulorchester ebenso aus wie die Bewährung bei Aufführungen vor Publikum, die zur Entwicklung einer stabilen Persönlichkeit sicher einen wichtigen Beitrag leistet, von der Freude am gemeinsamen Musizieren ganz zu schweigen. Nach einer mehrjährigen Pause erhielten wir in der zweiten Hälfte der neunten Klasse auch wieder Musikunterricht, studierten dabei Gregorianische Gesänge ebenso wie den Ravelschen Bolero. Es ist das einzige Fach, in dem ich im Abiturzeugnis die bestmögliche Bewertung „sehr gut" erreichte.

Insgesamt ergibt sich aus fachlicher Sicht also das Bild einer erfolgreichen und fruchtbaren Schulzeit an einem vergleichsweise sehr guten Gymnasium, an dem weit vor meiner Zeit so bekannte Persönlichkeiten wie Richard Willstätter,[13] Emmy Noether und Hugo Distler ihr Abitur absolviert hatten. Das Motto dieser Schule lautet seit ihrer Gründung: *„Et musis et vitae"* (den Musen und dem Leben). Beide Zielsetzungen wurden bei mir voll entfaltet. Die Durchschnittsnote meines Abiturzeugnisses ergab sich schließlich zu 2,5, für damalige Verhältnisse ein durchaus recht guter Wert, mit dem das Tor zu allen erdenklichen Berufsperspektiven weit offenstand. Der Erfolg hat vielleicht auch meine Lehrer überrascht, die mir im Abiturzeugnis *„sehr große[r] Zielstrebigkeit"* bescheinigten.

Auch die erreichte fachliche Basis hat sich aus meiner Sicht für das ganze Leben durchaus als so tragfähig in dem Sinne erwiesen, daß alles Weitere dann bedarfsorientiert erarbeitet werden konnte. Meine infolge vieler Gelegenheiten eingeübte und dadurch weiter entwickelte Fähigkeit zur Reflexion sehe ich dabei als entscheidend für solche späteren Erarbeitungen an. Insgesamt war mein am Ende der Schulzeit natürlich noch sehr rudimentär ausgeprägtes Weltbild tief in der abendländischen Tradition verwurzelt und in jedem Fall soweit ausgereift, daß ich vor allem in der Lage war, eine für mich vernünftige Richtung für den weiteren Lebensverlauf nach dem Abitur einzuschlagen. Sicher gäbe es im Einzelnen am Unterricht unserer Schule auch Einiges zu kritisieren, wie an einzelnen Stellen in den vorangegangenen Schilderungen beiläufig bereits angeklungen ist. Beispielsweise hatte ich zu jenem Zeitpunkt noch immer nicht von irgendjemandem auch nur eine leiseste Andeutung hin zu den Wissensgebieten erhalten, die dann später meinen beruflichen Weg voll ausgefüllt haben. In diesem Buch soll es aber nicht um das Konzept für eine

[12]Telefonat des Autors mit ihm am 20.10.2015.

[13]In der folgenden Veröffentlichung findet sich auf S.9 ein Grußwort der Enkelin Carol Bruch von Richard Willstätter: Willstädter-Gymnasium Nürnberg (Hrsg.), 150 Jahre Willstädter-Gymnasium – Festschrift, 2014.
Noether war nicht Schülerin an dieser Schule, sondern legte dort nach dem Studium als Gasthörerin an den Universitäten Erlangen und Göttingen 1903 nur das Abitur ab, weil Mädchen zu jener Zeit zum Gymnasium generell nicht zugelassen waren (http://www.willstaetter-gymnasium.de/unsere-schule/schulchronik/emmy-noether.html, Zugriff 25.9.2016).

bessere Schule der Zukunft gehen. Deshalb wollen wir uns jetzt lieber noch dem schulischen Umfeld meines damaligen Schulalltags widmen, in dem sich einige bemerkenswerte Vorkommnisse ereignet haben.

Schulisches Umfeld

Die Schule ist viel mehr als eine Anstalt zur Vermittlung von Wissen und Fähigkeiten, als welche sie bisher in diesem Abschnitt dargestellt wurde. Jede Schule bildet auch eine in sich relativ abgeschlossene Kleingesellschaft, in der das spätere gesellschaftliche Leben eingeübt werden kann. Diese Funktion ist vor allem für das schwierige Alter der Pubertät von besonderer Bedeutung und erfordert von den Lehrern eine feinfühlige Flexibilität in der Ausübung ihrer Führungsaufgabe. Halbstarke müssen einerseits lernen, ihre eigenen Vorstellungen zu verwirklichen, dürfen dabei aber andererseits den Respekt vor den anderen nicht aus den Augen verlieren, eine extrem schwierige Gratwanderung, die bei keinem auf Anhieb perfekt gelingen kann. In diesem Teilabschnitt erzählen wir von einigen bemerkenswerten Kabriolen aus jenen Schuljahren, die diese Gratwanderung gut illustrieren.

In meinen bisherigen Schilderungen wurden eine Reihe meiner Lehrerinnen und Lehrer namentlich angeführt, weitere dagegen namentlich deswegen unerwähnt gelassen, weil sie keinen besonderen Eindruck in die eine oder andere Richtung bei mir hinterlassen hatten. Ein wichtiger Aspekt hinsichtlich des Lehrpersonals ist dabei bislang überhaupt nicht zur Sprache gekommen, nämlich die Mitwirkung von Referendar|inn|en. In unserer Schule wurden ab dem Schuljahr 1949 Studienseminare eingerichtet.[14] Seither gab es ein Germanistisches Seminar für Deutsch, Geschichte und Erkunde sowie ein Neuphilologisches Seminar für Englisch und Französisch. Sie dienten dazu, Absolventen des Studiums für das Lehramt als Referendare zur Vorbereitung auf die zweite Staatsprüfung mit der schulischen Praxis vertraut zu machen. Im Schuljahr 1953 nahmen beispielsweise 20 Referendare/innen an diesen Seminaren in unserer Schule teil.

Konkret bedeutete dies beispielsweise, daß zu einer Unterrichtsstunde eine Anzahl dieser jungen Leute sich still und leise irgendwo im Raum mit aufhielten und dem Unterricht aufmerksam folgten. Insoweit waren sie uns sogar eher sympathisch. Denn sie waren ja gerade einmal einige Jahre älter als wir. Auch waren sie als gleichfalls Lernende irgendwie auf einer vergleichbaren Stufe mit uns. Vor allem waren darunter auch einige recht hübsche junge Damen, die uns Jünglinge durchaus in eine gewisse Unruhe versetzen konnten.

---

[14]Siehe S.52 in: Walther Kluge, Der Wiederaufbau des Realgymnasiums. In: 100 Jahre Realgymnasium Nürnberg – Jubiläumsschrift, Nürnberg, 1964, S.44–53.

Die Beteiligung von Referendar|inn|en bedeutete aber auch deren Einsatz als Lehrende. Das ging solange problemlos, wie unser hauptamtlicher Lehrer und die anderen Referendare einer solchen Probestunde beiwohnten. Wir bekamen natürlich mit, daß die ganze Gruppe nach einer derartigen Stunde draußen am Gang über den Ablauf der vorangegangenen Stunde eifrig diskutierte. Dadurch wurde uns ein gutes Bild davon vermittelt, wie diese Seminare abliefen. Vor allem wurde uns so die fehlende Autorität eines Referendars deutlich demonstriert. Hinzu kam noch, daß einige der Referendare mit Nachnamen bestraft waren, die ihrer Autorität auch nicht gerade förderlich waren. So hieß einer beispielsweise „Blödel“, ein anderer „Pfotenhauer“, ein dritter „Mau“.

Nun wurden diese jungen und unerfahrenen Menschen leider auch ganz ohne Aufsicht auf uns losgelassen. Auf diese Weise konnte man den Mangel ebenso wie den krankheitsbedingten Ausfall an Lehrpersonal ja leicht und billig kompensieren. Es gehört daher nun nicht viel Fantasie dazu sich vorzustellen, wie 32 halbstarke Schüler eine solche Gelegenheit schamlos ausnützen: auf der einen Seite der unsichere junge Herr Blödel (wenn ich mich in der Person nicht sehr täusche), der unter einem ungeheuren Bewährungsdruck im Hinblick auf seine bevorstehende Staatsprüfung steht, und auf der Gegenseite ein unerbittlicher Schülerhaufen, der endlich einmal von dem sonstigen Autoritätsdruck befreit ist und sich beliebig gehen lassen kann. Diese Art von Stunden haben die Disziplin in unserer Klasse auf Jahre hin nachhaltig untergraben. In einer der Stunden in der fünften oder sechsten Klasse kulminierte der Kampf buchstäblich sogar zu einer Handgreiflichkeit. Herr Blödel kam wütend und mit geballten Fäusten auf mich in der letzten Bankreihe zu, sodaß ich geistesgegenwärtig sofort in Verteidigungsstellung bzw. ebenfalls Angriffsstellung mit ebenfalls geballten Fäusten ging. Die erste Touchierung machte ihm gottseidank klar, daß er so im Hinblick auf seine mangelnde Autorität nur noch mehr verlieren konnte. Entmutigt ließ er von mir ab. Meine Rolle dabei wurde von den Kameraden noch bei Jahrzehnte später stattfindenden Klassentreffen quasi als unvergeßliche „Heldentat“ in Erinnerung gehalten.

Wie ist zu erklären, daß ausgerechnet ich diesen Höhepunkt in unserem kollektiven Klassenverhalten provozieren konnte? Mein Abiturzeugnis charakterisiert mich als *„der immer freundliche Schüler“*. Wie paßt eine solche Charakterisierung zu einem Boxkampf zwischen Lehrer und Schüler? Dazu erinnere ich an das, was ich im Abschnitt 2.5 in einem ähnlichen Zusammenhang das *Ruisinger-Phänomen* genannt habe und unter das ich bereits drei beschriebene frühere Vorkommnisse eingeordnet habe. Ich sehe den Kampf mit Blödel als das vierte in diesen Seiten beschriebene, das ich darunter einordnen möchte. Wieder wird ein Mensch von mir so gereizt, daß er völlig die Fassung verliert. Wieder erinnere ich mich überhaupt nicht, was an meinem damaligen Verhalten seine Wut so erregt haben könnte. Schon dieses Fehlen jeglicher Erinnerung deutet darauf hin, daß dem Kampf nach meinem damaligen Empfinden nichts ungewöhnlich Provozierendes vorausgegangen war. Vielleicht bin ich einfach nur wieder meinen eigenen Gedanken nachgehangen und habe den armen Mann einfach ignoriert oder habe mit meinem Nachbarn geschwäzt oder wie mutmaßlich bei Ruisinger ihn (abwesend) angegrinst oder was auch immer an äußerlich relativ harmlosen Verhaltensformen vorstellbar ist. Jedenfalls fühlte sich der Referendar durch mein Verhalten offenbar derart mißachtet, daß er reflexhaft meinte sich mit Brachialgewalt Respekt verschaffen zu müssen.

Wenn wir nun schon beim Ruisinger-Phänomen sind, will ich diesem Vorkommnis mit Blödel gleich noch die Schilderung eines viel bedeutenderen Geschehens folgen lassen. Schon im letzten Abschnitt habe ich ohne genauere Hinweise eine weitere Ursache für die Verschlechterung meiner schulischen Leistung in der siebten Klasse angedeutet und dabei auf später verwiesen. Gemeint damit war das Geschehen, das sich wie folgt abgespielt hat.

Schon im Abschnitt 2.5 hatte ich davon berichtet, daß sich der Altbau unserer Schule, der die Bombenangriffe — wenn auch beschädigt — überlebt hatte, „in einem desolaten Zustand“ war, den unser damaliger Direktor Kluge wie folgt beschreibt:[15] *„Auf dem Flur jedes Stockwerks lagerte der Kohlenvorrat für die Klaßzimmer. Hinter den zusammengestückelten Türen saßen dicht gedrängt die Schüler bei wenig frischer Luft. In zwei Klaßzimmern von weniger als 20qm Größe drängten sich über zwanzig Jungen in uralten Bänken bis dicht vor die Tafel. An der Wand neben den Bänken hingen die oft nassen Wintermäntel* der *Schüler, die an der Ofenseite saßen. Durch die Fenster, an die die Bänke herangerückt werden mußten, zog es so erbärmlich, daß die Schüler an der Fensterseite die Mäntel anbehalten mußten, während ihre Kameraden an der Ofenseite schmorten.“*

Herr Kluge hat den Zustand dieser beiden Räume an der Nordseite des Gebäudes im ersten und zweiten Stock so zutreffend beschrieben, als wenn er ihn selbst darin als Schüler erlebt hätte. Als Lehrer hat er die Erfahrung möglicherweise selbst gemacht. Wegen der Raumnot wurden wir im Laufe einer Woche in unterschiedlichen Räumen unterrichtet. Tatsächlich erhielt auch unsere Klasse mit „über zwanzig“, genauer mit exakt 32 Schülern zeitweise in einem dieser beiden Räume[16] im ersten Stock Unterricht. Kurz nach dem Krieg hat sich an solchen Verhältnissen niemand gestoßen. Mehr als ein Jahrzehnt nach Kriegsende war das Verständnis für derartige Schulverhältnisse jedoch weitgehend aufgebraucht. Im Schuljahr 1955/56 standen aber 1002 Schülern verteilt auf 31 Klasseneinheiten mit einer durchschnittlichen Klassenstärke von 33 nur ganze 13 Klassenzimmer zur Verfü-

[15] Walther Kluge, aaO., S.46. Ein Bild des Gebäudes, aufgenommen kurz vor dessen Abriß, findet sich im FAWB3, S.19.

[16] Es handelte sich in der damaligen Nummerierung um den Raum 11.

gung.[17] Selbst wenn man jedes der Zimmer durch parallel durchgeführten Vormittags- und Nachmittagsunterricht mit zwei Klasseneinheiten belegte, fehlten noch immer 5 Zimmer. Durch eine zusätzliche Nutzung der Zimmer während Unterrichtsstunden, die in speziellen Räumlichkeiten wie im Falle von Sport, Physik usw. abgehalten wurden, konnte man diesen Fehlbetrag nochmals etwas verringern. Andererseits konnten mindestens zwei der verfügbaren Klassenzimmer nach der zitierten Schilderung nicht als winterfest eingestuft werden, wovon gleich noch ausführlicher die Rede sein wird. Die Lage war daher auch noch im zwölften Jahr nach Kriegsende unhaltbar. Trotzdem wurde die Abhilfe durch einen Neubau über Jahre hin immer wieder verzögert und erst 1955 endlich in Angriff genommen.

In dieser Situation wollten wir in unserer Klasse ein Exempel des sichtbaren Protestes statuieren. Im Februar 1956 herrschte in Franken eine sibirische Kälte mit Temperaturen bis unter minus 20°C. Wie Herr Kluge in seiner Schilderung beschreibt, stand in der Südwest-Ecke des Zimmers ein offen zu beschüttender Kohlenofen. Eines Morgens an einem entsprechend kalten Wintertag gossen wir Wasser in den Ofen, um seine Heizungswirkung zur Verdeutlichung der Situation zu reduzieren, öffneten zusätzlich kurz das Fenster, um die ohnehin mäßige Raumwärme noch weiter zu senken, legten ein Thermometer auf die Fensterbank und zeigten dann dem Lehrer der folgenden Unterrichtsstunde das Meßergebnis: ganze 7°C!

Ich war wohl zu dieser Zeit noch Klassensprecher und kooperierte bei dieser Aktion vor allem mit meinem Kameraden Ralph Beran, dessen juristische Ader schon damals zu pulsieren begann. Mit einem entsprechenden Text sprach er bei der Nürnberger Boulevardzeitung „8 Uhr Blatt“ vor, die (1919 gegründet) als erste derartige Straßenverkaufszeitung Deutschlands gilt und für die heutige Bild-Zeitung mutmaßlich Modell gestanden hat.[18] Für eine solche Zeitung war jeder solche Skandalfall ein gefundenes journalistisches Fressen, bedient sie doch vor allem das starke menschliche Bedürfnis nach Reflexverhalten wie Empörung, Mitleid usw. Sie veröffentlichte erst einen Leserbrief mit der Überschrift *„Hilfe — wir frieren! Unterricht bei minus sechs Grad“*. Auch im Text selbst wird von „minus sechs bis acht Grad“ gesprochen. Irgendjemand hat vor den Betrag noch ein Minuszeichen gesetzt, was die Seriosität der Angelegenheit zusätzlich zum zweifelhaften Niveau der Zeitung weiter belastet hat. Das Blatt ging der Angelegenheit daraufhin mit eigenen Recherchen nach. Die Journalisten haben *„im Beisein des Direktors 9,5 Grad Wärme gemessen.“* Dies und anderes mehr konnten wir dann auf der letzten Seite der Ausgabe vom 23.2.1956 in dem ausführlichen Artikel mit dem provokanten Titel *„Schulkinder —*

[17] Walther Kluge, aaO., S.53.

[18] http://franken-wiki.de/index.php/Abendzeitung_/_8_Uhr-Blatt_(Nürnberg), Zugriff 25.10.2015.

Städtisch oder staatlich? Kompetenzfragen lassen Schüler frieren — Unhaltbare Zustände" lesen.[19] Wir waren natürlich richtig stolz auf eine derartige unerwartete Auswirkung unserer Initiative in aller Öffentlichkeit.

In der Schule herrschte dagegen Empörung und ich wurde ohne genaueres Nachfragen wohl als Hauptschuldiger ausgemacht. Da ein offener Austausch nicht stattfand, erfuhren wir nichts Genaueres. Aber das geänderte Verhalten einiger Lehrer und die spürbare allgemeine Stimmungsverschlechterung deutete auf nichts Gutes hin. Der Direktor sah sich zu einer Stellungnahme in der Zeitung gezwungen, in der er ganz andere Meßergebnisse als diejenigen der Journalisten behauptete.

Dabei dürften wir mit unserer Aktion der Schule durchaus einen Dienst erwiesen haben, dessen Würdigung bis heute aussteht. Denn jeder aufmerksame Zeitungsleser kann es täglich erfahren, daß Politik erst auf öffentlichen Druck hin reagiert, vor allem wenn er von Presseorganen wie dem 8-Uhr-Blatt, der Bildzeitung oder dem Spiegel aufgebaut wird. Die Bemühungen um einen dringend benötigten Neubau hatten sich über mehr als ein halbes Jahrzehnt hin schleppend und erfolglos hingezogen. Erst *„im außerordentlichen Haushalt für 1955 [wurde] eine Summe von 600 000 DM ... eingesetzt ... und am 18. März 1955 wurde mit dem Bau begonnen."*[20] Sicher hat für den Baufortschritt unsere Aktion nicht geschadet, sondern eher war infolge des weiter aufgebauten Drucks das Gegenteil der Fall und der schließlich beeindruckend schöne Bau wurde in Rekordzeit fertiggestellt und am 11.9.1956 feierlich eingeweiht.[21] Es gab auch in der seriösen Zeitung „Nürnberger Nachrichten" (NN) mindestens einen Artikel zu der vorangegangenen desolaten Situation des Gymnasiums.[22]

Warum also hat man uns als Reaktion auf unsere Aktion unter Druck gesetzt statt uns zu loben? Auch dieser Fall hat nach meiner Einschätzung mit dem schon im letzten Fall erneut genannten Ruisinger-Phänomen zu tun, hier in einem komplexeren Kontext. Wir haben uns bei unserer Aktion nicht vom üblichen Verhalten leiten lassen, sondern haben uns stattdessen etwas Eigenes ausgedacht. Die menschliche Gesellschaft fördert

[19] 8 Uhr Blatt, 35.Jhrg., Nr.52, Mittwoch 22.2.1956, S.8. Eine Kopie des Artikels verdanke ich meinem Klassenkameraden Peter Molter.

[20] Walther Kluge, aaO., S.49.

[21] Nürnberger Nachrichten, 12.Jhrg., Nr.214, Mittwoch 12.9.1956, S.11f. Vom Tag der Einweihung hat uns die Chefphotographin der Nürnberger Nachrichten, Frau Gertrud Gerardi, ein schönes Bild von mir zur Verfügung gestellt, das sich im FAWB3, S.50, findet. Mein schwarzer Anzug auf dem Bild dokumentiert, daß ich auch bei der Gestaltung dieser Einweihungsfeier im Orchester mitwirkte, das die Veranstaltung musikalisch umrahmte.

[22] Walther Kluge, aaO., nennt auf S.49 „Photos" in dieser Zeitung, verschweigt aber den 8-Uhr-Blatt Artikel. Entsprechende NN Artikel habe ich nicht recherchiert.

mit starken inneren Kräften das Gruppen- oder „Schwarmverhalten".[23] Ein aus-der-Reihe-tanzen löst reflexartig entsprechende Gegenkräfte aus, die eine überlegte Beurteilung des Verhaltens in der Gruppe unterdrücken. Schüler sind einfach nicht befugt, sich in derartige Prozesse einzumischen. Das ist ausschließlich Sache der Schulleitung. So und nicht anders sind die gesellschaftlichen Regeln (bzw. die Regeln des „Schwarms"). Verstößt einer gegen diese Regeln, mißachtet also quasi den Schwarm, treibt das jedem Verantwortlichen das Blut in den Kopf und es kommt zum Ruisinger-Phänomen, in dessen Verlauf rational unverständliche Reaktionen reflexhaft entstehen. Wie aus dieser Analyse zu erkennen ist, sind besonders nachdenkliche und reflektierende Menschen von diesem Phänomen betroffen, weil Reflexionen in der Regel zu anderem als dem gängigen Verhalten führen. Vor allem legen sie immer wieder auch Fehlverhalten von anderen bloß. Und wer mag schon auf seine Fehler hingewiesen werden?!

Auch wenn ich keine stichhaltigen Beweise dafür vorbringen kann, bin ich davon überzeugt, daß die extreme Verschärfung des Drucks in der damals laufenden siebten Klasse, auf unsere Klasseneinheit und insbesondere auf mich, zumindest auch auf unsere Aktion zurückzuführen ist. Einige unserer Lehrer, obwohl gewiß immer korrekt geblieben, haben wohl durchaus bewußt ihren Spielraum im einen oder anderen Fall im Strom dieser entstandenen Stimmung eher zum Schlechteren hin ausgenutzt. Zum Glück gab es dann eben auch noch diejenigen Lehrer, die sich dieser Strömung reflektierend entziehen konnten. Ihnen verdanke ich das Erreichen des Klassenziels der siebten Klasse, wobei ich nur mutmaßen kann, um welche unserer Lehrer es sich dabei gehandelt hat.

Die hier beschriebene Lebenssituation ist durch zwei entgegengesetzte Aspekte geprägt. Einerseits habe ich durch mein Tun Kräfte in meinem Umfeld ausgelöst, die mein Leben sehr erschwerten. Andererseits war mir das Schicksal dann aber doch noch wohl gesonnen, und ich konnte die damit verbundene Herausforderung schließlich glücklich meistern. Diese so umrissene Lebenssituation, die ich mit *„Erschwernis mit glücklichem Ausgang"* (oder landläufiger auch mit „Glück im Unglück") apostrophieren möchte, hat sich in meinem Leben noch vielfach wiederholt, worauf ich im weiteren Verlauf jeweils zu sprechen kommen werde. Nicht immer war sie, wie im vorliegenden Fall, mit dem Ruisinger-Phänomen verknüpft.

Die hier unter dem Aspekt des Ruisinger-Phänomens beschriebene Aktion ist deswegen noch komplexer als früher beschriebene Beispiele. Denn unsere Aktion wies zusätzlich gezielt auf Versäumnisse hin. Wir Menschen leiden alle unter einer extremen *Fehlerpho-*

[23]Hans Magnus Enzensberger, *Schwärmt ihr noch, oder denkt ihr schon?* http://www.faz.net/aktuell/feuilleton/debatten/frank-schirrmacher-preis-schwaermt-ihr-noch-oder-denkt-ihr-schon-?.html, Zugriff 23.10.2015.

bie. Auch wenn wir uns tausendmal versichern, daß „wir alle Fehler machen“, fällt es im Einzelfall jedem von uns extrem schwer, einen Fehler einzugestehen. Dieses Phänomen tritt verstärkt in dem Fall auf, daß ein Fehler oder Versäumnis einer Gruppe bzw. einem Schwarm als Ganzes unterlaufen ist. Es ist einer solchen Gruppe fast unmöglich, sich irgendwann zu einem solchen Fehler zu bekennen, es sei denn die Umstände legen den Fehler zu offensichtlich bloß. Dazu gibt es in der Geschichte unzählige bekannte Beispiele. Um nur ein einziges aus dieser Fülle anzuführen, das mir als Wissenschaftler der Logik, Informatik und Intellektik besonders nahe steht: Der überragende Wissenschaftler Alan Turing wurde von der Britischen Administration aufgrund seiner Homosexualität verurteilt und unter unsäglichen Umständen 1954 in den Tod getrieben. Erst 55 Jahre später konnte sich der Britische Premierminister Gordon Brown zu einer Entschuldigung durchringen. Eine Begnadigung in Bezug auf die Verurteilung wurde aber immer noch ausdrücklich abgelehnt. Erst 2013 sprach dann die englische Queen eine posthume Begnadigung aus, womit eine formale staatliche Begnadigung vermieden werden konnte.[24] Gruppenverhalten ist in Bezug auf Fehler weitestgehend sakrosankt.

Am Beginn der Schilderungen zu dieser 8-Uhr-Blatt Aktion in Bezug auf die unhaltbaren Raumverhältnisse unserer Schule habe ich wie schon auf S.123 von meiner Rolle als Klassensprecher gesprochen. Sie wurde mir irgendwann von den älteren Semestern in unserer Klasse streitig gemacht. Besonders agierten nach meiner Erinnerung der bereits erwähnte Werner Haygis sowie Hans-Jürgen Stompler gegen mich. Ich habe vergessen, wann das war, wie es ausgegangen ist und wie lange ich diese Funktion formal ausgeführt habe. Eine nicht unmaßgebliche Rolle habe ich in der Klasse so oder so auch weiterhin gespielt, wie beispielsweise im nächsten Abschnitt unter dem Stichwort „Tanzstunde“ ersichtlich sein wird.

Im Teilabschnitt über die sprachlichen Fächer hatte ich (zusätzlich zu den fachlichen) neben der vermuteten und nun ausführlich besprochenen Ursache für das um ein Haar nicht erreichte Klassenziel auch auf die „altersbedingte pubertäre Entwicklungsphase“ als generelle Erklärung hingewiesen. Deren nähere Aspekte werden sich in den Schilderungen im nächsten Abschnitt ergeben. In diesem Teilabschnitt möchte ich nun zum Ausgleich für die beiden eher weniger erfreulichen Geschehnisse Boxkampf und 8-Uhr-Blatt Aktion zwei unvergessene Unternehmungen unserer Klasse nicht unerwähnt lassen, nämlich wunderschöne Klassenfahrten.

Die erste wurde 1955 gegen Ende der sechsten Klasse von unserem damaligen Klassenlehrer Harsch organisiert und zur Unterstützung von einem der netteren Referendare

[24]https://de.wikipedia.org/wiki/Alan_Turing, Zugriff 27.10.2015.

begleitet. Sie markierte den Abschluß der mittleren Reife und führte uns mit einem Bus zuerst nach Rothenburg oT. und dann nach Heidelberg. Den Kopf der sieben Bilder in meinem Album[25] markiert ein Fotoportrait des klugen und von mir bis heute hoch geschätzten Herrn Harsch, das ich wohl im fahrenden Bus aufgenommen habe. Darunter illustriert ein weiteres Bild die fröhliche Stimmung der singenden und entspannten Kameraden im Bus. Eine vollauf gelungene Reise zu dem Ort, der mich später zum Studium anlockte, wozu diese Reise vielleicht auch einen gewissen Anreiz beigesteuert hatte.

Die zweite unvergeßliche Klassenfahrt führte uns zur Markierung des bestandenen Abiturs 1958 in die österreichische Metropole Wien. Sie ist in meinem Fotoarchiv mit 37 Diapositiven dokumentiert. Unter diesen Bildern ist keines, das die verantwortliche Lehrkraft sowie alle Teilnehmer zeigt. Meine dunkle Erinnerung sagt mir, daß uns dabei der bereits oben genannte Zeichenlehrer Weigand[26] gemeinsam mit einer oder zwei Referendarinnen betreut hat. Letztere sind auf den Bildern zu sehen,[27] ohne sie damit namentlich identifizieren zu können. Die Reise führte uns erst nach Passau und von dort mit dem Schiff durch die Wachau nach Wien. Die beeindruckenden Bilder von der Schiffsreise zeigen nicht nur die Schönheiten der die Donau umgebenden Landschaften und Baudenkmäler, sondern auch glückliche junge Menschen, die eine wichtige Etappe Ihres Lebens hinter sich gebracht haben und nun nachdenklich in eine verheisungsvolle Zukunft schauen. Im Gegensatz zur Reise nach Heidelberg, bei der wir alle noch in kurzen Hosen zu sehen waren, sind wir auf der Wienreise schon richtig erwachsen gekleidet, teilweise sogar mit Krawatte.

In Wien selbst haben wir so gut wie alles Sehenswerte inspiziert, von der damals noch vom Verkehr durchflossenen Innenstadt, über die verschiedenen Schlösser bis hin zu Grinzing und dem Prater. Auch die Oper L'Orfeo von Claudio Monteverdi haben wir in einer beeindruckenden Freilichtaufführung am Schloß Schönbrunn erleben dürfen. Die Tour war insgesamt exzellent zusammengestellt und hat uns alle sehr beeindruckt. Inzwischen waren wir auch in einem Alter, in dem der Blick von jedem hübschen Mädchen oder jeder jungen Frau angezogen wurde, weshalb einige meiner Bilder auch Wiener Damen abgebildet haben. Dabei alberten wir noch immer eher kindisch herum, charakterisierten beispielsweise jedes entgegenkommende Mädchen in Klassifikationen wie „Häbu“ (für Hängebusen) oder „steBu“ (für stehender Busen), begleitet von entsprechendem Gekicher. Die meisten von uns waren zu jener Zeit noch völlig unerfahrene Jünglinge. Mit dem Zug ging es nach

[25]FAWB3, S.14f.

[26]In der Fußnote 11 wurde davon berichtet, daß Weigand eine Kopie des Dürerschen Altarbildes angefertigt hat, dessen Original in Wien hängt. Vielleicht ist ihm die Idee zur Anfertigung der Kopie anläßlich unserer Reise und seiner möglicherweise damals erfolgten Inaugenscheinnahme des Originals gekommen.

[27]Siehe zB. Bild 7 in der genannten Sammlung von Diapositiven.

einer herrlichen Woche wieder in die Heimat zurück. Wie nach Heidelberg, dem Ziel unserer ersten Reise, hat es mich später auch zu dem Ziel dieser zweiten Reise nach Wien mehrfach wieder hingezogen.

Neben den von der Schule organisierten Reisen und Veranstaltungen fanden wir uns als Klassenkameraden auch zu selbstorganisierten Aktivitäten zusammen. Von einer Fahrradreise in die Fränkische Schweiz werde ich im nächsten Abschnitt kurz erzählen. Unvergessen ist auch ein Wochenende etwa 1957 gemeinsam mit ein paar Klassenkameraden[28] in einem Ferienhäuschen im mittelfränkischen Roßtal, das den Eltern[29] von Reinhard Wilhelm gehörte, der bei uns nur unter dem Namen Kuno firmierte. Wir versorgten uns dort so gut mit Bier, daß wir quasi die ganze Nacht hindurch karteln und zechen konnten. Da einerseits Alkohol zur damaligen Zeit bei weitem noch keine so gängige Rolle spielte wie heute und andererseits auch Übernachtungen bei Kameraden damals so gut wie nicht vorkamen, ragt diese fröhlich durchzechte Nacht in besonderer Weise aus dem sonstigen Geschehen heraus.

Am Vorabend der Überreichung der Abiturzeugnisse wollten wir es noch einmal so richtig krachen lassen. Wir trafen uns zu einem gemeinsamen Zusammensein in irgendeiner Kneipe in der Nähe unserer Schule. Und wie das dann bei solchen Feiern gehen kann, war eine Reihe von uns auch danach noch nicht geneigt, nach Hause zu gehen. Wir fanden uns in einer Bar zu einem Absacker ein. Dort begegneten wir zufällig dem Vater von Klaus Busse aus der Parallelklasse 9c. Der Mann war so glücklich über den Erfolg seines Sohnes, daß er uns einen Kognak nach dem anderen aufredete und großzügig spendierte. Wie ich angesichts des sich daraus ergebenden Zustandes nach Hause gekommen bin, weiß ich nicht mehr. Die Spuren dieser nächtlichen Ausschweifung sind auf dem Klassenbild nicht nur bei mir noch deutlich zu sehen, das nach der offiziellen Abiturfeier und der Aushändigung der begehrten Dokumente tagsdarauf geschossen wurde. Dieses Bild zeigt 26 Schüler, die Lehrer Bittner und Steubl sowie den seit 1957 neu amtierenden Direktor Dr. Georg-Karl Bauer.[30]

Danach ging jeder von uns Schülern seinen eigenen Weg in die Zukunft. Nach meiner Kenntnis war jeder von ihnen auf seine Weise erfolgreich, was auch für diejenigen gilt, die das Abitur erst ein oder zwei Jahre später erreichten oder schon früher die Schule verlassen hatten. Die von Peter Molter geführte Liste umfaßt 38 Namen von diesen al-

[28]Neben Kuno und mir war mindestens noch Hans Reichinger dabei, der bei uns unter dem Spitznamen *Pfosch* firmierte.

[29]Bei dem Vater handelte es sich um den Architekten Hans Albert Wilhelm, unter dessen Leitung beispielsweise das Hotel Deutscher Hof nach dem Krieg wieder aufgebaut wurde (s. https://de.wikipedia.org/wiki/Deutscher_Hof_(Nürnberg), Zugriff 5.12.2015).

[30]FAWB3, S.52 sowie Kopie mit Unterschriften S.46.

len, von denen inzwischen elf gestorben sind.[31] Neun von ihnen, also etwa ein Viertel, haben den Dr.-Titel erworben. Sechs ergriffen unterschiedliche Ingenieursberufe. Sieben haben die juristische Laufbahn eingeschlagen, davon fünf Anwälte, ein Richter und ein Gerichtspräsident. Vier wurden Studienräte (2 Neuere Sprachen, je 1 Mathematik/Physik bzw. Musik). Drei Kaufleute, drei Naturwissenschaftler, ein Theologe, ein Mediziner, ein Förster und ein Grundschulrektor komplettieren das Bild von denen, über deren Weg mir Informationen zugänglich sind. Unsere Schule kann wahrhaftig stolz auf diesen nachhaltigen Erfolg sein!

Ich habe am Beginn dieses letzten Teilabschnitts die Schule als „Kleingesellschaft" bezeichnet. Ein Klassenverband, der teilweise neun Jahre lang nahezu täglich einige Stunden gemeinsam durchlebt hat, schafft eine Gruppenverbundenheit innerhalb dieser Kleingesellschaft, wie sie sich später im Leben kaum ein zweites Mal bilden kann. Trotzdem haben wir uns als Gruppe dann doch zwei Jahrzehnte lang nicht mehr gesehen und erst von da an alle fünf Jahre ein Klassentreffen veranstaltet. Zu weitgestreut, vielfältig und unterschiedlich hatten wir uns in der Zwischenzeit weiterentwickelt. Mit einzelnen der Schulkameraden hat es aus unterschiedlichen Gründen jedoch teilweise intensive Kontakte gegeben, wobei die Klassengrenzen durchaus auch überschritten wurden. Tatsächlich hatte ich eine Reihe solcher Kontakte mit Kameraden aus den — insgesamt bis zu vier — Parallelklassen, von denen dann später an entsprechenden Stellen die Rede sein wird.

3.2 Jugendzeit

Wie am Beginn des vorangegangenen Abschnitts gesagt, war Schüler zu sein meine Hauptrolle bis zum Abitur, gewissermaßen meine *Pflicht*rolle. Aber schon im letzten Kapitel wurde deutlich sichtbar, daß ich mich nicht in eine einzige Rolle einengen lassen wollte. Wenn auch die Pflicht erfolgreich absolviert werden mußte, so muß immer auch für die *Kür* noch genügend Raum bleiben. Diese Maxime hatte ich mir schon in meiner Kindheit intuitiv zum Leitbild gemacht. In diesem Abschnitt wird es also um mein Leben außerhalb der Schule bis zum Zeitpunkt des Abiturs gehen.

Wie schon in den ersten Jahren der Gymnasialzeit setzte ich auch in deren späteren Jahren meine überlegt und gezielt ausgesuchten und intensiv betriebenen Aktivitäten fort. An erster Stelle stand hierbei weiterhin der professionelle Geigenunterricht am Konservatorium bei Willi Horváth. Zu seinen Gunsten hatte ich mit der Zeit die Beschäftigung

[31] Stand 2.10.2016

mit den anderen im Abschnitt 2.5 genannten Instrumente (Klavier, Tenorhorn, Gitarre, Akkordeon, Flöte) nach und nach weitgehend aufgegeben.

In dem soeben genannten Abschnitt habe ich auch die damals erstandene Kamera erwähnt. Wie immer bei meinen Vorhaben genügte mir dabei auch hier nicht einfach das Knipsen von Bildchen. Vielmehr absolvierte ich einen Kurs bei Photo-Porst, in dem nicht nur der richtige Umgang mit der Kamera sondern auch Grundsätze der Bildgestaltung behandelt wurden. Zu jedem Bild finden sich danach für einige Zeit in den Filmhüllen zu jedem Bild genaue Angaben über die verwendeten Belichtungszeiten und Blendeneinstellungen sowie Tageszeit etc. Meine seither von mir gestalteten Photoalben sowie die ab 1955 erstellte Sammlung von Farbdiapositiven dokumentieren den künstlerischen Anspruch, den ich mir beim Photographieren seither gestellt habe.[32] Bald durfte ich dafür auch die Leica-Kamera meines Vaters mitbenutzen.

Ich kaufte mir für einige Zeit die Hefte der Zeitschrift „Leica", um meine photographischen Fähigkeiten noch weiter zu verbessern. Sie schrieb in einem der Hefte einen Wettbewerb für Aufsätze zu freigewählten Themen aus. Meine Einreichung gewann tatsächlich einen Geldpreis. In meinem Aufsatz kontrastierte ich das Knipsen der Massentouristen mit der individuellen Bildgestaltung. Die Massentouristen mit der Kamera vor der Nase verglich ich darin mit Nashörnern. In gewisser Hinsicht handelt es sich auch damals schon um den gleichen Appell wie dem, der mit dem vorliegenden Buch verknüpft ist. Denn auch das übliche Knipsen erfolgt reflexhaft, während eine künstlerische Bildgestaltung detaillierte Beobachtungen der und bewußtes Einfühlen in die abgebildete Realität und die dafür erforderlichen Reflexionen erfordern.

Selbst die Verwirklichung dieses künstlerischen Anspruchs hat mir noch nicht ausgereicht. Ich wollte meine Filme nicht einfach zum Entwicklungslabor geben, sondern selbst erlernen und verstehen, wie aus dem belichteten Film ein Bild entsteht. Mit anderen Worten, ich wollte die ganze Kette von der Realität über die Abbildung bis hin zur Bildgenerierung verstehen. Also absolvierte ich hierzu einen weiteren Kurs über Film- und Bildentwicklung.

Natürlich wollte ich das dann auch praktisch ausprobieren. Dazu erinnere ich an das im Abschnitt 2.4 bereits erwähnte Zimmer im Hinterhaus unseres Anwesens, an das sich eine Art Küchenraum anschloß. Dieses wurde von mir zum Photolabor mit entsprechender

[32] Erwähnt seien aus meiner Sammlung von Diapositiven eine Reihe von schönen Bildern mit Herbst- und Wintermotiven aus den Jahren 1956/1957.
Für die ab diesem Zeitraum erstellten Bilder sind jeweils auch noch die zugehörigen Negativfilme, nummeriert von 1 bis 38 und darauf folgend weitere ohne Nummerierung, in meiner „Filmesammlung" vorhanden. Zu einzelnen Filmen gibt es in dieser Sammlung auch Kontaktabzüge. In dieser Sammlung finden sich auch eine Reihe bislang nicht entwickelter bzw. vergrößerter Bilder.

Ausstattung und der Möglichkeit zur Verdunkelung hergerichtet. Alles in diesem „Labor“ war angesichts sehr beschränkter finanzieller Möglichkeiten recht primitiv. Gleichwohl war es für mich ein beeindruckendes Erlebnis, Photopapier durch einen Film zu belichten und danach auf dem noch weißen Papier das langsame Auftauchen eines Bildes in der Schale mit der Entwicklungsflüssigkeit zu erleben. Kein Physik- oder Chemieunterricht konnte an den außerordentlichen Lerneffekt herankommen, den dieses selbständige Experimentieren erzielte. In dieser Art von autonom und alles andere als oberflächlich betriebenen Aktivitäten sehe ich die Wurzel meiner späteren Erfolge in der Wissenschaft. Sie bestärkten mich zudem in meiner Eigenständigkeit, unabhängig von Eltern, Lehrern, Klassenkameraden ua., was meine Rolle außerhalb des üblichen Schwarmverhaltens dann natürlich entsprechend anspruchsvoller gestaltete.

Wie bereits im letzten Abschnitt erwähnt, habe ich in der Schule Stenographie erlernen können. Das Vorbild meiner bei Gelegenheit maschinenschreibenden Mutter überzeugte mich davon, daß die Beherrschung auch dieser Fähigkeit unausweichlich sei. Ich belegte daher einen weiteren Abendkurs für Maschinenschreiben, das ich dann ein Leben lang nach dem gängigen System gut beherrscht habe, worüber ich bis zu diesem Moment sehr froh bin, in dem ich diese Zeilen tippe.

Mein in all diesen Aktivitäten zum Ausdruck gebrachter Wille zu möglichst autonomer Gestaltung meines Lebens mußte sich natürlich frühzeitig auch mit der Notwendigkeit möglichst rascher Fortbewegung befassen. Deshalb legte ich schon mit 14 Jahren großen Wert auf den Erwerb eines möglichst guten Fahrrads, wovon ich im Abschnitt 2.5.2 bereits berichtet habe. Die fünfziger Jahre brachten uns dann den Aufschwung der Motorisierung, von dessen ansteckendem Fieber auch wir Jugendliche erfaßt wurden. Da meine Mutter im Rahmen ihrer im Abschnitt 2.5.3 erwähnten Tätigkeit als Vermieterin eines 2-Familienhauses in Roth immer wieder einmal dort tätig werden mußte und dies auch mit Besuchen in ihrem Heimatort Georgensgmünd verband, entschloß sie sich zum Kauf eines Mopeds, mutmaßlich ohne das Einverständnis ihres Mannes vorher zu erfragen. Für ein Auto waren unsere Finanzen zu jener Zeit noch nicht üppig genug. Da ich mit 16 Jahren ohnehin noch nicht Auto aber bereits Moped ohne jegliche Prüfung fahren durfte, war ich über diesen Entschluß höchst glücklich. Die Wahl fiel auf die Vicky von Victoria, die damals als „Deutschlands gelungenstes Moped“ galt.[33]

Meine Mutter machte mir natürlich nachdrücklichst klar, daß es sich um ihr und nicht um mein Moped handelte. Aber welche Mutter kann schon ihrem Sohn Bitten abschlagen?! So erschloß sich für mich die neue und faszinierende Welt der motorisierten Be-

[33] http://www.klassik-fahrzeug-service.de/victoria.html, Zugriff 28.10.2015.

wegung. Ich kurfte nicht nur auf den Straßen unserer Stadt herum, sondern genoß auch die Gerätebeherrschung im Wald des Schmausenbucks, wo es in gewagten Schleifen zwischen den Bäumen auf waldigem Boden hinauf und hinab ging. Von solchen gelegentlichen Eskapaden durfte meine Mutter natürlich nichts erfahren. Und einmal hat es mich auf glattem und leicht abschüssigem Kopfsteinplaster auch flachgelegt, als ich die Kurve von der Pfarrgasse in den Unteren Bergauerplatz in besonderer Eile einfach zu schnell durchfahren wollte. Ich hatte aber Glück und es ist nichts Erwähnenswertes dabei passiert. Um keinen falschen Eindruck zu erwecken sei betont, daß mein normales Fortbewegungsmittel bis zum Abitur das Fahrrad blieb und die Vicky mir nur in Ausnahmefällen zur Verfügung stand.

Mit den vielfältigen, im Abschnitt 2.5.2 beschriebenen und in dem hier fokussierten Lebensabschnitt weitergeführten Aktivitäten blieb mein Körper in ausreichender Bewegung und in guter Kondition. Anders als in meiner Kindheit hatte sich meine Gesundheit entsprechend auch stabilisiert, wofür ich als zusätzlichen Grund zudem die gewachsene Einsicht in das körperliche Geschehen und in die Ursachen von Erkrankungen vermute. Denn mir war durch die auf Seite 143 beschriebene lange Krankheitsphase die eigene Verantwortung für einen gesundheitsfördernden Umgang mit dem eigenen Körper mehr als klargeworden. Der Auslöser jener Krankheit hätte damals nämlich höchstwahrscheinlich vermieden werden können. Damals war ich nämlich durch den winterlichen Schmausenbuckwald gejoggt, kam dabei gehörig ins Schwitzen und begegnete unpassenderweise Herrn Pähler, vor dem ich einigen Respekt empfand. Er verwickelte mich in ein längeres Gespräch, was meinen wärmenden Lauf jäh unterbrach, sodaß ich nach dem Schwitzen verständlicherweise zu frieren begann, was ich mir aber nicht anmerken lassen wollte. So wurde ich stark unterkühlt, die ideale Voraussetzung für eine nachfolgende Erkältung. Während der wochenlangen Krankheitsphase konnte ich mir den ursächlichen Zusammenhang meiner Krankheit mit diesem Verhaltensfehler klarmachen und für die Zukunft die entsprechenden Lehren daraus ziehen. So vermute ich, daß meine von da an wesentlich robustere Gesundheit auch auf meine so erworbene tiefere Einsicht zurückzuführen war. Gesundheit ist in diesem Sinne zu einem gewissen Grad durchaus erlernbar. Nur noch einmal in diesen Jahren erkrankte ich und zwar an einer Mandelentzündung, weshalb mir dann die angeblich geschädigten Mandeln entfernt wurden.

Zu den genannten körperlichen Aktivitäten gehörten neben dem Fahrradfahren als täglichem Transportmittel auch weiterhin Spaziergänge mit unserem Schäferhund, erst mit der im letzten Kapitel mehrfach erwähnten Hala und nach deren Tod mit dem Rüden Blitzi, wiederum ein Schäferhund, sowie wochenendliche Wanderungen mit meinen Eltern.[34] Mit meinen beiden Klassenkameraden Ralph Beran und Rainald Dumrath radelten wir im Sommer 1954 für einige Tage durch die schöne Fränkische Schweiz und besuchten dort eine Reihe von Sehenswürdigkeiten wie beispielsweise die Höhle von Pottenstein.[35] Weiterhin praktizierte ich regelmäßig Tennis, auch mit gelegentlichen Unterrichtsstunden. Schwimmen war im Sommer auch in diesen Jahren immer beliebt, nun zusätzlich auch im Hinblick auf die sich in den besuchten Bädern, wie dem damaligen Clubbad in Zabo oder dem Naturgartenbad Erlenstegen, tummelnden Mädchen.

Tanzstunde

Mit „Mädchen" ist ein wichtiges Stichwort für eine weitere Aktivität zugunsten von Körperbeherrschung gefallen: dem Tanzen. Ohne einen Tanzkurs ins Leben zu treten, war damals noch völlig undenkbar. Also galt es auch hierfür die richtigen Weichen zu stellen und Initiativen zu ergreifen. Wie immer kam aus meiner Sicht nicht irgendeine Tanzschule in Frage, vielmehr mußte es auch hier etwas Besonderes sein: wir meldeten uns für einen Kurs bei der Tanzschule Krebs am Ritterplatz 4 in Nürnberg an, der am 6.12.1955 begann. Um zu verstehen was daran Besonderes sein soll verrate ich, daß das Ehepaar Paul und Margit Krebs[36] allein in den Jahren 1950–1955 jedes Jahr ohne Ausnahme jeweils den ersten Platz bei den deutschen Meisterschaften im Standardtanz gewonnen haben. 1954 errangen sie zudem einen zweiten Platz bei den Europameisterschaften im Standard- und Lateintanz und 1958 wurden sie weltbestes Wiener-Walzer-Paar. Die nach über 130 Jahren in Familientradition heute noch immer bestehende Schule gilt zudem als die älteste und traditionsreichste deutsche Ausbildungsstätte für Tanzlehrer.[37]

Der Kurs bestand aus 22 Herren und 22 Damen. Gut die Hälfte der Herren kam aus unserer Klasse. Wir haben den Kurs und seine Organisation auch maßgeblich geprägt, weshalb er als „Realgymnasium 7. Klasse" bezeichnet war. Es wurde ein Kursvorstand gebildet mit mir als erstem und Herbert Geiß als zweitem Vorstand. Obwohl mein Wachstum damals noch etwas hinterher hinkte und ich daher zu den Kleineren gehörte, wurde

---

[34] In FAWB3 finden sich auf S.5 Bilder von einer Wanderung über Egensbach und auf S.16 sowohl Blitzi als auch eine Wanderung in der Region von Gräfenberg mit Tante Lisl, die nach dem Tod des Großvaters öfter bei uns zu Besuch weilte. Ein schönes „Portrait" des Hundes findet sich auf dem Diapositiv 7 „Weihnacht 1955", zwei weitere Bilder von ihm im Schnee unter „Fasching 1958". Die hier und auch später genannten Diapositive finden sich in einem Piccolo-Koffer in meinem Archiv.

[35] FAWB3, S.7f.

[36] FAWB3, S.29, zeigt ein signiertes Bild dieses Paares in Aktion.

[37] http://franken-wiki.de/index.php/Paul_Krebs, http://www.tanzzentrum-krebs.de/, Zugriff 30.10.2015.

mir auch in diesem Kontext — wie schon als Klassensprecher — eine Führungsrolle anvertraut, die in dem folgenden Gedicht charakterisiert wird.[38]

Der 1. Vorstand

Verstand ist's, was den Wolfgang leitet,
Wenn er einmal was vorbereitet.
Ist er auch klein, er hat was drauf
und steuert planend den Verlauf.
Er meistert alle Feste schmissig,
Nie fällt er aus, nie ist er bissig,
Organisiert wie schier kein Zweiter —
Er ist der wahre Wegbereiter.
Denn er ist nett und pfiffig auch,
So recht für unsern Hausgebrauch.
Die Dame seiner Wahl Brigitte
kennt sicherlich die Ullsteinschnitte.
Sie paßt zu ihm schon von Natur,
Denn sie ist zierlich von Statur.
Im Fasching war sie aber groß
Als Chinagirl, fesch und famos.
Sie machte wie ein jeder weiß
Mit ihrem Chic den ersten Preis.
Die Flasche Wein, die sie gewann
In unseres Wolfgang Gurgel rann.
Drum lebe hoch der Vorstand Bibel !
Das nächste Mal gibt's Sekt in Kübel.

Das Gedicht ist unserer 20-seitigen, auch aus heutiger Sicht sehr bemerkenswerten Tanzstundenzeitung entnommen, die zum Abschluß des Kurses im März 1956 erschienen ist.[39] Es gesteht mir schon damals ein Organisationstalent zu, das ich bis heute vielfach unter Beweis stellen konnte. Schon die Zusammensetzung der männlichen Kursteilnehmer läßt meine Handschrift erkennen, denn neben den Klassenkameraden waren gute Bekannte von mir unter den Teilnehmern wie beispielsweise der schon mehrfach genannte und in unserem Haus aufgewachsene Maxi (Schmidt) oder der ebenfalls schon genannte Cellist Dieter Meßlinger aus unserem Schulorchester. Die Mädchen haben sich damals selbst angemeldet und konnten unter verschiedenen Kursen beispielsweise anhand von deren Bezeichnungen selbst einen auswählen.

Die Paarung der Kursteilnehmer erfolgte in einem eher archaischen Akt. Männlein saßen auf einer Bank am einen Ende des Saales, Weiblein auf einer Bank am anderen Ende. Der Saal hatte eine Länge von vielleicht 10 Metern. Nach der Aufklärung über die Spielregeln rannten auf ein Signal des Tanzlehrers hin die 22 männlichen Teilnehmer los, um noch vor möglichen Konkurrenten bei ihrer Dame der Wahl mit einer artigen Verbeugung diese um ihre Zustimmung zur Tanzpartnerschaft zu bitten. Dabei ergaben sich natürlich ein unwürdiges Gerangel und sogar Stürze, überdies auch bittere Enttäuschungen,

[38]Bei den im Gedicht genannten Ullsteinschnitten handelt es sich um eine Anspielung auf die vom Ullstein Verlag mit dem Slogan „sei sparsam, Brigitte, nimm Ullstein-Schnitte" verbreiteten Schnittmuster. http://www.ullsteinbuchverlage.de/aktuelles/themenschwerpunkte/ullstein-geschichte.html, Zugriff 30.10.2015.

[39]Ein Exemplar befindet sich als Anlage im FAWB3.

mutmaßlich auf beiden Seiten. Meine Tanzpartnerin wurde die im Gedicht erwähnte Brigitte Frauenknecht, ein apartes und sehr nettes Mädchen, deren Wahl ich nicht bereut habe. Über mehr als die Tanzpartnerschaft wurden zwischen uns keinerlei Andeutungen ausgetauscht.

Der Unterricht war in Bezug auf das Tanzen wohl tatsächlich hervorragend. Aber auch Verhaltensregeln versuchte man uns nahezubringen, wobei damals noch das alte Rollenbild von Mann und Frau unangetastet tradiert werden sollte. Neben den wöchentlichen Stunden jeweils am Dienstag abend organisierten wir während der Faschingszeit in der Gaststätte Valznerweiher ein sehr gelungenes Kränzchen in Faschingskostümen.[40] Zum näheren Kennenlernen fanden sich einige Kursteilnehmer auch zu einer Schlittenpartie am Schmausenbuck ein. Gelegentlich trafen wir uns auch in der Bar Maxim zur weiteren Festigung unserer erlernten Tanzschritte. Dann gab es noch einen sogenannten Cottilon, nämlich die letzte Tanzstunde mit aufgelockertem und vielfältigem Tanzprogramm. Der Höhepunkt war dann der Abschlußball am 23.3.1956 in den Buchersälen, die sogenannte Assemblee.[41] Beim letzteren fand ein Preistanzen statt, bei dem meine Partnerin und ich den ersten Platz belegten, wie es das Gedicht beschreibt. Mit diesem Kurs war eine damals noch entscheidende Tür in die Welt des anderen Geschlechts geöffnet worden; denn wer nicht tanzen konnte, hatte echt schlechte Karten bei den Damen.

An der Organisation waren von meinen Klassenkameraden allen voran Peter Molter sowie Herbert Geiß und Ekke Schneider unter meiner Koordination beteiligt. Wir haben den Kurs initiiert und alle Aktivitäten außerhalb der Tanzstunde wie vor allem das Kränzchen organisiert und dabei bestens zusammengearbeitet. Zum Abschluß haben wir die genannte Zeitung herausgebracht, in der keiner der mutmaßlich auch von weiteren Teilnehmern stammenden Beiträge namentlich gekennzeichnet ist und in der ich wie folgt charakterisiert wurde.
„Bibel, Wolfgang: leicht arrogant, — handelt nach dem Motto: wer angibt hat mehr vom Leben, — verdientsvoller erster Vorstand mit viel Geist und Witz. — Gute Berufsaussichten als Parlamentsredner.“

Mein Engagement für diesen Tanzkurs hat mich zweierlei für mein ganzes Leben gelehrt. Erstens, wenn Du dazu taugst, dann kannst Du das Geschehen für alle vorteilhaft beeinflussen (in diesem Fall: für alle Teilnehmer wurde es dadurch ein besonders erinnerungswürdiges Erlebnis). Dein Lohn dafür ist lediglich der Erfolg und die Stärkung, die Du daraus für Dein Leben in der Zukunft ziehst. Dazu mußt Du Dich auf das Vorhaben voll konzentrieren, während die anderen irgendwelchen Vergnügungen nachgehen und

[40] FAWB3, S.17, sowie Diapositiv 12 „Weihnacht 1955“.
[41] FAWB3, S.18.

gleichwohl den Nutzen davon mitbekommen. Die darauf verwendete Konzentration steht dann allerdings nicht für anderes zur Verfügung, da unsere Kapazitäten immer endlich sind.

Ein solcher Einsatz kann daher an anderer Stelle zu Nachteilen führen, wie ich bitter erfahren mußte und was meine zweite Lehre daraus war. Denn im Abschnitt 3.1 nannte ich als weitere Erklärung für das schlechte Abschneiden in der siebten Klasse noch die „altersbedingte pubertäre Entwicklungsphase". Jeder wird verstehen, daß die aufregende Zeit der ersten Tanzstunde mit den ersten bewußten Berührungen von jungen Damen eine erhebliche Ablenkung eines Jünglings beispielsweise von dessen schulischen Verpflichtungen darstellt. Aber diese Erfahrungen stehen an Bedeutung für das Leben den schulischen Aufgaben nicht nach, eher im Gegenteil. Wenn man dann so gestrickt ist wie ich, dann fordert eben auch eine solche Phase den vollen Einsatz. Daß dann die schulischen Leistungen vorübergehend nachlassen, ist eine unvermeidliche Folge.

Deshalb wünschte ich, daß heutige und künftige Lehrer für eine vergleichbare entwicklungsgeprägte Situation mehr Verständnis als damals die meinigen aufbringen und Schüler in einer solchen Phase nicht in derart demütigender Weise unter Druck setzen, wie das bei mir geschehen ist, auch wenn es dann für mich doch gerade noch gut ausgegangen ist. Um die Fäden zusammenzuführen, sei noch auf die damaligen zeitlichen Koinzidenzen hingewiesen. Unser oben erwähntes Tanzkränzchen fand nämlich in genau den Wochen unserer Aktion in der Schule statt, die zu dem ausführlich beschriebenen 8-Uhr-Blatt Artikel geführt hatte. Beides waren nur unterschiedliche Ausdrücke unseres erwachenden Selbstbewußtseins. Ich bin daher froh darüber, daß wir diese Phase gegen die dadurch ausgelösten Widerstände mutig doch so bewußt ausgelebt haben.

Im bisherigen Text habe ich bereits an mehreren Stellen meine ausgeprägte Neugier nach einem tieferen Verständnis des Geschehens in dieser Welt illustriert. Das Tanzen kann diesen Charakterzug ein weiteres Mal verdeutlichen. Der erste Tanzkurs brachte so viele verwirrende Ablenkungen, wie den ersten bewußten körperliche Kontakt zum anderen Geschlecht, die organisatorischen Herausforderungen in der Rolle des Vorstands usw., daß die Konzentration auf das Tanzen an sich dabei für mich nicht ausreichend zur Geltung kommen konnte. Deshalb nahm ich im darauf folgenden Jahr an einem weiteren Tanzkurs für Fortgeschrittene, selbstverständlich wieder in der Tanzschule Krebs teil. Dessen Teilnehmer fanden sich nicht mehr wie beim ersten Kurs vorwiegend organisiert, sondern aus der großen Schar von Schüler|inne|n dieser Schule aufgrund deren Interesses an einer Vertiefung ihres Könnens zusammen.

Von den teilnehmenden Mädchen suchte ich mir Annelie als Tanzpartnerin heraus, die in der Johannesgasse 55 (oder auch daneben) wohnte. Ihren Nachnahmen habe ich vergessen, nicht aber ihren freundlichen Charme. Wir haben auch außerhalb der Tanzstunde gelegentlich etwas unternommen.[42] Beispielsweise war ich mit ihr zu einer Einladung bei der Familie Krügel, den Besitzern von Möbel-Krügel in Stein b. Nürnberg, deren Tochter offenbar mit Annelie im Kontakt war. An das steife Treffen, bei dem sich zwei blasierte Studenten aus Erlangen in Szene setzten, habe ich eher keine gute Erinnerung. Bei all diesen Gelegenheiten blieben wir beide auf freundlicher Distanz, auch wenn das beim Verabschieden vor der Haustüre nicht immer ganz leicht war, da sie wohl nicht ungerne auch einmal geküßt hätte werden wollen. Sollte bei ihr aber nicht sein. Immerhin ertanzten wir uns beim Assemblee dann im besten Einvernehmen unter den teilweise recht professionellen Tanzpaaren immerhin noch einen 5ten Platz.[43] Danach hat sich der Kontakt zu ihr verlaufen. Auch hat sich mein Interesse am Tanzen in der Folgezeit eher auf dessen Rolle als Mittel zum Zweck reduziert.

Englandkurs und Fahrschule

Zwischen diesen beiden Tanzkursen lag ja mehr als ein halbes Jahr Zeit. Für den wißbegierigen Wolfgang war dies zu lange, um neben seinen sonstigen Verpflichtungen nicht mindestens zwei weitere größere Lernprojekte unterbringen zu können. Das erste davon bestand im August 1956 in einer schon weiter oben erwähnten vierwöchigen Reise nach England, das wir mit Zug, Schiff und Bus erreichten. Sie wurde veranstaltet vom Christlichen Verein Junger Männer (CVJM) und geleitet von Herrn Dr. Josef Neumüller und Fräulein von Lengerke, zwei Gymnasiallehrer für Englisch, und umfaßte 42 Teilnehmer|innen im Alter von 16–18 Jahren. Ihr Ziel war, den Teilnehmer|inne|n Kurse in Englischer Sprache zu bieten und die Kultur Englands näherzubringen. Wir wurden in Familien untergebracht, die in Croydon, südlich von London wohnten. Der Unterricht fand in den dortigen Räumlichkeiten der Young Men's Christian Association (YACM) statt. Von dort aus unternahmen wir dann viele Ausflüge und Besichtigungstouren in die nähere und fernere Gegend im südlichen England. Es handelte sich um ein ausgezeichnetes und ausgezeichnet durchgeführtes Konzept, das mir sicher mehr gebracht hat, als ein Jahr Unterricht in Englisch.

Englisch hatte sich durch unseren Aufenthalt für mich von einem Buchfach, schlecht vertreten durch eine trockene Lehrkraft, zur lebendigen Sprache eines beeindruckenden

[42] FAWB3, S.29.
[43] FAWB3, S.29.

Landes und seiner Menschen gewandelt, wodurch mein Interesse geweckt wurde. Es war daher auch kein Zufall, daß ich mich von der „5“ in der siebten sofort wieder auf eine „3“ in der achten Klasse verbessern konnte. Sicher hat dieser Studienmonat auch viel dazu beigetragen, daß ich später diese Sprache nahezu perfekt beherrschen konnte. Auch für die Fähigkeit, sich in einem fremden Land und vor allem in einer pulsierenden Metropole wie London zurechtzufinden, war durch diesen Aufenthalt ein Grundstock gelegt worden, der mir bei meinen unzähligen späteren Reisen nach London oder anderen Städten in England ebenso wie in viele andere Orte überall in der Welt wertvolle Dienste geleistet hat.

Unter den Teilnehmer|inne|n waren Ursula und Peter Regelein, die Kinder eines Kollegen meines Vaters. Zusammen mit einer Freundin von Ursula haben wir uns als Gruppe innerhalb der Teilnehmer|innen eng zusammengefunden und in der reichlichen Freizeit vieles auf eigene Faust unternommen. Mit Peter wohnte ich in der Raymead Avenue in Croydon im typisch englischen Reihenhaus bei einer Familie mit einem etwa 4-jährigen Sohn Cliphe. Wir beide sind bestens miteinander ausgekommen und wurden von der Gastgeberfamilie freundlich betreut und englisch verköstigt, die dafür von der Organisation wohl auch ein Entgeld bekam. Das offizielle Programm umfaßte mehrere Stunden Unterricht an den Werktagen. Ausgiebig haben wir daneben die Sehenswürdigkeiten in der London City besichtigen können. In eigens organisierten Busreisen haben wir unzählige Orte in der Umgebung von London besichtigt, darunter Salesbury, Stonehenge, Hampton Court, Windsor, Eton, Canterbury und Oxford. Von all dem sind Bilder in fast 80 Diapositiven in meiner Sammlung festgehalten. Zudem gab es in der lokalen Zeitung einen Artikel mit Bild anläßlich eines Empfangs durch den Bürgermeister von Croydon, Councilor Donald Stewart. Auf dem Bild steht Wolfgang natürlich direkt neben dem Bürgermeister, den aber Ursula verständlicherweise mehr zu beeindrucken vermag.[44]

An einem Sonntag machte sich unsere Vierergruppe per Anhalter nach Brighton auf. Ermutigt durch die rasche Mitnahme wagten wir uns von dort noch weiter an die schöneren Strände der Südküste Englands bei Southampton. Gegen Abend ging es dann auf dem gleichen Weg zurück nach London. Aus Brighton führte eine etwa 4-bahnige Ausfallstraße nach London, eine für Anhalter sehr ungeeignete Situation. Die beiden Mädchen standen ein Stück vor uns. Von den Tausenden von Autos, die an dieser Stelle schon in voller Fahrt in Viererkolonnen an uns vorbei und nach Hause brausten, wollte und wollte keiner mehr anhalten. Endlich stoppte ein Vauxhall wenigstens bei den Mädchen und fuhr mit diesen an uns verzweifelnden Buben vorbei, hielt dann aber unversehens noch einmal an

[44]FAWB3, S.22. Dort ist auch der Zeitungsausschnitt beigefügt.

und wir beide stürmten zu ihm hin. Das Ehepaar hatte die Zusammengehörigkeit erkannt und Mitleid empfunden. So drängten wir uns zu viert auf der Rückbank und kamen heil in Croydon wieder an. Ähnlich erfüllende Eskapaden führten uns vier auch in das Nachtleben von London, vor allem nach Soho, wo wir in rauchigen Spelunken Jazz vom Feinsten genießen durften oder wo mich beim Tanzen eine attraktive Marokkanerin in Wallung gebracht hat.

Aus dieser Studienreise nach England bestand also das erste der beiden erfolgreichen Lernprojekte im zweiten Halbjahr 1956. Das zweite wurde durch meinen herannahenden 18ten Geburtstag forciert, der damals die Voraussetzung für den Erwerb eines Führerscheins darstellte. Dieser Schein mußte her und ja keinen Tag später als erlaubt, auch wenn es in unserer Familie damals überhaupt kein Auto gab. Ich meldete mich bei der Fahrschule eines urigen deutschsprachigen Argentiniers in der Königstraße an, der nach Deutschland zurückgekehrt war und mit günstigen Preisen für sein neues Unternehmen warb. Glücklicherweise hatte ich durch Fahrrad und Moped meine Verkehrstauglichkeit bereits ausgiebig erproben können. Zudem hatte mir Sigi Ledermann aus dem Parterre unseres Hauses schon erste Versuche in seinem Opel erlaubt.

So ging es nach einigen Stunden theoretischen Unterrichts zur ersten Fahrstunde mit einem relativ alten VW-Bus, dessen Getriebe unsynchronisiert war. Dies bedeutete, daß man beim Schalten von einem höheren in einen niederen Gang dem Getriebe mit genau dosiertem Zwischengas immer erst den richtigen Schwung versetzen mußte, was zusätzliches Können im Vergleich zu heute abverlangte. Wir fuhren nach den Vorstellungen des Lehrers mit gleich drei Schülern gleichzeitig los, wobei einer nach dem anderen für seine Stunde ans Steuer durfte und die anderen dabei zuschauen und so mitlernen sollten. Die Schülerin vor mir stellte sich derart ungeschickt an, daß sie völlig entnervt gleich wieder aufgab. Ich mußte deshalb zusätzlich auch für deren Stunde einspringen und saß daher gleich zwei Stunden hintereinander am Steuer, was für den Lerneffekt wohl ungünstiger als zwei Einzelstunden mit einer Zwischenzeit war, in der das Gelernte verarbeitet hätte werden können. Gleichwohl genügten mir noch ganze vier weitere Stunden, bis der Fahrlehrer mich also nach insgesamt *sechs* Fahrstunden und nach bestandener theoretischer Prüfung für prüfungsbereit erklärte. Am Tag der praktischen Prüfung bekam ich noch zusätzlich eine *einzige* Fahrstunde für das Motorrad und bekam so in absoluter Rekordzeit für minimales Geld[45] den Führerschein für die Klassen III und I[46] unmittelbar nach meinem achtzehnten Geburtstag.

[45]Die Kosten wurden neben einer kleinen Pauschale für den theoretischen Unterricht nach den tatsächlich erteilten Fahrstunden berechnet.

[46]Heute umfaßt dies A,BE,C1E,ML.

Im Rückblick möchte ich dieses Beispiel für eine kleine Lehre heranziehen. Schon bis hierher in meiner Lebensbeschreibung ist wohl offensichtlich geworden, daß ich mit breitest angelegten Interessen unzählige Aktivitäten ausübte und mich dadurch unter den Gleichaltrigen deutlich heraushob, die bis auf wenige Ausnahmen immer eine wesentlich ruhigere Kugel schoben. Es war daher nicht von Ungefähr, daß ich genau durch dieses reiche Erfahrung Sammeln zunehmend vergleichsweise lebenstüchtiger und leistungsfähiger in einem sehr breiten Sinne wurde. Denn jede neue, bewußt durchlebte und gründlich verarbeitete Erfahrung bringt Dich ein Stück weiter. Zwar mag ein Kamerad weiter als ich gesprungen sein, ein weiterer eine bessere Lateinnote erzielt haben, ein dritter mag sein Musikinstrument noch besser beherrscht haben, gleichwohl konnte ich zunehmend und immer wieder erfahren, daß ich in der Breite niemandem von ihnen nachstand, sondern im Gegenteil den meisten in den für das persönliche und gesellschaftliche Leben wirklich wichtigen Aspekten mich überlegen fühlen konnte und daher weder vor anderen noch vor irgendwelchen Aufgaben ängstlich zurückschrecken mußte. Diese persönliche Stärke hat durch meine weiter fortgesetzten Anstrengungen in bewußt gesuchten und daher nicht nachlassenden Herausforderungen der folgenden Jahrzehnte noch erheblich zugenommen. Daß diese Stärke für manche meiner Mitmenschen auch ein Problem darstellt, darauf werden wir im späteren Verlauf noch mehrfach zu sprechen kommen.

Neben dem bereits besprochenen Tennis war Skifahren die Sportart, deren Beherrschung ich weiterhin zu verbessern suchte. Zusammen mit der bei der Beschreibung der Englandreise bereits genannten Ursula Regelein schloß ich mich im Winter 1955 einer vom Eibacher Christlichen Verein Junger Männer (CVJM) organisierten Skifreizeit in Riezlern auch diesmal wieder im Kleinen Walsertal an. Sie ist mir vor allem wegen der dabei unternommenen ausgedehnten Skitouren in bester Erinnerung, die von einem Skilehrer geleitet wurden. Beispielsweise sind wir damals mit Fellen an den Skiern zum Ifen aufgestiegen und von dort im Tiefschnee abgefahren. Heute gibt es dort eine Bergbahn, die solche prägenden Erlebnisse für junge Menschen quasi von vorneherein ausschließt. Eine weitere Tour führte uns zur Schwarzwasserhütte, wo ich unabsichtlich die Zeche geprellt habe. Damals immer noch sehr schüchtern habe ich unter den Teilnehmerinnen der Freizeit die charmante Sybille Schimmelpfennig unverholen verehrt.[47] Sie wohnte in Nürnberg in der Siedlerstraße nicht allzu weit von uns, sodaß ich ihr auch nach dieser Freizeit noch einige Male begegnete. Aber sie war etwas älter als ich und damit quasi außer Reichweite. Auf zwei weitere Reisen zur Verfeinerung meiner Skitechnik, die eine 1957 nach Aschau bei Kirchberg in Tirol, die andere 1959 wieder nach Riezlern, werde ich unter einer jeweils anderen Thematik nochmals weiter unten zu sprechen kommen.

[47] Die Seiten 10ff in FAWB3 dokumentieren die Reise, S.13 speziell meinen Schwarm.

Jugendliebe

Die Erwähnungen von Sybille und anderen jungen Damen mag die Neugier auf mehr Details zu meinen Beziehungen zu Mädchen im Rahmen all dieser Aktivitäten und auch sonst geweckt haben. Dazu muß man sich vor Augen halten, daß es damals kein Fernsehen und auch sonst keine einfachen Wege zu einer unverkrampften Aufklärung in Bezug auf sexuelle Themen gab. Man hörte einen Kameraden verworren davon erzählen, daß er in einem beleuchteten Fenster ein nacktes Paar gesehen habe. Oder wir schlichen mit unheimlichen Gefühlen die Gasse hinter der Nürnberger Stadtmauer entlang, in der damals das einschlägige Gewerbe betrieben wurde. Meine Mutter fühlte sich für meine Aufklärung zwar verantwortlich, gab diese dann aber an den Jugendleiter, Herrn Häberlein, weiter. Er nahm mich bei Gelegenheit zur Seite, um über Sexualität mit mir zu sprechen. Brauchbares habe ich dabei ebenso wenig wie im Biologieunterricht erfahren. So unglaublich es klingt, mich mußte erst bei der Musterung Ende 1956 der untersuchende Arzt darauf hinweisen, daß mein Glied ein Vorhaut hat, die man zurückstreifen kann und dort auch reinigen sollte. Das Thema blieb daher solange ein ziemlich weißer Fleck in meinem Wissensschatz, bis ich 1959, also erst im Alter von gut zwanzig Jahren, durch Erwerb des Buches „Liebe ohne Furcht“ von Eustace Chesser zur Selbsthilfe in Sachen Aufklärung schritt. Ich hatte später überhaupt nicht das Gefühl dadurch etwas versäumt zu haben, daß sich mir die sexuelle Liebe erst relativ spät erschlossen hat. Im Gegenteil bin ich davon überzeugt, daß dies für mich in jeder Hinsicht ein Vorteil war. Vor allem war mir dadurch Zeit gegeben, mich behutsam an die damit verbundenen Gefühle heranzutasten.

Mädchen gab es in meinem Umkreis mehr als genug und wir pflegten bis zu meinem 19ten Lebensjahr einen kameradschaftlichen Umgang miteinander, der durch das Tanzen miteinander allmählich, vor allem dann im Alter von 18 Jahren einen erotischen Anstrich bekam. Die Bilder der damaligen Parties und Faschingsfeste dokumentieren diese Phase unmißverständlich.[48] Noch hatte ich kein Mädchen geküßt. Die Sehnsucht danach schwoll aber mächtig an. Ich baute mir in meinem Zimmer sogar ein Séparée und hoffte wohl insgeheim, dorthin ein Mädchen zum ersten Kuß locken zu können. Wie aber sollte ich das anstellen? Ein erster Versuch bei Ulli Sprügel beim Abschied an der Straßenbahnhaltestelle rief in dieser nur einen brüskiert abwehrenden Reflex hervor.

Alles ergab sich dann wie von selbst. Klaus Lindner veranstaltete im Nachbarsgarten eines der vielen Feste, die es rundum in meinem Freundeskreis gab. Davon gibt es zwei Bilder mit Christl Schinnerer,[49] der ich an diesem Abend zum ersten Mal begegnete. Das

[48] FAWB3, S.24f, Diapositive Fasching 1957.

[49] FAWB3, S.29,51.

eine zeigt die verduzte Christl, die sich bei einem damals beliebten Spiel mit einem rußgeschwärzten Teller unwissentlich selbst das Gesicht verschmiert hatte. Auf dem anderen lächelt neben ihr Wolfgang im neuen Anzug mit Glencheck-Muster still in sich hinein und man meint schon, eine innere Verbundenheit der beiden erkennen zu können. Die damals übliche Bowle tat ein Übriges. Ich bot mich als ihr Begleiter nach Hause an. Wir waren beide in einer fröhlichen Stimmung des inneren Glücks. Am Randstein des Gehsteigs in der Blütenstraße entlud sich dann die lang angestaute Sehnsucht im Rausch eines nicht enden wollenden Kusses. Es war mein erster und einer meiner gefühlt schönsten Küsse überhaupt. Da Christl noch nicht ganz 16 Jahre alt war, dürfte es wahrscheinlich auch ihr erster Kuß gewesen sein. Ich kann nicht mehr sagen, wie wir in diesem überglücklichen Rausch den restlichen Weg zu ihrem Haus in der Ostendstraße zurückgelegt hatten. Auch weiß ich nicht mehr, warum sich zwischen uns keine dauerhaftere Verbindung entwickelt hatte, hoffe nur, daß ich ihr nicht irgendwie weh getan habe, die mir dieses einmalige Glücksmoment beschert hatte, wofür ich ihr bis heute dankbar und innerlich verbunden bin.

Das Eis war gebrochen. Nun konnte ich auf Mädchen auch lockerer zugehen. Da spielten im Sommer 1957 auf einem Platz des im Abschnitt 2.5.2 genannten NHTC zwei hübsche Mädchen miteinander Tennis, von denen mir die eine, Traudl Engelhardt, auf Anhieb ausnehmend gefallen hatte. Ich verabredete mich mit ihr ebenfalls zum Tennisspiel. Und so entwickelte sich mit ihr unversehens meine erste dauerhafte Jugendliebe. Wir trafen uns zu allen möglichen Gelegenheiten. Ich holte sie an ihrer Schule ab, die nicht weit von der unseren gelegen ist, wir machten Spaziergänge, verabredeten uns zum gemeinsamen Besuch eines Schwimmbads, gingen zusammen Tanzen, oder sie besuchte mich sogar zuhause, wo sie gerne mit unseren kleinen Kätzchen spielte. Sie wohnte in einem älteren, aber stattlichen Einfamilienhaus in der Hallerwiese 18. Vor dem Eingangstor lag ein verschwiegener kleiner Park, in dem wir uns jeweils stundenlang mit nicht enden wollenden Küssen verabschiedeten, wenn ich sie abends nach Hause brachte. Meine streichelnde Hand durfte dabei bis zu ihrer in solchen Momenten vor Lust schäumenden Möse vordringen. So wurde dies zu einer glücklichen, jungen und immer weiter aufblühenden Liebe, wie die Bilder ua. von meiner Feier zum 19ten Geburtstags sichtbar zum Ausdruck bringen.[50]

Leider mußte ich von ihr erfahren, daß sie nach Weihnachten 1957 über Sylvester mit ihrer und einer weiteren befreundeten Familie zum Skiurlaub nach Kirchberg in Tirol fahren würde. Auch ich meldete mich für die Zeit nach Weihnachten zu einem sehr preisgünstigen Skiaufenthalt in Aschau in Tirol an und zwar ausgerechnet mit dem Sohn Ludwig aus

[50]FAWB3, S.32ff.

der Parallelklasse c meines aus Abschnitt 3.1 bereits bekannten und bei mir nicht gerade beliebten Turnlehrers Weihmann. Wir wollten dort in dieser herrlichen Bergregion südlich des Karwendels gemeinsame Skitouren unternehmen, was wir dann auch ausgiebig taten. Nach meiner Erinnerung stand die Auswahl unseres Zielortes in keinerlei Zusammenhang mit dem Reiseziel von Traudl. Wenn diese Erinnerung stimmt, wofür Einiges spricht, dann mußte Amor, der Gott der Liebe, seine Hand im Spiel gehabt haben. Denn die beiden Orte liegen nur etwa eine Fußstunde auseinander, keine Entfernung zu jeder Tages- und Nachtzeit also für einen bis über beide Ohren verliebten Jüngling. Ich konnte Traudl also schon vor der Reise meinen Besuch ankündigen und sie lud mich ein, an Sylvester mit und bei ihnen zu feiern.

So marschierte ich an jenem Sylvesterabend nach Kirchberg und verbrachte mit ihr wie immer glücklichste Stunden im Beisein ihrer Eltern und deren Freunde in deren Nobelhotel.[51] Nach Mitternacht lief ich unter einem glitzernden Sternendach durch die stille nächtliche Schneelandschaft vor Glück jubilierend wieder nach Aschau zurück und wünschte mir wohl bei jeder Sternschnuppe die noch ersehnte Erfüllung dieses Liebesglücks. Traudls Vater wurde an jenem Abend wohl erstmals klar, wie sehr seine Tochter in diesen Pennäler und dieser in sie verliebt war. Er machte ihr deswegen am nächsten Morgen eine furchtbare Szene, wie sie mir danach erzählte. Wir trafen uns während dieser Tage gleichwohl mindestens noch einmal zu einer gemeinsamen Tour, wie die Bilder von dieser Reise dokumentieren.[52]

Diese unvergessene Reise hatte noch eine weitere Besonderheit für uns Jünglinge parat. Es stellte sich nämlich bei unserer Ankunft im privaten Quartier in Aschau zu unserer großen Überraschung heraus, daß uns der vermietende Bauer in ein Zimmer einquartiert hatte, in dem zusätzlich noch zwei junge Damen in unserem Alter logierten. Die beiden Mädchen schliefen im Doppelbett. Links und rechts daneben war je ein weiteres Bett für uns zwei Jungen bereitet. Der Bauer in diesem abgeschiedenen Tal empfand vielleicht überhaupt nichts Besonderes an dieser verführerischen Konstellation. Für mich jedoch in meinem damaligen Zustand der sexuellen Sehnsucht war das allerdings nicht ganz ohne, all diese Nächte neben einem Mädchen zu schlafen, das gegen entsprechende Liebkosungen wohl auch überhaupt nicht abgeneigt gewesen wäre und nur „gepflückt“ hätte werden müssen. Da mein Kopf aber in dieser Hinsicht damals von nichts anderem als meiner Traudl erfüllt war, wurde daraus glücklicherweise nichts. Als Vater Weihmann nach der Reise von dieser Konstellation erfahren hatte, wurde er derart wütend, daß er erwog, gegen den armen Bauern Anzeige wegen Kuppelei zu erstatten. Wenn ich es mir heute überlege,

[51] FAWB3, S.37.
[52] Sammlung von 22 Diapositiven „Aschau 1957“.

lag er mit seiner Anschuldigung vielleicht gar nicht so daneben. Auch wenn ich mich überhaupt nicht mehr an entsprechende Details erinnere, könnten die beiden Mädchen sogar die Töchter des Bauern gewesen sein, die unter die Haube zu bringen in dieser abgelegenen Gegend für ihn in diesem Fall durchaus eine Herausforderung dargestellt hätte.

Es ist das Natürlichste der Welt, daß ein junges Pärchen in unserem damaligen Alter, das unsterblich ineinander verliebt ist, irgendwann auch im Bett zueinander findet. Findig wie ich war, habe ich auch alles Mögliche versucht, Traudl dazu zu bewegen mit mir zu schlafen, unter anderen bei den folgenden Gelegenheiten. Eine Möglichkeit bot sich aus meiner Sicht, als die bisherigen Mieter im zweiten Stock unseres Hauses, die im Abschnitt 2.4 bereits genannte Familie Späth, auszogen. Bis zum Einzug der Nachmieter, Familie Hagemeyer, stand mir eine leere Wohnung zur Verfügung, die ich für einen Besuch von Traudl mit Matrazen ausstattete. Mit einem „es passiert gar nichts“ machte sie meine entsprechenden Andeutungen bei ihrem nächsten Besuch unerbittlich zunichte. Ich besuchte sie bei einer weiteren Gelegenheit mit dem Moped im Sommerinternat am Genfer See, was sie aber auch nicht weiter beeindruckte, vielmehr vielleicht sogar eher in Verlegenheit brachte. Jahre später wiederholte sich der Frust dann am Ende einer Reise nach Südfrankreich in der Hotelfachschule in Tegernsee, die sie nach dem Abitur besuchte. Noch während ihrer Schulzeit gab ich ihr Hilfestellung in Mathematik, wozu sie mich auch in meiner Studentenbude in Erlangen besuchte. Alles ließ sie dabei mit sich geschehen, sodaß ich sie sogar nackt im Bett liebkosen durfte. Nur vor einen Beischlaf hatte sie einen eisernen Riegel geschoben: *„sonst komme ich nicht mehr von Dir los.“* Diese unnatürliche Konsequenz hat unsere Liebe allmählich zermürbt und mich zunehmend als quasi verschmähter Liebhaber verunsichert. Natürlich war ich als völlig unerfahrener Jungmann damals auch noch lange nicht wirklich „Manns genug“, um sie einfach zu „erobern“. Etwa 1960 ist sie nach Paris verschwunden und ließ sich zur Stewardess ausbilden. Von da an mußte ich die Hoffnung auf sie endgültig begraben, selbst wenn ich sie auch dann immer noch nicht ganz vergessen konnte und umgekehrt auch sie noch über Jahrzehnte den Kontakt zu mir zu suchen schien.

In einem Brief vom Juni 1964 schrieb sie mir vielsagend: *„Du weißt ja, was ich mir vorgenommen habe ...“*. Heute könnte ich mir denken, daß es damals in Kirchberg am Höhepunkt unserer Liebe nicht zuletzt auch durch ihren Vater zu einem solchen festen Entschluß gekommen war, daß ich für sie nur als jugendlicher Gespiele, aber nicht als dauerhafter und vollgültiger Partner akzeptabel wäre. Der Vater war Chefarzt am Cnopfschen Kinderspital, das in meinem Leben schon einmal eine schicksalhafte Rolle gespielt hatte, von der im Abschnitt 2.2.2 die Rede war. Die Familie verkehrte nur in wohlhabendsten

Kreisen. Entsprechend war seine einzige Tochter daran gewöhnt, daß ihr alles auf dem silbernen Tablette serviert wurde. Auch wenn ich nicht dabei war, liege ich sicher nicht ganz falsch in der Annahme, daß er ihr nach jenem Sylvesterabend das aus seiner Perspektive gesehene Risiko einer dauerhaften Bindung mit mir klarzumachen versuchte. Dabei spielte mit Sicherheit eine nicht unerhebliche Rolle, daß es in jenen Jahren eine Pille noch nicht gegeben hat und die Chancen einer ungewollten Schwangerschaft bei unerfahrenen Pärchen deshalb noch recht hoch waren. Vor allem aber fehlte es bei mir an allen dem Vater — und entsprechend auch der Tochter — wichtigen Statussymbolen. Wir besaßen nach seiner mutmaßlichen Beurteilung nicht einmal ein Auto, konnten uns offenbar kein Einfamilienhaus leisten und gehörten aus diesen und weiteren Gründen einfach nicht zur besseren Gesellschaft. Trotzdem trat der junge Bengel Wolfgang selbst ihm als Chefarzt mit einem von ihm wohl als frech empfundenen Selbstbewußtsein entgegen. Dieses mein eigenständiges Verhalten löste auch hier wieder das Ruisinger-Phänomen aus, das im Abschnitt 2.5 eingeführt und seither in diesem Text mehrfach exemplifiziert worden ist. Er mochte mich deshalb nicht — und, anders als beispielsweise bei Ruisinger, ich ihn auch nicht. Ich war daher im Hause Engelhardt nicht wirklich ein gern gesehener Gast, kann mich beispielsweise an keine Einladung dorthin erinnern, bin nicht einmal sicher, ob ich jemals ihr Zimmer betreten durfte, an das ich mich jedenfalls nicht erinnern kann. Selbst damals in Kirchberg kam niemand in jener Familie auf die Idee, mich die paar Minuten nach Aschau mit dem Wagen zu fahren statt mich in der Nacht dorthin eine Stunde laufen zu lassen, auch wenn das für mich ein beglückender Marsch gewesen ist. Deutlicher kann eine Familie die mangelnde Wertschätzung des töchterlichen Freundes nicht zum Ausdruck bringen. In meiner Verliebtheit war ich dafür und für all diese Überlegungen damals aber zu blind und außer Stande, von meiner geliebten Traudl loszulassen, was mir dann erst Jahre später gelang, so einigermaßen zwei und so richtig erst etwa fünf Jahre später. So erging es uns wie den beiden Königskindern, die zueinander nicht kommen konnten.[53]

Diese meine erste Jugendliebe hat in mir tiefe, prägende und bleibende Spuren hinterlassen. Wie ich aus einer Reihe späterer Begegnungen mit Traudl schließen kann, gilt das für sie in ähnlicher Weise. Die hier versuchte Analyse des berichteten Geschehens mag daher auch über die persönlichen Erfahrungen hinaus lehrreich sein. Ihr liegen auch meine Vorstellungen über die Liebe zugrunde, die ich im Abschnitt 3.4 meines Buches *Lehren vom Leben*[54] ausführlich dargelegt habe, dessen Kenntnis das Verständnis meiner Analyse vertiefen würde.

[53] http://www.lieder-archiv.de/es_waren_zwei_koenigskinder-notenblatt_300454.html, Zugriff 16.11.2015.

[54] W. Bibel, Lehren vom Leben – Essays über Mensch und Gesellschaft. Deutscher Universitäts-Verlag, Wiesbaden, 339 Seiten (2003).

Danach wies unsere Beziehung alle Merkmale einer echten Liebe auf, auch wenn es nicht zur kulminierenden geschlechtlichen Vereinigung gekommen ist. Sie erfüllte uns beide mit jener Kraft und jenem Sicherheits- und Selbstwertgefühl, das ich dort beschrieben habe. Die Repräsentation von Traudl in mir machte sie zum Maßstab bei allen Versuchen meines Libidoakteurs hin zu anderen potenziellen Liebespartnerinnen, von denen es in den folgenden Jahren zwar eine ganze Reihe gab, mit denen ich mich dann aber jeweils doch nicht intensiver einlassen konnte, weil meine geliebte Traudl immer noch dazwischen stand. In gewisser Hinsicht war das für mich als weiterhin Suchender, dabei aber quasi Gebundener und entsprechend Gehemmter, eine krisenhafte Situation, deren Überwindung in einem jahrelangen Prozeß mich in meiner Persönlichkeitsentwicklung letztlich wohl gestärkt hat. Jedenfalls glaube ich, daß sich meine ungewöhnlich lange sexuelle Enthaltsamkeit letztlich in vielerlei Hinsicht durchaus als Vorteil für meine Persönlichkeitsentwicklung ausgewirkt hat. Insgesamt zeigt sich in diesem Ablauf erneut das unter *„Erschwernis mit glücklichem Ausgang“* im Abschnitt 3.1 apostrophierte Lebensmuster, wobei wir auf den glücklichen Ausgang erst im weiteren Verlauf zu sprechen kommen werden.

Für Traudl, mit der sich im Laufe meines Lebens noch eine Reihe von Begegnungen ergaben, lief danach Einiges so tragisch, daß sie selbst von einem *Fluch* sprach, der auf ihr und ihrer Familie laste. Es sei davon nur erwähnt, daß ihr nächster Freund nach mir, mit dem sie nach eigener Aussage dann auch geschlafen hatte, nach einer relativ kurzen Zeit des Zusammenseins sich durch einen Frontalaufprall am Pfeiler einer Brücke über die Autobahn das Leben nahm. Ohne Kenntnisse weiterer Details maße ich mir keine Interpretation dieses dramatischen Geschehens an. Es wäre gleichwohl ein eher unwahrscheinlicher Zufall, daß ihre vormalige Bindung zu mir — beispielsweise die vielleicht noch nicht verarbeitete Repräsentation des vormaligen „Du“ — in dieser Tragödie überhaupt keine Rolle gespielt hätte, auch wenn sie selbst sich dessen mutmaßlich nicht bewußt gewesen war. Jedenfalls war dann auch Traudls Vater, der sich unsensibel und unangemessen in das Liebesleben seiner Tochter eingemischt hatte, in dieser tragischen Situation nicht zu beneiden. Sein Schicksal war ihm dem Vernehmen nach dann auch nicht mehr gesonnen. Anstelle der Vorstellung eines Fluches würde ich eher nach grundsätzlichen „Strategiefehlern“ im persönlichen Verhalten der Familienmitglieder suchen. Das angestrebte Leben in einem statusadäquaten Wohlstand hat Traudl jedoch schließlich voll erreicht und so ihre aus dem genannten Brief oben zitierte Selbsteinschätzung („... was ich mir vorgenommen habe ...“) überzeugend bestätigt. Insoweit war diese ihre vielleicht oberste Verhaltensstrategie durchaus erfolgreich.

Auch weit über die Zeit jenes Sylvesterabends 1957 hinaus blieb ich also ein keuscher Jüngling, der auf sein erstes erfolgreiches sexuelles Abenteuer noch lange, nämlich bis ins Jahr 1961, warten mußte. Der einschlägige Weg bis zu diesem Ziel war sehr ereignisreich. Viele Begegnungen mit Mädchen oder jungen Frauen haben mich angerührt. Aber entweder war die Flamme nicht stark genug, die dabei in mir entfacht wurde, oder die Umstände standen einer engeren Bindung im Wege.

Unter diesen Frauen möchte ich nur drei erwähnen. Ich hatte schon im Abschnitt 2.5.3 die Mieter Ledermann im Parterre unseres Hauses in jenen Jahren erwähnt, mit denen wir freundschaftlich verbunden waren.[55] Sigi war ein Lebemann und Charmeur, der sich auch nicht scheute mit mir offen über Sex zu reden. Seine Frau Irmi war eine charmante junge Frau, zu der ich mich durchaus hingezogen fühlte und bei der ich so manche Nachmittagsstunde mit Plaudern verbrachte, während sie beispielsweise die Hemden ihres Mannes bügelte. Sie luden mich auch zu Hausbällen im Fasching bei sich ein, bei denen mir die jungen Ehefrauen erotisch richtig einheizten. Ein Bild mit Irmi bei einem solchen Anlaß zeigt, daß die Sympathie zwischen uns beiden durchaus nicht einseitig war.[56]

1959 fuhr ich etwa im März wieder einmal nach Riezlern ins Walsertal und nahm dort an einem weiteren Skikurs teil. Beim Après-Ski lernte ich Lisl aus Kaiserslautern kennen.[57] Sie war verheiratet mit einem sehr viel älteren Mann und hatte deswegen durchaus noch Neigungen zu einem Jüngling wie mir übrig. Sie wäre die richtige Frau gewesen, die mich in die ersten Erfahrungen sexueller Liebe hätte einführen wollen und können. Aber auch hier standen dem die Umstände schon in Riezlern entgegen und angesichts der Entfernung dann nach unserer jeweiligen Heimkehr erst recht. Sie hatte mich jedoch so sehr aufgewühlt, daß ich sie später in Verkennung der Realitäten in Kaiserslautern auch nochmals kurz besuchte. Selbst meine Mutter hatte darunter zu leiden, die wie folgt formulierte. „... *ein völlig veränderter Wolfgang kehrte zurück. Es waren für die Mutter furchtbar schwere Wochen, weil sie nicht ergründen konnte, was den Buben so veränderte. Sie hätte ihm doch zu gerne geholfen, doch durch seine Verstocktheit wurde das Verhältnis zwischen den Eltern immer getrübter statt besser.*“[58] Was hätte meine Mutter in dieser Situation außer verständnisvoller Toleranz für die schwierigen Gefühlsprozesse des 20-jährigen Sohnes schon beitragen können! Überlagert wurde das Ganze noch von dem Abnabelungsprozeß aus der Familie, den jede Mutter eines Sohnes durchstehen muß und von dem im nächsten Abschnitt noch die Rede sein wird.

Im darauffolgenden Jahr 1960 lud mich Helma, die Schwester des Kommilitonen (in Physik und Geige) Dietrich Brandt, ein, sie in ihrem Fiat 500 auf einer Reise nach Paris

[55] Die Bilder auf S.27 im FAWB3 illustrieren beispielsweise dieses freundschaftliche Verhältnis.

[56] FAWB3, S.51.

[57] FAWB3, S.37.

[58] Notizen in FAWB1. Gemeint ist hierbei natürlich „das Verhältnis zwischen dem Sohn und den Eltern.“

zu begleiten. Sie war einige Jahre älter als ich und gerade geschieden worden, hatte daher in Bezug auf eine Beziehung eine Menge an Verletzungen zu verarbeiten, scheute daher vor einer zu großen Nähe zurück. Auch fehlte ihr der weibliche Reiz, der mich bei Lisl so betört hatte. Wir buchten daher bis zum Ende der Reise jeweils Einzelzimmer und blieben bis zuletzt beim „Sie", verstanden uns ansonsten recht gut, obwohl sie mit der Reise ihre kulturellen und historischen Interessen verfolgte, die mir zu diesem Zeitpunkt weniger am Herzen lagen.

Reisen

Im Kontext der bis hierher behandelten Themen wurden bereits eine Reihe von Reisen genannt, die ich bis zum Abitur und im Jahr danach unternahm. Junge Menschen treibt es in die Ferne, um ihr empirisches Weltbild zu erweitern und Begegnungen vor allem auch mit dem anderen Geschlecht zu suchen. In den fünfziger Jahren der Nachkriegszeit kam in Deutschland zudem eine Sehnsucht nach der Ferne, vor allem in den Süden nach Italien auf, die auch in vielen damals populären Schlagern ihren Ausdruck fand, beispielsweise in dem der Capri Fischer: *Wenn bei Capri die rote Sonne im Meer versinkt ...*, das in der Interpretation von Rudi Schuricke zum Welterfolg wurde.[59] Auch wir haben dieser Sehnsucht gerne nachgegeben und sind im Sommer 1957 nach Italien gereist. Meine Mutter erhoffte sich dort von Fango-Packungen eine gesundheitliche Stärkung. Deshalb organisierte sie eine Reise mit dem Zug nach Cervia an der Adriaküste,[60] an der neben ihr und mir, quasi als Tochter- bzw. Schwesterersatz, auch Monika Schreitmüller, die Tochter im führenden Friseursalon von Mögeldorf, teilnahm.

Wir wohnten in der Pensione Mariù, genossen das Strandleben, tauchten vor allem zur Freude meiner Mutter ein in das lebendige Geschehen eines italienischen Marktes und ließen uns beeindrucken von dem für uns neuen italienischen Lebensstil. Das damalige Cervia war offenbar vor allem bei italienischen Touristen sehr beliebt. Ich kann mich daher nicht an Kontakte zu anderen deutschen Touristen erinnern, dagegen an viele Kontakte zu Italiener|inne|n. Als unvermindert Wißbegieriger nutzte ich diese Reise zum Erlernen der italienischen Sprache anhand eines dafür erworbenen Sprachführers. Auf der vorhandenen Grundlage meiner Lateinkenntnisse gelang dies besser, als man in einer derart kurzen Zeit, vor allem angesichts meines im Abschnitt 3.1 beschriebenen Begabungsprofils, sonst hätte erwarten können. Die einige Jahre ältere Monika war eine hübsche Blondine, die unter den italienischen Männern dort am Strand oder beim Tanzen am Abend für Aufse-

[59] https://de.wikipedia.org/wiki/Capri-Fischer, Zugriff 28.11.2015.
[60] https://de.wikipedia.org/wiki/Cervia, Zugriff 28.11.2015.

hen sorgte und dann schließlich vor allem von einem Italiener namens Luigi heiß verehrt wurde. Er war mit einem Freund aus Rom angereist und lud sie zu einer Autotour dorthin ein. Immerhin war Rom 350km entfernt, sodaß es sich um eine Fahrt von insgesamt 700km handelte, die der Freund sich und seinem Auto für diesen Liebesdienst zumuten sollte, was er dann vor allem in Bezug auf die Rückreise recht widerwillig getan hat. Monika nahm an, bestand aber darauf, daß ich als „Anstandswauwau“ mitfahren müßte. So kam ich unversehens zu einer günstigen Gelegenheit zum Kennenlernen der — neben London und Paris — bereits dritten der bedeutendsten europäischen Metropolen. Darüber hinaus machten wir in diesen Ferientagen Ausflüge in die nähere Umgebung von Cervia, beispielsweise nach Ravenna mit seinen großartigen Sehenswürdigkeiten. Auch übte ich mich erstmals — und infolge meiner bisherigen Ski-Erfahrungen auf Anhieb auch erfolgreich — im Sport des Wasserskis. Die Reise habe ich in Dutzenden von Bildern mit Vaters Leica festgehalten.[61] Übrigens hat Luigi Monika im darauffolgenden Oktober dann sogar in Nürnberg besucht und war anläßlich dieses Besuchs mit ihr auch unser Gast bei der Feier meines neunzehnten Geburtstags.[62] Eine dauerhaftere Bindung zwischen den beiden ist daraus allerdings wohl nicht entstanden.

Im darauffolgenden Sommer 1958 machten wir uns erneut nach Italien auf, diesmal gemeinsam mit meinen bereits mehrfach genannten Nachbarsfreunden Klaus und Peter Lindner. Diese besaßen inzwischen beide ein Moped und ich durfte mit der bereits erwähnten Vicky meiner Mutter fahren.[63] Die Reise führte uns durch das Rheintal hinauf zum 2065m hohen Bernhardino Paß und von dort hinunter ins Tessin ua. nach Lugano. Natürlich war auch ein Bad im Luganer See angesagt. Eine breite Treppe führte uns direkt ins Wasser; nur war die erste mit Wasser bedeckte Stufe dermaßen glitschig, daß meine Füße unversehens den Halt verloren und ich rücklings mit dem Hinterkopf auf eine Stufenkante aufprallte. Der Vorfall, der noch viel schlimmere Folgen hätte haben können, hat meine bis zu diesem Zeitpunkt jubilierende Reisestimmung mit einem Schlag drastisch gedämpft und mir wohl auch eine leichte Gehirnerschütterung eingetragen. Nach Tagen im Tessin, an die ich mich kaum erinnere, wählten wir als Rückweg den 2005m hohen Simplon Paß. Meine Vicky wurde dabei zunehmend müder und wollte mit den Mopeds der beiden anderen einfach nicht mehr mithalten, wofür ich von Klaus und Peter umso bereitwilliger Spott erntete, als diese ihrerseits vorher den Neid auf meine sonst flinkere Vicky unterdrücken mußten. Es stellte sich später heraus, daß es sich um eine leicht zu behebende Rußverstopfung (im Auspuff oder Vergaser dieses Zweitakters) handelte. Un-

[61] Sammlung von 46 Diapositiven „Italien 1957“ sowie FAWB3, S.30f.
[62] FAWB3, S.33.
[63] FAWB3, S.54.

sere Weg trennten sich dann im Rhônethal, weil mich die Liebe nach Lausanne an das Nordufer des Genfer Sees trieb, um dort Traudl zu treffen, wovon schon weiter oben kurz die Rede war.

An Ostern des für mich besonders ereignisreichen Jahres 1957 lud Herbert Geiß mich und Peter Haack als Klassenkameraden zu einer Autotour ein, die uns an den Rhein, nach Speyer, in die Pfalz und den Schwarzwald, nach Baden-Baden und Stuttgart führte.[64] Er war der erste und einzige in unserer Klasse, der über das Auto seiner Eltern so frei verfügen konnte. Zudem hatte er eine hübsche Freundin in der Pfalz, die wir dabei aufsuchten und bei deren Familie es Pfälzer Spezialitäten und vor allem guten furztrockenen Wein gab.

Von weiteren Reisen gemeinsam mit meinen Eltern wird noch im folgenden Abschnitt kurz die Rede sein. Insgesamt läßt sich daher feststellen, daß ich in meinen Jugendjahren schon erstaunlich viel in Deutschland und Europa herumgekommen war und dabei viele Erfahrungen sammeln konnte, die mir im ganzen Leben außerordentlich nützlich waren.

Ratio vor Glaube

Im Abschnitt 2.5.2 war im Zusammenhang mit der Konfirmation von meiner kindlichen Frömmigkeit die Rede. Mit zunehmender Reifung gewann meine Ratio die Oberhand über den unhinterfragten Glauben bzw., im Sinne des Buchtitels ausgedrückt, die Reflexion über den Reflex. Eine Art Schlüsselerlebnis in diesem Zusammenhang hatte ich auf dem ehemaligen Nürnberger Reichsparteitagsgelände. Dorthin hatte in jenen Jahren der weltweit bekannte amerikanische Prediger Billy Graham zu einer seiner vielen Massenevangelisationen eingeladen und tausende Zuhörer in seinen Bann gezogen. Auch ich konnte mich dieser fast dämonischen Kraft nicht entziehen, mit der es ihm in einer grandiosen Inszenierung seiner Rede gelang, das Bewußtsein der Massen reflexhaft zu beeinflussen. Nach dem Ende der Veranstaltung aus diesem Bann entschlüpft begann mein Denken sich jedoch wieder zu Wort zu melden. Irgendwie durchschaute ich noch auf dem Nachhauseweg die Substanzlosigkeit hinter dem raffiniert präsentierten Schauspiel. Von Stund an war ich wesentlich gefeiter, religiösen Predigern und deren Organisationen Glauben zu schenken. Die Fakten geben meiner Skepsis bis heute recht; es geht ihnen in der Regel vor allem um Geld und Macht. Beispielsweise soll Graham auf diese Weise ein Vermögen von 384,4 Millionen Dollar erwirtschaftet haben.[65]

Manche Menschen haben die Gabe, andere völlig in ihren Bann zu ziehen. Wie Graham hatte wohl auch Hitler genau diese Gabe, nutzte die dadurch errungene Macht dann aber

[64]FAWB3, S.26.
[65]https://de.wikipedia.org/wiki/Billy_Graham, Zugriff 29.11.2015.

zu verbrecherischem Handeln, was man Graham nicht nachsagen kann. Gleichwohl ist auch Graham alles andere als ein Vorbild für ethisch-moralisches Handeln. Diese beiden Beispiele regen zusammen mit den Beobachtungen des politischen Geschehens in unseren Demokratien zu folgenden grundlegenden Gedanken an. Wenn man wie ich davon überzeugt ist, daß sich die Weltentwicklung in rationaler Weise beeinflussen läßt, dann möchte man an den Spitzen der Entscheidungshierarchie möglichst jeweils die Besten platzieren. Welche Verfahren taugen zur Erreichung einer solchen Zielsetzung?

Dies ist hier nicht der Ort, um dieser Frage eingehender nachzugehen. Denn zuerst müßte der Begriff „die Besten" genauer präzisiert werden, was alles andere als einfach ist. Sodann würde man nachweisen müssen, daß unsere demokratischen Verfahren im Hinblick auf diese Zielsetzung suboptimal sind, um es diplomatisch auszudrücken. Beispielsweise präferieren diese Verfahren vor allem Menschen mit jener Graham-Hitlerschen Gabe, auf die die Massen reflexhaft hereinfallen. Wie die beiden Beispiele demonstrieren, müssen Menschen mit dieser Gabe dabei keineswegs zu den Besten gehören. Wenn sie es tun, ist es quasi Glücksache. Genau an dieser fundamentalen Problematik leidet unsere Demokratie. Es wäre daher längst an der Zeit, unsere demokratischen Verfahren entsprechend zu optimieren, wozu ich aber im politischen Geschehen nirgends auch nur die geringsten Ansätze erkennen kann. Deshalb begnüge ich mich an dieser Stelle mit dem Hinweis auf die viel eingehenderen Ausführungen zu der hier angerissenen Problematik im Abschnitt 4.6 in meinem oben bereits zitierten Buch *„Lehren vom Leben"*, die durch die hier angesprochene Zielsetzung in gewisser Hinsicht ergänzt werden.

3.3 Familie

In der Kindheit war unsere Familie der Mittelpunkt meines Lebens. Dies spiegelt sich in der Schilderung meiner Kindheitsjahre im letzten Kapitel entsprechend wider. Demgegenüber sind meine Jugendjahre zunehmend von außerfamiliären Einflüssen geprägt. Genau aus diesem Grund komme ich auf unsere Familie im vorliegenden Kapitel erst in diesem Abschnitt, also nach der Schule und den vielen weiteren Unternehmungen zu sprechen, die im vorangegangenen Abschnitt beschrieben wurden.

Zum großen Glück für uns Kinder ist der von meinen Eltern geprägte Familienverband bis zuletzt relativ stabil geblieben. Unser schönes Haus, dessen Wiederaufbau im Jahre 1947 ich im Abschnitt 2.3.2 ausführlich beschrieben habe, bildete mit der elterlichen Wohnung im ersten Stock sowie mit dem großen Garten eine ganz entscheidende Grundlage für diese familiäre Stabilität. Die großelterliche Generation mußte schließlich vollends abtreten und wir heranwachsenden Kinder drängten naturgemäß danach, zunehmend eigene Wege zu gehen.

Von meiner väterlichen Großmutter und deren kriegsbedingter Ausquartierung nach Roth habe ich im Abschnitt 2.3.2 berichtet. Mutmaßlich nicht zuletzt infolge ihres schlechten Gesundheitszustands hatte ich sie in ihren letzten Jahren so gut wie nicht mehr erlebt. Dort starb sie dann am 20. Juni 1954 im Alter von 80 Jahren als letzte meiner Großelterngeneration. Sie fand im Grab ihrer Eltern und ihres Mannes am Friedhof St. Peter in Nürnberg ihre letzte Ruhestätte.[66]

Wie im Abschnitt 2.5.3 berichtet absolvierte meine Schwester Annelore ihr Abitur bereits im Jahre 1953. Daran anschließend besuchte sie das Institut für Fremdsprachen und Auslandskunde (IFA) bei der Friedrich-Alexander-Universität Erlangen-Nürnberg[67] in Erlangen, wo sie nach zwei Studienjahren 1955 den erfolgreichen Abschluß als staatlich geprüfte Fremdsprachensekretärin (Englich, Französisch) erreichte. Diese Institution wurde 1948 von dem Ehepaar Friebel gegründet und gehört heute zu den ältesten und renommiertesten Fremdsprachenschulen in Deutschland. Auch bei dieser überlegten Auswahl eines damals noch jungen, aber offenbar qualitativ hervorragenden Instituts zeigte sich wieder einmal der kluge und weitsichtige Einfluß meines gut vernetzten und dadurch auch gut informierten Vaters.

In Erlangen lernte sie einen dortigen Medizinstudenten, Guntram Heilmann aus Fürth kennen. Die beiden verliebten sich ineinander, was erst einmal zu Problemen mit den Eltern führte. Denn als die Tochter zum ersten Mal unangekündigt erst weit nach Mitternacht von einem Rendevouz mit Guntram nach Hause zurückkehrte, gab es mitten in der Nacht vom Vater lautstarke Vorhaltungen, die selbst mich aus dem tiefsten Schlaf rissen. Verliebte lassen sich von Eltern jedoch nicht leicht einschüchtern. Der Geliebte war ja auch aus gutem Hause und so fanden sich meine Eltern wohl auch bald mit dem Unvermeidlichen ab. Auch ich mochte den potentiellen Schwager durchaus gut leiden.

Nach dem Abschluß ihrer Ausbildung strebte Annelore in die Ferne. Schon während ihres Studiums verbrachte sie 1954 den Sommer über in England, um ihre Sprachkenntnisse zu vervollständigen. Ein ähnlicher Aufenthalt führte sie später zudem nach Südfrankreich. Schließlich fand sie eine mehrjährige Anstellung in der Firma Elexso eines Amerikaners, Herrn Curtis, der Kaffeebohnensortiermaschinen vertrieb. Die Firma hatte ihre Büros im Gebäude des Hotel Drachen in Basel. Nach einer Reihe von Jahren dort folgte sie ihrer Firma noch für kurze Zeit nach Annecy, wohin diese aus EWG-Gründen umzog. Beide

[66] Grabstätte AF 842.

[67] http://www.ifa.uni-erlangen.de/, Zugriff 30.10.2015.

Orte sind für mich mit angenehmen Erinnerungen anläßlich meiner jeweiligen Besuche dort verbunden, auf die ich später noch zu sprechen kommen werde. Überhaupt hat sich unser geschwisterliches Verhältnis in jener Zeit trotz — oder wegen — unserer extrem unterschiedlichen Charaktere zu einem sehr herzlichen entwickelt, sodaß wir bis heute immer in engem Kontakt geblieben sind und uns oft besucht haben. 1961 heiratete[68] Annelore ihren Guntram und ließ sich mit ihm zunächst in Nürnberg nieder, wo er durch Vermittlung meines Vaters als Assistenzarzt am Städtischen Krankenhaus in Nürnberg tätig wurde.

Im Jahre 1955 war unsere Familie durch den Weggang von Annelore also geschrumpft. Für mich ergab sich daraus der große Vorteil eines schönen eigenen Zimmers. Im Abschnitt 2.5.2 hatte ich ja beschrieben, daß ich in den Jahren davor nicht wirklich über ein eigenes Zimmer verfügte, was sich nun vorteilhaft veränderte. Ich bekam das Nordwestzimmer, das ich im Laufe der Jahre nach meinen eigenen Vorstellungen ausgestaltete. Beispielsweise tapezierte ich dessen Südwand mit einer ausgefallenen bordeauxroten Tapete mit abstrakten weißen Mustern. So begann ich, mein Auge für solche Details eines wohnlichen Umfelds zu schärfen, eine Lebensqualität, auf die ich von da an auch im weiteren Leben ein besonderes Augenmerk richtete. Mein Vater stattete sich das mittlere Westzimmer als ein dringend benötigtes Arbeitszimmer aus. Meine Mutter bevorzugte für sich die mit vielen Blumen geschmückte Veranda. Auch heizungstechnisch wurde unsere Wohnung ebenso wie die anderen im Haus durch den Übergang von einer Koks- zu einer Gasheizung in Bezug auf den Bedienungskomfort erheblich verbessert, weil nun das lästige Schleppen von staubigen Kohleneimern aufhörte. Für drei Personen ließ unsere Wohnung keine Wünsche mehr offen.

Da mein Vater sowohl durch seine beruflichen und vor allem auch ehrenamtlichen Tätigkeiten, von denen im nächsten Abschnitt die Rede sein wird, immer weniger Zeit für sein früheres Wirken im eigenen Garten hatte, lagen auch für dessen Gestaltung Veränderungen nahe, an denen ich sehr maßgeblich beteiligt war. Wie im Abschnitt 2.5.2 ebenfalls erwähnt, hatte ich immer gern und engagiert in unserem Garten mitgearbeitet. Aber auch bei mir traten andere Prioritäten in den Vordergrund. Deswegen beschlossen wir, unseren Garten grundlegend zu verändern. Dessen Anlage mit Beerensträuchern, Gemüse- und Staudenbeeten, wie im Abschnitt 2.4.2 beschrieben, wurde im vorderen Teil und in der nördlichen hinteren Hälfte zu Rasenflächen umgewandelt. Nur in der südlichen hinteren Hälfte blieben die Spargelreihen, das Winterbeet und weitere Beete für einige Jahre von einer solchen Umwandlung noch verschont. An der östlichen Grundstücksgrenze pflasterte

[68]FAHB5, S.62.

ich einen mit Hainbuchen eingerahmten Sitzplatz. Im aufkeimenden Stil der damaligen Zeit wählte ich dessen Form nierenförmig.[69] Die als Kohlenlager überflüssig gewordene Gartenlaube wurde 1965 entfernt. Unser vormaliger Nutzgarten veränderte sich dadurch zu einem intensiv genutzten Erholungs- und Vergnügungsraum, nicht zuletzt auch für die Mietpartei Ledermann im Parterre des Hauses.[70]

Das familiäre Leben veränderte sich durch den Weggang von Annelore nicht grundsätzlich, im Laufe der Zeit unmerklich jedoch immer mehr. Jeder von uns dreien ging seinen eigenen Pflichten nach. An Wochenende machten wir in den Sommermonaten immer noch gelegentliche gemeinsame Ausflüge,[71] denen ich mich altersgemäß jedoch zunehmend entzog. Wie im Abschnitt 2.5.3 schon festgestellt, war die dort beschriebene Reise nach Hintertux im Sommer 1953 die letzte gemeinsame Reise mit der ganzen Familie. Während Annelore im Sommer 1954 in England weilte, verbrachen wir restlichen drei Familienmitglieder glückliche Wochen auf der Nordseeinsel Juist. Dort besuchte uns auch die schon mehrfach genannte Frau Pähler mit ihren beiden Kindern. Mutmaßlich im Rahmen dieser Reise besuchten wir auch Hamburg und die dort wohnenden früheren Mieter Hansmeier.[72] Mein Vater traf sich bei dieser Gelegenheit auch mit dem zweiten Bürgermeister der Hansestadt, der damals seiner Partei FDP angehörte. Soweit ich mich recht erinnere, führte im Sommer 1955 eine weitere wohl kleinere Reise der Familie diesmal ohne Vater in die Gegend von Lenggries, wo wir im Isartal bei Vorderriß im Karwendel eine schöne gemeinsame Wanderung unternahmen, an der auch mein Patenonkel Loni teilnahm. In dem wilden Gelände durchquerten wir den Fluß, wobei meine Schwester einen Schuh verlor, den die reisende Strömung unwiederbringlich mit sich fortriß. Das sind die Art von Erlebnissen, die sich unser Gedächtnis zur Vermeidung ähnlicher zukünftiger Widrigkeiten besonders bleibend einprägt. Schließlich führte uns im Sommer 1955 eine erlebnisreiche Reise an den wunderschönen Ossiacher See in Kärnten, die wir ohne Annelore gemeinsam mit der befreundeten Familie Regelein unternahmen, deren beide Kinder Ursula und Peter ich bereits bei den weiter oben beschriebenen Reisen mehrfach erwähnt hatte. Das preiswerte Quartier war zu jener Zeit noch ziemlich im Rohbau, was unsere fröhliche Stimmung aber nicht schmälerte. Der Kollege meines Vaters dichtete zu dieser Situation Zeilen wie: *„Am Ossiacher tat's 'nen Kracher"* oder *„Mit Säg'spähn' putzen wir den Arsch und blasen den*

[69]Nierentische waren damals sehr in Mode gekommen, was mutmaßlich eine technologische Ursache hatte: mit den ersten rudimentären numerischen Steuerungen konnten entsprechende Formen erstmals serienmäßig hergestellt werden. Nach Jahrhunderten mit überwiegend rechteckigen Tischformen ergab sich hieraus eine erfrischende Abwechslungsmöglichkeit.

[70]FAWB3, S.27 ua.

[71]FAWB3, S.16.

[72]FAHB5, S.52ff.

Radetzky-Marsch.“[73] Baden, Wasserski Fahren, Wandern in der Region und vergnügliches Zusammensein füllten die schönen Tage voll aus. Neben diesen letzten Reisen gemeinsam mit meinen Eltern überwogen zunehmend die Reisen, zu denen ich mich ohne sie aufmachte und von denen im vorangegangenen Abschnitt bereits ausführlich berichtet wurde.

Angesichts des großen und stabilen Verwandten- und Bekanntenkreises meiner Eltern besuchten wir, wie im Abschnitt 2.5.2 schon für die Jahre davor erzählt, auch noch während meiner letzten gymnasialen Jahre gemeinsam beispielsweise die Gmünder Verwandtschaft oder die Familie Bauer in Leupoldsdorf. Umgekehrt fanden sich bei uns, wie für die vorangegangenen Jahre im Abschnitt 2.3.2 berichtet, regelmäßig viele Besucher ein, vor allem die Tanten Lisl, Karola, Hanna, gelegentlich mit ihrem Mann Gottfried, aber auch meine Basen Gitti, Irene, Bärbel und Christl.[74] Die Augsburger Marie (Scharrer) kam jährlich für einen längeren Zeitraum, um für meine Mutter umfangreiche Näharbeiten zu erledigen. Diese Tante hatte einen herben, aber amüsanten Humor, weshalb ich ihr bei ihrer Arbeit gerne Gesellschaft leistete. Sie ebenso wie Lisl war eine jener nicht wenigen Frauen in der Generation meiner Eltern, die aus unterschiedlichen Gründen zu reinen Dienerinnen geworden waren und dafür einen Großteil ihres Lebensglücks geopfert hatten.

Durch seine Tätigkeit als Stadtrat hatte mein Vater zu allen Vorstellungen bei den städtischen Bühnen immer einen Freiplatz und bei Bedarf noch zusätzlich Freikarten. Schon aus diesem Grunde waren Opern-, Theater- oder Konzertbesuche mit meinen Eltern relativ häufig auf unserer Tagesordnung. Dies hat bei mir eine breite Grundlage in Bezug auf unser kulturelles Erbe in diesen Genren geschaffen. Das Nürnberger Lessingtheater[75] residierte zu jener Zeit im Hotel Deutscher Hof neben dem Opernhaus. Das Gebäude dieses Hotels war im Besitz des Nürnberger Vereins Lehrerheim,[76] in dem mein Vater eine führende Rolle spielte. Deshalb nahm ich gemeinsam mit meinen Eltern in den in diesem Hotel befindlichen Lessingsälen auch an Veranstaltungen teil, beispielsweise am Sylvesterball im Jahre 1956. Dieser blieb mir deswegen bis heute in Erinnerung, weil ich an diesem Abend meinen ersten richtigen Rausch erlebte. Auf dem Nachhauseweg mußten wir sogar das Taxi anhalten lassen, weil ich mich dringenst übergeben mußte. Diese einmalige Erfahrung eines weitgehenden Kontrollverlustes war mir derart unangenehm,

[73] Von der Reise gibt es in der weiter oben bereits genannten Filmesammlung die Filme Nr.13f.
[74] FAWB3, S.6
[75] https://de.wikipedia.org/wiki/Lessingtheater_(Nürnberg), Zugriff 5.12.2015.
[76] https://de.wikipedia.org/wiki/Deutscher_Hof_(Nürnberg), Zugriff 5.12.2015.

daß ich mich glücklicherweise nicht erinnern kann, in meinem späteren Leben jemals wieder so betrunken gewesen zu sein.

Meine beiden Eltern waren immer sehr eigenständige Persönlichkeiten, die ich bereits im Abschnitt 2.5.3 zu charakterisieren versuchte. Die Gewichtung ihrer familiären Rollen verlagerte sich aber im Verlauf der fünfziger Jahre zunehmend. Mein Vater machte in den fünfziger und sechziger Jahren noch eine fulminante Karriere, von der im nächsten Abschnitt berichtet wird. Entsprechend mußte er rein aus Kapazitätsgründen seinen Beitrag am familiären Leben reduzieren. Auch wenn ich natürlich keinen Einblick in das elterliche Intimleben habe, ist anzunehmen, daß diese Reduzierung auch Auswirkungen auf das Eheleben zu Ungunsten meiner Mutter hatte. Dann verließ Annelore die Familie mehr oder weniger für immer. Und schließlich wohnte ich zwar noch bis 1958 ganz und danach teilweise im Hause, meine geistige Heimat suchte ich aber definitiv anderswo und zwar in Regionen, die meiner Mutter völlig fremd waren. Aus dieser Mixtur ergab sich im Verlauf der fünfziger Jahre für meine Mutter eine zunehmend schwierigere Situation in Bezug auf ihr eigenes Rollenverständnis.

Die ehemals angesehene Tochter eines Fabrikbesitzers sah sich immer mehr im Schatten eines Politikers, der regelmäßig mit höchsten Persönlichkeiten verkehrte und entsprechend oft in der Tagespresse präsent war. Diese außerordentlich tüchtige Frau, die einen hohen Anteil an dem Aufbau eines beachtlichen Wohlstands der Familie hatte und die den Familienhaushalt immer in vorbildlicher Weise in Schuß hielt, begann an der Sinnhaftigkeit ihrer Rolle zu zweifeln. Denn was war der Sinn ihres unermüdlichen Einsatzes, wenn der Mann nur noch für kurze Nächte nach Hause kam und die beiden Kinder mehr oder weniger aus dem Hause waren? Im Hinblick auf diese Sinnhaftigkeit fehlte meiner Mutter eine neue Aufgabenstellung, die ihren Fähigkeiten angemessen gewesen wäre. Sie hat wohl in jenen Jahren nach einer neuen Zielsetzung gesucht und auch Kontakte zu alten Bekannten aufgefrischt. Da die selbst verordnete tägliche Arbeitsbelastung aber den Tag durchaus noch ausfüllen konnte, waren ihre Versuche wohl eher halbherzig und in jedem Fall erfolglos.

Zu dieser psychologisch prekären gesellschaftlichen Lage gesellte sich schließlich noch der Eintritt in das Klimakterium (Wechseljahre), das sich bei meiner Mutter offenbar nicht einfach gestaltete.[77] Auch wenn darüber in meinem Beisein nicht geredet wurde, waren die Veränderungen offensichtlich. Beispielsweise lag in der Küche nun immer eine Schale mit schätzungsweise einem Dutzend Fläschchen, die wohl homöopathische Tropfen

[77] Auch die im Abschnitt 1.2.2 beschriebene psychische Erkrankung ihrer Mutter trat in einem Alter ein, in dem die Wechseljahre einsetzen können. Die Parallelität der beiden Krankheitsverläufe ist jedenfalls auffällig.

beinhalteten. Ergänzend suchte meine Mutter, ihre gesundheitlichen Probleme mit einem Kuraufenthalt im Glottertal in den Griff zu bekommen. 1961 verschlimmerte sich ihre gesundheitliche Verfassung, vor allem in psychologischer Hinsicht. Wie schon ihre Mutter begann sie unter einer schweren Depression zu leiden, für die sie wohl genetisch bereits disponiert war. Im Juni 1961 wurde sie für einige Zeit im Krankenhaus neurologisch behandelt, wo ich, damals in Heidelberg studierend, sie auch besucht habe. Im Anschluß daran kam sie in psychologische Behandlung. Mit ihrem Therapeuten führte ich ein besorgtes Gespräch, das aber im Hinblick auf ein konkretes Ergebnis sehr unbefriedigend verlief. Aus heutiger Sicht glaube ich nicht, daß sie sich in guten Händen befand, nicht zuletzt auch weil Anfang der sechziger Jahre die Einsichten in psychologische und hormonelle Prozesse sich noch sehr im Anfangsstadium befanden, die behandelnden Ärzte daher mangels einschlägiger Kenntnisse keine wirksame Therapie einzusetzen vermochten. Im Oktober 1961 weilte sie zu einer weiteren Kur in Bad Wörishofen.[78] Um Weihnachten 1961 war sie erneut im Krankenhaus. Von ihrer Tochter erfuhr sie etwa Anfang 1962 zudem, daß diese schwanger war, sie also bald ein Enkelkind erwarten konnte. Geholfen hat dies alles nichts. Auch haben die behandelnden Ärzte vor der in solchen Fällen immer gegebenen Suizidgefahr die relativ ahnungslosen Angehörigen nicht nachdrücklich genug gewarnt, sodaß entsprechende Vorsorgemaßnahmen hätten getroffen werden können. Unter den gegebenen Umständen war sie sich vielmehr zu oft allein überlassen. So öffnete sie eines Abends Anfang Februar 1962 in ihrer Küche den Gashahn. Sie wurde dort von ihrem Mann bei dessen Heimkehr am späten Abend bewußtlos aufgefunden und sofort ins Krankenhaus eingeliefert. Die Schädigungen ihres Gehirns waren durch die erlittene CO-Vergiftung jedoch bereits so schwerwiegend, daß sie wenige Tage später am 8.2.1962 im Krankenhaus starb.

Die Trauerfeier wurde von Pfarrer Geyer in der Mögeldorfer Kirche gestaltet, die wegen der großen Anteilnahme der Bevölkerung völlig überfüllt war. Danach fand meine Mutter am idyllisch gelegenen Friedhof hinter dieser Kirche im Grab M 004 ihre letzte Ruhestätte.[79]

Damit bin ich der Schilderung meines eigenen Lebens schon um vier Jahre vorausgeeilt, in denen meine Mutter natürlich noch immer eine wichtige Rolle für mich spielte, auf die wir im übernächsten Abschnitt als Teil meines weiteren Lebens zu sprechen kommen werden. Wegen der besonders herausragenden Karriere meines Vaters in den fünfziger und

[78] Ist es ein bloßer Zufall, daß der Suizid meiner Mutter genauso einige Monate nach einer Kur in Bad Wörishofen erfolgte wie der meiner Großmutter, wie aus Abschnitt 1.2.2 zu ersehen ist?

[79] Der die Kirche umgebende Friedhof besteht schon seit 1415.

sechziger Jahren soll ihm nun vorweg der folgende Abschnitt eigens gewidmet sein, in dem wir zeitlich ebenfalls weit vorausgreifen werden.

3.4 Die väterliche Karriere

Im vorangehenden Kapitel wurde ausführlich dargestellt, wie mein Vater nach dem Krieg eine Reihe von großen Hindernissen überwinden mußte, bis er endlich wieder in seinem Beruf als Volksschullehrer an der Thusneldaschule in Mögeldorf uneingeschränkt und weiterhin erfolgreich wirken konnte. Vor allem wurde in Abschnitt 2.5.3 auch sein darüber hinausgehendes berufsständisches Engagement dargelegt. Im Jahre 1953 bahnte sich daher endlich seine Beförderung zum Rektor an, die schon vor dem Krieg längst fällig gewesen wäre, in jenen unseligen Jahren infolge seiner Distanz zu den Nazis aber nicht realisierbar war.

Am 18.3.1953 erfolgte durch die Bezirksschulrätin Irene Stahl eine Schulbesichtigung der von Hans Bibel geführten 8. Knabenklasse. Ihr Bericht über diesen Besuch ist insgesamt positiv mit einer Gesamtbeurteilung II (gut), enthält aber auch eine Reihe von Beckmessereien.[80] Beispielsweise wird Folgendes über seinen Unterricht angemerkt: *„Seine unterrichtlichen Erfolge wären noch größer, und seine Klasse würde an innerer Lebendigkeit gewinnen, wenn er der geistigen Eigentätigkeit seiner Schüler mehr zumutete und zutraute.“* Nun wäre gegen einen derartigen gutachterlichen Hinweis grundsätzlich auch nicht das Geringste einzuwenden, vor allem wenn man ihn im Kontext der begleitenden guten Beurteilungen als konstruktive Kritik im Sinne einer Ermunterung verstehen könnte. Gleichwohl erscheinen mir diese und weitere ähnliche kritische Hinweise der Gutachterin genauer betrachtet doch als recht deplatziert und wenig kompetent. Denn was genau kann man sich darunter vorstellen, „der geistigen Eigentätigkeit“ eines Schülers mehr zuzumuten? Dem Schüler mehr Zeit geben, wenn er beispielsweise Schwierigkeiten hat, die Rechnung zu Ende zu führen? und dabei die anderen 29 Schüler warten zu lassen? Nein, das kann sie nicht gemeint haben, denn die Gutachterin meint auch: *„Dem Lehrer wird empfohlen, ... besonders das klare Vorrechnen ... nicht zu übersehen.“* Also doch keine „geistige Eigentätigkeit“ zuzulassen? Hier ist ja nicht der geeignete Ort, 62 Jahre post factum Gutachterschelte auszuteilen. Aber es sei mir doch zugebilligt festzustellen, daß ich hinter den im Bericht angeführten Kritikpunkten meinen Vater nicht erkennen kann. Habe ich doch über Jahrzehnte unmittelbar erleben dürfen, wie viel er seinem Sohn in seiner

[80] Bericht über die Schulbesichtigung vom 18.3.1953; Staatsarchiv Nürnberg Signatur „Regierung von Mittelfranken, Abgabe 2000 Nr. 15750“, Personalakt, S.5ff.

„geistigen Eigentätigkeit ... zumutete und zutraute.“ Wäre er die führende Persönlichkeit in seiner Partei über eineinhalb Jahrzehnte geblieben, wenn er seinen Parteifreunden nicht in deren geistiger Eigentätigkeit viel zugemutet und zugetraut hätte?! Und bei den Schülern sollte er sich so anders verhalten haben?! Ein Gutachter muß dem Begutachteten in der einschlägigen Kompetenz überlegen sein, um im Rahmen einer eintägigen Visite zu einer zutreffenden Beurteilung zu gelangen. Ich mutmaße, daß in diesem Fall umgekehrt der Begutachtete wesentlich kompetenter als die Gutachterin war, was zu diesem an einigen Stellen sehr merkwürdigen Bericht geführt hatte.

Der Bericht zog glücklicherweise keine negativen Konsequenzen für meinen Vater nach sich. Im Gegenteil setzte sich das Stadtschulamt unter Leitung von Stadtschulrat Otto Barthel in zwei aufeinander folgenden Stellungnahmen vom 4. und 6.11.1953 nachdrücklichst für die Ernennung von Hans Bibel zum Rektor ein.[81] Darin heißt es beispielsweise: *„Sowohl in der Schulratskonferenz vom 5.10. als auch in der Schulratskonferenz vom 3.11.53 wurde einstimmig bestätigt, dass Hauptlehrer Bibel ... am geeignetsten erscheint.“* So wurde er denn verdientermaßen am 11.12.1953 mit Wirkung vom 1.1.1954 zum Rektor der Volksschule in der Holzgartenstraße 14 in Nürnberg ernannt.

Auch für einen Rektor kommt neben seinen Führungsaufgaben der Unterricht nicht zu kurz. Noch unter dem Eindruck des vorgenannten Berichts über den Schulbesuch vom 18.3.1953 ist es daher interessant vergleichsweise zu erfahren, wie der Schulrat Hans Meyer den Unterricht von Hans Bibel anläßlich einer Besichtigung am 15.9.1960 in der 2. Mädchenklasse beurteilt:[82] *„Rektor Bibel steht groß und vital vor der Klasse im Schulzimmer, als anerkannte Persönlichkeit vor den Kollegen im Lehrerzimmer. ... Rektor Bibel hat Freude an seinem Beruf und arbeitet mit Hingabe.“* In diesem ausführlichen Bericht ist im Gegensatz zu dem oben genannten die Persönlichkeit meines Vaters mit seinen hervorragenden pädagogischen Fähigkeiten für mich recht gut wiederzuerkennen.

Der Zwiespalt zwischen beiden Berichten ist tiefer begründet. Pädagogik ist bis heute ein Fach ohne quantitive Maßkriterien für Erfolg oder Mißerfolg. Zwar kann man inzwischen in empirischer Weise den Unterrichtserfolg in Bezug auf spezifische Fähigkeiten wie beispielsweise die Lesekompetenz oder das Lösen rechnerischer Aufgaben messen und tut dies auch in global durchgeführten Schulleistungsuntersuchungen beispielsweise im Rahmen der PISA-Studien seit dem Jahr 2000.[83] Empirische Erfolgsmessungen im Hinblick auf den Unterrichtserfolg eines einzelnen Lehrers gibt es aber bis heute überhaupt nicht. Inwieweit ein Lehrer zudem in der Lage ist, seine Schüler für ihre Rolle in der Gesellschaft

[81] Personalakte, S.116ff, aaO. Fußnote 80.
[82] Personalakte, S.11ff, aaO. Fußnote 80.
[83] https://de.wikipedia.org/wiki/PISA-Studien, Zugriff 8.12.2015.

über spezifische Kompetenzen wie Lesen und Rechnen hinaus umfassend vorzubereiten, ist ebenso eine völlig undurchsichtige Grauzone geblieben. Zudem hat mir mein Vater einmal offen gestanden, wie er zu den Theorien in der Pädagogik steht: Er habe so viele sogenannte Reformen in seiner pädagogischen Praxis miterleben müssen, sagte er mir bei dieser Gelegenheit, daß er irgendwann den Entschluß gefaßt habe, sich davon völlig frei zu machen und nur noch seinem eigenen inneren pädagogischen Gespür zu folgen, das in einer jahrzehntelangen Praxis geschärft wurde. Mir erscheint dies die einzig überzeugende Einstellung für einen durch jahrelange Praxis erfahrenen und erfolgreichen Pädagogen zu sein. Im Gefolge einer derart eigenständigen Selbstbestimmtheit mag es dann durchaus vorkommen, daß ein beckmesserischer Gutachter sich reflexhaft daran stört, wenn der zu beurteilende Pädagoge sich nicht an detaillierte Vorgaben der neuesten pädagogischen Moderichtung hält.[84] Kurz, dem bis heute üblichen Beurteilungsverfahren der pädagogischen Leistungen einer Lehrkraft fehlt es eindeutig an rationaler Substanz; sie werden stattdessen zu einem überwiegenden Teil von reflexhaften Einschätzungen der Gutachter mit entsprechend wenig aussagekräftigen Empfehlungen dominiert.

Die Aufgaben eines Rektors gehen aber weit über den von ihm gehaltenen Unterricht hinaus, den wir bei Hans Bibel bis hierher in Betracht gezogen haben. An der Holzgartenschule bestanden bei Amtsantritt von Hans Bibel „besonders schwierige Verhältnisse“.[85] Diese waren in erster Linie dem Krieg geschuldet. Das Schulgebäude war am 2.1.1945 fast vollständig zerstört worden. Die auf etwa 23 Klassen aufgeteilten etwa 1400 Schüler|innen waren daher größtenteils für Jahre im Gebäude der Scharrerschule ausgelagert. Erst Anfang Januar 1949 konnte der mit Hilfe des Nürnberger Handwerks renovierte Altbau mit 11 (ab August 1949: 12) Schulräumen und einer kleinen Feierstunde wieder seinen Betrieb aufnehmen.[86] Als erster Bauabschnitt für einen Neubau wurde nach dem Dienstantritt meines Vaters bis 1959 der Nordflügel errichtet. Bei dieser auch den Rektor voll in Beschlag nehmenden Aufgabe kamen ihm seine guten Beziehungen im Rahmen seiner politischen Ämter sehr zugute. Die Einweihung fand am 25.5.1959 statt. Der letzte Bauabschnitt mit Turnhalle I und II wurde am 1.6.1965 eingeweiht. Nach Fertigstellung der Schule zogen auch Klassen der benachbarten Berufsschule ein, sodaß nach einer Aufstel-

---

[84]Schon im Abschnitt 1.1.1 wird von der Lehrprobe von Hans Bibel berichtet, in der er sich schon damals über allzu strenge pädagogische Regeln offenbar einfach hinweggesetzt hatte.

[85]Personalakte, S.116, aaO. Fußnote 80.

[86]Nürnberger Nachrichten vom 15.01.1949.
Die hier und im Folgenden wiedergegebenen Details sind den im Stadtarchiv Nürnberg unter C 24 Nr.72,73, 1945–1972, vorliegenden Unterlagen entnommen, die mir Herr Christof Neidiger am 12.1.2016 freundlicherweise übermittelt hat. Sie unterscheiden sich etwas von den Angaben, die in den folgenden Quellen zu finden sind: Otto Barthel, Die Schulen in Nürnberg 1905–1960, Nürnberg 1963, S.141f sowie http://www.holzgartenschule.de/Geschichte.htm, Zugriff 8.1.2015.

lung vom 21.7.1965 für die Volksschule 17 Klassenzimmer genutzt werden konnten (11 im „Altbau“ und 6 im „Neubau“).

Die in dieser Zeit von meinem Vater erbrachten außerordentlichen und weit über die Norm hinausgehenden Leistungen umfassen die Führung einer Schule mit einer sehr großen Schülerzahl, die auf zwei relativ weit voneinander entfernten Standorten untergebracht war, die Koordinierung mit den jeweils zuständigen Ämtern von Bauplanung und Baudurchführung der Neubauten, die Abwicklung der jeweiligen Umzüge, den weiteren Personalausbau und nicht zuletzt die Erledigung all der normalen Aufgaben eines Schulrektors. Von dieser großen Leistung habe ich erst jetzt im Rahmen meiner Recherchen erfahren. Zuhause machte er darüber nicht die geringsten Andeutungen wie auch sonst wenig Aufhebens von seiner Arbeit.

Diese Rektorenstelle hatte Hans Bibel bis zur Versetzung zum 31.8.1962 in den Ruhestand inne, die er nach Vollendung des 62ten Lebensjahres selbst beantragte. Auch wenn diese frühe Pensionierung damals ohne weitere Begründung möglich und nicht unüblich war, kamen dabei wohl der Schock über den Tod seiner Frau im gleichen Jahr, der erfolgreich geleistete Wiederaufbau seiner Schule, die nun normal weitergeführt werden konnte, und die extreme Überlastung aufgrund seiner politischen Ämter zum Ausdruck, vielleicht aber auch eine gewisse Enttäuschung, die der Mißerfolg in dem folgenden Geschehen bei ihm hinterlassen hatte.

Am 17.2.1955 war Hans Bibel für die Stelle eines Schulrats benannt worden. Daraufhin hatte die Regierung von Mittelfranken auf Anforderung des Bayerischen Staatsministeriums für Unterricht und Kultus in München ein Gutachten über seine Eignung vorgelegt, das von dem damaligen Regierungspräsidenten Dr. Schregle unterzeichnet ist.[87] Darin wird zwar bemängelt, daß er *„bei sämtlichen Qualifikationen hinsichtlich der Lehrbefähigung, mit einer Ausnahme, die Note 3 erhielt.“* Andererseits lobt der Text *„... den beweglichen Geist Bibels“* und stellt fest: *„Bibel ist ein ruhiger, sachlich denkender Mann von hoher Intelligenz“*. Ein Jahr später fand sich im Amtlichen Schulanzeiger Nr. 5 vom 1.5.1956 die Ausschreibung der Stelle eines Schulrats, auf die sich Hans Bibel am 18.5.1956 bewarb. Das Stadtschulamt Nürnberg unterstützte die Bewerbung mit einem von Otto Barthel unterzeichneten Gutachten, das ausschließlich positive Gesichtspunkte für diese Bewerbung herausstellt.[88] Gleichwohl wurden zum 1.11.1956 zwei andere Lehrer zu Schulräten ernannt und erst nach Jahren erfolgte am 22.2.1961 die Ablehnung seiner Benennung als Schulrat durch das Ministerium. Ob für diese ministerielle Entscheidung das genannte Argument der Noten, seine Verankerung in der — aus Sicht der in Bayern Regierenden —

[87]Personalakte, S.123, aaO. Fußnote 80.
[88]Personalakte, S.124, aaO. Fußnote 80.

„falschen“ Partei, der Wunsch, ihm die Leitung der Holzgartenschule bis zur Vollendung deren Wiederaufbaus zu belassen, oder sonstige Gründe den Ausschlag gegeben haben, bleibt im Verborgenen. Meinen Vater hat dieser Mißerfolg jedenfalls schwer getroffen und tief verletzt, vor allem nachdem er sehen mußte, wer ihm stattdessen vorgezogen wurde.

Das lebenslange Engagement von Hans Bibel in Organisationen und Vereinen, die die Förderung des Berufsstandes der Lehrer zum Ziele hatten, wurde schon in den Abschnitten 1.1.1 und 2.5.3 ausführlich beschrieben. Es sei hier daher nur erwähnt, daß er im Nürnberger Lehrer- und Lehrerinnen Verein (NLLV) ebenso wie im Verein Lehrerheim weiterhin bis zu seinem Tode nicht nur als Mitglied sondern auch aktiv beispielsweise als Bezirksausschußmitglied tätig war.[89]

Politische Karriere

Über diese berufliche Karriere hinaus begann für Hans Bibel mit der auf S.148 beschriebenen Wahl zum Stadtrat, Fraktionsvorsitzenden und Ältestenrat zusätzlich eine steile politische Karriere, die er neben seinen umfangreichen beruflichen Verpflichtungen ausübte und in der er die Zeit des Wiederaufbaus von Nürnberg nach dem Kriege wesentlich mitgestaltete. 1954 wurde er noch zusätzlich in den Bezirkstag von Mittelfranken gewählt. Alle diese Ämter übte er bis zu seinem Tode 1967 aus. Seine Partei, die Freie Demokratische Partei (FDP), wählte ihn 1956 zudem zu ihrem Vorsitzenden für den Kreis Nürnberg. Auch dieses Amt übte er bis zum 15.4.1966 ein Jahr vor seinem Tode aus.

Eine angemessene und ausführliche Würdigung dieser und einer Reihe weiterer öffentlicher Tätigkeiten meines Vaters in seinen letzten eineinhalb Jahrzehnten würde den Rahmen dieses Buches sprengen, das auf das Leben des Sohnes und nicht des Vaters fokussiert. Innerhalb des Familienlebens traten all diese Tätigkeiten so gut wie nicht in Erscheinung. In der Tat habe ich als Heranwachsender, der selbst mit seinen umfangreichen eigenen Aufgaben und Unternehmungen voll ausgelastet war, nicht allzu viel vom beruflichen und öffentlichen Wirken meines Vaters mitbekommen (und umgekehrt er von meinem), ganz besonders in der Zeit nach dem Beginn meines Studiums. Er war in den sieben Tagen der Woche nur selten und meist nur zum Essen oder Schlafen zu Hause. Wenn er nach dem Unterricht über Mittag doch zum Essen nach Hause kam, dann war er oft so übermüdet, daß er nach dem Essen auf der Couch sofort für eine kurze Zeit einschlafen konnte, eine Fähigkeit, die ihn offenbar über viele Jahre der totalen Überlastung fit hielt. Gleichwohl will ich hier den Versuch machen, sein erfolgreiches Wirken in all diesen Ämtern in aller Kürze zu charakterisieren.

[89] Personalakte, S.124 und 126ff, aaO. Fußnote 80.

Zunächst seien weitere Ehrenämter und Funktionen aufgezählt, die er in dieser Zeit ausübte. Als Pfleger der Berufsschulen[90] übte er über viele Jahre eine Brückenfunktion zwischen der Stadt und dieser Schulsparte aus. Als musisch erfahrener und interessierter Schulmann und Stadtrat wirkte er als Beirat in dem Arbeitskreis mit, der den außerschulischen Musikunterricht und das gemeinschaftliche Musizieren in Nürnberg pflegte und förderte.[91] Als Stadtrat und Fraktionsvorsitzender war er Mitglied in einer Reihe der über zehn Ausschüsse dieses Gremiums, beispielsweise als Schulmann natürlich im Schul- und Kulturausschuß, sodann im Haushalts- und im Wohlfahrtsausschuß, um nur drei beispielhaft zu nennen. Als Fraktionsvorsitzender mußte er ohnehin die Ergebnisse aller Ausschüsse im Auge behalten. Zudem gehörte er als Delegierter der Hauptversammlung des Deutschen Städtetags bzw. der Vollversammlung des Bayerischen Städtetags an. Wie jede Stadt war auch Nürnberg an Unternehmen beteiligt, an denen sie ein besonderes infrastrukturell geprägtes Interesse hatte. Dazu gehörten das Großkraftwerk Franken AG, die Bayerische Milchversorgung GmbH und die Monopol-Bergwerks-Gesellschaft in Kamen; für diese drei Unternehmen saß er jeweils im Aufsichtsrat. Schließlich war er Mitglied in einer Reihe von Vereinen wie der Arbeitsgemeinschaft für Belange und Geschichte Mögeldorfs, dem Nürnberger Geflügelzuchtverein und der Burschenschaft Masovia, für die er sich jeweils in verschiedener Weise einsetzte.

Ein Normalbürger kann kaum ermessen, welche Aufgabenfülle hinter einer solchen Liste von ehrenamtlichen Funktionen steht, die zudem neben einer führenden beruflichen Rolle bewältigt werden mußten. Gleichwohl kann man anhand dieser Liste vielleicht erahnen, daß infolge der verantwortungsvollen Bewältigung dieser Aufgabenfülle nur noch selten Zeit für Familie und Freizeit geblieben ist.

Das einflußreiche Wirken meines Vaters ist im Detail in einer Reihe von Organen sehr gut dokumentiert.[92] Danach gehörte er eineinhalb Jahrzehnte lang eindeutig zu den fünf

[90] Otto Barthel, Die Schulen in Nürnberg 1905–1960, Nürnberg 1963, S.238.

[91] Otto Barthel, Die Schulen in Nürnberg 1905–1960, Nürnberg 1963, S.406.

[92] Dazu gehören vor allem die Protokolle des Stadtrats sowie die des Ältestenrats aus jenen Jahren. Zudem finden sich in dem vom Presse- und Informationsamt herausgegebenen Amtsblatt der Stadt Nürnberg viele weitere Informationen. Diese alle liegen beispielsweise im Stadtarchiv Nürnberg vor. Eine Durchsicht ausgewählter Seiten daraus hat mir gezeigt, daß Hans Bibel in nahezu allen Sitzungen immer dann sich zu Wort gemeldet hat, wenn er zur Entscheidungsfindung etwas konstruktiv und sachbezogen beitragen konnte. Auch in den Stadtchroniken von Nürnberg finden sich viele Bezüge auf sein Wirken. Selbstverständlich hat auch die Tagespresse regelmäßig von seinen Beiträgen in Wort und Bild berichtet. Dazu gehören vor allem die beiden Tageszeitungen Nürnberger Nachrichten (NN) und Nürnberger Zeitung (NZ). Ich selbst habe anläßlich einer Feier im historischen Sitzungssaal des Nürnberger Rathauses zu seinem 100ten Geburtstags am 23.6.2000 eine kleine Schrift mit dem Titel „Stadtrat Hans Bibel, 23. Juni 1900 – 23. August 1967“ verfaßt, in der sein Wirken auf acht Seiten kurz dargestellt ist. Zudem gibt es ein von Hans Bibel selbst zusammengestelltes und von mir kommentiertes Album mit ausgewählten Fotos und Presseausschnitten über seine Tätigkeit. Die beiden letztgenannten Dokumente werden im Archiv

einflußreichsten Politikern in der zweitgrößten Stadt Bayerns mit damals etwa 460.000 Einwohnern.[93] Der Zeitraum umfaßt die wichtigsten Jahre des Wiederaufbaus einer Stadt, die von Kriegszerstörungen besonders hart getroffen und deren Altstadt fast vollständig zerstört war. Die rasante Bautätigkeit in den fünfziger Jahren des Wirtschaftswunders ebenso wie die Durchführung eines tiefgreifenden wirtschaftlichen Strukturwandels erforderte grundlegende und tiefgreifende Entscheidungen von großer Weitsicht. Welch entscheidenden Anteil Hans Bibel daran hatte, läßt sich an vielen Merkmalen ablesen. Darunter sind beispielsweise die genannten historischen Dokumente, seine persönlich errungenen Wahlerfolge, die Inhalte der zu seinem Tod gehaltenen Gedenkreden sowie die zu diesem Anlaß zum Ausdruck gebrachte *„starke Anteilnahme der Nürnberger Bürgerschaft ... [die d]ie viele Jahrhunderte alte Kirche von Mögeldorf ... kaum zu fassen vermochte"*. Ich kann mich diesbezüglich daher hier auf einige persönlich gefärbte Anmerkungen beschränken.

Als einer der drei Fraktionsvorsitzenden der drei mit Abstand größten Parteien im Stadtrat[94] gehörte er zusammen mit dem Oberbürgermeister naturgemäß zum engsten politischen Führungskreis der Stadt. Schon in seinen ersten fünf Jahren verband meinen Vater eine freundschaftliche Verbundenheit mit dem damaligen Oberbürgermeister Otto Bärnreuther und übrigens auch mit dessen 1952 knapp unterlegenem Gegenkandidaten, Herrn Stadtkämmerer Georg Zitzmann. Vor allem aber mit dem Nachfolger, Oberbürgermeister Dr. Andreas Urschlechter, bestand eine engste vertrauensvolle Zusammenarbeit, die dieser in seiner Trauerrede ausdrücklich betonte: *„Als persönliches Bekenntnis und Erinnerung an Hans Bibel betonte er [Urschlechter], daß viele Stunden des freundschaftlichen Zusammenseins mit ihm stets von der Bereitschaft des gemeinsamen Verstehens und der echten menschlichen Begegnung geprägt waren, ohne die das menschliche Leben nicht denkbar sei."*[95] Manche dieser „vielen Stunden" fanden auch in unserer Wohnung, durchaus auch bei einem Glas Wein statt. Es blieb daher auch in unserer Familie nicht verborgen, daß mein Vater einen durchaus erheblichen direkten Einfluß auf Herrn Urschlechter und damit auf wichtigste politische Entscheidungen ausübte. Das galt übrigens auch in priva-

---

des Liberalismus in Gummersbach unter den Signaturen F10-27 und 30361/1 vorgehalten, während eine Kopie des Albums unter der Bezeichnung FAHB6 im Besitz des Autors verblieben ist.

[93] https://de.wikipedia.org/wiki/Nürnberg, Zugriff 22.12.2015.
1956 kandidierte Hans Bibel bei der Wahl des zweiten Bürgermeisters, angesichts der parteilich vorgegebenen Mehrheitsverhältnisse eine aussichtslose Kandidatur, jedoch ein Ausdruck der Eigenständigkeit der Nürnberger FDP.

[94] Von den insgesamt 50 Sitzen im Stadtrat entfielen auf SPD, CSU und FDP/CVD 1952 24,9,7, 1956 25,14,7, 1960 27,14,8 und 1966 27,14,5 Sitze. Den Einbruch von 3 Sitzen 1966 erfolgte zugunsten der NPD, die damals in ganz Deutschland und so auch in Nürnberg zu Lasten der FDP erstarkte. Der „Christliche Volksdienst" CVD bildete ab 1956 mit je 1 Sitz Fraktionseinheit mit der FDP. https://de.wikipedia.org/wiki/Ergebnisse_der_Kommunalwahlen_in_Nürnberg, Zugriff 10.12.2015.

[95] Amtsblatt der Stadt Nürnberg Nr.35, 30.8.1967, S.561.

ten Angelegenheiten: Als Herrn Urschlechter, wie öfter, wieder einmal Liebesnöte plagten, fand er den nötigen, quasi väterlichen Halt bei meinem verständigen Vater, der ja auch aus seiner Berufserfahrung gelernt hatte, wie man einen verletzten Buben trösten und wieder aufrichten konnte. So hat mein Vater nach seiner eigenen Bekundung durchaus einen gewissen Anteil am Bestehen der letzten Ehe Urschlechters.[96]

Ähnlich wie bei Urschlechter genoß mein Vater das persönliche Vertrauen höchster Persönlichkeiten aus Politik und Wirtschaft. Dazu gehörten bekannte Namen wie der bereits im letzten Kapitel genannte Dr. Thomas Dehler,[97] FDP-Mitgründer und einer der Justizminister unter Bundeskanzler Adenauer, Bundespräsident Dr. Theodor Heuss,[98] Vizekanzler Dr. Erich Mende,[99] Oberbürgermeister Dr. Hans-Jochen Vogel,[100] Bayerischer Justizminister Dr. Albrecht Haas,[101] Friedrich Flick,[102] sowie die Unternehmer im Raum Nürnberg-Fürth Hans Brochier,[103] Karl Diehl,[104] Hanns und dessen Sohn Hannsheinz Porst[105] und Gustav Schickedanz,[106] der Gründer des Quelle-Versandhandels, von denen — unter vielen anderen — zuhause damals hin und wieder die Rede war. Zu den zuletzt genannten führenden lokalen Unternehmern Brochier, Diehl, Porst und Schickedanz unterhielt der Parteivorsitzende Hans Bibel enge Kontakte vor allem wegen deren wichtiger Rolle für die Finanzierung seiner Partei. Für sie hegte er ob deren unternehmerischer Leistungen aber auch eine große und aufrichtige Wertschätzung, was ihm umgekehrt deren Vertrauen und im Gefolge seiner Partei erhebliche Spenden einbrachte. Zu einigen Persönlichkeiten möchte ich die folgenden Reminiszensen zum Besten geben.

Als sich Ende der fünfziger Jahre Bundespräsident Heuss zu einem offiziellen Besuch in Nürnberg einfand, hatte er natürlich auch Zeit für einen Austausch mit seinem Parteifreund, dem lokalen FDP-Vorsitzenden Hans Bibel eingeplant. Bei diesem Treffen und im Verlauf der offiziellen Veranstaltungen lernten sich die beiden näher kennen und ver-

[96] Das Bild auf S.46 in FAHB6 drückt die derartig gestaltete persönliche Verbundenheit dieser drei Personen sichtbar aus.

[97] https://de.wikipedia.org/wiki/Thomas_Dehler, Zugriff 10.12.2015.

[98] https://de.wikipedia.org/wiki/Theodor_Heuss, Zugriff 10.12.2015.

[99] https://de.wikipedia.org/wiki/Erich_Mende, Zugriff 10.12.2015.

[100] https://de.wikipedia.org/wiki/Hans-Jochen_Vogel, Zugriff 10.12.2015.
Ein Treffen meines Vaters mit Vogel wird beispielsweise in seinem Schreiben vom 9.4.1965 erwähnt (Aktenordner - kurz AO - Korrespondenz).

[101] https://de.wikipedia.org/wiki/Albrecht_Haas, Zugriff 22.12.2015.
Von dessen Begegnung mit Hans Bibel 1962 wird berichtet in: http://www.nordbayern.de/region/nuernberg/8-januar-1962-der-justizminister-sah-sich-um-1.1766803, Zugriff 22.12.2015.

[102] https://de.wikipedia.org/wiki/Friedrich_Flick, Zugriff 10.12.2015.

[103] http://www.a-brochier.de/unternehmen/geschichte.html

[104] https://de.wikipedia.org/wiki/Karl_Diehl_(Unternehmer), Zugriff 10.12.2015.

[105] FAHB6, S.46. https://de.wikipedia.org/wiki/Hanns_Porst, Zugriff 10.12.2015.

[106] https://de.wikipedia.org/wiki/Gustav_Schickedanz, Zugriff 10.12.2015.

standen sich auf Anhieb so gut, daß sie am Ende des langen Tages beschlossen, sich zu zweit noch in unserer Wohnung zu einer letzten gemeinsamen, aus dem Keller geholten Flasche Weines gemütlich zusammenzusetzen, während ich schon tief und fest im Zimmer daneben schlief. Das war eindeutig der höchste Besuch, der sich in unserer Wohnung je einfand.

Vor den Gemeindewahlen 1960 (und der Bundestagswahl im September 1961) organisierte die Nürnberger FDP unter meinem Vater am 17.3.1960 eine große Parteiveranstaltung im Messehaus.[107] Als Hauptredner hatte er den damaligen FDP Bundesvorsitzenden Erich Mende eingeladen, der sich auch in den Jahren danach noch mehrfach in Nürnberg einfand. Dies dürfte eine der wenigen, wenn nicht die einzige Parteiveranstaltung gewesen sein, an der auch ich — damals zusammen mit meiner Mutter — teilnahm. Ich verfolgte das Geschehen aufmerksam, hörte genau auf die vorgetragenen Inhalte und ließ mich aus meiner kritischen Distanz nicht hervorlocken. Im Vergleich zu dem aalglatten Mende wirkten die Ausführungen meines Vaters angespannt und hölzern. Eine große Bühne mit vielen Hunderten von Zuhörern war er offensichtlich nicht gewohnt. Mende hielt einen kleinen Notizzettel in der Hand und redete lange ohne jegliches weiteres Manuskript, gleichwohl gut strukturiert und in wohlgeschliffenen Sätzen. Diese Fähigkeit zur völlig freien Rede beeindruckte meinen Vater zutiefst. Er selbst mußte sich auf seine Reden dagegen detailliert vorbereiten und war ohne Manuskript eher hilflos. Diese Veranlagung habe ich von ihm vererbt bekommen. Redner wirken zweifellos überzeugender, wenn es so ausschaut, als kämen ihre Aussagen spontan aus ihrem tiefsten Inneren und nicht von einem vorliegenden Manuskript. Dabei hat diese Fähigkeit zur völlig freien Rede objektiv überhaupt nichts mit der Glaubwürdigkeit der Aussagen zu tun, sondern beruht auf einer entsprechend veranlagten Hirnstruktur, die mit dem Inhalt von Aussagen nichts zu tun hat. Gleichwohl gelingt es den Mendes, die Bibels in der Öffentlichkeit allein wegen dieses angeborenen Unterschieds schnell auch inhaltlich in den Schatten zu stellen.

Die Stadträte von München und Nürnberg vereinbarten 1960 regelmäßige Treffen zum gegenseiten Erfahrungsaustausch, was dann 1961 sogar zum Beschluß eines umfassenden Städtevergleiches führte. So kam der Münchener Stadtrat unter der Leitung von Oberbürgermeister Hans-Jochen Vogel am 13.10.1960 zum Besuch nach Nürnberg.[108] Nach einem Gegenbesuch in München fand etliche Zeit später etwa 1963 in München im alten Rathaussaal der Deutsche Städtetag statt. Als einladender OB saß Vogel auf dem Podium, während Hans Bibel als Delegierter seinen Platz in einer der ersten Reihen wählte. Als Vogel ihn erblickte, ging er vom Podium direkt zu ihm hinunter und begrüßte ihn mit

[107] FAHB6, S.23.
[108] FAHB6, S.20f.

Namen. Mein Vater war sprachlos. Wie konnte sich ein Mann, der täglich unübersehbar vielen Menschen begegnete, Gesicht und Namen eines Menschen merken, den er vor geraumer Zeit bei einer Begegnung unter vielen anderen kennengelernt hatte?! Von da an war Vogel für meinen Vater eine verehrungswürdige Persönlichkeit. Auch hier gilt das soeben Festgestellte in einer weiteren Variation, nämlich daß das Gedächtnis von unterschiedlichen Menschen sehr unterschiedlich ausgeprägt ist. Vogel scheint über ein phänomenales Gesichts- und Namensgedächtnis verfügt und dieses im täglichen Geschäft weiter trainiert zu haben. So konnte er zu einer Unzahl von Menschen vermeintlich persönliche Beziehungen herstellen, was seiner politischen Karriere entsprechend förderlich war. Im Gegensatz dazu klagte mein Vater oft darüber, daß ihm der Name einer ihm begegnenden, vom Gesicht her bekannten Person einfach nicht einfallen wollte. Auch diese spezifische Eigenschaft seines Gehirns hat er mir weiter vererbt, auf die ich schon im Abschnitt 3.1 zu sprechen kam. Diese beiden Fähigkeiten zur freien Rede und zur Namenserinnerung erweisen sich beide für das reflexhafte Beurteilen von Personen als besonders günstig, ohne daß sie für sich allein irgendetwas Substanzielles zur Gesamtbefähigung von Personen beitragen würden, zu der viele andere Fähigkeiten, vor allem diejenige zur Reflexion erforderlich sind.

Als kleine Randbemerkung zu Vogel erwähne ich, daß etwa ein Jahrzehnt später dessen hochintelligenter Sohn Bernd aus seiner ersten Ehe im Rahmen dessen Studiums an der Technischen Universität München von mir betreut wurde, der dann aber infolge der ihn sehr belastenden Scheidung seiner Eltern nach Irland quasi flüchtete und nach seinem Mathematik-Diplom dann bezeichnenderweise noch Psychologie studierte.

Friedrich Flick war schon vor und während des Krieges einer der wirtschaftlich erfolgreichsten deutschen Unternehmer. Auch nach dem Krieg gelang ihm trotz aller aus seiner Verstricktheit mit dem Nazi-Regime entstandenen Widrigkeiten der Aufstieg zum reichsten Deutschen. Flick saß wie Hans Bibel im Aufsichtsrat der oben genannten Monopol-Bergwerks-Gesellschaft. Nach einigen Sitzungen dieses Gremiums begann sich mein Vater über dessen Verhalten immer mehr zu verwundern. Denn dieser versäumte regelmäßig die Sitzungen am Vormittag und mischte sich erst zum Mittagessen unter die Gremiumsteilnehmer. Nach Beendigung des gemeinsamen Mittagessens verschwand er sofort wieder, versäumte also gänzlich die Diskussionen im Gremium. Dieses Verhalten konnte nur dahingehend interpretiert werden, daß Flick sich dadurch nebenbei die Kosten für das Mittagessen jeweils sparte und dies mit einer kurzen sozialen Kontaktnahme zu seinen Aufsichtsratskollegen verband. Es ist auch von anderen Superreichen bekannt, daß sie selbst im Kleinsten notorisch, ja manchmal fast krankhaft zur Sparsamkeit neigen und jede auch noch so kleine Ausgabe wenn möglich zu vermeiden suchen.

Soweit also einige anektodische Erinnerungen an Kontakte zu bekannten Persönlichkeiten. Das weiter oben erwähnte Album FAHB6 mit ausgewählten Zeitungsausschnitten und Bildern ist von Hans Bibel selbst angelegt. Es dokumentiert daher mutmaßlich auch eine Auswahl von Themen, die ihm besonders wichtig erschienen. Darunter ist beispielsweise die von ihm initiierte Etablierung eines Wirtschaftsreferenten für Nürnberg. Es gelang ihm sogar, diese Position mit einem Parteifreund, Herrn Dr. Johann Sebastian Geer, zu besetzen.[109] Wichtig erschien dem weitsichtigen Naturfreund Bibel schon Ende der fünfziger Jahre eine Atom-Mahnung, die er im Stadtrat trotz seiner im Sinne der Mehrheitsverhältnisse kleinen Fraktion durchzusetzen wußte.[110] Das Album dokumentiert auch seine breite Verantwortungspalette, zu der ein Straßenkehrer ebenso wie Sträflinge oder Altenheimbewohner gehörten.[111] Nachsitzungen fanden bevorzugt im Weinrestaurant Pfälzer Faß im Hotel Kaiserhof in der Königstraße statt.[112] Arbeitsbesprechungen wurden dagegen gerne auch in unserer Wohnung durchgeführt, beispielsweise mit dem langjährigen Parteisekretär Rudolf Kaiser, dem Schatzmeister Leo Flach oder mit Erich Freiherr von Loeffelholz, der 1966 seine Nachfolge als Parteivorsitzender antrat.[113]

Auch wenn Hans Bibel zu den einflußreichsten politischen Persönlichkeiten in Nürnberg gehörte und er zudem einen — gemessen an den prozentualen Wahlerfolgen seiner Partei — weit überdurchschnittlich großen Rückhalt in der Bevölkerung genoß, so ist ihm seine Stellung niemals in den Kopf gestiegen. Wie ich weiß, wurde er mehrfach ermuntert, in die Landes- oder Bundespolitik einzusteigen, was er strikt ablehnte, weil er sich seiner Vaterstadt und seiner engsten Heimat zu sehr verbunden fühlte. Er versah sein riesiges Arbeitspensum zudem mit dem relativ bescheidenen Gehalt eines Rektors sowie der geringen Vergütung als ehrenamtlicher Stadtrat. Erst durch seine Tätigkeiten als Aufsichtsratsmitglied erhielt er darüber hinaus vom Stadtrat beschlossene Tandiemen, die die finanzielle Lage der Familie zwar sehr entspannten, gleichwohl in einem vergleichsweise bescheidenen Rahmen blieben.

Der Tod seiner Frau 1962 machte ihm sehr zu schaffen. Die Kinder waren aus dem Haus und weit ab vom Schuß. Die Familie der Tochter war nach Friedrichshafen gezogen, wo ihr

[109]FAHB6, S.10.

[110]FAHB6, S.15.

[111]FAHB6, S.9 sowie 3 und 6.

[112]FAHB6, S.4, hier mit ua. Dr. Klaus Dehler. http://www.nuernberginfos.de/gaststaetten-hotels-nuernberg/kaiserhof-nuernberg.html, Zugriff 14.12.2015.

[113]Die Familie der Löffelholz gehörte seit dem 15ten Jahrhundert zu den Patrizierfamilien von Nürnberg, die schon vor der Aufklärung die Geschicke Nürnbergs als Ratsherren bestimmten. Siehe zB.: Wolfgang Wüst, Patrizier – Zum Selbstverständnis reichsstädtischer Oligarchen in Süddeutschland, Blätter für fränkische Familienkunde 39, S.9–32, 2016.

Mann eine Oberarztstelle am Krankenhaus angenommen hatte.[114] Der Sohn studierte in München, wovon im nächsten Abschnitt berichtet wird. Der Hund Blitz mußte eingeschläfert werden, was der lebenslange Hundebesitzer als besonders schmerzlichen Einschnitt empfand; die Tauben hatte er im Hinblick auf deren aufwändige Pflege aus Zeitmangel verkauft. Kurz, im engsten privaten Umkreis war es vergleichsweise einsam um ihn geworden. Erst erhoffte sich seine unverheiratete Schwägerin Lisl, die die ersten Wochen zu überbrücken half, in einer krassen Verkennung ihrer Chancen und Möglichkeiten, als Partnerin den Platz meiner Mutter einnehmen zu können. Hans Bibel entschied sich hingegen erst einmal zur Anstellung der Frau eines aus der Haft Entlassenen als Haushälterin (deren Ehemann er zugleich eine Stelle bei der Müllabfuhr verschaffte), was Bände über seine soziale und unvoreingenommene Einstellung spricht. Diese rechtschaffene Frau, Anni Breitenthaler, versah ihm treue Dienste bis an sein Lebensende. Da deren Mann nach einiger Zeit doch wieder straffällig wurde, trennte sie sich von ihm und änderte ihren Namen zu Thaler.

Auf der verständlichen Suche nach einer neuen Partnerin schien eine Zeitlang Kathryn Harvey, eine beeindruckende Sängerin an der Nürnberger Oper, ihm zugetan zu sein.[115] Inzwischen machte sich aber auch die jahrelange Überlastung bemerkbar und er erlitt am 10.1.1964 einen Herzinfarkt.[116] Er erholte sich davon zwar wieder einigermaßen, wollte aber dem unüberhörbaren Signal seines Körpers nicht Folge leisten und machte in seiner politischen Arbeit unvermindert weiter. Zwar versuchte er auch wie früher Kraft in seiner fränkischen Natur, vor allem in Hüttenbach oder in Vorra[117] zu finden, was dem Witwer die innere Ruhe offenbar nicht mehr ausreichend geben konnte. Er lernte eine viel jüngere Chorsängerin aus dem Operhaus kennen und entschloß sich zur Heirat, auch um ihr eine Sicherung ihres Alters durch den damit verbundenen Pensionsanspruch zu verschaffen, wie er mir ausdrücklich erklärte. Das Glück war ihm aber nicht mehr hold, denn die neuvermählte Martha Bibel, geb. Lang, erkrankte weniger als ein Jahr später schwer an Rheumatismus und wurde für ihn dadurch mehr zu einer schweren Belastung denn zu einer Hilfe. Da sie von da an nie mehr auf der Bühne auftreten konnte, war die durch die Heirat erreichte und von meinem Vater so gewollte Absicherung ihres restlichen Lebens durch ein von ihm teilweise noch finanziertes Reihenhaus und die erworbene Pension eine für sie jedoch sehr glückliche Fügung. Zu dieser persönlichen Belastung in

[114] Mehr Details hierzu in Abschnitt 3.5.4.

[115] http://www.legacy.com/obituaries/marinij/obituary.aspx?n=kathryn-harvey&pid=107434940, Zugriff 7.9.2015.

[116] Das Bild auf S.43 in FAHB6 zeigt ihn Stunden vor dem Infarkt und gesundheitlich sichtlich angeschlagen.

[117] FAHB6, S.10, Pressenotiz.

seiner neuen Ehe kam durch das Erstarken der NPD, vor allem in der Gemeinde- und Bezirkstagswahl 1966, eine schwere Wahlniederlage der von ihm geführten Partei hinzu, die vorher in der Bundestagswahl 1961 in der Arbeiterstadt Nürnberg noch mehr als 14 Prozent Stimmenanteil erringen konnte.[118] Beispielsweise war nach dieser Wahl 1966 die FDP als Partei nicht mehr im Mittelfränkischen Bezirkstag vertreten, wohingegen Hans Bibel infolge seines hohen persönlichen Stimmenanteils seinen Platz in diesem Parlament behielt, was seine persönliche Popularität auch hierdurch unterstreicht. Die Summe all dieser Schläge führte schließlich zum zweiten Herzinfarkt, den er am Rednerpult erlitt und dem er wenige Tage später im Krankenhaus am 23.8.1967 schließlich erlag.

Am 28.8.1967 fand in der überfüllten Mögeldorfer Kirche eine bewegende Begräbnisfeier mit vielen Ansprachen statt, darunter diejenigen von Oberbürgermeister Dr. Andreas Urschlechter, Bürgermeister Franz Haas, Bezirkstagspräsident Landrat Gmeiner, Bayerischer Staatsminister der Justiz a.D. Dr. Albrecht Haas, Stadtrat Werner Lippert, NLLV Vorsitzender und Rektor Erwin König sowie vom amtierenden Mögeldorfer Pfarrer Wolff. Über die Feier wurde in allen örtlichen Presseorganen danach ausführlich berichtet.[119]

Am 23.6.2000 wäre Hans Bibel 100 Jahre alt geworden. Aus diesem Anlaß veranstaltete der FDP Kreisverband im historischen Saal des Nürnberger Rathauses eine Gedenkfeier, über die auch die Presse berichtete.[120] Hauptrednerin war die ehemalige Staatsministerin und Präsidentschaftskandidatin Dr. Hildegard Hamm-Brücher, die Hans Bibel auch schon zu Lebzeiten einen Besuch abgestattet hatte.[121]

Zur Charakterisierung der Persönlichkeit meines Vaters lasse ich erst einmal seine Zeitgenossen zu Wort kommen. Oberbürgermeister Dr. Urschlechter charakterisierte ihn als *„freundlich, liebenswürdig und tolerant“*, der *„stets Mensch geblieben“* sei, Stadtrat Lippert als *„ausgeglichen, maßvoll und mit gesundem Humor ... ein von Grund auf gütiger Mensch ... mit Toleranz Andersdenkenden gegenüber“*. Pfarrer Wolff fügte hinzu: *„Seine Erfahrung, seine humorvolle ausgleichende Art und sein menschliches Verständnis schufen ihm viele Freunde“*.[122] Die Nürnberger Zeitung berichtet von seinem Tod unter der

---

[118]FAHB6, S.26.

[119]FAHB1, S.61, FAHB6, S.50f.

[120]Nürnberger Zeitung Nr.142, S.10, FAHB6, S.52. Bilder von der Veranstaltung finden sich im FAWB8, S.15ff.
Aus diesem Anlaß ist auch das folgende Dokument entstanden: Wolfgang Bibel, Stadtrat Hans Bibel, 23. Juni 1900 – 23. August 1967, 23.6.2000, in dem auf 8 Seiten das Leben von Hans Bibel kurz gewürdigt wird. Es findet sich wie bereits erwähnt im Archiv des Liberalismus und in FAHB6.

[121]FAHB6, S.40. https://de.wikipedia.org/wiki/Hildegard_Hamm-Brücher, Zugriff 15.12.2015.

[122]Amtsblatt der Stadt Nürnberg, J 1228 B, Nr.35, 30. August 1967, S.561f, „Tiefe Trauer um Stadtrat Bibel“.

Überschrift: *„Mit Hans Bibel verlor die Stadt Nürnberg einen der liebenswertesten Bürger"*.[123]

Zusätzlich zu diesen menschlichen Eigenschaften werden ihm aber auch herausragende intellektuelle Fähigkeiten attestiert. Regierungspräsident Dr. Schregle schrieb: *„Bibel ist ein ruhiger, sachlich denkender Mann von hoher Intelligenz"*,[124] der sich, wie OB Urschlechter es formulierte, *„durch hohen Sachverstand, Liebe zur Sache und fortschrittliches Denken ausgezeichnet"* hat.[125] Bezirkstagspräsident Gmeiner erwähnte unter Bibels Wesensmerkmalen noch *„die rasche Auffassungsgabe und die Entscheidungsfreude"*.[126]

Hans Bibels Erfolge sind ihm nicht zugeflogen, sondern er mußte sie sich hart erarbeiten. Urschlechter sagt dazu, *„sein berufliches Wirken habe ihn stets in vorbildlichem Einsatz gesehen"*.[127] Otto Barthel lobt *„seinen großen Fleiß, verbunden mit einer gründlichen Vorbereitung"* und hält ihn für *„eine in sich gefestigte, zielbewußte, am Pädagogischen wie am Politischen stark interessierte Persönlichkeit"*.[128]

Die Nürnberger Zeitung resümiert im Jahre 2000: *„Er gehörte zu den führenden Köpfen, die nach Kriegsende den Wiederaufbau und die Neugestaltung der Stadt entscheidend mitprägten. ... Nicht nur der Bildungspolitik, sondern auch der Wirtschaftspolitik und anderen Bereichen galt sein politisches Interesse und sein Einsatz für Nürnberg"*.[129]

Meinem Vater werden also Menschlichkeit einerseits und Intelligenz andererseits zugeschrieben, die er mit Fleiß und Einsatz in den Dienst der Allgemeinheit stellte. Seine Menschlichkeit umfaßte zum einen den Aspekt, daß ihn die Menschen als umgängliche Persönlichkeit empfanden, was ihm als Politiker zugute kam. Zum anderen hatte er sich durch seine Tätigkeiten eine große Erfahrung in der Beurteilung und im Verständnis von Menschen erworben. Diese Erfahrung legte er bewußt und überlegt seinen Entscheidungen zugrunde. In diesem Sinne war er nicht nur beliebt, sondern hatte umgekehrt auch „die Menschen" im Auge, deren Wohlergehen sein Tun bestimmte. Hinzu traten seine Intelligenz und die auf der Grundlage seiner Erfahrung damit erworbene Klugheit in seinem Handeln. Dies war nur möglich, weil er sich Zeit seines Lebens um den Erwerb von Wissen und Erfahrung mit unermüdlichem Fleiß bemüht hatte. Im Ergebnis konnte er daher auch über ein ungewöhnlich breites Interessen- und Kompetenzspektrum verfügen. Und wenn er vor irgendeiner Aufgabenstellung stand, nahm er sich immer die Zeit zur genau-

[123]Nürnberger Zeitung (NZ) vom 25.8.1967, S.9f.
[124]Personalakte, S.123f, aaO. Fußnote 80.
[125]Urschlechter, Amtsblatt, aaO.
[126]Gmeiner, Amtsblatt, aaO.
[127]Urschlechter, Amtsblatt, aaO.
[128]Personalakte, S.124, aaO. Fußnote 80.
[129]Nürnberger Zeitung (NZ) Nr.142, 2000, S.10: „Hans Bibel würde jetzt 100 Jahre alt."

en und gründlichen Überlegung auf der so geschaffenen Erfahrungsgrundlage, was ihm zu einem klaren Durchblick verhalf. Im Sinne des Titels dieses Buches war er also ein von Reflexionen und Nachdenklichkeit geleiteter Kopf. Er konnte nicht wie Mende aus dem Stehgreif eine lange Rede halten, sondern mußte sich immer sorgfältig darauf vorbereiten. Entsprechend nachhaltig fielen dadurch seine Aussagen und Entscheidungen aus.

In vielen Aspekten dieser Charakterisierung kann ich mich selbst wiedererkennen, in einigen jedoch bin ich recht anders im Vergleich mit meinem Vater gestrickt. In jedem Fall war es für mich ein Glück, einen Vater mit so viel Verständnis auch für seinen Sohn gehabt zu haben. Zu all dem wird im nächsten Abschnitt noch die Rede sein. Analoges gilt für seine Rolle für unsere gesamte Familie. An anderer Stelle habe ich auch seine beispielhafte Rolle als Parteipolitiker einer liberalen Partei dargestellt, was ich daher hier nicht wiederholen muß, was aber für die heute darbende FDP noch immer lehrreich wäre.[130]

3.5 Studium

3.5.1 Vorbereitungsphase

Das erfolgreich abgeschlossene Abitur (allgemeiner das Ende der Schulbildung) markiert eine der wichtigsten Zäsuren im Leben. An dieser Zäsur gilt es, die Weiche für die Berufsausbildung richtig zu stellen. Die Berufswahl ist eine sehr komplexe Aufgabenstellung, der in unserer Gesellschaft noch bei weitem nicht die erforderliche Aufmerksamkeit zugemessen wird und die junge Menschen im Hinblick auf richtige Entscheidungen überfordert. Denn die Neigungen eines jungen Menschen können durch viele zufällige Einflüsse geprägt bzw. verfälscht sein.

Gegen Ende meiner Schulzeit hatte ich mich dazu entschieden, Physik mit dem Ziel des Diplomabschlusses zu studieren. Welche Gründe dieser Entscheidung zugrundelagen, darüber kann ich aus heutiger Sicht nur noch spekulieren. Von Seiten der Familie gab es dazu überhaupt keinerlei Vorprägung. Daß es in der sehr fernen Verwandtschaft einen Nobelpreisträger für Physik gegeben hatte (der schon mehrfach erwähnte Johannes Stark), war mir damals mit Sicherheit auch nicht bewußt. Mein Vater hatte eines Tages in jener Zeit einen eher schüchternen Versuch gewagt, mich auf die Vorzüge des Lehrerberufes aufmerksam zu machen, den ich aber brüsk von mir wies. Das in meiner Vorstellung

[130] Wolfgang Bibel, Stadtrat Hans Bibel, 23. Juni 1900 – 23. August 1967. Schrift vom 23.6.2000, Archiv des Liberalismus und Anlage im FAHB6.

damit verbundene Wiederkäuen des immer wieder gleichen Lehrstoffs konnte mich davor nur abschrecken.

Die Gründe für meine Entscheidung dürften daher in einer komplexen Gemengelage liegen, in der ua. mein ausgeprägter und umfassender Wissens- und Erkenntnisdrang, die vermeintlich umfassenden Einsichten der Physik und mein Begabungsprofil eine Rolle gespielt haben mögen. Die drei genannten Gründe sind offensichtlich rein intrinsischer Natur, dh. meine Entscheidung wurde ausschließlich von innen heraus getroffen. Extrinsische Anreize, wie die Aussicht auf ein bestimmtes Gehaltsniveau, spielten dagegen wohl eine untergeordnete Rolle.[131] Vielmehr fehlte mir bei Studienbeginn jegliche Vorstellung von einem späteren Berufsbild als Physiker.

Über meinen breitest angelegten Erkenntnisdrang habe ich in den vorangegangenen Abschnitten dieses Buches immer wieder berichtet, sodaß sich eine weitere Erläuterung an dieser Stelle erübrigt. Was die Vorstellungen in Bezug auf die Einsichten der Physik anbelangt, so gab es in dieser Hinsicht durchaus auch extrinsische Anreize. Beispielsweise dürfte meine intensive Lektüre ua. von Büchern wie „Das Neue Universum“ mein Interesse an der Physik sehr angeregt haben, wovon in Abschnitt 3.1 bereits die Rede war. Hinzu kam das breite öffentliche Interesse an der Physik in den fünfziger Jahren. Damals wurde das „Atomei“ in Garching gebaut und 1957 durch Einsetzen von Uranstäben als Forschungsatomreaktor in Gang gesetzt. Im Unterricht fanden solche Themen überhaupt keine Erwähnung, was mutmaßlich die Neugierde steigerte.

Von so etwas wie einem — im Abschnitt 3.1 schon einmal angesprochenen — Begabungsprofil hatte ich in jenen Jahren noch überhaupt keine Vorstellungen. Ungeachtet der im Abschnitt 3.1 berichteten Schwierigkeiten in den Sprachen konnte ich keine herausragenden Begabungen bei mir erkennen, traute mir aufgrund der bisherigen Lebenserfahrung vielmehr verschiedenste Fähigkeiten zu. Nur war mir natürlich schon bewußt, daß mir Mathematik und Physik immer eher leicht gefallen sind, jedenfalls nie besondere Schwierigkeiten machten.

Aus einer solchen Gemengelage heraus fiel die Entscheidung also schließlich für das Diplomstudium der Physik. Im Hinblick auf die Universität gab es keinerlei Überlegungen: eine andere als die nächstgelegene in Erlangen wurde schlicht nicht in Betracht gezogen. Die Zulassung war zu jener Zeit noch überhaupt kein Thema. Allerdings waren zwei Hürden vor dem Beginn des Studiums zu überwinden, nämlich zum einen die Vermeidung der Einberufung zum Militär, worauf ich weiter unten zu sprechen komme, und zum anderen

[131] AO Reflexionen R.1.1, S.106f, enthält eine Begründung meiner Wahl des Studienfachs aus dem Jahre 1961.

als Voraussetzung für das Studium die Absolvierung eines viermonatigen Industriepraktikums, das vor Antritt zum Vordiplom in Physik abgeschlossen werden mußte.

Da die Schule für mich im Juli 1958 abgeschlossen war und die Vorlesungen erst im November begannen, blieb mir ein Vierteljahr, um die im Abschnitt 3.2 beschriebene Reise nach Italien mit dem Moped durchzuführen, als Hilfsarbeiter etwas Geld zu verdienen und schließlich einen ersten Teil des Praktikums zu absolvieren. Bei dem Hilfsarbeiterjob handelte es sich um die Aushilfe in einem Nürnberger Getränkebetrieb, in dem ich Lagerarbeiten ausführte und Auslieferungsfahrten mit dem LKW unternahm. Letzteres stellte sich durchaus als eine neue Herausforderung dar. Denn da meine Eltern kein Auto besaßen, fehlte mir jedwede Fahrpraxis. Auch wenn mein Führerschein Lastwagen bis 7,5 Tonnen Gesamtgewicht umfaßte, hatte ich noch nie zuvor einen Liefer- oder Lastwagen gefahren. Es ging jedoch alles gut.

Bei der Suche nach einem Praktikumsplatz erwies sich die herausragende Position meines Vaters als außerordentlich hilfreich. Denn wie im Abschnitt 3.4 erwähnt, war er selbst im Aufsichtsrat der Großkraftwerk Franken AG tätig und der damalige Vorstandsvorsitzende der GKF, Prof. Dr.-Ing. habil. Josef Ipfelkofer war zugleich für die Nürnberger Energieversorgung zuständiger berufsmäßiger Stadtrat und damit ein Kollege und auch guter Freund meines Vaters. So konnte er mir in der Werkstatt des damaligen Dampfkraftwerks Gebersdorf dieses Unternehmens problemlos einen Platz als Ferienarbeiter für die Zeit vom 28.8. bis 3.10.1958 vermitteln. Diese Mitarbeit unter hartgesottenen Werksleuten war jedoch alles andere als ein Gefälligkeitsjob, sondern eine harte und darum umso lehrreichere Schule für mich.

Die gut ausgestattete Werkstatt hatte alle mechanischen Arbeiten auszuführen, die sich für den reibungslosen Betrieb der GKF Anlage ergaben. Mir überließ man davon nur Hilfsarbeiten, bei denen ich praktische Erfahrungen in der Metallverarbeitung machen konnte. Dazu gehörten Bohren, Schneiden, Feilen, Gräten, Schleifen, Schweißen und vieles andere mehr. Der zuständige Meister hatte mich dabei gut und ein wenig väterlich betreut. Da die Arbeitsatmosphäre sehr entspannt war, verwendete er viel Zeit dafür, mir seine Weisheiten über das Leben, die Frauen, über „die da droben“ etc. eindringlich zu vermitteln. Der Bierkonsum in der Mannschaft war beträchtlich; freitags begann man bereits am Vormittag damit, die ersten Flaschen zu leeren.

Die Arbeit begann morgens um 6 Uhr und endete um halb 4 nachmittags. Meine Mutter überließ mir ihr Moped, sodaß ich die Strecke von Mögeldorf nach Gebersdorf in einer halben Stunde schaffen konnte. Der Tag begann daher — für mich extrem ungewöhnlich — bereits um 5 Uhr morgens und sah mich neuneinhalb Stunden lang in blauer

Arbeitsmontur. Auch wenn ich als Kind viel mit den Arbeitern in der Fabrik meines Großvaters zusammen war, mußte ich mich an den für mich zu jener Zeit völlig ungewohnten Umgangsstil unter den Werksleuten erst wieder gewöhnen und eine kameradschaftliche Einstellung mit der gebotenen Distanz in Einklang bringen. Die Erinnerungen an diese Erfahrung sind gleichwohl durchaus angenehme; vor allem hat mir das dabei verdiente Geld die Tür für ein nachfolgendes Abenteuer geöffnet.

Nach dem im Abschnitt 3.2 beschriebenen Erwerb des Führerscheins baute sich in mir ein ungeheurer Drang nach einem eigenen fahrbaren Untersatz auf. Abgesehen von der Mitbenutzung des Mopeds meiner Mutter hatte ich nur sehr selten Gelegenheit zur selbständigen Benutzung eines Fahrzeugs. Ein oder zweimal durfte ich den Volkswagen von Anni und Heinrich Bauer chauffieren. Einmal saß ich als Sozius auf dem Motorrad von Johann Geyer, dem Sohn unseres Mögeldorfer Pfarrers, und landete dabei auf dem Hosenboden, weil ich mich wegen dessen gewagter Kapriolen auf Ackergelände einfach nach hinten fallen ließ. Diese letztere Erfahrung hielt mich vielleicht davor zurück, auf ein Angebot zum Kauf eines billigen und gebrauchten Motorrads im Sommer 1958 einzugehen.

Ein Büromitarbeiter des GKF, den ich in jenen Wochen dort kennenlernte, machte mir den Kauf seines Autos, eine 23 Jahre alte DKW F4 Meisterklasse Cabriolimousine mit dem Baujahr 1935,[132] schmackhaft, das ich von meinem während des Praktikums erarbeiteten Verdienst dann für etwa 450DM von ihm erstand. Dieser unüberlegte Kauf stürzte mich in ein finanziell riskantes Abenteuer, das mir einiges Lehrgeld verursachte. Denn erst nach Abschluß des Kaufes wurde dem völlig unerfahrenen und naiven Käufer klar, daß in Kürze die TÜV-Prüfung für das uralte Vehikel fällig wurde, was mir der Verkäufer tunlichst verschwiegen hatte. Mithilfe meiner geschäftstüchtigen Mutter gelang es aber unter Ausnutzung verwandtschaftlicher Beziehungen,[133] den Wagen mit geringen Mitteln soweit herzurichten, daß ein TÜV-Prüfer aus der Bekanntschaft ihm die nötige Plakette verlieh. So war ich also noch vor meinen Eltern stolzer Autobesitzer geworden. Von dem Wagen gibt es leider kein einziges Bild in den Alben.

Mit der wohl weitesten Fahrt in dem Vehikel erfüllte ich einen Wunsch meiner Mutter. Da ihre Gesundheit zunehmend Sorgen bereitete, wollte sie einige Wochen zur Kur fahren, hatte sich aber für den Kurort noch nicht endgültig entschieden. Deshalb fuhren wir mutmaßlich im Oktober 1958 von Nürnberg aus zuerst nach Bad Orb im Spessart nördlich von Aschaffenburg. Dort gefiel es Mama aber nicht allzu sehr, sodaß sie sich entschloß, doch lieber nach dem bereits im Abschnitt 3.3 erwähnten Glottertal im Hochschwarzwald nord-

[132] https://de.wikipedia.org/wiki/DKW_F4, Zugriff 24.2.2016.

[133] Große Hilfe bekam ich dabei von Bertl Schmidt, dem Bruder meiner Tante Käthe, deren Familie in Nürnberg in der Ernststraße eine Gravierwerkstatt betrieb.

westlich von Freiburg zu fahren. Wir kurften also nach kurzem Aufenthalt vom Spessart weiter in den Schwarzwald, wo ich sie zu einem entsprechenden Quartier brachte. Auch wenn der Tag dann schon ziemlich fortgerückt war, trat ich gleich wieder die Rückfahrt Richtung Nürnberg mit offenem Verdeck durch den Schwarzwald an.

Nur wenige Kilometer von Glottertal entfernt wurde ich plötzlich durch ein mächtiges Gerumpel aus dem Schlaf gerissen. Ja, ich war offenbar für Sekunden am Steuer eingeschlafen. Die viele Stunden lange, für mich völlig ungewohnte Autofahrt durch Süddeutschland, das ständige und zusätzlich ermüdende laute Dröhnen des Motors, die kurze entspannende Pause in Glottertal und die frische Schwarzwaldluft haben wohl zusammengewirkt, um mich zu übermannen und in einen Sekundenschlaf zu versetzen. Die Straße wich dort in einer leichten Linkskurve einer Anhöhe aus, an der sie dann entlang führte. Ungesteuert überwand der Wagen den rechten Straßengraben, schraubte sich mit seinem Vorderradantrieb an der geschätzte 45° steilen Böschung hinauf und rutschte dann mit seiner linken Seite in den Straßengraben zurück. In dieser Stellung kam ich im offenen Wagen zu mir und versuchte völlig benommen mir der Lage bewußt zu werden.

Da erklang hinter mir ein schallendes Gelächter. Es hatte sich ein Lastwagen mit Fahrer und Beifahrer auf der gleichen Route genähert. Sie erblickten vor sich die leere Straße und rechts im Straßengraben eine schräg am Hang „geparkte“ Cabriolimousine mit einem jungen Schnösel darin, ein Anblick, der in seiner Komik bei ihnen eine Lachsalve auslöste. Sie stoppten hinter mir, stiegen aus und auch ich kletterte über's offene Dach aus meinem Wagen. Mein wohl völlig verzweifelter Anblick regte ihr Mitleid an. Zu dritt packten wir den knapp 800kg schweren Wagen und hievten ihn aus dem Graben zurück auf die Straße. Vom Dreck abgesehen war kein ernsthafter Schaden erkennbar und ich konnte in der Tat meine Fahrt problemlos fortsetzen. Nicht auszudenken wie ein solcher Unfall auch hätte ausgehen können!

Der Unfall demonstrierte die Stabilität dieses viersitzigen Vorkriegsmodells in eindrucksvoller Weise, dessen Karosserie aus Sperrholz gefertigt war. Seine besonderen Merkmale waren die beiden hinten angeschlagenen und also nach vorne öffnenden „Selbstmördertüren“ sowie der am Armaturenbrett angebrachte „Krückstockschalthebel“. Der Zweizylinder-Zweitaktmotor hatte 0,7 Liter Hubraum und schaffte gut 80km/h. Er hatte mich in dem halben Jahr unserer Zweisamkeit nie wirklich im Stich gelassen, litt nur an einem grundlegenden Problem: der Elektrik.

Die Kabel waren wohl so verrottet, daß sich die Batterie über Nacht weitestgehend leerte. Ich lernte, den Wagen über Nacht so zu parken, daß ich ihn morgens auf etwas abschüssiger Straße im wahrsten Sinne des Wortes auf die Schulter nehmen und anschieben konnte. Nach einigen Metern schob ich den Schalthebel dann in den zweiten Gang, wodurch der Motor meist ansprang, und ließ mich schließlich in den fahrenden Wagen fallen. Weil dies mit der Zeit doch sehr nervig wurde, annoncierte ich den Wagen im Frühjahr 1959 an der Erlanger Uni, fand einen Interessenten aus Bamberg, der jedoch auf einer vorherigen Testfahrt von Bamberg nach Erlangen bestand. Ich fuhr also zu seiner Wohnung in Bamberg, um ihn und seine Verlobte zu der Testfahrt abzuholen. Dabei mußte ich nervös auf die möglichst schnelle Abfahrt drängen, weil sich die Batterie ja in relativ kurzer Zeit wieder entladen konnte. Wir stiegen ein und — hurra — der Wagen sprang sofort an und fuhr problemlos nach Erlangen, wo der Kauf perfekt gemacht und die Kaufsumme von wohl wieder 450DM bar übergeben wurde. Ich war das Sorgenkind ohne den befürchteten dramatischen Verlust wieder los.

Natürlich kam prompt am nächsten Morgen der empörte Anruf des neuen Besitzers, weil sein Wagen — für ihn verständlicherweise völlig überraschend — nicht anspringen wollte. Mein schlechtes Gewissen hielt sich in Grenzen, weil ich ja vom Vorbesitzer in gleicher Weise selbst gelinkt worden war. Wie mir die Überwindung des TÜVs oblag meinem Nachfolger nun die Sanierung der Elektrik, die Lasten irgendwie ja dann doch nicht ganz unfair verteilt. Gleichwohl war dies ein Tiefpunkt meines ethischen Handelns in diesem Leben; denn was konnte der neue Besitzer dafür, daß mich mein Vorgänger so hintergangen hatte? Als Versuch einer Entschuldigung könnte man ins Feld führen, daß es für den jungen Wolfgang dabei um den Einsatz seines gesamten damaligen Kapitals ging, das bei mehr Ehrlichkeit einfach dahingewesen wäre. Denn wer würde schon ein Auto kaufen, das am Morgen grundsätzlich nicht anspringen will?!

Am Beginn dieses Teilabschnitts habe ich von zwei Hürden gesprochen, die vor dem Beginn des Studiums zu überwinden waren. Die eine Hürde haben wir bislang besprochen, die in der Ableistung eines Teils des erforderlichen Industriepraktikums bestand und in meinem Fall direkt in das Abenteuer eines Autokaufs mündete. Als zweite Hürde hatte ich die Vermeidung einer Einberufung zum Militär genannt.

Mit dem Erlaß des Wehrpflichtgesetzes vom 7.7.1956[134] begann nach dem Krieg erstmals der Wiederaufbau eines Heeres und damit für junge Männer die Verpflichtung Wehrdienst zu leisten. Im Abschnitt 3.2 war daher bereits von meiner Musterung im Jahr 1956 die Rede. Da der Ausbau der Infrastruktur für die Bundeswehr einige Zeit benötigte, kam die Einberufung der ersten Jahrgänge, zu denen auch ich gehörte, nur schleppend voran. Es drohte für mich jedoch die besonders unerfreuliche Entwicklung, daß ich etwa ein Semester Studium absolvierte und dann für 12 Monate das Studium gleich wieder für die

[134]https://de.wikipedia.org/wiki/Geschichte_der_Bundeswehr#Wehrverfassung_und_Wehrgesetze_nach_1955, Zugriff 25.2.2016.

Ableistung der Wehrpflicht unterbrechen müßte. Da kam ein Erlaß des damaligen Verteidigungsministers, Franz Josef Strauß: Wer sich vor Beginn des Studiums zur Ableistung der Wehrpflicht freiwillig melden würde, aus Kapazitätsgründen aber nicht einberufen werden könnte, dem wurde ein ununterbrochener Studiumsverlauf zugesichert.

Ich meldete daher relativ kurz vor dem Beginn des Studiums meine freiwillige Bereitschaft zum Antritt des Wehrdienstes. Die Überlegung und die daraus abgeleitete Hoffnung, daß eine so träge Bundesbehörde in wenigen Wochen die Einberufung gar nicht bewerkstelligen könnte, erfüllte sich mit dem Erreichen des 1.11.1958, dem Vorlesungsbeginn für das erste Studiumssemester, ohne daß eine Einberufung erfolgt war. Von nun an war ich infolge des Erlasses bis zum Ende meines Studiums von der Wehrpflicht freigestellt und dann viel zu alt, um für die Bundeswehr noch brauchbar zu sein. So ging auch dieser Kelch an mir vorbei und ich konnte, wie so oft, meinem Schicksal dafür danken, daß es mich gelegentlich wie ein Glückskind behandelte.

Dem Beginn meines Physikstudiums stand also nichts mehr im Wege. Auch wenn ich — in diesen Monaten ja mit meinem eigenen Wagen — innerhalb einer halben Stunde von zuhause an der Erlanger Universität sein konnte, suchte ich mir vor Ort lieber eine billige Studentenbude. Soweit ich mich erinnere, gab mir mein Vater zum Studieren anfangs ganze 110DM/Monat alles inklusive. Da konnte ich mir keine großen Sprünge erlauben. Ich fand ein Zimmer in der Nürnberger Straße in Erlangen in der Wohnung einer Familie mit einem schulpflichtigen Sohn. Unter der Bedingung, daß ich diesem Sohn Nachhilfe in Mathematik erteilte, reduzierte sich die Monatsmiete auf 10DM. Es war ein kleines, scheußliches und kaltes Zimmer mit einem Fenster zur westlich gelegenen Straße und einer langen, nach außen freien Nordwand, über die die winterliche Kälte kaum gehindert ins Zimmer dringen konnte. Und die Nachhilfestunden für den Sohn waren mühsam. Für das erste Semester tat das Zimmer seinen Dienst. Das Studium konnte beginnen.

3.5.2 Erlanger Studienzeit

Am 6.11.1958 wurde ich an der Universität Erlangen für das Studium der Mathematik und Physik mit Hauptrichtung Physik aufgenommen. Die ersten beiden Semester waren fachlich geprägt von den Standardvorlesungen Differential- und Integralrechnung (gehalten von Theodor Schneider 1911–1988),[135] Analytische Geometrie (Georg Nöbeling

[135] Zur Geschichte der Erlanger Mathematik werden ausführliche Informationen auf der folgenden Webseite vorgehalten: https://www.min.math.fau.de/staff/knauf-andreas/prof-dr-andreas-knauf/zur-geschichte-der-erlanger-mathematik/, Zugriff 26.2.2016.

1907–2008), Experimentalphysik (Rudolf Fleischmann 1903–2002),[136] Anorganische (Alwin Meuwsen 1898–1971) und Organische (Gerhard Edmund Hesse 1908–1997)[137] Chemie sowie physikalischen Übungen mit neun durchgeführten Versuchen.

Besonders beeindruckend waren Fleischmann's perfekte und beeindruckende Experimente, die im Hörsaal des damaligen Physikgebäudes in der Glückstraße vorgeführt wurden.[138] Nöbeling, der sich vielleicht zu sehr auf seine Nebentätigkeit für ein Versicherungsunternehmen konzentrierte, beeindruckte durch seinen lässigen Vorlesungsstil. Er entwickelte die Beweise oft ohne Manuskript an der Tafel, wobei es dann durchaus vorkommen konnte, daß er mitten im Beweis steckenblieb und eine Viertelstunde danach rang, ihn zuende führen zu können. Nach meiner Einschätzung waren all diese Vorlesungen von einem fachlich soliden bis hohen Niveau geprägt.

Meine breiter angelegte Interessenlage kommt schon in diesen ersten beiden Semestern dadurch zum Tragen, daß ich zusätzlich allgemeinere Vorlesungen wie „Grundbegriffe der Mathematik" (Heinz Bauer 1928–2002)[139] sowie „Einführung in die Philosophie" (Günther) und „Formale Logik" (Albrecht) belegte. Bauer hielt die beste Vorlesung von allen und trug sie immer völlig ohne jegliches Manuskript vor. Die philosophischen Vorlesungen haben keinen bewußten Eindruck hinterlassen, waren wohl auch nicht von allzu hohem Anspruch, sonst hätte mich die formale Logik möglicherweise schon früher in ihren Bann gezogen.

Insgesamt stellte das erste Studienjahr für mich eine extreme Herausforderung dar. Im Gegensatz zu Kommilitonen, die von einem naturwissenschaftlichen Gymnasium kamen, war der Stoff vom ersten Vorlesungstag an für mich völliges Neuland. Zudem empfand ich das Tempo der Stoffbehandlung atemberaubend; womit in der Schule der Mathematikunterricht von einem ganzen Monat ausgefüllt war, wurde jetzt in einer Doppelstunde erstmals und damit auch endgültig präsentiert. Und das in wöchentlich insgesamt 26 Vorlesungs-, Übungs- und Praktikumsstunden! In den Grundfächern mußten wöchentlich die Lösungen von Aufgaben abgegeben werden, in denen der Vorlesungsstoff abgebildet war. Trotz intensivster Studierarbeit gelang es mir anfangs nur für wenige, sie überhaupt zu lösen. Deshalb wurden am Morgen des Abgabetermins die bekannten Spitzenleute unter den Kommilitonen bestürmt, von denen wir dann die Lösungen einfach abschrieben.

[136] https://de.wikipedia.org/wiki/Rudolf_Fleischmann, Zugriff 26.2.2016.
[137] https://de.wikipedia.org/wiki/Gerhard_Hesse, Zugriff 26.2.2016.
[138] Auf der Webseite http://www.lorlebergplatz.de/seite04.htm findet sich eine Photographie der Gebäude, Zugriff 25.2.2016.
[139] https://de.wikipedia.org/wiki/Heinz_Bauer_(Mathematiker), Zugriff 26.2.2016.

So schuftete ich sieben Tage die Woche, um den erfolgreichen Einstieg in ein wahrhaft anspruchsvolles Studium zu schaffen, erfüllte daneben meine Hausaufgabenbetreuungspflichten für den Vermietersohn und ernährte mich dabei mittags wie abends von einem miserablen Mensaessen. Vor allem das erste Semester ist mir so in grauenhafter Erinnerung geblieben. Nicht die geringste Spur von einem lustigen Studentenleben!

Nach dem ersten Semester im Winter 1959 erholte ich mich erst einmal mit den im Abschnitt 3.2 beschriebenen Skiferien in Riezlern, um mich dann gleich wieder in die Nacharbeit des bisher präsentierten Vorlesungsstoffs zu stürzen. Um dabei ungestört zu sein, war ich innerhalb des Anwesens meiner Eltern im Herbst davor in die beiden völlig abgelegenen Räume im Hinterhaus gezogen, die auf S.90 beschrieben sind und die ich mir entsprechend hergerichtet hatte. Neben der ruhigen Lage erfüllten sie auch das nicht unerwünschte Kriterium einer „sturmfreien“ Bude. Dieser weitere Schritt in der Abnabelung von der elterlichen Wohnung war das sichtbare Zeichen für meinen festen Willen, meinen eigenen, von den Eltern unabhängigen Weg zu suchen und zu gehen. Ein weiteres Zeichen dafür war meine Arbeitszeit in den Semesterferien, die sich bis weit nach Mitternacht erstreckte, sodaß ich zum Unverständnis meiner frühaufstehenden Mutter die Vormittage oft bis gegen Mittag verschlief.

Nach der mit großem Fleiß durchgeführten Vorbereitung verlief das zweite Semester dann schon etwas entspannter. Dazu trug auch eine etwas bessere Studentenbude ohne Nachhilfeverpflichtung in der Ohmstraße bei einem älteren Ehepaar bei, das ein zweites Zimmer ihrer Wohnung an eine Studentin vermietet hatte. Es war damals durchaus üblich die Zimmer zum Semesterende zu kündigen und zum Semesterbeginn ein neues zu mieten, wie ich es dabei praktizierte, um so die Miete in der vorlesungsfreien Zeit einzusparen. Mein Vater hatte ab dem zweiten Semester den monatlichen Unterstützungsbetrag für mich auf etwa 130DM erhöht. Das versetzte mich auch in die Lage, mittags neben der kaum erträglichen Mensa auch in billigen Gasthöfen zu essen. Insgesamt war meine Ernährung in diesen Jahren nicht die beste. Zum Wochenende kam ich während des Semesters jeweils nach Hause, wobei ich die Fahrten zwischen Nürnberg und Erlangen nun mit dem Zug durchführen mußte, da ich meinen DKW ja wieder verkauft hatte.

Gelegentlich nahm mich auf dieser Strecke mein schon im letzten Kapitel mehrfach erwähnter Freund und Studienkollege Gerd Fleischmann auf seiner Vespa mit, der wie ich Physik im gleichen Semester studierte. Aufgrund seiner Schulausbildung in einer Oberrealschule hatte er den Vorteil einer umfassenderen Grundlage in den Fächern Mathematik und Physik. Da wir nur Minuten voneinander entfernt wohnten, tauschten wir uns am Wochenende mehrfach über Hindernisse und Lösungen bei den Hausaufgaben vor allem in Mathematik aus, wobei jeder von uns seinen angemessenen Teil beitrug. Diese kongeniale Zusammenarbeit gestaltete sich zu vielleicht der besten dieser Art, die ich in meinem Leben erfahren durfte, auch wenn sie nur sehr kurz währen konnte. Eine besondere Rolle spielte bei dieser Arbeit das hervorragende Buch von R. Courant *„Vorlesungen über Differential- und Integralrechnung“*.

Unsere Diskussionen ergaben sich neben den gegenseitigen Besuchen auch in ausgefalleren Situationen. Einmal machten wir auf der Fahrt von Erlangen nach Mögeldorf eine Pause und setzten uns auf einen Jägerstand unweit der Straße, um dort geraume Zeit alles Mögliche zu erörtern. Oder Gerd kam spät am Abend zu meinem Zimmer und wir gingen dann gemeinsam in der nächtlichen Dunkelheit im Schmausenbuckwald diskutierend spazieren. Er war wie ich ein Suchender, der sich mit der einmal getroffenen Studienwahl und dem dargebotenen Stoff nicht letztgültig zufrieden geben konnte. Unsere Diskussionen sprangen daher meist schnell von den Studienthemen auf andere und vielfältige Themen über. Er lehrte mich, meine Sinne unvoreingenommen und bewußt einzusetzen. Beispielsweise wies er einmal auf das verkratzte Blech vor meinem Kohlenofen und dessen interessante Struktur hin. Niemand in meinem Umfeld hätte irgendetwas dieser Art überhaupt wahrgenommen. Oder er zeigte mir einen Katalog mit eleganter italienischer Herrenmode und beschrieb mir deren Besonderheiten. Ein andermal besuchten wir gemeinsam einen Quartettabend meines Geigenlehrers Horváth. Dabei machte er, der keinerlei Musikbildung genossen hatte, mich auf strukturelle Ideen in der Mozartschen Musik aufmerksam, die mir vorher nie aufgefallen waren oder irgendein Lehrer je erwähnt hätte. Er sah und hörte einfach mehr und bettete es in einem entsprechend wachsenden Vorstellungsgeflecht ein. So ergab es sich für ihn in ganz natürlicher Weise, daß er sehr bald an einem möglichen Studienwechsel hin zu einem Kunststudium arbeitete, den er dann auch in Angriff nahm und den er im Verlauf zu einer außerordentlich erfolgreichen Karriere bis hin zum Professor ausbaute.[140] Als solcher machte er sich einen Namen als bedeutender Graphologe und trug viel zum wachsenden Ruf des Fachbereichs Gestaltung der Fachhochschule Bielefeld bei.[141]

Neben Gerd pflegte ich in jener Zeit solche Diskussionen „über Gott und die Welt“ vor allem auch mit dem Mieter im zweiten Stock unseres Hauses, Herrn Hagemeyer. Er war ein hochgebildeter Mann, der sich nach dem Krieg als Vertreter für die Pharmafirma Schaper und Brümmer verdingen mußte. Trotz seines hohen Bildungsniveaus, dem ich unzählige Anregungen und Hinweise auf anregende Literatur verdanke,[142] war er politisch

[140]https://de.wikipedia.org/wiki/Gerd_Fleischmann, Zugriff 27.2.2016.

[141]http://www.fh-bielefeld.de/, Zugriff 14.3.2016.

[142]Beispielsweise kam von ihm in seinem Schreiben von Dezember 1960 der Hinweis auf das Buch von Pierre Teilhard de Chardin: Der Mensch im Kosmos, Beck, München, 1959. Das Werk hat mich tief

noch tief in einem idealistisch geprägten nationalsozialistischen Denken verwurzelt, das die Verbrechen der Nazis strikt leugnete und als groß angelegten Betrug anprangerte. Da dies in unseren Diskussionen aber nur am Rande eine Rolle spielte, war ich in seiner Familie mit einer liebenswerten Frau und einer hübschen Tochter, Gesine, gerne zu Gast.[143] Der Sohn, Jan-Gert, war damals schon außer Haus.

Darüber hinaus suchte ich immer wieder den Kontakt auch mit dem ebenfalls sehr gebildeten Ehepaar Bauer, von dem schon mehrfach die Rede war und das inzwischen nach Bayreuth gezogen war. Herr Bauer hatte sich im Laufe seiner Schuljahre in Leupoldsdorf die überregional wohl repräsentativste Schmetterlingssammlung für den Bereich des Fichtelgebirges erarbeitet und konnte auf diesem und anderen Gebieten mit jedem einschlägigen Hochschulprofessor mithalten, ohne daß dieser Wissensschatz in irgendeiner Weise allgemeinere Verbreitung finden konnte. Die beiden verkörperten ein höchstes geistiges und kulturelles Niveau, das ich mir bei heutigen Grund- und Hauptschullehrern nicht mehr vorstellen kann. Ich hielt den Kontakt mit ihnen bis zu ihrem Ableben immer aufrecht.

Das Studium bis zum Vordiplom gestaltete sich so für mich zu einer Geistesschulung von besonderer Intensität und verzeichnete drei Schwerpunkte. Die Grundlage bildete das intensive mathematische Training, mit dem logisches Schließen und präzises Denken nachhaltig geschult wurden. Der zweite Schwerpunkt lag auf dem Erwerb umfangreicher naturwissenschaftlicher Kenntnisse über unsere Welt. Dabei wurde mir jedoch bewußt, daß bei dem damaligen Stand der Naturwissenschaften mir diese Erkenntnisse für den erstrebten Durchblick nicht ausreichen würden. Deshalb machten allgemeinere Themen einen gleichwertigen dritten Schwerpunkt aus. In dieser Kombination ist schon die Vorstufe meiner späteren Ausrichtung hin zur Intellektik erkennbar, von der dann im nächsten Kapitel die Rede sein wird.

Die bisherige Beschreibung meiner Erlanger Studienzeit reicht bis zum Ende des zweiten Semesters. In der anschließenden vorlesungsfreien Zeit fand ich vom 3.8. bis 27.10.1959 eine Anstellung als Ferienarbeiter bzw. Laborhelfer im Nürnberger Maschinen- und Apparatewerk der Siemens-Schuckertwerke AG, die ich vermutlich wiederum den guten Beziehungen meines Vaters verdankte. Damit war das für das Physikstudium vorgeschriebene Praktikum dann erfüllt. Im Vergleich mit der im vorangegangenen Teilabschnitt beschriebenen Erfahrung in der Werkstatt des Großkraftwerks Franken war diese neue Tätigkeit

beeindruckt, auch wenn ich nicht all seinen Thesen folgen konnte. Mit Hagemeyers pflegte ich auch nach deren Wegzug 1960 noch für Jahre brieflichen Kontakt (siehe deren Briefe im AO Korrespondenz sowie meine Briefentwürfe im AO Reflexionen R.1.1, S.51ff,79ff).

[143] FAWB3, S.50.

viel angenehmer. Ich arbeitete dort mit zwei weiteren Angestellten generell an der Entwicklung und Verbesserung von Isolierstoffen und speziell ua. an der Frage, wie man aus einem Asbestschlammgemisch Spuren von Eisen entfernen kann, die durch vorangegangene Bearbeitungsprozesse dort hineingelangt waren. Aus dem Gemisch wurde Isoliermaterial hergestellt, dessen Isolierwirkung durch solche Eisenspäne zunichtegemacht werden konnte. Als Abhilfe wurde das Schlammgemisch über einen Magneten gespült, was das Problem aber nur mangelhaft beseitigte. Ich schlug deshalb Querhindernisse auf dem Magneten vor, an denen die Eisenspäne aus dem Schlammstrom deutlich besser aufgehalten werden konnten. Diese naheliegende Idee und ihre Realisierung wurde von den Kollegen „Bibelsche Rutsche“ getauft. Während dieser Beschäftigung bekam ich auch die Gelegenheit, Einblick in die Produktionsabteilung, vor allem am Fließband, zu nehmen. Der betreuende Akkordarbeiter dort hat mich damit beeindruckt, mit welcher Überlegenheit er sich von dem Akkorddruck durch gezielte Zeiteinteilung befreite.

Der angenehme und wichtige Nebeneffekt dieser zweiten Tätigkeit war ein für einen Studenten ganz ordentliches Verdienst, das neben einer von meinen Eltern erbetenen finanziellen Unterstützung[144] die Voraussetzung für die Anschaffung eines besseren Autos im darauffolgenden Jahr 1960 schuf. Durch Traudl war ich mehrfach im Haus des Geschäftsführers einer Nürnberger VW-Vertretung, Herrn Stadler, verkehrt.[145] Im Gegensatz zu dessen Freund Dr. Engelhardt (Traudls Vater) war dieser mir sehr zugetan und verkaufte mir daher einen relativ neuen und gepflegten VW-Käfer mit einem Kilometerstand von etwa 80.000 für erinnerte 2.000DM. Dadurch konnte ich mir für das fünfte Semester ein Zimmer in Erlangen ersparen, da die Strecke von Zuhause mit einem Wagen ja in weniger als einer halben Stunde täglich überwunden werden konnte. Das Fahrzeug hat mir dann ein Jahrzehnt lang ohne nennenswerte Probleme allerbeste Dienste geleistet.

Das Studium in den nächsten drei Semestern 3 bis 5 wurde ab dem zweiten Studienjahr im Vergleich mit dem Anfangssemester deutlich entspannter. Ich hatte mir das erforderliche Wissensniveau inzwischen gut erarbeitet und konnte dem in den Vorlesungen dargebotenen Stoff ohne besondere Schwierigkeiten folgen und ihn gut verarbeiten. Auch die Zahl der wöchentlichen Vorlesungsstunden hatte sich gegenüber dem ersten Semester auf etwas mehr als 15 erheblich reduziert. Von den insgesamt 15 im Studienbuch[146] für diese drei Semester gelisteten Veranstaltungen möchte ich nur auf wenige eingehen. Die Physik war nun geprägt von den beiden Physikern und Ordinarien Erich Mollwo (1909–

[144]Brief an meinen Vater vom Juli 1960, AO Korrespondenz.
[145]FAWB3, S.32,36.
[146]Studienbuch für Wolfgang Bibel, 1958–1963, AO 1.4 (Studiendokumente).

1993)[147] und Helmut Volz (1911–1978),[148] die beide keinen besonderen Eindruck in meiner Erinnerung hinterlassen haben.

Beeindruckt war ich jedoch von der nur zweistündigen Vorlesung über Atomphysik, die von Wolfgang Finkelnburg (1905–1967)[149] gehalten wurde. Er hatte durch den Krieg seine Position als außerordentlicher Professor und Institutsdirektor an der Universität Straßburg verloren, arbeitete infolgedessen bei Siemens in Erlangen, wo er bis zum Generalbevollmächtigten der Siemenswerke (ab 1963) aufstieg. So ging diese Spitzenpersönlichkeit der Universität verloren und war lediglich als Honorarprofessor für Atomphysik an der Universität tätig. Nicht nur präsentierte er den interessanten Lehrstoff aus seinem eigenen Lehrbuch[150] in didaktisch hervorragender Weise, sondern er trat auch als beeindruckende Persönlichkeit vor uns Studenten auf.

In der Mathematik hörte ich einige sehr gute Vorlesungen von Hans-Joachim Kowalsky (1921–2010)[151] und Wilhelm Specht (1907–1985).[152] Besonders beeindruckt hat mich das von einem sympathischen und besonders fähigen Assistenten betreute chemische Praktikum (und zwar erstaunlicherweise mehr als das analoge physikalische Praktikum). Dabei lernte ich chemische Analysemethoden kennen und mußte zum Abschluß zwei sogenannte Vollanalysen erstellen. Das bedeutete, daß wir in einer Lösung mit einer unbekannten Mischung chemischer Substanzen diese Substanzen mit den erlernten Analysemethoden bestimmen mußten, was keine ganz leichte Aufgabenstellung darstellt. Das hat mir jedoch außerordentlichen Spaß gemacht und entsprechend fiel der Erfolg sehr positiv aus. So ganz nebenbei habe ich auch in fachfremde Vorlesungen wie beispielsweise diejenige über Gerichtsmedizin hineingehört, weil man dort so schön gruselige Leichen zu sehen bekam, die in kriminalistischer Weise untersucht werden mußten. Die zugrundeliegenden Lösungsmethoden hatten für diese beiden ganz unterschiedlichen Fächer durchaus vergleichbare Aspekte, die meinen Fähigkeiten offenbar sehr entgegen kamen.

Am Ende des vierten Semesters hatte ich alle formalen Voraussetzungen für die Zulassung zur Diplom-Vorprüfung erfüllt, die neben dem beschriebenen 4-monatigen Industriepraktikum in der Erlangung von 10 „Scheinen“ bestanden, mit denen die erfolgreiche Teilnahme an Übungen und Praktika bescheinigt wurde. Gleichwohl verschob ich den Antritt zur Prüfung jedoch auf den Beginn des sechsten Semsters, um genügend Zeit

[147]https://de.wikipedia.org/wiki/Erich_Mollwo, Zugriff 4.3.2016.

[148]https://en.wikipedia.org/wiki/Helmut_Volz, Zugriff 4.3.2016.

[149]https://de.wikipedia.org/wiki/Wolfgang_Finkelnburg, Zugriff 4.3.2016.

[150]Wolfgang Finkelnburg, Einführung in die Atomphysik, Springer Verlag, 525 Seiten. Das Werk blieb Jahrzehnte lang ein Standardwerk (zB. 1967 in 12. Auflage).

[151]https://de.wikipedia.org/wiki/Hans-Joachim_Kowalsky, Zugriff 4.3.2016.

[152]https://de.wikipedia.org/wiki/Wilhelm_Specht_(Mathematiker), Zugriff 4.3.2016.

zur Prüfungsvorbereitung verfügbar zu haben, die ich auch ausgiebig nutzte. Da ich im fünften Semester bereits Vorlesungen zum Hauptdiplom besuchen konnte, bedeutete dies auch keine Verlängerung meiner Studiendauer. So kam am Donnerstag 4.5.1961 der Tag der Prüfung heran. Unser mehrfach genannter Hausarzt Fritz Schmidt empfahl mir die Einnahme einer Tablette Librium eine Stunde vor dem Beginn der Prüfung, um einer möglichen Prüfungsangst vorzubeugen.

Die Prüfung erstreckte sich für mich über einen Zeitraum von genau zwei Stunden und wurde von fünf Prüfern nacheinander in den Fächern Experimentalphysik (Fleischmann), Mechanik (Volz), Reine (Nöbeling) und Angewandte (Specht) Mathematik sowie Chemie (Meuwsen) abgenommen. Dazu waren alle für diese Zeit vorgesehenen Prüflinge und die Prüfer in einem größeren Raum versammelt, in dem jede der Prüfungen an einem der aufgestellten Tische durchgeführt wurde. So ging man von Tisch zu Tisch und damit von Prüfer zu Prüfer. Das Gesamturteil meiner fünf Prüfungen ergab „gut“, ein wahrhaft hart erarbeitetes Ergebnis.

Vergleichsweise besonders gut schnitt ich auch hier wieder in Chemie ab. Zur Vorbereitung hatte ich das — auch heute noch in 102ter Auflage gängige — Standardlehrbuch von Holleman-Wiberg sorgfältig studiert. Die Sprache kam in der Prüfung auf Wasser, zu dem mir der Inhalt einer Fußnote in diesem Buch einfiel, wonach die Wassermoleküle mittels Wasserstoffbrückenbindung sich jeweils kurzzeitig zu Clustern zusammenschließen. Diese Detailkenntnis hat Herrn Meuwsen offenbar sehr gefallen und für mich eingenommen, sodaß ich bei ihm mit 1,5 das beste Ergebnis erzielte. Auch wenn ich ausgerechnet in meinem Hauptfach mit 2,5 bzw. 3 am schlechtesten abgeschnitten hatte, gab es am Ende der ersten Studienhälfte für mich nicht die geringsten Zweifel an der Wahl meiner Studienrichtung. Bestärkt durch die gut bestandene Prüfung richtete ich den Blick daher sofort auf das bevorstehende Hauptstudium, über das dann im Abschnitt 3.5.3 berichtet wird.

Freizeitgestaltung

In den Jahren vor dem Vordiplom hatte ich mich wie nie zuvor voll und ganz auf die Studierarbeit mit den drei weiter oben beschriebenen Schwerpunkten konzentriert. Die damit zusammenhängende Arbeit füllte meine Tage fast vollständig aus. Dies hatte auch zur Folge, daß ich mich dazu bewußt noch stärker als früher vor zeitaufwändigen sozialen Zusammenkünften zurückhielt. Selbst meine Freizeit gestaltete ich bisweilen ganz alleine.

Beispielsweise unternahm ich kleine Tagestouren mit den Skiern in die Fränkische Schweiz bei Warmensteinach.[153] Ich genoß diese Einsamkeit in der unberührten Schneelandschaft und sog nicht nur die kalte Winterluft sondern auch die Bilder dieser abwechslungsreichen Landschaft in mich ein. Angeregt durch solche Erlebnisse machte ich mich im Spätsommer 1961 zu einer Reise in meinem 1960 erworbenen VW an die Côte d'Azur auf. Aus dem Wagen montierte ich dazu den Beifahrersitz weg, um stattdessen eine Liege dort zu platzieren, sodaß der Wagen für meine Zwecke bestens als Wohnwagen taugen konnte und ich daher auf der gesamten Reise kein Quartier nehmen mußte.

Die Reise führte mich in kleinen Etappen durch die Alpen und den französischen Jura hinab in die Provence und dann ans Meer. Das erste Etappenziel war der Riegsee[154] bei Murnau, wo Familie Ledermann mit einem richtigen Wohnwagen ihre Ferien auf einem Campingplatz direkt am See verbrachte. Es war nicht nur angenehm, mit diesen guten Freunden eine kurze Zeit gemeinsam zu verbringen, sondern auch lehrreich, Einiges über das Campingleben der damaligen Bundesbürger durch aufmerksame Beobachtungen zu erfahren. Ein weiteres und richtig spektakuläres Etappenziel war die landschaftlich großartige Verdon-Schlucht.[155] Von da ging es durch herrlich duftende Landschaften der Provence bis ans Mittelmeer bei Saint-Tropez.[156] Durch Brigitte Bardot war der Ort bekannt geworden, wodurch mein Interesse daran wohl angeregt wurde.

Tatsächlich genoß ich diese Küstenregion für einige Tage außerordentlich, vor allem den wunderbaren Sandstrand am „Strand Tahiti“. Dieser war mit spärlicher Markierung in zwei Teile geteilt, einer für „mit“, der andere für „ohne“ Badebekleidung. Ich wählte ersteren, um zu baden, mich zu sonnen und die unvertraute Atmosphäre zu genießen. Unweit von mir saß ein wohl geringfügig älterer Mann, der durch Zuwerfen von Steinchen meine Aufmerksamkeit zu erregen suchte, woraufhin ich ihn einfach ansprach. Er kam aus Wien, hatte draußen im Wasser ein Boot liegen und lud mich ein, dort mit ihm gekühltes deutsches Bier zu trinken. Die damit verbundenen Absichten waren offenkundig, sodaß ich dankend verzichtete. Als unbegleiteter Jüngling erging es mir genau wie einer jungen Frau, die allein am Strand liegt und dort unvermeidlich angebaggert wird. Es war in jenen Jahren tatsächlich nicht dieses einzige Mal, daß ein Schwuler mit mir in Kontakt zu kommen versuchte, wobei ich auch das geheime Verständigungszeichen des Kitzelns der Handinnenflächen beim Handgeben lernen konnte bzw. mußte. Dabei war ich selbst eindeutig heterosexuell und vor allem auf dieser gesamten Reise von meiner Gefühlslage

[153] FAWB3, S.38.
[154] https://de.wikipedia.org/wiki/Riegsee, Zugriff 5.3.2016.
[155] https://de.wikipedia.org/wiki/Verdonschlucht, Zugriff 5.3.2016.
[156] https://de.wikipedia.org/wiki/Saint-Tropez, Zugriff 5.3.2016.

her überhaupt nicht auf irgendwelche sexuellen Abenteuer aus, sondern erkundete intensiv mein völlig ungebundenes Sein in einer schönen Welt.

Das Übernachten mitten in der Natur und die Tage ohne den üblichen zivilisatorischen Komfort hinterließen in mir einen tiefen und bleibenden Eindruck. Selbst meine Kamera hatte ich bewußt zuhause gelassen, um mich ganz allein auf meine Umwelt konzentrieren zu können. Auf der Rückreise machte ich noch einen Abstecher an den Tegernsee, um Traudl dort zu besuchen, der schon im Abschnitt 3.2 erwähnt wurde. Erstaunlicherweise, oder besser bezeichnenderweise, ist die tiefste Erinnerung an diesen Abstecher das so ganz andere Schwimmen in diesem kühlen und weniger tragenden Seewasser im Vergleich mit dem im salzigen Mittelmeer und nicht die Begegnung mit ihr.

Besonders diese Reise verdeutlicht meine damalige, zweifelsohne recht außergewöhnliche Entwicklung eines suchenden Jünglings, der mögliche Lebenswege bewußt und intensiv auszuloten versuchte und sich nicht einfach im Strom mittreiben lassen wollte. *Reflexionen vor Reflexen* drängte sich als Lebensmotto unaufhaltsam in den Vordergrund. Diese Entwicklung zeigte sich in jenen Jahren nach dem Abitur in vielfacher Weise, beispielsweise bei meinen Reisen, nicht nur bei dieser nach Saint-Tropez. Von denjenigen 1959/60 nach Riezlern, Kaiserslautern und Paris habe ich schon im Abschnitt 3.2 berichtet. Zweimal zog es mich zu Kurzbesuchen nach München,[157] der damaligen „heimlichen Hauptstadt Westdeutschlands", wo ich einmal bei dem befreundeten Detlev Schmitter[158] und ein andermal bei Klaus Fleischmann, dem Bruder von Gerd, logieren konnte. Diese beiden hatten dort ihr Studium begonnen. Von zwei weiteren Reisen nach Berlin und Liechtenstein soll gleich noch die Rede sein. Bei all diesen Reisen war ich allein unterwegs.

Für meine Eltern war es nicht ganz einfach, Verständnis für meine aus der Norm fallende Entwicklung aufzubringen. Die Sorgen meiner Mutter hierüber habe ich schon im Abschnitt 3.2 beschrieben. Ihr, der Frühaufsteherin, war schon mein Tagesrythmus ein Dorn im Auge. So versuchte sie gelegentlich, mich durch energisches Klopfen am Fenster am späten Vormittag aus dem Bett zu scheuchen. Ein andermal, im Juli 1959, als ich am Wochenende aus Erlangen zurückkam, fand ich sie völlig niedergeschlagen vor. Da fiel es mir wie Schuppen von den Augen: ich hatte im Studiereifer ihren Geburtstag völlig vergessen! Dieses schlichte Vergessen machte sie dann doch wieder glücklich, denn sie hatte infolge der ausbleibenden Gratulation gemutmaßt, ich würde angesichts meiner für sie unverständlichen Verhaltensweisen nun auch noch Geburtstage bewußt ignorieren. Auch aus meinem Vater brach eines Tages ein *„der haßt mich"* als Reaktion auf irgendeine Äußerung meinerseits hervor, das Ruisinger-Phänomen selbst bei meinem Vater!

[157]FAWB3, S.53.
[158]FAWB3, S.28.

Dabei war ich meinen Eltern zugetan wie eh und je. Wenn auch sehr reduziert, so haben wir auch in jenen Jahren gemeinsam noch Einiges unternommen. Beispielsweise fuhr ich mit Ihnen in ihrem 1959 erstandenen Auto, einem gebrauchten, aber gepflegten Opel Kapitän, auch zu unseren Freunden Bauer nach Bayreuth. Aber auch dabei gestaltete sich die Rückfahrt etwas schwierig, weil ich als Fahrer mit 100km/h auf der Autobahn nach dem Empfinden meines in gewisser Hinsicht etwas ängstlichen Vaters eine zu hohe Geschwindigkeit gewählt hätte, was der junge Dickschädel einfach nicht einsehen wollte. Diese gelegentlichen Schwierigkeiten blieben aber oberflächlich und waren eben ganz meiner jugendlichen Entwicklung geschuldet. Im Sommer 1960 überraschte mich mein Vater auf der Durchfahrt zu einem Kuraufenthalt nach Bad Kissingen in Erlangen sogar mit einem ungewöhnlichen Besuch, bei dem er mir 100DM einfach so zum Geschenk machte, worüber ich mich damals riesig gefreut hatte. Erst infolge meiner heutigen Recherchen kann ich schließen, daß er damals wohl zum ersten Mal Tandiemen aus seinen Aufsichtsratsposten erhalten hatte und aus Freude darüber auch seinem Sohn etwas davon abgeben wollte. Von dem Geld kaufte ich mir einen relativ teuren Schreibtischstuhl, der meine Sitzhaltung bei meiner fast ununterbrochenen Schreibtischtätigkeit unterstützen sollte und diesen Dienst dann auch Jahrzehnte geleistet hat.[159]

Meine ungewöhnliche Entwicklung machte mich jedoch keineswegs zum notorischen Einzelgänger oder gar Einsiedler. Noch immer bestanden die jahrelang gewachsenen nachbarschaftlichen Freundschaften, im Rahmen derer gelegentlich auch gefeiert wurde. Bei einem solchen Anlaß bin ich haarscharf an einem Autounfall vorbeigeschrammt, als ich mit dem Auto meiner Eltern die junge Meute im Anschluß an die Fête nach Hause fuhr und infolge beträchtlichen Alkoholkonsums den weich gefederten Wagen beim Einbiegen in die Mögeldorfer Ortsstraße nicht mehr unter Kontrolle hatte und gerade vor dem gegenüberliegenden Torpfosten von Fam. Hofer-Beck zum Stehen kam. Auf diesen Warnschuß des Schicksals habe ich ebenso wie auf den im Abschnitt 3.5.1 im Zusammenhang mit meinem Sekundenschlaf beschriebenen aufmerksam geachtet, daraus Lehren gezogen und von da an bis heute selbstverursachte und nennenswerte Autounfälle vermeiden können.

In Erlangen freundete ich mich mit der Medizinstudentin Silvia Scheel aus Berlin und ihrem Freund Holli, dem aus Lübeck stammenden Jurastudenten Wolfgang Hollensteiner, an. Zu diesem Kreis gesellte sich noch ein Chemiestudent aus NRW, der mich mit seiner Überzeugung damals noch schockierte, daß das Christentum auf der größten Lüge der Menschheitsgeschichte basiere, und für den ich in faktisch betrügerischer Weise eine Mathematikklausur schrieb. In dieser Konfiguration mit Kommilitonen aus verschiedenen

[159]Brief an meinen Vater vom Juli 1960, AO Korrespondenz.

Fachrichtungen gab es dann gelegentlich doch auch bei mir so etwas wie ein vergnügtes Studentenleben in Erlangen und seiner Umgebung. Studentenverbindungen dagegen lagen mir völlig fern.

Ja, Silvia war eine reizvolle Berlinerin, die ich nach ihrem Weggang aus Erlangen noch zweimal besuchte, einmal im Oktober 1962 in Berlin und im März 1967 in Malbun in Liechtenstein, wohin sie mit einer Freundin zum Skilaufen gefahren war.[160] Wie mit mehr als einem Dutzend Mädchen und Frauen sollte es aber auch mit ihr in dieser Lebensphase nichts Ernst- und Dauerhafteres werden. Unter all diesen waren die im Abschnitt 3.2 bereits genannten Irmi, Lisl und Helma sowie die nachfolgend genannten hübschen jungen Damen. Mit der Freundin Irene[161] meines Freundes Maxi ging ich zu einem romantischen und allen verheimlichten Tanzabend im Reichelsdorfer Keller. Im Nachbarhaus wohnte Hiltrud,[162] die einer Verbindung alles andere als abgeneigt war und mit der es dann auch engere erotische Kontakte gab. Die Studentin im nächstgelegenen Zimmer meiner Bude in der Ohmstraße wäre angesichts entsprechender Signale ebenfalls eine eher leichte „Beute“ gewesen. Ebenfalls in Erlangen versuchte ich eine Annäherung bei einer Verkäuferin, bei der sich mit der zunehmenden Nähe dann auch die trennenden Kräfte verstärkten. Bei einem Besuch in Bayreuth lernte ich die reizende Hannelore kennen, die mir dann einige Zeit nicht aus dem Kopf weichen wollte. Bei einer Party bezauberte mich das ausnehmend weiche Haar eines anderen Mädchens, was als Grundlage für eine engere Beziehung dann halt doch nicht ausreichte. Für das Schloßfest 1959 in Erlangen lud ich eine attraktive Schwedin ein, die mich trotz fester Vereinbarung dann mit einem Rivalen versetzte. Bei einem meiner Ferienaufenthalte in Riezlern lernte ich die dort wohnende Christina kennen, nur um sie dann bald doch wieder zu vergessen. In meinem Hinterhaus-Apartment besuchte mich einige Male ein offenherziges Mädchen, Heidi,[163] aus Zerzabelshof (in Nürnberg kurz als „Zabo“ bekannt) und lag dann zum Liebkosen auch nackt in meinem Bett, genauso wie ich es von Traudl im Abschnitt 3.2 beschrieben habe. Nur vor dem letzten Schritt scheuten entweder die Mädchen oder auch ich in all diesen Fällen schließlich doch zurück. Ich habe die — natürlich nicht vollständige — Aufzählung nicht unterdrücken wollen, um meinen ungewöhnlich ausführlichen Erkundungsprozeß der weiblichen Welt und meiner Beziehungen zu ihr deutlich vor Augen zu führen, den ich rückwirkend auch als wichtigen Lernprozeß für die Beurteilung menschlicher Charaktere einschätze. Die damit verbundene lange sexuelle Enthaltsamkeit hat mich nach meiner eigenen Einschätzung — vielleicht nicht nur — auf diesem Gebiet schließlich stärker gemacht.

[160]AO Reflexionen, Tagebuch Heft I, kurz TBI, S.27ff und S.63.
[161]FAWB3, S.33.
[162]FAWB3, S.24.
[163]AO Reflexionen, Tagebuch Heft III, kurz TBIII, S.65ff.

Ab irgendwann sollte auch in dieser Hinsicht die Entwicklung des dann schon Zweiundzwanzigjährigen eine neue Wendung erfahren, die sich folgendermaßen entwickelte. In der vorlesungsfreien Zeit nach dem fünften Semester und vor der Diplomvorprüfung besuchte ich im Frühjahr 1961 für mehrere Wochen meine Schwester in Basel. Wie im Abschnitt 3.3 erwähnt arbeitete sie dort als Fremdsprachensekretärin. Sie hatte bei dem Ehepaar Lambelet in der Bachlettenstraße 60 ein Zimmer gemietet. Dieses lag in einem Trakt des Hauses mit weiteren Zimmern für Untermieter. Dort konnte ich daher ebenfalls logieren und tagsüber meine Prüfungsvorbereitungen intensiv vorantreiben. Daneben genoß ich das so ganz andere und zu jener Zeit frühlingshafte Basler Klima und verbrachte schöne Stunden mit meiner Schwester und deren dortigen Freunden.

Frau Lambelet hatte einen Bruder, Herr Bocola, den ich bei Gelegenheit kennenlernen durfte. Er arbeitete äußerst erfolgreich in der künstlerisch-graphischen Werbebranche. Während meines Aufenthalts in Basel konnte man beispielsweise ein großes, von ihm entworfenes und ins Auge springendes Werbeplakat allerorten in der Stadt sehen. Ich nutzte daher die Gelegenheit dieser Begegnung zu einem langen Gespräch, das mich nachhaltig beeindruckt hat und in dem es um die Rolle des künstlerischen Menschen und um unsere Existenz in dieser Gesellschaft allgemein ging. Bocola reihte sich also in vergleichbar anregende Kontakte mit Gerd Fleischmann, Herrn Hagemeyer, das Ehepaar Bauer ua. herausragend ein.

Am Ende dieser anregenden Basler Wochen schloß ich mich meiner Schwester und ihrem Verlobten Guntram noch zu einer Skireise nach Arosa an. Nach den täglichen Skiabfahrten, die ich inzwischen ja recht gut beherrschte, ging es natürlich auch dort zum allfälligen Après-Ski. Irgendwo dazwischen lernte ich ein Mädchen kennen, das am Ort beschäftigt war und mich ohne allzu viele Umstände in ihr Zimmer mitnahm, wo ich zum ersten Mal den Beischlaf erlebte, dabei aber, auch von ihr immer wieder ermahnt, höchste Vorsicht walten lassen mußte: die Pille war noch nicht auf dem Markt. Es war, wie man es heute nennt, ein „one-night-stand". Wir haben uns danach nie mehr getroffen, auch wenn ich sie nicht vergessen habe und ihr für ihre Natürlichkeit Dankbarkeit schulde. Wie Christl bei meinem im Abschnitt 3.2 beschriebenen ersten Kuß hatte sie mir nun die Hemmung auch vor dem letzten Schritt in Sachen Liebe genommen.

Unweit unseres Hauses in Mögeldorf lag im Wald des Schmausenbucks die dort nach dem Krieg erbaute Kunstakademie. Dort etablierte sich der jährlich attraktivste Faschingsball von Nürnberg unter dem Titel „Zabohème".[164] Noch einige Wochen vor dieser Arosa-Reise, im Winter 1961, nahmen meine beiden Eltern daran teil, auch weil mein Vater dafür

[164]FAWB3, S.25.

Ehrenkarten bekommen hatte. Als die beiden nach Mitternacht von dort nach Hause zurückkehrten und mich noch konzentriert bei der Arbeit vorfanden, gelang es meiner Mutter, mich dazu zu überreden, mit ihrer Eintrittskarte zu so später Stunde auch noch dorthin zu gehen. Sie wollte, daß ich mich nicht nur noch ins Studium vergraben sollte.

Es ist in der Regel nicht leicht, sich in einem Ball zurechtzufinden, der schon Stunden im Gange ist. Der Zufall wollte es aber, daß ich just nach dem Eintreten ein anziehendes Mädchen allein an einem Tisch erspähte, die ich daher gleich zum Tanzen aufforderte. Dieser Moment sollte der Beginn meiner zweiten echten Liebe werden, die aber auch wieder eine lange Anlaufzeit zu ihrer Entfaltung benötigte, wovon dann im nächsten Teilabschnitt noch mehr zu erzählen sein wird.[165] Es handelte sich hierbei um den glücklichen Ausgang zu der im Abschnitt 3.2 geschilderten Erschwernis durch die unerfüllte Liebe zu Traudl. Dieser Zufall der Begegnung auf einem nicht eingeplanten und nur zu dessen Ausklang besuchten Ball erwies sich dann noch deswegen als geradezu unglaublich, weil sich herausstellte, daß dieses Mädchen namens Christiane ausgerechnet in der Hallerwiese 16 wohnte, also genau neben dem Haus der Eltern von Traudl, fast als ob es in einer Großstadt mit fast einer halben Million Einwohnern keine anderen Wohnorte für meine zwei ausgewählten Liebschaften geben könnte!

3.5.3 Hauptstudiumszeit

Der Donnerstag 4.5.1961 war für mich eine ganz entscheidende Zäsur in meinem Leben. In dessen zwei Nachmittagsstunden wurde mir der erfolgreiche Abschluß meines Grundstudiums bestätigt, wie ich im letzten Teilabschnitt beschrieben habe. Auf diese beiden Stunden hatte ich intensivst hingearbeitet und dafür alles andere hintangestellt. Durch ihn wurde das Tor zurück in das meinem Charakter viel angemessenere Leben, geprägt von einer breiten Interessenspalette, wieder geöffnet. Nach Jahren des durch das fordernde Studium erzeugten Drucks fühlte ich mich durch den erreichten Erfolg wieder befreit.

Da in jenen Jahren die Vorlesungen des Sommersemesters um den 2. Mai begannen, blieb mir so gut wie keine Zeit, meine Karten neu zu mischen. Es war mir aber klar, daß eine Fortsetzung meines Studiums in Erlangen als Option nicht in Frage kam. Nach meinen gesammelten Erfahrungen in München und Berlin, aber auch London, Paris und Rom war mir die Provinzialität von Erlangen nur allzu offensichtlich geworden. Dies galt auch und vor allem in Bezug auf das akademische Niveau dieser Institution und deren Anerkennung im Großraum des damaligen Nürnberg. Vor allem erschien mir keiner der

[165] TBII, S.68-79.

Physikprofessoren für das weitere Studium attraktiv genug mit der beschriebenen Ausnahme von Finkelnburg, der aber eben nur als Honorarprofessor an der Uni tätig war. Ich mußte also weg. Heidelberg hatte bei mir damals einen klangvollen Namen sowohl in Bezug auf das Ansehen seiner Universität, nicht zuletzt in meinem Fach Physik, als auch als romantisch-lebenswerte Studentenstadt, in der ich zurück in ein volleres Leben finden könnte.[166]

Unmittelbar nach jenem alles entscheidenden Donnerstag packte ich also meine Sachen in den VW und fuhr damit nach Heidelberg in eine völlig ungewisse Situation. Die erste und dringlichste Aufgabe bestand darin, ein Dach über dem Kopf zu finden. Heidelberg litt unter einem gravierenden Mangel an Studentenbuden. Da ich infolge des Prüfungstermins erst eine Woche nach dem Beginn der Vorlesungen eintreffen konnte, waren die Chancen für eine erfolgreiche Suche nahezu null. Es gab ja auch noch kein Internet oder andere hilfreiche Techniken, die die Zimmersuche unterstützen hätten können. Zeitungsannoncen und Aushänge am Schwarzen Brett des Studentenwerkes waren die einzig möglichen Informationsquellen. Auf der edlen rechten Neckaruferseite hätte ich ein Zimmer mieten können, jedoch zu einem Preis, der mein gesamtes Monatsbudget verschlungen hätte. So landete ich erst einmal in einem Zimmer in einem Fremdenheim in der Gaisbergstraße, das ich mir mit einem Palestinenser teilte, was mir Luft für eine eingehendere Suche verschaffte. Von dem Palästinenser bekam ich aus erster Hand erstmals den tiefen und erbitterten Haß zu spüren, den Palästinenser gegenüber den Israelis empfanden und teilweise wohl noch immer empfinden. Hiernach war mir in meiner Situation überhaupt nicht zumute, sodaß ich mich in diesem Zimmer vorzugsweise nur zum Schlafen aufhielt.

In mir hatte sich, wie gesagt, in den Jahren davor die Sehnsucht nach erfreulichen Erlebnissen aufgestaut, die sich nun entladen wollte. In einer derartigen Situation begibt sich der Mensch auf suchende Wanderschaft. Wohl gleich am ersten Wochenende fuhr ich daher Neckar-aufwärts Richtung Neckargmünd, um dort zu Mittag zu essen. Nach dem Essen sprach mich auf dem Parkplatz ein junger Mann an, ob ich ihn im Wagen mitnehmen könnte. Auch wenn es sich bei ihm um eine offensichtlich recht einfach gestrickte Person handelte, war mir in meiner Situation ganz allein in der Fremde auch seine Gesellschaft durchaus recht, was er offenbar sehr schnell gespürt hatte. Es gelang ihm daher, mich in seine eigene Suche nach Anerkennung bei seinen Bekannten und nach einer Frau einzubinden. Es gelang mir einfach nicht, mich irgendwann aus dieser zu schnell entstandenen

[166] Unsere im Abschnitt 3.1 beschriebene Klassenfahrt nach Heidelberg haben meine Präferenz für diese im ihrem Kern sehr reizvolle Stadt wohl ebenso wie einschlägige Filme geprägt, vor allem die „Heidelberger Romanze“ aus dem Jahre 1951 mit Liselotte Pulver und O.W. Fischer (https://de.wikipedia.org/wiki/Heidelberger_Romanze, Zugriff 14.3.2016).

Verstrickung aus eigener Kraft wieder zu befreien und ihn abzuschütteln. So fuhren wir von einer seiner Bekanntschaften zur nächsten, ob Onkel, Tante oder irgendwelche Frauen, wobei er diesen offenbar demonstrieren wollte, welch guten Umgang mit jemandem wie mir er inzwischen pflegte. Denn im Verlauf dieser Odyssee konnte ich erfahren, daß er erst jüngst aus dem Gefängnis frei gekommen war. Damit hatten wir in gewisser Hinsicht sogar etwas gemeinsam, da ja auch ich zu lange von meiner Arbeit gefangen genommen war. Zugleich wurde mir aufgrund dieser Information klar, daß mit diesem Typ nicht nur zu spassen war. Er gabelte auf der Straße ein durchaus nettes Mädchen auf, mit der er nach weiteren Zwischenstationen im Fond des Wagens etwas anfangen wollte, bis diese empört darauf bestand auszusteigen. So klettete er insgesamt geschätzte acht Stunden an mir, mich dominant dirigierend, bis — zurück in Heidelberg und zufällig unweit meines Zimmers — mein VW endlich den Dienst versagte, weil glücklicherweise der Benzintank nach der vielen Fahrerei einfach leer geworden war. Beide, er und ich, extrem frustriert gingen wir in die Nacht auseinander, da er die Aussichtslosigkeit der Situation nun einsehen mußte, womit diese Odyssee für mich noch einen guten Ausgang nahm, die ich daher auch unter die Kategorie *„Erschwernis mit glücklichem Ausgang“* einreihen möchte, die in Abschnitt 3.1 eingeführt wurde.

Ich hatte diesen charakterlich haltlosen Typ, auf den ich unerfahren und gutgläubig hereingefallen war, danach gottseidank nie mehr gesehen, durch ihn aber eine wichtige Lehre gelernt. Denn es gibt sehr begabte Blender unter unseren Mitmenschen, auf die ein Gutgläubiger leicht hereinfallen kann. Ich war zeitlebens bewußt möglichst unvoreingenommen und gutgläubig und will es auch weiterhin bleiben, was dann aber zur Vermeidung von schädlichen Nachteilen eine entsprechend höhere Wachsamkeit und kritischere Vorsicht erfordert, die durch diese Begegnung stark angeregt und geschärft wurden.

Da es an Universitäten von Mädchen wimmelt, fand ich sehr bald eine nette Freundin aus dem Rheinischen, mit der sich über angenehme Gemeinsamkeiten jedoch nichts weiter entwickelte. Mit ihr erlebte ich allerdings erstmals sehr intensiv und kontrolliert einen möglicherweise parapsychologischen Austausch.[167] Ich saß nämlich ausnahmsweise in meinem Fremdenheimzimmer mit dem Rücken zum Fenster in Arbeit vertieft. Unvermittelt drehte ich mich zum Fenster und erblickte ausgerechnet in diesem Augenblick auf der Straße diese Freundin herannahen, so als hätte sie mich von dort gerufen und ich hätte mich auf dieses Signal hin zu ihr umgedreht. Sie hatte aber kein derartiges Signal

[167]Ein Satz im TBI, S.61, besagt, daß es sich dabei nicht um die Heidelberger Freundin (mutmaßlich Jutta Hellrung) sondern um die bereits mehrfach erwähnte Silvia Scheel gehandelt hätte, was mit meiner heutigen Erinnerung jedoch nicht kompatibel ist. Auf diesen Seiten 60–63 wird das parapsychologische Thema bereits eingehend besprochen.

gegeben und ich hätte es angesichts der gegebenen Umstände auch nicht wahrnehmen können. Als Physiker im Hauptstudium war ich schon einigermaßen geschult, sorgfältig auf objektive Analysen derartiger Phänomene zu achten und die statistische Wahrscheinlichkeit eines solchen Zusammentreffens abzuschätzen.[168] Ich wußte nicht, daß sie mich — übrigens erstmals — besuchen wollte und sie konnte ebenso wenig wissen, daß ich zuhause überhaupt anzutreffen wäre, sodaß die Wahrscheinlichkeit dieses Ereignisses als solches extrem gering war. Die Straße war vom Fenster des von der Straße zurück- und höherliegenden Gebäudes weit genug entfernt, sodaß man keine Fußgänger hören konnte; ich konnte also nicht auf ein akustisches Signal reagiert haben. Das Fenster war weder direkt noch indirekt (etwa durch einen Spiegel) in meinem Blickfeld, also war auch kein visuelles Signal denkbar. Kurz, es war nichts zu erkennen, das mich mit meinen fünf Sinnen auf das Herannahen hinweisen hätte können. Gab es also, wie ich glaube, einen parasensorischen Informationsaustausch? Dieses und viele weitere vergleichbare Erlebnisse in meinem weiteren Leben haben in mir die These gefestigt, daß es parapsychologische Phänomene tatsächlich geben könnte.[169]

Heidelberg war im Vergleich zu Erlangen ein richtig teures Pflaster. Meine Eltern zeigten sich durchaus großzügig im Hinblick auf meine finanzielle Unterstützung. Die Kosten des Studiums in Heidelberg haben wir alle aber weit unterschätzt. Da mir Bittbriefe verhaßt waren, versuchte ich, mit einer Reihe von Aushilfsjobs die finanzielle Lücke schließen zu können. Darunter waren Jobs wie das Aufstellen eines Zeltes für irgendeine Festivität oder eine mehrmalige Aushilfe in der Kantine der US Armee, bei der ich das Geschirr in die Spülmaschine räumen mußte. Gleichwohl ging mir im Juli 1961 das Geld völlig aus, sodaß ich mich in einem Bittbrief an meine Eltern wenden mußte, in dem ich detailliert meine Kosten aufgliederte und um eine Erhöhung der monatlichen Unterstützung bat.[170] Meine Eltern haben mich auch in diesem Fall nicht im Stich gelassen.

Und dann war da natürlich auch noch das Studium, das in diesem Semester jedoch durch Aktivitäten wie die bisher genannten erst einmal vom ersten Platz verdrängt worden war. Ich belegte in den beiden Semestern, die ich in Heidelberg studierte, acht Vorlesungen der experimentellen und theoretischen Physik, die in den Physikgebäuden am Philosophenweg 12 und 16 in einer der schönsten Lagen von Heidelberg abgehalten wurden. Der Star unter

[168]Beispielsweise ist die Wahrscheinlichkeit, daß ich mich während konzentrierter Arbeit überhaupt durch einen Blick aus dem Fenster von dieser abbringen lasse, bei meinem Arbeitsstil extrem gering.

[169]Siehe dazu den Abschnitt 3.7 in meinem Buch „Lehren vom Leben", Dt. Universitäts-Verl., 2003. Ein weiteres präzise beobachtetes Beispiel wird in R.1.3, S.193, beschrieben.

[170]AO Korrespondenz.

den Professoren war eindeutig Hans Jensen (1907–1973).[171] Seine Vorlesungen hatten fachlich höchstes wissenschaftliches Niveau und wurden deshalb auch von Assistenten besucht. Als Normalstudent konnte ich seinen Ausführungen deshalb nicht immer ganz folgen. *„Für ihn konnte eine Vorlesung nur Anregung sein, das Wissen mußte sich der Student durch eigenes Arbeiten aneignen.“* Jensen war eine sehr angenehme, aber auch etwas kauzige Persönlichkeit; er hatte beispielsweise eine ganz eigene Art seine Krawatte zu binden, die über dem Knoten hing statt in ihn eingebunden zu werden.

An die Vorlesungen der anderen Professoren kann ich mich dagegen nicht mehr wirklich erinnern, was zu einem Teil wohl auch meinen außeruniversitären Aktivitäten in jener Zeit geschuldet ist. Es handelte sich um die Professoren: Konrad Tamm (1913–1986),[172] der einen Lehrstuhl im Institut für Angewandte Physik inne hatte; Ulrich Schmidt-Rohr (1926–2006),[173] der am Max-Planck-Institut für Kernphysik als Abteilungsleiter fungierte, das mit dem Physikalischen Institut eng verzahnt war; Berthold Stech (*1924),[174] ein Jensen-Schüler; und Walter Wessel (1900–1984).[175] In diesen Vorlesungen erhielt ich einen hervorragenden Einblick vor allem in die Kernphysik und Quantentheorie, vermittelt von führenden Wissenschaftlern auf diesen Gebieten.

Die intensivste Auseinandersetzung mit meinem Hauptfach ergab sich dann aber im Rahmen des Physikalischen Großpraktikums, das ich im „Kopfermann Institut“, dem I. Physikalischen Institut absolvierte. Hans Kopfermann (1895–1963)[176] war der wohl angesehenste Experimentalphysiker vor Ort und ein Pionier der Hyperfeinspektroskopie, den ich persönlich aber nie zu Gesicht bekommen hatte, mutmaßlich weil er damals — etwa ein Jahr vor seinem Tode — gesundheitlich nicht mehr in bester Verfassung war. Gleichwohl trägt der durch das Praktikum erlangte Schein seine Unterschrift. Betreut wurde ich von Hans Bucka (1925–2011),[177] der 1961 gerade habilitiert hatte, sowie von Ernst-Wilhelm Otten,[178] der noch an seiner Promotion arbeitete. Beide waren exzellente Experimentalphysiker, die unter der Protektion von Kopfermann standen und später Professuren in Berlin bzw. Mainz innehatten. Im Rahmen dieser Arbeit baute ich eine Vorrichtung zur

[171] https://de.wikipedia.org/wiki/Johannes_Hans_Daniel_Jensen sowie Hans-Günter Dosch und Berthold Stech, Johannes Daniel Jensen, 1907–1973, http://www.thphys.uni-heidelberg.de/home/info/historie_dir/jensen_dosch_stech.html, Zugriff 15.3.2016.

[172] P. Brix und G. zu Putlitz, Rückblicke auf die Heidelberger Physik im Jubiläumsjahr der Universität, Phys.Bl. 42(3), 1986.

[173] https://de.wikipedia.org/wiki/Ulrich_Schmidt-Rohr, Zugriff 15.3.2016.

[174] https://de.wikipedia.org/wiki/Berthold_Stech, Zugriff 15.3.2016.

[175] https://de.wikipedia.org/wiki/Walter_Wessel_(Physiker), Zugriff 15.3.2016.

[176] https://de.wikipedia.org/wiki/Hans_Kopfermann, Zugriff 15.3.2016.

[177] https://de.wikipedia.org/wiki/Hans_Bucka, Zugriff 15.3.2016.

[178] https://de.wikipedia.org/wiki/Ernst-Wilhelm_Otten sowie http://www.phmi.uni-mainz.de/7932.php, Zugriff 15.3.2016.

Untersuchung von angeregten Zuständen der Erdalkalimetalle. Im Ergebnis konnte ich in einem abschließenden Vorversuch die blaue Resonanzlinie von Calzium 43 beobachten.[179] Die eigentlich interessanten Versuche mit dem Gerät hat dann wohl Herr Otten im Rahmen seiner Dissertation selbst durchgeführt.

Meine Wahl von Heidelberg als Studienort war fachlich von allererster Güte ausgefallen und hatte sich daher bestens bewährt. Nicht nur arbeitete ich zu jener Zeit in einem Gebäude, das in den Jahren davor schon zwei Nobelpreisträger beherbergt hatte, nämlich Philipp Lenard (1862–1947)[180] und Walther Bothe (1891–1957).[181] Wenn ich mich recht entsinne, wurde überdies schon während meines Heidelberger Jahres dort gemunkelt, Jensen, bei dem ich als einzigem eine zweite Vorlesung und nicht nur eine einzige wie bei allen anderen hörte, sei ebenfalls ein Kandidat für den Nobelpreis, den er dann 1963 tatsächlich verliehen bekam. An der Qualität der Heidelberger Physik konnte es also nicht gelegen haben, daß mir im Winter 1961/62 ernsteste Zweifel an der Richtigkeit der Wahl meines Studienfaches kamen. Wie konnten solche Zweifel angesichts dieses hervorragenden Umfeldes aufkeimen?

Wie bei jeder Wahl spielten Anziehungs- und Abstoßungskräfte bei meiner umtreibenden Suche nach einer neuen Weichenstellung für meine berufliche Bahn in jenen Wintermonaten des Jahres 1961/62 ein komplexe Rolle. Die Suche war begleitet von einer virulenten Unruhe, während der sich mein persönliches Koordinatensystem an die hinzugekommenen Erfahrungen anzupassen und zu stabilisieren suchte. Insgesamt handelte es sich daher um einen schwer zu entwirrenden Entscheidungsprozeß, dessen nachfolgende Analyse daher nur grobe Hinweise liefern kann. Beginnen wir mit den abstoßenden Kräften.

Natürlich war mir auch damals bewußt, daß die Physik ein außerordentlich großes Gebiet darstellt, in dem sich mit Sicherheit auch Bereiche hätten finden lassen, die meinen Fähigkeiten und Vorstellungen mehr entgegengekommen wären, als die in meiner Praktikumsarbeit betriebene Atomspektroskopie. Gleichwohl beschlichen mich in jenen Monaten große Zweifel, ob mir Fortschritte in diesem Fach wirklich wichtig genug wären, um mich dafür voll engagieren zu sollen. Die Praktikumsarbeit war besonders dazu geeignet, meine Zweifel zu bestärken. Auch wenn ich zeitlebens handwerklich weder ungeschickt noch unwillig gewesen bin, überstieg der zu investierende zeitliche Aufwand an Randbemühungen meine Toleranzgrenzen im Fokus darauf, essentielle Ergebnisse zu erzielen, die uns

[179] Wolfgang Bibel, Aufbau eines Doppelresonanzgefäßes zur Untersuchung von angeregten Zuständen der Calziumisotope, Großpraktikumsarbeit, 1962, 13 Seiten. Nr. -1 E133 in meiner Schriftensammlung.
[180] https://de.wikipedia.org/wiki/Philipp_Lenard, Zugriff 15.3.2016.
[181] https://de.wikipedia.org/wiki/Walther_Bothe, Zugriff 15.3.2016.

ingesamt in eine von mir erstrebte Richtung weiterbringen könnten. Der Aufwand für den Bau eines Doppelresonanzgefäßes war in der Tat beträchtlich, wovon die Konstruktionszeichnungen in meiner zitierten Arbeit durchaus einen Eindruck vermitteln. Ich mußte dazu eine Fülle von Bearbeitungstechniken neu erlernen, nicht zuletzt das Glasblasen zur Formung passender Glasanschlüsse. Nach der Fertigstellung des Geräts saß ich dann nächtelang vor der Apparatur, um in unzähligen Experimenten Meßreihen zu erstellen, die man wegen der ergebnisverzerrenden Gebäudeerschütterungen tagsüber nicht durchführen konnte. In diesen Stunden fühlte ich mich verloren und am falschen Platz. Andererseits hatte der mich betreuende Assistent, Herr Otten, mir ein Verbleiben im Fach und am Ort mit der Aussicht auf einen raschen Diplomabschluß schmackhaft zu machen versucht.

Mit Ausnahme von Jensen, dessen Niveau für mich aber noch unerreichbar erschien, konnte ich mich wohl auch außerhalb des Praktikums für keinen der Professoren und ihre Spezialgebiete erwärmen. Manches erschien mir wohl auch zu unpräzise oder in Bezug auf eine allgemeinere und für uns als Menschen relevante Bedeutung nicht ausreichend durchdacht. Zudem ist es bemerkenswert, daß sich mit meinen Physikkommilitonen überhaupt kein näherer Kontakt angebahnt hatte. So begann ich, mich irgendwie fremd in diesem Fach zu fühlen und nach Alternativen zu suchen.

Diese Suche zog auch ausgefallene Optionen in Betracht. So belegte und hörte ich die Vorlesung und das Proseminar über Plato bei einem „der prominentesten deutschen Philosophen des 20. Jahrhunderts“, Hans-Georg Gadamer (1900–2002).[182] Damit setzte ich die bereits in Erlangen begonnene Reihe von Vorlesungen in Philosophie diesmal mit prominenter Besetzung fort, kam aber zu dem Schluß, daß Philosophie zu studieren „widersinnig“ sei.[183] Im Gegensatz zu den Physikvorlesungen sind mir von Gadamers Vorlesung in Heidelberg bis heute noch Erinnerungen geblieben, beispielsweise seine Einschätzung, daß gewisse technische Entwicklungen wie das des Fahrrads quasi zu einem Ende kommen, da Fahrräder sich in den letzten Jahrhunderten so gut wie nicht mehr wesentlich verändert hätten.

Eine noch ausgefallenere Option führte mich in die Germanistik. Ich war regelmäßiger Leser der Wochenzeitung DIE ZEIT geworden, die wöchentlich einen ausführlichen Literaturteil anbot. Auch hörte ich gerne die Samstagvormittag Sendung mit Musik und Literatur im Süddeutschen Rundfunk. Auf einem dieser Wege bin ich auf Deschners Streitschrift *„Kitsch, Konvention und Kunst“*[184] gestoßen, die mich in der Auswahl meiner literarischen

[182]https://de.wikipedia.org/wiki/Hans-Georg_Gadamer, Zugriff 16.3.2016.
Von seinen Ausführungen finden sich noch Notizen im AO Reflexionen 1, kurz R.1.

[183]TBI, S.65.

[184]Karlheinz Deschner, Kitsch, Konvention und Kunst – Eine literarische Streitschrift, List, München, 1957.

Lektüren danach sehr beeinflußt hat. Ich kaufte mir die von ihm präferierten großen Romane ua. von Musil, Broch, Jahnn und Joyce[185] und las sie mit großer Sorgfalt und Aufmerksamkeit.[186] Überdies abonnierte ich die *„Fischer Bibliothek der hundert Bücher“*, in der einhundert wahrhaft gut ausgewählte klassische Meisterwerke der abendländischen Literatur zusammengestellt und in den Jahren 1960–1963 veröffentlicht wurden. All dies hat mich sogar zu eigenen poetischen Versuchen angeregt.[187] Vor diesem Hintergrund besuchte ich dann auch Vorlesungen in Germanistik bei Friedrich Sengle[188] und lotete mit einem seiner Assistenten die Option eines Studienwechsels hin zu diesem Fach aus. Glücklicherweise und klugerweise riet er mir davon freundlich, aber überzeugend ab.

Diese im Sommer 1961 intensivierte Beschäftigung mit Philosophie und Literatur hat mich erstmals zur Niederschrift meiner Gedanken und Reflexionen veranlaßt.[189] Rückblickend erscheint mir dieser Schritt als sehr entscheidend für meine weitere Entwicklung, da ich von da an lernte, mir zu allen auftretenden Fragen selbst eine Meinung zu bilden und diese auch schriftlich festzuhalten. Ich begann meinen eigenen Weg zu suchen und zu finden.

Als entscheidend unter den anziehenden Kräften erwies sich dann aber die einzige Mathematikvorlesung, die ich in Heidelberg bei Wolfram Jehne (*1926)[190] im Wintersemester über Funktionentheorie II besuchte (den Teil I hatte ich schon in Erlangen gehört). Jehne war damals in Heidelberg noch Privatdozent und wurde erst später als Professor nach Köln berufen, wo er von 1965 bis 1991 lehrte. Ich genoß seine inhaltlich und auch didaktisch hervorragende Vorlesung dermaßen, daß diese Erfahrung schließlich der wohl entscheidende Grund dafür wurde, ab dem achten Semester die Mathematik anstelle der Physik zum Hauptfach meines Studiums zu machen, was sich studienmäßig nur als Verlagerung

---

[185] Robert Musil, Der Mann ohne Eigenschaften, Rowohlt, Hamburg, 1952.
Hermann Broch, Der Tod des Vergil, Rhein-Verlag, Zürich, 1958.
Hans Henny Jahnn, Die Niederschrift des Gustav Anias Horn nachdem er neunundvierzig Jahre alt geworden war, I, II und Epilog, Europäische Verlagsanstalt, Frankfurt, 1959, 1961.
James Joyce, Ulysses, Rhein-Verlag, Zürich, 1956.

[186] Die Intensität, mit der die Auseinandersetzung mit dem Inhalt dieser Romane von mir betrieben wurde, kann man aus einem Brief an Gerd (Fleischmann) ersehen, dessen Entwurf in TBI, S.49ff, zu finden ist und der auf seinen Brief vom 21.10.1962 antwortet. Darin gehe ich detailliert auf eine Reihe von Textstellen aus dem „Mann ohne Eigenschaften“ ein und vergleiche die daraus ersichtliche Musilsche Einstellung mit der von Broch. Das Dokument gibt zudem einen Einblick in den regen Austausch mit Gerd.

[187] TBI, S.64,83ff.

[188] https://de.wikipedia.org/wiki/Friedrich_Sengle, Zugriff 30.3.2016.
Notizen aus seiner Vorlesung finden sich im AO Reflexionen 1.1.

[189] Siehe AO R.1.1. Dort findet sich beispielsweise auf S.103ff eine ausführliche Reflexion über meine bevorstehende Entscheidung, ggf. das Physikstudium nicht fortzusetzen.

[190] https://de.wikipedia.org/wiki/Wolfram_Jehne, Zugriff 16.3.2016.

der Gewichtungen auswirkte. Und wenn man schon das Hauptfach wechselt, warum dann nicht gleich auch noch den Studienort — aber davon dann erst später.

Heidelberger Studentenleben

Neben den Anziehungs- und Abstoßungskräften habe ich oben im Hinblick auf meine Weichenstellung auch von einer virulenten Unruhe und weiter davor in diesem Abschnitt von einer aufgestauten Sehnsucht nach Erlebnissen gesprochen, ohne bislang auf diesen wichtigen Aspekt meines Heidelberger Jahres näher eingegangen zu sein. Schon bald nach meiner Ankunft in Heidelberg traf ich ganz zufällig meinen Klassenkameraden Herbert Geiß, mit dem ich ja schon zu Schulzeiten in die Pfalz unweit von Heidelberg gefahren war. Offenbar hatte es auch ihn hierher zum Studium der Theologie gezogen. Beiläufig erzählte ich ihm von meiner bislang erfolglosen Zimmersuche, da ich zum Zeitpunkt des Treffens noch immer in jenem teuren Fremdenheim logierte. Er gehörte einer Studentenverbindung an und wußte von einem seiner Altherren in der Verbindung, daß dieser als Bauunternehmer gerade ein Haus im Halbbatzenacker in Heidelberg-Wieblingen für seine spanischen Gastarbeiter hergerichtet hatte, in dem noch ein kleines Zimmer zu vermieten wäre. In der gegebenen aussichtslosen Lage ergriff ich diese Gelegenheit sofort und unbesehen.

Finanziell war diese neue Wohnsituation im Juni eine deutliche Verbesserung; als Studentenbude erwies sich das Zimmer jedoch als eine echte Zumutung. Denn das Haus war voll von spanischen Gastarbeitern, die in Gemeinschaftsräumen hausten und nach ihrer Arbeit in dem Haus den Lärmpegel entsprechend hoch hielten. Zudem mußte ich mir die Toilette mit Männern teilen, die an eine bei uns übliche Toilettennutzung einfach nicht gewohnt waren, sondern den Toilettenraum buchstäblich unter Urin setzten. Sie trieben mit mir auch Schabernak und ließen mir beispielsweise zweimal die Luft aus einem Reifen meines VW. Es war schlicht unerträglich, sodaß ich mich sofort wieder auf eine weitere Zimmersuche machen mußte, die dann erst für den Monat Juli mit einem erstmals einigermaßen tauglichen Zimmer in der Steubenstraße erfolgreich war. Nach dem aus finanziellen Gründen erzwungenen Prinzip der Aufgabe des Zimmers zum Ende der Vorlesungen fand ich dann für das Wintersemester ab November mein viertes Zimmer in Heidelberg-Eppelheim in einem privaten Neubau in der Karl-Benz-Straße in Sicht- und Hörweite der Autobahn.

Die unerträgliche Wohnsituation im Juni in Verbindung mit meiner aufgestauten Sehnsucht nach Erlebnissen führte dazu, daß ich möglichst erst morgens gegen fünf Uhr nach Hause zum Schlafen nach Hause zurückkehrte, weil dann die lärmenden Mitbewohner das Haus verließen. Viele der Nächte verbrachte ich in Kneipen, vor allem in der (auch heute noch existierenden) *Tangente* in der Kettengasse. Bei einer solchen Gelegenheit lernte ich Heike und mit ihr eine ganze Clique von Student|inn|en kennen, der ich mich für einige Zeit anschloß. Gerade weil deren Studentenleben in krassem Kontrast zu meinem bisherigen stand, war das für mich eine völlig neue und vorübergehend durchaus heilsame Erfahrung eines sich reflexartigen Treibenlassens. Wir verbrachten viele Abende und Nächte gemeinsam und fuhren am Wochenende in die nähere Umgebung. Auf einer solchen Fahrt in die Pfalz lief mir ein Feldhase so „geschickt" unters Auto, daß er von einem Schlag auf den Kopf sein Leben hingeben mußte, sonst aber unversehrt blieb. Also wurde er mitgenommen und zuhause bei Heike dann fein zubereitet. Heike war bereits eine Frau mit „Erfahrung" aus einer vorangegangenen Beziehung, sodaß ich von ihr auch auf sexuellem Gebiet lernen konnte. Sie brachte auch die für uns völlig neue Information in die Runde, daß es nun eine Antibabypille gäbe.[191]

Dieses wegen meines „Auflebens" für mich singuläre Heidelberger Sommersemester fand einen Höhepunkt mit dem traditionellen Heidelberger Schloßfest. Ich war vorher mit Heike nach Annecy gefahren. Dorthin hatte es meine Schwester einige Monate vorher samt der Firma verschlagen, in der sie in Basel gearbeitet hatte. Nun stand aber ihre Hochzeit mit Guntram bevor, sodaß sie dort gekündigt hatte. Wir packten alle ihre Sachen in meinen VW und fuhren zurück nach Heidelberg. Dort besuchten wir dann gemeinsam dieses rauschende Fest in den geschichtsträchtigen Gemächern bis zum frühen Morgen. Annelore verliebte sich dabei in einen sehr netten Studenten, den sie danach aber nie mehr wieder gesehen hatte. Anschließend fuhr sie mit Guntram — und dann nach Semesterschluß auch ich — zurück ins Elternhaus nach Nürnberg.

Dort stand am 31.8.1961 Annelores Hochzeit, standesamtlich in Nürnberg, kirchlich in Dinkelsbühl und die Hochzeitsfeier in Weißenburg bevor, von der schon im Abschnitt 3.3 die Rede war. Wichtiger für mich war das Wiedersehen mit Christiane, die mich kurz davor in Heidelberg noch besucht hatte, bei welcher Gelegenheit wir uns noch vorsichtig abgetastet hatten. Nun aber wuchs eine echte Verliebtheit und Liebe. Die sexuelle Vereinigung in meinem Hinterhauszimmer ergab sich dann irgendwann in natürlichster Weise.[192] Da die fünfeinhalb Jahre Jüngere noch zwei Jahre Schule bis zum Abitur vor sich hatte, ich aber an anderen Orten studierte und vor allem da die freie Liebe zu jener Zeit gesellschaftlich nur bedingt offen geduldet war, handelte es sich nach außen noch für geraume Zeit um eine eher freundschaftliche Verbindung. Immer gerne hielt ich mich

[191] Tatsächlich brachte die Schering AG das Verhütungsmittel Anovlar ab dem 1.6.1961 in Deutschland auf den Markt (https://de.wikipedia.org/wiki/Antibabypille, Zugriff 17.3.2016).

[192] Im TBI, S.146, sowie TBII, 68ff, gibt es Hinweise zu diesem Anfang.

in ihrer Familie auf und war dort ein wohl auch gern gesehener Gast. Ihr Vater, Ewald Mücke, war Stadtbaudirektor von Nürnberg und hat als solcher den Wiederaufbau dieser im Krieg arg zerstörten Stadt bis dahin maßgeblich mitgeprägt. Ihre Mutter Edith war ausgebildete Medizinerin, hatte ihren Beruf schweren Herzens jedoch zugunsten der Familie aufgegeben, zu der neben Christiane noch zwei sympathische jüngere Brüder (Mike und Tommy) gehörten.[193]

Nicht zuletzt vielleicht auch unter dem Aspekt einer sich entwickelnden Beziehung verlief das anschließende Wintersemester im Gegensatz zu dem vorangegangenen für mich deutlich weniger extravagant. Ich schloß mich auch in diesen Wintermonaten einer diesmal weit weniger umtriebigen Freundesgruppe an, zu der vor allem auch Anita aus Würzburg gehörte, mit der ich dann noch jahrelangen freundschaftlichen Kontakt pflegte.[194] Vor allem fand ich in der Staatlichen Hochschule für Musik und Darstellende Kunst Mannheim[195] auch einen sehr guten Geigenlehrer, Herrn Helmut Mendius, der mein Violinspiel weiter verbessern half. So fand ich zurück zu einem Leben voll von Reflexionen vor allem darüber, wie sich mein weiterer Weg gestalten sollte.

Es liegt in der Natur der jugendlichen Entwicklung, aber auch an den damals verfügbaren Kommunikationsmöglichkeiten, daß sich die Kontakte zu meinen Eltern im Laufe dieses Heidelberger Jahres während der Vorlesungszeit auf eine Reihe von Briefen beschränkten. Wie bereits im Abschnitt 3.3 geschildert, war der abwesende Sohn für meine 1961 unter einer schweren Depression leidende Mutter sicher eine zusätzliche Belastung. Wir alle hatten aber auch so gut wie überhaupt keine Ahnung von dem Krankheitsbild und -verlauf einer solchen Depression und schätzten ihr Gefährdungspotential daher auch nicht richtig ein. Bisweilen schien es ihr wieder besser zu gehen. Sie besuchte mich im November 1961 in Heidelberg. Es war erst ein glückliches Wiedersehen und Zusammensein von Mutter und Sohn. Vor dem Abreisetag saßen wir in einem der alten Gasthäuser von Heidelberg beim Abendessen zusammen, als sie mir — möglicherweise versehentlich — zu erkennen gab, daß sie tagsüber ohne mein Wissen bei meinem Chef, Herrn Bucka, vorgesprochen hatte. Ich wurde starr vor Unverständnis über diese eigenmächtige und daher nach meinem Empfinden unangemessene Einmischung in meinen Tätigkeitsbereich hinter meinem Rücken. Das dürfen Eltern einfach nicht tun, wovon ich nach einer vierfachen Elternrolle noch heute überzeugt bin. Es paßte zu dem auch sonst gelegentlich nicht sehr feinfühligen Verhalten meiner Mutter. Aber war sie in jenen Tagen gesund genug, um das

---

[193] Im FAWB3, S.38, findet sich ein Bild der beiden Eltern, aufgenommen im Sommer 1963 auf dem Balkon der Mückeschen Wohnung in Langwasser.

[194] TBIII, S.148.

[195] http://www.muho-mannheim.de/, Zugriff 18.3.2016.

überhaupt abschätzen zu können? In einem im AO Korrespondenz aufbewahrten Brief versuchte ich, Ihr meine Reaktion zu erklären. So kommen mir heute noch darüber die Tränen, daß ich meine Mutter wenige Wochen vor ihrem Tod so unerbittlich zurechtwies. Dazu ist in meinem Tagebuch ein Monate später verfaßter, tiefbedauernder Selbstvorwurf zu finden.[196]

Auch heute noch bin ich mir des zeitlichen Zusammenhangs dieser Verstimmung mit ihrem schätzungsweise drei Monate später erfolgten Suizid schmerzlich bewußt, auch wenn hier von Schuld im unmittelbaren Sinne nicht wirklich die Rede sein kann. Das Schuldempfinden von jedem der Hinterbliebenen ist jedoch nach einem Suizid bekanntlich besonders hoch. In der Tat ist es aus heutiger Sicht nicht auszuschließen, daß ein anderes Verhalten der Familienmitglieder das Leben meiner ansonsten durchaus gesunden Mutter noch Jahrzehnte hätte verlängern können. Dazu hätten wir damals aber mehr über die Krankheit „Depression" wissen müssen, um unser Verhalten entsprechend auszurichten. Mangelndes Wissen ist eine beliebte und sehr gängige menschliche Ausrede, um sich von Schuld frei zu sprechen. Es ist eine untaugliche und nicht entlastende Ausrede, wenn das erforderliche Wissen nicht allzu schwer erlangt werden kann und nur die menschliche Trägheit davon abhält. Entlastend kann ich, wie schon oben erwähnt, aus heutiger Sicht feststellen, daß dies in unserem Fall eindeutig nicht gegeben war: das erforderliche Wissen zu dieser komplexen Krankheit war damals einfach nirgends verfügbar (und ist auch heute noch vergleichsweise spärlich wenn auch wesentlich umfangreicher als damals vorhanden).

Der Verlust von Ehefrau und Mutter ist für unsere Familie sehr schmerzlich gewesen. In einer solchen Situation ist es hilfreich, das tägliche Leben weiterzuführen. Ich kehrte daher sofort nach der Beerdigung nach Heidelberg zurück, um das Semester dort abzuschließen (und war später im April nochmals dort, um meine Großpraktikumsarbeit fertigzustellen). In den anschließenden Semesterferien verbrachten meine damals schwangere Schwester, ihr Mann, Peter Lindner, und ich gemeinsam eine erhol- und heilsame Skiwoche in Wolkenstein im Grödnertal. Höhepunkt war zusammen mit Peter eine Besteigung auf Skiern und mit Fellen des 3152m hohen Piz Boè und die anschließende großartige Skiabfahrt.

Am letzten Tag des Aufenthalts, bei der letzten Skiabfahrt mit Peter und buchstäblich beim letzten Schwung im Tal nahm ich diesen so eng, daß die dadurch extrem angespannte

[196] *„Sie hatte ihn lieb, er war ihr Fleisch. So wollte Sie sein Schaffen miterleben, denn es war Ihr Schaffen. Miterleben heißt Mitwirken. Er aber dünkte sich groß, und hielt Sie nicht für fähig, mitzuwirken; er mußte um sein Schaffen bangen. So hieß er Sie aussteigen, Sie tat es, bitter weinend. Von da an hat er Sie nicht mehr lebend gesehen. Jetzt weine ich."* TBI, S.12f; dort auch ein weiterer Gedanke zur Selbsttötung. Die zitierte Phrase „hat er Sie nicht mehr lebend gesehen" beruht entweder auf einer Erinnerungslücke oder ist nicht wörtlich gemeint. Denn ich hatte sie ja Weihnachten 1961 im Krankenhaus noch besucht. Auf S.175f in TBI findet sich noch ein weiterer Eintrag zu meinem Schuldgefühl.

Sehne die Kappe meines rechten Fußknöchels absprengte: mein inzwischen bereits vierter Knochenbruch. Da ich den italienischen Ärzten vor Ort nicht vertrauen wollte, überredete ich Peter, noch am gleichen Abend sofort nach Nürnberg zurückzufahren. Da er schließlich zu müde für die lange Strecke wurde, übernahm ich auf halber Strecke trotz gebrochenem Knöchel das Steuer und setzte meinen linken Fuß nun für die dreifache Aufgabe Gas, Bremse und Kupplung ein. Mit einem Gehgips, den ich im Nürnberger Krankenhaus bekam, war der Bruch relativ bald wieder ausgestanden.

Studium in München

Wie schon weiter oben erwähnt, hatte ich mich zu diesem Zeitpunkt dazu entschlossen, für das restliche Hauptstudium nicht nur das Hauptfach sondern auch den Studienort zu wechseln. Die Münchener Mathematik genoß einen exzellenten Ruf und die heimliche Hauptstadt hatte es mir schon von mehreren bereits erwähnten vorangegangenen Besuchen her besonders angetan, sodaß ich schon im Sommer 1960 die Möglichkeit eines Studiums dort ernsthaft in Erwägung zog. In München bin ich dann bis auf einige Unterbrechungen ein Vierteljahrhundert geblieben.

Bei der Zimmersuche nach der Ankunft dort hatte ich mehr Glück als in Heidelberg. Denn unter den umrissenen Zimmerangeboten, die im Studentenwerk vorlagen, befand sich eines mit einer mangelhaften Adreßangabe, die daher von den Kommiliton|inn|en ignoriert worden und so für mich übrig geblieben war. Es gelang mir jedoch dank meiner Sorgfalt, die Adresse dieses wirklich schönen Zimmers im Dachgeschoß eines Reiheneckhauses in der Sulzbeckstr. 28 in Laim bei angenehmen Vermietern und mit Blick über eine große Baumschulenanlage ausfindig zu machen, wo ich dann mehr als zwei Jahre wohnen konnte, weil es die Finanzen inzwischen erlaubten, die Miete auch in den Semesterferien zu bestreiten. Insofern war für das Studium nunmehr eine gute Voraussetzung geschaffen worden.

Ich war inzwischen im achten Semester angelangt. Die Minimalstudiendauer betrug acht Semester. Nur wenige schafften es jedoch unter zehn Semestern. Bei mir kam nun noch ein Wechsel des Hauptstudienfaches hinzu. Gleichwohl genügten mir nun drei weitere Semester in München, also insgesamt zehn Semester plus Diplomarbeit, um das Studium erfolgreich zu beenden.

In diesen drei Semestern hörte ich noch zwei Vorlesungen in Theoretischer Physik bei Fritz Bopp (1909–1987).[197] Der Schwerpunkt lag mit sieben Vorlesungen nun aber auf der

[197] https://de.wikipedia.org/wiki/Fritz_Bopp, Zugriff 19.3.2016.

Mathematik, die von den folgenden Professoren gelesen wurden: Martin Kneser (1928–2004),[198] Erhard Heinz (*1924),[199] Georg Johann Rieger (*1931),[200] Max Koecher (1924–1990)[201] und Karl Stein (1913–2000).[202] All diese mathematischen Vorlesungen wie auch ihre Dozenten haben bei mir einen überzeugenden Eindruck hinterlassen, sodaß sich mein Hauptfach- und Studienortswechsel als richtig bewährte. Mit Fleiß arbeitete ich mich in die dargebotenen Gebiete ein und identifizierte mich voll und ganz mit der Klarheit mathematischer Stringenz. Vor allem überzeugte mich die unter dem Pseudonym Nicolas Bourbaki[203] betriebene axiomatische Methode in der Mathematik, die auf David Hilbert zurückgeht. Einige der Bourbaki-Bücher, wie beispielsweise das über Mengenlehre, habe ich genau studiert. Unter den Professoren waren es Koecher und vor allem Stein, denen ich einen besonders hohen Respekt zollte.

Stein war es, der mir den Fachwechsel genehmigte und bei dem ich gleich im ersten Münchener Semester auch das Hauptseminar mit dem von mir gewählten Vortragsthema *„Weierstrassscher Vorbereitungssatz"* besuchte. Stein hatte eine sehr menschliche Persönlichkeit und durchaus auch Humor. Gleichwohl stand seine natürliche Autorität im Vordergrund, sodaß ich mich noch gut an mein Lampenfieber bei diesem ersten akademischen Vortrag vor ihm und den Kommiliton|inn|en erinnere.[204] Im Anschluß an die im darauffolgenden Semester bei ihm gehörten Vorlesung über „Uniformisierungstheorie" wandte ich mich an ihn mit der Bitte um ein Diplomarbeitsthema. Er holte für die Besprechung seinen damals bereits promovierten Assistenten Otto Forster (*1937)[205] hinzu, der mich dann bei der Erstellung der Diplomarbeit auch hervorragend betreute. Meine Aufgabe war, den „Remmertschen Abbildungssatz" ausführlich und in allen Details zu beweisen.[206]

Es handelt sich bei diesem Satz um eine recht grundlegende Aussage über die holomorphe Abbildung zwischen allgemeinen komplexen Räumen mehrerer unabhängiger Veränderlicher, zu der es bereits zwei Beweise in der Literatur gab. Solche Beweise in der Literatur sind aber in der Regel für Spezialisten geschrieben, von denen viele Details intuitiv erfaßt und daher vom Autor nicht im Einzelnen ausgeführt werden. Um sicher zu gehen, daß dabei keine Beweislücken übersehen wurden, stellt man einem Diploman-

[198] https://de.wikipedia.org/wiki/Martin_Kneser, Zugriff 19.3.2016.
[199] https://de.wikipedia.org/wiki/Erhard_Heinz, Zugriff 19.3.2016.
[200] https://de.wikipedia.org/wiki/Georg_Johann_Rieger, Zugriff 19.3.2016.
[201] https://de.wikipedia.org/wiki/Max_Koecher, Zugriff 19.3.2016.
[202] https://de.wikipedia.org/wiki/Karl_Stein_(Mathematiker), Zugriff 19.3.2016.
[203] https://de.wikipedia.org/wiki/Nicolas_Bourbaki, Zugriff 21.3.2016.
[204] Das Thema „Lampenfieber" hat entsprechend auch ausführliche Erörterungen erfahren, so in TBI, S.73ff,77,97ff, TBII, S.126, TBIII, S.1ff,72.
[205] https://de.wikipedia.org/wiki/Otto_Forster, Zugriff 19.3.2016.
[206] In TBI, S.68, findet sich mein damaliges Verständnis der Aufgabe.

den die Aufgabe, einen in allen Details vollständigen Beweis mit allen dabei verwendeten Theoremen und Lemmata zu erbringen. Sie erwies sich in diesem Fall als eine durchaus höchst anspruchsvolle Aufgabe. Allein der resultierende Kernbeweis umfaßte schließlich 18 Seiten. Darin wurde eine Reihe von Resultaten verwendet, die in der Arbeit vorweg ebenfalls genau bewiesen werden mußten, sodaß die gesamte Beweislänge noch wesentlich größer war. Insgesamt umfaßte die resultierende Diplomarbeit[207] für eine mathematische Diplomarbeit durchaus stattliche 59 Seiten, ausschließlich um das grundlegende Resultat lückenlos darzustellen und zu beweisen, wobei für den Beweis einer Reihe von allgemeineren und gesicherten Theoremen und Lemmata auf die Literatur verwiesen werden konnte. Ich hatte hierbei zum ersten Mal gelernt, eine zig Seiten lange Beweiskette im Kopf zu erarbeiten, eine Aufgabe, die meinen Fähigkeiten offenbar durchaus gelegen war.

Für die dazu erforderlichen umfangreichen Literaturrecherchen nutzte ich vor allem den schön gelegenen und immer ruhigen Lesesaal des Deutschen Museums, in dem ich unzählige Stunden und Tage mit erfüllender geistiger Arbeit verbrachte. Wenn es an einer der vielen Klippen in der Arbeit nicht vorangehen wollte, hatte Herr Forster immer eine Idee zu deren Überwindung. Ich bewunderte ihn nicht nur wegen seiner großen mathematischen Fähigkeiten sondern auch um seiner asketischen Natur willen, die ihn zu großen Reisen mit dem Fahrrad beispielsweise über die Alpen weit in den Süden befähigte.

Nach dem erfolgreichen Abschluß der Diplomarbeit, die leider nicht einmal wie heute üblich eine Danksagung enthält, bereitete ich mich wieder sorgfältig auf die drei Diplomprüfungen vor: Reine Mathematik (Stein), Angewandte Mathematik (Heinz) und Quantenmechanik bei Arnulf Schlüter (1922–2011).[208] Warum mein Prüfer in Physik nicht der oben genannte Bopp sondern Schlüter geworden ist, bei dem ich überhaupt keine Vorlesungen belegt hatte, erschließt sich aus einer Sentenz in meinen Aufzeichnungen[209] und beruht schlicht auf einer Sympathiepräferenz. Das Gesamtergebnis war auch diesmal wieder „gut“ (und wurde diesmal sogar ohne eine Beruhigungstablette erreicht). Wie es in meiner beruflichen Entwicklung danach weiterging, wird der nächste Teilabschnitt darlegen. Meine Zeit in München bis dahin bestand jedoch keineswegs nur aus dem Studium, sodaß es vorher daraus noch Einiges zu berichten gibt.

Aufgrund des geigerischen Anstoßes, den ich in Mannheim von Herrn Mendius erfahren hatte, suchte ich in München sofort auch wieder einen musikalischen Anschluß. Das

[207] Der Abbildungssatz von Reinhold Remmert, Diplomarbeit, Ludwig-Maximilians-Universität München, 59 Seiten, 1963. Nr. 0 E134 in meiner Schriftensammlung.

[208] https://de.wikipedia.org/wiki/Arnulf_Schlüter, Zugriff 22.3.2016.

[209] *„...Diese Lippen, dieser Mund von Haag oder Bopp, überhaupt diese fast rudimentäre Art zu sprechen. Da ist kein Leben, da ist kein Fleisch, da ist kein Blut, hölzern, knöchern, vertrocknet. Ich mag das nicht.“* TBII, S.23.

Studentenwerk der Universität unterhielt damals das 1961 gegründete Studentische Orchester unter der Leitung von Klaus Lindemann.[210] Lindemann war ein hervorragender Pianist, ein außerordentlich engagierter Orchesterleiter und eine motivierende Persönlichkeit. Nach Abschluß seines Dirigierstudiums erhielt er auch zu jener Zeit noch Unterricht an der Hochschule für Musik bei Prof. Rosl Schmid,[211] von der er uns so manches erzählte wie beispielsweise ihre persönlichen Erlebnissen mit Wilhelm Furtwängler. Das Orchester bestand 1963 nur aus 16 Streichern, sodaß es auf jeden einzelnen von ihnen wesentlich ankam. Um die Klangqualität zu steigern, führte Herr Lindemann neben den Orchesterproben zusätzlich intensivste Stimmproben durch. Diesem Orchester gehörte ich meist am zweiten Pult der ersten Geige ab 1962 drei Jahre lang an. In dieser Zeit gaben wir drei Konzerte im Zentrum von München jeweils im Februar zum Ende des Wintersemesters und mit anspruchsvollen Programmen.[212] Zumindest vom Konzert 1964 berichtete sogar die Süddeutsche Zeitung.[213] Die Solisten spielten allesamt auf einem beachtlich hohen Niveau. Beispielsweise gehörte Jörg Eggebrecht wenig später den Münchner Philharmonikern an. Klaus Mynter spielte schon damals als erster Geiger bei den Münchner Philharmonikern. Bei ihm nahm ich aufgrund von Lindemanns Empfehlung ab 1963 regelmäßigen Geigenunterricht.[214] Mynter war ein exzellenter Geiger, half mir bei der Überwindung meiner geigerischen Schwächen und achtete auf die kleinsten Details bei der Interpretation großer Werke.[215] Zusätzlich ergaben sich erste kammermusikalische Zusammenkünfte in einem Quartett, das aus Dieter Paul (Violine), Dieter Pfau (Bratsche), Eberhard Unsöld (Cello)[216] und mir bestand und im Haus von Dieter Pfau musizierte.[217] So blieb die

[210] Lindemann wurde später Musikredakteur im Westdeutschen Rundfunk unter Fernsehdirektor Werner Höfer und dessen Leiter der Musikabteilung, Manfred Gräter (http://www.zeit.de/1989/38/elitaer-eben, Zugriff 21.3.2016).

[211] http://www.deutsche-biographie.de/sfz113536.html, Zugriff 22.3.2016.

[212] 15.2.1963, Saal der Lenbachgalerie: Chr. W. Gluck, Sinfonie G-dur; Carl Ph.E. Bach, Flötenkonzert D-moll Wq.22, Carl Rudolf Vidal Flöte; Joseph Haydn, Violinkonzert C-dur H7a Nr.1, Klaus Mynter Violine. FAWB3, S.39,56.

27.2.1964, Sophiensaal: Joseph Haydn, Violincellokonzert D-dur op.101, Jörg Eggebrecht Violoncello; W.A. Mozart, Symphonie A-dur, KV201; W.A. Mozart, Klavierkonzert Nr.12 A-dur KV414, Maria Seidel-Wüsthof Klavier.

25.2.1965, Sophiensaal: Franz Schubert, Symphonie No.5 B-dur; W.A. Mozart, Violinkonzert D-dur KV201, Dieter Paul Violine; Joseph Haydn, Symphonie No.45 fis-moll (Abschiedssymphonie).

[213] *„Hier tritt der Studiosus als Musikus auf"*, Süddeutsche Zeitung Nr.50, S.16, 27.2.1964.

[214] Vorher machte ich einen Unterrichtsversuch bei Jakob Trapp, einem der Gründer des Richard-Strauss-Konservatoriums, den ich aber aus guten Gründen sofort wieder aufgab, von denen im TBI, S.8ff, die Rede ist.

[215] Beispielsweise ließ er mich wochenlang an der Gavotte en Rondeau aus der Partita III in E-dur, BWV1006, von J.S. Bach feilen.

[216] http://prabook.org/web/person-view.html?profileId=134241, Zugriff 22.3.2016.

[217] FAWB4, S.20.

Musik für mich weiterhin ein wichtiges „Nebenfach", in das ich neben dem Studium viel Zeit (auch für Reflexionen darüber)[218] investierte.

Als dritten Schwerpunkt setzte ich meine sich weiter verstärkenden Reflexionen fort, die von Lektüren, Erlebnissen oder grundlegenderen menschlichen Fragestellungen geprägt waren. Konkret setzte ich ab 1962 die Notierung von Gedanken in Textform zu unterschiedlichsten Themen nun systematischer in einer Art Reflexionsbuch fort.[219] Der Effekt dieser selbstbestimmten Überlegungen auf meine Entwicklung kann gar nicht hoch genug eingeschätzt werden. Gelegentlich besuchte ich zur weiteren Anregung solcher Gedanken beispielsweise die musikwissenschaftlichen Vorlesungen von Thrasybulos Georgiades,[220] die für lange Zeit in München einen legendären Ruf genossen.

In dieser Kombination von Studium, Musik und themenfokussiertem Nachdenken und Aufschreiben gediehen die beiden letzten Jahre meines Studiums in München zu einer besonders prägenden Zeit, in der sich die individuelle Struktur meiner Persönlichkeit anzudeuten begann. In großen Aufgabenstellungen wie der Diplomarbeit, der Diplomprüfung oder der Vorbereitung auf ein Konzert, ja auch im Durcharbeiten großer Romane wie denen von Musil, Broch etc. und einer Fülle weiterer Literatur (wie zB. von Max Bense, Simone de Beauvoir, Eugen Herrigel, Johan Huizinga, Karl Jaspers, Søren Kierkegaard, Friedrich Nietzsche, José Ortega y Gasset, Wolfgang Pauli, Rainer Maria Rilke, Paul Valéry uvam.) samt einer Fülle schriftlicher Notizen dazu erlernte ich den unschätzbaren Nutzen der sorgfältigen Erarbeitung der umfangreichen Lösung einer komplexeren Aufgabenstellung und vor allem die absolute Überlegenheit der Reflexion vor dem unkontrollierten Reflex. Zwar ist beispielsweise jedes Konzert für einen daran beteiligten Musiker letztlich dann auch ein reflexhaftes Agieren; diese Reflexe sind aber durch langes Training vorbereitet, also aufgeladen mit vorangegangenen Reflexionen, kurz *reflexionsgeladen* im Sinne des in der Einleitung zu diesem Buch eingeführten Begriffs.

Um dieses wachsende geistige Zentrum herum rankte sich mein sonstiges Leben. Immer wieder besuchte ich meinen Vater im Elternhaus; gelegentlich kam auch er nach München. Er durchlebte eine besonders schwierige Zeit, die ich im Abschnitt 3.4 bereits skizziert habe und die, wie dort erwähnt, 1964 zum ersten Herzinfarkt führte. Gelegentliche weitere Besuche führten mich zur Familie meiner Schwester, zu meiner Tante Karola, die ein

[218]Beispielsweise TBI, S.65f.

[219]Die Themen erstrecken sich von meinen Studienfächern Mathematik und Physik samt deren Rolle (zB. TBI, S.4,14,24f,67 usw.) über die Rollen von Mann und Frau (ua. S.14-19) samt damit zusammenhängenden praktischen Aspekten wie Ganztagsschulen (S.14) bis hin zu unterschiedlichsten Fragen des Lebens, der Kunst und Wissenschaft (S.2,3,4 usw.).

[220]https://de.wikipedia.org/wiki/Thrasybulos_Georgiades, Zugriff 23.3.2016. Die Anregungen von Georgiades haben sich auch in meinen Notizen niedergeschlagen, beispielsweise in Bezug auf das Thema „Interpretation", TBI, S.11.

bißchen die Rolle der Ersatzmutter übernahm, aber auch immer noch zu Bauers nach Bayreuth oder zu meinen Verwandten in Georgensgmünd und vor allem natürlich so oft wie möglich zu intimen und gesellschaftlichen Zusammenkünften mit Christiane.[221] 1962 spielte ich im Rahmen eines solchen Besuchs in Nürnberg sogar zur Orgel die Geige auf der Hochzeit in der Mögeldorfer Kirche von Hedwig, der langjährigen Freundin von Annelore.

In München führte ich neben meinen studentischen und musikalischen Kontakten gesellschaftlich eher ein zurückgezogenes Leben. Besuche von Konzerten und Opern, für die es immer billige Studentenkarten gab, waren aber regelmäßig auf meinem Programm. Beispielsweise erinnere ich mich noch an eines der allerletzten Konzerte mit dem großen Hans Knappertsbusch,[222] bei dem er (mutmaßlich zusammen mit den Münchner Philharmonikern) ua. eine große Bruckner-Symphonie im Herkulessaal der Residenz dirigierte. Ich hatte im überfüllten Saal einen Stehplatz auf der Empore und war dort wie festgenagelt und gebannt von der unglaublichen Suggestion, die dieser Magier aus dem Orchester zu holen in der Lage war.

Weiter oben hatte ich schon von der sich seit 1961 entwickelnden Beziehung mit Christiane berichtet. Sie war der Grund dafür, daß sich Kontakte zu Frauen in den darauffolgenden Jahren in engsten Grenzen hielten. Eine der Ausnahmen war Maria Obergrußberger, die am Beginn meiner Münchener Zeit in meiner Nachbarschaft wohnte und der ich dann eines Tages beim Spazierengehen begegnete. Sie hatte entsagungsvolle Jahre in einer Klosterschule hinter sich und war hungrig nach sexueller Liebe, sodaß sie mich nach einigen Treffen dazu brachte, ihr erster Liebhaber zu werden. Es geschah im nahegelegenen Wald, weil unsere Vermieter peinlich auf dem Unterbleiben von Besuchern des anderen Geschlechts bestanden. Damals gab es ja noch ein Gesetz, das Vermieter durch solche Besuche in die Gefahr der Anklage wegen Kuppelei bringen konnte. Auch wenn wir beide uns Jahre später 1966 noch einmal intim begegneten, war mir — und wohl auch ihr — klar, daß wir nicht wirklich zueinander paßten.

Auch ist es vorgekommen, daß ich mich doch einmal zu einer Tanzveranstaltung aufraffte. So beispielsweise im Fasching 1963, als ich zu einem der großen und beliebten Bälle im Bayerischen Hof ging, einfach um wieder einmal unter Leute zu kommen. Dort lernte ich ein hübsches und liebenswertes Mädchen kennen, mit der ich dann bis nach Mitternacht den Ball gemeinsam erlebte.[223] Gebunden durch Christiane wie ich mich fühlte, verabschiedete ich mich dann zu ihrem Verdruß noch lange vor dem Ende des Balles auf Nimmerwiedersehen von ihr. Sie hatte sich den Ausklang der Nacht offensichtlich ganz

[221] FAWB3, S.55.
[222] https://de.wikipedia.org/wiki/Hans_Knappertsbusch, Zugriff 23.3.2016.
[223] FAWB3, S.55.

anders vorgestellt. Ich aber wollte tagsdarauf weiter arbeiten und ließ mir diese Gelegenheit ohne Bedauern entgehen. In erotischen Erfahrungen war ich ja noch immer ein vergleichsweise unbeschriebenes Blatt.

Innerhalb Münchens bewegte ich mich in jenen Jahren überwiegend mit dem Fahrrad, was mir einmal nicht allzu gut bekommen ist. Denn ich fuhr auf meiner Standardstrecke auf der Arnulfstraße stadtauswärts, reihte mich zum Abbiegen in Richtung Donnersbergerbrücke auf die Linksabbiegerspur ein. Auf der Höhe der Straßenecke, also noch vor der Kreuzungsfläche donnerte ein PKW von hinten auf mein Fahrrad. Durch den enormen Impuls schleuderten das Fahrrad mit mir mehr als 10m weit über die Kreuzung hinweg. Vom Skifahren her hatte mein Körper gelernt geschickt zu fallen. Gleichwohl knallte der Kopf schließlich auf das harte Pflaster und begann heftig zu bluten. Der von Passanten herbeigerufene Krankenwagen fuhr mich ins Krankenhaus der Barmherzigen Brüder am Romanplatz, wo die Kopfplatzwunde genäht und eine Gehirnerschütterung diagnostiziert wurde. Insgesamt hatte ich dabei aber unglaubliches Glück, da bei einem etwas anderen Aufprall auf dem Pflaster die Folgen ganz andere hätten sein können. Da ich mich ordnungsgemäß auf der Abbiegerspur befunden hatte, der Autofahrer dagegen gerade aus fahren wollte, sich also auf der falschen Spur befand und überdies grundlos von hinten auffuhr, lag die Schuld eindeutig bei ihm, was unmittelbar nach dem Unfall von dem kreidebleichen Autofahrer auch sofort zugegeben wurde. Bei der (wegen Personenschadens erforderlichen) Gerichtsverhandlung wollte er sich dann aber an sein damaliges Eingeständnis nicht mehr erinnern, wie es Menschen eben leider tun. Eine kleine finanzielle Entschädigung wurde mir aber dennoch zugesprochen.

Ansonsten fuhr ich ja immer noch — und noch lange danach — meinen VW, der mir nur einmal im kältesten Winter 1962/63 der letzten 50 Jahre bei morgens minus 30°C den Dienst versagte, weil das Getriebeöl in der Kälte so zäh geworden war, daß die Batterie nicht mehr die nötige Kraft aufbringen konnte, den Motor anzuschmeißen. Mit dem Wagen war ich beweglich genug, um zum Ausspannen kurze Ausflüge oder auch Reisen zu unternehmen. Im Sommer fuhr ich beispielsweise einige Male ins wunderschöne Studentenbad am Starnberger See. Zunehmend war mir aber die dort stark vertretene Klientel von Studenten zuwider, die ihre Zeit überwiegend mit oberflächlichem Geplänkel recht ziellos verbrachten. Bemerkenswerter ist vielleicht eine Tagestour ins Reintal bei Garmisch im Sommer 1963, bei deren Rückfahrt ich ausnahmsweise einen Anhalter mit nach München nahm. Er erwies sich als ein Schüler des Philosophieprofessors Reinhard Lauth, sodaß sich auf dieser Fahrt ein nachhaltiges Gespräch entwickelte.[224]

[224]TBI, S.70ff.

Im Winter fuhr ich wiederholt auch zum Skilaufen in die nahen Berge, beispielsweise nach Garmisch, wie etwa am 27.1.1963. Schon im Tal wurde für das an diesem Tag vom Ski-Club Garmisch ausgerichtete „Gamsrennen“ auf der alten Olympiastrecke von 1936 geworben, bei dem jedermann eingeladen war mitzufahren. Kurzentschlossen meldete ich mich bei der Rennleitung dazu an, erhielt eine Nummer zum Umbinden. Angekommen am Start auf dem Kreuzeck wurde ich sofort zur Abfahrt eingewiesen und los ging es, untrainiert, uneingefahren und auch sonst völlig unvorbereitet, vor allem zum ersten Mal auf der ausgesteckten Abfahrtsstrecke. Mit eisernem Willen zum Durchhalten, vorbei an einem verunglückten Vorläufer, erreichte ich in einer für mich erstaunlich guten Zeit von 6.17.8 (also 6min und 17,8s) aufrecht das Ziel, wie eine überreichte Urkunde samt Anstecknadel *„blaue Gams“* noch heute bestätigen. Allein eine direkte Abfahrt von über sechs Minuten meist in Schußfahrt überhaupt durchzustehen, empfand ich unter den gegebenen Umständen schon als eine beachtliche Leistung. Nun war ich also nach meiner im Abschnitt 2.5.2 beschriebenen „Karriere“ als Seifenkistenrennfahrer auch noch zum „Skirennfahrer“ avanciert.

Von größeren Reisen in den Jahren vor der Diplomprüfung habe ich weiter oben eine nach Berlin im Herbst 1962 bereits kurz erwähnt. Sie führte mich dorthin über die Lüneburger Heide. In Berlin wollte ich neben Silvia auch Gerd besuchen, konnte ihn aber nicht antreffen.[225] Von Berlin ging es weiter nach Hamburg und dann an den Timmendorfer Strand an der Ostsee. Mein früheres Reisefieber hatte sich in diesen Jahren aber etwas gelegt. Denn darüber hinaus ging es im Sommer 1963 nur noch auf eine kürzere Reise, die aber durch meine Begleiterin zu einer unvergeßlichen werden sollte. Denn erstmals durfte Christiane mit mir allein verreisen. Nach all den vorangegangenen, eher flüchtigen sexuellen Erlebnissen verbrachten wir erstmals tief berührende gemeinsame Nächte miteinander, die meine Erotik erst richtig zum Leben erweckten.

Herr Mücke wurde 1964 vom Münchener OB Vogel bei einem persönlichen Treffen an einer Autobahnraststätte an der A9 zwischen Nürnberg und München dazu überredet, im gleichen Jahr von Nürnberg nach München als Stadtbaudirektor und Leiter des (heute so genannten) Referats für Stadtplanung und Bauordnung zu wechseln. Unter seiner Leitung wurde beispielsweise Neuperlach geplant und ab 1967 gebaut, nachdem er schon in Nürnberg den neu entstandenen Stadtteil Langwasser maßgeblich mit gestaltet hatte (und in den er mit seiner Familie auch noch gezogen war).[226] Familie Mücke übersiedelte daher nach München in die Bauerwagnerstr. 8 und Christiane begann an der dortigen

[225] Sein Brief vom 21.10.1962 in meiner Sammlung privater Korrespondenz erklärt seine Abwesenheit.
[226] FAWB3, S.38.
Charakterisierungen von Herrn Mücke finden sich in TBI, S.127 und TBII, S.1f,104f.

Universität ihr Medizinstudium. All diese günstigen Umstände haben unsere Beziehung verständlicherweise sehr vertieft.

3.5.4 Promotionszeit

Von Ende Februar 1964 an durfte ich mich künftighin als Diplom-Mathematiker ausgeben. Leider war es mir nicht so leicht gegeben, nun fröhlich meines damit vorgezeichneten Weges einfach weiterzugehen. Die Vorstellungen meiner beruflichen Zukunft waren nach wie vor nicht eindeutig geklärt, wenn auch alles andere als inhaltlich ziellos.[227] Mein Ziel war ein tieferes Verständnis der mich umgebenden Welt. Gleichwohl wußte ich nur zu gut um die Notwendigkeit eines Berufes zum Bestreiten des Lebensunterhalts. Viel zu lange schon hatte ich unter der finanziellen Abhängigkeit von meinem Vater gelitten. Wie ließen sich solche schwer miteinander zu vereinbarenden Vorstellungen in einem vernünftigen nächsten Schritt unter einen Hut bringen?

Weil diese Aufgabe wahrhaftig nicht leicht zu lösen war, verschaffte ich mir erst einmal ein wenig Zeit zur sorgfältigen Überlegung und Auslotung unterschiedlichster Möglichkeiten. Dazu übernahm ich nach einigen Nachtschichten als Aufsichtsperson am Großrechner des Max-Planck-Instituts (MPI) für Physik und Astrophysik für ein kleines Zubrot schließlich am Mathematischen Institut für die Zeit 1.5.–31.10.1964 eine einfache Tätigkeit als Hilfskraft, während der ich den Nachlaß des kurz vorher verstorbenen Professors am Institut Heinrich Tietze ordnete und archivierte.[228] Dieser Auftrag war ein Entgegenkommen meines Betreuers, Prof. Stein, der mir bei einer entsprechenden Bitte sicher auch ein Promotionsthema gegeben hätte.

Eine Promotion in Mathematik bei Stein mit einem Thema zur Funktionentheorie mehrerer komplexer Veränderlicher wäre also eine mögliche Option gewesen. Um sie nicht von vorneherein auszuschließen, nahm ich im Sommersemester am Oberseminar von Stein teil. Aber was hätte mir das in Verfolgung meines Zieles eines tieferen Verständnisses der Welt gebracht? In meinen privaten Aufzeichnungen ebenso wie in einem Brief zum bevorstehenden 64ten Geburtstag meines Vaters habe ich meine damaligen Überlegungen skizziert, die ich über Monate dazu anstellte.[229] Nachdem ich mir die logische Grundlage mit dem

[227] Unter dem Titel „Mensch – Beruf“ findet sich eine ausführliche Analyse meiner Perspektiven im AO Reflexionen, R.1.2, S.25-42.

[228] TBII, S.59f. https://de.wikipedia.org/wiki/Heinrich_Tietze, Zugriff 10.4.2016.

[229] TBI, S.191f sowie Brief an Vater zum 23.6.1964, AO Korrespondenz.
Der Brief ist in mehrfacher Hinsicht bemerkenswert. Zum einen läßt er bereits die Thematik „Reflexion vs. Reflex“ dieses Buches anklingen. Zum anderen finden sich darin beachtliche Aussagen wie etwa: *„Je reicher an Unordnung das Leben in der Jugend ist, umso tiefgreifender kann man das Leben im Alter ordnen.“*

Eindringen in die Mathematik verschafft hatte, so argumentierte ich, sei jetzt wieder die Zeit gekommen, diese Grundlage praxisnäher einzusetzen. „Praxisnäher" bezog sich dabei allerdings ausschließlich auf eine wissenschaftliche Praxis. Mit meiner umfassenden physikalischen Vorbildung war es daher für mich unter dieser Zielsetzung naheliegend, eine solche Anwendung der Mathematik in der Theoretischen Physik zu versuchen. Damit war auch eine zwischenzeitlich erwogene Option einer Promotion in der Philosophie bei Prof. Stegmüller ausgeschieden.[230]

Durch meine musikalischen Kontakte zu Carl Rudolf Vidal wurde mein Interesse am bereits genannten MPI geweckt. Dessen Direktor war damals Werner Heisenberg (1901–1976),[231] einer der Begründer der Quantenmechanik und zu jener Zeit der bekannteste deutsche Physiker überhaupt. Ich versuchte also, dort Fuß fassen zu können. In der zweiten Führungsebene wirkten damals als Wissenschaftliche Mitglieder Schüler von Heisenberg wie Hans-Peter Dürr (1929–2014),[232] der die theoretische Abteilung des Instituts leitete, Peter Mittelstaedt (1929–2014)[233] und mindestens zwei weitere angesehene Wissenschaftler. In einem Gespräch mit Mittelstaedt bot mir dieser an, mich in einer Promotion zu betreuen und mir ein Promotionsstipendium des MPI zu vermitteln. Er war Autor des Buches *„Philosophische Probleme der modernen Physik"*, was meinen philosophischen Neigungen sehr entgegenkam. Die gesamte sich damit eröffnende Perspektive erschien mir als ideal für meinen nächsten Schritt, sodaß ich sein Angebot gerne annahm, mich am MPI an die Arbeit machte und ab 1.10.1964 ein von Heisenberg persönlich bewilligtes Promotionsstipendium von 450,- DM/Monat erhielt.

Als Promotionsthema schlug Mittelstaedt ein Thema vor, das meiner fundierten Mathematikbildung sehr entgegenkam, nämlich eine Lösung für das sogenannte „Umkehrproblem in der Streutheorie" zu erarbeiten. Wenn ein Teilchen auf das Potenzialfeld eines anderen stieß, so wurde es von diesem in seiner Flugbahn genauso abgelenkt, wie eine Billardkugel beim Zusammenstoß mit einer anderen. Hat man die physikalischen Daten über beide Teilchen, so läßt sich die Ablenkung aus diesen Daten berechnen. Beim Umkehrproblem möchte man aus den Daten des eintreffenden Teilchens und seiner Ablenkung umgekehrt auf die Daten des ablenkenden Teilchens, vor allem auf sein Potenzialfeld, schließen. Das ist ein sehr grundsätzliches physikalisches und dabei klar definitiertes mathematisches Problem, an dessen Lösung ich dann eineinhalb Jahre lang eifrig knobelte.

[230] AO Reflexionen R.1.2, S.41.
[231] https://de.wikipedia.org/wiki/Werner_Heisenberg, Zugriff 3.4.2016.
[232] https://de.wikipedia.org/wiki/Hans-Peter_Dürr, Zugriff 3.4.2016.
[233] https://de.wikipedia.org/wiki/Peter_Mittelstaedt, Zugriff 3.4.2016.

Mein Bemühen erwies sich leider als völlig vergeblich. Denn im Dezember 1965 überraschte mich mein Zimmerkollege, Manfred Ristig,[234] mit der schockierenden Mitteilung, daß er zufällig eine von zwei Amerikanern erbrachte vollständige Lösung des Umkehrproblems in einer französischen Zeitschrift gefunden habe, die dort schon Jahre vorher veröffentlicht worden war. Niemand im Umkreis von Heisenberg hatte bislang davon Kenntnis erhalten, jedenfalls nicht Mittelstaedt. Damit stand ich nach eineinhalb Jahren des Bemühens wieder völlig am Anfang. Auch für meinen Betreuer Mittelstaedt war das eine für einen Wissenschaftler ziemlich beschädigende Blamage. Er wollte mir daher auch sehr rasch mit einer entsprechenden Ersatzthemenstellung aus der Patsche helfen. Bei meiner dann getroffenen Entscheidung spielten Umstände eine wichtige Rolle, ohne deren Kenntnis diese Entscheidung völlig unverständlich wäre, die ich daher vorweg nun beschreiben möchte.

Die ersten Monate am MPI bestätigten die Richtigkeit meiner Wahl zugunsten dieser Institution. Bei in jeder Hinsicht exzellenten Arbeitsbedingungen konnte ich an einer anregenden wissenschaftlichen Atmosphäre unmittelbar teilhaben und mich täglich grundsätzlich mit allen dort tätigen Wissenschaftlern austauschen. Auch von den regelmäßig veranstalteten Kolloquien ergaben sich zusätzlich fruchtbare Anregungen. Sie führten zu Begegnungen mit herausragenden Physikern wie beispielsweise mit Carl Friedrich von Weizsäcker (1912–2007), der mit Heisenberg gut befreundet war. Herr Mittelstaedt ließ auch mich in einer solchen internen Veranstaltung vor einem hochkarätigen Publikum über „Das Begründungsproblem der Geometrie“ einen Vortrag halten, der damit als mein erster öffentlich angekündigter Vortrag an einer wissenschaftlichen Institution fungiert. Auch menschlich war die Atmosphäre optimal, sodaß ich sowohl zu den Mittelstaedts als auch zu den Heisenbergs sogar privat in deren Wohnungen eingeladen wurde. Das sich bei dieser Gelegenheit beispielsweise ergebende persönliche Gespräch mit Heisenberg hatte mich besonders tief beeindruckt.[235] Ihm begegnete ich gelegentlich auch auf seinem Fußweg ins Institut.

Fachlich herrschte am MPI eine eher ungewöhnliche Atmosphäre, die mir in meiner damaligen Entwicklungsphase jedoch sehr entgegenkam. Denn die Physik spielte irgendwie nicht die Hauptrolle. Von Weizsäcker sprach mehr über Philosophie und Friedenspolitik. Mein von Mittelstaedt angeregtes Vortragsthema befaßte sich beispielsweise ua. mit dem Operationalismus eines etwas merkwürdigen Wissenschaftlers wie Hugo Dingler (1881–1954).[236] Zu dieser Thematik lud Mittelstaedt etwa im Dezember 1964 dann auch den

[234]Herr Ristig (27.1.1935–16.1.2011) wurde später Physikprofessor an der Universität zu Köln.
[235]TBIII, S.108.
[236]https://de.wikipedia.org/wiki/Hugo_Dingler, Zugriff 5.4.2016.

Erlanger Philosophen Paul Lorenzen (1915–1994)[237] zum Kolloquiumsvortrag über dessen Protophysik ein. Am Ende seines Vortrags entwickelte sich eine heftige Diskussion, in der vor allem Schlüter in scharfem Widerspruch zu Lorenzen die Position eines klassischen Physikers vertrat. Die Diskussion wurde dann jedoch plötzlich und unerbittlich von Frau Lorenzen jäh abgebrochen, weil sie nach eigenem Bekunden um die Gesundheit ihres verehrten und ihrer Meinung nach in dieser Diskussion unfair behandelten Mannes bangte. Mittelstaedt selbst arbeitete an seiner Quantenlogik. Auch bei Dürr war seine später erfolgte Hinwendung zu gesellschaftspolitischen Fragestellungen bereits erkennbar. Heisenberg, der in jenem Alter wohl selbst mehr philosophierte als harte Physik zu betreiben, hielt sich in Bezug auf die fachliche Führung des Instituts völlig im Hintergrund. Die daraus entstandene, von mir jedenfalls wahrgenommene Stimmung läßt sich am besten vielleicht mit einer Art von „Götterdämmerung" charakterisieren.[238]

Am Ende des letzten Unterabschnitts wurde bereits erwähnt, daß meine Freundin Christiane 1964 nach München gezogen war. Wir waren ein glücklich verliebtes Paar.[239] Infolge meiner durch das Stipendium deutlich verbesserten finanziellen Situation hatte ich mir eine möblierte 2-Zimmerwohnung (mit Kochplatte neben der Toilettenschüssel) in der Penzberger Straße bei Frau Winkelmeier gemietet. Kurz, meine gesamte Situation hätte in jeder Hinsicht nicht besser sein können. Da schockierte mich völlig unvorbereitet Herr Mittelstaedt mit der Nachricht, daß er zum 1.9.1965 an der Kölner Universität eine Professur angenommen hatte. Gleichzeitig bot er mir dort eine volle Assistenstelle an, was finanziell ein Mehrfaches des bisherigen Stipendiums bedeutete. In Anbetracht der fortgeschrittenen Arbeit an der Dissertation, konnte ich dieses Angebot praktisch nicht ausschlagen.

So zog ich zum 1.9.1965 nach Köln und dort zunächst in Ermangelung einer besseren Lösung in eine möblierte Wohnung, in der jedes der Zimmer an je einen Bewohner vermietet war. Erst zum 1.11.1965 fand ich zum Mietpreis von DM 180,- ein unmöbliertes Apartment in der Trajanstr. 35 unweit unseres Instituts am Ubierring 53. Mein Vater half bei der Möblierung.[240] Nun aber war ich eine 6-stündige Autofahrt von meiner geliebten Christiane entfernt und fühlte mich in Köln trotz netter Kollegen und Mitbewohner ziemlich verlassen. Wie es in einer solchen Situation gehen muß, verliebte sich einige Monate später Christiane in einen Studienkollegen. Die Eifersucht drohte mich völlig aus der Bahn

[237] https://de.wikipedia.org/wiki/Paul_Lorenzen, Zugriff 5.4.2016. Zum Vortrag vgl. TBII, S.129.

[238] Die Überlegungen vom Mai 1965 in TBIII, S.79ff, reflektieren diese Stimmung sehr klar. Wenn man bedenkt, wie viele Physiker in den Jahrzehnten danach in die Informatik „emigriert" sind, kann man diese damaligen Überlegungen zweifelsohne als sehr weitsichtig einschätzen.

[239] Vgl. TBI, S.107.

[240] AO Korrespondenz, Briefe Okt.65 an Vater.

zu werfen. Und genau in diese ohnehin verzweifelte Lage hinein platzte die oben bereits berichtete Nachricht meines Zimmerkollegen von der längst erfolgten Veröffentlichung der Lösung meiner Dissertationsaufgabe, die damit als solche völlig hinfällig geworden war. Der Respekt vor Herrn Mittelstaedt, der durch inzwischen gewonnene weitere Einsichten in seine Persönlichkeit und seine wissenschaftliche Kompetenz schon vorher etwas beschädigt war,[241] sank auf den tiefsten Wert. So traf ich eine extrem waghalsige, ja fast unvernünftige Entscheidung: ich kündigte wenige Monate nach Amtsantritt mit Schreiben vom 3.3.1966 meine Assistentenstelle und das Beamtenverhältnis auf Widerruf in Köln zum 30.4.1966. Von einer aussichtsreichen Position stürzte ich jäh in das vielleicht tiefste Loch meines Lebens.

Noch während meiner Dienstzeit in Köln begab ich mich in München auf eine verzweifelte Suche nach möglichen Alternativen. Da ich dort ein halbes Jahr vorher zwangsweise alle Zelte hatte abbrechen müssen und die Beziehung zu Christiane angesichts ihres neuen Liebhabers kaum mehr zu retten war, empfand ich in dieser zunächst aussichtslosen Situation in dieser großen Stadt eine extreme Vereinsamung. Zu jener Zeit verhandelte Georg Süßmann,[242] damals noch in Frankfurt, bereits mit der LMU (Ludwigs-Maximilians Universität) wegen einer Professur in München, was mir durch meinen Freund Werner Hüller zu Ohren gekommen war. Er schlug mir bereitwillig ein neues Dissertationsthema vor, das mich inhaltlich aber überhaupt nicht reizte. Offenbar konnte ich selbst in dieser Notsituation meinen Prinzipien durchaus treu bleiben. Da ich andererseits im Alter von 27 Jahren meinem Vater nicht erneut auf der Tasche liegen wollte, ergriff ich die nächstbeste Gelegenheit eines Angebots in der Industrie, nämlich bei den Junkers Flugzeug- und Motorenwerke AG (JFM), und unterschrieb dort einen Anstellungsvertrag.

Weil mir aber klar war, daß es sich dabei nur um eine Notlösung handeln konnte, schlich ich einmal doch auch wieder in der Schellingstraße vor dem Mathematischen und Physikalischen Institut umher und traf dort wie durch eine glückliche Fügung zufällig Gerd Fischer,[243] einen alten Schulkameraden aus der Parallelklasse, der zudem in Nürnberg nicht weit von uns gewohnt hatte und nun in München bereits auf dem Wege zur Habilitation in Mathematik war. In diesem freundschaftlichen Gespräch machte er mich darauf aufmerksam, daß der neu berufene Professor Schütte[244] im Mathematischen Institut in Kürze seine Arbeit aufnehmen und noch Mitarbeiter suchen würde. Unverzüglich versuchte ich bei diesem also mein Glück, das mir nach dem schon mehrfach erlebten Muster *„Erschwer-*

---

[241] TBIII, S.67ff,98f,130, sowie AO Reflexionen, R.1.2, S.109ff.
[242] https://de.wikipedia.org/wiki/Georg_Süßmann, Zugriff 6.4.2016.
[243] https://de.wikipedia.org/wiki/Gerd_Fischer_(Mathematiker), Zugriff 6.4.2016.
[244] https://de.wikipedia.org/wiki/Kurt_Schütte, Zugriff 6.4.2016.

nis mit glücklichem Ausgang" auch diesmal hold war: er bot mir zum 1.5.1966 die Stelle (einer wissenschaftlichen Hilfskraft mit den Bezügen eines Verwalters einer Wissenschaftlichen Assistentenstelle mit den Anfangsbezügen) eines Wissenschaftlichen Assistenten samt Promotion an. Ich hatte also wieder eine im Effekt gleichwertige Stelle wie in Köln, nun aber in meiner präferierten Stadt und bei einem international höchst angesehenen Wissenschaftler gefunden, dessen Fachgebiet Logik meinen Neigungen besser nicht hätte entgegenkommen können. Schütte hatte mich aus diesem tiefen Loch gerettet, wofür (und für vieles danach) ich ihm bis heute zutiefst dankbar bin. Beiläufig handelte es sich bei diesem erneuten Beschäftigungsverhältnis bereits um mein sechstes unter den bis hierher beschriebenen.

Den Arbeitsvertrag mit den Junkers Flugzeug- und Motorenwerke AG konnte ich noch vor Arbeitsbeginn im gegenseitigen Einvernehmen auflösen. Ich suchte mir in München eine neue Bleibe und fand ein schönes teilmöbliertes Apartment im Haus Trainsjochstr. 2 der Familie Grünler. Das war nun bereits die fünfzehnte Wohnung meines Lebens bis zu diesem Zeitpunkt. In Köln brach ich alle meine Zelte spurlos ab. Herrn Mittelstaedt hatte ich erst im Jahre 2005 anläßlich des XX. Kongresses für Philosophie in einer zufälligen und freundlichen Begegnung noch ein einziges Mal vor seinem Tod gesehen.

Die Arbeit am mit Schütte neu besetzten Lehrstuhl begann für alle seine Erstmitglieder im Mai 1966. Die Gruppe bestand neben Schütte aus dem bereits promovierten Justus Diller, Klaus Vitzthum und mir sowie der Sekretärin Frau Ernst. Die Institutsräume befanden sich direkt neben dem Mathematikgebäude in einer früheren Wohnung im ersten Stock der Schellingstraße 10. Innerhalb der Gruppe entwickelte sich eine sehr freundschaftliche, aber auch arbeitsorientierte Atmosphäre. Schütte hielt sorgfältigst vorbereitete Vorlesungen über Mathematische Logik und Beweistheorie. Bei ihm konnte ich die Präzision exakten Beweisens noch intensiver als je zuvor erfahren und mich darin weiter üben. Vor allem aber erlernte ich nun Logik erstmals richtig und aus allererster Quelle und fühlte mich bei deren generellen Fragestellungen sofort wie zuhause.[245] Meine Arbeit bestand in der Betreuung der Übungen, die die Vorlesungen begleiteten. Vor allem aber schlug mir Schütte die folgende interessante Thematik für eine Dissertation vor.

[245] *„Durch das Studium der Logik lernt man auch richtiger denken, denn indem wir das Denken des Denkens denken, verschafft sich der Geist damit sein Kraft."* Dieses Zitat stammt aus den Propädeutischen Schriften von Georg Wilhelm Friedrich Hegel. Dieser Einschätzung des Rektors des Egidiengymnasiums Nürnberg (https://de.wikipedia.org/wiki/Georg_Wilhelm_Friedrich_Hegel, Zugriff 25.9.2016), einer Vorgängerschule am Platze des von mir besuchten Realgymnasiums, stimme ich bis zum heutigen Tag voll zu und halte es für einen grundlegenden Fehler in unserem Bildungskanon, daß die Logik als Gegenstand im Gegensatz zu früheren Jahrhunderten explizit heute nicht mehr vorhanden ist.

Mit der Entdeckung von Widersprüchen in der Mathematik entstand eine Situation, die man als die Grundlagenkrise der Mathematik zu bezeichnen pflegt. Zu deren Überwindung schlug David Hilbert ein Programm vor, nach dem die Widerspruchsfreiheit mit rein konstruktiven und finiten Mitteln nachgewiesen werden sollte. Gödel zeigte um 1930, daß dieses Programm in dieser strikten Form grundsätzlich undurchführbar ist. Deshalb verfolgte man dieses Programm im Gebiet der Beweistheorie von da an in einer modifizierten Form, die auch nicht-finite Beweismethoden, jedoch in einer so eingeschränkten Weise wie irgend möglich erlaubte.

Ein solcher Widerspruchsfreiheitsbeweis für eine Theorie T erfordert zunächst die Formalisierung von T innerhalb eines formalen Systems der Logik, beispielsweise der Prädikatenlogik. Ein solches Logiksystem besteht aus einer formalen Sprache sowie darin formulierten einfachsten Formen logischer Schlüsse. Der formal komplizierteste unter diesen ist der jedermann bekannte Schluß, in der Logik *modus ponens* genannt, der mit dem folgenden Beispiel illustriert werden kann: *„Alle Menschen sind sterblich. Der Autor dieses Buches ist ein Mensch. Also ist dieser Autor auch sterblich."* Im Ergebnis dieses Schlusses, dh. in der Konklusion bzw. im dritten dieser drei Sätze, tritt die Eigenschaft des Menschseins aus den beiden Sätzen in der Voraussetzung, dh. den Prämissen, nicht mehr auf; sie wurde quasi herausge*schnitt*en. Die formale Form dieser Schlußregel bezeichnet man in der Logik daher auch als „Schnitt". Man konnte nun mit finiten Methoden zeigen, daß eine Theorie genau dann widerspruchsfrei ist, wenn man solche Schnitte überhaupt nicht benötigt, diese also ohne Beeinträchtigung des Umfangs der Theorie aus dem formalen Logiksystem „eliminierbar" sind. Diese Einsicht verschaffte der Problemstellung der „Schnittelimination" daher eine zentrale Rolle in der Beweistheorie und in der Grundlegung der gesamten Mathematik (und im Gefolge aller mathematisierten Wissenschaften).

Es zeigte sich nun, daß sich im Falle von einfachen Theorien die Schnittelimination, also auch die Widerspruchsfreiheit, tatsächlich mit finiten Methoden beweisen läßt. Bei komplizierteren Theorien wie beispielsweise der Theorie der natürlichen Zahlen (1,2,3, ...) benötigt man dagegen zu den rein finiten Beweismethoden zusätzlich eine sogenannte transfinite Induktion bis zu einer sogenannten Ordinalzahl. Ordinalzahlen sind mathematische Konstrukte, die sich in einer möglichen Sichtweise aus der Vorstellung ergeben, man könne beliebig lange und zwar im Limes bis ins Unendliche — bezeichnet mit ω — zählen, dann darüber hinaus sogar noch weiterzählen und diesen Zählprozeß beliebig weit fortsetzen. Methoden heißen finit, wenn sie über ω nicht hinausgehen, andernfalls transfinit.

Für den Nachweis der Widerspruchsfreiheit der Zahlentheorie benötigt man also eine transfinite Induktion und zwar bis zu einer Ordinalzahl, die man mit ϵ_0 bezeichnet. In diesem Sinne stellt die Ordinalzahl ϵ_0 eine Art von Komplexitätsmaß für die Zahlentheorie dar. Die Zahlentheorie läßt sich auch in der Typenlogik, auch Prädikatenlogik höherer Stufe genannt, syntaktisch durch eine entsprechende Einschränkung ihres Kalküls charakterisieren, wodurch sich das Komplexitätsmaß auf dieses so eingeschränkte Fragment der Typenlogik unmittelbar überträgt. Andere Theorien haben andere Komplexitätsmaße dieser Art. Nun haben Fefermann und Schütte unabhängig voneinander bewiesen, daß sogenannte prädikative Theorien ein Komplexitätsmaß haben, das durch die sogenannte Feferman-Schüttesche Ordinalzahl (von Fefermann mit Γ_0, von Schütte mit κ_0 bezeichnet) als der kleinsten nicht-prädikativ beweisbaren Ordinalzahl gegeben ist.[246] Aus all dem schwebte Schütte für meine Dissertation vor, syntaktisch ein Fragment der Typenlogik zu bestimmen, dessen Komplexitätsmaß genau κ_0 ist, eine für Logiker zweifelsohne sehr interessante Fragestellung.

Um sie anzugehen, mußte ich mich in eine mir bis dahin völlig unbekannte wissenschaftliche Literatur über Ordinalzahlen und deren Bezeichnungssysteme, über Schnittelimination und generell über formale Systeme der Logik einarbeiten. Glücklicherweise konnte ich mich dabei neben den Arbeiten von Schütte weitestgehend auf diejenigen des japanischen, in Amerika lehrenden Logikers Gaisi Takeuti[247] konzentrieren.[248] Infolge dieser relativ engen Fokussierung gelang es mir dann auch, innerhalb von zwei Jahren im Frühjahr 1968 eine fertige Dissertation mit dem Titel *Schnittelimination in einem Teilsystem der einfachen Typenlogik* vorzulegen. In ihr konnte ich die Ergebnisse von Takeuti zur Schnittelimination in mehrfacher Hinsicht verbessern. Eine auf den Ergebnissen der Dissertation basierende Publikation erschien 1969.[249]

Leider enthielt die Dissertation jedoch nicht eine Antwort auf die von Schütte ursprünglich angestrebte Fragestellung der Bestimmung eines ganz spezifischen, oben beschriebenen Fragments der Typenlogik. Dies mag ihn an meiner Arbeit etwas enttäuscht haben, die er dann nur mit *cum laude* (oder *gut*) bewertete. Auch wenn ich in den Fächern

[246] https://math.stanford.edu/ feferman/papers/predicativity.pdf, Zugriff 16.4.2016, enthält eine umfassende Darstellung zum Begriff der Prädikativität. Darin sind auch die Referenzen Fefermann (1964) und Schütte (1965, 1965a) zu dem hier genannten Ergebnis angegeben.

[247] https://de.wikipedia.org/wiki/Takeuti_Gaisi, Zugriff 16.4.2016.

[248] Takeuti lernte ich in 1966 in Hannover anläßlich eines Internationalen Kolloquiums persönlich kennen. Im Anschluß daran besuchte er unsere Gruppe. Zu seinen Ehren lud ich ihn und die Kollegen in mein Apartment ein. Der abgesehen von dem fachlichen Austausch tiefste verbliebene Eindruck von seinem Besuch war seine Begeisterung für das servierte Bier und die dabei erwiesene Trinkfestigkeit, die für einen Japaner eher ungewöhnlich ist.

[249] Archiv für Mathematische Logik und Grundlagenforschung 12, 159–178, 1969.

Mathematik, Physik und Philosophie im Rigorosum vom 24.7.1968 jeweils ein „sehr gut" erzielte, führte das zu dem Gesamturteil *cum laude* in meiner Promotion, worüber ich ein wenig enttäuscht war (zurecht, wie ich als Bewerter von Dutzenden von Dissertationen auch heute noch empfinde). Andererseits hielt sich der durch meine Arbeit erzielte Fortschritt der Wissenschaft — ebenso wie bei den allermeisten Dissertationen — faktisch in sehr engen Grenzen. Wie die für die Meisterprüfung von Handwerkern angefertigten Stücke taugte sie eher für die Vitrine als Ausstellungsstück, das den Stolz des damit jeweils Avancierten widerspiegelte.

Wie das soeben angesprochene Rigorosum andeutet, verlangte die Promotionsordnung der LMU nicht nur eine Prüfung in meinem Hauptfach Mathematik sondern auch in zwei zusätzlichen Nebenfächern. Die Prüfung in Mathematik nahm natürlich Schütte ab und verlief bestens. Den Prüfer in Physik kann ich heute nur als den früher genannten Herrn Süßmann vermuten. Die Prüfung in Philosophie bei dem von mir sehr verehrten Wolfgang Stegmüller (1923–1991)[250] habe ich dagegen noch in bester Erinnerung. Sie bestand aus einer Diskussion in gegenseitigem Respekt, in deren Verlauf er mir vornehmlich Fragen über unsere beweistheoretische Arbeit stellte, um deren Beantwortung es ihm aus echtem wissenschaftlichen Interesse gelegen war. Im Verlauf meiner Zeit bei Schütte hatte ich mindestens zwei Vorlesungen bei Stegmüller über Themen wie die Philosophie von Ludwig Wittgenstein sowie Wissenschaftstheorie mit einer besonderen Betonung auf das Werk von Carl Hempel gehört. Damit hatte ich mich schon vor meiner Hinwendung zur Intellektik bzw. Künstlichen Intelligenz (KI) mit einer damit eng verwandten Thematik ganz gezielt vertraut gemacht.

Nach Aushändigung meiner Promotionsurkunde vom 18.9.1968 durfte ich mich also fortan zusätzlich mit dem Titel „doctor rerum naturalium" (Dr.rer.nat.) schmücken. Die insgesamt vierjährige Promotionszeit kann man angesichts des Scheiterns nach den ersten beiden Jahren durchaus wieder unter das schon mehrfach genannte Muster *„Erschwernis mit glücklichem Ausgang"* einordnen. Mehr als je zuvor waren diese vier Jahre Promotionszeit neben der intensiven Promotionsarbeit geprägt von einer Fülle von Fragestellungen, mit denen ich mich über die gesamte Zeit hinweg sehr ernsthaft auseinandersetzte. Die Beschreibung meiner Promotionszeit wäre daher äußerst mangelhaft, ginge ich nicht auch auf diese anderen Beschäftigungen ein, was nun erfolgen soll. Grob könnte man diese Beschäftigungen in die Kategorien „Reflexionen", „Musik" und „Leben" einteilen, die ich in dieser Reihenfolge nun behandeln möchte.

[250]https://de.wikipedia.org/wiki/Wolfgang_Stegmüller, Zugriff 17.4.2016.

Nebenbeschäftigungen

Bereits im vorangegangenen Abschnitt 3.5.3 habe ich erwähnt, daß ich 1962 damit begonnen hatte, meine Überlegungen bzw. Reflexionen zu allen möglichen täglichen Beobachtungen oder begegnenden Fragestellungen, nicht zuletzt solchen, die aus der Lektüre unzähliger Bücher entstanden, schriftlich zu notieren. Ich sprach dort vom „dritten Schwerpunkt“ meiner intellektuellen Tätigkeiten, der in der Promotionszeit nun zum zweiten Schwerpunkt avanciert war. Um ein Gefühl für den Umfang dieses Schwerpunkts zu vermitteln, erwähne ich, daß sich innerhalb eines halben Jahrzehnts ab 1962 schon mehr als 1.000 Seiten mit meinen Aufzeichnungen gefüllt haben. Ich bin bis heute zutiefst von dem hohen persönlichen Wert dieser Niederschriften für die Entwicklung und Festigung meines Weltbildes überzeugt. Zwar gehen einem auch ohne Niederschrift viele Gedanken durch den Kopf; aber erst die genauere Formulierung erzwingt eine Präzisierung und führt zu einer tieferen Einprägung ins Gedächtnis. In dieser Überzeugung habe ich mir solche Niederschriften bis heute zur Gewohnheit gemacht. Diese gesammelten Texte dienen mir zudem auch zur Prüfung der Zuverlässigkeit meiner Erinnerungen an längst vergangene Zeiten, weshalb ich Aussagen in diesem Buch oft auch mit Verweisen auf einschlägige Einträge belege.

Vor allem die Zeit in den Monaten nach dem Diplomabschluß und dann die eineinhalb Jahre am MPI und in Köln verschafften mir den erwünschten Freiraum für meine eigene Entwicklung, die ganz entscheidend in jenen Jahren 1964/65 in vielfältiger Weise geprägt wurde. Meine niedergeschriebenen Reflexionen über unterschiedlichste Themen gewannen mit der Zeit zunehmend an Reife, die auch aus heutiger Sicht erkennbar und in meiner eigenen Einschätzung durchaus bemerkenswert ist. Einen der dabei entstandenen Texte wagte ich damals sogar — wenn schließlich auch ohne Erfolg — an DIE ZEIT zur Veröffentlichung einzureichen.[251] Vor allem verschaffte ich mir Klarheit über meine angestrebte eigene Rolle in der Gesellschaft[252] sowie über die Voraussetzungen dafür. Zu den letzteren gehörte nach meiner gewonnenen Überzeugung beispielsweise ein vernünftiger Umgang mit dem eigenen Körper. Ich begann dazu täglich bis zu einer Stunde Yoga zu betreiben, studierte und betrieb autogenes Training,[253] erlernte mit einschlägigen Lehrwerken verschiedene Schwimmarten in einer systematischen Weise ebenso wie das Reiten

---

[251]Plädoyer für eine Wissenschaftsplanung, 24.1.1965, AO Reflexionen, R.1.2, S.99-105, bzw. Schriftensammlung 1.2 E2.1.

[252]ZB. S.109,113f in TBI.

[253]J. H. Schultz: Das autogene Training (konzentrative Selbstentspannung). Versuch einer klinisch-praktischen Darstellung. Thieme, Leipzig, 1932. AO Reflexionen, R1.2, S.21-24. Vgl. TBI, S.108.

und betrieb eine Sprechschulung nach einem bis heute verwendeten Standardwerk.[254] All diese Aktivitäten haben meist auch schriftliche Niederschläge hinterlassen.

Im Rückblick erkenne ich in diesen frühen Aufzeichnungen aber zusätzlich etwas meineserachtens sehr Bemerkenswertes. Denn es sind darin bereits grobe Rudimente einer künftigen wissenschaftlichen Disziplin skizziert, mit der ich mich später voll identifiziert und die ich seit den achtziger Jahren mit *Intellektik* bezeichnet habe. Beispielsweise spreche ich darin von einer „subjektiven Wissenschaft, die auf der heutigen Wissenschaft aufbaut", von einer „[S]uche nach einer neuen Art zu denken" und setze mich mit Begriffen der Psychologie auseinander, um nur drei thematische Beispiele daraus anzuführen.[255] Der hier zitierte Begriff „subjektiv" soll dabei den Umfang des Studienobjekts, also auch Subjekte mit Empfindungen, Moral, Denkfähigkeit etc. kennzeichnen und nicht das methodische Vorgehen, das von den logisch-mathematisch-naturwissenschaftlichen Wissenschaften übernommen wird. Intellektik umfaßte für mich daher von Anfang an auch psychologische, soziologische, ja auch künstlerische Fragestellungen, deren Erforschung jedoch mit den logisch-mathematisch-naturwissenschaftlichen Methoden angegangen werden sollte.[256]

Ich entwickelte also über jene Jahre hin eine immer genauere Vorstellung von meinen ganz persönlichen wissenschaftlichen Zielsetzungen. Zugleich mußte ich dadurch immer deutlicher erkennen, daß es keine bestehende wissenschaftliche Disziplin gab, in der diese Zielsetzungen in einer mir vorschwebenden Weise verfolgt wurden. Da ich mir andererseits der Notwendigkeit einer beruflichen Existenz innerhalb der bestehenden Strukturen völlig bewußt war, blieb mir gar nichts anderes übrig, als mich durch diese strukturellen Gegebenheiten so durchzuschlängeln, daß ich meinen eigentlichen Zielen ohne allzu große Umwege zumindest immer näher kam. In dieser Interpretation erweisen sich meine Studienwechsel — von Physik nach Mathematik nach Physik nach Logik (und schließlich nach Informatik) — als von den Gegebenheiten erzwungene Umwege in der zielstrebigen Verfolgung eines inhaltlich sehr geradlinigen Weges hin zu einem ferneren Ziel. Wer unsere gesellschaftlichen Strukturen kennt, weiß, daß es sich dabei um einen sehr steinigen Weg handeln mußte, zu dessen Verfolgung wahrhaft Mut gehörte, der gleichwohl immer und in jeder Hinsicht großen Lohn verspricht.[257]

---

[254] Fritz Reusch, Julius Hey, Der kleine Hey: Die Kunst des Sprechens. Schott, Mainz, 2003. AO Reflexionen, R1.2, S.3-20.

[255] TBIII, S.42,48,56,51ff.

[256] „*Die vernünftige, logische Überlegung hat sich mir im täglichen Leben ebenso wie im Studium so sehr als heilsam, förderlich, nützlich für unser aller Leben erwiesen, daß ich sie in allen Fällen, auf die sie anwendbar sind, unbedingt respektiere.*" TBIII, S.16f, aufgezeichnet etwa Anfang 1965, also noch lange bevor ich schließlich zur Logik wechselte. Vgl. auch TBI, S.3.

[257] TBIII, S.101, TBII, S.158f.

Unter diesen Gesichtspunkten gehörten meine Reflexionen genauso zu meinen disziplinären Studien wie meine Arbeiten in Physik, Mathematik und Logik. Im Unterschied zu diesen betrafen sie jedoch nicht nur abstrakte Fragestellungen, sondern auch vielfältigste Aspekte meines gesamten eigenen Lebensraumes, der aus der wissenschaftlichen Arbeit im Studium, meinen eigenen Reflexionen, den Beschäftigungen mit der Musik und aus dem ganzen übrigen Leben in der mich umgebenden Umwelt bestand. Ich denke, daß es mir auf diese Weise gelang, das zu vermeiden, was Ingeborg Bachmann als „schizoide Spaltung bei Wissenschaftlern" diagnostizierte.[258]

Auch den im vorangegangenen Abschnitt 3.5.3 beschriebenen Schwerpunkt auf Musik als mein seit der Kindheit betriebenes „Nebenfach" setzte ich in der Promotionszeit unvermindert fort. Im Sommer 1964 nahm ich an der Internationalen Sommerakademie des Mozarteums in Salzburg teil, die bis zum heutigen Tag durchgeführt wird. In deren 3-wöchigem Rahmen erhielt ich intensivsten Geigenunterricht von dem international bekannten französischen Geiger Jean Fournier, dem jüngeren Bruder des weltberühmten Cellisten Pierre Fournier. Mit ihm studierte ich in dieser Zeit das 1. Violinkonzert in g-Moll, op. 26, von Max Bruch ein, eine wahrhaft große Herausforderung für einen Amateurgeiger.

Diesen Salzburger Aufenthalt erlebte ich buchstäblich in einer anderen Welt. Wie alle Akademieteilnehmer wohnte ich im Schloß Fronburg.[259] Dieses war von morgens bis abends mit einem „Knäuel von Melodien wie aus einem Vogelkäfig" erfüllt. Im Zimmer nebenan übte ein exzellenter Cellist. Aus offenen Fenstern hörte man Sänger|innen mit Tonleitern ihre Stimme trainieren. Die Passagen durchdringender Blasinstrumente wie der Oboe erfüllten den Schloßpark auch durch geschlossene Fenster. Als Akademieteilnehmer durfte man für ein geringes Entgeld an allen Aufführungen der Salzburger Festspiele und kostenlos an deren Generalproben teilnehmen, eine Gelegenheit, die ich weidlich genutzt habe. Auch das Leben unter lauter Musikern und vor allem auch Musikerinnen umrahmt von der herrlichen Salzburger Kulisse im Sommer haben bleibende Erinnerungen in mir hinterlassen.[260]

Da diese Erfahrung meine Ansprüche steigerten, wagte ich danach den Wechsel von meinem Geigenlehrer Mynter zu dessen Lehrer Georg Rétyi-Gazda, einem der damaligen Konzertmeister des Symphonieorchesters des Bayerischen Rundfunks. Rétyi war nicht nur ein begnadeter Geiger, sondern er verstand auch intellektuell, wie man dorthin kommen

[258]TBIII, S.107f.
[259]https://de.wikipedia.org/wiki/Schloss_Fronburg, Zugriff 19.4.2016.
[260]TBII, S.2-13.

könnte.[261] Auch war er ein wunderbarer Mensch, den ich sehr verehrte. Eine Geigenstunde bei ihm dauerte nicht wie üblich 45 oder 60 Minuten, sondern so lange wie es ihm als sinnvoll erschien, jedenfalls immer mehrere Stunden. Ich habe von solchen „Stunden" bei ihm relativ zu den früheren wöchentlichen Stunden nicht allzu viele bekommen, auch weil eine solche erinnerte 60DM kostete. In den über einige Jahre bei ihm genossenen Stunden konnte ich aber tiefer in die Kunst des Geigens eindringen als je zuvor. Neben Mozart-Violin-Konzerten studierte ich mit ihm ua. einige der Bachschen Solo-Sonaten und Partiten ein, vor allem die großartige Partita Nr.3 E-dur, BWV 1006.

Mein größtes Geigeridol jedoch verkörperte der weltberühmte Henryk Szeryng.[262] Ihn konnte ich in jener Zeit in einem Konzert in Konstanz hautnah von der allerersten Zuschauerreihe aus erleben. Später hatte ich Gelegenheit, einen eintägigen Kurs bei ihm zu besuchen. Er war dabei aber so sehr von den weiblichen Teilnehmerinnen eingenommen, daß mein persönlicher Kontakt zu ihm nur spärlich blieb und sich auf eine kurze Diskussion über Vor- und Nachteile der Verwendung von Schulterstützen beschränkte.

Ab 1966 bekam ich von Schüttes deren Klavier für mein Apartment geliehen. Von da an kam zu mir in einiger Regelmäßigkeit ein Kommilitone und sehr guter Pianist, Wolfgang Leyendecker, um mit mir viele Violinsonaten von Mozart, Beethoven etc. einzustudieren.

Wie bereits in den Jahren davor nutzte ich weiterhin ausgiebigst das überreiche Kulturangebot in München. Während der jährlich stattfindenden Münchener Opernfestspiele durfte ich großartige Opernaufführungen unter Stardirigenten wie Karl Böhm oder Herbert von Karajan und viele Konzerte erleben. Gelegentlich genoß ich auch Jazz Abende, beispielsweise im Domicile in Schwabing. Ich wohnte um 1968 auch einem der ersten, wenn nicht *dem* ersten Auftritt von Konstantin Wecker in Schwabing bei, war aber von seinen am Klavier selbst begleiteten Liedern wegen der von mir empfundenen Effekthascherei nicht so begeistert wie vor allem die meisten der im Lokal anwesenden Damen.

Nach diesen Erzählungen zu meinen musikalischen Aktivitäten nun zu meinem sonstigen Leben in der Promotionszeit. So hielt ich selbstverständlich weiterhin regelmäßigen Kontakt zu meinem Vater. Am Ende des Abschnitts 3.4 habe ich von dem Glück eines verständnisvollen Vaters gesprochen. Er überließ es vollkommen meinem eigenen Gutdünken, den für mich richtigen Weg zu finden[263] und finanzierte meine Ausbildung bis ins Jahr 1964. Selbst die für ihn sicher schwer verständliche Entscheidung, meine Assisten-

[261] TBIII, S.83. Rétyi bewohnte in der Zeit meiner Stunden bei ihm drei Wohnungen, die erste in Nymphenburg (Johann-von-Werth-Straße 4/III), die zweite in Trudering und die dritte in Kaufbeuren, von wo er nach meiner Zeit dann auch bald wieder wegzog.

[262] https://de.wikipedia.org/wiki/Henryk_Szeryng, Zugriff 19.4.2016. TBI, S.130.

[263] TBIII, S.20ff.

tenstelle in Köln 1966 aufzukündigen, trug er ohne erschwerende elterliche Kommentare voll mit. Auf diesen Erfahrungen gründet meine tiefempfundene Dankbarkeit gegenüber meinen beiden Eltern gleichermaßen, denen ich aus diesem Grunde dieses Buch gerne und von Herzen gewidmet habe.

Mit diesen Bemerkungen möchte ich die Rolle meiner Eltern natürlich nicht verklären. So manches hätte sich ihr Sohn gerne anders gewünscht. Beispielsweise war mein Vater bei seiner finanziellen Unterstützung meines Studiums ohne Not nicht allzu freigebig.[264] Nach Mutters Tod gelang es ihm nicht mehr, seine persönliche Lebensbahn in einer seinem Alter und seiner Lebenserfahrung gemäßen Weise zu steuern. Wie im Abschnitt 3.4 berichtet, erlitt er zwei Jahre nach diesem Schlag seinen ersten Herzinfarkt, erschwerte sich dennoch sein Leben danach durch eine zweite Heirat,[265] die ihm ersichtlich überhaupt nicht förderlich war. Vor dieser Hochzeit überschrieb er den elterlichen Grundbesitz an seine beiden Kinder. Leider blieb bei dieser Überschreibung die Rolle eines großväterlichen Vermächtnisses an uns Kinder unerwähnt und damit ungeklärt. Dies erforderte nach seinem Tode 1967 juristische Analysen und entsprechenden Beistand. Der Anwalt seiner zweiten Frau Martha vertrat dabei die konträre Ansicht zu der des Anwalts der Kinder. Da die Vermächtnisse im Grundbuch gesichert, bei der Überschreibung aber nicht erwähnt worden waren, konnte man juristisch mit Fug und Recht wohl beliebige, also auch konträre Ansichten vertreten. Ich wollte es unter diesen Umständen nicht auf einen Prozeß ankommen lassen, bei dem auch ein Richter mutmaßlich gewürfelt hätte, und überredete meine Schwester, auf den Anspruch schlicht und einfach zu verzichten. Nicht nur in dieser Hinsicht verhielt sich Martha, für die diese zweijährige Ehe im Hinblick auf ihre Lebenssicherung in jedem Fall ein großer Gewinn war und der ein analoges Entgegenkommen mit dem Ergebnis eines Kompromisses auf halbem Wege daher nicht schlecht angestanden hätte, nicht allzu freundlich, um es diplomatisch auszudrücken. Beispielsweise ließ sie auch viele meiner im Speicher des Elternhauses lagernden Unterlagen ohne mich zu kontaktieren einfach entsorgen, von persönlichen Gegenständen meiner Eltern ganz zu schweigen, die den auswärts wohnenden Kindern einfach vorenthalten wurden. Ich für meinen Teil habe aus diesen Erfahrungen die entsprechende Konsequenz gezogen und nach diesen unerfreulichen Vorkommnissen keinerlei Kontakte mehr zu Martha unterhalten. Es ist mir auch gelungen, sie aus dem Grab meiner beiden Eltern fernzuhalten. Letztlich hatte all diesen Schlamassel mir mein Vater eingebrockt. Aber leider ist unser aller Lebensweg von Fehlern mehr oder weniger nur so gepflastert.

[264] TBI, S.146f.
[265] TBI, S.176f.

Er hatte leider auch versäumt, vor seinem Tode eine Aufteilung des Immobilien-Erbes unter uns beiden Kindern festzulegen, obwohl er sich mündlich immer dahingehend geäußert hatte, daß das von ihm 1927 erworbene Elternhaus ein “Bibel-Haus” bleiben sollte. Anders als mit Martha gelang es Annelore und mir jedoch, hier eine gute und einvernehmliche Lösung in seinem Sinne zu finden, sodaß jeder von uns ein Haus erbte und die Wertdifferenz mit einem Betrag von 45.000 DM ausgeglichen wurde.[266] Insgesamt ergab sich infolge all dieser Schwierigkeiten nach dem Tod meines Vaters 1967 für mich die zusätzliche nicht unerhebliche Arbeitslast der verantwortlichen Abwicklung von Nachlaß und Erbe, da meine Schwester in solchen Dingen keine große Hilfe war (um es milde zu formulieren).

Dank der großen Lebensleistungen meiner Eltern und Großeltern war ich seit 1967 nun Besitzer eines stattlichen Dreifamilienhauses mit hundertjähriger Geschichte in einer der bis heute begehrten Wohngegenden in Nürnberg und damit Vermieter von zwei und — nach dem von Martha lange verzögerten Umzug in das ihr noch mithilfe meines Vaters beschaffte Haus — ab 1970 dann drei Wohnungen. Dies verschaffte mir lebenslang einen beachtlichen wirtschaftlichen Rückhalt, aber auch Verantwortung und viel Arbeit in der Verwaltung einer Immobilie immer aus der Ferne, teilweise sogar vom Ausland her. Als Indiz für den Erfolg und die Qualität meiner als Vermieter erbrachten Leistungen mag die Tatsache herhalten, daß unter den beiden 1970 erstmals von mir selbst eingeworbenen Mietparteien diejenige im ersten Stock, Familie Dr. Leikeb, heute nach mehr als 45 Jahren im besten gegenseitigen Einvernehmen noch immer dort wohnen.

Einen ähnlich engen Kontakt wie zu meinem Vater pflegte ich in den Jahren meiner Promotion zu meiner Schwester und ihrer wachsenden Familie. Ihr Mann Guntram ergänzte seine im Abschnitt 3.3 bereits erwähnte Assistenzarztzeit in Nürnberg durch eine Anstellung im Schweizer Grabs. Dies schaffte eine bessere Ausgangsbasis für seinen Sprung auf eine Oberarztstelle am Krankenhaus in Friedrichshafen, wohin die Familie, wie bereits beiläufig erwähnt, zum 1.3.1965 für einige Jahre zog. Dort vergrößerte sich die Familie auf dann insgesamt drei Kinder. Guntram bewarb sich bald auf Stellen als Chefarzt, nicht zuletzt auf eine solche am Krankenhaus in Bobingen, die er schließlich erhielt. Zur Unterstützung dieser Bewerbung ließ mein Vater noch kurz vor seinem Tod seine partei-

[266] Allerdings nahm die Erarbeitung dieser Lösung ebenfalls viel Einsatz und Zeit in Anspruch und kam erst in einem internen Vertrag vom 19.12.1968 zu einem einvernehmlichen Abschluß, der in Bezug auf die Häuseraufteilung schließlich am 26.11.1971 notariell vollzogen wurde. Annelores Briefe aus den eineinhalb Jahren bis zur internen Einigung geben von den von mir in dieser Problemstellung zu meisternden Schwierigkeiten einen kleinen Eindruck (AO Korrespondenz, zB. Brief 22.1.1969.). Von den finanziellen Belastungen, die mir der Barausgleich auferlegte, geben einige meiner Briefe an Annelore eine kleine Vorstellung, zB. der vom 22.11.1974. Die Differenz der damaligen Werte der beiden Häuser wurde vom Stadtratskollegen meines Vaters, Herrn Architekt Werner Lippert ermittelt.

lichen Verbindungen spielen, die die letztliche Entscheidung zu Gunsten Guntrams sicher nicht nachteilig beeinflußten.[267] Ab 1969 hat sich die Familie daher dauerhaft in Bobingen niedergelassen.

Die herzliche Verbundenheit mit meiner Schwester ist auch in einer Reihe von Briefen erkennbar, die sie mir in jenen Jahren geschrieben hat.[268] Leider war eine solche Verbundenheit mit ihrem Mann ab 1969 nicht mehr gegeben. Sein Aufstieg zum Chefarzt mit all den Allüren, die eine solche soziale Stellung fast zwingend mit sich bringt und die in grellstem Kontrast zu einem nachdenklichen und forschenden Wissenschaftler stehen, und die Konsequenzen daraus für die innere Struktur seiner Familie haben von meiner ursprünglichen Sympathie und unserem guten Miteinander schließlich zu einer Entfremdung zwischen ihm und mir — und umgekehrt — geführt. Wie bei Martha habe ich mein schließlich getroffenes Urteil konsequent und dauerhaft durchgehalten. Diese Problematik, die latent schon Mitte der sechziger Jahre aufgrund meiner Beobachtungen seiner familiären Rolle ihren Anfang nahm, hat sich glücklicherweise bis heute nicht auf die Verbindung zu meiner Schwester übertragen.

Die innigste Verbindung bestand naturgemäß mit meiner geliebten Christiane, worüber schon Einiges in den Abschnitten 3.5.2 und folgende berichtet wurde. Im Herbst 1964 hatte sie den Führerschein erworben und durfte sogar einmal mit dem Sportwagen ihres Onkels aus Höxter auf eine Tour mit mir gehen. Ein verliebtes Paar im weißen Sportwagen — die Szene könnte aus einem Schnulzenfilm entnommen sein. Trotz der nötigen Vorsicht beim Sex ohne der damals noch immer nicht gängigen Pille blieb eines Tages ihre Regel aus, für mich sofort der Anlaß, mir über eine Heirat und damit verbundene Fragestellungen ernsthafte Gedanken zu machen.[269] Ob der Frauenarzt nachgeholfen hat oder die Regel nur außergewöhnlich verzögert war, habe ich nie erfahren; jedenfalls hat sich die Frage nach aufregenden zwei Wochen in Wohlgefallen aufgelöst.

Unser Glück hielt auch das Jahr 1965 hindurch noch unverändert an. Wir bestiegen beispielsweise gemeinsam mit ihrem Bruder Michael (Mike) den Watzmann.[270] Im Oktober 1965 ging es auf eine gemeinsame Reise nach Paris mit Zwischenaufenthalten beispielsweise in Ürzig an der Mosel. Wie in jeder Beziehung gab es natürlich auch bei uns nicht nur immerwährenden Sonnenschein. Vor allem finden sich in meinen Aufzeichnungen eine

[267]Unter den Bewerbungen war beispielsweise eine erfolglose in Hechingen (AO Korrespondenz, Brief Annelore vom 27.10.1965). Zur Bewerbung in Bobingen schreibt meine Schwester wohl mit Recht: „ ... *besteht wohl wenig Aussicht so ganz ohne Beziehungen solch' eine Stelle zu bekommen.*" (AO Korrespondenz, Brief Annelore vom 19.3.1967) So gesehen, könnte der Einfluß meines Vaters schließlich doch vielleicht sogar entscheidend gewesen sein.

[268]AO Korrespondenz.

[269]TBII, S.52-59, S.79-100.

[270]FAWB3, S.40.

Reihe kritischer Einträge, die darüber reflektieren, ob wir angesichts unserer sehr unterschiedlichen Lebenseinstellungen wirklich auf Dauer zusammenpassen.[271]

Einige Monate nach meinem beruflich bedingten Umzug nach Köln erreichte mich eine Notiz von Christiane datiert mit dem 13.2.1966, daß sich nach einer Party mit dem Wagen eines gewissen Roland und mit ihr darin ein Unfall ereignet hatte. Sie hatte sich wohl schon vorher in diesen Kommilitonen „verguckt“ und fühlte sich durch den Unfall nun erst recht zu ihm hingezogen. Es ist alles nur zu verständlich: sie war jetzt kein Schulmädchen mehr, sondern eine attraktive Studentin unter ihren Kommilitonen; der bisherige Liebhaber mußte nach Köln ziehen; ist es ihr zu verdenken, daß man sich da auf einer Party etwas näher kommt.

Für mich brachen damit aber die zwei schlimmsten Monate meines ganzen Lebens an. Christiane hatte ihre Gefühle erkennbar nicht mehr unter Kontrolle, woraus sich für mich ein wochenlanges Wechselbad der Gefühle ergab, das sich in seitenlangen Ergüssen in meinen Aufzeichnungen widerspiegelt.[272] Nach vielen Fahrten zwischen Köln und München, vielen Briefen und Telefonaten, Versöhnungen und Entfremdungen kam es am 3.5.1966 im Bereich der Klinikanlagen an der Münchener Nußbaumstraße schließlich zum entscheidenden Bruch: mit einer aus der Tiefe meiner Seele hervorbrechenden schallenden Ohrfeige setzte ich einen unwiderruflichen Schlußpunkt unter ein wunderschönes Lebenskapitel echter Liebe. Auch wenn wir uns nach einigen Monaten wieder freundlich begegnen konnten, war der Riß zu tief, um je wieder gekittet werden zu können. In ihrem Brief vom 29.8.1967 zum Tode meines Vaters schrieb sie mir: *„Ich bereue und bedauere es nun mehr denn je, daß ich dieses gegenseitige Liebes- und Vertrauensverhältnis zwischen uns kaputt gemacht habe.“*

Trost und Hilfe in diesen schweren Stunden, Wochen und Monaten erhielt ich nicht zuletzt von meiner Schwester. Ich lud ihre Familie ebenso wie meinen Vater zum letzten Wochenende im April 1966 quasi zu einem Einweihungsbesuch in meinem neuen Apartment ein.[273] Auch mit Werner Hüller, einem Schulkameraden und Kommilitonen der Physik in München, entwickelte sich in jener Zeit eine tiefe Freundschaft. Mit substanzieller Ermunterung in ernsthaften und tiefschürfenden Gesprächen half er mir wieder auf die Beine. Die neue und fordernde Arbeit bei Schütte war sicher ebenfalls hilfreich, wo sich mit Dietrich Fischer ein freundschaftliches Verhältnis zu entwickeln begann.

Von da an war ich wieder ein 27-jähriger freier Junggeselle, hatte eine für mich ideale Beschäftigung gefunden, wohnte in einem schönen Apartment, erfreute mich an einem

[271] TBII, S.10, TBIII, S.88-91,128f, AO Reflexionen, R.1.2, S.131-145.
[272] AO Reflexionen, R.1.3, S.9ff.
[273] FAWB3, S.40, sowie ihre Briefe vom 27.4. und 4.5.1966.

neu erworbenen zweitürigen BMW 1600 und erschien der Damenwelt wohl auch sonst als eine nicht allzu schlechte Partie. Kein Wunder, daß nach einiger Zeit sich wieder amouröse Kontakte einzustellen begannen, auch wenn ich als gebranntes Kind wenn überhaupt dann vorsichtiger denn je zur Sache ging. Gleichwohl verzeichnen die langen Monate der Suche nach einer neuen Liebe bis Anfang 1968 eine ganze Reihe von liebenswerten Bekanntschaften.

Mit der Musikstudentin Edda Schmidtke, die mich und meine Geige in Köln auf dem Klavier begleitet hatte, entwickelte sich eine jahrelange Brieffreundschaft. Die nette Gisa Rasch litt leider vor allem unter der Trennung ihrer Eltern. Die Schwester und Jurastudentin Rosi Wilhelm meines Klassenkameraden Kuno brillierte mit Intelligenz und einem Hang zum Verrückten.[274] Ein Intimerlebnis mit Maria Obergrußberger, hatte ich schon im Abschnitt 3.5.3 vorerwähnt. Auf einem internationalen Logik-Kolloquium in Hannover im August 1966 lernte ich die verheiratete Karen Nelson kennen, die mir von da an überschwängliche verkappte Liebesbriefe schrieb und mich sogar aus Denver in den USA anrief. Bei der Flötistin Monika Armbruster achtete ich darauf, den Kontakt auf das Musikalische zu beschränken. Die liebe Heidi Aigner pflegte mich, als ich im Herbst 1966 im Krankenhaus Oberföhring am Blinddarm operiert wurde, und setzte diese Pflege auch nach meiner selbstverordneten Entlassung noch ein Weilchen in modifizierter Form fort.

Bei dem schon weiter oben erwähnten Georgiades, dessen Vorlesungen ich nicht nur wegen der vielen Zuhörerinnen gelegentlich weiter besuchte, lernte ich die Romanistikstudentin Ragne Harter kennen, die in einer vormaligen Wohnung des großen Knappertsbusch in Untermiete wohnte. Ihr half ich bei der Fertigstellung und fristgerechten Ablieferung ihrer Magister-Arbeit (heute Master-Arbeit genannt) und lernte dabei den Dichter Stéphane Mallarmé kennen. Sie hatte sich während unserer Bekanntschaft mit einem langjährigen Freund verlobt, wurde für mich dadurch aber nicht weniger reizvoll. Mit ihr entwickelte sich erstmals wieder eine richtig ernsthafte und auch nicht unerfüllte Verliebtheit. Sie fügte sich schließlich aber den konventionellen Verpflichtungen oder den Verlockungen eines Lebens in Wohlstand und heiratete ihren Verlobten (von dem sie dann wenig später — und dann als Mutter von Zwillingen — wieder geschieden wurde).

Nach Weihnachten 1966 fuhr ich nach Obergurgl im Ötztal zum Skilaufen.[275] Auf der Straße dort sprach ich eine äußerst anziehende junge Frau aus einer Gruppe von Engländern an. Wir verliebten uns in den vier verfügbaren Tagen unsterblich ineinander. Holly Robin war die an großen Wohlstand gewöhnte Tochter eines erfolgreichen Industriellen,

[274] Der Brief vom 8.2.1967 von Werner Hüller illustriert diesen Zug von Rosi, die schließlich sogar dauerhaft entsprechende Betreuung benötigte.

[275] FAWB3, S.57. https://www.obergurgl.com/de-winter, Zugriff 25.4.2016.

die gerne von ihrem Sportwagen Spitfire (der Firma Triumph) schwärmte. Das alles spielte aber in den Stunden heißer Liebe in meinem Zimmer im Pfarrhaus von Obergurgl, aber auch in den übrigen Stunden unseres Zusammenseins überhaupt keine Rolle. Es spielte aber sehr wohl nach unserem bitteren Abschied eine Rolle. Denn nach Monaten des Austausches heißer Liebesbriefe und der — von ihr wegen unvorhergesehener Umstände schließlich abgeblasenen — Planung eines so ersehnten Wiedersehens in London begab sie sich schließlich zur „Heilung" von dieser Affäre mit einem Deutschen in eine Badekur.[276] Ich habe sie daher erst Jahre später Ende Mai 1976 von London aus erstmals und einmalig zu einem Zeitpunkt besuchen und wiedersehen können, zu dem sie als Holly Sherwell in Macclesfield von den Pflichten einer Ehefrau mit vier Kindern bereits völlig in Anspruch genommen war.

Das Wiedersehen mit Silvia Scheel in Malbun habe ich schon im Abschnitt 3.5.2 erwähnt. Die Zärtlichkeiten mit Alice Drochner in blühender Wiese erfrischten mein immer noch trauriges Herz. Ursula Schüler war eine tolle Reiterin, konnte mein Herz dagegen nicht wirklich erwärmen. Elfi Gerhard lernte ich im Schwimmbad mit ihren beiden Zwillingsbuben kennen, und ich erinnere mich gerne an die Schäferstündchen mit ihr. Die Liebesakte mit Rita Walter waren wohl für beide sehr erfüllend. Im Sommer 1967 buchte ich erstmals — und bislang auch letztmals — eine pauschale Flugreise und zwar zu einem Feriendorf bei Tortorella am tyrrhenischen Meer.[277] Auch wenn die Region wunderschön und durch das naheliegende Paestum auch kulturell sehr attraktiv war, versuchte ich kurz nach der Ankunft erfolgreich, meine zweiwöchige Buchung auf eine Woche zu reduzieren. Denn auch wenn die weiblichen Feriendorfbewohnerinnen nur so auf Liebesabenteuer warteten, wurde mir schnell klar, daß ich mich mit keiner von ihnen näher einlassen wollte. In gewisser Hinsicht war ich ein nicht ganz einfacher Einzelgänger geworden.

Im Herbst 1967 brach ich sehr früh zu einer Fahrt nach Garmisch auf, um dort von Hammersbach durch das Höllental die Zugspitze zu ersteigen. Für diesen Aufstieg werden heute Steigeisen, Steinschlaghelm und Klettersteigausrüstung empfohlen und zur Überwindung der gut 2.200 Höhenmeter 8 Stunden Aufstieg und 5-6 Stunden Abstieg angesetzt.[278] Mit Ausnahme meiner guten Bergschuhe dachte ich zu jener Zeit nicht an eine derart aufwändige Ausrüstung. Infolge meiner intensiven Arbeit an meiner Dissertation war ich auch in keiner Weise trainingsmäßig auf eine solche Anstrengung vorbereitet. Während des Aufstiegs kam ich vielleicht auf gut halber Höhe mit einem jungen Paar aus Bielefeld, das sich bereits auf dem Abstieg befand, in ein sehr nettes Gespräch. Während des restlichen Auf-

[276] AO Korrespondenz.

[277] https://de.wikipedia.org/wiki/Tortorella, Zugriff 25.4.2016. FAWB3, S.41.

[278] http://www.hoehenrausch.de/berge/zugspitze/, Zugriff 26.4.2016.

stiegs hielt sich neben den großartigen Eindrücken der Bergwelt hartnäckig das Bild der hübschen jungen Frau in meinem Kopf: das typische Schicksal des modernen Menschen mit seinen so vielen flüchtigen Begegnungen.

Der Trubel oben auf dem Zugspitzgipfel vertrieb mich nach einer kurzen Erfrischungspause sofort wieder hin zum Abstieg über die gleiche Route. Noch weit vor dem Ausgangspunkt Hammersbach stieß ich zu meiner großen Überraschung wieder auf jenes nette Paar. Sie hätten mit so vielen Leuten geplaudert, daß sie in den inzwischen vergangenen Stunden nicht allzu weit vorangekommen seien. Nun blieben wir für den restlichen Abstieg zusammen. Der bei jedem Schritt schaukelnde Po der jungen Frau vor mir mußte bei dem enthaltsamen Junggesellen begehrliche Empfindungen auslösen, die ihr natürlich nicht entgehen konnten. Wir aßen noch zusammen in einem Wirtshaus im Tal, tauschten einige Gegebenheiten wechselseitig sowie unsere Adressen für den Fall des Falles aus, wie man das halt so tut, auch wenn die Chancen einer Wiederbegegnung quasi bei Null stehen. So blieb von dem Erlebnis nur die schöne Erinnerung — und von der Gewalttour ein ziemlicher Muskelkater zurück.

Monate später, im Januar 1968, erhielt ich von Jutta Wick — so hieß jene junge Frau — einen kurzen Brief, in dem sie über ihre Trennung von ihrem damaligen Partner berichtete und mich an unsere sympathische Begegnung im Höllental erinnern wollte. Wir hatten uns über die Monate offenbar beide nicht vergessen. Ich verstand und ergriff natürlich sofort die ausgestreckte Hand und lud sie postwendend zu einer Faschingsparty am 3.2.1968 in meinem Apartment ein. Die Einladung nahm sie ohne Umstände an. Und eine neue Liebe nahm nach zwei Jahren der Suche ihren glücklichen Anfang.

Nach ihrem Besuch in München machten wir uns gleich an die Planungen für die darauffolgenden Osterferien. Jutta war Studienreferendarin in Detmold und daher an die Schulferien gebunden. Mit Peter waren schon gemeinsame Skiferien angedacht gewesen. Er willigte ein, diese Reise nun zu dritt zu planen und Zermatt als Ziel auszuwählen. So verbrachten wir im April drei herrliche gemeinsame Wochen, teilweise in der wunderschönen Bergwelt von Zermatt.[279] Trunken vor Liebe waren wir zu unversichtig. Im Mai gab es keinen Zweifel mehr daran, daß Jutta schwanger war. Dieses Kind der Liebe wollten wir beide nicht verlieren. Deshalb trafen wir im Laufe der darauffolgenden Monate die Vorbereitungen für unsere Hochzeit am 29.7.1968 in München.

Unser Hochzeitstag wurde ein sonniges und glückliches Fest für das Brautpaar und seine zehn Gäste.[280] Standesamtliche und kirchliche Trauung sowie das Feiern mit den Gästen

[279]FAWB3, S.43f.

[280]Meine liebe Tante Rola sozusagen in Vertretung meiner verstorbenen Eltern, meine Schwester Annelore zusammen mit Ihrem Mann Guntram und Tochter Christine, meine besten Freunde Peter und Werner,

fanden am gleichen Tag in angemessen ausgewählten Orten statt. Meine Tante Rola hat den Tag in Gedichtform treffend und launig festgehalten.[281] Keiner der Gäste ahnte etwas davon, daß die Braut bereits im dritten Monat schwanger war, während die höchstens etwa eine Woche weiter vorangeschrittene dritte Schwangerschaft meiner Schwester für alle bereits deutlich erkennbar war.

Mein Freund Werner Hüller heiratete vier Wochen später am 27.8.1968 in Bremen eine liebe und tüchtige Frau Gisela, die er ausgerechnet am Tag ihrer Scheidung in einem Kaffee kennengelernt hatte und die aus erster Ehe drei relativ kleine Kinder mitbrachte. Unter all meinen Freunden und Bekannten waren er und Gerd Fleischmann die einzigen, die wie ich viel Zeit darauf verwendeten, auf die vielen Fragen zu unserer menschlichen Existenz durchdachte Antworten zu erarbeiten und diese im gegenseitigen Respekt miteinander auszutauschen. Ihnen verdanke ich daher viel in Bezug auf meine Entwicklung bis zu dieser Markierung meines Lebens durch den Abschluß des Studiums mit der Promotion und durch die Heirat.

3.5.5 Erreichtes Plateau

Die in diesem Kapitel geschilderte Suche nach einer Richtung für meinen Weg durch dieses Leben ist von außen betrachtet ziemlich unstet geraten. Wie im letzten Abschnitt 3.5.4 bereits in Bezug auf meine fachlichen Umwege bis zur Promotion festgestellt, erweist sich diese Suche entgegen dem äußeren Anschein inhaltlich als sehr stringent und konsequent, sowohl hinsichtlich meiner beruflichen als auch der persönlichen Lebensbahn. Infolge meiner intensiv betriebenen Reflexionen habe ich Dante Alighieris weisen Rat ohne ihn damals zu kennen unbeirrt befolgt, der da lautet: *„Segui il tuo corso et lascia dir le genti.“*[282] Dieses Lebensprinzip durchzuhalten, war in meinem Fall alles andere als leicht, wie dieses Kapitel nahezubringen versuchte. An einer Reihe von Scheidewegen habe ich den meinem Wesen passenderen, wenn auch oft risikoreicheren Weg gewählt. Immer war mir letztendlich das Glück dann doch irgendwann wieder hold nach dem auffallend oft wiederkehrenden Muster: *„Erschwernis mit glücklichem Ausgang.“* Dies galt gleichermaßen beispielsweise für eine äußerlich so unvernünftige Entscheidung, die Promotion bei Mittelstaedt abzubrechen, wie auch für meine unzähligen und teilweise sehr schmerzlichen

Juttas Mutter Erna Wick, ihre Schwester Christa Gößling mit deren Mann Hans sowie ihre Freundin Hildegard Kamradt (Hildchen). Ganz bewußt hatte ich meine umfangreiche mütterliche Verwandtschaft nicht eingeladen, um der Hochzeit ihren gewollt intimen Charakter zu bewahren. Die Hinzunahme eines ausgewählten Repräsentanten aus dieser Verwandtschaft hätte notwendigerweise deren gleichberechtigte Mitglieder sowie die analogen aus Juttas Verwandschaft verärgert.

[281] FAWB4, S.9-11, Bilder dazu S.12-15.

[282] „Folge Deinem Weg und laß' die Leute reden.“ Aus Dantes Göttlicher Komödie.

Entscheidungen in der Wahl meiner Partnerinnen. Ja, es galt schon für die Entscheidung nach dem Vordiplom, den heimatlichen Nürnberger Raum zu verlassen, in dem aufgrund des erheblichen Einflusses meines Vaters ich ja auch einen viel einfacheren und protektionierten Weg hätte verfolgen können. Das Muster charakterisiert damit meinen gesamten Weg bis zum Beginn meiner beruflichen Laufbahn, die dann dieses Muster selbst immer wieder widerspiegelt, wie wir im nächsten Kapitel sehen werden.

Dieses Muster nur auf mein schicksalhaftes Glück zurückzuführen, erscheint mir dafür als eine zu dürftige Erklärung. Erschwernisse hat das Leben für uns alle immer wieder parat. Die einen finden sich dann mit den sich daraus ergebenden Nachteilen ab. Die anderen geben dagegen nicht auf und verfolgen ihren Weg trotz der Erschwernisse unbeirrt und notfalls mit entsprechend gesteigerter Anstrengung weiter, sodaß die Hindernisse irgendwann dann doch überwunden werden. Der damit erreichte glückliche Ausgang ist also zumindest zum Teil ein selbst erarbeitetes Verdienst und nicht nur schicksalhaftes Glück. Im Sprichwort heißt es dazu: *„Fortes fortuna adiuvat“* (*„Den Tüchtigen hilft das Glück.“*).[283]

Die in der von mir durchgehaltenen Konsequenz erreichte Lebensstellung am Ende meines dritten Lebensjahrzehnts konnte sich dann wahrhaft sehen lassen. Ich war ein glücklich verheirateter Ehemann mit Aussicht auf eine baldige Vaterschaft geworden. Als promovierter und naturwissenschaftlich geprägter Mathematiker standen mir in der damaligen Zeit unzählige Optionen für meine berufliche Zukunft offen. Ich mußte nur wieder die meinem Wesen passendste auswählen. Vor allem hatte ich in dem Jahrzehnt meines Studiums meine Persönlichkeit durch ein fundiert angelegtes Training sowie durch das Sammeln von und Reflektieren über einen reichen und breit angelegten Schatz von Wissen und Erfahrungen entscheidend festigen können. Das Training erstreckte sich vor allem auf meine Fähigkeit, rational und logisch präzise zu denken, aber auch auf viele andere Fähigkeiten angefangen von der durch das Musizieren gesteigerten Sensibilität über den Umgang mit vielen Menschen bis hin zur bewußten Beherrschung des eigenen Körpers. Der Wissens- und Erfahrungsschatz fand seinen Ausdruck in den durch das breit angelegte Studium erworbenen fachlichen Kenntnissen, aber eben auch in den allgemeinen Überlegungen „über Gott und die Welt“, die in meinen umfangreichen Niederschriften sichtbar manifestiert sind. Auch wenn für das „Mehr“, das mit all diesen zusätzlichen und sonst nicht üblichen

[283] https://de.wikipedia.org/wiki/Fortes_fortuna_adiuvat, Zugriff 14.5.2016.
Dieses Jahrtausende alte Erfolgsprinzip ist auch in moderner Zeit anerkannt. Als „Luck is with the persistent“ – das Glück hilft dem, der dran bleibt – wird es vertreten in: Jim Collins, Good to Great: Why Some Companies Make the Leap ... And Others Don't, HarperCollins, New York, 2001 (deutsche Fassung: Der Weg zu den Besten: Die sieben Management-Prinzipien für dauerhaften Unternehmenserfolg, Campus, 2011).

Bemühungen erreicht wurde, kein allgemein anerkannter Maßstab verfügbar ist, so dürfte dessen hoher Wert doch zumindest grob erkennbar sein. Auch heute noch erfüllt es mich daher mit großer Dankbarkeit, daß mir sowohl meine Eltern bis zum Diplom als auch meine Brotgeber bis zur Promotion so viel Freiheit für diese intensive und nachhaltige Entwicklung eingeräumt hatten. Schließlich und endlich hatte ich infolge des frühen Todes meiner Eltern und des dank ihrer Lebensleistung mir hinterlassenen Erbes zudem eine wirtschaftliche Absicherung, die mir die Weiterverfolgung meines Weges auch dann ermöglichte, wenn sie auf den Widerstand von mir übergeordneten Mächten stoßen sollte. Einen besseren Stand als den damals insgesamt erreichten hätte ich mir daher nicht ausdenken können.

Nicht ohne Stolz war ich mir all dieser Perspektiven wohl bewußt, die ich mir unter zugegeben günstigen Umständen durchaus auch selbst erarbeitet hatte. Erst später wurde dann zusätzlich erkennbar, von welcher Weitsicht alle meine Entscheidungen getragen waren, deren ich mir damals noch nicht bewußt sein konnte. Beispielsweise stand ich mit der Wahl von Schütte als meinem Doktorvater in der Nachfolge einer beeindruckenden Folge von akademischen „Vorfahren“. Denn schon Schüttes Doktorvater war einer der größten Mathematiker, nämlich David Hilbert. Und wenn man über Hilberts Doktorvater in dieser Weise immer weiter zum jeweiligen Doktorvater zurückgeht, so gelangt man über sehr berühmte Namen schließlich sogar zum (leiblichen) Vater, aber auch Lehrer des großen Gottfried Wilhelm Leibniz (1646–1716) zurück.[284]

Es ist mir bewußt, daß die hier ins Spiel gebrachte Fähigkeit zur Weitsicht angreifbar ist. Es fehlt uns ein rational begründbares Vergleichsmaß für diese Fähigkeit. Es kann sich genauso gut schlicht um schicksalhaftes Glück gehandelt haben. Ich wage trotzdem die Überzeugung auszusprechen, daß das erreichte aussichtsreiche Plateau doch auch mein eigenes Verdienst war. Dieses Verdienst beruht danach auf meinen jahrelang und umfangreich betriebenen Überlegungen zu allen großen und kleinen Entscheidungen, die wir tagaus tagein treffen müssen. Während die meisten Gleichaltrigen um mich herum ihre freie Zeit mit eher anspruchslosen Beschäftigungen unter Ihresgleichen vertrieben, hing ich stattdessen meinen Reflexionen nach, um mir über viele Fragen eine größere Klarheit zu verschaffen, oder arbeitete beispielsweise einen anspruchsvollen Roman durch und schrieb meine Gedanken dazu nieder oder versuchte durch tägliche Yoga-Übungen eins mit meinem Körper zu werden oder arbeitete an der Verbesserung meiner Ausdrucksmöglichkeiten auf der Geige usw. usf. Aus diesem Vergleich versuche ich die Behauptung abzuleiten, daß meine Entscheidungen durch diese intensiven Bemühungen einfach zu besseren Entschei-

[284]Diese meine akademische Genealogie läßt sich von der Webseite https://www.genealogy.math.ndsu.nodak.edu/id.php?id=58245 aus verfolgen.

dungen wurden, die sich dann auch noch Jahre später als richtig bewähren konnten. In diesem Sinne kann Weitsicht eben wohl doch auch ein hart erarbeitetes Verdienst sein.

Natürlich konnte dieser Erfolg nur auf den ererbten und anerzogenen Fähigkeiten gründen. Genau aus diesem Grunde habe ich ja das Kapitel 1 über meine Vorfahren ganz an den Anfang dieses Buches gestellt. Meinen Hang zu extremer Sorgfalt im Detail, der schon beim Malen als Kind oder beim Pflasterlegen als Jugendlicher bei mir zutage trat, konnte man genauso bei meiner Mutter beobachten, wenn sie unser Haus einem Frühjahrsputz unterzog, um nur ein Beispiel dieser Art zur Illustration anzuführen.

Meine Eigenschaften, die den bis hierher erreichten Erfolg begründeten, haben eine Kehrseite, die mir zeitlebens das Leben nicht gerade leicht gemacht haben. Wir Menschen beurteilen unsere Mitmenschen nach den erfaßten Eindrücken, die wir von ihnen bei Begegnungen reflexhaft aufnehmen. Nachdenkliche Menschen sind hierbei im täglichen Umgang einfach deswegen im Nachteil, weil ihre Reaktionen den Mitmenschen zu zögerlich und unsicher erscheinen. Dies führt sehr häufig zu einer negativen Fehleinschätzung beim Gegenüber, die sich erst langfristig korrigieren läßt, falls dazu die Gelegenheit irgendwann noch bestehen sollte. So wurde ich wohl allzu oft in meinem Leben sehr unterschätzt mit entsprechenden nachteiligen Folgen.

Man kann aber vielleicht wohl nicht beides gleichzeitig sein, ein tieferer Denker und ein nach außen immer blendend agierender Politiker. Ich bin gleichwohl froh, daß ich meinem eigenen und zu mir passenden Weg Zeit meines Lebens so treu bleiben konnte. Mein im Alter von fast 30 Jahren erreichter Ausgangspunkt hatte mir jedenfalls beste Chancen für meine weitere Zukunft eröffnet, von der das nächste Kapitel handeln wird.

Kapitel 4

Forscherleben

Jedes Leben besteht aus einem kontinuierlichen Fluß von Geschehnissen, die sich nahtlos aneinanderreihen. Ein Leben in getrennte Abschnitte einzuteilen, ist daher notwendigerweise eine künstlich auf das Leben gepfropfte Struktur. Wir Menschen benötigen aber Strukturen, um die kontinuierliche Welt besser verstehen zu können. In diesem Sinne habe ich mein Leben in die drei Teile „Kindheit", „Zielsuche", „Zeit der Reife" eingeteilt und jedem dieser Teile je ein eigenes Kapitel in diesem Buch gewidmet.

Gleichwohl ist unbestritten, daß sich die Schwerpunkte dieser drei so bestimmten Lebensphasen deutlich voneinander unterscheiden, was diese Einteilung durchaus rechtfertigt. Hat man seine Richtung und Lebensaufgabe gefunden, so nimmt das Leben unbestreitbar einen ganz anderen Charakter als den an, der die Jugend- und Ausbildungszeit prägt. Und von diesen beiden Phasen unterscheidet sich die Kindheit wiederum recht deutlich. Kurz, jede dieser drei Phasen hat ihren eigenen Charakter. Nur ist im wirklichen Leben nicht so klar wie hier suggeriert erkennbar, wann die eine Phase endet und die nächste beginnt; sie gleiten ohne erkennbare Zäsuren nahtlos ineinander über. Die von mir gewählten Alterszäsuren 14 und 30 sind daher ziemlich willkürlich, für den Leser aber vielleicht durchaus nachvollziehbar und auch nicht unüblich, wenn man die spezifische Art meiner beruflichen Laufbahn mit in Betracht zieht.

Mein Leben als Forscher in der Zeit meiner Reife ist der Gegenstand des vorliegenden Kapitels. Schon das letzte Kapitel hat sichtbar gemacht, daß bereits mein jugendliches Leben von einer intensiven Suche nach Antworten auf die unzähligen Fragen geprägt war, die sich mir täglich gestellt und die viele meiner Altersgenossen eher überhaupt nicht interessiert haben. Darunter war natürlich auch die Frage, wie unser Denken möglich ist und nach welchen Gesetzen es sich gestaltet. Es ist das große Glück, das mir in diesem Leben zuteil wurde, daß ich diese zentrale Frage dann sogar zum Inhalt meines beruflichen Lebens machen und Beiträge zu wissenschaftlich fundierten Antworten darauf leisten konnte. Weil es einen solchen wissenschaftlich fundierten und umfassenden Ansatz zur Erforschung des Geistes vorher in der Menschheitsgeschichte noch nie gegeben hatte, könnte man auch von einem Aufbruch zur Erforschung des Denkens sprechen, an dem ich in diesem Leben einen kleinen Anteil hatte.

Im Verlauf dieses Kapitels werde ich nun wichtige Entwicklungen meines Lebens ab dem Alter von etwa dreißig Jahren aufzeigen und dabei auch diese gesamte Lebensphase in vier Abschnitte unterteilen. Wir beginnen mit dem Lebensabschnitt, in dem ich mich als angehender Wissenschaftler für mein Spezialfach qualifiziert habe, über das dann im Verlauf der Schilderungen auch inhaltlich Einiges ausgeführt wird.

4.1 Qualifizierung als Wissenschaftler

Die am Ende des letzten Kapitels beschriebenen Ereignisse markierten nicht nur das Ende meiner Zeit der Reifung, sondern auch den Beginn der Lebensphase, in dem ich beginnen mußte, Verantwortung auch für andere zu übernehmen. In erster Linie war mir durch meine Heirat Verantwortung für meine schwangere Frau zugewachsen. Wie es sich für ein jungvermähltes Paar gehörte, begaben wir uns aber erst einmal auf eine erlebnisreiche Hochzeitsreise.

Wir statteten uns mit einem Zelt und den fürs Zelten nötigen Utensilien aus und fuhren mit meinem BMW über Südfrankreich nach Katalonien. Die dort übervölkerten Strände am Mittelmeer hatten uns sehr schnell wieder vertrieben. Vorbei am Bergmassiv Montserrat gelangten wir schließlich an die einsame Atlantikküste in der Region von Santander im Baskenland.[1] Unerfahren und unvorsichtig wie wir uns dort herumtrieben, mußten einmal sogar Pferde unser Auto aus dem Küstensand befreien, in dem es sich festgefressen hatte. Ansonsten bescherte uns diese Region wahrhaft urige Tage an einsamen Stränden, auf denen ich morgens wie zuhause nackt meinen Morgensport betreiben konnte. Von der Reise kehrte ich mit Bart zurück, der mir bis heute geblieben ist. Diese äußerliche Veränderung kann als Zeichen für mein durch Studiumabschluß und Heirat gewachsenes Selbstvertrauen gewertet werden.

Zurück in München begann die Suche nach einer Wohnung für die bald 3-köpfige Familie. Wir fanden eine schöne 3-Zimmerwohnung mit einem kleinen Garten im Parterre der Thaddäus-Eck-Str. 24 in Obermenzing, in die wir zum 1.10.1968 einzogen.[2] Jutta

[1] FAWB4, S.16.

[2] Es handelte sich um meine bis dahin 16te Wohnung.

wurde zum neuen Schuljahr in München als Referendarin übernommen, konnte also ihre berufliche Laufbahn hin zur Studienrätin für Englisch und Französisch nahtlos fortsetzen.

Neben unseren täglichen Verpflichtungen unternahmen wir Ausflüge in die nähere Umgebung, auch um Jutta mit der Gegend vertraut zu machen. So fuhren wir beispielsweise am 6.9.1968 nach Rott am Inn, um die dortige herrliche Kosterkirche mit dem Hochaltar von Ignaz Günther im Chorraum zu besichtigen.[3] Als wir aus der Kirche kamen, treffen wir vor der Klosteranlage auf eine musizierende Musikkapelle. Ich suche mir einen guten Platz für ein Photo der Szene und begegne einem großgewachsenen und massigen Herrn, der mir freundlich zunickt. Irgendwie kommt er mir nicht unbekannt vor. Ich frage einen umstehenden Herrn nach dem Anlaß der musikalischen Darbietung: *„Na, Strauß hat Geburtstag!“* Klar, der mir freundlich zunickende war Franz-Josef, fiel es mir wie Schuppen von den Augen. Seine Frau stammte aus der Rotter Klosterbrauerei, wo er also einen Teil seines 53. Geburtstages verbrachte. Kurze Zeit später begegnete uns auf der Straße das Straußsche Ehepaar noch einmal im Wagen unterwegs zu einem neuen Ziel.[4]

Für mich beginnt in jenem Herbst eine schwierige Zeit der Suche nach einer passenden Stelle, in der ich nicht nur Geld verdienen, sondern auch meine eigentlichen Interessen zumindest teilweise verfolgen könnte. *„Im Institut bin ich ein Abberufener und fremder denn je“* schreibe ich in meine Notizen.[5] Auch wenn mein Interesse an der Logik durchaus weiterhin gegeben war, so reizte mich eine weitere Spezialisierung in Richtung Beweistheorie überhaupt nicht. Damit war der Weg über eine Habilitation bei Schütte ausgeschlossen. Dankenswerter Weise ließ mir Schütte aber die Zeit, eine gründlich überlegte Entscheidung herbeizuführen. Im Laufe der nächsten Monate ergaben sich für mich die folgenden fünf Alternativen.

Für kurze Zeit hielt ich eine Position im Beamtenapparat der Regierung für denkbar, bewarb mich daher auf eine ausgeschriebene Stelle im Arbeitsministerium in Bonn, lehnte das ergangene Angebot dann aber ab. Natürlich zog ich auch die Industrie in Erwägung. Schütte kannte das Vorstandsmitglied Heinz Gumin bei Siemens,[6] denn dieser hatte in Münster mit einem logiknahen Thema promoviert und lehrte als Honorarprofessor an der Technischen Hochschule (TH) in München. Das öffnete mir die Gelegenheit zu einem ausführlichen Gespräch mit ihm, in dem er mir einige Optionen innerhalb Siemens erläuterte

[3]FAWB4, S.17. Siehe auch https://de.wikipedia.org/wiki/Kloster_Rott, Zugriff 12.5.2016.

[4]Reflexionen über diese Begegnung finden sich im AO Reflexionen unter R.1.3, S.144.
Eine derartige Begegnung mit einem von mir unerkannten Prominenten hat es später noch einmal in Person von Vicco von Bülow, alias Loriot, in Feldkirch hinter der Bühne gegeben. Als ich meinen Cousin, Peter Riegelbauer, nach dieser Person fragte, kam dessen erstaunte Antwort: „Den kennst Du nicht?!“ (Angela Merkel hatte ich bei einer Begegnung in Berlin jedoch gleich erkannt.)

[5]R.1.3, S.149.

[6]https://de.wikipedia.org/wiki/Heinz_Gumin, Zugriff 12.5.2016.

und die entsprechenden Gespräche in drei möglichen Abteilungen dann arrangierte. Außer der recht modern geführten Abteilung von Herrn Wolters wollte mir davon nichts wirklich schmecken.[7] Auch einer Vorstellung bei der DANET GmbH[8] in Frankfurt konnte ich keine ausreichend attraktiven Aspekte abgewinnen.

Helmar Frank[9] von der Pädagogischen Hochschule in Berlin war es gelungen, mit großen Versprechungen gegenüber der Politik einen großen Haufen an Projektgeldern für die Automatisierung von Unterricht locker zu machen. Er finanzierte mir (und vielen anderen Bewerbern) einen Flug nach Berlin, wo Dutzende von Bewerbern Intelligenztestbögen ausfüllen mußten. Auch hier bekam ich sofort ein Angebot. Im Gegensatz zu den leicht verführbaren Politikern durchschaute ich aber die heiße Luft, die Frank zu generieren vermochte, und lehnte auch dieses Angebot ab. (Von besonderen Erfolgen dieses Projekts hat man später erwartungsgemäß nichts gehört.) Auch beim Münchener IFO Institut hatte ich mich ausführlich mit dessen damaligem Leiter Karl Maria Hettlage und dem Wirtschaftswissenschaftler Jörg Thieme nach meinen möglichen Perspektiven erkundigt und ich hätte wohl auch dort einsteigen können.[10] Sogar mit dem Leiter der für Wissenschaft zuständigen Abteilung beim Bayerischen Rundfunk führte ich ein Erkundungsgespräch, aus dem ich jedoch schnell schließen konnte, daß ich hier nicht am geeigneten Platz wäre.

Meine Entscheidung fiel dann nach monatelangen Recherchen und Überlegungen zugunsten einer Assistentenstelle am Lehrstuhl von Friedrich L. Bauer (1924–2015) im Mathematischen Institut und Rechenzentrum der TU München ab dem 1.5.1969 aus.[11] Letztlich ausschlaggebend war meine Einschätzung, daß ich in dieser Position am ehesten meine persönlichen wissenschaftlichen Zielsetzungen verfolgen könnte, die ich im Abschnitt 3.5.4 skizziert habe. Nur in einem universitären Umfeld konnte ich substanziell „an der Erforschung der Geheimnisse dieser Welt" teilhaben. Diese Selbsteinschätzung beinhaltete, daß mir eine wissenschaftliche Karriere näher als eine in der Wirtschaft oder Verwaltung liegen würde. Die vielen Gespräche mit unterschiedlichsten Persönlichkeiten, die sich daher für mich und meine Entscheidung als sehr wertvoll erwiesen, verstärkten diese Einschätzung.

[7] Ausführliche Analysen dieser und der folgenden Möglichkeiten finden sich unter R.1.3, S.149–151,163–168, woraus auch die nachfolgenden Zitate stammen.

[8] http://web2.cylex.de/firma-home/danet-gmbh-2439791.html, Zugriff 13.5.2016. Danet gehört heute zu devoteam, http://www.devoteam.de.

[9] https://de.wikipedia.org/wiki/Helmar_Frank, Zugriff 13.5.2016.

[10] https://de.wikipedia.org/wiki/Karl_Maria_Hettlage, https://www.cesifo-group.de/de/ifoHome/CESifo-Group/ifo.html und http://www.wiwi.hhu.de/dekanat/personen/entpflichtete-und-in-den-ruhestand-versetzte-professoren/univ-prof-em-dr-h-joerg-thieme.html, Zugriff 14.5.2016.

[11] https://de.wikipedia.org/wiki/Friedrich_L._Bauer, Zugriff 14.5.2016.
Die Technische Hochschule München (THM) wurde 1970 zur Technischen Universität München (TUM) umbenannt, weshalb ich schon hier und im Folgenden die neue Bezeichnung verwende.

Die am Bauerschen Lehrstuhl tätigen Mitarbeiter waren dagegen für meine Entscheidung nicht ausschlaggebend. Im Gegenteil beurteilte ich die Gruppe als „bunten Sauhaufen" und hegte gleich von Anfang an für manche der Mitarbeiter keine besondere Sympathie („Schmidt ist arrogant und besserwisserisch").[12] Bauer selbst begegnete ich bei meinem ersten Besuch dort schon vor der Eingangstüre zum Gebäude der Richard-Wagner-Straße 18, aus der er herausstürmte, wobei er sich in seinen Mantel quälte und in hektischer Eile alles um sich herum völlig ignorierte. Ich erkannte jedoch die dort herrschende Aufbruchstimmung, die der stürmende Bauer sichtlich symbolisierte, und gelangte in den Gesprächen mit den leitenden Mitarbeitern Manfred Paul, Jürgen Eickel und Hans Langmaack zu der Überzeugung, daß in den dort verfolgten wissenschaftlichen Fragestellungen ein großes Potenzial liegen würde.[13] Hier konnte ich mich einbringen und zugleich meine eigenen Ziele weiter verfolgen.

Meine Einschätzung, daß ich in diesem Umfeld am ehesten meine eigenen Ziele zumindest teilweise würde realisieren können, gründete vor allem auf dem folgenden bemerkenswerten Umstand. Bauer hatte seine Gruppe nach Fachthemen gegliedert. Eine dieser Themen hieß: *Mechanisierung in der Mathematik*.[14] Die Formalisierung der Analysis war Gegenstand meiner Dissertation gewesen. Die Möglichkeit einer darauf aufbauenden Mechanisierung übte sofort einen starken Reiz auf mich aus.

Ich schloß mich daher der Forschungsgruppe zu diesem Thema an. Für sie zeichnete Klaus Samelson[15] verantwortlich; de facto geleitet wurde sie von Herrn Langmaack, der

---

[12] https://de.wikipedia.org/wiki/Gunther_Schmidt_(Mathematiker), Zugriff 14.5.2016.

[13] https://de.wikipedia.org/wiki/Jürgen_Eickel und https://www.informatik.uni-kiel.de/inf/Langmaack/lebenslauf.html, Zugriff 14.5.2016. Von Herrn Paul konnte ich im Netz keinen Eintrag finden.

[14] Der Hintergrund dieser Gliederung bestand in der Förderung des Instituts im Rahmen des ersten DV-Programms 1967–1970 durch die Bundesregierung. Als Beratungsgremium für dieses Förderprogramm hatte die Regierung einen „Fachbeirat für Datenverarbeitung" (FDV) eingesetzt, dem auch Klaus Samelson (1918–1980), dem damaligen Direktor des Rechenzentrums und Professor für Mathematik der TU München sowie engen Kollegen von Bauer, angehörte. Wie üblich mußten die Förderanträge entsprechende Forschungsthemenbereiche benennen. Siehe dazu: Christine Pieper, Hochschulinformatik in der Bundesrepublik und der DDR bis 1989/1990, Reihe Wissenschaft, Politik und Gesellschaft Band 4, Franz Steiner Verlag 2009, Abschnitt II.1, S.22ff, http://www.steiner-verlag.de/uploads/tx_crondavtitel/datei-datei/9783515093637_p.pdf, Zugriff 22.5.2016.
Wie Bauer und Samelson auf die gewählten Fachthemen, insbesondere auf das ihnen unvertraute Thema „Mechanisierung in der Mathematik" gekommen sind, dazu ist mir nichts bekannt. Beide waren jedoch auf internationalen Kongressen, vor allem auf denen der International Federation for Information Processing (IFIP) vertreten. Schon deren „First International Conference on Information Processing" 1959 in Paris hatte eine Sitzung über „theorem proving", mutmaßlich daher also auch die zweite, die 1962 in München stattfand. Insoweit folgte die Wahl auch dieses Fachthemas gegenüber dem Förderer wohl nur damals gängigen Schlagwörtern, nicht zuletzt auch zur Themenbesetzung. Inhaltlich haben sich die dafür verantwortlichen Professoren darunter ziemlich sicher etwas ganz Anderes, jedenfalls nicht das Automatische Beweisen vorgestellt.

[15] https://de.wikipedia.org/wiki/Klaus_Samelson, Zugriff 22.5.2016.

allerdings schon ein Jahr später nach Saarbrücken berufen wurde. Darüber hinaus umfaßte sie noch Herrn Joachim Ciesinger und Frau Doris Maison. Die letztere versuchte kategorientheoretische Berechnungen zu mechanisieren. Ihre Vorstellungen dazu hatte auch im späteren Verlauf niemand von uns wirklich verstanden. Nach meiner Kenntnis ist daraus auch nie etwas Konkretes, nicht einmal ein interner Report entstanden. Herr Ciesinger hatte damals noch keine ausgeprägte Zielrichtung für seine angestrebte Promotion, die sich dann später mit der Thematik der Compiler Generierung befaßte, was ersichtlich mit der Mechanisierung in der Mathematik nichts zu tun hatte. Weder Samelson noch Langmaack konnten auf dem Gebiet der Arbeitsgruppe irgendeine fachliche Kompetenz vorweisen. Auch eine Projektbeschreibung dazu war als Vorlage nicht verfügbar. Kurz, inhaltlich schlingerte die Arbeitsgruppe zum Zeitpunkt meines Eintritts recht ziellos vor sich hin. Für mich ergab sich daraus ein einmaliger Freiraum für die Gestaltung meiner eigenen Forschungen.

Ich arbeitete mich vor allem in die Literatur des Automatischen Beweisens ein. In diesem Fachgebiet versuchte man, mathematische Beweise automatisch von Rechnern erarbeiten zu lassen. Von Herrn Samelson erhielt ich hierzu sehr gute Literaturhinweise. So studierte ich Robinsons Resolution ebenso wie die einschlägigen Arbeiten von Hao Wang, Stig Kanger und Dag Prawitz. Im Sommer 1969 organisierte unser Institut am Chiemsee ein Treffen von deutschen Informatikern, deren Forschungsarbeit von der Deutschen Forschungsgemeinschaft (DFG) und dem ersten deutschen DV-Programm finanziell unterstützt wurde. Bei dieser Gelegenheit lernte ich Gerd Veenker von der Universität Tübingen kennen, der bereits seit einem knappen Jahrzehnt auf diesem Gebiet gearbeitet und mit entsprechenden Arbeiten diplomiert und promoviert hatte.[16] Infolge meiner fundierten logischen Vorkenntnisse sowie all dieser Anregungen stabilisierte sich die Zielrichtung meiner Forschungsarbeit sehr rasch vor allem auf diesem aussichtsreichen Gebiet, auch wenn — oder gerade weil — sich in meinem Umfeld so gut wie niemand dafür interessierte.

Um die Kontakte mit den Logikern nicht ganz abreißen zu lassen, trug ich am 11.7.1969 auf Einladung von Herrn Walther Oberschelp im Mathematischen Kolloquium der TH Hannover über die Ergebnisse meiner Dissertation vor. Wie schon in den Vorjahren nahm ich bereits in den allerersten Monaten meiner Tätigkeit an der TUM am Bayerischen Mathematiker Kolloquium in Memmingen teil, das ich schon im vorangegangenen Jahr 1968 zusammen mit den Kollegen bei Schütte, damals in Eichstätt, besucht hatte. Auch

[16]Eine ausführliche Darstellung der Leistungen von Herrn Veenker findet sich im Abschnitt 4 der Arbeit: Wolfgang Bibel, Early History and Perspectives of Automated Deduction. Proceedings of the 30th Annual German Conference on Artificial Intelligence (KI-2007), J. Hertzberg, M. Beetz, R. Englert Hrsg., September 10–13, Osnabrück, LNAI, Vol. 4667, Springer, Berlin, 2–18 (2007).

1970 wieder nahm ich sowohl an der Tagung über Mathematische Logik in Oberwolfach als auch am Bayerischen Mathematischen Kolloquium in Regensburg teil. All diese Reisen wurden mir von Anfang an vom Institut auch finanziert.

Als fortgeschrittener Mitarbeiter in einem Informatik Institut erwartete man von mir natürlich auch ein entsprechendes Wissensniveau in diesem für mich wieder einmal neuen Fach. Da ich im Laufe meines Studiums bereits drei Fachwechsel absolviert hatte, war ich bei diesem vierten Neuanfang gewissermaßen darin schon geübt. Unsere Institutsbibliothek war mit Büchern und Zeitschriften exzellent ausgestattet, sodaß es mir auf der Grundlage meines Wissensniveaus in Mathematik und Logik relativ schnell gelang, auch einen gewissen Überblick über die Informatik zu erarbeiten.

Neben der Forschungsarbeit mußte ich mich als Assistent natürlich auch an der Lehre angemessen beteiligen. Bauer hatte das von ihm dominierte Institut hervorragend durchorganisiert und eine zweite Leitungsebene eingeführt. Der bereits erwähnte Gunther Schmidt beispielsweise war für das Personalressort zuständig. Ähnlich war auch die Lehre organisiert. Die Vorlesungen hielten natürlich die Professoren selbst. Aber der aufwändige Übungs- und Praktikumsbetrieb war in den Händen der Mitarbeiter, wobei wiederum hauptverantwortliche Mitarbeiter die Leitung für eine Veranstaltung möglichst langfristig in Händen behielten. Als neuer Mitarbeiter war ich daher in der ersten Zeit unter einem derartigen Leiter als ausführender Tutor für Gruppen von etwa zwanzig Studenten eingeteilt. Die von mir so betreuten Übungen betrafen inhaltlich das Programmieren in ALGOL60, die Mathematikvorlesungen für Ingenieure, das Compilerbaupraktikum etc. Wohl gleich im ersten Semester an der TU nahm ich auch an einem Oberseminar von Bauer und Samelson über Kettenbrüche teil, mehr aus Ergebenheit zu meinen neuen Chefs als aus Interesse an Numerischer Mathematik.

Wohl im SS 1970 überließ mir Herr Samelson die eigenständige Durchführung eines Proseminars, in dem wir das 1968 erschienene Buch „R.M. Smullyan, First Order Logic“ studierten. Die Veranstaltung war aus zwei Gründen bemerkenswert. Zum einen integrierte ich die Studenten in den Bewertungsprozeß, indem nach jedem studentischen Vortrag dessen schriftlich fixierte Bewertungen durch die anderen Studenten von mir eingesammelt und nach Festlegung meiner eigenen Bewertung zum Vergleich herangezogen wurden. Die durchschnittliche studentische Bewertung unterschied sich in allen Fällen von meiner höchstens um eine halbe Note, was mich sehr erstaunte. Zum anderen nahm an diesem Proseminar der exzellente Student Kurt Mehlhorn teil, den ich dann in seinen Bemühungen um ein Studium bei Hartmanis in den USA unterstützte. Er lehrte später an der Universität des Saarlandes sowie am dortigen Max-Planck-Institut und gehört zu den besten deutschen Informatikern überhaupt.

Gleich zum Beginn meiner Tätigkeit an der TU wurde der aus vier miteinander verbundenen Blöcken A–D[17] bestehende Neubau auf dem Südostgelände zwischen Arcis-, Gabelsberger- und Barerstraße fertiggestellt. Mein Dienstzimmer lag in der Nord-West-Ecke des dritten Stocks im Block C. Im Stockwerk darüber befand sich an der Ostseite ein großer Raum, in dem wir uns mittags zu Kaffee und angeregten Diskussionen zusammenfanden, was den Zusammenhalt der vielen Mitarbeiter des gesamten Mathematischen Instituts und das Vertrauen zueinander sehr festigte. Einige Zeit nach meinem Eintritt initiierte ich ein internes Seminar, in dem sich die Mitarbeiter über ihre aktuellen Forschungsarbeiten austauschen konnten. Ich selbst hielt darin in den Anfangsmonaten drei Vorträge, um als gutes Beispiel voranzugehen.[18] Es gelang mir so relativ rasch, mich in die Gemeinschaft des Instituts einzufügen und mir darin ein gutes Ansehen zu verschaffen.[19] Gelegentlich nahm ich auch an den wöchentlichen Besuchen am Abend beim „Jugo“, einem nahegelegenen Jugoslawischen Lokal teil, zu denen sich auch Bauer selbst hin und wieder einfand.

Im Herbst 1969 veranstaltete das Institut offizielle Eröffnungsfeierlichkeiten für die neuen Gebäude. Bei dieser Gelegenheit fanden die Habilitationsvorträge der bereits genannten Mitarbeiter Eickel, Langmaack und Paul statt. Als Gastredner war Richard Büchi (1924–1984) eingeladen, der an der Purdue University in West Lafayette, Indiana USA, lehrte.[20] Dieser hatte bei Paul Bernays an der ETH Zürich promoviert. Bernays war unter David Hilbert auch der eigentliche Betreuer von Schüttes Dissertation gewesen und Schütte hatte zudem ein Jahr an der ETH verbracht. Kurz, Schütte und Büchi kannten sich recht gut und saßen daher bei der anschließenden geselligen Runde zusammen, zu denen ich mich als Logiker dann natürlicherweise auch gesellen durfte.

Bauer genoß an diesem Tag seinen großen bis dahin erzielten Erfolg, der in dem Neubau seinen sichtbaren Ausdruck gefunden hatte. Vor international bekannten Wissenschaftlern wie Büchi und Schütte hatte er aber durchaus noch einen spürbaren Respekt, der auch dadurch zum Ausdruck kam, daß er sich in kein längeres Gespräch mit dem Hauptredner Büchi einlassen wollte. Er kam daher nur kurz bei uns vorbei und warf uns in brüskierender Weise die folgende Aussage quasi vor die Füße: *„Die Informatik hat sich zu einer*

[17]Von West A nach Ost C nach Nord D.

[18]Themen: Konstruktive Untersuchungen in der einfachen Typenlogik (26.1.1970); Modelle für den Lambda-Kalkül; Beweisverfahren in der Prädikatenlogik nach Dag Prawitz (die letztgenannten ebenfalls im ersten Halbjahr 1970).

[19]*„Ich habe das Gefühl, daß man meine Arbeit achtet“* ist im AO Reflexionen R.1.3, S.180, zu lesen.

[20]https://de.wikipedia.org/wiki/Julius_Richard_Büchi, Zugriff 24.5.2016.

Disziplin entwickelt, in der die Logik nur von peripherem Interesse ist.“[21] Sprachlos wagte keiner von uns dreien eine Erwiderung, sodaß Bauer sich sofort wieder entfernen konnte. Vor allem für einen Mann wie Büchi mußte diese Bemerkung als regelrechte Beleidigung empfunden werden. Denn gerade Büchi hatte sich damals mit seiner logikbasierten Arbeit maßgeblich an einer soliden theoretischen Grundlegung der Informatik beteiligt und 1967 einen später international so herausragenden Informatiker wie Lawrence Landweber promoviert.[22] Nicht zuletzt hatte ja Büchi am gleichen Tag mit seinem Vortrag die Aussage quasi Lügen gestraft. Aber Bauer war vor allem ein hervorragender und machtbewußter Politiker, der in den damaligen Jahren des Aufbruchs der deutschen Informatik keinen Gedanken an die theoretische Grundlegung der Informatik verschwenden wollte und konnte. Mit ihm wollte sich der bescheidene Büchi daher nach einer derartig beleidigenden Aussage nicht weiter einlassen. Für mich war dies ein erstes Warnzeichen für meine weitere Tätigkeit unter Bauer.

Ich selbst nutzte die einmalige Gelegenheit des Gesprächs mit Büchi, um ihn nach Möglichkeiten eines USA-Aufenthaltes auszufragen. Er versprach mir, sich dort danach für mich umzusehen. In einem kurz danach gesandten Brief erinnerte ich ihn an sein Versprechen, worauf er mir in seiner Antwort eine entsprechende Empfehlung sandte. Was sich schließlich daraus entwickelte, werden wir dann weiter unten sehen.

Neben Büchi gaben während meines ersten Jahres dort weitere international bekannte Wissenschaftler ihr Stelldichein in unserem Institut. Vor allem war der Besuch von Dana Scott[23] besonders einflußreich für mich. Dieser arbeitete damals gemeinsam mit Christopher Strachey[24] an der denotationalen Semantik für Programmiersprachen, die von da an auch mein Interesse erregte. Manfred Paul lud ihn zu einer beeindruckenden Besichtigungsfahrt zu oberbayerischen Sehenswürdigkeiten wie beispielsweise der Wieskirche ein und nahm mich dazu mit, woraus sich für mich eine Jahrzehnte lange kollegiale Verbundenheit mit Scott entwickelte.

Privatleben

Neben all diesen beruflichen Weichenstellungen und Verpflichtungen gab es in den beiden Jahren nach unserer Hochzeit auch im privaten Bereich ein aufwändiges Pensum für

[21] Zitiert aus: W. Bibel, Programmieren in der Sprache der Prädikatenlogik, Habilitationsschrift, 1975, S.2. (Dort wird der Urheber dieser Aussage höflich verschwiegen.) Die Schrift wird im Folgenden kurz mit „Habilschrift“ bezeichnet.

[22] https://en.wikipedia.org/wiki/Lawrence_Landweber, Zugriff 25.5.2016.

[23] https://en.wikipedia.org/wiki/Dana_Scott, Zugriff 25.5.2016.

[24] https://en.wikipedia.org/wiki/Christopher_Strachey, Zugriff 25.5.2016.

Jutta und mich zu bewältigen. Wir richteten unsere neue Wohnung in Obermenzing ein und legten dabei beide Wert auf einen relativ hohen Qualitätsstandard. Auch die Vorbereitungen für die bevorstehende Geburt wurden getroffen. Jutta war zudem beruflich als Referendarin voll eingespannt.

Nach Weihnachten 1968 fuhren wir noch einmal nach Garmisch und wanderten dort auf den Kreuzberg, obwohl mit der Geburt unseres ersten Kindes nun jeden Tag gerechnet werden mußte. Am 30.12.1968 war es dann soweit. Ich brachte Jutta in die Frauenklinik in der Maistraße 11, wo sie zur Geburt vorbereitet wurde. Ich durfte der Geburt beiwohnen und wurde von den Schwestern dabei sogar für kleinere Handreichungen eingespannt. Da erblickte unsere kleine Miriam als gesundes Baby das Licht dieser Welt.

Die ersten Wochen nach einer Geburt sind für alle Eltern wahrhaft anstrengend. Das Baby fordert in kurzen Zeitabschnitten die volle Aufmerksamkeit der Eltern, vor allem der stillenden Mutter, und nimmt dabei keinerlei Rücksicht wie etwa auf das elterliche Schlafbedürfnis. Die Anstrengungen werden mehr als abgegolten mit dem Glücksgefühl, das ein Baby seinen Eltern zurückgeben kann. *„Miriam macht uns glücklich. ... Ich bin sehr zuversichtlich für ihr Glück, für unser Glück“* schrieb ich acht Wochen nach der Geburt nieder und freute mich über ihr „schelmisches Lachen um ihren Mund.“[25] Später wurde bei Miriam eine Hüftluxation diagnostiziert, der einige Zeit mit einem Spreizhöschen entgegengewirkt wurde. Diese kleine Einschränkung konnte unser Elternglück jedoch nicht trüben.

Jutta mußte bald wieder ihre Arbeit als Referendarin aufnehmen, um den Anschluß in dieser Ausbildungszeit nicht zu verlieren. Wir wechselten uns in der Betreuung des Babys in einer nicht ganz leichten Koordinierung ab. Für einige Wochen kam Juttas Mutter, Erna Wick, zu Besuch, um uns bei dieser Aufgabe zu unterstützen. Da ihr Mann an den Folgen des Krieges schon kurz nach Kriegsende gestorben war, mußte sie die jüngere Tochter völlig alleine aufziehen und war dadurch durchaus etwas eigenwillig geworden. Infolgedessen gestaltete sich das Zusammenleben mit der Schwiegermutter in der kleinen 3-Zimmerwohnung nicht unbedingt als die ideale Konfiguration. Wir standen auch das durch. Vor allem gelang Jutta auf diese Weise das erfolgreiche Bestehen der zweiten Staatsprüfung für das Lehramt im Juli 1969. Sie erhielt daraufhin zum Schuljahresbeginn in München auch eine Stelle als Studienrätin, was unseren finanziellen Spielraum deutlich erweiterte.

[25] R.1.3, S.162f. — Bilder von Miriam als Baby und Kleinkind finden sich im FAWB4, S.21ff.

Ende Juli fuhren wir nach Dänemark an die Nordsee und zwar nach Henne Strand.[26] Miriam wurde derweil in Bielefeld bei der Schwiegermutter belassen. Das brandende Meer, eine heiße Sonne, die Liebe in sandigen Dünen, ein mittelalterliches Städtchen, das Freilichtmuseum Hjerl Hede, das zu Gedanken über die technische Entwicklung anregte, und so manches andere haben sich davon in der Erinnerung eingeprägt.[27] Aber auch in den Monaten davor und danach haben wir uns die Zeit für schöne Ausflüge genommen wie beispielsweise an den Bodensee, verbunden mit einem Besuch bei Annelore, an den Plansee, den Spitzingsee, nach Gößweinstein, an den Taubenstein usw.[28] Bei solchen Ausflügen begleitete uns Miriam immer öfter in einem Tragerl auf dem Rücken des Vaters. Ein Höhepunkt war der Besuch der Bayreuther Wagner-Festspiele im Sommer 1969, den wir von der lieben Tante Anni Bauer als Hochzeitsgeschenk arrangiert bekamen. Und im Winter 1970 quartierten wir uns für erfrischende Skitage in einem der alten Hotels in St. Moritz ein: es mußte für uns schon immer etwas Besonderes sein.

Unsere gesellschaftlichen Kontakte wurden weiterhin von unseren jeweiligen bisherigen Freundes- und Verwandtschaftskreisen geprägt. Eine engere Freundschaft entwickelte sich vor allem zu Hans und Gerti Czermak, mit denen wir so manchen vergnüglichen Abend verbrachten.

Wie im Abschnitt 3.5.4 ausgeführt, war mir nach dem Tode meines Vater die Verantwortung für die Verwaltung meines Elternhauses zugewachsen. Da kein Mitglied unserer Familie dort in absehbarer Zukunft wohnen würde, funktionierte ich das Anwesen zu einem reinen Mietobjekt um. Das beinhaltete den Abriß des dadurch überflüssig gewordenen Hinterhauses sowie den Bau von drei Garagen zu den drei Wohnungen im Haus. Mein Antrag vom 9.10.1968 wurde mit Bescheid vom 15.1.1969 genehmigt und die Baumaßnahmen dann im Laufe des Jahres 1969 durchgeführt. Dabei wurde ich vom Stadtratskollegen meines Vaters, Herrn Architekt Werner Lippert sehr unterstützt. Gleichwohl gab es bei der Ausführung der Zufahrt zu den Garagen dann mit der Baufirma Pöhlmann Ärger, die die Vorgaben für die Ausführung von einem jungen Schnösel wie mir nicht so ernst nehmen wollte und sie eigenwillig veränderte. Gleichwohl ist alles dann gut abgeschlossen worden und die daraus entstandene Anlage hat sich bis zum heutigen Tag bewährt.

Da mein Vater es in den Jahren davor versäumt hatte, die Mieten an ein wenigstens annähernd handelsübliches und sachgerechtes Niveau anzupassen, mußte ich auch hier erst einmal eine für einen jungen Mann schwierige Rolle des fordernden Vermieters spielen. Vor allem bei dem im zweiten Stock wohnenden Ehepaar stieß ich dabei zunächst auf den

[26] https://de.wikipedia.org/wiki/Henne_Strand, Zugriff 1.6.2016.
[27] R.1.3, S.172f. — https://de.wikipedia.org/wiki/Hjerl_Hede, Zugriff 1.6.2016.
[28] FAWB4, S.18ff.

Versuch, meine Bemühungen ins Leere laufen zu lassen. So langsam lernte ich meine diesbezüglichen Rollen und setzte hier ebenso wie bei der befreundeten Familie im Parterre schließlich einen modernen Mietvertrag und eine angemessene Mieterhöhung durch. Die Familie im Parterre war ohnehin dabei, ein eigenes Haus zu bauen, sodaß zum 1.7.1970 hier neue Mieter einziehen konnten. Am schwierigsten gestaltete sich das Verhältnis zu meiner Stiefmutter im ersten Stock. Sie hatte nach dem Tod meines Vaters kein Wohnrecht mehr in der elterlichen Wohnung. Im gegenseitigen Einvernehmen konnte sie bis zum Einzug in das eigene Haus dort aber noch verbleiben, wofür der 1.7.1970 als Stichtag vereinbart wurde. Entsprechend schloß ich zu diesem Termin einen Mietvertrag mit Nachfolgemietern. Da auch Martha mich nicht ernst nehmen wollte und den Auszugstermin ohne jegliche Bereitschaft zu einer einvernehmlichen Lösung einfach verstreichen ließ, blieb mir auch im Interesse der wartenden Nachmieter nichts anderes übrig, als sie auf sofortigen Auszug zu verklagen. Den Prozeß habe ich auch problemlos gewonnen und sie mußte nach ergangenem Urteil zum Ende 1970 die Wohnung endgültig räumen. Das Verhältnis zur Stiefmutter war damit endgültig zerstört, womit ich angesichts meiner Einschätzung ihres Charakters sehr gut leben konnte.

Diese Schwierigkeiten mit der Baufirma, mit einer der Mietparteien und mit Martha sind erste Beispiele für die im Abschnitt 3.5.5 getroffene Aussage, wonach ich in meinem Leben aufgrund meiner überlegenden und abwägenden Art von anderen sehr oft unterschätzt worden bin. Menschen lassen sich unbesehen der Stichhaltigkeit der Argumente eher von einem forschen Auftreten beeindrucken als von einem freundlich und rational argumentierenden Intellektuellen, selbst wenn dessen Argumente die besseren oder sogar unwiderlegbar sind. Durch die mir eigene Hartnäckigkeit und durch entsprechend höheren und aufwändigeren Einsatz habe ich mich in der Regel dann schließlich jeweils doch aufgrund meiner besseren Argumente durchgesetzt. Dies erforderte aber natürlich einen beträchtlichen Mehraufwand, der auf Kosten meiner freien Zeit ging. Da die Verwaltung des Hauses in Nürnberg von München aus — und, wie wir bald sehen werden, teilweise sogar von den USA unter Mithilfe meines Freundes Peter aus — gemanaget werden mußte, erhöhte sich der resultierende Mehraufwand darüber hinaus noch zusätzlich. Mit guten Gründen könnte man all diese eigentlich unnötigen Erschwernisse dem unüberlegten Verhalten meiner jeweiligen Kontrahenten zur Last legen, was im Nachhinein wenig nützlich ist. Hilfreicher wäre, wenn andere aus diesem allgemeinen Lebensmuster Lehren für ihre eigene Zukunft ziehen und ein derart unnötiges und letztlich für sie selbst nachteiliges Verhalten vermeiden würden. Dieses hier ein weiteres Mal exemplifizierte spezifische Muster in meinem Leben ist in den vorangegangenen Kapiteln schon mehrfach mit *„Erschwernis* *mit glücklichem Ausgang"* apostrophiert worden. Die dazu soeben gemachten Überlegungen steuern weitere Erklärungen für das zugrundeliegende allgemeinere Phänomen bei.

Ab Anfang 1971 waren die Mietangelegenheiten dann also zunächst einmal unter Dach und Fach. Die bisherigen Mieter im zweiten Stock verblieben noch bis Ende 1976. Der Mann praktizierte als Arzt in Mögeldorf. Er verlor in dieser Zeit seine bald schwer erkrankte Frau, was dann zum Auszug führte. Die von mir neu eingeworbenen Mieter im ersten Stock wohnen dort noch bis heute, wie ich bereits im Abschnitt 3.5.4 erwähnt habe. Nur bei den Mietern im Parterre ist mir damals erst- und bis heute einmalig ein echter Fehlgriff unterlaufen. Denn es stellte sich bald heraus, daß die Frau unter starkem Alkoholismus litt und die ganze Familie dadurch zunehmend verwahrloste. Nur durch die finanzielle Großzügigkeit des Vaters der Frau konnte die eskalierende Situation 1972 mit einem für mich schadlosen Auszug der Familie gelöst werden, der dann eine neue, solide Mietpartei folgte.

Unsere am Beginn des Abschnitts 4.1 beschriebene Wohnung in Obermenzing war für unsere kleine Familie fürs erste durchaus angemessen und ausreichend. Wenige Monate nach meinem Dienstantritt an der TU keimten in mir jedoch Überlegungen im Hinblick auf ein eigenes Zuhause auf. Infolge meiner eigenen Kindheitserfahrung wußte ich nur zu gut von dem unschätzbaren Wert, den mein Elternhaus mit Garten für mich und meine jugendliche Entwicklung dargestellt hatte. So empfand ich quasi eine Verpflichtung, meiner Tochter ein solches Zuhause nicht vorenthalten zu dürfen und der ganzen Familie zu den eigenen vier Wänden und einem Garten darum zu verhelfen. Auch wenn es angesichts meiner zu diesem Zeitpunkt noch ungewissen beruflichen Karriere dafür viel zu früh war, begann ich im Sommer 1969 damit, Grundstücksangebote in der Zeitung zu studieren und entsprechende Objekte dann auch zu besichtigen.

In der Folge solcher sporadischen Grundstücksbesichtigungen kam ich eines sonnigen Tages auch zu dem Grundstück in der Rotkäppchenstraße mit der heutigen Nummer 91b in Waldperlach. Es war eingebettet in ein großes Gartengelände und nur in den Nachbargrundstücken seiner Ost- und Nordseite stand je ein zweistöckiges Gebäude. Ich setzte mich dort ins Gras dieser friedlichen Oase mit stattlichem alten Baumbestand und genoß seine Ruhe weitab von der nächsten Straße. Hier könnte man sich einen heimatlichen Wohnplatz errichten! Unverzüglich zeigte ich den Platz auch Jutta. Auch wenn sie nicht den Schimmer einer Ahnung hatte, wie sich ein solches Projekt in unserer Situation verwirklichen ließe, war sie sofort einverstanden.

Leider mußte uns der sofort kontaktierte Verkäufer mit der Nachricht enttäuschen, daß bereits mit einem anderen Interessenten die Vertragsverhandlungen kurz vor dem Abschluß stünden. Gleichwohl habe ich dem Verkäufer, dem sympathischen Oberstudienrat Eberhard Sigel, nachdrücklich verständlich gemacht, wie sehr ich an diesem für uns idealen Grundstück interessiert gewesen wäre. Man kann sein Glück nicht erzwingen und wir fügten uns in unser Schicksal.

Es gingen einige Wochen ins Land, in denen wir bereits jegliche Hoffnung begraben hatten, als wir von Herrn Sigel völlig unerwartet einen Anruf erhielten. Der Interessent habe Schwierigkeiten mit der Finanzierung und ob wir noch interessiert wären. Schon kurze Zeit später schlossen wir vor einem Notar den Kaufvertrag zu einem Preis von 105,- DM/qm für das über 1000qm große Grundstück. Wie schon als Jugendlicher war ich stets sparsam gewesen und hatte schon als Student meinen ersten Bausparvertrag abgeschlossen, der entsprechend aufgestockt nun für die Finanzierung des gesamten Betrages seine guten Dienste leistete. Das Muster *„Erschwernis mit glücklichem Ausgang“* war auch bei diesem Kauf ein weiteres Mal zutage getreten. Wir waren 1969 also glückliche Grundstücksbesitzer mit der motivierenden Aussicht auf ein künftiges und ideal gelegenes Einfamilienhaus geworden. Der Verkäufer hat uns sogar seine bereits gefertigten Entwurfspläne dafür überlassen. An eine Verwirklichung dieses Traumes war zu jener Zeit allerdings allein schon wegen des noch laufenden Garagenbaus in Nürnberg noch überhaupt nicht zu denken. Gleichwohl genossen wir in den darauffolgenden Monaten einige schöne Stunden in unserem eigenen Garten dort.

Natürlich begann ich sofort mit Erkundungen und Überlegungen, wie eine Finanzierung dieses Projektes zu stemmen sein könnte. Dabei lernte ich, daß die TU ihren Bediensteten in Sachen Wohnen unter die Arme greifen konnte. Unter der Bedingung, daß man eine Bedienstetenwohnung frei machen würde, gab es für die Finanzierung eines Hausbaus sogar einen zwar kleinen, aber hilfreichen Kredit zu optimalen Konditionen. Also beantragte ich erst einmal die Zuweisung einer Bedienstetenwohnung. Da es hierfür lange Wartelisten gab, mußten wir uns dafür erst einmal mehr als zwei Jahre gedulden. Parallel dazu machte ich mich über die Möglichkeiten des Vorgehens kundig, das zu einem Haus auf unserem Grundstück führen würde.

Wenn man sich all die bis hierher beschriebenen Verpflichtungen und Aktivitäten gebündelt vor Augen hält, so wird man zweifelsohne sofort erkennen können, daß die beiden Jahre nach Promotion und Heirat in extremer Weise mit Arbeit ausgefüllt waren. Erbauseinandersetzung, Regelung der Mietangelegenheiten für ein 3-Familienhaus sowie dessen laufende Verwaltung, Abriß des dortigen Hinterhauses und Neubau dreier Garagen sowie Grundstückskauf und entsprechende Planungen füllten neben dem beruflichen Neustart an der TU die „Freizeit“ des jungen Familienvaters lückenlos aus, der in der Familie für alle verwaltungsmäßigen Aufgaben allein zuständig war und sich angesichts der vollen beruflichen Tätigkeit seiner Frau auch bei familiären Pflichten zusätzlich engagieren mußte. Dazu gehörte beispielsweise auch die Betreuung des Babys, das nur vormittags und werktags von unserer damaligen Nachbarin, Frau Schmid, mitbetreut wurde, die ein ähnlich altes Kind hatte. An meine Geige war daher so gut wie nicht mehr zu denken und das Quartettspielen war völlig versandet. Auch meine Reflexionen mußten drastisch reduziert werden. Die schönen Studienzeiten waren endgültig vorbei. Jetzt bestimmten meine Verantwortlichkeiten und die äußeren Umstände den Rythmus meines Tuns, nicht mehr meine Reflexionen im stillen Kämmerlein oder in der freien Natur.

Zudem waren die finanziellen Rahmenbedingungen in jenen Jahren infolge der eingegangenen zwar vernünftigen, aber hohen Verpflichtungen sehr angespannt, auch wenn wir zusammen über ein monatliches Einkommen von immerhin etwa 3.500,- DM verfügen konnten. Das fehlende Geld war daher ein von Jutta immer wieder vorgehaltener Zankapfel in der jungen Ehe. Sie hätte es lieber gesehen, wenn wir mein Elternhaus verkauft und uns mit dem Ertrag ein angenehmes Leben gemacht hätten, wie es die Familie meiner Schwester getan hat. Mit mir war das aber unter keinen Umständen zu machen. Die Bewahrung des Elternhauses in Familienbesitz war für mich eine unverrückbare moralische Verpflichtung. So erwarb ich mir durch meine Beharrlichkeit und meinen vielseitigen Einsatz in jenen Jahren quasi nebenbei und im Selbststudium eine solide Basis des effizienten Managements und einer zuverlässigen Verwaltung meiner Unternehmungen, was mir bis heute sehr zugute gekommen ist.

Erstes USA-Jahr

Weiter oben in diesem Abschnitt 4.1 habe ich von dem Treffen und der Korrespondenz mit Professor Büchi berichtet, der mir versprach, sich in den USA nach einer Chance für mich umzuhören, dort ein Jahr an einer Universität zu arbeiten. Unabhängig davon unternahm ich mit Schreiben vom 9.1.1970 an den damaligen Verwaltungsleiter, Herrn Lester Earnest, des Artificial Intelligence Instituts von Prof. John McCarthy den Versuch, dort eine Postdoc Stelle zu bekommen, erhielt aber postwendend eine Absage. McCarthy war schon damals die Koryphäe der Artificial Intelligence (Künstliche Intelligenz) in den USA und erhielt daher wohl jede Woche eine solche Anfrage. Aber man konnte es ja einmal probieren.

Im Februar 1970 erhielt ich einen Brief datiert mit dem 4.2.1970 des Chairman, Herrn Martin Wechsler, des Department für Mathematik und Informatik der Wayne State University (WSU) in Detroit. Er habe von meinem Interesse an einer Stelle in seinem Department erfahren. Büchi hatte sein Versprechen gehalten und mein Interesse über irgendwelche Kanäle an die WSU weitergeleitet. Herr Wechsler berichtete davon, daß die WSU gerade dabei wäre, ihr Computer Science Program deutlich zu erweitern, und ermunterte mich zu einer Bewerbung. Stolz erwähnte er auch den 1MB Speicher des dortigen IBM-Rechners, was — für heutige mit Terabytes verwöhnte Nerds völlig unvorstellbar — damals in der Tat eine beachtliche Größe darstellte.

Mit Schreiben vom 11.2.1970 sandte ich ihm den erbetenen ausgefüllten Bewerbungsbogen und beschrieb meine Motivation für einen einjährigen Aufenthalt. Dabei beschrieb ich mein Interessengebiet als „Artificial Intelligence", speziell „theorem proving" (Automatisches Beweisen). Ein dreiviertel Jahr nach meinem Einstieg in die Informatik hatte ich mich fachlich bereits eindeutig auf diese Richtung festgelegt, die von Anfang an für mein Interesse an der TUM ausschlaggebend war.

In einem außerordentlich freundlichen weiteren Austausch von Briefen machte mir Herr Wechsler klar, daß sie mich eigentlich für eine längerfristige Anstellung haben wollten, um den Aufbau des Studienprogramms Informatik nachhaltig vorantreiben zu können, während ich klarstellte, daß ich nur für ein Studienjahr dort arbeiten wollte. Gleichwohl erhielt ich mit Schreiben vom 21.4.1970 aufgrund von befürwortenden Gutachten von Friedrich L. Bauer und Hans Langmaack ein Angebot als Visiting Assistant Professor für die Zeit September 1970 bis Juni 1971, das mit $14.000 dotiert war. Der Kurs des US Dollars stand 1970 bei 4 DM, während die Lebenshaltungskosten in DM gerechnet in den USA nicht viel höher waren als in Deutschland. Das ergab ein Monatsgehalt von 5.600 DM, welches zudem aufgrund von Abkommen zwischen Deutschland und den USA für mich steuerfrei war. Auch wenn der Kurs im Verlauf des Aufenthalts auf 3,50 DM fiel, war das ein mindestens dreifaches Gehalt im Vergleich mit dem an der TUM, was meine Entscheidung sehr leicht machte. Dabei war mir völlig klar, daß die WSU kein besonders hohes akademisches Ansehen aufweisen konnte, Detroit alles andere als eine reizvolle Stadt war und ich dort vor allem zum Aufbau eines Studienprogramms eingesetzt werden würde. Mit Schreiben vom 27.4.1970 nahm ich das Angebot an. Von meiner Stelle an der TUM wurde ich für diese 10 Monate beurlaubt und auch Jutta erhielt für diese Zeit eine Beurlaubung von ihrer Studienratsstelle.

Da die Vermietung einer möblierten Wohnung für eine beschränkte Zeit damals so gut wie nicht in Frage kam und nicht zuletzt auch im Hinblick auf unsere Bauabsichten kündigten wir unsere schöne Wohnung zum 31.7.1970, die der schon mehrfach erwähnte Klaus Lindner mit seiner Frau Evelyn nur zu gerne übernahm, der kurz vorher in unserer alten Mögeldorfer Kirche geheiratet hatte. Stattdessen mieteten wir im gleichen Haus einen

Teil des Dachbodenraums zur Aufbewahrung unserer Habe für die Zeit der Abwesenheit. Hans Czermak half uns, die Wohnung auszuräumen und zwei Stockwerke höher unter dem Dach zu verstauen. Zudem kaufte ich einen neuen VW-Käfer in US-Ausführung und gab meinen BMW dafür in Zahlung. In jenen Jahren konnte man VWs in den USA dem Vernehmen nach wieder gut verkaufen, was dann für das Ende des Aufenthalts mein Plan war.

Nach Verabschiedungen von Czermaks, meiner Schwester und den Kollegen (ua. beim Jugo) machten wir uns mit unserem neuen VW am Freitag 31.7.1970 morgens um 7 zu unserer großen, fast einjährigen Reise auf.[29] Wir hatten für uns drei und das Auto eine Überfahrt von Genua nach New York auf dem italienischen Luxusschiff *Raffaelo* gebucht. Wir mußten also mit dem Wagen erst einmal nach Genua fahren.

Am Comer See gab es leider Ärger mit der Polizei, die uns von hinten überholte und anhielt. Ich versuchte mein Italienisch bestmöglich einzusetzen, um herauszubekommen, was man mir vorhielt. Angeblich hätte ich ein Moped überholt, ohne Blinkzeichen zu geben. Dafür wollte man mir 3.000 Lire abknöpfen. Es war damals wohlbekannt, daß sich die italienischen Polizisten von deutschen Touristen auf diese Weise ein Zubrot verdienten, das in ihren Taschen verschwand. Wir verhandelten mindestens eine Viertelstunde, bis völlig unerwartet Jutta mit der kleinen Miriam auf dem Arm aus dem Wagen ausstieg und aufgebracht auf uns zukam. *„Da fährt man schon mit dem teuren italienischen Schiff und dann wird man von diesen Scheiß-Italienern auch noch derart schikaniert!“* schrie sie den beiden Polizisten ins Gesicht und kehrte zurück zum Auto. Einen solch mutigen — aber auch höchst gefährlichen — Ausbruch hätte ich ihr gar nicht zugetraut. Mir stockte das Herz. Nach langen Momenten der Sprachlosigkeit sagte der ältere der beiden auf Italienisch eindringlichst zu mir in etwa: *„Sagen Sie Ihrer Frau, Sie solle sich unbedingt mäßigen, und fahren Sie jetzt möglichst schnell weiter.“* Ich stieg sofort in den Wagen und fuhr so ordentlich wie möglich, innerlich aber höchst erregt davon.

Wir diskutierten während der Fahrt noch lange darüber, wie es zu diesem Sinneswandel bei den Polizisten hat kommen können, die so um ihre 3.000 Lire gekommen waren, und versuchten folgende Erklärung. Natürlich verstanden die beiden durchaus recht gut Deutsch, auch wenn sie mich zum Italienisch gezwungen hatten. Der Tatbestand der Beamtenbeleidigung war also unzweifelhaft gegeben und hätte uns um das rechtzeitige Erreichen von Genua bringen können. Aber eine kreischende Mama mit einem eineinhalbjährigen Kind auf dem Arm verfehlt bei einem italienischen Mann so gut wie nie ihre Wirkung, was immer sie auch von sich gibt. Da geht man als Italiener einer weiteren

[29] Schilderungen zu der Reise finden sich im AO Reflexionen unter R.1.3, S.198ff.

Konfrontation mit dieser keifenden Mama lieber aus dem Weg. Auch bei mir hatte Jutta durch diesen Auftritt damals sehr an Ansehen gewonnen.

In der Abenddämmerung erreichten wir Genua und mieteten uns dort für zwei Nächte im Hotel Scandinavia ein. Tags darauf übergaben wir der Schiffsverwaltung den Wagen und das Gepäck für die Überfahrt, was in der für Italien üblichen völlig chaotischen Weise ablief. Dann bummelten wir den sonnigen Tag über bei großer Hitze durch die Genueser Gassen. Am nächsten Morgen bestiegen wir dann das Schiff, das an diesem Sonntag, 2.8.1970, um 11 Uhr zu der 8-tägigen Überfahrt in See stach.

In den ersten drei Tagen kreuzte das Schiff durch das Mittelmeer und steuerte etwa drei Häfen für je einen kurzen Zwischenstopp an. Erst dann ging es durch die Meerenge von Gibraltar hinaus auf den Atlantik mit direktem Kurs auf New York. Auf dem Schiff freundeten wir uns mit einem ebenso jungen Schweizer Pärchen an, die gleichfalls ein akademisches Jahr in den USA verbringen wollten. Gemeinsam mit ihnen feierten wir Eßorgien mit bis zu zehn Gängen. Da bei stärkerem Wellengang sich der Speisesaal schnell leerte, unsere vollen Mägen dabei stabil blieben, wurden wir von mehreren Kellner gleichzeitig verwöhnt wie nie vorher oder nachher. Ansonsten vergnügten wir uns mit Schauen, Baden, Sonnen und dem dargebotenen Zeitvertreib. Ich gewann die unter den Schiffspassagieren ausgetragene Meisterschaft im Tischtennis. Am neunten Tag fuhren wir morgens, begrüßt von der Freiheitsstatue, in den New Yorker Hafen ein und betraten erstmals amerikanischen Boden.

In der feuchtwarmen Hitze verbrachten wir zwei Tage in New York und waren dann froh, diesem Moloch entfliehen zu können. In der Nähe der Niagara Falls übernachteten wir in einem Motel, um dieses grandiose Wasserschauspiel dann tags darauf zu bestaunen. Am späten Nachmittag dieses Donnerstag, 13.8.1970, erreichten wir am Ende einer zweiwöchigen Fahrt schließlich unser Reiseziel: Detroit.

Unter den ersten Aufgaben war eine Kontaktnahme mit den neuen Kollegen, allen voran dem Koordinator der Computer Science Section, Herrn Seymour Wolfson, die im Rechenzentrum untergebracht war. Alle unsere Zimmer waren fensterlos. Die kollegiale Hilfsbereitschaft beschränkte sich auf ein absolutes Minimum.

So machten wir uns alleine auf die Suche nach einer Wohnung für die kommenden zehn Monate und lernten dabei diese flächenmäßig riesige Stadt und ihre extremen Probleme hautnah kennen. Innerhalb weniger Tage fanden wir ein unmöbliertes Apartment in einer neuen Wohnanlage, die im Rechteck um ein schönes Schwimmbad angelegt war.[30] Sie lag in Fußentfernung sowohl zum Zentrum von Detroit als auch zur Universität. Das Zentrum

[30] App. 615, 1941 Orlean St., Detroit, meine 17te Wohnung.

Downtown Detroit am Detroit River, zugleich die Grenze zu Kanada, war damals von einem Slumgürtel umgeben. Unsere Wohnanlage befand sich an dessen äußerem Rand. Der Fußweg in die Innenstadt führte also mitten durch eine völlig heruntergekommene Region, in der verfettete Neger vor verwahrlosten Holzhäusern lungerten. Wir wurden eindringlich davor gewarnt, diese Region zu Fuß zu betreten. Im übrigen waren wir ohnehin wohl die einzigen Fußgänger in dieser Stadt, in der die Bewohner auch kurze Strecken nur mit dem Auto zurücklegten. Die meisten der Bewohner in der Anlage waren Schwarze. Wir fanden einen Möbelverleih, bei dem wir uns die nötigsten Gegenstände wie Bett, Tisch, Stühle etc. für das knappe Jahr ausleihen konnten.

Wie gesagt, das Auto war und ist wohl noch immer in den USA ein zentraler Lebensbezugspunkt. Daher ist man ohne USA-Führerschein ein absoluter Nobody, denn dieser dient beispielsweise zugleich als Personalausweis. Auch die Versicherung unseres Wagens erforderte die Vorlage eines inländischen Führerscheins. Also beantragte ich unter Vorlage meines deutschen Führerscheins ein solches Dokument. Selten in meinem Leben erfuhr ich eine derart demütigende Behandlung wie in diesem dafür zuständigen Amt. Mein bisheriger Schein galt null und nichts. Vielmehr bestand man auf der Ableistung der gesamten Führerscheinprüfung. Ich mußte also erst eine schriftliche Prüfung absolvieren, die ich ohne Vorbereitung auf Anhieb bestand, obwohl ich manche der Fragen infolge meiner beschränkten Englischkenntnisse überhaupt nicht verstand. Erst dann wurde ich zur praktischen Prüfung zugelassen. Diese konnte man im eigenen Wagen absolvieren. Da ich ja einen eigenen Wagen hatte, stand dem vermeintlich nichts im Wege. Denkste! Der Wagen war in Deutschland versichert, durfte damit zwar in den USA von mir herumgefahren, aber nicht für eine Führerscheinprüfung benutzt werden. Erst wenn ich eine US-Versicherung vorweisen könnte, wäre auch die Prüfung damit möglich. Aber um die Versicherung zu erlangen, benötigte ich erst die Prüfung. So biß sich die Katze in den Schwanz! Mit aufgestauter Wut sprach ich beim Chef des Rechenzentrums, Herrn Monroe, vor und bat ihn, mir seinen Wagen auszuleihen. Mit großem Zögern blieb ihm schließlich nichts anderes übrig als einzuwilligen und er übergab mir für eine Stunde seinen Riesenschlitten, mit dem ich zum Erstaunen der schwarzen Prüferin bei der Prüfungsstelle vorfuhr. Sie lobte am Ende der Fahrt dann überschwenglich meine Fahrkenntnisse, so als ob es höchst verwunderlich wäre, daß man auch in einem Land außerhalb der USA zum Fahren eines Autos in der Lage sein könnte. Jedenfalls war nun auch diese Hürde genommen.

Die Demütigungen, die ich mir nur bei Flüchtlingen in der Fremde noch schlimmer vorstellen könnte, waren damit noch nicht erschöpft. Auch wenn ich aus DM-Sicht viel Geld in Form von damals üblichen Traveller Cheques zum Start in der Fremde mitgebracht hatte, war dieses angesichts des Kurses 1:4 durch die hohen Startausgaben wie Wohnungskaution, Möbelmiete und -kaution, selbst eine Kaution für das Telefon usw. rasch aufgebraucht und das alles rettende erste Gehalt in den ersten drei Wochen halt noch nicht verfügbar. Kreditkarten gab es damals wohl überhaupt noch nicht. Mit meiner Hartnäckigkeit bekam ich dann doch eine kurzfristige Überbrückung, mutmaßlich von einer Bank.

Noch vor dem Beginn der Vorlesungen war ich in einem Schreiben vom 30.8.1970 von T.B. Steel auf Anregung und in Vertretung von Manfred Paul zur Teilnahme an einer 2-tägigen Sitzung der IFIP-Working Group 2.2 for Programming Languages in einem Hotel in Boston eingeladen worden.[31] Die Strecke von 1.150 km dorthin stand ich ohne jegliche Unterbrechung bis auf die nötigen Tankstopps im VW durch. An der Sitzung nahmen etwa ein Dutzend der damaligen Größen der internationalen Informatik-Szene teil. Darunter war der weiter oben bereits erwähnte Dana Scott, der das Treffen mit einer ausführlichen Darstellung seiner denotationalen Semantik dominierte. Erstmals begegnete ich unter den Teilnehmern auch dem oben ebenfalls bereits erwähnten John McCarthy, der mir vor allem durch sein ungewöhnliches Stirnband auffiel und der Sitzung nach kurzer anfänglicher Anwesenheit dann fernblieb, mutmaßlich weil er es vorzog, sich mit seinen alten MIT-Kollegen wie Marvin Minsky über Themen der Artificial Intelligence auszutauschen.

Während der 4-tägigen Abwesenheit von Detroit war ich nach einem Anruf „zuhause“ durch Andeutungen von Jutta äußerst beunruhigt worden. Einer der schwarzen Mitbewohner in der Anlage, der sie am Schwimmbecken anbaggerte, versuchte mit allen Mitteln, sie sich gefügig zu machen. Wenn auch mit größten Mühen, so gelang es ihr schließlich doch, ihn abzuschütteln.

Zurück in Detroit begann dann vor allem die Herausforderung der für mich völlig neuen beruflichen Aufgaben. Außer mir hatte das Department zwei weitere neue Assistenzprofessoren berufen, der eine aus Rumänien, der andere von den Philippinen.[32] Zusammen mit Wolfson waren wir also ein ziemlich zusammengewürfelter Haufen von Wissenschaftlern am Beginn ihrer Laufbahn. Besseres und senioreres Lehrpersonal war zu Beginn des Aufbaus einer Informatikdepartments nach Detroit mit seinem vor allem in den USA sehr schlechten Ruf als Wohnort nicht anzulocken. Wir haben aber durchaus gut zusammengearbeitet. Vor allem haben wir in den ersten Monaten gemeinsam den Studiengang Computer Science (graduate program) bis zur Erlangung des Master (M.Sc.) für das Department konzipiert, der dann von den Universitätsgremien offiziell in Kraft gesetzt

[31] Die bereits vorher erwähnte International Federation for Information Processing (IFIP) versuchte mit diesen international besetzten Arbeitsgruppen die Entwicklung der Informatik voranzutreiben.

[32] Der aus den Philippinen, Bill Torres, ging anschließend dorthin nach Manila wieder zurück. Von Herrn Abramson, dem rumänischen Kollegen, habe ich später nie mehr etwas gehört.

wurde. Damit war ich zum ersten Mal in meiner Karriere quasi als „Pionier“ tätig, eine Rolle, die sich später noch oft wiederholen sollte.[33] Aus diesen bescheidenen Anfängen ist auf dieser soliden Basis seitdem ein stattliches Department mit zwei Dutzend Professoren entstanden.[34]

Die Universität war nach dem Trisemester-Rythmus organisiert. Ich mußte also drei Semester à drei Monate in diesen zehn Monaten unterrichten, jeweils zwei bis drei Kurse in jedem Semester. Insgesamt unterrichtete ich die Kurse mit den folgenden Themen: Introduction to Formal Languages and Automata, Introduction to Numerical Algorithms (Digital Computation), Artificial Intelligence, Survey of Higher Programming Languages, Topics in Computer Science und Introduction to Fortran. Das sind sechs verschiedene Vorlesungen mit Inhalten, die mir bei Dienstantritt noch weitestgehend unbekannt waren. Bei einer derart hohen und herausfordernden Lehrverpflichtung bleibt so gut wie keine Zeit für die eigene Forschung. Allerdings hatte ich mir durch diese selbständige Lehre im Verlauf des Jahres ein relativ umfassendes Wissen in meinem neuen Fach Informatik aneignen können.

Unter den freiwillig gewählten Vorlesungsstoffen war neben der — unter Formalen Sprachen und Automaten firmierenden — theoretischen Informatik also auch Artificial Intelligence. Wie bis heute in den USA üblich legten wir den Vorlesungen jeweils ein Lehrbuch zugrunde. Das beste damals für dieses Fach verfügbare Lehrbuch war das von Banerji,[35] das mir aufgrund seiner mathematischen Orientierung sehr entgegenkam.

Neben dem Effekt der fachlichen Qualifizierung brachte ich mein Schulenglisch auf ein Niveau, mit dem ich am Ende des Jahres mündlich ebenso wie schriftlich kompetent kommunizieren konnte. Da in meinen Vorlesungen immer eine Reihe von schwarzen Studenten aus der Region saßen, deren Englisch im wahrsten Sinne des Wortes unter aller Sau und für einen Europäer so gut wie nicht verständlich war, mußte ich mir diese Kompetenz in einer extrem harten Schule erkämpfen. Die Studenten ebenso wie die Universität zeigte sich mit meinen Leistungen in der Lehre sehr zufrieden und hätte mich gerne für eine längere Zeit verpflichtet, was für uns aber überhaupt nicht in Frage kam.

Wie sich im Verlauf der Zeit herausstellte, hatte Herr Wechsler in seinen Anwerbungsbriefen in Bezug auf die Ausstattung des Rechenzentrums nicht übertrieben. Sie war derjenigen an der TUM weit voraus. Beispielsweise hatten wir eine direkte Verbindung

[33] In zwei Schreiben aus den nachfolgenden Jahren 1971 und 1972 berichtete mir Seymour Wolfson stolz vom Erfolg dieses von uns Vieren etablierten Programms.

[34] http://engineering.wayne.edu/cs/index.php, Zugriff 23.6.2016.

[35] Ranan B. Banerji, Theory of Problem Solving – An Approach to Artificial Intelligence, American Elsevier, NY, 1969.

zu den Rechnern der University of Michigan in Ann Arbor. Diese war eine der drei ersten Universitäten, die an das 1969 gestartete ARPA Netz angeschlossen wurden und damit das email-Zeitalter Anfang 1971 in Gang setzten. So lernte ich schon bald die Benutzung meiner Workstation zum Versenden von emails kennen und gehöre damit zu den weltweit allerersten Nutzern dieses heute jedermann geläufigen Kommunikationsmediums.

Auch wenn angesichts des beschriebenen Aufgabenpensums fast keine Zeit für die eigene Forschung übrig blieb, konnte ich doch zwei sehr unterschiedliche Ergebnisse erarbeiten. Das erste besteht in einer Erweiterung einer von Scott und Strachey vorgeschlagenen Sprache zur Formalisierung der Semantik von Programmiersprachen. Die Erweiterung betrifft die Hinzunahme von Sprüngen (Gotos), die von diesen Autoren nicht berücksichtigt waren.[36] Das Ergebnis habe ich sowohl Dana Scott als auch Manfred Paul mitgeteilt. Deren Reaktionen darauf haben mich aber nicht zur weiteren Verfolgung dieser Forschungsrichtung ermutigt. Allerdings habe ich im Gefolge und zum weiteren Austausch Dana Scott zu einem Kolloquiumsvortrag an unser Institut eingeladen. Dieser wurde mitten in seinem Vortrag durch einen recht deplatzierten Einwand eines Zuhörers so verärgert, daß er erbost den Saal verließ und so auf den Rest seiner Rede zur Enttäuschung der Zuhörer einfach verzichtete. Scott war eine Primadonna, die als solche behandelt werden wollte, was der Zuhörer bei seinem Einwand leider mißachtete. Ein derartiges Verhalten habe ich bei akademischen Vorträgen nur dieses eine Mal erlebt.

Mein eigentliches wissenschaftliches Interesse galt aber, wie weiter oben schon kurz ausgeführt, dem Gebiet des Automatischen Beweisens. Schon im Laufe meiner Arbeit in München hatte ich mir, ausgehend von dem mir wohlvertrauten formalen System der Prädikatenlogik von Schütte, das Vorgehen eines solchen Beweisers zurechtgelegt. Angesichts der hervorragenden Rechnerausstattung bot sich mir nun die Gelegenheit, auf dieser Grundlage ein Beweisersystem zu programmieren. Seymour Wolfson empfahl mir, dazu die auf unserem System vorhandene Programmiersprache SNOBOL4 zu verwenden. Ende 1970 lief dann mein erstes Beweiserprogramm für die Prädikatenlogik.[37] Das Ergebnis wollte ich zur zweiten IJCAI-1971 in London einreichen, wozu damals ebenfalls ein Abstrakt genügte. Aufgrund sehr unglücklicher Umstände, verursacht nicht zuletzt durch

[36] Wolfgang Bibel, Mathematical Semantics for a Language with GOTOS, Okt. 1970, unveröffentlicht. Die Arbeit wurde am 17.12.1970 als Abstrakt bei einer Konferenz in Hawai eingereicht, dort aber von dessen Program Chair M.A. Harrison nicht angenommen.

[37] Das Programm mit dem Namen PRV ist geschrieben in der Programmiersprache SNOBOL4 und umfaßt 219 Programmzeilen. Es befindet sich heute im elektronischen Museum für Theorembeweiser (http://theoremprover-museum.github.io/).

einen in England laufenden Poststreik, erreichte mein Abstrakt sein Ziel so spät, daß er aus diesem Grunde abgelehnt wurde.[38]

Ohne helfende Anleitung durch einen erfahrenen Professor, eine führende Institution im Briefkopf oder entsprechende Protektion hatte ein in der Wissenschaft Namenloser, wie ich es in der internationalen Informatik damals noch war, einfach keine Chance, in die inneren Zirkel vorzudringen und seine Arbeiten auf wichtigen Konferenzen zu platzieren. Deshalb gelang es mir erst auf der ersten Jahrestagung der Gesellschaft für Informatik im Oktober 1971 die Ergebnisse meines ersten Beweisers öffentlich zu machen.[39]

Ein Höhepunkt meiner wissenschaftlichen Aktivitäten war der Besuch des 3rd Annual ACM Symposium on Theory of Computing,[40] das vom 3.–5.5.1971 in Shaker Heights, Ohio, stattfand. Es erhielt seine historische Bedeutung durch den Vortrag von Stephen Cook über *The Complexity of Theorem-Proving Procedures*, in dem dieser das bis heute ungelöste Fundamentalproblem „P=NP?“ der Informatik erstmals formulierte. Der Sitzungsleiter zu diesem Vortrag war der schon im letzten Kapitel einmal genannte Juris Hartmanis. Dessen Auftreten ebenso wie das vieler anderer Teilnehmer unterschied sich so grundlegend von dem der deutschen Ordinarien, daß ich nicht nur von dem faszinierenden Vortragsinhalt sondern auch von der voll auf die Inhalte fokussierten Haltung der Teilnehmer besonders tief beeindruckt wurde. Es berührt mich noch heute, bei diesem wissenschaftshistorisch bedeutsamen Ereignis dabei gewesen zu sein, bei dem das fundamentalste Problem der Informatik erstmals in der Öffentlichkeit vorgestellt wurde. Der Inhalt dieses Vortrags, der sich überdies auf mein gewähltes Spezialgebiet bezog, bestärkte mich in der Wahl meines Spezialfaches und führte mir die allgemeine Bedeutung des Theorembeweisens eindrucksvoll vor Augen.

Jutta gelang es nach längerem Bemühen, an der Uni im Germanistik Department eine stundenweise Beschäftigung als Deutschlehrerin zu bekommen. Denn für sie war das Leben in dem kärglich eingerichteten Apartment wahrhaftig nicht ausreichend attraktiv. Nur in den Sommermonaten war die Anlage für sie ideal, weil vor allem Miriam das dort vorhandene und den Mietern zur Verfügung stehende Schwimmbad voll auskostete. Dort

---

[38]Mit Schreiben vom 25.2.1971 wandte ich mich an die British Computer Society mit der Bitte um Informationen zu dieser Konferenz, zu denen ich in Detroit keinen Zugang hatte. Infolge eines durch den Poststreik ausgelösten Embargos kam der Brief wieder zurück. Der dann am 11.3.71 eingereichte Abstrakt wurde postwendend am 14.3. und dann nochmals am 22.4.71 wegen Fristüberschreitung abgelehnt.

[39]Wolfgang Bibel, Ansatz zu einem systematischen mechanischen Beweisverfahren in der Prädikatenlogik. Informatik'71, 1. Jahrestagung der Gesellschaft für Informatik, S.56, 11.–14. Oktober 1971. Der Beitrag findet sich in meiner Schriftensammlung unter D23.

[40]Die ACM (Association for Computing Machinery) ist eine angesehene internationale Organisation zur Förderung der Informatik.

wurde wohl der Grundstock für ihre auch heute noch vorhandene und inzwischen auf ihre eigene Tochter übertragene Leidenschaft zum Baden gelegt.

Neben all diesem aufwändigen beruflichen Engagement nahmen wir uns natürlich auch die Zeit, Land und Leute kennenzulernen. In unserer Wohnanlage ergab sich ein sehr freundschaftliches Verhältnis zu unserer unmittelbaren Nachbarin, Frau Sobah, die gelegentlich auch unsere kleine Miriam betreute. Sie war von Herkunft Armenierin, und von ihr hörte ich erstmals von dem schrecklichen Genozid an diesem Volk Anfang des zwanzigsten Jahrhunderts. Mehrmals waren wir auch bei Familie Bruce und Jeanne Howard eingeladen, die wir durch die Möbelmiete kennengelernt hatten. Deren Tochter Charlotte besuchte uns Jahre später für einige Tage in München. Auch bei privaten Einladungen von Kollegen ergaben sich interessante gesellschaftliche Kontakte, nicht zuletzt mit europäischen Auswanderern. So erinnere ich mich besonders an einen gebürtigen Wiener, der von den phantasievollen Wiener Straßenbezeichnungen wie beispielsweise „Strudlhofstiege“ schwärmte und diese mit den phantasielosen Detroiter Straßennamen wie beispielsweise „Cass“ kontrastierte. Sein Heimweh war nicht zu überhören. Gegen Ende unseres Aufenthalts lernte ich auch den fleißigen Besitzer unserer Wohnanlage kennen, der sich persönlich um deren Ordnung kümmerte. So ergab es sich, daß ich ihm bei der Pflege der Grünanlagen an die Hand ging, wofür ich sogar ein paar Dollar Lohn von ihm bekam.

Als Europäer ließen wir uns auch das Kulturleben wie beispielsweise die Konzerte in der 2000 Zuhörer fassenden Cobo Hall (heute Cobo Center) nicht entgehen. Ein Höhepunkt unserer kulturellen Erfahrungen war der Klavierabend im benachbarten Ann Arbor mit dem legendären Arthur Rubinstein. Unvergessen ist dabei, wie mitten unter schwierigsten Passagen dessen Klavierstuhl zusammenbrach, der damals 84-Jährige den Satz in der Hocke aber trotzdem standhaft zuende brachte, wofür er dann einen besonders tosenden Beifall erntete.

Zur Kultur gehört auch die Art des Essens. In dieser Hinsicht litten wir an Kulturentzug in besonderer Weise. Vor allem das für einen Deutschen so wichtige Brotangebot empfanden wir als echte Katastrophe für uns. Welch eine Freude, als wir Ende Dezember in einem Supermarkt in Salt Lake City zum ersten Mal wieder ein richtiges Vollkornbrot entdeckten! Wir fanden dann heraus, daß es in Detroit am Sonntag Morgen ein deutsches Radioprogramm nicht zuletzt auch mit Hinweisen auf deutsche Bäcker und Metzger etc. in der Detroiter Region gab. Von da an wurde das Leben insoweit für uns wieder etwas erträglicher.

Am Ende des Herbsttrimesters machten wir uns kurz vor Weihnachten zu einer ersten großen Reise auf dem US Highway Interstate 80 gen Westen auf. Die hintere Lehne unseres

VW hatten wir dazu flachgelegt, sodaß Miriam ein richtiges Spielzimmer während der Fahrt zur Verfügung stand. Ihr machte das offenbar richtig Spaß, denn morgens schon ließ sie ihr erwartungsvolles *„tu me wiede autofahrn“* verlauten. In mehreren Etappen erreichten wir über das beeindruckend gepflegte Salt Lake City am Heiligen Abend 1970 ein blühendes San Francisco, das wir einige Tage erkundeten. Von dort ging es zu einem Aufenthalt in den Yosemite Nationalpark. Von dort weiter nach Los Angeles und San Diego, wo wir den großartigen Tierpark besuchten. Von da dann zum Grand Canyon, in den wir mit Miriam auf dem Rücken bis zur Mittelebene hinabstiegen. Es war ja Winter, sodaß wir in den Höhen der Rockies eisige Temperaturen erlebten. Über die Interstate 40, vorbei am Petrified Forrest und vielen anderen sehenswerten Regionen, ging es dann zur und über die Interstate 44 schließlich nach Detroit zurück.

Analog nutzten wir die freien Vorlesungstage am Ende des Wintertrimesters zu einer Reise in den Osten über die Great Smoky Mountains bis zu den Outer Banks in North Carolina. Zurück ging es von dort über das historische Williamsburg sowie durch Washington. Beide Reisen haben tiefe und bleibende Eindrücke und eine Reihe von Photos hinterlassen.[41]

Im Juni 1971 hatte ich alle meine Pflichten an der Universität erfüllt. Wir buchten einen Direktflug von Detroit nach Amsterdam. Die Rückgabe unserer gemieteten Möbel war schnell erledigt. Nur eine einzige große Hürde war noch zu überwinden: der Verkauf unseres VW. Die USA erlebten ausgerechnet zu jener Zeit eine Rezession, was die Nachfrage nach Autos dämpfte. Was sollten wir tun, wenn wir den Wagen nicht losbekämen? Nach meinem Lebensmuster *„Erschwernis mit glücklichem Ausgang“* meldete sich kurz vor der Abreise dann doch noch ein Interessent, mit dem ich sage und schreibe am Vortag des Abflugs handelseinig wurde.

Nach der glücklichen Landung in Amsterdam ging es erst zum Ausschlafen zur Schwiegermutter nach Bielefeld und von dort dann zurück nach München. Bereichert mit einem großen Erfahrungsschatz standen wir dort vor riesigen neuen Aufgaben.

Etablierung in München

Rückblickend kann ich mir die Frage stellen, was dieses in jeder Hinsicht anstrengende und aufwändige Jahr in den USA gebracht hat. Hat sich der Aufwand gelohnt oder wären wir besser beraten gewesen, unser Leben in München einfach fortzusetzen? Auch wenn solche Fragen hinsichtlich eingeschlagener Lebenswege in Bezug auf mögliche Alternativen

[41] FAWB4, S.30–41. R.1.3, S.207–213.

eigentlich nicht vernünftig beantwortet werden können, springen die Unterschiede doch ins Auge, die sich ausschließlich infolge dieses Auslandsjahres für unser Leben ergeben haben. Ich möchte die sich daraus ergebenden Folgen in subjektive, berufliche und private unterteilen und diese der Reihe nach jeweils kurz beschreiben.

Man kann sich vorstellen, wie das Jahr in München verlaufen wäre, wenn wir nicht in die USA gegangen wären. Es wäre halt in etwa so weitergelaufen wie vorher und dann nachher auch wieder. Im Vergleich dazu haben wir in den USA so viel Neues erlebt und erfahren, daß ich allein darüber locker ein ganzes Buch füllen könnte. Zweifelsohne verändert eine derartig reiche Erfahrungsfülle den Menschen nachhaltig und beschert ihm Fähigkeiten, über die er vorher nicht verfügen konnte. Subjektiv war dieses Auslandsjahr für jeden von uns daher in jedem Fall ein großer Gewinn, nicht zuletzt auch für unsere kleine Miriam, die im aufnahmefähigsten Alter von etwa zwei Jahren Vieles erleben konnte, was sich ihre zuhause gebliebenen Altersgenossen nicht einmal erträumen konnten, und gleichwohl immer in der sicheren Obhut ihrer Eltern geborgen war.

Die beruflichen Folgen unseres USA-Aufenthalts waren für mich besonders ausgeprägt. Mit Wirkung des 1.1.1973 wurde ich vom Bayerischen Kultusminister Hans Maier zum Oberassistenten ernannt, womit ich eine quasi unkündbare Dauerstelle als Beamter auf Widerruf erlangte. Auch wenn diese Beförderung erst eineinhalb Jahre nach der Rückkehr aus den USA erfolgte, ist es wohl sehr unwahrscheinlich, daß ich sie ohne diese sichtbare Qualifizierung erlangt hätte.

Mein Ansehenszuwachs unmittelbar nach der Rückkehr in meine Arbeitstelle an der TUM war sofort bei allen deutlich zu spüren. Dort hatte sich in der Zwischenzeit auch Einiges verändert. Herr Langmaack, mein bisheriger Betreuer und von mir sehr geschätzter Wissenschaftler, war leider schon 1970 als Ordinarius an die Universität des Saarlandes berufen worden. Herr Paul war Ende 1970 zum Ordinarius innerhalb der TUM befördert worden und Herr Eickel konnte sich der gleichen Beförderung ein Jahr später erfreuen. Diese Erhöhung der Professorenstellen brachte zugleich eine deutliche Erhöhung der Mitarbeiterstellen mit sich. Diese beiden ebenso wie die bisherigen Professoren Bauer und Samelson hatten daher einen großen Bedarf und ein Interesse an qualifizierten Mitarbeitern. Aus guten Gründen blieb ich trotz entsprechender Abwerbungsversuche unter der Betreuung von Herrn Samelson. Zum einen hatte er mir schon vorher jeden Freiraum in meinen Forschungen belassen. Zum anderen war er eigentlich der einzige unter den vier Genannten, dem wissenschaftliches Arbeiten echt am Herzen lag, auch wenn er selbst zu jener Zeit aufgrund seiner hohen Arbeitsbelastung so gut wie nicht mehr aktiv forschen konnte. Er war während meiner Abwesenheit in die Nord-Ost-Ecke des dritten Stocks im

Block B gezogen. In dieser Ecke bekam ich daher nun mein dienstliches Einzelzimmer mit Blick auf die Alte Pinakothek zugewiesen.

Das Institut war, wie weiter oben in Abschnitt 4.1 schon ausgeführt, bestens durchorganisiert und in Bezug auf die Verwaltungsaufgaben von einer zweiten Leitungsebene gemanaget. Nach meiner Rückkehr bot man mir an, in dieser zweiten Leitungsebene als für die Finanzen Zuständiger mitwirken zu dürfen, was ich gerne annahm. Von da an gehörte ich zu dem halben Dutzend von Mitarbeitern, die die Geschäfte des erheblich angewachsenen Instituts praktisch selbständig, wenn auch weisungsgebunden in Händen hielt. Besonders eng und gern gestaltete sich dabei meine Zusammenarbeit mit Frau Dagmar Hanisch, Herrn Hans Kuß und Herrn Heinz Moll. Wir vier überwachten in Bezug auf meinen Zuständigkeitsbereich der Finanzen gemeinsam das gesamte Budget, alle Beschaffungen, die Ausgaben usw. einer Gruppe von Instituten, die zu jener Zeit bereits ein Dutzend Professoren und insgesamt eine Größenordnung von 200 Personen umfaßte.[42] In dieser Funktion wurde ich zu einzelnen Besprechungsthemen sogar zum „heiligsten“ Gremium des Instituts, dem wöchentlichen Professorengespräch am Freitag nachmittags, hinzugezogen, in dem sich die Informatikprofessoren in allen wichtigen Entscheidungen absprachen. Ich lernte vieles Neue dazu wie beispielsweise die Mechanismen der akademischen Selbstverwaltung, die doppelte Buchführung und ein ordentliches Haushaltsgebaren. Das alles hatte zwar nichts mit dem zu tun, was man sich sonst unter der Arbeit eines Hochschullehrers vorstellt, war aber im Sinne der Selbstverwaltung nicht gänzlich unangemessen. In den Jahren 1972–1974 wurde ich zudem als Vertreter der wissenschaftlichen Mitarbeiter im Fachbereich Mathematik der TUM gewählt. Zudem wuchs infolge dieser Verantwortlichkeiten für das Institut mein Ansehen auch bei den Professoren.

Die schwierigste Umstellung an der TUM nach der Rückkehr aus den USA betraf die Lehre. In Detroit hielt ich meine eigenen und selbstgestalteten Vorlesungen. In München wurde ich nach dem hier noch fest verankerten Ordinariensystem wieder auf den völlig unselbständigen Tutordienst zurückgestuft, da die Vorlesungen selbst und vergleichbare Lehrveranstaltungen ausschließlich den Ordinarien und Habilitierten vorbehalten blieben, für die die Tutoren Hilfsdienste leisten mußten.[43] Ich fand mich mit dem Unverrückbaren

[42] Friedrich L. Bauer (Hrsg.), 40 Jahre Informatik in München: 1967–2007, Festschrift, 2007, S.13, wo sogar von 250 Personen die Rede ist.

[43] Daß auch diese Hilfsdienste von kleinen Erfolgen geprägt waren, erweist die folgende erfreuliche Begebenheit. Im Herbst 1972 führte ich die Aufsicht über die Durchführung der schriftlichen Diplom-Vorprüfung im Fach Mathematik, an der Hunderte von Studenten teilnahmen. Wie immer ging ich durch die Reihen und verschaffte mir dabei ein grobes Bild über den Fortschritt bei den einzelnen Studenten. Einer von ihnen wollte schon kurz nach Beginn wieder aufgeben. Ich ermunterte ihn nachdrücklich mit kleinen Fingerzeichen auf Details der Aufgaben, daß er doch vor einer durchaus lösbaren Aufgabenstellung stünde. Er ließ sich überreden. In den Jahren 2009–2016 arbeitete ich in einem Gremium der deutschen Gesellschaft für den Forschungstransfer mit Herrn Prof. Hartmut Raffler zusammen. Eines Tages erzählte

erst einmal wieder ab. Dank des Verständnisses von Herrn Samelson konnte ich in den folgenden drei Jahren wenigstens jeweils ein Seminar selbst gestalten, wofür ich die Themen Heuristik (1972),[44] Beweisverfahren für Programme (1973) und Komplexitätstheorie (1974) wählte.

Aus der Betreuung dieser Seminare ergaben sich dann auch unmittelbare Kontakte zu Studenten im Hinblick auf deren Betreuung bei der Anfertigung von Diplomarbeiten und bei der Durchführung von Praktika, die mir Herr Samelson ebenfalls gerne zugestand. Bis 1975 betreute ich so völlig selbständig die Diplomarbeiten der folgenden neun Studenten: Erhard Weiss, Friedel Georg Betzler, Peter Umminger, Josef Friedrich, Günther Hibsch, R. Neurath, Joachim Schreiber, Pius Fischer und Burkhard Stork.[45] Die meisten der Themen ergänzten meine eigenen Forschungen zum Theorembeweisen. Es bahnte sich so eine nicht unbeachtliche Forschergruppe auf dem Gebiet des automatischen Beweises an der TUM an, die zu jener Zeit ihresgleichen in Deutschland suchte.

Insgesamt erwiesen sich die beruflichen Folgen unseres USA-Aufenthaltes damit als höchst ergiebig für meine Hochschulkarriere. Neben den bislang ausgeführten subjektiven und beruflichen Folgen, die sich nach unserer Rückkehr einstellten, haben wir in diesem Unterabschnitt aber noch überhaupt nicht über die privaten Folgen gesprochen, denen wir uns jetzt zuwenden wollen. Wie schon am Ende des letzten Unterabschnitts angedeutet, standen wir nach unserer Ankunft in München im Juli 1971 vor riesigen Aufgaben.

Wir hatten ja wie berichtet vor der Abreise unsere Wohnung in Obermenzing aufgegeben und deren Möbel dort im Dachspeicher gelagert. Es galt also, schnellstmöglich irgendwo wieder ein Dach über dem Kopf zu finden. Diese Aufgabe gewann noch an Dringlichkeit durch die erfreuliche Tatsache, daß Jutta in den USA zum zweiten Mal ungeplant schwanger wurde und bei der Rückkehr bereits im sechsten Monat stand. Um Zeit für die Wohnungssuche zu gewinnen, mieteten wir uns erst einmal in einer Ferienwohnung im Süden von München ein.

Im obigen Unterabschnitt *Privatleben* hatte ich schon von der Möglichkeit einer Bedienstetenwohnung berichtet, über die wir dann auch zu einem günstigen Baukredit kommen könnten. Infolge der erneuten Schwangerschaft rückten wir in der Dringlichkeit auf der

---

er mir, daß es sich bei jenem Studenten um genau ihn gehandelt habe. Er hatte damals aufgrund meiner Ermunterung die Aufgaben dann tatsächlich doch noch nach Kräften zu lösen versucht und schließlich die Note 2 dafür erhalten.

[44]Diesem Seminar lag vor allem das Buch von Banerji zugrunde, über dessen Inhalt ich an der Wayne State University im Jahr davor eine Vorlesung gehalten hatte.

[45]Einige der überdies bei der Durchführung von Praktikumsarbeiten bis 1975 von mir betreuten Studenten waren: E. Hrabak, L. Metzger, J. Geyer, P. Juckel, J. Schlichter, H.F. Bischeltsrieder, Ursula Heyers und Ulrike Weng. Die Informationen zu den Themen finden sich in meinem ausführlichen Lebenslauf unter http://www.intellektik.de/index/WolfgangBibel.htm, Zugriff 27.3.2017.

Warteliste weit nach oben. Tatsächlich wurde uns recht bald eine Wohnung in einem größeren Neubau im Käthe-Bauer-Weg 11 in Laim zugesprochen. Dessen Fertigstellung war für November 1971 zugesichert. Wir mußten also lediglich vier Monate überbrücken. Für diese Zeit zogen wir in einen größeren Neubau im Friedrich-Engelsbogen 3 in Perlach ein. Vorsorglich kündigten wir diese Wohnung erst zum 30.11., um für den Fall des Falles einer Verzögerung der Fertigstellung der zugesagten Wohnung einen Puffer zu haben.

Am 28.10.1971 kam unsere kleine Nora auf die Welt, ausgerechnet an meinem 33ten Geburtstag. Die Fertigstellung der neuen Wohnung verzögerte sich tatsächlich. So konnten wir nicht wie gehofft, mit dem Neugeborenen gleich in die neue Wohnung ziehen. Und leider kam es noch viel schlimmer als vernünftigerweise vorhersehbar war. Denn als wir uns Ende November auf den Umzug vorbereiteten, wurde uns eröffnet, daß sich die Fertigstellung noch weiter verzögern würde. Was sollten wir tun? Am Vormittag des 1. Dezember, einem Mittwoch, standen die neuen Mieter erbarmungslos vor der Tür. Kulanterweise überließ uns die Hausverwaltung im Parterre des Hauses der alten Wohnung das Apartment, das bis dahin als Besichtigungswohnung für Mietinteressenten Verwendung fand, sich aber in einem hygienisch nicht allzu erfreulichen Zustand befand. Wir räumten an jenem Morgen des 1. Dezember daher eigenhändig unsere Habe zwei Stockwerke tiefer, während der Nachmieter bereits versuchte, seinerseits seine Habe in die von uns zu räumende Wohnung zu bringen.

Dieser Mittwoch hat sich als einer der schwärzesten Tage in unser Leben eingeprägt. Einen Monat nach der Geburt war die stillende Mutter für einen derart chaotischen Umzug unverschuldet völlig überfordert, was sich dann natürlich auch auf das Baby übertrug. Der Milchfluß blieb sofort aus, sodaß Nora von da an nur noch aus der Flasche versorgt werden konnte. Es gelang mir dann zwar, die Fertigstellung der neuen Wohnung als einziger im ganzen Neubau bereits zum 15.12. zu erzwingen, aber die beiden Wochen in der dreckigen Behelfswohnung ließen gleichwohl alles andere als Adventsstimmung aufkommen. Kann man die Bauplanung 3 Monate vor dem Fertigstellungstermin nicht wenigstens auf 1 Monat genau vorhersagen bzw. wenigstens kurzfristig verbindliche Aussagen treffen?! Offenbar nicht bei einem Bauvorhaben eines öffentlichen Bauherren wie dem Bayerischen Staat. Daß ich mich hier auf Zusagen verlassen habe, erwies sich im Nachhinein als ein großer Fehler. Aber hinterher ist man immer klüger. Zu Weihnachten waren wir dann endlich wieder in einer von der Anlage her recht schönen 4-Zimmer-Wohnung zu einem sehr günstigen Preis eingerichtet.[46]

[46]In diesem Jahr 1971 sind in meiner Wohnungsbilanz damit drei weitere Wohnung dazugekommen, sodaß es sich damit nunmehr um meine 20te Wohnung handelte.
FAWB4, S.42, zeigt Jutta mit Nora auf dem Balkon der neuen Wohnung.

Aus den USA sind wir ja ohne Auto zurückgekommen. Da ich bereits vor der USA-Reise ein überzeugter BMW-Fahrer war, kaufte ich in den ersten Tagen nach unserer Rückkehr auch gleich einen neuen 4-türigen BMW 1800, der der nunmehr vierköpfigen Familie in den Folgejahren zuverlässige Dienste leistete.

Auch wenn alle bislang geschilderten beruflichen und privaten Aufgaben nach der Rückkehr aus den USA ja durchaus einen nicht unbeachtlichen Umfang ausmachten, sah ich als meine Hauptaufgabe für das folgende Jahr den Bau eines Hauses auf unserem 1969 erworbenen Grundstück in Waldperlach an. Im obigen Unterabschnitt über unser USA-Jahr hatte ich das dort bezogene Gehalt genannt, das ohne besondere Sparanstrengungen und trotz der erheblichen Reise- und Umzugskosten umgerechnet in DM eine beachtlichen Summe ergab, die ich mit dem TUM-Gehalt niemals hätte ersparen können. Auf dieser finanziellen Basis war ich nun entschlossen, den Hausbau sofort zu wagen.

Wie oben im Unterabschnitt *Privatleben* erwähnt, erbrachte uns der Umzug in eine Bedienstetenwohnung den Anspruch auf ein in den ersten Jahren quasi zinsloses Darlehen von DM 20.000, auch wenn angesichts der geschilderten Umzugsproblematik der Preis dafür hoch war. Zusätzlich erhielt Jutta als Flüchtlingskind ein ebenfalls quasi zinsloses Darlehen von DM 13.200. Juttas Schwester Christa und ihr Mann halfen uns zudem mit einem günstigen Darlehen von DM 30.000. Das ergab schon DM 63.200 ohne besondere Belastung. Den erforderlichen Rest finanzierten wir mit einem entsprechend angesparten Bausparvertrag,[47] wofür eben vor allem das in den USA ersparte Geld eingesetzt werden konnte. Die Finanzierung stand also und war wie bei mir üblich auf Kante genäht. Wir mußten daher in den beiden Folgejahren trotz doppelten Einkommens weiterhin recht sparsam haushalten.

Ich konnte mich daher nun auf das Vorhaben als solches konzentrieren. Vor allem studierte ich wochenlang die Angebote der Hersteller von Fertighäusern. Am Beginn dieses Abschnitts 4.1 wurde bereits erwähnt, daß unser Institut 1969 in ein neues Gebäude eingezogen war. Durch mein Aufrücken in die zweite Führungsebene kam ich auch in den Kontakt mit dem Architekten dieses neuen Gebäudes. Wie für eine TU angemessen war dieser aus dem eigenen Hause. Genauer gesagt waren es derer zwei bestehend aus dem Professor und seinem Oberingenieur Ernst Bogenberger. Wie das in der Ordinarienuniversität der damaligen Zeit üblich war, heimste der Professor alle Ehre (und wohl auch nicht zu knapp bemessene Honorare) ein, während sein Oberingenieur den Großteil der Arbeit übernehmen mußte. Herr Bogenberger erinnerte auch gerne daran, daß er bei der Gestaltung eines Teiles der Villa Hammerschmidt in Bonn verantwortlich mitwirkte, in

[47] Die im Grundbuch eingetragenen Kredite beliefen sich schließlich auf knapp 200.000 DM.

der damals der Bundespräsident residierte. Seine Fähigkeiten sollten also für mein Haus mehr als ausreichen, zumal er mir einen kollegialen Preis für seine Arbeit zusagte.

Durch meine Studien von Fertighausplänen hatte ich bereits eine relativ feste Vorstellung vom Grundriß unseres Hauses, was zu intensiven Diskussionen mit Herrn Bogenberger führte, der gerne seinen künstlerischen Neigungen freien Lauf gegeben hätte, die nicht ganz im Einklang mit meinen rational begründeten und nutzungsorientierten Überlegungen standen. Heraus kam schließlich ein schöner Kompromiß eines ebenerdigen Einfamilienhauses mit Flachdach, das sich bis heute wunderbar in das Grundstück mit einem halben Dutzend alter Bäume einfügt und über sechs Zimmer verfügt. Es realisierte meine Vorstellungen zur Raumaufteilung, trug aber in den gestalterischen Details ganz die Handschrift des Architekten und erwies sich daher als das schöne Resultat einer sich bestens ergänzenden Kooperation.

Nach dem Eingang der behördlichen Baugenehmigung machte ich mich sofort auf die Suche nach geeigneten Baufirmen. Da unser Baujahr 1972 ausgerechnet in das Jahr der Olympischen Sommerspiele fiel, die im gleichen Jahr in München stattfanden, handelte es sich dabei wegen der durch die Olympiade verursachten völligen Auslastung des Baugewerbes in München um eine besonders schwierige Aufgabe, die ich gleichwohl recht gut lösen konnte. Dabei muß man sich aber vor Augen halten, daß ich Bauherr in der klassischen Weise war, der sich also um jedes der beteiligten Gewerke kümmern und die erforderlichen Terminabsprachen entsprechend koordinieren mußte. Ich übernahm die gesamte Bauleitung, war daher täglich auf dem Bau, um die korrekte Ausführung der durchgeführten Arbeiten zu kontrollieren und Fehler sofort zu monieren. Und wenn Not am Mann war oder sich ein teurer Handwerker einsparen ließ, dann übernahm ich oft auch selbst die Durchführung der entsprechenden Arbeiten. Bei Fragen oder Problemen stand mir Herr Bogenberger mit seinem fachmännischen Rat gerne zur Seite.

So erfolgte der erste Spatenstich Anfang Mai 1972 und bereits im November des gleichen Jahres zogen wir in unserem neuen eigenen, wenn damals auch noch unfertigen Heim ein.[48] Mit keinem der sorgfältig ausgesuchten und dann beauftragten Firmen für die mehr als zehn Gewerke wie Mauerer und Verputzer, Erdbauer, Zimmermann, Dachdecker, Schreiner, Installateur, Heizungsbauer, Elektriker und Fließenleger gab es irgendwelche gravierenden Probleme vor allem, weil ich die unvermeidlichen Fehler sofort monierte und diese daher umgehend und bereitwillig behoben wurden. Infolge der Sorgfalt, die ich beim Einholen der Angebote und der Prüfung der Aufmaße und der sich daraus ergebenden

[48]FAWB5, S.2, zeigt Bilder vom Zustand des Anwesens kurz nach dem Einzug mit unfertigen Außenanlagen. Dort ist auch unser BMW 1800 zu sehen. Der Carport wurde erst 1974 gebaut, wie die Bilder im FAWB5, S.14, zeigen.

Rechnungsbeträge an den Tag legte, gab es auch bei den Abrechnungen keinerlei ernste Probleme, vielmehr gelang es mir meist, noch einen Nachlaß auszuhandeln.

Unter den Eigenleistungen waren neben der alles entscheidenden Bauleitung und unzähligen kleineren Arbeiten beispielsweise das Ausheben eines etwa 8m langen und metertiefen Grabens für eine Leitung unter der überdachten Terrasse mit Pickel und Schaufel, weil dort ein Bagger nicht arbeiten konnte, das Fliesen des kleinen der beiden Badezimmer, das Verlegen und Verfugen der Klinker im 60qm großen Wohn- und Terrassenbereich sowie auf der Kellertreppe, das Tapezieren der Räume, die Verlegung des Teppichbodens in den Schlafräumen, der Einbau der Küche, der Ausbau des Hobbyraumes, der Ausbau des vom Zimmermann aufgestellten Balkengerüsts zu einem Carport mit einem Raum für Gartengeräte sowie die gesamte Gartenanlage samt Pflastern der Zugangswege, Errichtung eines Komposthaufens und Anlage mehrerer Gemüsebeeten.

Mein zeitlich ausgedehnter Einsatz für dieses Werk war natürlich nur möglich, weil ich als Assistent an der TU keinen festen Dienstzeiten unterworfen war und daher über meine Arbeitszeiten und Arbeitsschwerpunkte weitestgehend selbst bestimmen konnte. Meine Dienstpflichten habe ich dabei nie vernachlässigt. Für Forschungsarbeiten war die Zeit um das Jahr 1972 allerdings ein verlorenes Jahr. Erst im Laufe des Jahres 1973 fand ich wieder die Zeit diese zu intensivieren. Und auch für Vergnügungen wie beispielsweise Reisen war mit Ausnahme kleinerer Ausflüge[49] bis 1973 kein Raum mehr vorhanden.

Als ich mich an den Ausbau des Carports machte, fragte meine damals anwesende Schwiegermutter erstaunt: *„Kannst Du das denn überhaupt? Wo hast Du das denn gelernt?“* In der Tat kenne ich nicht allzu viele Menschen unter meinen Kollegen und Freunden, die in der Lage wären, ein Bad zu fliesen oder einen Klinkerboden so zu verlegen, daß der Unterschied zu einer entsprechenden vom Fachmann ausgeführten Arbeit praktisch nicht erkennbar ist. Was befähigte mich dazu, der Physik und Mathematik studiert hatte?

Der Fachmann verfügt über ein über die Jahre erlerntes Wissen und hat die erforderlichen Handgriffe so eingeübt, daß er sich deren nicht mehr bewußt ist. Seine Berufsausübung besteht in Reflexen, die in jahrelangem Tun eingeübt wurden, wofür ich in der Einleitung zu diesem Buch den Begriff von *reflexionsgeladenen Reflexen* geprägt habe. Wer wie ich Reflexion zu einem zentralen Fokus seines Lebens gemacht hat, der kann die fachmännische Ausführung auch aus dem Stand leisten. Denn er kann sich das fachmännische Wissen einerseits durch Erfragen, Nachlesen oder schlicht durch Nachdenken erarbeiten und er kann andererseits die Ausführung der Handgriffe bewußt so steuern, daß das Ergebnis den üblichen Ansprüchen genügt. Im Unterschied zum Fachmann kostet

[49] FAWB5, S.1, zeigt Bilder von einem solchen Ausflug nach Niederbayern während der Bauzeit 1972.

mir dies ein Vielfaches der zur Ausführung erforderlichen Zeit. Auch möchte ich nicht bestreiten, daß das Ergebnis bei einem guten und motivierten Fachmann natürlich besser sein *kann* als bei mir. Aber wieviele wirklich gute und sorgfältige Handwerker gibt es und welche von diesen bringt man dazu, daß sie sich bei einem ihnen erteilten Auftrag auch wirklich anstrengen, vor allem dann, wenn die Finanzen noch recht beschränkt sind?

In einer Situation war ich auf der Baustelle auch wirklich einmal überfordert, weil mein doch recht unerfahrenes Wissen die Situation falsch einschätzte und die Kräfte meines untrainierten Körpers den resultierenden Anforderungen einfach nicht gewachsen waren. Ich wollte einen Schubkarren voll mit Klinkern über ein Baubrett auf ein Podest balancieren. Unter dem Gewicht bog sich das Brett aber so tief durch, daß ich den Anstieg am Ende nicht mehr stemmte. Der Schubkarren neigte sich zur Seite und hebelte mir mit seinem Gewicht den Oberarm aus dem Schultergelenk. Ein erfahrener Handwerker hätte gesehen, daß das Brett dem Gewicht nicht gewachsen war, und dieses beispielsweise durch ein zweites Brett darüber verstärkt. Und er hätte die lange trainierte Kraft gehabt, den Karren zu balancieren bzw. wieder zurückzufahren. Die geschädigte Schulter, die mir auch später noch Probleme bereitete, war ein Preis, den ich zur Erreichung unseres hochgesteckten Zieles zahlen mußte.

So erschafften wir uns schließlich einen wahrhaft attraktiven Bungalow in einem einmalig gelegenen Grundstück zu einem infolge meines umfangreichen Einsatzes vergleichsweise sehr günstigen Gesamtpreis, den wir im Rahmen des oben skizzierten finanziellen Rahmens gut stemmen konnten. Wir haben das Haus dann mit ausgesuchten Qualitätsmöbeln auch sehr schön eingerichtet und so eine dauerhafte Grundlage für das Gedeihen der ganzen Familie geschaffen, wie sie in einer Großstadt wie München nicht hätte besser sein können. Meine inzwischen 21te Wohnung bot uns endlich wieder ein Zuhause von der Art, wie ich es von meinem Elternhaus her gewohnt war und in einer zehn Jahre währenden Odyssee durch unzählige Wohnungen entbehren mußte.

Jutta achtete auf die Pflege und Ordnung des Hauses, das daher auf Jahre hin immer den besten Eindruck hinterließ. Ihr Beitrag zum großen Projekt des Hausbaus beschränkte sich auf das Funktionieren unseres Haushalts trotz der extremen Belastungen und auf die gute Betreuung der Kinder. Von den erforderlichen Planungs-, Verwaltungs- und Organisationsaufgaben hatte sie leider wenig Ahnung und konnte daher bestenfalls kleine Hilfsdienste leisten. Nach der Zeit ihres Mutterschutzes bekam sie die Stelle einer Studienrätin am Gymnasium im nahegelegenen Ottobrunn, das sie mit dem Fahrrad erreichen konnte. Wegen der beiden kleinen Kinder wurde ihr Stundendeputat auf die Hälfte reduziert, natürlich auch mit entsprechender Gehaltsreduktion. Miriam erhielt einen Platz im

Kindergarten von Neubiberg, der zu Fuß in weniger als 5min erreichbar war, also quasi in Sichtweite lag.

Der Einzug in das eigene Heim und die sich daraus ergebende neue Situation, vor allem auch meine Höherstufung zum Oberassistenten zum 1.1.1973, markieren einen ersten Höhepunkt in meinem Leben viereinhalb Jahre nach dem im Abschnitt 3.5.5 beschriebenen Ausgangsplateau auf hohem Niveau. Nach der Fertigstellung der noch ausstehenden Restarbeiten, für die wir uns Zeit lassen konnten, blieben an unserer Wohnsituation keine Wünsche mehr offen. Unsere beiden Mädchen konnten in einem idealen Umfeld aufwachsen und gedeihen. Jutta konnte gleichwohl ihren Beruf ohne Abstriche bei der Betreuung der Kinder ausüben.

Für mich öffnete sich nun wieder die erkämpfte Freiheit, mich zunehmend meinen wissenschaftlichen Zielen zu widmen. Die Pflichten waren erledigt, sodaß ich mich nun der Kür zuwenden konnte. Vor allem begann sich auch die finanzielle Situation bald zu entspannen, denn mit zwei Gehältern und den drei Mieten aus den inzwischen stabilen Mietverhältnissen in meinem Elternhaus konnten wir die laufenden Lasten aus den Darlehen relativ problemlos bedienen. Stattdessen waren ja unsere bisherigen Mietzahlungen weggefallen und die hohen Inflationsraten in den siebziger Jahren ließen den relativen Wert der Schulden zudem rasch sinken.

Die Bilder der Jahre 1973–1975 zeigen daher eine glückliche junge Familie. Wir konnten uns wieder die Muse gönnen, an Wochenenden Spaziergänge in der Umgebung von München zu unternehmen oder den Tierpark zu besuchen.[50] Miriam fand im Kindergarten rasch Anschluß und konnte ihre Freunde zu uns einladen.[51] Nora kam dann im Herbst 1974 ebenfalls in den dortigen Kindergarten.[52] Wir fanden im Rahmen von Besuchen des Nürnberger Hauses und bei Tante Rola auch die Zeit, die Fahrten dorthin mit Ausflügen beispielsweise nach Vohenstrauß zu verbinden.[53]

Vor allem leisteten wir uns im Sommer 1973 erstmals wieder einen längeren Ferienaufenthalt auf dem am schönen Thiersee in Tirol wunderbar gelegenen Schröckenhof, der von der klugen Gisela Höss-Eschstruth hervorragend in Schuß gehalten wurde.[54] Da wir dorthin in einer Stunde gelangen konnten, wurde dies von da an ein öfter angesteuertes Ziel, beispielsweise auch wieder im Sommer 1975. Von dort besuchten wir einmal auch Hintertux im Zillertal, in dem ich mit meinen Eltern die im Abschnitt 2.5.3 beschrie-

[50] FAWB5, S.3ff und S..
[51] FAWB5, S.5.
[52] FAWB5, S.17 Rückseite.
[53] FAWB5, S.7.
[54] FAWB5, S.5f.

benen letzten gemeinsamen Ferien verbracht hatte. Diesmal verband ich diesen Besuch mit einer Ersteigung des 3476m hohen Gipfels des Olperer, wohl der höchste jemals von mir bestiegene Berg.[55] Im Sommer 1974 wählten wir zur Abwechslung Mariapfarr im österreichischen Lungau als Ziel für die Sommerferien, auch um uns dort zu gemeinsamen Unternehmungen mit unseren Freunden Czermak zu treffen, die sich inzwischen in Salzburg niedergelassen hatten. Kurz darauf feierten wir am 15.8.1974 Peters Hochzeit.[56]

Für Ostern 1975 mieteten wir uns eine Ferienwohnung in Sulden am Ortler, um dort nach Jahren auch wieder einmal Ski zu fahren. Nora war inzwischen schon dreieinhalb Jahre alt und rutschte tüchtig auf ihren kleinen Brettchen, während Miriam mit 6 Jahren ihre Skikünste im Skikurs verbessern durfte. Während unseres Aufenthalts dort ging eine von unserem Balkon aus sichtbare riesige Staublawine ins Tal und begrub auf der einzigen Verbindungsstraße Richtung Landeck eine Reihe von Autos samt deren Insassen, die dabei zu Tode kamen.

Wissenschaftliche Inhalte

Über meine wissenschaftliche Arbeit seit 1969 habe ich im laufenden Abschnitt schon mehrfach berichtet. Sie war vor allem durch die Einarbeitung in das mir neue Gebiet der Informatik geprägt. Im Verlauf des USA-Jahres gelang mir neben einer kleineren Arbeit zur Semantik von Programmiersprachen vor allem die Entwicklung und Programmierung eines neuen Beweisverfahrens für die Prädikatenlogik. Wie in dem Unterabschnitt über das USA-Jahr erwähnt, scheiterte die Einreichung der zugehörigen Arbeit für die IJCAI 1971 aus logistischen Gründen, sodaß die erste darauf basierende Publikation erst auf der ersten GI-Jahrestagung in Form einer Kurzfassung gelang, was mich verständlicherweise aber immer noch nicht zufriedenstellen konnte.

Ich machte mich nach meiner Rückkehr aus den USA daher an eine Ausarbeitung dieser Arbeit, die Anfang 1972 fertiggestellt war und zunächst als Bericht des Instituts zugänglich gemacht wurde.[57] Herr Bauer hatte zu diesem Zeitpunkt gerade eine neue Zeitschrift, die Acta Informatica, mitbegründet. Man empfahl mir hausintern daher, meine Arbeit dort einzureichen, wofür im Hause Herr Niegel zuständig war. Ich folgte also dieser Empfehlung. Bauer wählte als Gutachter den schon damals in der Informatik berühmten Donald Knuth von der Stanford University, eine aus folgenden Gründen nach meiner

[55]FAWB5, S.18f.

[56]FAWB5, S.13.

[57]An approach to a systematic theorem proving procedure in first-order logic. Bericht Nr. 7207, Technische Universität München, Abteilung Mathematik, 1972. Diese Berichte wurden weltweit an ausgewählte Institutionen versandt.

heutigen Einschätzung unpassende Wahl. Denn für die erste Arbeit eines Anfängers im Fach gleich die international höchste Koryphäe des Fachs als Gutachter heranzuziehen, ist schon für sich allein als nicht gerade sehr überlegt einzuschätzen. Vor allem aber hatte Knuth mit dem Automatischen Beweisen fachlich überhaupt nichts zu tun. Es ist die Aufgabe eines Herausgebers, als Gutachter jemanden auszuwählen, der sich zumindest in dem betreffenden Spezialgebiet gut genug auskennt, wie ich als langjähriger Herausgeber internationaler Zeitschriften selbst nur zu gut weiß. Knuth verspürte als Außenstehender dieses Spezialgebiets daher offenbar auch nicht die geringste Lust, sich dieser lästigen Arbeit zu unterziehen. Es verging daher ein Jahr, ohne daß irgendeine Reaktion von ihm kam. Am 22.2.1973 fragte ich nach bereits mündlich erfolgten Kontakten in einem Brief an Herrn Niegel nach dem Stand des Verfahrens. Nach weiteren Nachfragen ging Mitte 1973 endlich ein sachlich wenig aussagendes Gutachten von Knuth ein, das vor allem mein schlechtes Englisch monierte und einige Fragen zu der Arbeit stellte.

Ich erarbeitete daher eine Revision der Arbeit, die ich kurz darauf wie üblich wieder bei der gleichen Zeitschrift einreichte. Auf das erneute Gutachten von Knuth warteten wir wieder fast ein Jahr, das dann wiederum sehr verhalten und eher ablehnend ausfiel. Herr Bauer empfahl mir daraufhin, die Arbeit an einer bestimmten von mir nicht ausfindig gemachten Stelle beim Deutschen Museum anzumelden, um ihr damit ein offizielles Datum zu geben. Mit meinen heutigen Kenntnissen der akademischen Gepflogenheiten kann ich diesen Rat nur als zumindest unbedacht, wenn nicht vielleicht sogar etwas gehässig einschätzen, obwohl unser persönliches Verhältnis zu jener Zeit noch völlig unbelastet war. Ich folgte seinem Rat nicht, sondern sandte die Arbeit samt der beiden Knuthschen Gutachten stattdessen an den Herausgeber Prof. Rudolf Albrecht,[58] Uni Innsbruck, der Zeitschrift *Computing*, der sie angesichts des großen Namens von Knuth und seiner ja nicht völlig ablehnenden Aussagen und aufgrund eigener Prüfung mehr oder weniger postwendend zur Veröffentlichung angenommen hatte. So erschien diese im Wesentlichen aus dem Jahre 1971 stammende Arbeit schließlich mit dreijähriger Verspätung,[59] getreu dem inzwischen vertrauten Muster *„Erschwernis mit glücklichem Ausgang"*.

Die Schwierigkeiten bei dieser meiner ersten Zeitschriftenveröffentlichung in Informatik wurden gewissermaßen als Lehrstück hier etwas ausführlicher geschildert. Ohne sachgerechte Betreuung durch einen wohlwollenden Professor hat ein junger Wissenschaftler kaum eine Chance zum Reussieren. Weder in den USA noch an der TUM konnte ich

[58]In der Informatik und vergleichbaren Gebieten haben Professoren fast ausnahmslos auch einen Doktortitel, weshalb ich der Einfachheit halber meist nur den Professorentitel angebe, weil sich der Dr. damit von selbst versteht.

[59]An approach to a systematic theorem proving procedure in first-order logic. Computing *12*, 43–55, 1974.

mich einer entsprechenden Betreuung erfreuen. Aber aus dieser bitteren Erfahrung habe ich zumindest so viel dazugelernt, daß sich meine Publikationsrate später dann sehr viel erfolgreicher gestaltete.

Eine weitere Schwierigkeit im Zusammenhang mit dieser Arbeit bestand in dem Problem, mein an der Wayne State University in SNOBOL4 geschriebenes Programm auf dem Rechner der TUM zum Laufen zu bringen. Damit habe ich im Gegensatz zur Situation in den USA dann an der TUM leider viel letztlich vergeudete Zeit verbringen müssen, woraus ich den vernünftigen Schluß zog, angesichts der für meine Arbeit unzureichenden Rechnerausstattung an der TUM meine Zeit sinnvollerweise auf theoretische Arbeiten zu beschränken und das Programmieren erst einmal meinen Studenten zu überlassen und selbst zu unterlassen.

Über die mit dieser so ausführlich besprochenen Arbeit zusammenhängenden Ergebnisse habe ich in jenen Jahren noch auf drei verschiedenen Tagungen vorgetragen.[60] Dabei flossen zunehmend auch die Ergebnisse mit ein, die im Rahmen der Diplomarbeiten der im letzten Unterabschnitt genannten Studenten erzielt wurden. Dabei handelte es sich nicht nur um Verbesserungen am grundlegenden Verfahren, sondern beispielsweise auch um Erweiterungen auf die Prädikatenlogik zweiter Stufe bzw. um die Integration von Entscheidungsverfahren für Teile der Prädikatenlogik. Mit drei weiteren Veröffentlichungen im Jahre 1975 etablierte ich mich als einer der wenigen zu jener Zeit in Deutschland führenden Spezialisten auf diesem Teilgebiet der Künstlichen Intelligenz.[61]

An der TUM bin ich mit meiner wissenschaftlichen Spezialisierung unter den Professoren und leitenden Mitarbeitern quasi ein Exot geblieben. Durch die weiter oben schon erwähnte Berufung von Herrn Langmaack nach Saarbrücken, den Weggang von Frau Maison und dem Themenwechsel von Herrn Ciesinger war ich unter den Mitarbeitern der einzige, der aus der Gruppe „Mechanisierung der Mathematik“ übrig geblieben war, die mich letztlich an die TUM gelockt hatte. Formal wurde der Gruppe durch das Überregionale Forschungsprogramm (ÜRF) neues Leben eingehaucht,[62] mit dem der Bundesminister für Forschung und Technologie (BMFT) damals die Informatikentwicklung in Deutschland in Fortführung des vorausgegangenen ersten DV-Programms gefördert hat. Gleichwohl fühl-

[60] Tagung über Mathematische Logik, April 1972, Oberwolfach; Tagung über Automatentheorie und Formale Sprachen, November 1973, Oberwolfach; A systematic theorem proving procedure, Second Annual Computer Science Conference, Detroit, Michigan, USA, S.45, W10A9, 1974.
Von der erneuten Reise in die USA gibt es im FAWB5, S.10f, eine Reihe von Bildern.

[61] Es handelt sich um die Arbeiten D1, D2 und D3 in meinem Schriftenverzeichnis.
Zu den weiteren nennenswerten damaligen deutschen Wissenschaftlern auf diesem Spezialgebiet gehören John Darlington, Michael Richter und der bereits genannte Gerd Veenker.

[62] Im Rahmen des ÜRF wurde das Thema mit weiteren Inhalten wie „Stundenpläne“, „Algebraische Formelmanipulation“ und „Heuristik“ ausgeweitet.

te ich mich vom Rest des Instituts fachlich so isoliert, daß ich mich zu einer Art Nachweis meiner wissenschaftlichen Existenzberechtigung gegenüber meinen Vorgesetzten gedrängt fühlte. Dazu lag es nahe zu versuchen, eine inhaltliche Brücke zwischen deren und meinen Interessenbereichen zu bauen.

Bei der Suche nach Elementen für eine solche Brücke konnte ich angesichts der fachlichen Kluft nur außerhalb des Instituts fündig werden. Deshalb nutzte ich eine Reihe von Gelegenheiten zum Besuch von Konferenzen, wo jeweils die neuesten Ansätze und Ergebnisse von internationalen Forschern präsentiert wurden. Zu den drei bereits genannten Konferenzen, auf denen ich selbst vorgetragen hatte, kamen in den Jahren 1971–1974 noch sieben weitere dazu.[63]

Ein entscheidendes Element für diesen Brückenbau fand ich vor allem auf dem 1971 in Laibach/Ljubjana stattfindenden IFIP Kongreß. Im Programm hieß die Sitzung 53: *Program Construction and Verification.* In jedem der vier Vorträge darin wurde die Bedeutung von Beweisverfahren für die Programmierung herausgestellt. Vor allem der erste Vortrag von Bob Constable mit dem Titel *Constructive Mathematics and automatic program writers* faszinierte mich. Bob stellte darin seine Vision vor, mit automatischen Beweisern Programme zu synthetisieren, die er bis heute mit herausragenden Ergebnissen verfolgt hat. Das war das Baumaterial für die Brücke von meinen Beweisverfahren hin zu den in unserem Institut zentralen Themen der Programmierung und der Abarbeitung von Programmen in der Maschine, wie mir sofort klar wurde. Darüber hinaus handelte es sich dabei damals — und genauso noch bis heute — um eine für die Informatik fundamentale Fragestellung, an der eigentlich jeder Informatiker ein gewisses Interesse finden müßte. Auch die anderen drei Vorträge in der Sitzung behandelten für mich interessante Themen wie Programmverifikation und Programmtranslation, jeweils mit einem Beweiser als grundlegendem Werkzeug. Von da an war mir die Zielrichtung meiner Forschungsarbeit hin zur Habilitation klar vor Augen: Weiterentwicklung meines Beweisverfahrens und dessen Anwendungen auf die Programmierung.

Schon Constables Vortrag allein war es wert, die Reise nach Laibach zu unternehmen. Aber natürlich gab es dabei noch viele weitere lohnenswerte Eindrücke. Wir fuhren dorthin zu dritt und zwar mit den Kollegen Peter Deussen und Jürgen Eickel in meinem Wagen. Allein diese Tatsache demonstriert sowohl mein ausgezeichnetes Verhältnis zu den Kollegen an der TUM als auch die dienstliche Ebene der Kollegen, mit denen ich

[63] IFIP Congress, Ljubljana 1971; International Computing Symposium, Venedig 1972; 3. GI Jahrestagung, Hamburg 1973; Advanced Course on Semantics of Programming Languages, Saarbrücken 1974; 4. GI Jahrestagung, Berlin 1974; Algorithmen und Komplexitätstheorie, Oberwolfach 1974; IFIP Congress, Stockholm, 1974.
Zu letzterem finden sich Bilder im FAWB5, S.15.

schon 1971 einen freundschaftlichen Umgang pflegte. Denn diese beiden standen zu jener Zeit jeweils kurz vor ihrer Berufung zu ordentlichen Professoren an der Uni Karlsruhe bzw. an der TUM. Auf der Rückfahrt machten wir einen Umweg zur adriatischen Küste, um dort gemeinsam das Meer zu genießen und darin zu schwimmen.

Die Reise war auch unsere erste Reise in den damaligen Ostblock. Zwar gelang es dem jugoslawischen Diktator Tito, sein Land innerhalb dieses Blocks vergleichsweise etwas zugänglicher zu gestalten; gleichwohl war die erstmalige Durchquerung des Eisernen Vorhangs für uns alle schon mit einem besonderen Gefühl verbunden. Unvergessen ist daher umso mehr das rauschende Fest, das die slowenischen Kollegen quasi als Konferenzdinner für ihre Gäste aus aller Welt bereiteten. Zu diesem Zweck gab es nicht nur Wein vom Faß und köstliche Speisen in wahrhaft unbegrenzten Mengen, sondern man hatte sogar das örtliche Rathaus als Veranstaltungsort mit Zugang zu allen Diensträumen für die Gäste geöffnet. Man hätte die dort lagernden Akten studieren oder entwenden können, wenn der Wein nicht so köstlich gewesen wäre und solche Gedanken daher überhaupt nicht aufkommen ließ. Ein derart üppiges Konferenzdinner in ausgelassenster Stimmung habe ich danach nie mehr erlebt.

Von 1971 an war mein persönliches Forschungsprogramm, nochmals verstärkt durch den Constableschen Vortrag, also im Wesentlichen festgelegt. Weil dieses langfristige Programm von mir und vielen Kollegen weltweit bis zum heutigen Tage verfolgt wird, sei es hier allgemeinverständlich und anschaulich illustriert.

Durch die Arbeiten von Logikern und anschließend von Ingenieuren wie Konrad Zuse wurde in den Jahren etwa ab 1940 ein Gerät von einer Universalität geschaffen, wie es die Technologieentwicklung vorher noch nie hervorgebracht hatte, nämlich der Komputer. Denken Sie an irgendein anderes technisches Gerät Ihrer Wahl. Es ist immer auf die Lösung einer spezifischen Aufgabenstellung hin konstruiert. Beispielsweise dient eine jedermann vertraute elektrische Bohrmaschine zum Bohren von Löchern. Durch die Verwendung verschiedener Bohrer, die man in dem Bohrfutter der Maschine fest einklemmen kann, vervielfältigt sich die Funktion des Geräts, denn so wird es möglich, Löcher in verschiedenen Größen und in verschiedenen Materialien zu bohren. Durch Austausch des Aufsatzes können mit der gleichen Maschine noch andere, aber ähnliche Aufgaben wie beispielsweise das Schrauben ausgeführt werden. Kurz, eine Bohrmaschine dient zum Bohren und zur Ausführung von Funktionen, die dem Bohren ähnlich sind. Mehr kann sie nicht.

An welches technische Gerät haben Sie gedacht? Für dieses gilt das zu Bohrmaschinen Gesagte in analoger Weise und ich kann diese Feststellung treffen ohne zu wissen, woran Sie gedacht haben. Rasenmäher können Gras schneiden, Mikrophone Schallwellen in elektrische Impulse umsetzen, Waschmaschinen Wäsche waschen usw. usf. Im Gegensatz dazu sind Komputer *universelle* Maschinen in dem Sinne, daß sie im Prinzip *alle* denkbaren Aufgabenstellungen ausführen können, die als beliebige Funktionen mit Ein- und Ausgaben darstellbar sind und die sich als berechenbar erweisen. Beispielsweise könnte man mit einem Komputer auch einen Roboter bauen, der dann bohren, grasmähen, wäschewaschen, als Mikrophon dienen und auch die Funktion des Gerätes ausführen könnte, an das Sie gedacht haben.

Ein Analogon zu einem Komputer ist der menschliche Denkapparat in unseren Köpfen. Auch ein Mensch kann dank seines umfassenden Denkvermögens Bohrmaschinen, Waschmaschinen, Mähmaschinen usw. betätigen. Auch sein Denkapparat ist zu unterschiedlichsten Funktionen fähig, die letztlich zu der großen Vielfalt an sehr verschiedenen Berufen vom Handwerker über den Arzt bis zum Wissenschaftler geführt hat.

Etwas präziser formuliert ist ein Komputer universell in dem Sinne, daß er grundsätzlich jede berechenbare Funktion auch berechnen kann. Übersetzt in einen anschaulichen Jargon heißt das, daß er grundsätzlich für jede formulierbare Aufgabenstellung eine Lösung berechnen kann. Diese Universalität ist es, die dazu geführt hat, daß Komputer heute in praktisch allen Anwendungsbereichen zum Einsatz kommen, von der CNC-Maschine im Schreinerbetrieb über das Smartphone oder auch das Auto, in dem bereits eine Vielzahl von Komputern ihren Dienst tun, bis hin zu Robotern, die beispielsweise wie der Roboter Curiosity auf der Marsoberfläche zum Einsatz kommen und autonom ihren Dienst tun. Derzeit stehen wir an der Schwelle der Markteinführung autonomer Autos, die letztlich sicherer als die von Menschen gesteuerten fahren.

Komputer können also praktisch alles. Dies gilt allerdings mit einer „kleinen“ Nebenbedingung: sie müssen entsprechend programmiert werden. Analog unserer Bohrmaschine, die verschiedene Funktionen mit dem Aufsatz verschiedener Bohrer erfüllen kann, benötigt ein im Prinzip universeller Komputer zur Erfüllung jeder gewünschten Funktion eine entsprechende Software, also ein Programm. Es hat sich daher vom Beginn der Komputergeschichte an sofort das Problem gestellt, wie man für die Lösung einer vorgegebenen Aufgabenstellung ein dafür geeignetes Programm entwickeln könnte und in welcher Sprache man diese Programme formulieren sollte. Je nach wissenschaftlicher Vorbildung wurde diese Problemstellung sehr unterschiedlich angegangen. Logiker, aus deren Ideen die Komputer ja hervorgegangen sind, gingen sie diametral anders an als Numeriker, denen es vorwiegend um die Abarbeitung arithmetischer Ausdrücke beispielsweise bei der Berechnung von Polynomen ging.

Aus der Sicht von Logikern war mit den Komputern nun ein universelles Rechengerät geschaffen, das grundsätzlich eine jegliche Funktion berechnen bzw. eine jegliche Aufgabenstellung lösen kann. Die Entwicklung eines Programms zu einer vorgegebenen Aufgabenstellung ist nun aber selbst ein solches Problem, das man also auch mit einem Komputer lösen könnte, wenn man ihn dazu nur geeignet programmieren würde. Das ist — auch heute noch — ein wahrhaft sensationeller Gedanke, den man nicht einfach so überlesen, sondern genauer bedenken sollte. Denn er besagt, daß man im Prinzip für alle Zukunft nur ein *einziges* Programm entwickeln müßte, das dann in der Lage wäre, *jedes* andere Programm einfach auf der Grundlage der jeweiligen Aufgabenstellung automatisch zu berechnen. Angesichts seiner fundamentalen Bedeutung lohnt es sich, diesem universellen Programm einen eigenen Namen zu geben; nennen wir es $\mathcal{P}$. Bis heute konnte $\mathcal{P}$ nicht realisiert werden, da es sich bei seiner Entwicklung durchaus um eine Jahrhundertaufgabe handelt.

Eine Art von $\mathcal{P}$ ist uns recht vertraut, ohne daß wir uns dessen bewußt wären. Denn unser Denkapparat ist in etwa einer solchen Weise ebenfalls universell. Er versetzt uns in die Lage, im Laufe des Lebens eine unglaubliche Fülle höchst unterschiedlicher Aufgabenstellungen mit ein und demselben Denkvermögen zu lösen. Der menschliche Denkapparat verhält sich also in etwa wie das $\mathcal{P}$: zu jeder neuen Aufgabenstellung entwickelt er quasi ein Lösungsprogramm, das den Menschen im Erfolgsfall in die Lage versetzt, diese Aufgabenstellung zu lösen. $\mathcal{P}$ wäre also so etwas wie unser menschlicher Denkapparat, der unsere menschliche Intelligenz ausmacht. So ist nachzuvollziehen, daß sofort mit dem Erscheinen des universellen Komputers in den vierziger Jahren des letzten Jahrhunderts auch die Idee einer künstlichen Intelligenz (KI) der Art einherging, wie sie soeben erläutert wurde.

Nach diesen fachlichen Ausführungen über universelle Komputer läßt sich mein damals aufkeimendes Forschungsprogramm damit kurz so formulieren: *an der Entwicklung von* $\mathcal{P}$ *arbeiten.* Beweiserprogramme im Automatischen Beweisen kommen einem derartigen universellen Programm wie $\mathcal{P}$ schon recht nahe, wie man leicht einsehen kann. Denn sei A eine beliebige Aufgabenstellung, formuliert in natürlicher Sprache. Nach dem Vorangegangenen ist also $\mathcal{P}(A)$, das heißt die Ausführung von $\mathcal{P}$ mit A als Eingabe, ein Programm, das A löst. Sei nun $\mathcal{B}$ ein Beweiserprogramm für die Prädikatenlogik und A^ℓ unsere Aufgabenstellung, nun aber repräsentiert in der Sprache der Prädikatenlogik, was mit dem oberen Index ℓ zum Ausdruck gebracht werden soll. Dann ist $\mathcal{B}(A^\ell)$ ebenfalls ein Programm, das tatsächlich eine Lösung von A berechnet.

Anfang der siebziger Jahre erkannten eine Reihe von internationalen Forschern mit einer entsprechenden Logikvorbildung dieses Potenzial von Beweiserprogrammen. Der oben genannte Constable war einer unter ihnen. Sein damals in Laibach von mir gehörter Vortrag kann in meinem Leben als der auslösende Funke zu meiner endgültigen Identifikation mit dem sich daraus ergebenden langfristigen Forschungsprogramm angesehen werden.

Konkret bestand das Forschungsprogramm für mich in der Weiterentwicklung und Verbesserung meines 1970 in Detroit selbst entwickelten Beweiserprogramms und dessen Anwendung auf die Programmierung. Weit mehr als ein Dutzend von Studenten haben damals in diesem Forschungsprogramm vor allem beim Beweiserbau mitgewirkt. Dies hat uns innerhalb des Instituts Herr Samelson mit seiner Protektion und wohlwollenden Förderung ermöglicht. Formal waren wir im Überregionalen Forschungsprogramm Informatik (ÜRF) des Bundesministers für Forschung und Technologie (BMFT) weiterhin unter dem Thema „Mechanisierung in der Mathematik“ angesiedelt. Programmiert haben die Studenten meist in ALGOL60, einer Programmiersprache, die im Gegensatz zu dem in München leider nicht verfügbaren SNOBOL4 für solche nicht-numerische Aufgabenstellungen recht sperrig und daher nicht allzu geeignet war. Die Brücke hin zur Programmierung war zu jener Zeit erst einmal noch ganz meine eigene Forschungsangelegenheit. 1974 machte ich mich an die Erarbeitung einer Habilschrift zu genau dieser kombinierten Thematik, deren inhaltliche Grobstruktur etwa Mitte 1974 erarbeitet war.[64] Ende Dezember 1974 war die Arbeit fertiggestellt.

Bevor ich auf den Inhalt und Beitrag dieser Schrift eingehe, seien noch besondere Vorkommnisse auf zwei der bereits genannten Konferenzen erläutert, die ich im Laufe dieses Jahres 1974 besuchte. Wie bereits erwähnt präsentierte ich die Ergebnisse zu unseren automatischen Beweisern auf der ACM Konferenz, die im Februar 1974 in Detroit stattfand. Am Ende meines Vortrags stellte von ganz hinten im Saal ein Diskutant eine eingehende Frage, die ich trotz Rückfrage und Antwort darauf akustisch nicht genau genug verstehen konnte, was aber auch an der nicht selten unmöglichen und unüberlegt arroganten Art der Amerikaner gelegen haben dürfte von jedermann zu erwarten, daß er auch ohne besondere Anstrengung des Sprechenden dessen amerikanischen Slang einfach zu verstehen habe. Der Sitzungsleiter empfahl uns beiden eine persönliche Aussprache darüber im Anschluß an die Sitzung. So kam der Diskutant danach zu mir, stellte sich als Don Loveland vor und verabredete sich mit mir in seinem Hotelzimmer zu einem intensiveren fachlichen Austausch.

[64] Im Bericht des Senatsbeauftragten F.L. Bauer vom 1.7.1974 zum Stand des Forschungsvorhabens im Überregionalen Forschungsprogramm Informatik (ÜRF) des Bundesministers für Forschung und Technologie (BMFT) findet sich auf S.10 unter der Überschrift „Programmsynthese“ bereits die Thematik der Anwendbarkeit des Kleene-Nelson-Theorems aufgeführt, das in der Anwendung von Beweisverfahren für die Programmierung eine zentrale Rolle spielt.

Don zeigte sich während des angenehmen Gesprächs an unserer Arbeit sehr interessiert und war auch recht geduldig mit meinem Handicap, mich in Englisch nicht so versiert wie er ausdrücken zu können. Gleichwohl scheine ich ihn von unseren Ergebnissen nicht wirklich überzeugt zu haben. Denn in seinem wenige Jahre später erschienenen Lehrbuch, dem ersten weltweit über unser Fachgebiet Automated Theorem Proving (ATP) oder Automatisches Beweisen, sucht man meinen Namen vergeblich.[65] Der Grund mag auch darin gelegen haben, daß sich das Buch praktisch ausschließlich der Methode der sogenannten Resolution im ATP widmete, während ich einen dazu alternativen Ansatz verfolgte und noch immer verfolge, der in seinem Buch überhaupt keine Erwähnung findet. Im Abschnitt 4.2 werden wir davon erfahren, wie sich später die kollegiale Freundschaft zu Don gleichwohl noch sehr viel stärker entwickeln sollte.

Mein Besuch von Detroit anläßlich dieser Konferenzteilnahme nutzte ich auch, die Stätten meines Wirkens in dieser Stadt drei Jahre vorher aufzusuchen. Nie ist mir die Vergänglichkeit unserer menschlichen Existenz so drastisch vor Augen geführt worden, wie bei dieser Spurensuche. Zwar hatte sich unsere damalige Wohnanlage an der Orlean Street nicht verändert, aber keiner der damaligen Bewohner wie beispielsweise die liebe Frau Sobah war noch auffindbar. Mit Ausnahme von Wolfson waren auch die damaligen Informatikkollegen nicht mehr am Institut. Amerika ist ein erlebbar extrem dynamisches Land, in dem Deine Spuren nur allzu rasch verwehen.

Im August 1974 besuchte ich wie schon 1971 wiederum den IFIP Kongreß, der diesmal in Stockholm stattfand. In der Sitzung 404 mit dem Titel *Logic and Data Bases* trug Robert Kowalski über das Thema *Predicate Logic as Programming Language* vor und hinterließ bei den Zuhörern damit einen außerordentlichen Eindruck. Das war exakt das Thema, an dem ich zu diesem Zeitpunkt gerade intensiv mit dem Ziel einer Habilschrift arbeitete und in dem mein Bemühen schon weit fortgeschritten war. Da sich mein Ansatz von dem Kowalskischen in wichtigen Details unterschied, erkundete ich durch eine Frage in der öffentlichen Diskussionsrunde im unmittelbaren Anschluß an seinen Vortrag, inwieweit er sich bereits in der von mir verfolgten Richtung auskannte. Seine vage Antwort darauf zeigte mir, daß ich ihm in dieser Hinsicht noch voraus war. Wissenschaft besteht auch in einem zeitlichen Wettbewerb, der durchaus hart sein kann: wer nicht als erster durch's Ziel geht, hat verloren und muß sich ein neues Ziel suchen. Mir war nun aber jedenfalls klar geworden, daß ich mich in meiner Arbeit sputen mußte.

---

[65] Donald W. Loveland, Automated Theorem Proving: A Logical Basis, North-Holland, 1978.
Don war sehr sparsam mit seiner Auswahl an Referenzen in diesem Buch. So erging es auch anderen und damals bereits bekannteren Kollegen in diesem Buch ebenso wie mir.

Mein Mentor an der TUM, Herr Samelson, war bei diesem Vortrag unter den Zuhörern und konnte sich daher anhand meines Diskussionsbeitrags auch von meinem weit fortgeschrittenen Wissensstand in der Thematik überzeugen. Leider beschäftigte ihn mehr seine eigene persönliche Reaktion auf den Inhalt des Vortrags, die er am Ende der Sitzung mir gegenüber mit den Worten „*Kowalski ist ein Schwindler*" zum Ausdruck brachte. Auf den Versuch einer Erklärung dieser merkwürdigen Reaktion werden wir im nachfolgenden Abschnitt kommen.

Meine Habilitationsschrift,[66] bereits oben kurz als Habilschrift apostrophiert, besteht in einem Schritt hin zur Entwicklung des oben beschriebenen universellen Programms $\mathcal{P}$. Sie bestand aus zwei Teilen. Der eine Teil entwickelt den Ansatz der Prädikatenlogik (erster Stufe) als einer Programmiersprache, der andere beschreibt den erreichten Entwicklungsstand meines Beweisverfahrens, mit dessen Hilfe dieser Ansatz realisierbar ist. Der zweitgenannte Teil besteht in einer Arbeit, die damals bereits zur Veröffentlichung angenommen wurde[67] und hier kurz mit [4] bezeichnet wird. Die enge Beziehung der beiden Teile untereinander wird an mehreren Stellen betont, beispielsweise heißt es auf S.10: „*... somit die vorliegende Arbeit die Arbeit [4] voraussetzt und einschließt, ...* ".

Ein Teil der Arbeit bestand also in meinem über Jahre entwickelten Beweisverfahren, mit dem ich mir schon damals einen internationalen wissenschaftlichen Namen erworben hatte. Seine Weiterentwicklung gilt bis heute als eines der führenden Beweisverfahren weltweit und die damalige Version enthielt bereits die grundlegenden Merkmale auch der späteren Versionen. Selbst technische Verbesserungen des grundlegenden Verfahrens, wie beispielsweise die Technik des sogenannten *splitting by need*, waren schon damals enthalten und sind dort klar beschrieben.[68] Da hinter diesem Teil wahrhaft harte wissenschaftliche Entwicklungsarbeit stand, erlaubte ich mir im anderen Teil einen informelleren Stil. Denn das dort behandelte Thema war zu umfassend, um in einer einzigen Arbeit abschließend behandelt werden zu können. Auch wollte ich ja, wie oben beschrieben, mit dieser Arbeit eine Brücke hin zu den Interessensgebieten der Informatikprofessoren der TUM bauen. Da diese so gut wie keine Vorkenntnisse in der Logik hatten, war dieser informellere Stil nach meiner Überzeugung nicht nur völlig angebracht sondern sogar geboten. Gleichwohl enthielt auch dieser Teil innovative neue Erkenntnisse wie beispielsweise die folgenden,

[66] Wolfgang Bibel, Programmieren in der Sprache der Prädikatenlogik, Habilitationsschrift, vollendet Dezember 1974, eingereicht 1975.

[67] W. Bibel, J. Schreiber, Proof search in a Gentzen-like system of first-order logic. Proceedings of the International Computing Symposium, North-Holland, Amsterdam, 205–212, 1975.
Die Arbeit ist auch veröffentlicht als Bericht Nr. 7412 der TUM. Schreiber war einer der von mir damals betreuten und bereits genannten Studenten.

[68] Siehe Abschnitt 5, S.16, im Anhang der Habilschrift.

die ich der Vollständigkeit halber aufliste, deren Details ein Leser ohne einschlägige Informatikkenntnisse aber auch einfach überspringen kann.

1. Im Abschnitt 4 wird anhand eines Beispiels der allgemeine Zusammenhang zwischen Beweisschritten in einem Beweiser und den entsprechenden Berechnungsschritten in einer Standardprogrammiersprache aufgezeigt.

2. Im Abschnitt 6 wird erstmalig die Natur eines Algorithmus als ein aus einem logischen Anteil und einem Steuerungsanteil bestehendes Konzept erklärt, was erst fünf Jahre später der bereits genannte Kowalski zum Hauptthema einer Publikation machte, in der meine Arbeit auch zitiert ist.[69]

3. Die Formel 6.5 auf S.24 zeigt erstmals einen sogenannten Konnektionsbeweis. Wegen der fundamentalen Bedeutung von sogenannten Konnektionen in meinem Beweisverfahren, wurde die in der Habilschrift für mein Verfahren verwandte Bezeichnung „Systematische Methode“ von mir später in „Konnektionsmethode“ umbenannt. Inhaltlich war das Vorgehen der Konnektionsmethode aber schon in der Habilschrift enthalten, wie diese Formel explizit bestätigt.

4. Im Abschnitt 7 führe ich einen Ansatz zur Erarbeitung des Steuerungsanteils eines Algorithmus mithilfe eines Vorläufers von Lernverfahren ein, die in ausgereifter Form heute in vielen Anwendungen zum Einsatz gelangen, damals aber einen völlig neuen Ansatz darstellten.

5. Der gesamte in diesem ersten Teil der Habilarbeit umrissene Ansatz einer „prädikativen Programmierung“ geht weit über die in PROLOG verwirklichte Logikprogrammierung hinaus und ist selbst bis heute nur rudimentär realisiert worden.

6. Eine Reihe von wichtigen Konzepten aus der klassischen Programmierung werden im Kontext der prädikativen Programmierung erläutert (Abschnitte 8–11), womit diese bis dahin adhoc verwendeten Konzepte erstmals eine theoretische Fundierung erhalten.

Aufgrund der Gesamtheit der in der Habilschrift erarbeiteten wissenschaftlichen Ergebnisse erfüllte mich ihre Vollendung im Dezember 1974 mit echtem Stolz. Das sich an diese Fertigstellung anschließende Habilitationsverfahren werden wir dann zusammen mit der weiteren Entwicklung meines Fachgebiets KI im nächsten Abschnitt beschreiben. Dann wird sich dem Leser auch erschließen, warum ich so ausführlich auf den Inhalt der Habilschrift eingegangen bin.

[69] R. Kowalski, Algorithm = Logic + Control, Communications ACM, 22, 424–436, 1979.

4.2 KI Etablierung

Im letzten Abschnitt habe ich die ersten gut sechs Jahre meiner Karriere als angehender Wissenschaftler beschrieben. Sie hätten besser eigentlich nicht laufen können. Ich hatte eine Stelle in einem passenden Umfeld gefunden, die im Verlauf sogar zu der eines Oberassistenten aufgewertet wurde, was die wichtige Aufhebung der zeitlichen Befristung meiner Anstellung zur Folge hatte. Mindestens ebenso wichtig war die weitsichtige Wahl eines persönlichen Forschungsprogramms im Umfeld des Automatischen Beweisens mit einer Brücke hin zur Programmierung. Meine Publikationsliste umfaßte Ende 1974 für die damalige Zeit schon beachtliche zwölf Einträge. In einem Auslandsjahr als Assistant Professor in den USA habe ich mir eine ungewöhnlich umfangreiche Lehrerfahrung und auch internationales wissenschaftliches Ansehen erwerben können. Auch an der TUM gelang es mir, über die assistierende Lehrtätigkeit hinaus eigenständig Seminare abzuhalten und insgesamt 16 Studenten selbständig und erfolgreich zu betreuen. Dort habe ich mich zudem in der Leitungsebene bei der Verwaltung dieses großen Instituts als einer in der nur wenige Mitarbeiter umfassenden Führungsriege erfolgreich engagiert und war auch als gewählter Vertreter der Mitarbeiter tätig. In einer angemessenen und deutschlandweit üblichen Zeit, sechseinhalb Jahre nach der Promotion, konnte ich die Arbeit an einer Habilarbeit erfolgreich vollenden. Und auch privat lief alles bestens, nicht zuletzt auch aufgrund unseres optimalen Wohnhauses in Waldperlach.

Hätte ich auf solch einer geradezu brillianten Grundlage nicht erwarten können, endlich einmal mein nun im Verlauf dieser Buchseiten schon vielfach zitiertes Lebensmuster zu durchbrechen und den *glücklichen Ausgang* des nun anstehenden Habilverfahrens ohne eine vorangehende *Erschwernis* zu erreichen?! Was sollte jetzt bei diesem Verfahren noch schief gehen?! Leider war das Lebensmuster stärker und hat auch diesmal wieder gesiegt. Es hat mir eine Erschwernis von ungeahntem und beispiellosem Ausmaß in den Weg gestellt, die mir in den nun folgenden 13 (!) Jahren arg zu schaffen machte, bis sich nach dieser langen Zeit der *glückliche Ausgang* endlich einstellte. Von dieser langen Zeitspanne wird in diesem Abschnitt die Rede sein.

Habilitationsverfahren

Bevor ich den Verlauf meines Habilverfahrens im Folgenden darstelle, sei erst einmal erläutert, worum es sich bei der Habilitation eigentlich handelt. Universitäten sind ja weltweit wohlbekannte Institutionen. Weniger bekannt sind ihre internen Organisationsstrukturen, die von Land zu Land auch nicht unerheblich differieren. Das in Deutschland damals übliche Habilverfahren gab es in dieser Form im Wesentlichen nur im deutschsprachigen Raum. Es gab — und es gibt auch heute noch — an allen Universitäten weltweit ein unterschiedlich gehandhabtes Verfahren, mit dem durch entsprechend befugte Gremien entschieden wird, ob ein Wissenschaftler seine wissenschaftlichen Fähigkeiten über die Dissertation hinaus sowie seine Eignung zur Lehre soweit nachgewiesen hat, daß er dauerhaft an einer Universität bleiben und lehren kann, vorausgesetzt eine entsprechende Stelle ist dafür verfügbar. Diese grundsätzliche Entscheidung ist für Universitätskarrieren natürlich nicht nur sinnvoll, sondern unabdingbar. Denn nicht jede Person mit einem durch eine Dissertation erworbenen Doktortitel taugt automatisch auch zu einem Hochschullehrer. In der Regel wird diese Entscheidung einige Jahre nach der Promotion getroffen.

In meinem Fall ging es zunächst aber nicht um eine Stelle, da ich mich als Oberassistent ja bereits in einer unbefristeten Universitätsanstellung befand. Es ging nur noch darum zu entscheiden, ob meine damalige wissenschaftliche Qualifikation ausreichend für eine von mir eigenverantwortlich gestaltete Lehre war. Bei einer positiven Entscheidung eröffnete diese dann jedoch zusätzlich auch die Chance zu einer besseren Stelle, vor allem zu einer Professur. Umgekehrt wäre der Weg zu einer solchen Professur ohne ein erfolgreiches Habilverfahren im Normalfall versperrt geblieben.

In den meisten Ländern der Welt wurde und wird diese Entscheidung auf der Grundlage der nachgewiesenen wissenschaftlichen Publikationen und der bisherigen Lehrerfahrungen getroffen. Heute ist das auch in Deutschland so üblich, wobei der Nachweis ggf. durch die Vorlage einer Sammlung bisheriger Veröffentlichungen erfolgen kann, in welchem Fall man von einer „kumulativen" Habilitation spricht.

An der TUM bestand man damals im Gegensatz zu dieser international üblichen Vorgehensweise noch auf einer eigens für die Habilitation angefertigten Arbeit, die dem jeweiligen Fachbereich zusammen mit den Informationen über die bisherigen akademischen Leistungen zur Entscheidung vorgelegt wurde. De facto folgt der Fachbereich in seiner Entscheidung aber den Empfehlungen von in der Regel zwei entsprechenden, von ihm anerkannten Fachgutachtern. Einer dieser Gutachter ist in der Regel der Betreuer des Kandidaten, in meinem Fall also Herr Samelson.

Im Einklang mit diesen allgemeinen Sachverhalten hatte ich daher in Absprache vor allem mit Herrn Samelson, aber auch anderen Professoren des Instituts[70] eine Habilarbeit fertiggestellt und Ende Dezember 1974 zunächst ihm zur Prüfung vorgelegt. Wir vereinbarten daraufhin, daß ich einen Vortrag in der von Herrn Bauer geleiteten und bei diesem

[70]Indirekt waren auch Professoren außerhalb der TUM mit einbezogen, da ich über Teilergebnisse schon vorher an den Universitäten Innsbruck, Aachen und zweimal Karlsruhe Vorträge darüber gehalten hatte, die auf große Zustimmung gestoßen waren.

räumlich auch angesiedelten Arbeitsgruppe über meine Ergebnisse halten sollte. Der Vortrag fand dort am 22.1.1975 mit dem Titel *Prädikative Programmierung* statt. Unter den anwesenden Mitarbeitern waren beispielsweise Rupert Gnatz, Wolfgang Hesse, Bernd Krieg-Brückner, Helmuth Partsch, Peter Pepper, Ralf Steinbrüggen und Hans Wössner. Neben Assistenten von Herrn Bauer waren darunter auch Mitarbeiter in dem Sonderforschungsbereich 49 „Programmiertechnik", der dann in das Projekt CIP („Computer-Aided, Intuition-Guided Programming") überging. Der Vortrag wurde von einigen dieser Kollegen wohlwollend aufgenommen, sein Ansatz von einzelnen lautstarken Wortführern und vor allem von Herrn Bauer aber vehement angegriffen, denn dieser stand vom rein logikbasierten Ansatz her im Kontrast zu dem in CIP verfolgten Vorgehen.

Danach bestand Herr Samelson darauf, das weitere Prozedere in Sachen Habilitation mit Herrn Bauer abzusprechen. Am 8.2.1975 führte er mich also zu seinem Kollegen Bauer, der inzwischen sein Büro samt Arbeitsgruppe im Südost-Teil des Hauptgebäudes innehatte. Herr Samelson erläuterte seinem Freund Fritz das Anliegen, worauf Herr Bauer, ohne die Arbeit zu Gesicht bekommen zu haben, sofort sein striktes Veto einlegte. Vielmehr empfahl er mir, in der eingeschlagenen Richtung erst noch fünf weitere Jahre zu forschen, bevor man eine Habilitation in Betracht ziehen könnte.

Nach diesem Gespräch war ich schockiert und versuchte Herrn Samelson davon zu überzeugen, daß wir das Verfahren ohne das Einverständnis von Herrn Bauer in Gang setzen sollten. Im Verlauf der Woche führte ich darüber weitere Gespräche mit den übrigen Informatikprofessoren Paul, Eickel und Bayer, um eine einvernehmliche Lösung zu erzielen. Dieses Bemühen zog sich bis Anfang Mai hin. Inzwischen war ich vom Fachbereich Informatik der Hochschule der Bundeswehr in München nebenamtlich als Lehrbeauftragter berufen worden. Zudem berief mich der Fachbereich für Angewandte Mathematik und Informatik der Universität des Saarlandes im Sommersemester 1975 zur Vertretung des ordentlichen Lehrstuhls von Prof. Dr. Jacques Loeckx. Eine derartige Lehrstuhlvertretung bescheinigt dem Berufenen seit eh und je sichtbar die Einschätzung des dortigen Fachbereichs, daß er diesen uneingeschränkt tauglich für die Ausübung einer Professur hält, könnte in diesem Sinne also als Äquivalent zur Habilitation eingeschätzt werden. Auch ermunterte mich der Dekan des Fachbereichs Mathematik/Informatik der Gesamthochschule Paderborn in einem persönlichen Schreiben vom 5.6.1975 zur Bewerbung auf eine dort ausgeschriebene ordentliche Professur für Theoretische Informatik, womit auch er mich de facto als „professorabel" einschätzte.

Bestärkt durch diese Ermutigungen von Kollegen außerhalb, aber auch innerhalb der TUM reichte ich am 9.5.1975 mein Habilitationsgesuch mit allen erforderlichen Unterlagen auch ohne vollständiges internes Einvernehmen an der TUM ein, weil an ein Einverständnis von Herrn Bauer angesichts seines vehementen Widerstandes einfach nicht mehr zu denken war. Inzwischen war mein Schriftenverzeichnis auf 18 Einträge noch deutlich angewachsen. Ich war mir sicher, daß unter diesen Voraussetzungen, nicht zuletzt auch im Vergleich mit den am Fachbereich vorher durchgeführten Habilverfahren, eine Ablehnung des Gesuches überhaupt nicht denkbar sein könnte. Am 12.9.1975 hielt ich nochmals einen Vortrag an unserem Institut, diesmal „Zum automatischen Beweisen“, dem Inhalt des zweiten Teils meiner Habilarbeit. Mein eigentlicher Betreuer, Herr Samelson, verhielt sich nach meinen erfolglosen Bemühungen um ein umfassendes Einvernehmen mir gegenüber leider völlig passiv.

Wäre mein Antrag in der üblichen Weise durchgeführt worden, hätte das Verfahren noch im Sommersemester (SS) 1975 abgeschlossen werden können. Selbst mit der Einsetzung der für das Verfahren erforderlichen Habilitationskommission ließ man sich jedoch bis in den Herbst hinein Zeit. Herr Prof. Karl Heinz Helwig wurde zu deren Vorsitzendem bestimmt. Die Aufgabe dieser Kommission war die Auswahl der Gutachter und die Erarbeitung einer Empfehlung an den Fachbereich. Da seit dem 9.5.1975 bereits ein halbes Jahr verstrichen war, sandte ich Herrn Helwig in einem Schreiben vom 25.11.1975 eine Aktualisierung meines Schriftenverzeichnisses, eine Ergänzung meiner Vortragsliste um drei in der Zwischenzeit ergangene Einladungen im In- und Ausland sowie den Hinweis auf weitere in der Zwischenzeit erzielte Erfolge. Dadurch hatte der Antrag zusätzliche Überzeugungskraft erhalten.

Zur Einholung der Gutachten ließ sich die Kommission dann noch immer ein volles Jahr Zeit. Statt der üblichen zwei wählte sie fünf Gutachter, unter denen nicht ein einziger Kenntnisse in meinem Spezialfach des Automatischen Beweisens und seiner Anwendung auf die Programmierung vorweisen konnte. Es handelte sich um die Professoren Kurt Schütte (Gutachten vom 11.3.1976), Arnold Oberschelp (23.3.1976), Friedrich L. Bauer (16.11.1976), Klaus Samelson (8.12.1976) und Jürgen Eickel (8.12.1976). Die drei Letztgenannten bildeten zusammen mit Herrn Helwig zugleich die Habilitationskommission. Nach Eingang der ersten beiden Gutachten fand ein Gespräch mit Samelson und Helwig statt, die mich zum Zurückziehen des Antrags drängten. Ich schlug im Gegenzug als Kompromiß vor, meine beiden letzten Veröffentlichungen in die Arbeit aufzunehmen. Darüber wollten sie nachdenken, kamen aber nie mehr darauf zurück. In einem Gespräch mit dem Präsidenten der TUM, Herrn Prof. Ulrich Grigull, bat ich diesen um seinen Rat, mit dem ich mich dann nochmals an Herrn Bauer wandte, der mich jedoch so abspeiste: Lange akademische Tradition verbiete jegliche nachträgliche Erläuterungen, Zusätze uä.; ich hätte auf ihn früher hören sollen und mindestens 3 Jahre weiter arbeiten müssen.

Bemerkenswert ist schließlich noch ein persönliches Schreiben, das ich am 19.12.1976 an Bauer sandte, kurz nachdem er mich in einem Gespräch vom 16.12.1976 mit „Sie Hund" beschimpfte.[71]

Durch Indiskretionen von mir im Institut wohlwollend gesonnenen Kollegen wurden mir die Namen der Gutachter sowie einige Kritikpunkte aus den Gutachten bekannt. Deshalb bat ich den weltweit angesehensten Kollegen auf meinem Spezialgebiet, Herrn Prof. Woody Bledsoe, ein zusätzliches Gutachten über meine Arbeit zu verfassen. Dieses sandte ich zusammen mit einem aktualisierten Lebenslauf in einem Schreiben vom 11.1.1977 an die habilitierten Mitglieder des Fachbereichsrates ebenso wie an den Kommissionsvorsitzenden.[72] Der Lebenslauf wies inzwischen weitere erzielte wissenschaftliche Erfolge auf, allen voran die von der Deutschen Forschungsgemeinschaft (DFG) Ende 1976 bewilligte Sachbeihilfe, mit der ich ab 1.1.1977 einen eigenen wissenschaftlichen Mitarbeiter zur Durchführung meiner Forschungspläne beschäftigen konnte. Darüber hinaus holte eine Gruppe von Professoren des Fachbereichs ein weiteres Gutachten von Prof.Dr. Bruno Buchberger ein, das ebenfalls positiv ausfiel.

Im Frühjahr 1977 wurden die Habilitationsunterlagen in einem offenen Umlaufverfahren den 34 habilitierten Mitgliedern des Fachbereichs Mathematik zur Stellungnahme vorgelegt. 31 von diesen haben sich dabei gegen eine Fortsetzung des Verfahrens ausgesprochen, drei nahmen nicht Stellung. In seiner Sitzung vom 4.5.1977 beschlossen daraufhin die habilitierten Mitglieder des Fachbereichsrates in einer offenen Abstimmung mit 8 Stimmen bei 3 Enthaltungen das Verfahren „nicht fortzusetzen", was eine akademisch übliche Umschreibung der Ablehnung meines Antrags bedeutete. Dies wurde mir in einem Schreiben des Dekans vom 20.5.1977 ohne weitere inhaltliche Begründung mitgeteilt.

In ziemlicher Verzweiflung habe ich dann noch den erfolglosen Versuch unternommen, das gesamte Verfahren durch eine nachträgliche Zurücknahme des Gesuches ungeschehen zu machen. Da ich auch weiterhin bis auf die mir durch Indiskretion bekannt gewordenen Informationen keine Kenntnis der in den fünf Gutachten ausgeführten Gründe für die Ablehnung hatte und schriftliche Gesuche um die Erlaubnis der Einsicht abgelehnt wurden, blieb mir nichts anderes übrig, als durch eine am 13.4.1978 erhobene Klage vor dem Verwaltungsgericht die Einsicht in die Gutachten zu erzwingen. In der Klageschrift werden eine Reihe von Fehlern im Verfahren moniert. Diese Verwaltungsstreitsache durchlief aus guten Gründen zwei Instanzen und endete am 17.5.1982 mit einer Klageabweisung. In der

[71] Die drei genannten Gespräche fanden am 3.6.1976, 21.10.1976 und 26.10.1976 statt. Dasjenige mit Bauer ist in einem Schreiben an Grigull vom 4.11.1976 dokumentiert. Siehe dazu AO 17 Habil-Prozess, Aktennotizen und Korrespondenz.

[72] Das außerordentlich positive Gutachten findet sich im AO 17 Habil-Prozess unter Korrespondenz. Es wurde von der Gegenseite total ignoriert.

Begründung wird argumentiert, daß das Verfahren juristisch nicht fehlerhaft gewesen sei. Von einer Bewertung der Habilitationsleistungen mußte sich das Gericht ohnehin fernhalten, weil Prüfungsbewertungen generell nicht justitiabel sind.[73] Damit endete nach sieben Jahren mein damit endgültig gescheitertes Habilverfahren.

Durch Änderungen am Bayerischen Hochschullehrergesetzes wurde es Ende der siebziger Jahre nach dessen Art.41, Abs.2, für einen Oberassistenten wie mich möglich, eine Übernahme als Professor zu beantragen, was ich in einem Schreiben vom 18.12.1978 versuchte. Der Antrag wurde mit Bescheid des Ministeriums für Unterricht und Kultus vom 14.10.1980 ua. mit der Begründung abgelehnt, *„daß ... in dem betreffenden Fach kein Bedarf besteht.“*[74] Nach dem Tod von Herrn Samelson scheute ich mich auch nicht, mich auf die Ausschreibung seines Lehrstuhls zu bewerben, auch wenn meine Chancen dafür angesichts der feindlichen Einstellung der Professoren zu mir nahezu null waren.

Einschätzungen aus heutiger Sicht

Der letzte Unterabschnitt hat den Ablauf meines Habilverfahrens in den Jahren 1975 bis 1982 anhand der nüchternen Daten geschildert, die alle mit entsprechenden und auch heute noch zugänglichen Dokumenten belegt sind. Ich habe bei der Darstellung versucht, mich jeglicher Bewertung zu enthalten. Diese will ich in dem vorliegenden Unterabschnitt vornehmen.

Auseinandersetzungen gibt es im Leben immer wieder, in den unterschiedlichsten Formen, manche erbittert und emotional geführt, andere sachlich und rational. Es gehört zur menschlichen Natur, daß die Meinungen differieren und jeder für seine Meinung ringt. Insofern ist der Streit um meine Habilitation menschlich als ein völlig normaler Vorgang einzuschätzen.

Die Habilitation ist aber ein institutionelles Verfahren, das die Eignung des Habilitanten für die Lehre und allgemeiner für die Rolle eines Professors feststellen soll, wie ich am Beginn des letzten Unterabschnitts erläutert habe. Insofern sollten die menschlichen Aspekte dabei eine untergeordnete Rolle spielen und die richtige Entscheidung in möglichst sachlicher Weise herbeigeführt werden. Ich bin heute in der glücklichen Lage, das Ergebnis der damaligen Entscheidung als eindeutig falsch nachweisen zu können. Denn in den Jahren 1987–2004 war ich schließlich an zwei unterschiedlichen und international angesehenen Universitäten als ordentlicher Professor tätig. Eine Reihe von höchsten Eh-

[73]Der dicke AO 17 „Habil-Prozess“ im Archiv des Autors enthält alle dazugehörigen umfangreichen Unterlagen. Die Vorgangsnummer am Bayerischen Verwaltungsgerichtshof ist 7 B 80 A.356.

[74]AO 17 Habil-Prozess, Sektion „Aktuell“.

rungen, die mir bis heute aufgrund meiner wissenschaftlichen Leistungen zuteil geworden sind und von denen im Abschnitt 4.3 die Rede sein wird, weisen zudem darauf hin, daß ich wohl kein schlechter, sondern eher ein besonders erfolgreicher Professor gewesen bin. Ich war daher für alle ersichtlich zur Rolle eines Professors geeignet und also war die Entscheidung des Fachbereichs Mathematik und Informatik der TUM vom 4.5.1977 offensichtlich und unzweifelhaft falsch, die mir genau diese Eignung abgesprochen hat.[75]

Gescheiterte Habilverfahren sind im deutschen Sprachraum recht selten, kommen aber durchaus vor. Meistens gelingt es, den/die Kandidaten/in schon vorher davon zu überzeugen, daß es für sie/ihn besser wäre, einen anderen Lebensweg als den akademischen einzuschlagen. Ein Fall wie der meinige ist jedoch ziemlich einmalig. Ich jedenfalls kenne keinen zweiten, bei dem sich die negative Entscheidung später eindeutig als falsch herausstellen konnte, weder aus meiner jahrzehntelangen akademischen Praxis noch aus der mir bekannten Literatur. Wegen dieser Einmaligkeit lohnt sich eine Analyse, wie es zu einer solchen bedauerlichen Fehlentscheidung hatte kommen können. Denn die Einmaligkeit bezieht sich ja nicht darauf, daß derart falsche Entscheidungen zur Lehrbefähigung nicht öfter vorkommen können, sondern lediglich darauf, daß es mir ungeachtet der negativen Entscheidung trotzdem gelungen ist, schließlich doch noch Professor zu werden (von vergleichbaren Entscheidungen in anderen Bereichen unserer Gesellschaft ganz zu schweigen).

Bedauerlich ist eine solche Fehlentscheidung in zweifacher Weise. Zum einen schadet sie dem guten Ruf der beteiligten Institutionen und Personen, auch wenn diese alles tun, um ja keinen Fehler zugeben zu müssen. Entscheidender ist aber der Schaden, der dem gescheiterten Habilitanten zugefügt wird, der existenzbedrohend sein kann. Da es sich bei Habilitanten um schon — durch Studienabschluß und Promotion — mehrfach bewährte Spitzenkräfte handelt, wirkt sich der Schaden durchaus auch auf die Gesellschaft aus, die von einer solchen Spitzenkraft ohne die Fehlentscheidung stärker hätte profitieren können. Die Analyse lohnt sich also im Hinblick auf die künftige Abwendung eines derartigen Schadens für die Gesellschaft ebenso wie für künftig potentiell betroffene Personen.

Nun wird man sofort einwenden, daß ein Betroffener wegen seiner Befangenheit grundsätzlich nicht in der Lage für eine solche Analyse sein kann. Zum Zeitpunkt des Geschehens mag dieser Einwand gerechtfertigt sein. Vier Jahrzehnte danach sind die Emotionen aber weitestgehend verflogen. Vor allem habe ich selbst mit einer solchen Analyse angesichts meiner zwischenzeitlich so erfolgreich verlaufenen Karriere überhaupt nichts mehr

[75]Es ist erwähnenswert, daß mir mit dieser Entscheidung das Gleiche wie meinem Vater geschehen ist: beide mußten wir infolge von Fehlurteilen existenzielle Bedrohungen überstehen, er im Rahmen der im Unterabschnitt „Spruchkammerverfahren“ des Abschnitt 2.3.2 beschriebenen Vorgänge.

zu gewinnen oder zu verlieren. In diesen vier Jahrzehnten habe ich zudem selbst viele Erfahrungen auf der „anderen“ Seite, also derjenigen der Entscheider machen können, kann also recht gut das Verhalten meiner damaligen Vorgesetzten aus einer durchaus objektiven Sicht beurteilen. Gleichwohl möchte ich für die nachfolgende Analyse keineswegs den Anspruch einer objektiven, mit wissenschaftlichen Methoden durchgeführten Analyse erheben. Es wird sich daher um eine so objektiv wie möglich, aber letztlich subjektiv durchgeführte Analyse handeln.

Nun also endlich zur Analyse. Wir suchen eine Antwort auf die Frage, wie es zu der Fehlentscheidung des Fachbereichs im Habilverfahren Bibel kommen konnte und was wir daraus lernen können. Entscheidungen werden von Menschen getroffen. Also müssen wir uns zur Beantwortung dieser Frage mit den beteiligten Personen auseinandersetzen. Die Schlüsselfigur war ohne den geringsten Zweifel Herr Bauer. Nur mit einem gewissen Verständnis seiner Persönlichkeit wird es möglich sein, sein Verhalten erklären zu können. Was war er für ein Mensch?

Professor Friedrich Ludwig Bauer (1924–2015) ist nicht einfach zu charakterisieren, denn sein Charakter war komplex, oszillierend, schillernd und extrem egozentrisch. Ihm stand in vertrautem Terrain immer ein großer und breiter Wissensschatz instantan zu Gebote, den er mit einem hastig-sprudelnden Redefluß so einsetzen konnte, daß danach kein Raum mehr für irgendeine Erwiderung für andere übrig blieb. Einer tieferen Analyse mußten seine Äußerungen dabei nicht standhalten können; denn wer wäre gegen eine von ihm abgefeuerte Batterie von weitgestreuten Wissensfragmenten schon in der Lage gewesen, diese im zeitlich beschränkten Kontext eines Diskussionsszenarios auseinander zu nehmen und einzeln zu hinterfragen. So gelang es ihm in so gut wie jeder Runde seines Terrains, die Oberhand zu behalten, auch wenn bei den nachdenklicheren Teilnehmern an einer solchen Debatte oft ein erhebliches Unbehagen zurückblieb. Denn in Ruhe und genau betrachtet erwiesen sich manche seiner einzelnen Standpunkte innerhalb eines jeweiligen solchen Meinungsfeuerwerks in vielen Aspekten äußerst angreifbar, hätten aber jeweils eine umfangreiche Erwiderung erfordert, für die niemand die Mühe und Zeit aufbringen wollte oder konnte. Dies vor allem auch, weil Bauers Standpunkte ähnlich wie bei vielen Politikern im Gefolge der vorherrschenden Meinungen im Verlauf der Zeit durchaus changierten.

Diese Charakterisierung spiegelt sich auch in seinen unzähligen Publikationen wider.[76] Denn der Name Bauer steht nach meiner eingehenden Kenntnis nicht für irgendeinen bekannten und konkreten wissenschaftlichen Beitrag. Das gilt auch für das sogenannte

[76]Die Webseite http://dblp.uni-trier.de/pers/hd/b/Bauer:Friedrich_L= listet am 22.7.2016 170 Einträge.

„Kellerprinzip“ in der Informatik, das in diesem Zusammenhang üblicherweise im Kontext seines Namens erwähnt wird; denn die zugehörigen Publikationen tragen alle den Namen Samelson als *ersten* Autor, der entsprechend der üblichen Praxis[77] hierzu also den eigentlichen Beitrag geleistet hatte. Bauer selbst war ein extrem viel Wissender, aber kein Forscher im engeren Sinne, der hingebungsvoll und uneigennützig nach einer tieferen Erkenntnis um der Erkenntnis willen oder nach der Lösung eines Problems um der Lösung willen strebte. Im Vordergrund stand für ihn vielmehr sein Ansehens- und Machtgewinn. Wie er sprudelnd reden konnte, vermochte er auch Texte zu schreiben. Wenn sie aber fundierter werden sollten, mußte ein Koautor die Detailarbeit übernehmen und, wie im Beispiel des Kellerprinzips, auch die Ideen dazu beibringen.[78]

Bauer verfügte über ein wahrhaft exzellentes Organisations- und Durchsetzungstalent. Diesem verdankt die TUM den Aufbau der dortigen Informatik, die deutsche Informatik einen wesentlichen Beitrag zu den nationalen Strukturen des Faches und die internationale Informatik-Community viele herausragende Beiträge zur Organisation von Konferenzen, Sommerschulen etc. Auch ich verdanke ihm einen erheblichen Anteil an dem organisatorischen Wissen, das ich mir während meiner Tätigkeit in der zweiten Leitungsebene als für die Finanzen zuständiger Mitarbeiter erworben und im Laufe der Jahre wirkungsvoll eingesetzt hatte.

Wie ich mir sagen ließ, hielt Bauer auch inhaltsreiche Vorlesungen, die er aus seinem reichen Wissensschatz wohl gleichsam hervorsprudeln konnte. Für einen Studenten meines Zuschnitts wäre er eher kein bevorzugter Dozent gewesen. Aber Pluralität ist auch an der Hochschule ein nützliches Prinzip. Vor allem in der zweiten Hälfte seiner aktiven Tätigkeit kümmerte er sich wohl auch intensiver um seine Mitarbeiter. Insgesamt verschaffte er vielen seiner Getreuen hohe Positionen.

Das alles klingt nach einem höchst erfolgreichen, wenn möglicherweise auch eigenwilligen Professor. In der Tat gelang es ihm auch, dieses positive Bild von seiner Tätigkeit zu hinterlassen, sodaß ein Hörsaal in der TUM heute seinen Namen trägt. Wo also liegt das Problem? Um dieses zu erkennen, muß man sein Verhalten zu seinem personellen Umfeld etwas genauer beleuchten und sollte dabei tunlichst zwei überlappende Phasen in seinem

[77] Bei etwa gleichgewichteten Beiträgen würde man anders als hier geschehen ausnahmslos die alphabetische Reihenfolge bei den Autoren verwenden.

[78] Da die Berechnung rekursiver Funktionen schon lange vor der Erfindung des Komputers bekannt war und bei jeder solchen Berechnung die Zwischenergebnisse nach dem Kellerprinzip gespeichert werden müssen, könnte man diese „Entdeckung“ durch Samelson und Bauer im Hinblick auf ihre Originalität durchaus hinterfragen. In https://en.wikipedia.org/wiki/Charles_Leonard_Hamblin wird sogar festgestellt, daß das Kellerprinzip schon mehr als ein Jahrzehnt vor Samelson und Bauer 1946 von Alan Turing in seinem ACE Komputer verwendet wurde. Turing war wie jedem Logiker dieses wohlbekannte Rechenprinzip jedoch keine besondere Erwähnung wert.

Leben unterscheiden, die sich etwa in der Mitte der siebziger Jahre überschneiden. In der zweiten Phase hatte er den Höhepunkt seiner Macht und seines Einflusses voll erreicht und nach dem Tod seiner ersten Frau eine deutlich jüngere Frau — eine Mitarbeiterkollegin, nach meiner Erinnerung Frau Hildegard Vogg — geheiratet, die dem vorher Kinderlosen dann fünf Kinder gebar. Beides scheint ihn in seiner zweiten Lebensphase etwas milder gestimmt zu haben. Ich fokussiere hier auf die erste Phase, in die mein Habilverfahren fällt.

Von einem/r Hochschullehrer|in erwartet man, daß er einerseits die wissenschaftliche Erkenntnis vorantreibt und dabei in fairer Weise allen unterschiedlichen wissenschaftlichen Ansätzen gleiche Chancen einräumt. Andererseits sollte er/sie wie jeder Pädagoge die ihm/r zur Aus- und Fortbildung Anvertrauten im Rahmen von deren Fähigkeiten die möglichst optimale Förderung zuteil werden lassen. *Gegen diese beiden allgemein anerkannten Grundsätze hat Herr Bauer in vielfacher Hinsicht und ziemlich rücksichtslos verstoßen.* Machtgewinn und Vermehrung seines Einflusses waren seine für ihn entscheidenden „Werte", denen er alles andere ohne Rücksicht auf den Schaden für Wissenschaft und die unter seinem Einfluß darin tätigen Menschen unterordnete. Für diese meine persönliche Einschätzung von dieser seiner dunklen Seite will ich eine Reihe von Beispielen zur Erläuterung anführen.

Das hervorstechendste Beispiel ist die von Bauer etablierte Institutsstruktur. In der von ihm 2007 herausgegebenen Festschrift wird die Behauptung aufgestellt, daß das damalige Institut die „Tradition als Department" begründet habe.[79] Sie ist in einer für Bauer charakteristischen Weise falsch. Denn sie ist zwar zutreffend für alle Aspekte, die von außen her leicht erkennbar sind. Im wichtigsten, oberflächlich aber nicht leicht erkennbaren Punkt der „gemeinschaftlichen Verantwortung" trifft sie aber überhaupt nicht zu. Vielmehr ähnelte die damalige Struktur der einer autokratischen Herrschaftsform. Bauer war der autoritär regierende Herrscher über seine „Bäuerlinge", wie wir „Untertanen" einschließlich der übrigen Professoren bis auf ein paar vereinzelte „Dissidenten" damals allgemein genannt wurden. Die Idee der Departmentstruktur, die im Übrigen in den angelsächsischen Ländern damals längst üblich war, ist mit einer derartigen autokratischen Herrschaftsform völlig unvereinbar und die zitierte Behauptung daher eindeutig falsch.

Diese Herrschaftsform manifestierte sich in unzähligen Details. Alle wichtigen Entscheidungen wurden im wöchentlichen Professorengespräch „diskutiert". Wie ich an Beispie-

[79] *„Die Tradition als Department, im Gegensatz zur Lehrstuhlgruppe, wurde damals begründet: Einheitliche Personal- und Sachmittelverwaltung bei weitgehend gemeinschaftlicher Verantwortung für die Entwicklung des Faches."* Friedrich L. Bauer (Hrsg.), 40 Jahre Informatik in München: 1967–2007, Festschrift, 2007, S.13f.

len noch zeigen werde, verdankten alle Informatik-Professoren des Instituts ihre Position Herrn Bauer und waren charakterlich so ausgesucht, daß sie über Jahrzehnte ihm gegenüber nicht ein einziges Mal den Widerspruch wagten. Zudem gelang es ihm dank seines Redetalents, seiner fast dämonischen Fähigkeit des Machtgewinns und infolge einer in der Psychologie wohlbekannten Gruppendynamik[80] immer auch, sie von der Richtigkeit der von ihm vorgeschlagenen Entscheidung zu überzeugen. Die zweite Leitungsebene, von der ich oben im Abschnitt 4.1 gesprochen habe und zu der ich selbst gehörte, hatte in allen wichtigen Punkten über Jahre hin ausschließlich ihm zu berichten und von ihm die entsprechenden Weisungen entgegenzunehmen und zu befolgen. Die, um noch ein drittes Beispiel anzuführen, weitaus meisten der Mitarbeiter in der Informatik waren am Bauerschen Lehrstuhl angesiedelt. Während so bei ihm bis zu 30 Mitarbeiter in verschiedensten Funktionen tätig waren, verfügte sein Kollege und Freund Samelson zu meiner Zeit über genau einen einzigen Mitarbeiter, nämlich mich, und zudem über eine Sekretärin. Unter einer „gemeinschaftlichen Verantwortung“ ist in jedem Fall etwas ganz anderes zu verstehen!

Mein eigenes Schicksal ist das vielleicht krasseste Beispiel für meine Einschätzung der dunklen Seite von Bauer. Im Abschnitt 4.1 habe ich meinen steilen Ansehensaufstieg im Institut geschildert, der zu meiner fast unkündbaren Stellung und zur Integration in die zweite Führungsebene führte. Ohne jeden Zweifel hatte ich das Herrn Bauer zu verdanken, der mir in den Jahren 1971–1974 in besonderer Weise wohlgesonnen war. Damals konnte ich aus seinem eigenen Mund Äußerungen mitbekommen, die man wegen ihrer Privatheit vor Mitarbeitern sonst eher zurückhalten würde. Beispielsweise ließ er sich in einer solch ungewöhnlich aufgeschlossenen Stimmung über seinen eigenen Vater aus, den er als so furchtbar charakterisierte, daß er ihn auch seinem ärgsten Feind nicht wünschen möchte. Aufgrund dieser und ähnlicher Äußerungen besteht für mich kein Zweifel daran, daß Bauer noch zur damaligen Zeit und vermutlich sein ganzes Leben lang an einer extrem problematischen Vater-Sohn-Beziehung litt. Sie dürfte die Ursache für sein durchaus krankhaftes Machtstreben gewesen sein, das gepaart war mit einer fürsorglichen Zuneigung zu ausgewählten Untergebenen.

Es gab von seiner Seite mir gegenüber eine Reihe von Annäherungsversuchen, in denen er mich wie ein Vater seinen Sohn umgarnte. Denn er selbst hatte damals keine eigenen Kinder, worunter er ganz offensichtlich litt. So zog er mich 1971/1972 zur Betreuung der Diplomarbeit des Diplomanden Erhard Weiss hinzu, sprach an seinem Schreibtisch in der Barerstraße davon, daß ich irgendwann seinen Platz einnehmen würde, ließ mir nach

[80]Siehe hierzu beispielsweise: Wolfgang Bibel, Lehren vom Leben, Deutscher Universitäts-Verlag, 2003, S.134ff.

seinem Umzug in das Hauptgebäude durch Herrn Kuß ausrichten, daß er mich gerne dort in seiner Nähe hätte, ermunterte mich im Sommer 1974 ausdrücklich zur Habilitation usw. usf.

Aus heutiger Sicht stellen sich meine Reaktionen auf diese „väterlichen Werbungen" als eine Folge von Kränkungen des „liebenden Vaters" durch seinen „Sohn" dar. Ich ließ mich durch Bauer von Samelson nicht abwerben, betreute alle weiteren Studenten unter dessen Protektion, war nicht bereit von diesem weg zu Herrn Bauer umzuziehen und verhielt mich ihm gegenüber zwar immer freundlich, wohl aber auch spürbar distanziert. Der Inhalt meiner Habilarbeit traf ihn in diesem psychologischen Szenario dann offenbar ins Mark. Die Art des Programmierens war seine damalige Lieblingsthematik, zu der er sich eine feste Vorstellung zurechtgelegt hatte. Sein „verlorener Sohn" Bibel schien ihn aber mit einem dazu konträren Ansatz unter dem Stichwort „prädikatives Programmieren" geradezu herausfordern zu wollen. Was von mir als Brückenbau gemeint war, mißverstand er in seiner gewünscht väterlichen Rolle wohl als gezielte Provokation. Als Reaktion darauf mußte mich der geballte Haß einer zurückgewiesenen Zuneigung treffen. Spätere Äußerungen von Herrn Bauer mir gegenüber wie beispielsweise das bereits erwähnte *„Sie Hund"* untermauern diesen psychologischen Erklärungsversuch. Überdies verstand er meinen Ansatz wohl auch als direkten Angriff auf seinen absolutistischen Machtanspruch, den er unter allen Umständen unterbinden mußte. So war ihm dieser Mitarbeiter für die weitere Festigung seiner Macht nicht mehr dienlich und konnte daher wie eine heiße Kartoffel fallengelassen werden.

Eine Möglichkeit, seinen Machtanspruch nicht beschädigen zu lassen, bestand darin, mich so rasch wie möglich „wegzuloben". So ermunterte mich Herr Bauer im Sommer 1975 zur Bewerbung auf einen Mathematik-Lehrstuhl an der 1972 neu gegründeten Universität Bayreuth mit dem deutlichen Hinweis, daß er als einflußreichstes Mitglied in der dortigen Berufungskommission meine Berufung dorthin garantieren könnte. Da die dort ausgeschriebene Professur wegen ihrer fachlichen Ausrichtung die Fortführung meiner eingeschlagenen Forschungsrichtung nicht ermöglicht hätte, ging ich auf diesen Vorschlag nicht ein, was ihn wohl zusätzlich verärgerte. So sank seine Stimmung mir gegenüber im Laufe des Jahres 1975 auf den Nullpunkt.

Bauer hat unzählige Kämpfe geführt und mit seinem Machtinstinkt so gut wie alle gewonnen. Einen harmlosen Oberassistenten klein zu kriegen, war für ihn daher so etwas wie ein Spaziergang. Der Habilausschuß wurde nach seinen Vorstellungen zusammengesetzt. Als Vorsitzender fungierte ein junger Geometrieprofessor, der genannte Karl-Heinz Helwig, der 1974 gerade neu berufen, zum Habilthema völlig fachfremd und daher in jeder

Hinsicht manipulierbar wie ein Strohhalm war. Außer Bauer gehörten dem Ausschuß noch die beiden ihm völlig ergebenen Professoren Samelson und Eickel an. Diese drei verfaßten dann auch die vernichtenden Gutachten, während die beiden auswärtigen Gutachter Kurt Schütte und Arnold Oberschelp jeweils in ihren Beurteilungen zu verstehen gaben, daß sie zum informatischen Inhalt mangels Fachkenntnis nichts sagen könnten.[81] Gegen diese Gutachterlage konnte ein einzelnes Mitglied des Fachbereichs nichts ausrichten und mußte der gutachterlichen Empfehlung entsprechend der Habilitationsordnung wohl oder übel mit seiner Unterschrift im Umlaufverfahren folgen. Ebensowenig konnte das Gericht das unter rein formalen Gesichtspunkten buchstabengetreu durchgeführte Verfahren als anfechtbar erklären, selbst wenn es die inhaltliche Fehlerhaftigkeit erkannt hätte. So war es für Herrn Bauer ein Leichtes, sich für die von ihm wohl so empfundene Zurückweisung seiner väterlichen Fürsorge und für den aus seiner Sicht fachlich falschen Ansatz zur Programmierung an mir bitterlich zu rächen und mich mit einem gescheiterten Habilitationsversuch akademisch quasi zu liquidieren.[82]

Aus heutiger Sicht und mit der eigenen reichhaltigen Erfahrung in der Betreuung von jungen Mitarbeitern hat mich das erneute Studium der zugrundeliegenden Akten in meiner Überzeugung bestärkt, daß mich an diesem so bedauerlich verlaufenen Verfahren keine erkennbare Schuld trifft. Ich hatte die Arbeit in bester Absicht erarbeitet. Der darauf aufbauende spätere wissenschaftliche Erfolg bestätigt ihre Qualität. Mein damaliges nationales und internationales Ansehen untermauerten darüber hinaus meine für die Habilitation weit ausreichende Qualifikation. Ich zeigte in jeder Phase des Verfahrens meine Kompromißbereitschaft mit Ausnahme der totalen Niederlage durch Zurückziehen meines Antrags (vor dessen tatsächlichem Scheitern). Auch persönlich bemühte ich mich in unzähligen Gesprächen um eine einvernehmliche Lösung. Der bereits erwähnte Brief vom 19.12.1976 an Herrn Bauer ist dafür ein überzeugendes Beispiel (unter vielen weiteren). Darin erweise ich ihm bei allen Meinungsunterschieden ausdrücklich meinen menschlichen Respekt und reiche ihm die Hand zum Abbau der Spannungen. Allerdings schreibt ihm dies jemand auf gleicher Augenhöhe, der seiner Sache sehr sicher zu sein scheint und der nicht die geringste Andeutung zu einem Kniefall macht. Die Geschichte ist voll von Beispielen, in denen ein Autokrat in einem solchen Fall erst recht keine Gnade fand und sei es auch nur, um den Willen des Untergebenen zu brechen.

[81]Die fünf Gutachten samt meiner inhaltlichen Nachweise ihrer Fehlerhaftigkeit und deren gegnerische Zurückweisungen befinden sich im AO 17 Habil-Prozess. Ohne die Anstrengung des Prozesses wären die Gutachten ebenso wie deren inhaltliche Fehleinschätzungen nie ans Tageslicht gekommen. Darin also bestand sein Sinn, auch wenn er schließlich verloren ging.

[82]Wie bereits erwähnt ist mit meiner Ausnahme kein Fall bekannt, in dem ein an der Habilitation gescheiterter Kandidat später doch noch Professor geworden wäre.

Diese Darstellung zeigt, daß die volle Verantwortung für dieses Fehlurteil letztlich weitestgehend bei Herrn Bauer lag. Da normalerweise ein gescheiterter Habilversuch das Ende einer akademischen Karriere bedeutete, hatte er damit gegen beide oben genannte Grundsätze in extremer Weise verstoßen. Denn er wollte mit dieser Entscheidung eine ihm unangenehme Fachrichtung in seinem Machtbereich schlicht unterbinden und einen vielversprechenden jungen Wissenschaftler nicht zuletzt auch aus persönlichen Gründen mundtot machen, den er in seinem Machtstreben inzwischen als hinderlich einschätzte. Einen vergleichbar massiven Verstoß gegen diese hehren akademischen Grundsätze hat es nach meiner in einem halben Jahrhundert erlebten akademischen Erfahrung nirgends so offenkundig gegeben. Denn üblicherweise geht man in solchen Fällen viel subtiler und undurchschaubarer vor.

Natürlich ist niemand vor Fehlern gefeit. Der Verstoß gegen diese beiden Grundsätze im Falle des Bibelschen Habilverfahrens war aber kein singulärer Fehler von Herrn Bauer, sondern spiegelte seine grundsätzliche Einstellung wider. Diese läßt sich daher auch an einer Reihe weiterer Beispiele erkennen, wenn man nur genauer hinsieht. Einige davon seien jeweils kurz geschildert. Die Herren Paul und Eickel waren die ersten Neuberufungen in der entstehenden Informatik an der TUM. Paul gehörte schon 1957 zur Gruppe um Bauer, Eickel kam Anfang 1962 während der Mainzer Jahre hinzu. Beide habilitierten 1969 an der TUM und wurden an der gleichen Universität 1970 bzw. 1971 zum ordentlichen Professor berufen (üblicherweise als „Hausberufung" in Deutschland akademisch verpönt). Zum Zeitpunkt seiner Berufung konnte Herr Eickel eine einzige Veröffentlichung vorweisen, die drei weitere Autoren nennt.[83] Unter keinen denkbaren Umständen wäre an dieser oder irgendeiner anderen Universität eine Berufung angesichts dieser dürftigsten Bilanz wissenschaftlicher Produktivität möglich gewesen. Bauer jedoch gelang es, diese Berufung für einen seiner Getreuen durchzusetzen, von dem er sicher jegliche Unterstützung seiner künftigen Machtposition erwarten konnte. Auch damit verstieß er aus eigennützigen Motiven massiv gegen die beiden genannten Grundsätze. Denn mit der Berufung einer Person, die zum Fortschritt der Wissenschaft nichts beitrug und gegenüber anderen viel produktiveren Kandidat|inn|en auf Jahrzehnte die Stelle blockiert, behindert er den Fortschritt und bevorzugt die Person in unfairster Weise. In den Jahrzehnten seiner Tätigkeit als Professor an der TUM kann Herr Eickel zudem nur eine einzige selbstverfaßte und eine weitere zusammen mit einem sehr produktiven Kollegen verfaßte Arbeit vorweisen. Und dieser Mann scheute sich nicht, eines der drei vernichtenden Gutachten über meine Arbeit zu verfassen! Bei seiner Abhängigkeit von Bauer hatte er zugegebenermaßen aber keine andere Wahl.

[83] http://dblp.uni-trier.de/pers/hd/e/Eickel:Jürgen, Zugriff 24.7.2016.

Die wissenschaftliche Produktivität von Herrn Paul war geringfügig besser als diejenige von Eickel, aber alles andere als ausreichend für eine ordentliche Professur.[84] In Bezug auf die beiden Grundsätze gilt für ihn daher das Gleiche wie bei Eickel. Herrn Bauer ging es nur um gefügige Vasallen, die sein Machtstreben durch ihre Ergebenheit förderten. Herr Paul hat sich zwar nicht als Wissenschaftler und Professor, jedoch immerhin als zuverlässiger Bürokrat in Sachen internationaler Fachorganisation verdient gemacht.

Es gab zum Zeitpunkt der Berufungen von Eickel und Paul durchaus herausragendere Wissenschaftler unter den Mitarbeitern bei Bauer wie beispielsweise Hans Langmaack, Gerhard Goos und Peter Deussen. Da sie aber eigenständiger als jene waren, bevorzugte Herr Bauer wegen seines Machtbedürfnisses die gefügigeren und ergebeneren Eickel und Paul und ließ jene an andere Hochschulen abwandern. So konnte er auch nach den Berufungen weiter nach Belieben schalten und walten. Noch wesentlich angemessener wäre aber die Berufung von Wissenschaftlern anderer Denkschulen und aus anderen Orten gewesen. Beispielsweise hätte sich die TUM durchaus um die Berufung des genialen Konrad Zuse bemühen können, um nur eine von vielen denkbaren Möglichkeiten zu nennen. In der Verfilzung von Robert Sauer, dem machtstrebenden Bauer und dem Ministerialdirigenten Johannes von Elmenau im Kultusministerium wurde jedoch bedauerlicherweise ausschließlich die provinzielle, den akademischen Grundsätzen widersprechende Lösung verfolgt. Mit dem dadurch noch weiter wachsenden Einfluß Bauers auf die Entscheidungen des Kultusministeriums wurde diese für das wissenschaftliche Niveau schädliche Berufungspolitik ausschließlich zugunsten von „Bäuerlingen“ dann auch auf weitere bayerische Hochschulen im Bereich der Informatik ausgedehnt, vor allem auf die Neugründungen der Hochschule der Bundeswehr in München[85] und der Universität in Passau. Selbst an der traditionsreichen Ludwig-Maximilians-Universität (LMU) München und den fränkischen Universitäten war dieser Einfluß noch zu spüren.

Die Provinzialität der Berufungspolitik in der Informatik der TUM bis zum Ende der siebziger Jahre hatte lokal natürlich auch negative Folgen für die Innovationsfähigkeit in dem die Wirtschaft revolutionierenden Fach Informatik. Warum hat der Bundessieger 1974 bei „Jugend forscht“ Andy (Andreas) von Bechtolsheim sein Studium an der TUM, das ihn „langweilte“ und „verärgerte“ 1975 gegen eines an der Carnegie Mellon und später der Stanford University in den USA eingetauscht, wo er dann die Fa. SUN Microsystems

[84] http://dblp.uni-trier.de/pers/hd/p/Paul:Manfred, Zugriff 24.7.2016.

[85] Ein krasses Beispiel dort ist die Berufung von Wolfgang Niegel, der zu diesem Zeitpunkt ganze zwei Publikationen vorweisen konnte und auch während seiner gesamten Laufbahn insgesamt nur etwa vier Veröffentlichungen zustandebrachte: http://dblp.uni-trier.de/pers/hd/n/Niegel:Wolfgang, Zugriff 25.7.2016. Aber auch Niegel war seit Anfang der sechziger Jahre einer der Bauer ergebenen „Bäuerlinge“ und hatte somit seine Qualifikation innerhalb dieses Filzes ausreichend nachgewiesen.

gründete und eine Weltkarriere als genialer Komputeringenieur und Firmengründer hinlegte?[86] Wo sind die Unternehmensgründungen aus dem damaligen Institut für Informatik der TUM heraus, die vergleichbar mit einer SAP, Software AG oder Scheer AG später die Welt der Informationstechnologie (IT) prägten? Welche nachhaltigen Ideen haben aus den mit sehr viel Geld ausgestatteten Forschungsprojekten ÜRF, SFB49, CIP oder BSM[87] in irgendeiner signifikanten und sichtbaren Weise Eingang in die damalige deutsche oder gar internationale Technologieentwicklung gefunden? Da sich die TUM als Eliteuniversität gerne mit Spitzeninstitutionen wie dem MIT in den USA vergleicht, zu dem man solche Fragen sofort positiv beantworten könnte, sind diese Fragen durchaus nicht unangemessen. Ich jedenfalls kenne im Falle der TUM in Bezug auf deren für IT relevanten Fächer und im Hinblick auf die damalige Zeit keine überzeugenden Antworten.

Die Förderung Bauers von Mitarbeitern im Sinne der Erfüllung seines Machtstrebens verhalf also einer Reihe von diesen zur Erlangung von gutdotierten Positionen. Andere waren weniger glücklich, weil sie für Bauers Zwecke ausgebeutet wurden. Ein Beispiel ist der liebenswerte und gutmütige, dabei extrem tüchtige und sorgfältige Hans Kuß. Aufgrund seiner hilfsbereiten Art wurde dieser wahrhaft fähige Diplomphysiker von Bauer zum „Mädchen für alles“ degradiert. Er hätte das Zeug zum Promovieren und einer darauf aufbauenden fachlich ergiebigen Karriere allemal gehabt, wurde aber derart mit Verwaltungsaufgaben überschüttet, daß ihm die Zeit dafür nie mehr zur Verfügung stand. Nach dem zweiten oben zitierten akademischen Grundsatz wäre es die Pflicht seines Chefs gewesen, ihn optimal in seinem Weiterkommen zu fördern. Stattdessen mißbrauchte ihn Bauer dauerhaft als weit überqualifizierten Sekretär und verstieß damit auch auf eine solche Weise gegen diesen Grundsatz. Wie Kuß gab es viele weitere fähige Mitarbeiter, die mangels ausreichender Betreuung oder Förderung bzw. durch ihren mißbräuchlichen ausbeuterischen Einsatz Zeit ihres Berufslebens keine ihren Qualifikationen entsprechende

[86] Lindauer Zeitung, 4.10.2000, Nr.229/4: „Weil ihn das Studium an der TU München langweilte, wechselte er ...“.
https://de.wikipedia.org/wiki/Andreas_von_Bechtolsheim: „Nach dem Abitur begann Bechtolsheim mit Unterstützung der Studienstiftung des deutschen Volkes ein Studium der Elektrotechnik mit Schwerpunkt Datenverarbeitung an der Technischen Universität München. Er war verärgert, dass den Studenten keine Computer zur Verfügung standen und stellte im Nachhinein fest: ‘Die Deutschen haben den Kopf in den Sand gesteckt.’“

[87] Das Überregionale Forschungsprogramm (ÜRF) wurde von 1967 bis 1977 vom Bundesminister für wissenschaftliche Forschung gefördert. Der Sonderforschungsbereich 49 wurde von 1967 bis 1985 von der Deutschen Forschungsgemeinschaft (DFG) gefördert. CIP (computer-aided, intuition-guided programming) und BSM (Betriebssystem München) waren darin besonders herausgestellte Teilprojekte. Siehe dazu: Friedrich L. Bauer (Hrsg.), 40 Jahre Informatik in München: 1967–2007, Festschrift, 2007, S.27ff, 37ff, 44f, 61ff.

Rolle finden konnten. Als weitere Beispiele seien Dr. Rupert Gnatz, Dr. Thomas Ströhlein und Dr. Ludwig Zagler genannt.[88]

Während man von einem Professor eigentlich eine kreative Rolle als Wissenschaftler und Pädagoge erwarten sollte, brillierte Bauer in seiner ersten Phase vor allem als erfolgreicher Wissenschaftspolitiker, der seine politischen Ziele mit allen Mitteln durchzusetzen wußte. Im Stile eines Politikers scheute er sich auch nicht, seine vormaligen Überzeugungen bei Bedarf über den Haufen zu werfen, getreu einem unvergeßlichen Bonmot Konrad Adenauers.[89] Anders als Politiker sind Wissenschaftler jedoch eigentlich strikt zur Quellenangabe verpflichtet. Während Bauer der Logik 1969 ein für die Informatik nur peripheres Interesse zubilligte, stand für ihn seit den Jahren um 1980 die Logik im Zentrum seines Interesses, ohne daß er die Quelle dieses Meinungsumschwunges zitiert hätte.[90] Der Titel seiner ersten in der vorausgegangenen Fußnote genannten Arbeit hätte vom (top-down) Ansatz her genauso als Titel für meine Habilitationsarbeit herhalten können und erstaunt durch das dort genannte und aus der Logik entlehnte „formale Schließen“. Eine genauere Analyse seiner Arbeiten würde dementsprechend den Einfluß nachweisen können, den ich mit meinem Ansatz auf seine Schriften ausübte. Als Politiker war er sich dieses Einflusses vielleicht überhaupt nicht bewußt, als Autokrat durfte er ihn sich nicht eingestehen und also schon gar nicht meine Arbeiten zitieren. So hat er aus reinem Machtstreben auch gegen die strikten Quellenangabenspflichten in der Wissenschaft verstoßen.

Damit habe ich wohl ausreichend Material für mein subjektives Urteil angeführt, daß Bauer in der ersten Phase seiner Karriere sein Handeln am Machtgewinn und der Vermehrung seines Einflusse orientierte und dabei gegen anerkannte Grundsätze akademischer Verhaltensnormen rücksichtslos verstieß. Dies schien sogar für seinen privaten Bereich zu gelten. Denn dem Vernehmen nach brachte seine erste Frau zwar das Vermögen in die Ehe ein, war ihm aufgrund der Folgen einer frühen Kinderlähmung aber bald nicht mehr gewachsen, konnte vor allem keine Kinder gebären. So erzählten die Mitarbeiter, die zu ihm nach Hause zur Berichterstattung zitiert wurden, daß sich die bereits oben genannte spätere zweite Frau noch zu Lebzeiten der ersten bereits mit im ehelichen Heim aufhielt.

[88] In einem Brief vom 7.2.1977 an den Präsidenten der TUM, Herrn Ulrich Grigull, beklage ich die Tatsache, daß sich keiner der vielen seit 1964 in der Informatik eingestellten Mitarbeiter habilitieren konnte, was angesichts dieses langen Zeitraums von mehr als 12 Jahren eine offensichtlich grobe Pflichtverletzung der verantwortlichen Professoren darstellt. Siehe AO Habil-Prozess, Korrespondenz.

[89] *„Was interessiert mich mein Geschwätz von gestern, nichts hindert mich weiser zu werden.“*

[90] Siehe das Zitat von Bauer aus dem Jahre 1969 gegenüber Büchi und Schütte im Abschnitt 4.1 sowie seine Arbeiten bis etwa zum Jahre 1975 und dann vor allem diejenigen zum CIP-Projekt von den späteren siebziger Jahren an bis hin zu Arbeiten wie den folgenden: Friedrich L. Bauer, From Specifications to Machine Code – Program Construction through Formal Reasoning, ICSE 1982, 84–93, sowie Friedrich L. Bauer, Martin Wirsing, Elementare Aussagenlogik, Mathematik für Informatiker, Springer 1991.

Seine bemerkenswert feinfühlige erste Frau erkrankte in dieser für sie kritischen Zeit und „verlor jeglichen Lebenswillen“, wie berichtet wurde. Sie starb nach kurzer Krankheit und machte so den Weg frei für die bald erfolgte zweite Heirat, durch die Bauers Kinderwunsch endlich erfüllt wurde. Durch diese zweite Heirat ergaben sich „zufälligerweise“ auch direkte verwandtschaftliche Beziehungen in die Bayerische Staatsregierung.

Ich war bei weitem nicht der einzige Kollege Bauers, der dessen für die Wissenschaft schädliches Machtstreben durchschaut und mißbilligt hatte. Im Gegenteil gab es eine Reihe von Persönlichkeiten, die entsprechend ihrer Möglichkeiten versuchten, die daraus resultierenden Auswüchse zumindest einzudämmen. Ihnen verdanke ich mein akademisches Überleben. Sie werden im Verlauf der weiteren Schilderungen entsprechend gewürdigt. Im Kontext des Habilitationsverfahrens möchte ich nur Herrn Prof. Josef Heinhold erwähnen. Als einziger unter den Professoren der Mathematik an der TUM verweigerte er Bauer die Unterwerfung unter dessen Alleinherrschaft. Er, zusammen mit zwei weiteren Habilitierten aus seinem Institut, holte zu meiner Habilitationschrift das oben bereits erwähnte separate Gutachten von Prof. Bruno Buchberger ein, aufgrund dessen positiver Beurteilung diese drei sich in der Abstimmung begründet der Stimme enthalten konnten.

Bauer vermochte infolge seines Machtstrebens gegenüber eigenständigen Kollegen auch dann nicht den nötigen Respekt aufzubringen, wenn diese ihm haushoch überlegen waren. Als die GI den großen Konrad Zuse zu einem Vortrag auf ihrer Jahrestagung — endlich, nach meinem Urteil viel zu spät — einlud, fungierte Friedrich Bauer als Sitzungsleiter. Zuse hielt einen faszinierenden, das Publikum mitreißenden und durchaus auch unterhaltsamen Vortrag. Am Ende trat wie üblich der Sitzungsleiter ans Mikrophon und — statt des üblicherweise folgenden Danks — tadelte den großen Zuse: er hätte sich von ihm zu einem solchen Anlaß keine „Büttenrede“ wie auf dem Mainzer Karneval erwartet.[91]

Es ist auch von mir unbestritten, daß sich Herr Bauer hohe Verdienste für den Aufbau der in Deutschland viel zu spät und gegen erhebliche Widerstände etablierten Informatik erworben hat. Im Verlauf all dieser Schilderungen habe ich versucht, in fairer Weise auf seine außergewöhnlichen Fähigkeiten hinzuweisen, zu denen vor allem sein organisatorisches Talent, aber auch seine Fähigkeiten, sich durchzusetzen und andere in seinem Sinne zu beeinflussen, gehörten. In späteren Jahren hat er sich zudem bei der historischen Aufarbeitung unseres Faches große Verdienste erwiesen. Im Sinne einer korrekten Geschichtsschreibung sollte aber entgegen dem im privaten Bereich gültigen Grundsatz *„de*

[91] Erst nach dem Tod von Zuse begann Bauer über diesen zu schreiben, was zu dem von mir gezeichneten Bild des Machtmenschen Bauer auch wieder paßt. Denn jetzt konnte er dank Zuse seinen Namen auf diese Weise wieder in den Vordergrund stellen.

mortuis nil nisi bene“[92] keine einseitige Betrachtung sondern das ganze Bild dargestellt werden. Ich habe daher die „andere Seite“ von Bauer ausführlicher beleuchtet, weil sie bis heute unerwähnt geblieben ist und weil ich wie kein anderer unter ihr über viele Jahre nahezu existenziell gelitten habe.

Auf den vorangegangenen Seiten habe ich die Verantwortung für das Fehlurteil über meinen Habilitationsantrag weitestgehend Herrn Bauer zugemessen. Mein Betreuer war aber doch Herr Samelson. Wie steht es mit seinem Anteil daran?

Herr Samelson (1918–1980) war schon in den Jahren seines Studiums an der LMU München Kommilitone von Herrn Bauer. Beide schlossen ihr Studium 1950 ab, gingen danach für kurze Zeit in den Schuldienst, promovierten anschließend in kürzester Zeit bei Prof. Fritz Bopp und nahmen danach eine Stelle bei Robert Sauer an der TUM an. Diese gemeinsamen Jahre begründeten eine enge Freundschaft zwischen den beiden. In dem Gespann war Samelson der gründliche Denker und Bauer der unternehmerische Promotor, Samelson der sensible, umgängliche und sachorientierte Partner und Bauer die raffinierte, trickreiche und erfolgsorientierte Triebkraft. Entsprechend war Bauer immer der äußerlich Erfolgreiche, der zu seinem Erfolg aber auf die wissenschaftlichen Fähigkeiten seines Freundes unabdingbar angewiesen war. So erzielten sie Ende der fünfziger Jahre international anerkannte wissenschaftliche Erfolge in der Entwicklung und Kompilierung der Programmiersprache ALGOL. Die inhaltlichen Beiträge stammten dabei mutmaßlich überwiegend von Samelson, der Bauer als quirlige Kraft aber gleichwohl nicht entbehren konnte.[93]

Entsprechend den reflexhaften Mechanismen bei Berufungen erhielt der wendige Bauer vor dem wissenschaftlich produktiveren Samelson 1959 eine Professur in Mainz. Bauer wußte aber um den unentbehrlichen Wert seines Freundes für die eigene Karriere. Deshalb gelang es ihm, in Mainz auch für diesen eine außerordentliche Professur auszuhandeln. So bildeten sie dort wieder ein Team. Das gleiche Spiel wiederholte sich, als Bauer 1963 nach München zurückberufen wurde und dort wiederum zu erreichen wußte, daß auch Samelson kurze Zeit später nun als ordentlicher Professor zurückkehren konnte. Samelson war sich also immer sehr wohl dessen bewußt, daß er ohne seinen Freund Fritz wohl Studienrat geblieben wäre und war ihm daher bedingungslos ergeben. Umgekehrt wußte Bauer seinen Freund Klaus zeitlebens für sein Machtstreben nach Belieben zu instrumentalisieren.

---

[92] Über Tote nur Gutes.

[93] Die wichtigste Publikation der beiden aus jener Zeit listet Samelsons Namen entgegen der sonst üblichen alphabetischen Reihenfolge entsprechend dieser Einschätzung als ersten (worauf ich weiter oben schon hingewiesen hatte): Klaus Samelson, Friedrich L. Bauer, Sequential Formula Translation. CACM 3(2), 76–83, 1960.

Als ich 1969 Mitglied des Instituts wurde, war daher ausschließlich Bauer als Institutsleiter sichtbar. Samelson führte quasi die Rolle eines leitenden Assistenten, der für alle möglichen Funktionen abgeordnet wurde und sich um die fachliche Betreuung der großen Zahl an Mitarbeitern so gut wie möglich kümmerte, auch wenn diese bei Bauer angesiedelt waren. Die beiden teilten sich auch das Sekretariat, in dem gleichwohl Bauer das Sagen hatte. Anfang der siebziger Jahre wagte Samelson erste eigenständige Schritte. Erstmals war sein Dienstzimmer räumlich getrennt von dem Bauerschen in einem anderen Gebäude und er verfügte über ein eigenes Sekretariat. Er kooperierte zudem sichtbar mit einem eigenen Mitarbeiter, der fachlich eine sehr eigenständige Linie verfolgte. Vor allem wagte der bereits über 55-jährige Junggeselle erstmals sichtbar eine Beziehung zu einer Frau einzugehen.

Es kam ihm in dieser Phase um 1974 wohl durchaus nicht ungelegen, daß sein Mitarbeiter nun auch habilitieren würde. Ich weiß natürlich nicht, wie es Bauer ab 1975 gelungen ist, sich Samelson wieder gefügig zu machen und auf seine harte Linie zu bringen. Aber in Kenntnis seines Charakters, dem jegliche Führungsautorität mangelte, war es für Bauer mit seinem dämonischen Einfluß letztlich wohl ein Leichtes, Samelson daran zu erinnern, was er ihm alles zu verdanken hätte. Dabei kamen Bauer die weiterhin durchaus gemeinsam gehegten fachlichen Ansichten und Überzeugungen sehr zu Hilfe. Denn beide waren geprägt vom Umgang mit Rechnern auf der untersten Schaltebene. Sie verfolgten eine Entwicklung der Informatik quasi von unten nach oben („bottom-up"). Die von mir bevorzugte Sicht auf Berechenbarkeit von der hohen Logikebene war beiden damals völlig fremd. Das in den angelsächsischen Ländern unabhängig vorangetriebene Gebiet der Künstlichen Intelligenz (KI) war stark Logik-orientiert. Auch hier präferierte man eine Entwicklung von oben nach unten („top-down"). Selbst wenn mich Samelson in der Abhaltung der oben genannten KI-Seminare über Heuristik und Beweisverfahren gewähren ließ, so hieß das keineswegs, daß er sich damit fachlich identifizierte. Beweisverfahren schätzte er als eine mathematische „Spielerei" und als völlig peripher zur Informatik ein. Als 1973 der berüchtigte Lighthill Report[94] erschien, hielt er mir das Papier triumphierend unter die Nase. Und Kowalski hielt er für einen „Schwindler", wie im Abschnitt 4.1 bereits zitiert. Kurz, inhaltlich war Samelson völlig eins mit Bauer in der negativen Einschätzung meines Ansatzes, der daher durchaus Anknüpfungspunkte nutzen konnte, um Samelson von dessen sonst untadelig fairen Linie — nicht zuletzt unter Verweis auf dessen

[94]https://en.wikipedia.org/wiki/Lighthill_report, Zugriff 26.7.2016. Es handelt sich hierbei um ein Gutachten über die Erfolgsperspektiven des Gebietes der Künstlichen Intelligenz in England, das so negativ ausfiel, daß die Förderung dort weitgehend eingestellt wurde und das Vereinigte Königreich technologisch weit zurückwarf. Es bestätigte damit die Vorurteile von Samelson und Bauer über dieses Gebiet.

ihm geschuldete Dankbarkeit — geschickt und zuweilen wohl auch hinterhältig auf seine autokratische Linie zu bringen.

Wie immer hat Bauer also auch bei dem Habilverfahren Bibel seinen Freund Samelson auf seine Seite gezogen. Deshalb sehe ich die Verantwortung für das Fehlurteil weitestgehend auf der Seite von Herrn Bauer. Natürlich tragen Mitläufer immer auch einen gewissen Anteil an der Verantwortung. Warum ist Samelson nie auf mich zugegangen und hat mir Vorschläge dafür gemacht, wie das Verfahren beispielsweise durch Änderungen an der Habilschrift erfolgreich gestaltet werden könnte? Genau das ist die Aufgabe eines akademischen Betreuers, der er sich in meinem Fall nicht zu stellen vermochte. Vor allem nehme ich Herrn Samelson bis heute übel, daß er mir die Urheberschaft für die Idee der prädikativen Programmierung abgesprochen und Kowalski zugesprochen hat.[95] Er war Zeuge für den Stand meiner Arbeit zum Zeitpunkt des IFIP-Kongresses und meiner öffentlichen Einlassungen in der Diskussion zu Kowalskis Vortrag, wovon ich im letzten Unterabschnitt berichtet habe. Es ist wohl nur mit einschlägigen psychologischen Mechanismen zu erklären, warum ihn sein Gedächtnis auch in diesem Punkt später völlig im Stich gelassen zu haben scheint. Eine bewußt von ihm gemachte falsche Aussage paßt jedenfalls nicht zu meinen umfangreichen Erfahrungen mit dem sonst ehrenwerten Herrn Samelson, den ich auch als produktiven Wissenschaftler durchaus hoch schätze.

Als sich abzeichnete, daß unter dem Einfluß des übermächtigen Bauer seine Kraft nicht ausreichte, die anfängliche Unterstützung meines Habilitationsgesuches aufrecht zu erhalten, erstarb unser bis dahin wahrhaft gutes Verhältnis und Klima der Zusammenarbeit in recht kurzer Zeit. Er begann sichtbar unter dem Zerrissenwerden zwischen seiner Loyalität zu Bauer und der Verantwortung für seinen einzigen ausschließlich ihm zugeordneten Mitarbeiter zu leiden, dem er *„auf Grund seines Kenntnis- und Erfahrungsstandes, seines fachlichen Engagements und Interesses und bisheriger Leistungen“* die Habilitation eigentlich zubilligen wollte („aber nicht durfte“ ist man geneigt zu ergänzen).[96] War es wohl ein Zufall, daß Samelson bald danach an Krebs erkrankte und schon drei Jahre nach der Entscheidung über mein Habilgesuch, aber noch zur Zeit des laufenden Prozesses starb? Wer von den tiefen Zusammenhängen von Psyche und Soma überzeugt ist, würde diese Frage mit einem eindeutigen „nein“ beantworten, was hieße, daß dieser zeitlich enge Zusammenhang eben kein Zufall war. Ob sich das Gewissen des dämonischen Bauer in den restlichen 35 Jahren seines Lebens hierzu wohl irgendwie geregt hat?

[95] *„Die eigentliche Idee des prädikativen Programmierens geht nicht auf den Autor der vorliegenden Arbeit zurück.“* Gutachten Samelson vom 8.12.1976, S.2.

[96] aaO. S.3.
Auf die Inhalte dieses und der anderen Gutachten bin ich hier weiter nicht eingegangen, weil es in den Akten zum Gerichtsverfahren umfangreichste Ausführungen hierzu gibt (AO 17 Habil-Prozess).

Damit sind wir zum Ende meiner Einschätzungen zum Verhalten der damaligen Hauptakteure aus heutiger Sicht gelangt. Diese ausführliche Darstellung und Analyse ist im Hinblick auf die Vermeidung solcher Fehlentscheidungen in analogen zukünftigen Situationen durchaus gerechtfertigt. Denn vergleichbare Situationen sind viel häufiger als es auf den ersten Blick den Anschein haben mag. Nicht nur im akademischen Bereich stellt sich immer wieder die Frage nach der Beurteilung der Fähigkeiten und Leistungen einer Person, vor allem wenn sie eigene Wege geht und aus Sicht der Entscheidungsbefugten deren Vorstellungen nicht angepaßt genug ist. Auch heute gewinnen in solchen Fällen machtbewußte Entscheider nur allzu leicht die Oberhand und schalten die betreffende Person zu deren oft beträchtlichem Schaden ohne eine überzeugende sachliche Begründung ungerechtfertigter Weise einfach aus. Nur durch eine Reihe glücklicher Umstände ist diese Ausschaltung bei mir schließlich nicht geglückt, was extrem selten und bei Habilverfahren wie erwähnt wohl einmalig ist. Deshalb ist mein Fall vielleicht ein hilfreiches Lehrstück für analog gelagerte Fälle in der Zukunft. Die daraus zu ziehenden Lehren hängen vom jeweiligen Fall ab. Generell sollte aber vermieden werden, solche Entscheidungen einem Autokraten zu überlassen, und es sollte zumindest die Möglichkeit eines fairen Einspruchsverfahrens vorgesehen werden, in dem auch die Inhalte berücksichtigt werden können. Für unsere Gesellschaft gereicht jede so vermiedene Fehlentscheidung zum Vorteil.

Karriere eines Gescheiterten

Am Beginn dieses Abschnitts 4.2 habe ich die Ende 1974 erreichte exzellente Situation zusammengefaßt und schon vorweg angedeutet, daß sich mein Lebensmuster *„Erschwernis mit glücklichem Ausgang“* doch wieder durchsetzen würde. Den Kern der Erschwernis, nämlich das gescheiterte Habilitationsgesuch, habe ich in den letzten beiden Unterabschnitten dargestellt. Aber auch wenn mir das beschriebene Verfahren unglaublich viel vergeudete Zeit und Kraft gekostet hatte, spielte es gemessen an meinem beruflichen Engagement insgesamt doch nur eine nebengeordnete Rolle. Von diesem Engagement soll in diesem und dem nächsten Unterabschnitt die Rede sein.

Infolge der in den Jahren 1975–1977 von mir als extrem ungerecht empfundenen Behandlung durch meine Vorgesetzten an der TUM, reduzierte ich von dieser Zeit an mein vorheriges außerordentliches Engagement im Institut bis auf ein absolutes Minimum. Warum sollte ich eine Gemeinschaft fördern, die mein Engagement mit einer derart unfairen Behandlung beantwortete?! Dabei achtete ich sehr darauf, daß durch mein (Nicht-) Handeln nicht die Falschen geschädigt würden, beispielsweise die Studenten oder die unbeteiligten Kollegen, mit denen ich über Jahre hin in bestem Einvernehmen gestanden hatte und dann eben auch weiterhin stand. Gleichwohl öffnete mir diese Reduktion trotz der Belastung durch das Habilitationsverfahren in summa einen größeren Handlungsspielraum zur Verfolgung meines eigenen wissenschaftlichen Arbeitsprogramms. Dieses konnte ich in den Jahren ab 1975 daher sogar deutlich intensivieren.

Der sich nach über 12 Jahren Erschwernis 1987 schließlich einstellende glückliche Ausgang beruht also auch in diesem Fall wieder an meiner Beharrlichkeit, mit der ich meine Ziele verfolgte. In der *„Erschwernis mit glücklichem Ausgang"* hat der glückliche Ausgang daher wohl immer mit einem *„was mich nicht umbringt, macht mich stärker"*[97] zu tun, wobei ich das versuchte „Umbringen" jeweils durch einen entsprechenden Kampfeinsatz schließlich vermeiden konnte.

Kurz, ungeachtet der sich in den Weg stellenden Schwierigkeiten verfolgte ich ab 1975 einfach mein 1974 entwickeltes, anspruchsvolles und langfristiges Arbeitsprogramm mit den beschriebenen zusammenhängenden Schwerpunkten „Beweisverfahren" und „Prädikative Programmierung" intensiv weiter, das ich in Abschnitt 4.1 auch inhaltlich kurz skizziert habe. Genau gesagt verfolge ich dieses Programm bis zum heutigen Tag und bin mir bewußt, daß trotz großartiger, gemeinsam erreichter Erfolge noch Vieles in diesem Programm darauf wartet erarbeitet zu werden. Erst ab Anfang der achtziger Jahre fühlte ich mich wissenschaftlich reif und erfahren genug, um auch Themen jenseits dieser beiden Schwerpunkte in meinen Arbeiten aufzugreifen, die aber meistens einen gewissen Bezug zu ihnen aufwiesen. Entsprechend meinem Charakter und meinen Fähigkeiten kann mein wissenschaftliches Œuvre daher als sehr fokussiert und kohärent bezeichnet werden. Da meine Arbeiten leicht zugänglich sind, will ich in diesem Buch darauf inhaltlich nicht näher eingehen und diesbezüglich auf die Veröffentlichungen selbst verweisen.[98]

Es erscheint vielleicht unangemessen, den wichtigsten Teil meines Lebens, nämlich die eigentliche Forschungsarbeit, in einem einzigen Absatz wie dem vorangegangenen in meinen Memoiren abzuhandeln. Aber zum einen finden sich in diesem gesamten Text ja überall verstreut auch inhaltliche Bemerkungen zu meiner wissenschaftlichen Arbeit. Zum anderen handelt es sich bei unserer Wissenschaft um ein systematisch aufgebautes Gebäude, dessen Inhalte Außenstehenden ohne Kenntnisse dieses Aufbaus leider nicht leicht vermittelt werden können, jedenfalls nicht in einem informellen Kontext wie dem hier vorliegenden. Zur Einschätzung des Aufwands sei jedoch wenigstens erwähnt, daß die

[97]Friedrich Nietzsche, Götzen-Dämmerung, Sprüche und Pfeile, 8, 1895. https://de.wikiquote.org/wiki/Friedrich_Nietzsche, Zugriff 30.7.2016.

[98]Die Liste meiner Veröffentlichungen findet sich unter http://www.intellektik.de/resources/svz-90.pdf. Dort finden sich auch eine Reihe der zugrundeliegenden Texte. Weitere Quellen sind http://dblp.uni-trier.de/pers/hd/b/Bibel:Wolfgang und https://www.researchgate.net/home. Zugriffe 30.7.2016.

wissenschaftliche Forschungsarbeit etwa ein Drittel meiner wachen Lebenszeit[99] seit meinem Studium in Anspruch nahm, in manchen Phasen wie die in den aktuell besprochenen Jahren mehr und in anderen wie den im folgenden Abschnitt abgehandelten wegen anderer Belastungen weniger. Entsprechend der gängigen Bewertungsmaßstäbe gehöre ich im Hinblick auf den Erfolg meiner Arbeit in der Informatik international zu den produktivsten und einflußreichsten Wissenschaftlern meiner Generation (was nicht ganz schlecht für jemanden ist, dem die Eignung zum Hochschullehrer von seinen Vorgesetzten ja abgesprochen wurde).[100]

An der TUM durfte ich mangels Habilitation nicht lehren, sondern als Tutor nur Hilfsdienste zur Lehre beitragen, was bei meinem damaligen Qualifikationsstand so gut wie keine Vor- oder Nachbereitungszeit erforderte. Infolge der unfairen Behandlung meiner Habilitation zog ich mich auch aus den vormaligen Verantwortlichkeiten in der Institutsverwaltung zurück. Die Belastung durch Dienstaufgaben im Rahmen meiner Tätigkeit an der TUM war also minimal geworden. Dadurch ergab sich eben der Spielraum für mehr Forschung und mehr Engagement innerhalb der nationalen und internationalen Gemeinschaft in meinem Fachgebiet Künstliche Intelligenz sowie für Lehrtätigkeit an anderen Hochschulen.

Da sich der „Fall Bibel“ national wie international herumsprach und ich außerhalb der TUM ja ein recht gutes Ansehen als Wissenschaftler genoß, wurde mir im Lauf der 12 Jahre ab 1975 immer wieder aktive Unterstützung zuteil. So berief mich Herr Prof. Hans-Rüdiger Wiehle als Lehrbeauftragter an der Hochschule der Bundeswehr in Neubiberg, die beiläufig bemerkt in unmittelbarer Nähe zu unserem Wohnhaus lag. Herr Wiehle war 1974 als erster Professor der Informatik dorthin berufen worden. Davor waren wir Kollegen an der TUM. Vier Trisemester lang hielt ich dort in den Jahren 1975 und 1976 je eine Vorlesung (über Formale Sprachen bzw. Berechenbarkeit) sowie auch einen Vortrag über meine Forschungsarbeit.

Ebenso vermittelte mir Prof. Jacques Loeckx die bereits erwähnte Vertretung seines Lehrstuhls an der Universität des Saarlandes für die Zeit seines Gastaufenthalts an der TUM im SS 1975. Eine entscheidende Rolle spielte dabei Herr Prof. Günter Hotz. Wie Herr Bauer an der TUM war Herr Hotz an der Universität des Saarlandes in Saarbrücken die entscheidende und treibende Kraft beim Aufbau der dortigen Informatik. Auch auf

---

[99] Wissenschaftler rechnen nicht in den sonst üblichen Begriffen wie Arbeitszeit, Urlaub etc., weil bei intensiver wissenschaftlicher Arbeit diese nur durch die Schlafzeiten unterbrochen wird und sich ansonsten kontinuierlich und in jedem Kontext fortsetzt.

[100] Die Anzahl der Einträge im Schriftenverzeichnis beträgt aktuell 334. Laut dem Google Scholar, https://scholar.google.de/citations?user=7bvMP-MAAAAJ, beträgt mein h-index 28 und meine Arbeiten wurden 3351 mal und werden noch immer zitiert (Zugriff 30.7.2016).

nationaler Ebene spielte er wie Bauer eine führende Rolle (beispielsweise als erster Präsident der Gesellschaft für Informatik). Trotz dieser und weiterer Ähnlichkeiten in den Rollen dieser beiden Gründungspersönlichkeiten der deutschen Informatik könnten deren charakterliche Unterschiede größer nicht sein. Hotz hatte immer ein eher zurückhaltendes Auftreten, auch wenn er seine vorher gründlich überlegten Vorstellungen mit Überzeugung, nachdrücklich, konsequent und auch geschickt vertrat. Der autokratische Bauer versuchte sein Gegenüber zu dominieren, Hotz ihn zu überzeugen. Bauer versammelte um sich die ihm ergebenen „Bäuerlinge“ ungeachtet deren wissenschaftlicher Eignung, Hotz suchte mit feinem Gespür überall nach den fähigsten Köpfen und warb sie in das ja recht abgelegene Saarbrücken ab.[101] Dadurch legte er im wirtschaftlich darbenden Saarland den Grundstock für ein auch heute noch florierendes Zentrum wissenschaftlicher Exzellenz und einen daraus resultierenden wirtschaftlichen Aufschwung.[102]

Für ein halbes Jahr war ich 1975 also von der TUM beurlaubt und vertretungsweise Professor in Saarbrücken, hielt dort eine Vorlesung über Formale Sprachen, leitete gemeinsam mit Herrn Hotz zwei Seminare und trug im dortigen Kolloquium über meine Arbeiten vor. Mein Spezialgebiet war ja eigentlich die Künstliche Intelligenz, für das damals auch Herr Hotz leider noch nichts übrig hatte, sodaß ich den dortigen Studenten keine Inhalte meiner eigenen Forschung vermitteln konnte. Ich wohnte in Saarbrücken im sehr angenehmen Gästehaus der Universität, fuhr aus München am Beginn der Woche dorthin mit dem Zug und nach etwa drei arbeitsreichen Tagen dort nach Hause zurück, wo die Vorbereitungen für die nächste Woche erfolgten. Diese Wochen und Monate waren fachlich höchst anregend, menschlich äußerst angenehm und sind mir in bester Erinnerung geblieben. Als angenehmen Nebeneffekt konnte ich mich über das wesentlich höhere Gehalt eines Professors im Vergleich mit meinem sonstigen Oberassistentengehalt erfreuen.

Während dieser Zeit erarbeitete ich ein Vorlesungsskriptum über das Thema der Vorlesung,[103] das ich dem Springer Verlag zur Veröffentlichung als ein daraus hervorgehendes Buch vorlegte. Er aber wollte es mit der Begründung nicht publizieren, daß ich für das Gebiet durch eigene spezifische wissenschaftliche Arbeiten nicht ausgewiesen wäre. Die Begründung war sachlich zwar richtig, als Ablehnungsgrund aber nicht wirklich überzeugend.

---

[101] Von der TUM waren dies die Herren Harald Ganzinger, Hans Langmaack, Helge Scheidig, Reinhard Wilhelm und über den Umweg nach USA auch Kurt Mehlhorn, allesamt exzellente und erfolgreiche Wissenschaftler.

[102] Die dort ansässigen Institutionen Max-Planck-Institut für Informatik, Deutsches Forschungszentrum für Künstliche Intelligenz (DFKI), Leibniz-Zentrum für Informatik Schloß Dagstuhl sowie beispielsweise die aus der Universität hervorgegangene, weltweit operierende Scheer Group legen dafür ein eindrucksvolles Zeugnis ab.

[103] Wolfgang Bibel, Formale Sprachen, Fachbereich Angewandte Mathematik und Informatik, Universität des Saarlandes, A 75/10, 89 Seiten, 1975.

Denn erstens ging es ja um die Qualität des Textes und nicht um meine Spezialisierung und zweitens war ich bei meinem Hintergrund als Logiker für dieses Gebiet keineswegs schlecht ausgewiesen. Hinter der Entscheidung steckte vermutlich ein tieferer Grund, über den man nur spekulieren kann.[104] Kurz, Vorlesungen über mein Spezialgebiet durfte ich nicht abhalten und über die Inhalte meiner Vorlesungen durfte ich nicht publizieren, eine weiterhin unangenehme Zwickmühle.

Im Studienjahr 1978/79 wurde mir wieder die Vertretung eines ordentlichen Lehrstuhles diesmal am Institut für Angewandte Informatik und Formale Beschreibungsverfahren der Universität Karlsruhe anvertraut analog wie die vorangegangene Vertretung in Saarbrücken. Ich verdanke die Einladung zum einen Herrn Prof. Thomas Ottmann, der wie ich aus der Logik kam, zum anderen Herrn Prof. Wolffried Stucky, der mir wohl schlicht aus Fairneß wohlgesonnen war, aber mutmaßlich auch Herrn Prof. Peter Deussen, mit dem ich in jenen Jahren im Fachausschuß 6 der GI eng und freundschaftlich zusammenarbeitete.[105] Dort hielt ich zwei Grundvorlesungen sowie drei Spezialvorlesungen, davon zwei erstmals in Deutschland zu meinem Fachgebiet Künstliche Intelligenz (und das mehr als sieben Jahre nach meinen Vorlesungen in Detroit). Wie in Saarbrücken und an der Hochschule der Bundeswehr entstanden Vorlesungsskripten zu ausgewählten Vorlesungen, auf die wir noch zu sprechen kommen.

Das Jahr in Karlsruhe war auch wissenschaftlich ein sehr produktives. Über die Ergebnisse habe ich im Kolloquium vor Ort während dieser Zeit dreimal vorgetragen, was das große Interesse an meiner Arbeit bekundet. Am dortigen Institut für Informatik hatte Dr. Jörg Siekmann seit 1976 damit begonnen, eine Forschungsgruppe zum Automatischen Beweisen aufzubauen. Herr Siekmann hatte schon seit 1974 aus England mit mir korrespondiert, mich in München aufgesucht und dabei meinen Ansatz in diesem Gebiet hochgelobt. Nach seinem Start in Karlsruhe hatte er dann aber zu meiner großen Enttäuschung einen ganz anderen Ansatz verfolgt. Gleichwohl ergaben sich sehr enge Bezugspunkte zum Austausch gegenseitiger wissenschaftlicher Erfahrungen.

Bei einer solchen Gelegenheit gegen Ende 1978 schilderte er mir auch eine ungelöste Problemstellung, an der seine Gruppe seit Monaten arbeitete.[106] Auf der Zugfahrt zurück nach München machte ich mir das Problem im Rahmen meines eigenen Ansatzes klar und hatte sofort die Idee zur Lösung des Problems. Ich skizzierte mir diese Lösung übers

[104] Das Zunftdenken ist in Deutschland bis heute weit verbreitet; wer in der Zunft nicht ausgewiesen ist, genießt auch keine diesbezüglichen Rechte. Zudem konnte ich halt keinen Professorentitel vorweisen.

[105] Den vertretenen Lehrstuhl hatte vorher Prof. Hermann Maurer inne, für dessen wissenschaftliche und sonstige Leistungen ich bis heute einen hohen Respekt empfinde.

[106] Es handelte sich um das Problem der Vollständigkeit und Konsistenz der Konnektionengraphresolution, das hier nicht im einzelnen ausgeführt werden soll.

Wochenende in einer ersten groben Fassung, meldete mich am Beginn der darauffolgenden Woche bei ihm und wir vereinbarten einen Termin, um diese Lösung ihm und seinen engsten Mitarbeitern mitzuteilen. Die angespannte Stimmung bei diesem informellen Treffen im engsten Kreis erinnerte mich an die meines Vortrages bei der Gruppe von Bauer Anfang 1975. Gruppen scheinen es zu hassen, wenn einer von außen ihnen innerhalb ihres eigenen Terrains etwas vormachen möchte. Durch verwirrende Fragen, vor allem von meinem späteren Kollegen Christoph Walther, geriet ich so durcheinander, daß Herr Walther mit deutlich zum Audruck gebrachter Verachtung demonstrativ das Zimmer verließ. Als ich dann doch wieder den Faden fand, war niemand mehr interessiert, den Rest meiner Erklärung zu erfahren. Man glaubte schlicht nicht mehr an meine Lösung.

Diese unvergessene Begebenheit wirft ein Licht auf eine meiner großen Schwächen. Ich bin wohl zu außerordentlichen Konzentrationsleistungen fähig, wie so manche meiner wissenschaftlichen Ergebnisse demonstrieren. Ein Einwand wie der von Herrn Walther bringt mich während einer Diskussion daher sofort wieder ins tiefe Grübeln. Wenn dann, wie in einer solchen Runde üblich, noch andere dazwischen quatschen, bricht mein Konzentrationsgebäude bald völlig zusammen und ich hinterlasse bei den Anwesenden den Eindruck eines hilflosen Stammlers. Dadurch ist das Ansehen aber sofort verspielt, weil Menschen ihre Mitmenschen nach dem unmittelbaren, reflexhaft beurteilten Eindruck einschätzen. Es gibt einen anderen, zu meinem quasi komplementären Menschentypus, der über ein phänomenales Spontangedächtnis verfügt und der daher zu jedem solchen Einwand sofort etwas einigermaßen Passendes aus seinem Gedächtnis abrufen kann. Solche Spontangedächtnistypen haben zu Lebzeiten in der Gesellschaft einen viel höheren Stellenwert als die Denkertypen, weil sie mit ihren spontanen Reaktionen jederzeit andere beeindrucken können, während letztere allzu oft vor lauter Nachdenken ins Stammeln geraten und dadurch ihr Ansehen verlieren. Dabei kommen die wirklich kreativen Lösungen eher von den Denkertypen, die dann oft erst nach ihrem Tode zu den verdienten Ehren gelangen.[107] Wie könnte dieser völlig ungerechtfertigte Vorteil der reflexbegünstigten Spontangedächtnistypen vor den reflexionsgehemmten Denkertypen im gesellschaftlichen Zusammenleben ausgeglichen werden?

Da ich ja durch mannigfache Erfahrungen in meinem Leben bereits daran gewöhnt war, von anderen in wichtigen Punkten nicht ernst genug genommen zu werden, ließ ich mich durch die demütigende Behandlung in Siekmanns Gruppe nicht beirren. Im Eigenstudium

[107]Ideal wäre natürlich ein Menschentypus mit einer in dieser Hinsicht gleichgewichteten Veranlagung. Es spricht nach meinen Kenntnissen jedoch Einiges dafür, daß das Vorhandensein einer extrem spontanen Gedächtnisleistung das gleichzeitige Vorhandensein einer extremen Denkfähigkeit ausschließt und umgekehrt. In diesem Fall wäre es falsch, von einer „Schwäche“ zu reden, wie ich es hier in meinem Fall getan habe. Umso wichtiger wäre für unsere Gesellschaft eine faire Gleichbewertung beider Typen.

hatte ich mir inzwischen eine professionelle Kompetenz im Verfassen von wissenschaftlichen Arbeiten erarbeitet. Durch regelmäßige Lektüre der politischen Wochenzeitschrift „Newsweek“,[108] verbunden mit dem Studium der darin verwendeten englischen Sprache, hatte ich mir eine ebenso professionelle Kompetenz in deren Beherrschung angeeignet. Über die Weihnachtsferien verfaßte ich also eine Arbeit mit meiner Lösung der Siekmannschen Problemstellung, die im darauffolgenden Monat als Institutsbericht erschien und gleichzeitig von mir bei der damaligen internationalen Spitzenzeitschrift[109] zur Veröffentlichung eingereicht wurde, in der sie mit der üblichen Verzögerung dann im Jahre 1981 erschien.[110] Mir war dabei der Durchbruch zum internationalen Spitzenniveau gelungen.

Auch wenn er das natürlich nie offen zugeben wollte, war Siekmann regelrecht schockiert, wie ich aus seinen gelegentlichen Bemerkungen immer wieder entnehmen konnte. Über Monate hatten er und seine Leute an diesem Problem gearbeitet und in den Proceedings der AISB/GI-Konferenz 1978 auch eine (sogar falsche) Teillösung veröffentlicht und der Bibel findet die Lösung über ein Wochenende! Er versuchte meinen Erfolg zwar damit zu schmälern, daß er immer wieder darauf hinwies, daß nach meiner Lösung immer noch ein weiteres Problem ungelöst blieb.[111] Im Stillen war er jedoch wohl tief beeindruckt, zog daraus aber nicht die Konsequenz, daß mein Ansatz, auf dem dieser Erfolg ja beruhte, doch der langfristig erfolgreichere wäre und also auch von ihm und seiner Gruppe übernommen werden sollte. Vielmehr blieb er auch weiterhin bei dem von Kowalski stammenden Ansatz, den er zwar unter den deutschen Geldgebern exzellent vermarktete, dem aber aus heutiger Sicht letztlich der nachhaltige Erfolg verwehrt blieb, während mein Ansatz Jahrzehnte ein Schattendasein führen mußte, bis heute international aber weiter verfolgt wird.[112]

Ich erinnere daran, daß meine Habilarbeit aus zwei zusammenhängenden Teilen bestand, die sich im weiteren Verlauf zu zwei Schwerpunkten meiner wissenschaftlichen Arbeiten entwickelten. Auf dem einen dieser Schwerpunkte, nämlich den Beweisverfahren, war ich aufgrund meiner zahlreichen Veröffentlichungen dazu 1979 auf einem Höhepunkt

[108] Später, in den achtziger Jahren bevorzugte ich dann „The Economist“.

[109] Auch die Zeitschrift will zu einer gegebenen wissenschaftlichen Arbeit richtig ausgewählt sein und überdies wächst das Ansehen eines Wissenschaftlers durch eine breitere Streuung der Arbeiten auf verschiedene angesehene Zeitschriften, was ich zu jenem Zeitpunkt inzwischen ebenfalls verstanden und praktiziert hatte.

[110] Wolfgang Bibel, On matrices with connections, Journal ACM 28, 633–645, 1981.

[111] Bei diesem handelte es sich um die sogenannte starke Vollständigkeit der Konnektionengraphresolution.

[112] Mein Ansatz firmiert unter dem Begriff der Konnektionsmethode, wie schon im Kontext der Habilarbeit erwähnt.

meiner Expertise angelangt[113] und beschloß daher, ein Fachbuch darüber zu schreiben. Unter alles andere als idealen Bedingungen entstand daher in den Jahren 1980/81 das Buch „Automated Theorem Proving“.[114] Denn einerseits kann ein solches Buch inhaltlich nur gedeihen, wenn man die nötige Zeit und Ruhe dafür hat. Und andererseits benötigt man für die Texterstellung eines solchen Buches mit kompliziertesten Formeln und Abbildungen auch eine entsprechende technische Ausstattung. Beides war nicht gegeben. Durch den in dieser Zeit einsetzenden KI-Boom und die für mich daraus resultierende enorme Arbeitsbelastung fehlte es mir trotz des minimierten Einsatzes an der TUM vor allem an Ruhe und Zeit, sodaß der Inhalt in großer Hektik verfaßt werden mußte. Auch wenn die TUM eigentlich finanziell bestens ausgestattet war, wurde es dort versäumt, eine für publizierende Wissenschaftler angemessene technische Ausstattung für die Erstellung von Texten bereitzustellen, sodaß ich mich hierfür an die Hochschule der Bundeswehr wenden mußte, die in dieser Hinsicht schon besser ausgestattet war und dank des Wohlwollens von Herrn Wiehle mir dabei Unterstützung gewährte. Trotz all dieser Widrigkeiten ist das Buch schließlich 1982 beim Vieweg Verlag erschienen, wobei Kurt Mehlhorn mit einer Empfehlung behilflich war. Das Buch erschien später noch in zweiter Auflage und wird bis heute, also Jahrzehnte nach seiner Entstehung noch immer zitiert.

Auch der zweite genannte Schwerpunkt der Prädikativen Programmierung durfte während meines Jahres in Karlsruhe einen gewissen Höhepunkt erleben. Denn erstmalig konnte ich unter Zugrundelegung meiner Veröffentlichungen bis dahin auf diesem Gebiet dort eine Vorlesung darüber halten, die als Skriptum verfügbar ist.[115] Nicht zuletzt in diesem Kontext ist auch eine wichtige Veröffentlichung zu diesem Schwerpunkt im Artificial Intelligence Journal entstanden.[116]

Analog der von mir in Saarbrücken und Karlsruhe wahrgenommenen Vertretungsprofessuren war ich im ersten Halbjahr 1985 an der hochangesehenen und privaten Duke University in Durham, North-Carolina, in den USA als Visiting Associate Professor tätig,

[113] Es stellte sich auf der CADE-4 heraus, daß mein mit der Konnektionsmethode verfolgter Forschungsansatz in ähnlicher Weise und völlig unabhängig auch von Peter Andrews entwickelt wurde. Erfreulicherweise war Peter ein absolut fairer Kollege, der ebenso wie ich von diesem Zeitpunkt an immer auf den eng verwandten Ansatz des Kollegen in seinen Schriften hingewiesen hat. Insofern bestärkte diese doppelte Entdeckung von zwei völlig unabhängig arbeitenden Wissenschaftlern unsere bis heute vorhandene tiefe Überzeugung von den Vorteilen unseres Ansatzes. In den Jahren seither hat Peter seinen Schwerpunkt so verlagert, daß wir uns nicht weiter ins Gehege kamen.

[114] Wolfgang Bibel, Automated theorem proving, Vieweg Verlag, Wiesbaden, 293 Seiten, 1982.

[115] Wolfgang Bibel, Synthese und Analyse von Algorithmen, Teil I: Deduktion von Algorithmen, Teil II, Das P-NP-Problem, Bericht 80, Institut für Angewandte Informatik und Formale Beschreibungsverfahren, Universität Karlsruhe, 1979.

[116] Wolfgang Bibel, Syntax-directed, semantics-supported program synthesis, Artificial Intelligence Journal 14, 243–261, 1980.

wo ich eng mit meinen befreundeten Kollegen Alan Biermann und Donald Loveland eng und fruchtbar zusammenarbeitete.[117] Im anschließenden Wintersemester 1985/86 vertrat ich dann noch den vakanten Lehrstuhl an der TU Darmstadt, auf den ich später berufen werden sollte. Beim Zustandekommen dieser Vertretungsprofessur engagierte sich Herr Prof. Hans-Jürgen Hoffmann in besonderer Weise. Für einen Monat war ich auf Einladung von Frau Prof. Luigia Carlucci Aiello 1983 zudem als Gastprofessor an der Universität Rom tätig.[118]

All diese Erfolge deutete ich als eine Bestätigung dafür, daß ich dem Druck meiner Vorgesetzten zurecht nicht nachgegeben und meine Habilarbeit nicht wie von ihnen gewünscht zurückgezogen hatte. Sie barg ein so großes Potenzial, daß ich allein es inhaltlich gar nicht ausschöpfen konnte. Darin lag auch ein großes Manko meiner Situation. Auch wenn ich jeweils vorübergehend an anderen Hochschulen Vorlesungen halten konnte, eröffnete das nicht die Möglichkeit, Studenten für meine Arbeitsrichtung zu begeistern und durch Mitarbeit im Rahmen beispielsweise von Diplomarbeiten einzubinden und zu qualifizieren. Denn nach kurzer Zeit war ich ja immer wieder zurück an der TUM, wo mir eine solche selbständige Betreuung von Studenten vollständig unmöglich gemacht war. So blieb ich insoweit für Jahre fachlich erst einmal weitestgehend auf mich allein und meine Mitarbeiter gestellt, von denen noch die Rede sein wird.

Jede dieser auswärtigen Beschäftigungen war natürlich auch mit einem enormen logistischen Aufwand verbunden, der letztlich zu Lasten meiner wissenschaftlichen Arbeit ging. Ohne jegliche sekretarielle Hilfe mußte ich alles selbst organisieren. Die Zahl meiner Wohnungen vergrößerte sich in diesen Jahren bis 1987 von den in Abschnitt 4.1 genannten 21 auf nunmehr 26, wobei ich hier auch die Gästehäuser hinzuzähle, in denen ich immerhin Monate gelebt habe. Auch die Zahl der Arbeitgeber, von denen ich bis ins Jahr 1987 ein Gehalt bezog, wuchs auf im akademischen Bereich rekordverdächtige 14 an. Ich kenne so viele Universitäten in der Welt von innen wie wohl kaum eine|r meiner Kolleg|inn|en. Es ist daher wohl mehr als offensichtlich, daß es mir in meiner beruflichen Laufbahn alles andere als leicht gemacht wurde, meine Forschungen in Ruhe betreiben zu können.

[117]Wie schon bei früheren befristeten Tätigkeiten an anderen Hochschulen hatten auch die hier besprochenen den angenehmen Nebeneffekt eines im Vergleich zu meinem Gehalt als Oberassistent an der TUM weit höheren Einkommens. An der Duke erhielt ich beispielsweise ein monatliches Gehalt von 4.000 Dollar.
Auf S.50 im FAWB7(1) finden sich Bilder von meinem Apartment bei Frau Silver dort und dessen Umgebung. Weitere Bilder von der Region in Durham zur Zeit meines Aufenthaltes befinden sich in meiner Sammlung von Diapositiven.

[118]FAWB6, S.35.

KI Aktivitäten

Anstatt meine Zeit mit nutzlosen Klagen darüber zu vergeuden, welche Hindernisse mir in den Weg als Forscher über eine Zeit von mehr als einem Jahrzehnt gelegt wurden, engagierte ich mich um diese Hindernisse herum zugunsten meines Forschungsgebiets der Künstlichen Intelligenz (KI). Dieses Gebiet verfolgt das langfristige Forschungsziel eines Verständnisses intelligenten Verhaltens auf einer komputationalen Grundlage. Der Name tauchte erstmals englisch als „Artificial Intelligence" im Kontext der sogenannten Dartmouth Conference auf, die 1956 in den USA abgehalten wurde. Obwohl es in jener Zeit eine Reihe von Arbeiten auch im deutschen Sprachraum zu dieser Thematik gab, fand sich hier bis Mitte der siebziger Jahre keine Forschergemeinschaft zusammen, die sich auf diesem Gebiet wissenschaftlich engagierte. Erst 1975 wurde bei einem von Prof. Gerd Veenker nach Bonn einberufenen Treffen gewissermaßen der Startschuß für dieses Gebiet in Deutschland gegeben.

Ich habe die geschichtliche Entwicklung der deutschen KI bis zum Jahre 1981 bereits in einem Zeitschriftenartikel ausführlich dargestellt.[119] Deshalb will ich hier nur einige Anmerkungen dazu machen, die meine Rolle in dieser Entwicklung skizzieren. Wir etablierten damals als Ergebnis des Treffens in Bonn den viermal im Jahr erscheinenden Rundbrief KI,[120] der später in die Zeitschrift KI überging. Die ersten sechs Ausgaben in Blattform wurden von Herrn Prof. Hans-Hellmut Nagel herausgegeben, der damals der einzige deutsche Hochschullehrer mit einer Professur auf der obersten Stufe war, der sich zur KI bekannte. Ab der siebten Ausgabe übernahm ich diese Aufgabe für zwei Jahre bis 1988. In dieser Zeit entwickelte sich dieses für die Bildung der deutschen KI-Gemeinschaft so wichtige Organ zu einem veritablen wissenschaftlichen Newsletter. Da ich an der TUM aus den in den vorangegangenen Unterabschnitten beschriebenen Gründen keinerlei Unterstützung für eine solche ja der gesamten Disziplin nützende Tätigkeit erhielt,[121] lag alles in meinen Händen angefangen von der redaktionellen Arbeit über die Korrespondenz bis hin zur Erstellung der Druckvorlage und zum Sammeln und Aufschreiben der Adressen. Nur der Druck wurde in unserer Institutsdruckerei aufgrund meiner guten Beziehungen zu den dort tätigen Personen professionell durchgeführt.

---

[119] Wolfgang Bibel, The Beginnings of AI in Germany, KI 4, 48–54, November 2006, DOI: 10.13140/2.1.3288.2563.

[120] http://www.kuenstliche-intelligenz.de/de/archive/ki-rundbriefe/, Zugriff 27.9.2016.

[121] Im Gegenteil, das Institut protestierte in einem Schreiben vom 29.3.1977 ausdrücklich gegen diese Tätigkeit und ging sogar soweit, mir die Benutzung einer Schreibmaschine des Instituts zu untersagen (siehe dazu die Korrespondenz den Ausschuß 6 der GI betreffend im AO7 im Archiv des Autors).

Wir initiierten auf dem Treffen in Bonn zudem die Einrichtung eines Unterausschusses für KI des Fachausschusses 6 (Kognitive Systeme) in der Gesellschaft für Informatik (GI),[122] dem Herr Nagel als Vorsitzender angehörte. In diesen Ausschuß wurde ich ab 1975 als einer von insgesamt acht Mitgliedern gewählt, von denen sich vier zu dem Unterausschuß KI zugehörig rechneten.[123] Dieser Unterausschuß hatte die Leitungsfunktion bei der Etablierung der KI in Deutschland inne. Die Zusammenarbeit mit allen Mitgliedern war hervorragend. Mit Herrn Nagel verbindet mich seit jenen Tagen noch heute eine enge kollegiale Freundschaft. Neben seiner international anerkannten Forschungsarbeit hat er sich durch seine verbindliche und zielführende Haltung für die organisatorische Etablierung der KI in Deutschland große Verdienste erworben. Von den ursprünglich vier Mitgliedern war ich jedoch derjenige, der in den folgenden Jahren am längsten in dieser Funktion seinen Dienst tat, während die anderen drei aus unterschiedlichen Gründen diese Verantwortung an andere übergaben.[124]

1975 organisierte ich erstmals in eigener Regie einen eintägigen Workshop über Automatisches Beweisen in München, an dem sogar ein auf unserem Gebiet führender Kollege aus den USA, nämlich Larry Henschen, teilnahm. Auf der Basis dieser und früherer Erfahrungen[125] wagte ich unter Mitwirkung der Ausschußmitglieder Dr. Joachim Laubsch und Dr. Peter Raulefs die Organisation des ersten mehrtägigen deutschen Workshops über KI, der vom 7.–11.3.1977 in einem dafür ideal geeigneten Tagungsgebäude in Bad Honnef stattfand.[126] Insgesamt fanden 33 Vorträge statt, wobei bezeichnenderweise je ein Tag geprägt war von einem der beiden Schwerpunktthemen Logikprogrammierung und Beweisverfahren meiner Habilitation. Unter den immerhin schon 77 Teilnehmern aus 8 verschiedenen Staaten waren aus dem Ausland beispielsweise die damals aufstrebenden KI-Wissenschaftler und späteren Professoren Eugene Charniak (damals Genf, später Brown University, USA), Bob Kowalski (London) und Sten-Åke Tärnlund (Stockholm, später Uppsala).[127] Die Fa. Siemens unterstützte den Workshop mit 2.000 DM. Auch

[122]Diese Entscheidung war sehr umstritten, weil vor allem Herr Laubsch für die Alternative einer Kooperation mit dem German Chapter der ACM (http://germany.acm.org/, Zugriff 16.8.2016) warb, während Herr Nagel und ich entschieden zugunsten der GI argumentierten.

[123]Die formelle Unterteilung in zwei Unterausschüsse erfolgte erst 1977, war aber faktisch von Anfang an so praktiziert worden.

[124]Ein Teil der Korrespondenz diesen Ausschuß betreffend findet sich im AO7 im Archiv des Autors.

[125]Sie reichten von der im Abschnitt 3.2 beschriebenen Organisation eines Tanzstundenkränzchens über meine im Abschnitt 3.5.4 beschriebene Rolle als Vermieter bis hin zur Organisation des im Abschnitt 4.1 beschriebenen Baus unseres Wohnhauses.

[126]Die wichtigsten Unterlagen zu dieser Veranstaltung werden im Archiv des Autors im AO 11 „Konferenzen bis 1977“ vorgehalten. Alle nachfolgenden Daten zu dem Workshop entstammen diesen Originalunterlagen.

[127]Herr Bauer untersagte seinen Mitarbeitern, an dem Workshop teilzunehmen, konnte den beachtlichen Erfolg damit aber nicht verhindern. Es sei beiläufig auch darauf hingewiesen, daß dieser Erfolg zeitlich

hierbei lag mangels jedweder sekretarieller Unterstützung an der TUM der gesamte in meinen Verantwortungsbereich fallende Aufwand ausschließlich in meinen eigenen Händen. Dieser Workshop war ein entscheidender Meilenstein hin zu der späteren „German Conference on Artificial Intelligence", die seither mit unterschiedlichen Bezeichnungen bis heute jährlich stattfindet, an deren Begründung ich mir daher einen wichtigen Anteil zumessen darf.

So gelang es uns, in Deutschland die KI-Forschung langsam aber sicher in Gang zu setzen. Da aber zu jener Zeit an deutschen Universitäten — mit Ausnahme des genannten Prof. Nagel — so gut wie keine Professoren das Fach KI lehrten, kamen die Forschungsergebnisse nicht bei den Studenten an, die in den Informatikvorlesungen von KI so gut wie nichts erfahren konnten.[128] Aus diesem Grund beschlossen wir im GI-Ausschuß die Durchführung einer zweiwöchigen Frühjahrsschule für KI (KIFS), die in der Zeit 15.–24.3.1982 in Teisendorf unter der Leitung von Wolfgang Bibel und Jörg Siekmann stattfand.[129] Die Schule bestand aus sieben Kompaktvorlesungen über verschiedene Teilgebiete der KI und weiteren informellen Veranstaltungen und war von 110 Teilnehmern besucht. Aus den Inhalten der Vorlesungen entstand ein Band, der für eine gewisse Zeit die Lücke hinsichtlich der Lehrbücher auf diesem Gebiet überbrückte.[130] Die Veranstaltung wurde im Namen der Gesellschaft für Informatik (GI) durchgeführt und vom Bundesminister für Forschung und Technologie mit 23.047 DM sowie vom Bayerischen Staatsministerium für Unterricht und Kultus mit 4.100 DM gefördert.[131] Infolge des großen Erfolges etablierte sich diese Schule ebenfalls als dauerhafte Einrichtung, die — seit 2000 mit geänderter Ausrichtung — ebenfalls bis heute jährlich durchgeführt wird.[132]

Wegen der Analogie mit der soeben beschriebenen KIFS will ich nun auch gleich auf die ACAI zu sprechen kommen, obwohl wir damit der Thematik meiner internationalen Aktivitäten vorausgreifen. Im letzten Absatz wurde der damalige Mangel an KI-Ausbildung in der Fußnote ja für ganz Europa festgestellt. Da ich Anfang der achtziger Jahre dann

---

noch vor der im Abschnitt 4.2 beschriebenen negativen Entscheidung des Fachbereichsrats an der TUM über meinen Habilitationsgesuch lag; dessen Mitglieder wußten also zum Zeitpunkt der Abstimmung sehr wohl über meinen inzwischen international erreichten Status Bescheid, worüber ich sie ja auch ausdrücklich und schriftlich auf dem Laufenden gehalten hatte.

[128]Im Vorwort zum folgenden Band wird festgestellt, daß in Europa eine KI-Ausbildung „schlichtweg überhaupt nicht oder bestenfalls nur in rudimentären Ansätzen existiert": Wolfgang Bibel, Jörg H. Siekmann, Künstliche Intelligenz, Springer, Berlin, 1982.

[129]Die Unterlagen zu dieser Veranstaltung befinden sich im Archiv des Autors (AO 9 „KIFS, ACAI"), woraus die nachfolgenden Informationen entnommen sind.
Bilder von der Veranstaltung finden sich im FAWB6, S.25,27, sowie im FAWB7(2), S.14–34 gerade Seiten.

[130]W. Bibel, J.H. Siekmann, aaO.

[131]Die Förderung durch den Kultusminister war angesichts des Einflusses von Herrn Bauer auf diese Behörde von einer besonderen Pikanterie.

[132]https://de.wikipedia.org/wiki/Interdisziplinäres_Kolleg_Günne, Zugriff 6.8.2016.

auch in Europa eine führende Rolle spielte, initiierte ich die Gründung einer Art KIFS auch auf der europäischen Ebene, nämlich den „Advanced Course in Artificial Intelligence" (ACAI). Der erste ACAI fand 2.–12.7.1985 in Vignieu in Frankreich unter der Leitung von Wolfgang Bibel und Philipp Jorrand statt.[133] Organisatorisch stellte die KIFS ein Vorbild dazu dar. So wählten wir auch in diesem Fall einen attraktiven Veranstaltungsort und zwar im Chateau de Chapeau Cornu. Wieder wurden in zwei Wochen sieben Kompaktvorlesungen, diesmal von international herausragenden KI-Wissenschaftlern aus den USA, Kanada, Frankreich, Israel und Deutschland gehalten. Inhaltlich lag hier der Fokus auf den neuesten Forschungsergebnissen. Entsprechend hohe Anforderungen wurden an die Qualifikation der 55 Teilnehmer gestellt, die aus den 120 Bewerbern aus 20 Staaten gezielt ausgewählt wurden. Die Inhalte wurden in einem dreitägigen Vorbereitungstreffen in München sorgfältig aufeinander abgestimmt. Die Kooperation unter den sieben Dozenten, zu denen natürlich auch die beiden Kursleiter gehörten, war in jeder Hinsicht vorbildlich. So entstand auf der Grundlage dieser Veranstaltung wiederum eine qualitativ hochwertige Buchveröffentlichung.[134] Die Veranstaltung wurde im Namen der ECCAI[135] durchgeführt und finanziell von der Kommission der Europäischen Gemeinschaften sowie von den französischen Instituten in Grenoble unterstützt, denen Herr Jorrand angehörte (während die TUM jede Unterstützung verweigerte). Auch diese Veranstaltung begründete eine bis heute erfolgreiche Reihe der ACAIs, die im zweijährigen Turnus abgehalten werden.[136]

Schon an dieser Stelle kann man auf der Grundlage dieser Schilderungen feststellen, daß ich in der Zeit der Entwicklung unseres Faches Künstliche Intelligenz (KI) in Deutschland — und wie wir gleich noch weiter sehen werden, auch international — immer an führender Stelle stand, wenn es galt eine wichtige und dauerhafte Institution wie den GI-Ausschuß für KI, den KI-Rundbrief, die KI-Konferenz, die KIFS oder den ACAI zu gründen. Es gelang mir offenbar immer, die jeweilige neue Institution so mitzuprägen, daß sie dauerhaft Bestand hatte. Eine wichtige, dabei konsequent verfolgte Strategie war, in die jeweilige Institution nach deren Etablierung andere Personen durch Übergabe von Leitungsfunktionen mit einzubinden und so mit der Zeit eine relativ breite Führungsbasis für unser Gebiet zu schaffen, was in den Folgejahren eine starke Position unseres Gebietes KI innerhalb der Informatik und im internationalen Vergleich begründete.

[133] Die Unterlagen dazu werden teilweise im Archiv des Autors im AO 9 „KIFS, ACAI" vorgehalten, woraus auch die hier genannten Informationen stammen.

[134] W. Bibel, Ph. Jorrand, Fundamentals of Artificial Intelligence, Springer, 1987.

[135] European Coordination Committee for Artificial Intelligence, heute EurAI, European Association for Artificial Intelligence.

[136] https://www.eurai.org/activities/ACAI_courses, Zugriff 28.3.2017. FAWB8, S.59.

Durch meine Tätigkeit an der Wayne State University (s. Abschnitt 4.1) sowie durch die nachfolgenden Besuche internationaler Konferenzen hatte ich mir eine immer bessere Übersicht über die internationale Szene in der KI und allgemeiner in der Informatik verschaffen können. Auch wenn wir zugeben mußten, daß uns die Amerikaner in der KI-Forschung weit voraus waren, so wurde doch bald unübersehbar, daß sie diesen Vorteil auch über Gebühr zu ihren Gunsten nutzten. Es gelang uns, den Freunden jenseits des Ozeans unser Unbehagen beispielsweise bei den Praktiken der Auswahl der Vorträge für Konferenzen wie die International Joint Conference on Artificial Intelligence (IJCAI) zum Ausdruck zu bringen. Dies führte zur Einplanung einer Podiumsdiskussion zu dieser Problematik auf der IJCAI-1977, die am MIT in Boston stattfand. Hierzu wurden Herr Nagel und ich als Podiumsteilnehmer sowie zu einem Beitrag in den Proceedings eingeladen, in dem wir die KI-Forschung in Deutschland darstellen konnten.[137]

Konferenzen dienen zum möglichst zeitnahen Austausch von Forschungsergebnissen. Sie wirken aber auch als Repräsentanten der Bedeutung eines Gebietes. Um die KI als wichtiges Gebiet in Deutschland sichtbarer werden zu lassen, kam daher schon 1976 die Idee bei uns auf, eine größere internationale KI Konferenz in Deutschland abzuhalten. Dies konnte nur an einem Ort mit ausreichender personeller KI-Ausstattung erfolgen, die damals nur in Hamburg und Karlsruhe gegeben war. Deshalb unterstützten wir Herrn Nagel bei der Ausrichtung einer Konferenz, die von der AISB[138] und der GI in Kooperation 1978 in Hamburg ausgerichtet wurde.

Das ambitioniertere Ziel war jedoch, die im zweijährigen Turnus stattfindende „International Joint Conference on Artificial Intelligence“ (IJCAI) nach Deutschland zu holen.

[137] W. Bibel, H.-H. Nagel, Artificial Intelligence in Western Europe – Germany, Proceedings of 5th International Joint Conference on Artificial Intelligence, Boston, 958–959, 1977.
Diese Einladung in einem Brief vom 31.5.1977 markiert eine bemerkenswerte Koinzidenz. Denn sie dokumentiert, daß ich zu jenem Zeitpunkt international als repräsentativ für das Gebiet der Künstlichen Intelligenz in Deutschland angesehen wurde. Zugleich erhielt ich wenige Tage davor das mit dem 20.5.1977 datierte und weiter oben bereits erwähnte Schreiben des Dekans an der TUM, in dem mir das Scheitern meines Habilitationsgesuches mitgeteilt und so die Eignung als Hochschullehrer mangels wissenschaftlicher Qualifikation abgesprochen wurde, eine Diskrepanz, die extremer nicht sein konnte.
Die Einladung gezielt an Bibel und Nagel demonstriert die immer wieder beobachtbare Rationalität der Amerikaner. Denn sie erging an zwei Forscher, die in Deutschland in der KI fachlich führend waren und zugleich aufgrund ihrer Herausgeberschaft des Rundbriefs den besten Überblick über die sonstigen Aktivitäten in Deutschland hatten, während sie die Statusunterschiede völlig ignorierte.
Der Einladungsbrief wird im Archiv der Technischen Universität Darmstadt (TUD) unter Bibel, TU1, vorgehalten.
Die Gestaltung der Abläufe innerhalb der IJCAI waren auch in den Folgejahren ein wichtiges Thema, zu dem es im AO 7 meines Archivs unter „Korrespondenz“ etliche Briefe gibt.

[138] Die in UK ansässige „Society for the Study of Artificial Intelligence and the Simulation of Behaviour“ (AISB) war die erste KI-Organisation weltweit.

In einem Brief an den Präsidenten der IJCAI-1977, Herrn Prof. Bledsoe,[139] schlug ich Karlsruhe als möglichen Tagungsort in Deutschland für eine kommende IJCAI und Herrn Prof. Deussen als deren lokalen Leiter vor. Infolge all meiner diesbezüglichen Aktivitäten wurde ich ab 1977 für viele Jahre Mitglied des Organisationsgremiums der IJCAI. Auf dessen Sitzung während der IJCAI-1977 fiel die Wahl für die IJCAI-1979 jedoch auf die in Bezug auf KI viel rührigeren Japaner. Nach dem üblichen vierjährigen Turnus fand die IJCAI-1981 wieder in Nordamerika statt, sodaß wir für Karlsruhe erst zu der IJCAI-1983 den Zuschlag erhielten, ein Erfolg, den ich mir aufgrund meines jahrelangen Bemühens dahin durchaus zurechnen kann. Für die lokale Ausrichtung haben sich Peter Raulefs und Jörg Siekmann große Verdienste erworben.

Infolge meiner erfolgreichen Mitwirkung bei der Organisation der IJCAIs wurde ich für die Zeit 1986–1992 zum Mitglied und für die Zeit 1987–1989 zum Präsidenten des „Board of Trustees", dem höchsten Entscheidungsgremium der IJCAI Inc. (IJCAII) berufen. In dieser letztgenannten Position befand ich mich in der Rolle des höchsten Repräsentanten des Gebietes der Künstlichen Intelligenz weltweit und konnte dessen internationale Entwicklung maßgeblich und erfolgreich mitgestalten.[140] Vor allem war ich in dieser Rolle für die Durchführung der IJCAI-1989 verantwortlich, die in Detroit stattfand und annähernd 6.000 Teilnehmer verzeichnen konnte. Denn die KI war in den achtziger Jahren *die* führende Treiberin der Technologieentwicklung und in allen Medien weltweit präsent, sodaß sich jede IJCAI dieser Jahre zu einem großen Interessen- und Besuchermagnet gestaltete.

Bei den bisher besprochenen Konferenzen wie dem 1977 von mir in Bad Honnef veranstalteten Workshop, der IJCAI-1977 und der AISB/GI-Konferenz 1978 sowie bei verschiedenen weiteren Anlässen entstanden engere Verbindungen unter den europäischen KI-Wissenschaftlern, die die Notwendigkeit eines organisatorischen Rahmens erkannten, um der amerikanischen Übermacht auf diesem Gebiet etwas entgegensetzen zu können. Deshalb ergriff ich im Oktober 1979 die Initiative zur Bildung einer „European Association for AI", die 1982 zur ersten „European Conference for Artificial Intelligence" (ECAI) und der Gründung einer zugrundeliegenden Organisation mit dem etwas sperrigen Namen „European Coordinating Committee for Artificial Intelligence" (ECCAI) führte. Ich wurde

[139] Brief vom 3.5.1977, AO7, Archiv W. Bibel.

[140] Die IJCAII wurde unter dem Vorsitz des Präsidenten geleitet vom Board of Trustees. Diesem gehörte auch der IJCAII Secretary an, eine Funktion, die über Jahrzehnte von Don Walker maßgeblichst ausgeführt wurde. Die Zusammenarbeit mit all den beteiligten Kollegen dürfte die professionellste Teamarbeit gewesen sein, in der ich jemals eingebunden war. Aber auch menschlich haben wir uns alle bestens verstanden, in der Sacharbeit aber unsere Ratio bzw. Reflexion dominieren lassen.

als deren erster Präsident gewählt.[141] Damit war ich in der Zeit 1982–1986 der höchste Repräsentant unseres Gebiets in Europa und 1987–1989 in der Welt.[142]

Meine weltweit führende Rolle in meinem Fachgebiet vor allem in den achtziger Jahren manifestierte sich natürlich nicht nur in den bislang beschriebenen Rollen, sondern darüber hinaus in vielfacher Weise, nicht zuletzt auch in der Mitwirkung bei der Konzipierung nationaler und europäischer Großprojekte. Bei meinem Besuch der IJCAI-1979 in Tokio lernte ich Kazuhiro Fuchi kennen. Er zeigte sich vor allem von einer meiner Arbeiten beeindruckt, in der ich die prädikative Programmierung aus der Habilarbeit weiterentwickelt hatte.[143] Wir verstanden uns auf Anhieb und erkannten, daß uns die gleiche Vision einer künftigen Programmiertechnik vorschwebte. Mit einer kleinen Gruppe von gleichgesinnten Wissenschaftlern verbrachten wir auch angenehmste Stunden in einer der Tokioter Bars, in die man nur über eine Türklingel Zutritt erhalten konnte und wo man von Geishas in persönlichster Weise bedient wurde.[144]

Gemeinsam mit Tohru Moto-Oka gelang es Fuchi im Gefolge dieser Konferenz, die Japanische Regierung von der Etablierung des nationalen „Fifth Generation Computer Systems Project“ (FGCS) zu überzeugen, das mit einer hohen Förderung für ein ganzes Jahrzehnt angelegt war und in dem meine Forschungsschwerpunkte einen besonders hohen Stellenwert zugewiesen bekamen.[145] Mit diesem kühnen Projekt forderte Japan vor allem die in der Informationstechnologie (IT) führenden USA heraus, beunruhigte damit aber

[141] Die geschichtliche Entwicklung der Europäischen KI ist ausführlich dargestellt in: Wolfgang Bibel, Artificial Intelligence in a historical perspective, AI Communications 27(1), 87–102, 2014. In dem Artikel werden auch die Kollegen genannt, mit denen ich damals in dieser Führungsaufgabe bestens zusammengearbeitet hatte.
Wie ersichtlich ist es mir damals nicht gelungen, den von mir vorgeschlagenen Namen für die Organisation durchzusetzen. Erst 2016 einigte man sich darauf, den damals gewählten durch den ursprünglich von mir vorgeschlagenen Namen „European Association for AI“ (EurAI) zu ersetzen.
Es ist in diesem Zusammenhang erwähnenswert, daß ich schon als Schüler die europäische Idee in dem im Abschnitt 3.1 erwähnten Aufsatz vertreten hatte und in meinem Fachgebiet dann in die Tat umsetzen konnte.

[142] Bezeichnenderweise war ich formell nie der Repräsentant der deutschen KI, da ohne den Professorentitel dies zwar international aber offenbar eben nicht in Deutschland denkbar war (und wohl auch noch immer ist).

[143] Wolfgang Bibel, A uniform approach to programming, Fachbereich Mathematik, Technische Universität München, Report 7633, 1976.

[144] Im Anschluß an die IJCAI-1979 nahm ich an einer von den Veranstaltern organisierten Reise durch Japan teil, die den Besuch von Sehenswürdigkeiten mit dem von Universitäten und Industrieunternehmen verband. Das Programm findet sich im AO10 in meinem Archiv. Bilder von dieser faszinierenden Reise finden sich im FAWB6, S.1–7.
Vor der IJCAI-1981, die in Vancouver stattfand, unternahm ich eine Reise von Calgary nach Vancouver in einem Leihwagen. Von der Reise und dem Aufenthalt in Vancouver und seiner Umgebung berichten die Bilder auf den Seiten 18 (hinten) bis 22 im FAWB6.

[145] Auch hierzu finden sich mehr Details in: Wolfgang Bibel, Artificial Intelligence in a historical perspective, AI Communications 27(1), 87–102, 2014.

auch Europa, das befürchten mußte, auf diesem Gebiet noch mehr an Boden zu verlieren. Die Eröffnungskonferenz geriet daher zu einem höchst politischen Ereignis, dem Regierungsvertreter aus allen Teilen der Welt beiwohnten.[146] In diplomatisch ausgewogener Weise wurden neben den japanischen Vorträgen drei Wissenschaftler aus den USA und drei aus Europa zu Hauptvorträgen eingeladen, letztere je aus Deutschland, England und Frankreich. Und als Repräsentanten von Deutschland haben die Japaner ausgerechnet den Oberassistenten Wolfgang Bibel ausgesucht, der damals noch immer mit juristischen Mitteln um die Anerkennung seiner Lehrbefähigung kämpfen mußte!

Dem Anlaß entsprechend großzügig wurde ich im Rahmen dieser Einladung behandelt. Fuchi und Moto-Oka statteten mir (ebenso wie den anderen fünf Hauptrednern) im Vorfeld der Konferenz in München einen Höflichkeitsbesuch zur Erläuterung des FGCS ab.[147] Zudem finanzierten mir die Japaner einen Flug in der — damals sündhaft teuren — ersten Klasse und reservierten mir ein Zimmer im ersten Hotel in Tokio, dem Imperial Hotel unmittelbar gegenüber dem Kaiserpalast. Mit den beschränkten mir zur Verfügung stehenden Mitteln habe ich mich mit meinem Vortrag dann wohl auch einigermaßen gut geschlagen.[148] Jedenfalls wurde ich auch in den Jahren danach noch mehrfach zu diesem beeindruckenden und erfolgreichen Projekt nach Japan eingeladen, mit dem die Japaner in mehrfacher Hinsicht einen wichtigen Sprung nach vorne für ihr Land geleistet hatten.

Wie gesagt wirkte der Start des japanischen FGCS Projektes elektrisierend auch für den Rest der führenden Industrienationen. Als unmittelbare Antwort darauf wurden allerorten vergleichbare nationale und übernationale Projekte ins Leben gerufen wie beispielsweise das von der EU-Kommission initiierte „European Strategic Programme for Research in Information Technologies“ (ESPRIT) oder das vom Bundesminister für Forschung und Technologie (BMFT) geförderte Programm Informationstechnik.[149] Nun rächten sich die Versäumnisse der Informatiker in Europa, die fast überall eine frühe Förderung der KI

[146]Eine umfangreiche deutsche Delegation wurde von Herrn Dr. G. Marx aus dem BMFT geleitet.

[147]Weder Herr Bauer noch der Geschäftsführende Direktor, Rudolf Bayer, unseres Instituts erklärten sich auf entsprechende Anfragen dazu bereit, diese hohen Gäste angemessen zu empfangen, sich über das FGCS berichten zu lassen und umgekehrt unser Institut vorzustellen, wie es nach diplomatischen Gepflogenheiten in jedem Fall geboten gewesen wäre (siehe dazu den Brief vom 14.9.1981 unter TU1 im Bibel-Archiv der TUD). Ein gemeinsamer Besuch des Oktoberfestes zu dritt konnte diesen diplomatischen Affront ein wenig kompensieren.

[148]Normalerweise sollte schon aus nationalem Interesse einem derart repräsentativ für sein Land auftretenden Wissenschaftler aus seiner Universität ein Unterstützungsteam zu einer professionellen Erstellung der damals noch üblichen Diapositive zur Verfügung gestanden haben, um den besten Eindruck für das Land zu hinterlassen. Wie immer in diesen Jahren an der TUM war ich jedoch für alles völlig auf mich alleine gestellt.
S.41 im FAWB6 zeigt mich ua. mit dem deutschen Botschafter in Japan.

[149]Weitere Details finden sich in: Wolfgang Bibel, Artificial Intelligence in a historical perspective, AI Communications 27(1), 87–102, 2014.

versäumt hatten. Einem riesigen Bedarf an KI-Experten stand nur eine winzige Anzahl von entsprechend qualifizierten Personen gegenüber. Diese kleine Gruppe, in der ich eine führende Rolle spielte, geriet aufgrund dieser Situation in den achtziger Jahren unter einen Leistungsdruck, der teilweise das für Menschen verantwortbare Maß überschritt und tatsächlich zu Zusammenbrüchen von Kollegen führte. Sie alle wurden bestürmt, bei der inhaltlichen Gestaltung der Projekte mitzuwirken, selbst Projektforschung durchzuführen, die Lehre in KI an den Universitäten zu etablieren, aber auch den Leuten in der Industrie die Grundbegriffe der KI beizubringen und dies alles nebenher zu den ohnehin laufenden Pflichten, die für sich schon gereicht hätten, die Tage sinnvoll auszufüllen.

Für mich gestaltete sich diese extreme Ausnahmesituation aufgrund meiner gescheiterten Habilitation an der TUM darüber hinaus in einer besonderen Weise, worüber ich nun etwas ausführlicher berichten möchte. Im ersten Unterabschnitt dieses Abschnitts 4.2 wurde erwähnt, daß ich 1975 einen Lehrstuhl an der Uni in Saarbrücken vertrat. Bei dieser Gelegenheit ermunterte mich der dortige Herr Prof. Hotz, bei der Deutschen Forschungsgemeinschaft (DFG) einen Antrag auf eine Forschungsbeihilfe zu stellen, mit der ich dann Mitarbeiter finanzieren könnte. Dieser Antrag wurde mir Ende 1975 bewilligt,[150] was Herr Bauer mit den folgenden Worten kommentierte: *„Das ist unerhört von der DFG."* Diese in meiner damaligen Lage höchst ungewöhnliche Bewilligung zeigt, daß mir besonders von außerhalb der TUM ein besonderes Wohlwollen in meinem Kampf um Anerkennung entgegenschlug, ein Wohlwollen, das mir über die vielen Jahre hinweg immer wieder den Rücken stärkte. In diesem Fall darf ich wohl mit Recht annehmen, daß Herr Hotz einen nicht unbeachtlichen Anteil an dieser Bewilligung hatte. Große Hilfe erhielt ich über viele Jahre dabei auch von dem in der DFG zuständigen Sachbearbeiter, Herrn Dr. H. Haller.

Im Abschnitt 4.1 hatte ich von den Studenten berichtet, die ich bis 1975 betreute. Unter diesen war Joachim Schreiber der erfolgreichste, der nach dem Abschluß seines Diploms auf meine Vermittlung hin und mit Stipendien des Deutschen Akademischen Austausch-Dienstes (DAAD) und der Studienstiftung des Deutschen Volkes für eine Fortsetzung seiner Studien an die Stanford University in Kalifornien ging. Nach Abschluß seiner Studien an dieser Spitzenuniversität konnte ich ihn daher ab 1977 als Mitarbeiter finanzieren.[151] Die Institutsleitung ließ nichts unversucht, die erfolgreiche Durchführung dieses Projekts zu unterbinden. So wurde uns in widerrechtlicher Weise die Bewilligung für eine Nutzung

[150] Es handelte sich um das Projekt mit dem Thema „Verwendung von Beweisverfahren in der Programmierung", bei dem es sich offensichtlich um eine Variante des Themas meiner Habilarbeit handelte.

[151] Der gnadenlose Autokrat Bauer scheute nicht einmal vor dem Versuch zurück, mir „meinen" Studenten Schreiber durch ein Angebot von seiner Seite abzuwerben, was diesen natürlich in eine äußerst schwierige Lage innerhalb unseres Instituts versetzte. Gleichwohl zeigte er Charakter und lehnte das Bauersche Angebot ab. (Er brachte es später trotzdem auch noch bis zum Professor.)

der Rechner im Hause für dieses Projekt versagt. Erst über eine Beschwerde beim Präsidenten der DFG konnte dieses Hindernis beseitigt werden. Weiter drehte sich der Kampf um einen Sitzplatz für meinen — bzw. später meine — Mitarbeiter.[152] Auch ich mußte aus meinem angestammten Zimmer im Seitenflur zu Herrn Samelson im Block B in den abgelegensten Block A weichen.[153]

Unter derart widrigen Umständen gestaltete sich die Durchführung des Projektes verständlicherweise außerordentlich schwierig. Gleichwohl konnten wir in den ersten beiden Jahren eine Reihe von beachtlichen Ergebnissen erarbeiten, die zu entsprechenden Publikationen führten, wobei teilweise auch Herr Ulrich Furbach von der Hochschule der Bundeswehr in München mitwirkte, der sich im Hinblick auf seine Diplomarbeit für unsere Forschungsrichtung entschieden hatte.[154] Leider wechselte Herr Schreiber 1978 als IT-Consultant in die Industrie, was nicht zuletzt auch den Spannungen mit dem Institut geschuldet war, die eine Promotion von Bibels Mitarbeitern als aussichtslos erscheinen ließen. Da mir an der TUM seit Jahren kein Zugang zu Informatikstudenten ermöglicht war, gestaltete sich die Wiederbesetzung durch einen kompetenten Nachfolger schwierig. Nach einer relativ kurzen Zwischenlösung[155] übernahmen Herr Klaus Hörnig und später die Herren Dr. Elmar Eder und Bertram Fronhöfer dann jeweils für einige Jahre die beiden verfügbaren Stellen und leisteten exzellente Forschungsarbeit auf den beiden Schwerpunkten aus meiner Habilarbeit. Teils wegen der schwierigen Personallage und teils aufgrund strategischer Mittelumschichtungen wurden die verfügbaren Mittel in diesem mehrfach verlängerten Projekt erst 1989 restlos aufgebraucht.

Der gesamte Text in diesem Abschnitt 4.2 steht ja von dessen Beginn an unter den Zeichen der „Erschwernis“ durch die gescheiterte Habilitation. Auch wenn die in diesem Unterabschnitt geschilderten Teilerfolge als Lichtblicke innerhalb dieser seit 1975 andauernden Erschwernisphase gewertet werden können, war meine berufliche Situation bis 1982 durch die andauernden Repressalien des Instituts an der TUM immer noch recht be-

[152] Einige der traurigen Dokumente zu dieser Problematik sind die Schreiben des Institutsdirektors, Manfred Paul, vom 25.7.1983, 2.8.1983 und 8.8.1983 im Bibel-Archiv der TU Darmstadt.

[153] Infolge dieses erzwungenen Umzugs kostete mir künftig die blose Erstellung einer Kopie etwa eine Viertelstunde, weil der Fußweg zum nächstgelegenen Kopierer in eine Richtung mehr als fünf Minuten betrug. Ähnlich weite Wege mußte ich zur nächsten Schreibmaschine oder zum Institutsrechner zurücklegen.

[154] Herr Furbach erzählte dem Autor anläßlich eines Treffens am 9.4.2017 in Nürnberg, daß er im Kontext unserer Präsentation einer gemeinsamen Arbeit auf der 5. Fachtagung über Programmiersprachen der Gesellschaft für Informatik im März 1978 in Braunschweig von einer Reihe von Professoren und Mitarbeitern um Herrn Bauer – er nannte ua. die Herren Jürgen Eickel, Manfred Paul und Gunther Schmidt – dazu gedrängt wurde, eine Fortsetzung der Zusammenarbeit mit Herrn Bibel zu beenden, weil sonst sein erfolgreicher Abschluß des Diplomstudiums gefährdet sei.

[155] Es handelte sich um Herrn Albrecht Müller. Er verfolgte vor allem die Idee, mit Lernverfahren unsere Beweiser zu optimieren, was erst heute wieder von großer Aktualität ist.

drückend. Das Jahr 1983 sollte mir endlich eine echte Aufhellung meiner Situation, wenn auch noch nicht den „glücklichen Ausgang“ bringen. Diese Aufhellung ist einer Kombination von vor allem drei entscheidenden Veränderungen zu verdanken, die mit den Namen ESPRIT, Wild und Jessen verknüpft sind.

Infolge meiner durch ECCAI und FGCS weltweit sichtbar gewordenen führenden Rolle in meinem Fachgebiet wurde ich ein überall gefragter wissenschaftlicher Fachexperte. Als solcher wirkte ich auch bei der Konzipierung des „European Strategic Programme for Research in Information Technologies“ (ESPRIT) bei der Kommission in Brüssel mit.[156] Hierdurch ergaben sich weitere Kontakte mit europäischen Kollegen ebenso wie mit Vertretern aus der Industrie. So wurde ich dazu eingeladen, an zwei großen Projekten mitzuwirken, deren Förderung unter ESPRIT beantragt werden sollte. Beide Anträge waren schließlich erfolgreich und erbrachten für unseren TUM-Anteil über zwei Millionen DM an Förderung für die Bezahlung von sechs wissenschaftlichen Mitarbeitern und einer halben Sekretariatsstelle sowie für eine komfortable Rechnerausstattung.[157]

1981 wurde der bisherige Präsident der TUM emeritiert und Herr Prof. Wolfgang Wild trat an seine Stelle. Er hatte sich offenbar zum Ziel gesetzt, das für die wissenschaftliche Exzellenz schädliche „System Bauer“ bei den weiter anstehenden Berufungen auf neu bewilligte Informatiklehrstühle zu durchbrechen und auf unabhängigen Wissenschaftlern mit einer hervorragenden Vita zu bestehen. So wurde zum 1.8.1983 erstmals ein Professor nach München berufen, der von Bauer völlig unabhängig war, nämlich Herr Prof. Eike Jessen, einer der integersten und organisatorisch fähigsten Persönlichkeiten, die mir in meinem Leben begegnet sind, und zudem ein engagierter Wissenschaftler. Er war vorher Professor in Hamburg, wohin er mich schon zu einem Vortrag eingeladen hatte, dann auch kurze Zeit als Gast an der Hochschule der Bundeswehr in München, sodaß er bei seinem

[156]Genauer war ich zu einer Reihe von Sitzungen des „Scientific Board ESPRIT“ in den Jahren 1982 und folgende eingeladen und nahm auch regelmäßig daran teil (beispielsweise am 9./10.9.1982, 14.10.1982 etc.).

[157]Es handelte sich zum einen um das Projekt Nr. 107, „A logic oriented approach to knowledge and data bases supporting natural user interaction“ (LOKI), eines der allerersten ESPRIT-Projekte überhaupt, und zum anderen um das Projekt Nr. 415, „Parallel architectures and languages for Advanced Information Processing – A VLSI approach“.
Um eine Vorstellung davon zu vermitteln, welche Arbeitsbelastung diese europäischen Aktivitäten mit sich brachten, sei erwähnt, daß ich allein im Jahr 1983 fünfzehn Reisen unternehmen mußte, größtenteils Flugreisen, deren Organisation ohne jegliche sekretarielle Hilfe ausschließlich in meinen eigenen Händen lag. Dabei war jede der Reisen mit einem oder mehreren Vorträgen oder sonstigen Präsentationen verbunden. Später steigerte sich die für 1983 genannte Zahl noch weiter auf beispielsweise insgesamt 23 Vortragsreisen allein im Jahre 1985.
Einige der Reisen boten durchaus auch sehr angenehme Aspekte. Darunter waren vor allem Projekttreffen von LOKI, in dem Partner aus Kreta beteiligt waren, weshalb wir mindestens zweimal in dem wunderbaren Ambiente kretischer Landschaft tagen durften (s. FAWB6, S.35 hinten).

Amtsantritt schon über eine recht gute Einsicht in meine Situation an der TUM verfügte. Da die aufwändige und nicht immer angenehme Rolle als Geschäftführender Direktor des Münchener Informatik-Instituts bei seinen Kollegen unbeliebt war, drückte man ihm diese Funktion gleich nach seinem Dienstantritt aufs Auge. Von nun an war er für mich und meine Gruppe zuständig.[158] Damit begann die Aufhellung des Himmels über meinem beruflichen Schicksal, von der ich oben gesprochen habe.

Schon geraume Zeit vor der Berufung von Herrn Jessen war es mir mit zähem Ringen endlich gelungen, für meine damals zwei Mitarbeiter einen zusätzlichen Raum neben meinem Dienstzimmer an der Nordseite im 2. Stock des Block A zu bekommen. Durch Herrn Jessens Berufung mußten diese in den zweiten Stock der Barerstr. 38–40 umziehen, wo uns allerdings dadurch mehr Raum für die durch LOKI neu hinzukommenden Mitarbeiter zur Verfügung stand. Da ich mein Zimmer im A-Block behielt, waren wir innerhalb unserer Gruppe nun fast eine Viertelstunde Fußwegs voneinander entfernt. Wohl in einer engen Kooperation zwischen Jessen und Wild stellte uns der Präsident 1975 für meine Gruppe weitab vom Standort des Instituts eine vormalige Wohnung mit sieben Zimmern im zweiten Stock des Hinterhauses der Augustenstr. 46 als Institutsräume zur Verfügung, die er mit Mitteln der TUM auch als solche mit Möbeln ausstatten ließ. Da ich über die drei genannten Projekte hinaus sechs weitere Projekte einwerben konnte,[159] wuchs die Zahl meiner wissenschaftlichen Mitarbeiter bis 1986 auf stattliche 14 an. Dazu kam eine Sekretärin sowie ein extern bezahlter Mitarbeiter.[160] Überdies wurden wir im

[158]Formal bin ich bis zum Tode von Herrn Samelson ihm zugeordnet gewesen. Danach — und wegen dem zerbrochenen Verhältnis zu Samelson de facto auch schon zuvor — war ich quasi ein freier Fisch im großen Teich des Instituts, der sich in allen Angelegenheiten an den Geschäftsführenden Direktor wenden und von diesem Weisungen entgegennehmen mußte.

[159]Es handelte sich um folgende weitere Projekte, in denen wir jeweils substanziell beteiligt waren: Kooperationsprojekt „Development of proof techniques and their application to programming" mit IMAG der Universität Grenoble; ESPRIT Projekt „Advanced logical program environments" (ALPES); ein vom BMFT gefördertes Verbundprojekt WISDOM („Wissensbasierte Systeme zur Bürokommunikation: Dokumentenbearbeitung, Organisation, Mensch-Maschine-Kommunikation"); ein von der Fa. Digital Equipment Corp. (DEC) finanziertes Projekt „Montagegerechtes Konstruieren"; ein von der IBM gefördertes Projekt „Graphische Darstellung von Beweisen"; ein von der Fa. Siemens finanziertes Projekt zur Erstellung des Werkzeugkastens DOMINO-EXPERT für die Entwicklung von Expertensystemen.

[160]Zusätzlich zu den oben bereits genannten fünf wissenschaftlichen Mitarbeitern handelte es sich um folgende Personen: Anastasios Aninos, Dr. Stephan Bayerl, Dieter Dodenhöft, Erdal Elver, Nur Erol (heute Nur America), Wolfgang Ertel, Dr. Christian Freksa, Peter Haddawy, Dr. Christoph Kreitz, Franz Kurfeß, Reinhold Letz, Dr.habil. Gerhard Müller, Gerd Neugebauer, Josef Schneeberger, Johann Schumann, Andreas Strasser, Georg Strobl sowie die Sekretärinnen Petra Langner und Marleen Sator (heute Marleen Schnetzer).
Da dem Oberassistenten Bibel nach 1974 keinerlei Zugang zu fortgeschrittenen Informatikstudenten mehr erlaubt war, kamen die Mitarbeiter alle auf zufällige und unterschiedlichste Weisen in die Gruppe, die ja bald einen gewissen Bekanntheitsgrad unter den Kollegen erlangte.
Bilder von den meisten dieser Mitarbeiter sowie von den Institutsräumen finden sich im FAWB7(2), S.1–13,15–33 ungerade Seiten.
Alle diese meine ehemaligen Mitarbeiter an der TUM haben später beste Karrieren durchlaufen; beispiels-

Rahmen der Projekte mit den modernsten Rechnern der Zeit ausgestattet. Die offizielle Einweihungsfeier fand unter der Anwesenheit des Präsidenten der TUM, Wolfgang Wild, im Januar 1986 statt.[161] Mit seiner Teilnahme bezog der Präsident sichtbar und deutlich gegen Herrn Bauer und seine Mitläufer Stellung, die mit ihrer engstirnigen Haltung die Etablierung an der TUM eines so wichtigen Technologiegebietes wie der KI jahrelang zu unterbinden versucht hatten.

Damit ergab sich eine der wohl allerskurrilsten Situationen, die es je an einer deutschen Universität gegeben hat: ein international bekannter und geschätzter Wissenschaftler leitete eine für ein Hochschulinstitut große Forschungsgruppe aus wissenschaftlichen Mitarbeitern,[162] war formal aber weiterhin in einer abhängigen und subalternen Stellung, in der ihm verwehrt war eigenständig zu lehren, sein Wissen an Studenten weiterzugeben oder auch seinen Mitarbeitern zu einer weiteren Qualifikation an der TUM zu verhelfen. Stattdessen mußte er in einer zweckentfremdeten Weise genauso wie die jüngsten Anfänger unter den Institutsmitarbeitern als Tutor beispielsweise bei der Unterstützung der mathematischen Grundausbildung von Studenten des Maschinenbaus tätig sein, wie er es trotz seiner inzwischen hohen Qualifikation zwangsweise bereits seit zwei Jahrzehnten tat. Die Verantwortung für diesen eklatanten Mißbrauch intellektuellen Kapitals haben die damaligen und *vor* Jessen berufenen Informatikprofessoren der TUM, allen voran der autokratische Herrscher Bauer zu tragen. Ihr Verhalten erwies sich als verantwortungslos vor allem auch gegenüber den genannten Mitarbeitern in meiner Gruppe, denen innerhalb der TUM unter ihrem Leiter eine formale Weiterqualifikation quasi in Sippenhaft nicht möglich war, obwohl Qualifizierung zu den ureigensten Aufgaben eines Universitätsinstituts gehört.

Angesichts ihrer Skurrilität konnte die so entstandene Situation auf Dauer nicht ohne eine grundlegende Veränderung stabil weitergeführt werden. Eine solche Veränderung ist dann 1987 tatsächlich erfolgt. Wie es dabei mit der Gruppe und ihrem Leiter weiterging, wird dann der nächste Abschnitt 4.3 berichten. Hier seien in diesem Unterabschnitt

---

weise wurden acht von ihnen Professoren, zwei weitere habilitierte Universitätsangestellte im Mittelbau, einer wurde ein erfolgreicher Forscher bei der NASA und einer CEO von Siemens Taiwan, während die restlichen zehn soweit bekannt teils führende Stellungen in der Industrie einnahmen, wozu Details unter http://www.intellektik.de/index/WolfgangBibel.htm zu finden sind, Zugriff 30.8.2016.

[161]Kurze Zeit darauf wurde Herr Wild von 1986 bis 1989 der erste bayerische Wissenschaftsminister.

[162]Mit Ausnahme von Bauer leitete beispielsweise keiner der damaligen Informatikprofessoren an der TUM eine vergleichbar große Forschungsgruppe.
Formal galt hausintern Herr Jessen als Leiter der Gruppe. Da sein Forschungsschwerpunkt jedoch völlig verschieden von dem der Gruppe war, hat er sich vor meinem späteren Weggang nie inhaltlich eingebracht. Als ihm später ein entsprechender Anspruch in einem Interview unterstellt wurde, hatte er dies dezidiert von sich gewiesen und mir in seiner fairen Weise die alleinige Führung zugestanden.

noch einige wichtigen Details zu den hektischen achtziger Jahren der KI-Etablierung in Deutschland ergänzend angeführt.

Als sich um 1980 andeutete, daß das Fach der Künstlichen Intelligenz (KI) sich rasant zu einem bedeutenden technologischen Gebiet entwickeln würde, empfand ich eine dringende Notwendigkeit, diesem Fach zu einem angemessenen Namen zu verhelfen. „KI" ist genau genommen ja selbst kein Fachname, sondern bezeichnet das Ziel, das man in diesem Fach erreichen möchte, eben eine nicht biologisch, sondern künstlich entwickelte Intelligenz. Kein anderes wissenschaftliches Fachgebiet trägt den Namen seines darin angestrebten Zieles. Weil meine Vorstellung von diesem Fach und seiner wissenschaftlichen Zielsetzung von Anfang an nicht nur die der Entwicklung einer KI war, sondern quasi als Vorbedingung auch ein möglichst umfassendes Verständnis intelligenten Denkens und Handelns beinhaltete, ging es daher letztlich um ein Verständnis unseres Intellekts (bzw. demjenigen anderer Lebewesen). In Analogie zu vielen anderen Fächern (Physik, Genetik, Mechanik usw.) schlug ich daher *Intellektik* als naheliegenden Namen für unser Fach vor,[163] der bis heute nichts von seiner Schlüssigkeit als angemessene Bezeichnung eingebüst hat. Fortan bezeichneten wir uns daher als „Intellektikgruppe" bestehend aus „Intellektiker|inne|n", auch wenn die meisten meiner Kolleg|inn|en in der KI mir bei dieser Bezeichnungsänderung bislang unverständlicherweise nicht Folge leisten wollten.

In München bestand sowohl an deren Hochschulen wie in der Industrie ein großes Interesse an der KI. Mit meiner Unterstützung etablierten daher die Herren Gerhard Dirlich, Christian Freksa und Ulrich Furbach ab 1982 eine Reihe von Treffen der „Interessenten für Künstliche Intelligenz und Cognitive Science". Ich selbst sprach davon als dem „Münchener Intellektik-Kreis" (MIK). Er umfaßte etwa 70 Interessenten.[164] Um bei dieser Entwicklung in Sachen KI nicht den Anschluß zu verlieren, brachte der in München und Bayern nicht zuletzt als Mitglied der Bayerischen Akademie der Wissenschaften weiterhin dominant einflußreiche und wendige Bauer 1984 die Carl Friedrich von Siemens Stiftung dazu, ebenfalls eine Vortragsreihe über das Thema „Künstliche Intelligenz" zu veranstalten, der durch den hochrangigen Veranstalter ein besonderes Gewicht verliehen wurde und die er selbst leitete.[165] Ausgerechnet Bauer schrieb sich nun plötzlich die KI auf die

[163] Wolfgang Bibel, „Intellektik" statt „KI" – Ein ernstgemeinter Vorschlag, Rundbrief der Fachgruppe Künstliche Intelligenz in der Gesellschaft für Informatik, Nr.22, 15–16, 1980 (http://www.kuenstliche-intelligenz.de/de/archive/ki-rundbriefe/, Zugriff 27.9.2016).
Eines der Hindernisse zur Einführung des Bezeichnung besteht in der Trennung der technologisch orientierten Intellektiker von den quasi geisteswissenschaftlich orientierten, die heute gerne auch als Kognitionswissenschaftler bezeichnet werden. Genau diese bedauerliche Spaltung der Wissenschaftlergemeinschaft unseres Faches sollte man nach meiner tiefsten Überzeugung tunlichst vermeiden.

[164] Eine Adreßliste befindet sich im AO 7 unter MIK in meinem Archiv.

[165] Die ersten beiden Vorträge: (Nobelpreisträger) Herbert A. Simon, Beyond Expert Systems: some possible future directions of artificial intelligence, Febr. 1984; Joseph Weizenbaum, Möglichkeiten und

Fahnen, der mehr als ein Jahrzehnt die Forschung auf diesem Gebiet in seinem Institut zu unterbinden versuchte!

Am 17.4.1986 hielt der Vater der Artificial Intelligence, Prof. John McCarthy, in unserer Intellektikgruppe einen Vortrag. Die Arroganz der Bauer-abhängigen Professoren ging soweit, selbst diese Persönlichkeit zu ignorieren und mit Abwesenheit bei dem Vortrag zu glänzen. John galt schon damals als einer der allergrößten internationalen Wissenschaftler der Informatik und wurde beispielsweise 1988 für seine Leistungen mit dem höchstdotierten Kyoto Preis ausgezeichnet.[166] McCarthy ehrte mich damit, die Tage seines Besuches in München als Gast in meinem Hause zu verbringen.

Da KI wegen seiner wirtschaftlichen Bedeutung zum Politikum geworden war, wendete ich mich in einem Schreiben vom 17.12.1984 an den damaligen Bayerischen Ministerpräsidenten Franz-Josef Strauß, in dem ich ihn ua. auf die wachsende Bedeutung der KI-Technologie hinwies. Im Gefolge gab es in den Jahren bis 1987 eine umfangreiche Korrespondenz zwischen mir und der Bayerischen Staatskanzlei, dem Kultusministerium und dem Wirtschaftsministerium, in die sich dann auch die Informatikprofessoren unter Federführung des an die TUM neu berufenen Prof. Bernd Radig einschalteten.[167] Im Ergebnis führte dies 1988 zur Gründung eines Bayerischen Forschungszentrums für Wissensbasierte

---

Grenzen von Expertensystemen, 4.6.1984 (s. AO 7 unter MIK in meinem Archiv). Erst zum zweiten Vortrag wurde ein breiteres Publikum, beispielsweise wir Interessenten aus MIK eingeladen. In der öffentlichen Diskussion wies ich Herrn Weizenbaum darauf hin, daß seine auf amerikanische Verhältnisse zielende KI-Kritik in Deutschland ins Leere geht und nur denjenigen Schützenhilfe leistet, die hierzulande jahrelang junge KI-Forscher in ihrer Arbeit jegliche Unterstützung verweigerten. Dieser zutreffende Vorwurf hatte diesen sensiblen Mann danach sichtbar deprimiert.

[166] https://de.wikipedia.org/wiki/John_McCarthy, Zugriff 5.10.2016.
Der Kyoto Preis ist an Bedeutung dem Nobelpreis vergleichbar und wird für Leistungen in Disziplinen vergeben, die beim Nobelpreis nicht berücksichtigt sind.
Wie ich erst jüngst erfahren habe, versuchte das Informatik-Institut sein unfreundliches Verhalten dadurch später wieder wettzumachen, daß es McCarthy von sich aus nach meinem Weggang zu einem weiteren Vortrag an der TUM einlud, im Rahmen dessen er um einen Besuch in der Intellektikgruppe bat. Offenbar wollte er sich ein Bild davon machen, was aus dieser Gruppe inzwischen geworden war.
Im Rahmen meiner internationalen Tätigkeiten als KI-Wissenschaftler war ich so gut wie mit allen Koryphäen unserer Disziplin persönlich bekannt. Dazu gehörten beispielsweise der vorher genannte Herbert Simon (ua. waren wir beide Redner in der gleichen Sitzung am 7.11.1985 auf einer Konferenz in Madrid), Marvin Minsky (ua. waren wir beide zusammen auf einem Panel am 17.6.2006 in Bremen) und viele andere mehr.

[167] Ein Teil der Korresponenz findet sich unter TU1 im Bibel-Archiv an der TU Darmstadt, ein weiterer im AO 7 in meinem Archiv.
Darunter sind der entscheidende Brief vom 25.4.1986 an den Bayerischen Ministerpräsidenten, in dem ich ihn auf die Aktivitäten des BMFT hinweise, sowie ein Brief vom 22.9.1986 mit meinem Konzept zu einem KI-Zentrum, die beide die Gründung des BayWiss ausgelöst haben. Es findet sich dort zudem der Brief vom 13.10.1986 an Bernd Radig, in dem ich ihm weitere Vorschläge zu dem Text für das Konzept zum Bayerischen KI-Zentrum sende, aber auch die Befürchtung äußere, daß man mir die Früchte meines jahrelangen Engagements zugunsten der KI im Münchener Raum vorenthalten könnte (was dann ja auch tatsächlich so gekommen ist).

Systeme (BayWiss). Parallel dazu startete auf Bundesebene eine Konzeptdiskussion zur Gründung eines Deutschen Forschungs-Zentrums für KI (DFKI), bei der ich ebenfalls beratend mitwirkte und dessen Gründung in Kaiserslautern vom BMFT 1987 beschlossen wurde.[168] Auch Baden-Württemberg gründete 1987 ein Institut für Anwendungsorientierte Wissensverarbeitung (IAW), auf das ich im nächsten Abschnitt noch zu sprechen komme.

Angesichts des weltweiten Aufschwungs in der KI-Forschung wollte natürlich auch der kommunistisch eingemauerte Ostblock nicht in den technologischen Hinterhalt geraten. Ich sah es als meine Pflicht an, hier den schwächer positionierten osteuropäischen Kollegen Informationen auf entsprechenden Konferenzen zugänglich zu machen. So war ich in den achtziger Jahren an einer Vielzahl von Konferenzen in der DDR, der UdSSR, Polen, Tschechoslowakei und Bulgarien in verschiedenen Rollen maßgeblich beteiligt.[169] Dadurch habe ich wohl wie viele andere auch meinen kleinen Beitrag dazu geleistet, diesen starren politischen Block brüchig zu machen, der dann glücklicherweise auch zerbrochen ist.[170]

Zusammenfassend war ich also in den siebziger und achtziger Jahren wie kaum ein anderer meiner Kollegen an der Etablierung des Fachgebiets KI auf *allen* Ebenen maßgeblich beteiligt. Diese Beteiligung umfaßte auf der lokalen Ebene meiner damaligen Alma Mater TUM den Aufbau einer beachtlichen Forschungsgruppe gegen den anfänglich erbitterten Widerstand meiner unmittelbaren Vorgesetzten; auf der Ebene des Bundeslandes Bayern

---

[168]Siehe AO 7 in meinem Archiv.
Darunter ist beispielsweise auch ein „Beitrag zur Konzeptdiskussion am 26. Juni 1986“ von mir, der mit einem Schreiben vom 19.6.1986 an den BMFT gegangen ist und der sich aus heutiger Sicht wie eine Beschreibung des dann entstandenen DFKI liest, woraus mein Einfluß auf die Konzipierung ersichtlich ist.

[169]FAWB6, S.17,31–34, FAWB7(2), 35–41.

[170]Bei den Treffen mit den osteuropäischen Kollegen ergaben sich viele intensive Gespräche auch über die damaligen politischen Verhältnisse. Denn auch wenn ich mich nie parteipolitisch betätigte, war ich doch ein durchaus politischer Mensch, der durch die offenkundige Unterdrückung an der TUM entsprechend sensibilisiert war. Nicht zuletzt auch deshalb empfand ich eine tiefe Empathie mit „Refuseniks“ wie Dima Grigoriev (FAWB6, S.34), für dessen Genehmigung zur Ausreise aus der UdSSR ich mich in unterschiedlicher Weise engagiert einsetzte, was schließlich auch zum Erfolg führte, ohne daß ich jegliche Kenntnisse darüber hätte, wie dieser kausal letztlich zustande kam.
Ein bemerkenswertes schriftliches Dokument zu meinem politischen Engagement in Sachen Ost-West-Beziehungen ist „Wolfgang Bibel, ISAI 1983 – Ein kurzer Reisebericht, Rundbrief der Fachgruppe Künstliche Intelligenz in der Gesellschaft für Informatik, 32, 19–21, 1983“ (http://www.kuenstliche-intelligenz.de/de/archive/ki-rundbriefe/, Zugriff 27.9.2016), in dem ich anläßlich eines Toasts über diese Beziehungen offen spreche.
Durch meine tiefere Einsicht in das politische Gefüge des Ostblocks, die durch diese vielen Reisen dorthin entstanden war, sah ich dessen Auflösung auch schon früher als die meisten anderen voraus. So erklärte ich schon 1985 bei einem Dinner bei der Familie von Don Loveland in Durham, daß ich mit der deutschen Wiedervereinigung noch in dem damals laufenden Jahrzehnt rechnete, was bei diesen damals auf völliges Unverständnis stieß. Don sprach mich nach 1989 quasi mit Bewunderung immer wieder auf meine damalige Prophezeihung an, die sich ja tatsächlich bewahrheitet hatte.

die inhaltliche und konzeptuelle Vorbereitung des BayWiss; auf der nationalen Ebene den Aufbau der Fachvertretung innerhalb der GI (FA6), die Organisation der Gemeinschaft der deutschen Intellektiker (Rundbrief, KI-Konferenz), die Grundlagen für die Lehre (KIFS) sowie die Mitwirkung bei der Gründung des DFKI; auf der westeuropäischen Ebene die Gründung der organisatorischen Fachvertretung ECCAI bzw. EurAI, der dazugehörigen Konferenz ECAI und des ACAI sowie die Mitwirkung bei der Konzipierung der Förderung im Rahmen von ESPRIT; auf der osteuropäischen Ebene die Unterstützung beim dortigen Aufbau der entsprechenden fachlichen Strukturen; auf der internationalen Ebene die Mitwirkung bei der Propagierung des FGCS Projekts, die zeitweilige Führung als Präsident der IJCAII sowie die Verantwortung für die IJCAI-1989 und Mitverantwortung für weitere IJCAIs. Zu den ausführlicher beschriebenen und hier genannten Höhepunkten gesellten sich im Verlaufe dieser Jahre unzählige weitere Aktivitäten, von denen sich in meinen Archivunterlagen noch viele Spuren finden.[171] Man kann sich bei diesem weltweiten Wirken sicher gut vorstellen, in welchem kaum vorstellbaren Ausmaß ich in dieser Zeit durch die mit all diesen Tätigkeiten verbundenen unzähligen Reisen zum professionellen „Jet Set“ gehörte.

Privatleben

In den mehr als zwölf Jahren, die in diesem Abschnitt 4.2 beschrieben werden, überlagerten die beruflichen Themen und Aufgaben unser gesamtes Leben und verdrängten den persönlichen Bereich zunehmend in den Hintergrund. Ich verfügte in unserem Haus über ein ideal abgelegenes Arbeitszimmer, das ich schon Anfang der achtziger Jahre mit einem kleinen Rechner ausstattete, der 1985 durch eine noch bessere Maschine ersetzt wurde.[172] Da mir an der TUM lange keine sekretarielle Unterstützung zur Verfügung stand, erledigte ich den Großteil meiner wissenschaftlichen und sonstigen beruflichen Arbeiten in diesem häuslichen Arbeitszimmer, was die Stellung als Oberassistent ermöglichte, weil sie keinen festen Dienstzeiten unterlag. In diesem Unterabschnitt will ich nun aber auf die privaten Aspekte unseres damaligen Lebens eingehen und dort anknüpfen, wo ich diesbezüglich am Ende des Unterabschnitts „Etablierung in München“ im Abschnitt 4.1 unterbrochen hatte.

---

[171] Beispielsweise war ich auch stellvertretender Vorsitzender der IFIP Working Group 12.1 on Knowledge Representation und wirkte führend in der Gestaltung der Conference on Automated Deduction (CADE) mit, deren Name von mir stammt (AO 7 in meinem Archiv), um nur zwei von vielen weiteren Beispielen herauszugreifen.

[172] Bei der letztgenannten Maschine handelte es sich um das Modell ZF-151-52 von Zenith Data Systems (https://en.wikipedia.org/wiki/Zenith_Data_Systems, Zugriff 28.3.2017).

Ich erinnere daran, daß sich in den Jahren bis 1975 unsere persönliche Situation in nahezu optimaler Weise stabilisiert hatte. Meine attraktive Frau Jutta und ich waren glücklich verheiratet. Wir hatten zwei hübsche und aufgeweckte Mädchen, die uns nur Freude bereiteten. Unser 1972 neu gebautes und bis 1974 in allen Details vollendetes Haus in Waldperlach ließ keinerlei Wünsche offen. Jutta unterrichtete als Studienrätin für Englisch und Französisch mit reduzierter Stundenzahl im nahegelegenen Ottobrunner Gymnasium. Durch den Doppelverdienst und die zusätzlichen Mieteinnahmen gestaltete sich unsere finanzielle Situation trotz der vom Hausbau verbliebenen Schulden zunehmend entspannter.

Im September 1975 kamen Miriam und 1978 Nora in die Grundschule, die wenige hundert Meter von unserem Haus entfernt war,[173] und 1979 bzw. 1982 ins Ottobrunner Gymnasium, das sie bequem mit dem Fahrrad erreichen konnten. 1983 und 1986 feierten die beiden jeweils ihre Konfirmation in der Kirche in Waldperlach.[174] Über die schulischen Kontakte lernten wir Familien in der näheren Umgebung kennen. So freundeten wir uns mit den Familien Borst und Groß an.[175] Zudem gingen Miriam zum Ballett- und Klavierunterricht und Nora zum Geigenunterricht. Beide hatten viele Freundinnen in der näheren Umgebung. Unsere Familie war damit im Bereich Waldperlach-Neubiberg-Ottobrunn gut integriert. Nur mit zwei der angrenzenden Nachbarn gab es ein paar Rangeleien, was die Integration natürlicherweise eher weiter festigte.[176]

Endlich fand ich nach dem Abschluß der Arbeiten an Haus und Garten wieder Zeit für die Musik. So erwarb ich Anfang 1974 einen Flügel der Marke „Feurich".[177] Auch wenn ich mich ganz auf das Violinspiel konzentrierte, so hatte ich meine Fertigkeiten auf dem

[173]FAWB5, S.20,38.

[174]FAWB6, S.28.

[175]Ursula sieht man auf S.25 im FAWB5.

[176]Der östlich angrenzende Nachbar Dr. Greiner hatte eine drei Meter breite Zufahrt zu seinem Grundstück, die östlich neben und parallel zu unserer ebenfalls drei Meter breiten Zufahrt lag, von dieser aber durch einen 50 Meter langen und völlig funktionslosen Zaun getrennt war (s. S.20 im FAWB5). Statt ihn zu beseitigen, was beispielsweise die Schneeräumung im Winter für beide erleichtert hätte, ließ ihn Herr Greiner sogar eigens um einige Zentimeter versetzen, weil er vorher tatsächlich auf unserem Grund stand. Die Beseitigung dieses Zaunes konnte daher erst nach dem Tod dieses Eigenbrötlers verwirklicht werden. Der südliche Nachbar, Herr Rektor Raimund Meixner, verfügte im dem zu uns hin gelegenen Teil seines Gartens über ein altes und dünnwandiges Gartenhäuschen (s. FAWB6, S.35), das er an eine Musikergruppe vermietete, die mit Watt-starken Verstärkern Boden und Wände in unserem Haus erbeben ließ. Da Herr Meixner darüber nicht mit sich reden lassen wollte, konnte ich ihn erst mit aus gut-nachbarlicher Sicht drastischen Maßnahmen (Autowaschen mit Musik aus dem Autoradio vor seiner Terrasse) zur Einsicht bringen.
Beide Nachbarn waren deutlich älter und wollten sich von den jüngeren Nachbarn auch dann nicht belehren lassen, wenn diese die besseren Argumente auf ihrer Seite hatten.

[177]http://www.feurich.com/de/home/, Zugriff 19.8.2016. (Das Instrument ist bis heute im damaligen Wohnhaus an seinem Platz geblieben.)

Klavier natürlich nicht verlernt und setzte mich gerne auch an dieses Instrument. Vor allem schuf dieser Kauf die Voraussetzung für den genannten Klavierunterricht von Miriam. 1978 gründete Herr Spannheimer[178] das Sinfonische Orchester (und die Chorgemeinschaft) Neubiberg, dem ich mich von Beginn an anschloß und mit dem ich über Jahre bei vielen beachtlichen Konzerten in der ersten Geige mitwirkte, die wir in der nahen und ferneren Region (bis zu Auslandsreisen beispielsweise nach Rom) darboten.[179] Unabhängig davon fand sich auch wieder ein kammermusikalisches Ensemble zusammen, das dann über viele Jahre als Klavierquartett oder -quintett regelmäßig zusammen musizierte.[180] Nach dem gemeinsamen Musizieren im Orchester oder im Kammerensemble ergaben sich an solchen Abenden auch höchst anregende Diskussionen bei dem einen oder anderen Glas Bier. Meine Geige begleitete mich selbstverständlich 1985 auch nach North-Carolina, wo ich wiederum als erster Geiger in The Duke Symphony Orchestra mitwirkte. Damit spielte ich erstmals in einem großen Symphonieorchester bestehend aus sechzig Musikern und geleitet von einem professionellen und national bekannten Dirigenten, Lorenzo Muti, unter dem wir zwei anspruchsvolle Konzerte zur Aufführung brachten.[181]

Die wenigen nüchternen Fakten des letzten Absatzes zu meiner Beschäftigung mit der Musik in jenen Jahren werden der großen Bedeutung dieses zweiten Schwerpunkts in meinem Leben alles andere als gerecht. Erinnern wir uns doch nochmal an meine umfangreichen musikalischen Aktivitäten aus den Abschnitten 2.4.3, 2.5.1, 3.2 und 3.5. Dort habe ich von Musik als meinem „Nebenfach" gesprochen. Anders als bei so vielen, die in der Jugend ein Instrument erlernen, dieses als Erwachsene dann aber nicht mehr praktizieren, waren mir die Musik und meine Geige zu so etwas wie einem *zweiten Hauptfach* erwachsen, das in seiner Bedeutung für mein Leben dem des ersten Hauptfachs Intellektik durchaus ebenbürdig war.

Zur adäquaten Ausübung eines Berufes gehört immer auch die richtige Ausstattung. Im Falle eines Geigers sind das eine Violine und der Bogen. 1979 suchte ich daher den damals

[178] https://de.wikipedia.org/wiki/Franz_Erasmus_Spannheimer, Zugriff 16.8.2016. Die erste Orchesterprobe fand am 12.4.1978 und das erste öffentliche Auftreten am 7.5.1978 statt.

[179] FAWB6, S.9f,18,26,42. Eine Chronik der Jahre 1978–1983 sowie weitere Informationen finden sich in meinen Unterlagen.

[180] Seine Mitglieder waren Gerd Wesslowski (Klavier), Uwe Jüttner (1. Violine oder Bratsche), Wolfgang Bibel (1. oder 2. Violine), Reinhard Wilhelm (2. Violine), Ernst-Wolfgang (Ewo) Dieterich (Bratsche), Stefan Friedl (Violoncello).
Die vier Stammspieler unternahmen 1981 zusammen eine Radtour, von der die Bilder auf S.24 und S.41 Rückseite im FAWB6 berichten.

[181] Das erste fand am 23.3.1985 im Baldwin Auditorium mit folgendem Programm statt: Oberon Ouvertüre, Carl Maria von Weber; Klavierkonzert Nr. 4 in G-Dur, Ludwig van Beethoven; Symphonie d-moll, César Franck. Das zweite am 16.4.1985 umfaßte Werke des Barock.
Zum Dirigenten siehe: http://www.chamberorchestraofthetriangle.org/conductor/, Zugriff 2.11.2016.

und noch heute am Alten Peter in München ansässigen Geigenbaumeister Peter Benedek wegen eines Instruments für meinen quasi zweiten Hauptberuf auf,[182] das an die Stelle desjenigen treten könnte, von dem im Abschnitt 2.5.1 die Rede war (und das ich dann Nora für ihren Unterricht überlassen könnte). Zufälligerweise hatte er gerade die Geige des damaligen Konzertmeisters des Münchner Rundfunkorchesters, Herrn Günther Salber,[183] in Kommission, der diese durch ein noch deutlich wertvolleres Instrument ausgetauscht hatte. So kam ich in den Besitz eines dieser großartigen Kunstwerke aus der Blütezeit des italienischen Geigenbaus, das ich bis heute spiele, liebe und schätze.[184] Zu diesem herrlichen Instrument gesellte sich dann bald ein entsprechend guter „Dörfler" Bogen aus dem für die Bogenherstellung weltweit bekannten Bubenreuth.[185]

Der Kauf der Violine ist untrennbar mit dem Tod meiner lieben Tante Rola verbunden, die nach dem Tod meiner Mutter für mich so etwas wie eine Ersatzmutter gewesen war und die ich regelmäßig besucht hatte. 1978 wurde bei ihr Unterleibskrebs diagnostiziert. Sie ordnete daraufhin ihre aus einer lebenslangen Tätigkeit als Postsekretärin erwirtschafteten Habseligkeiten und folgte der Empfehlung ihres Hausarztes, sich ins Krankenhaus zu begeben wohl wissend, daß sie von dort lebend nicht mehr herauskommen würde. Noch an ihrem Todestag, dem 10.6.1978, stand ich an ihrem Bett. Angeschlossen ua. an einem Atemgerät konnte sie aber mit keinem Zeichen mehr zu erkennen geben, ob sie meine Anwesenheit überhaupt noch wahrnehmen konnte. Mit dem betreuenden Arzt kam ich überein, daß alle lebensverlängernden Maßnahmen das Leiden nur noch verschleppen würden. So teilte mir die Klinik wenige Stunden nach diesem letzten Besuch ihren Tod mit. Da sie keine Nachkommen hatte, erbten meine Schwester und ich ihr mühsam angespartes Guthaben. Dieser Erbteil steckt zum bleibenden Gedenken an meine Lieblingstante Rola in der wunderbaren Landolfi, die ich mir sonst nicht hätte leisten können.

Auch alle anderen nahen Verwandten aus der Generation meiner Eltern trugen wir in jenen siebziger und achtziger Jahren zu Grabe. Vor allem waren dies die vier verbliebenen

[182] http://benedek.de/, Zugriff 19.8.2016.

[183] http://benedek.de/referenzen/guenther-salber, Zugriff 19.8.2016.

[184] Es handelt sich um eine charakteristische und „besonders schöne Arbeit" des Geigenbaumeisters Carlo Fernando Landolfi, gefertigt 1755 in Mailand (der Originalzettel in der Geige lautet: „Carlo Ferdinando Landolfi nella Contrada di Santa Margarita al Segno della Sirena Milano 1755"). Die Echtheit des Instruments als ein vollständig erhaltenes Werk dieses Meisters wurde durch vier anerkannte Gutachter bestätigt.
Landolfi, der seine Ausbildung in Cremona, dem Mekka des Geigenbaus, erhielt, wird zu dem halben Dutzend der besten Saiteninstrumentenbauer der Geschichte gezählt (https://en.wikipedia.org/wiki/Carlo_Ferdinando_Landolfi, Zugriff 19.8.2016).

[185] http://www.doerfler-bogen.de/, Zugriff 19.8.2016.
Man mag sich daran erinnern, daß ich meine erste Geige auch von einem Händler aus Bubenreuth erstanden hatte, wie im Abschnitt 2.5.1 erzählt wurde.

Geschwister meiner Mutter, die Tanten Lisl und Anni sowie die Onkels Loni und Fritz. Lisl ist den Beispielen ihrer Mutter und ihrer Schwester Marie gefolgt und hat sich, wie bereits in Abschnitt 2.3.2 erwähnt, das Leben genommen. Auch meine Schwiegermutter, die wir für eine gewisse Zeit in unserem Haus aufgenommen hatten, wurde zunehmend pflegebedürftig. Wir besorgten ihr daher einen Platz im Altersheim in ihrer vertrauten Umgebung in Bielefeld. Dort starb sie nach einer relativ kurzen Zeit.

Unsere junge Familie gedeihte jedoch prächtig und gönnte sich in den Ferienmonaten schöne Reisen. Es ist daher hier die geeignete Stelle, um an die Beschreibungen der Reisen anzuknüpfen, die sich am Ende des Unterabschnitts „Etablierung in München“ im Abschnitt 4.1 nur bis 1975 erstreckt haben. Im März 1976 unternahm ich zusammen mit dem Kollegen und Quartettbruder Reinhard Wilhelm eine kurze Skireise nach Gerlos und Neukirchen am Großvenediger.[186] Im Sommer 1976 führten uns Reisen in den Bayerischen Wald und an den Fuschlsee in Österreich.[187] Die Weihnachtsferien verbrachten wir in Sagogn im Berner Oberland.[188] Hier konnten nun schon beide Kinder recht gut Skilaufen. Nur brach sich Miriam dort unglücklich das Bein und mußte mit einem Gips mit nach Hause fahren. Vorher durfte ich erstmals bei dem Bauern unseres Quartiers noch die Geburt eines Kalbes miterleben. Gemeinsam mit Familie Borst verbrachten wir erholsame Wintertage in einem Ferienhaus der Eltern meiner Musikfreundin Monika Armbruster auf der Tschengla in Bürserberg im Vorarlberg.

Neben dem unglücklichen Fußbruch traf die Familie Mitte der siebziger Jahre ein weiteres Unglück auf der Rückfahrt von einem Besuch in Bielefeld, wo Mutter und Schwester von Jutta wohnten. Auf der A44 etwa 20km vor Kassel steuerte Jutta unseren BMW1800, während ich im umgeklappten Beifahrersitz lag und mich entspannte. Die beiden Mädchen saßen auf der Rückbank. Plötzlich schreckten mich Geräusche von rauschendem Wasser auf;[189] hoch auffahrend sah ich den Wagen in Richtung mittlerer Leitplanke steuern, griff reflexhaft ins Lenkrad, um den Wagen wieder nach rechts zu ziehen, der dadurch nicht mehr manövrierbar wurde, rechts in den Acker fuhr und sich dort mehrfach überschlug. Bis auf kleine Schrammen kamen alle vier Insassen mit dem Schrecken davon. Mit einem in unserer Nachbarschaft in München wohnenden Automechaniker holte ich den vom Abschleppdienst als schrottreif erklärten Wagen zurück nach München, wo ihn dieser zu einem fairen Preis wieder brauchbar herstellte.

[186] FAWB5, S.22f.
[187] FAWB5, S.26f.
[188] FAWB5, S.29f.
[189] Offenbar wurde das Malheur durch Aquaplaning ausgelöst.

Im Sommer 1977 entdeckten wir das Kleinod Rehbruck im Tal der großen Ohe im Bayerischen Wald.[190] Dort hatte sich das Ehepaar Hans und Gudrun Markgraf das völlig alleinstehende Haus in Eigenarbeit ausgebaut, das ursprünglich zu einer alten Mühle am dortigen Fluß gehörte. Das Dachgeschoß vermieteten sie an Feriengäste. Die beiden waren typische Aussteiger jener Jahre, die ihrer Sehnsucht nach einem natürlicheren Leben gefolgt waren. Da auch uns solche Vorstellungen nicht fremd waren, entwickelte sich schon beim ersten Besuch ein freundschaftliches Verhältnis, das viele Jahre andauern sollte. So wurde Rehbruck für die Folgejahre für uns eine Art Dauerferiendomizil. In dieser Einöde konnte ich vor allem auch konzentriert meine besten wissenschaftlichen Ergebnisse erarbeiten. Es ist meiner damaligen Frau zugute zu halten, daß sie mir die Ruhe dazu gelassen hat, ohne sich allzu sehr zu beklagen. Für unsere Kinder war diese Stabilität in der Wahl unserer Reiseziele sicher auch von prägender Bedeutung.

Da ich im Rahmen meiner beruflichen Tätigkeit ab 1979 ein unglaubliches Reisepensum in alle Teile der Welt absolvierte, war mir bei unserer familiären Ferienplanung nicht auch noch nach weiten Reisen zumute. So ergab es sich, daß unsere erste weitere Ferienreise mit einem alternativen Reiseziel erst im Sommer 1983 nach Spiekeroog stattfand.[191] 1984 fuhren wir mit dem Auto gemeinsam zu der Konferenz „AIMSA'84, Artificial Intelligence – Methodology, Systems, Applications“, die in Varna am Schwarzen Meer in Bulgarien stattfand.[192] Auf dem Rückweg besuchten wir die Familie der Kollegin Neli Zlatareva in deren Landhaus. Ihr Vater nahm in der Bulgarischen Regierung einen hohen Posten ein, weshalb sie in diesem kommunistischen Staat sehr privilegiert leben konnten.

Gelegentlich besuchten wir immer wieder auch meine Nenntante Anni in Bayreuth, deren Mutter und Mann inzwischen gestorben waren. Eine solche Fahrt war meist auch ein Anlaß, bei meinem Haus in Nürnberg nach dem Rechten zu sehen und gelegentlich auch andere fränkische Sehenswürdigkeiten zu besichtigen.[193] Zusammen mit meinen beiden Töchtern unternahm ich in der Mitte der achtziger Jahren von München aus zwei größere Fahrradtouren, die eine ins westliche Franken unter anderem nach Rothenburg ob der Tauber, die andere von Passau die Donau flußabwärts und dann über den Traunsee zurück, wobei wir die weniger attraktiven Streckenteile wohl jeweils mit dem Zug überbrückten. Heute kann ich bei den Töchtern spüren, daß sie derartige gemeinsame Unternehmungen sehr zu schätzen wußten.

---

[190] FAWB5, S.31ff, sowie FAWB6, S.11–16.
[191] FAWB6, S.29f.
[192] FAWB7(2), S.35ff.
[193] FAWB6, S.17.

Wo immer ich mich befand, spürte ich die bürgerliche Verpflichtung zum Engagement im gesellschaftlichen Bereich, wie es mir mein Vater vorgelebt hatte. Als Freund der unberührten oder einfühlsam gepflegten Natur, sei es im eigenen Garten oder in der Landschaft, hier oder in der Ferne, beschlich mich schon Anfang der siebziger Jahre die Sorge um den immer rücksichtsloseren Umgang mit unseren natürlichen Ressourcen. Die Lektüre von Büchern, wie das von Vester über die Bausteine der Zukunft,[194] und der Besuch von einschlägigen Tagungen in der Evangelischen Akademie in Tutzing festigten in mir die Überzeugung von dem hohen Wert ökologisch ausgewogenen Handelns — und dies etwa ein halbes Jahrzehnt vor der Gründung der Partei der Grünen.[195] Wir traten damals in den Bund Naturschutz in Bayern ein, dem ich bis heute fast ununterbrochen angehöre, und beteiligten uns bei den Veranstaltungen von dessen Münchener Gruppe. Beispielsweise nahmen wir an einer Demonstration vor dem Geschäft „Rieger Pelze“ am Isartorplatz in München teil, wo die Felle seltenster Raubtiere nur zur Befriedigung der weiblichen Eitelkeit zu Mänteln verarbeitet und verkauft wurden, was zur weltweiten bedrohlichen Dezimierung dieser Tierarten führte. 1979 besuchte ich zwei Fortbildungslehrgänge an der Akademie für Naturschutz und Landschaftspflege in Laufen an der Salzach, um mir auch auf dem Gebiet des Naturschutzes ein fundierteres Wissen anzueignen. Als Hausbesitzer trat ich in die Siedlervereinigung Waldperlach als Mitglied ein, der ich bis heute angehöre.[196] Nach dem Beitritt stellte ich mich für einige Jahre als Schatzmeister zur Verfügung, war damit also auch im Vorstand dieses örtlichen Vereins zum Wohle unseres Ortsteils aktiv.

Ungeachtet meines sozialen Engagements verlor ich das wirtschaftliche Wohlergehen meiner Familie nie aus dem Auge. Auch wenn mein Gehalt als Oberassistent eher bescheiden war, verhalf es uns zusammen mit dem Gehalt von Jutta, den Mieteinnahmen aus meinem Elternhaus in Nürnberg und gelegentlichen Nebeneinkünften aus beruflichen Tätigkeiten zu einem durchaus beachtlichen Wohlstand. Deshalb begannen wir uns Anfang der achtziger Jahre nach dem Erwerb eines zweiten Wohnsitzes umzusehen. Wir erwogen den Kauf eines der alten Bauernhäuser im Bayerischen Wald, eines älteren Hau-

[194] Frederic Vester, Bausteine der Zukunft, Fischer Bücherei, 1968.

[195] Bei einer der Tagungen in Tutzing führte ich eine engagierte Diskussion mit dem damaligen Wissenschaftsminister Wild über die Problematik der Atomenergie, deren Einsatz ich im Gegensatz zu ihm wegen der ungelösten Strahlungsproblematik der Abfälle vehement ablehnte. Bei einer anderen war ich von der von einem Berliner Professor vertretenen Perspektive begeistert, der damals auf dem Gebiet der Solarzellen forschte und für deren Einsatz eine wesentlich stärkere Förderung anmahnte. Leider dauerte es Jahrzehnte, bis sich all diese uns schon damals als offensichtlich erscheinenden Gedanken schließlich allgemeiner verbreiteten und politisches Gewicht erhielten.

[196] Heute rangiert der Dachverein unter dem Namen Eigenheimerverband Bayern eV.

ses in Schliersee oder von einem der angebotenen Grundstücke im Süden von München bis hin zum Nordrand der Chiemgauer Alpen.

Da entschlossen sich unsere südliche Nachbarn, Herr und Frau Meixner, zum Verkauf der hinteren, an unser Grundstück anschließenden Hälfte ihres Grundstücks. Sie fanden auch bald einen Käufer, verschleierten diesem aber, daß auf unserem Grundstück ein Vorkaufsrecht zugunsten dieses Grundstücks eingetragen war. Als der Notar uns daher pflichtgemäß mit Schreiben vom 27.9.1982 konsultierte, ob wir von dem Vorkaufsrecht Gebrauch machen wollten, entschlossen wir uns zur Empörung des von Meixners hintergangenen Käufers zu diesem Kauf für einen Preis von 325.000 DM,[197] sodaß wir mit dem am 10.6.1983 erfolgten Grundstückseintrag unser Grundstück nach Süden hin um fast fünfzig Prozent vergrößerten bzw. einen Bauplatz dazu erwarben.[198]

Damit hatten wir uns ein neues Ziel, nämlich den Bau eines weiteren Hauses, gesetzt, das wir uns als Vermögensgrundlage für unsere beiden Kinder dachten. Von nun an hielt ich überall in der Region meine Augen nach besonders schön entworfenen Gebäuden auf und erkundigte mich in solchen Fällen nach den entwerfenden Architekten. Genau auf diese Weise entdeckte ich Christoph Alexander Brandt, einen ausgezeichneten Architekten in Grünwald, der für seine Arbeiten auch schon überregionale Ehrungen erhalten hatte. Gemeinsam mit ihm entwarfen wir für das neue Grundstück ein Doppelhaus. Auch die Realisierung dieses Projektes stieß auf eine Reihe von Hindernissen, die uns von den Nachbarn und den Behörden in den Weg gelegt wurden. Ohne Erschwernisse sollte in meinem Leben nichts gelingen. Es lohnt sich nicht, hier im Einzelnen auf die vielen Stolpersteine einzugehen, die uns dabei in den Weg gelegt wurden. Mit vielen notariellen Vereinbarungen in Bezug auf Grundstücksteilung und Grunddienstbarkeiten, Bauvorantrag und Korrespondenzen wurden sie alle der Reihe nach unter größtem Zeit-, Kosten- und Kraftaufwand aus dem Weg geräumt. Die endgültige Baugenehmigung wurde am 1.2.1987 beantragt und am 29.11.1987 erteilt.

Durch die enormen zeitlichen Verzögerungen konnte der Bau erst Ende 1987 begonnen und Ende 1988 fertiggestellt werden. Auch dies bedeutete eine erhebliche Erschwernis, da ich dann ausgerechnet während der Bauzeit in Kanada tätig war, wie wir im nächsten Abschnitt noch erfahren werden, und den Baufortschritt daher von dort und mit vielen Atlantiküberquerungen steuern mußte. Aber ich war ja inzwischen schon ein erfahrener

[197] Der Käufer mußte sogar gerichtlich in einem über zwei Instanzen laufenden Prozeß zur Zustimmung der Ausübung unseres Vorkaufsrechtes gezwungen werden, was sich bis Ende 1984 hinzog, ein weiteres Beispiel meines Lebensmusters *„Erschwernis mit glücklichem Ausgang“*.

[198] FAWB6, S.35, zeigt das auf unserem neuen Grundstück stehende Gartenhaus. Wie schon bei dem Hausbau unterstützten uns auch in diesem Fall die Schwester von Jutta und ihr Mann mit einem Darlehen (in Höhe von 80.000 DM).

Bauherr, konnte die pauschale Vergabe an die zuverlässige Bauträgerfirma Lettl unter Dach und Fach bringen, wurde von Jutta in diesem Fall durchaus tatkräftig unterstützt und vor allem verfügte unser Architekt glücklicherweise über einen absolut zuverlässigen Kollegen, Herrn Dipl.Ing. Todt, der als exzellenter Bauleiter die fehlerfreie Fertigstellung des Baues garantierte. So entstand ein bis heute beeindruckend schönes Gebäude mit zwei Haushälften,[199] die seit dem 1.1.1989 lückenlos an je eine Familie vermietet wurden. Seitdem bin ich also erfolgreicher Vermieter für insgesamt fünf Mietparteien in den zwei Haushälften in Waldperlach und meinem Elternhaus in Nürnberg.

Damit komme ich zum Ende der Beschreibungen meiner privaten Aktivitäten während der in diesem Abschnitt 4.2 fokussierten Jahre. Wenn man sie im Kontext der aufreibenden beruflichen Aktivitäten betrachtet, die in den vorangegangenen Unterabschnitten beleuchtet wurden und beispielsweise den Aufbau und die Führung einer Forschungsgruppe mit mehr als einem Dutzend Mitarbeiter, die Etablierung des Fachgebiets KI auf allen Ebenen sowie eine umfangreiche Publikations- und Vortragstätigkeit umfaßte, dann ist eigentlich erstaunlich, mit welcher Widerstandskraft mein Körper diese insgesamt extremen Belastungen konstitutionell durchgestanden hat. Dabei neigte ich doch in früheren Jahren zu gesundheitlichen Anfälligkeiten, wovon die beiden vorangegangenen Kapitel ausführlich berichteten. Ich beschrieb im Abschnitt 3.5.4 aber auch meine intensiven Bemühungen um einen *„vernünftigen Umgang mit dem eigenen Körper,“* die mir bis heute zur Gewohnheit geworden sind. Zudem wurde mir Ende der siebziger Jahre die fundamentale Bedeutung einer sinnvollen Ernährung für ein gesundes Leben erst so richtig bewußt, was zu einer ziemlich drastischen Umstellung meiner Essensgewohnheiten führte.[200] So pflegte ich ein Leben in Harmonie mit der natürlichen Umwelt, zu der beispielsweise mein Garten gehörte, den ich auch in Zeiten höchster Belastung hegte und pflegte. Meine bis heute erhaltene stabile Gesundheit trotz höchster körperlicher und psychischer Belastungen führe ich letztlich auf meine diesbezüglichen Einsichten und ihre konsequente Anwendung zurück.

Abschließend sei noch auf die Beziehung zu meiner damaligen Frau Jutta eingegangen. Das Eheglück der siebziger Jahre begann sich Anfang der achtziger Jahre einzutrüben. Die Ursachen hierfür sind im Einzelnen schwer auszumachen. Von Anfang an waren wir sehr unterschiedliche Charaktere, die sich jedoch durchaus gut ergänzen konnten. Ich war der

[199] FAWB6, S.36. Wie von vorneherein beabsichtigt ist jedes eigentumsmäßig bereits an je eines der beiden Töchter vermacht.

[200] Eine wichtige Anregung zu einer adäquateren Ernährung erhielt ich durch das Buch „J.G. Schnitzer und M. Schnitzer, Schnitzer-Intensivkost Schnitzer-Normalkost, St. Georgen.“ Meine Vorstellungen zu Gesundheit und Ernährung habe ich in meinem Buch „Wolfgang Bibel, Lehren vom Leben, Wiesbaden, 2003“ ausführlich dargelegt, beispielsweise in den Abschnitten 1.3, 1.4 und 4.9 darin.

Unternehmertyp, der die Grundlagen für unser gemeinsames Leben ausgedacht und mit Umsicht verwirklicht hatte, ob es sich dabei um den Bau unseres Hauses, um die Organisation von Ferienreisen oder um was auch immer handelte. Jutta dagegen war zuständig für die stabile Aufrechterhaltung des Erreichten, in ihrem Beruf, im Haushalt, bei der Erziehung der Kinder usw. Ich bin der Denker, der Ziele setzt, Pläne schmiedet und Lösungen findet. Sie brillierte mit einem fulminanten Gedächtnis, stand vor neuen Aufgaben mit bislang nicht verfügbaren Lösungen eher ziemlich hilflos da. Schleichend empfand ich mich von ihr nicht mehr als gleichwertiger Partner geachtet, vor allem in Bezug auf gegenseitige Zärtlichkeiten. Passivität als Instrument zur Demonstration einer vermeintlichen Überlegenheit muß eine Liebe töten. Jedenfalls ermunterte mich ihre Passivität schließlich zu erotischen Abenteuern mit einer Reihe anderer Frauen,[201] wodurch der Erosionsprozeß unserer Beziehung beschleunigt wurde. Die Belastungen aus meiner beruflichen Überbeanspruchung und dem beruflichen Spannungsverhältnis an der TUM dürften einen weiteren Beitrag geleistet haben. Gleichzeitig verfiel Jutta in eine bedenkliche Abhängigkeit von Alkohol, was mit der Flasche Bier mittags gleich beim Nachhausekommen vom Unterricht begonnen hatte. Jedenfalls standen wir ab 1986 vor einer massiven Ehekrise, die meine anstehenden Entscheidungen wesentlich beeinflußte, von denen im nächsten Abschnitt die Rede sein wird.

4.3 Besser spät als nie

Bei einem/r aufmerksamen Leser|in dürfte die Schilderung im vorangegangenen Abschnitt 4.2 meiner über zwölf Berufsjahre von 1975 bis 1987 ein gewisses Unverständnis ausgelöst haben. Denn sie stehen unter einem extremen Zwiespalt. Die beiden ersten Unterabschnitte darin schildern das Scheitern am Beginn der Karriere eines angehenden Hochschullehrers, der im Gefolge in seiner weisungsgebundenen und widerruflichen Stellung als Oberassistent bis zuletzt beharren muß, in der er niedrigste Dienste im Auftrag seiner Vorgesetzten zu verrichten hat, die üblicherweise nur Anfängern kurz nach Studiumsabschluß übertragen werden. In den beiden darauffolgenden Unterabschnitten beschreiben sie dann aber gleichzeitig die an außerordentlichen Höhepunkten reiche Karriere eines Wissenschaftlers und Forschers, der zu den Besten seines Faches zu gehören scheint. Wie kann das zusammenpassen? Warum wurde einem derart erfolgreichen Wissenschaftler solange keine angemessene Position zugestanden?

[201] Deren Namen möchte ich aus verständlichen Gründen hier nicht aufführen.
Eine Darstellung der damaligen Beziehungskrise aus Juttas Sicht findet sich beispielsweise in ihrem Brief vom 11.6.1986 aus Westerland.

Im nachfolgenden Unterabschnitt findet sich die Erklärung für diesen Zwiespalt. Er beschreibt den langen Marsch hin zur Auflösung des Zwiespalts und das endlich zustandegekommene „happy end", den „glücklichen Ausgang" zu der 1975 eingetretenen „Erschwernis", von der am Beginn des Abschnitts 4.2 die Rede war. An diesen Ausgang schließt sich dann die Karriere eines Hochschullehrers an, wie man sie üblicherweise kennt, obwohl auch sie von vergleichsweise durchaus herausragenden Erfolgen geprägt ist. Weil die Karriere von nun an aber doch weit normaler als vorher verlief, können wir uns bei der Schilderung in diesem Abschnitt kürzer als bisher fassen.

Langer Marsch

Wie im letzten Kapitel 3 beschrieben hatte sich in mir erst sehr spät in meiner Entwicklung eine klare Vorstellung über meine Berufswahl herausgebildet. Am deutlichsten mag sie erstmals bei einem vom MPI 1965 veranstalteten Faschingsfest zum Ausdruck gekommen sein, auf dem ich eine Perücke trug, die an einen weisen Gelehrten erinnern mochte. Ich weiß noch, wie jemand auf dem Fest dies mit einer entsprechenden Bemerkung mir als Wunschdenken unterstellte. Auch wenn ich es mir vielleicht noch nicht eingestehen wollte, stand damals mein Berufsziel als Wissenschaftler und Hochschullehrer wohl unbewußt schon fest.

Trotz der im Abschnitt 3.5.4 geschilderten Schwierigkeiten bis zur Promotion lief dann mein im Abschnitt 4.1 aufgezeichneter Weg glatt auf dieses Berufsziel hinaus. Wäre mein im Abschnitt 4.2 beschriebenes Habilitationsverfahren erfolgreich verlaufen, hätte ich Mitte der siebziger Jahre genauso auf eine Professorenstelle berufen werden können wie viele meiner damaligen Kollegen auch. Aus den dort erläuterten Gründen war mein Verfahren jedoch zum Scheitern verurteilt. Zugleich hatte ich mir aus letztlich fachlichen Gründen den mächtigen Autokraten, Herrn Bauer, zum Erzfeind gemacht.

Wie im Unterabschnitt „Etablierung in München" beschrieben hatte sich meine gesamte Familie mit erheblichem Aufwand in München bestens etabliert. Mir lag seitdem verständlicherweise daran, daß bei einem möglichen Wechsel meiner Position auch meine Frau und meine Kinder keinen Nachteil erleiden sollten. München hatte drei Hochschulen, in denen in den siebziger und achtziger Jahren das Fach Informatik massiv ausgebaut und dabei viele Professuren neu geschaffen wurden. Die Hoffnung, eine dieser Stellen ebenso wie viele meiner dort ansässigen Kollegen zu erhalten, hatte ich daher von Anfang an gehegt und bis zum Schluß nicht aufgeben wollen, denn eine solche Lösung wäre für jedes der Familienanmitglieder die denkbar beste gewesen, und ich hätte mich weiterhin und ohne erneuten logistischen Aufwand auf meine Forschungen konzentrieren können. Genau aus diesem Grund bin ich auf die beiden im Unterabschnitt „Habilitationverfahren" erwähnten und im Hinblick auf eine Professur schon 1975 sehr aussichtsreichen Optionen „Paderborn" und „Bayreuth" überhaupt nicht eingegangen, die vor allem auch für meinen Forschungsfokus nicht sehr aussichtsreich erschienen.

„Wer sich vermeintlich so sehr überschätzt und dann auch noch einen Riesenärger mit seiner Habilitation erzeugt, der ist nach allgemeiner Meinung selbst schuld und muß also auch selbst sehen, was aus ihm sonst noch werden könnte." Diese wahrscheinlich bis heute weit verbreitete Einstellung über mein Verhalten unter meinen Fachkollegen hat mir dann eben die mehr als zwölf Jahre „Erschwernis" im Hinblick auf mein Berufsziel beschert, auch wenn ich sie als höchst ungerecht empfinden mußte. Nicht einmal die normalerweise völlig unproblematische Überleitung meiner Stelle in eine Professur niedrigster Stufe entsprechend der damals neuen Hochschulstruktur wurde mir 1978 bewilligt, wie am Ende das Unterabschnitts „Habilitationverfahren" bereits ausgeführt wurde. Durch die viermaligen, jeweils auf ein halbes Jahr befristeten Professuren in Saarbrücken, Karlsruhe (2-mal) und Durham, USA, wurden mir die Jahre zwar etwas leichter gemacht, wie in dem „Karriere"-Unterabschnitt erzählt wurde. Aber auch an diesen Orten hatte mein Wirken nicht zu dauerhaften Anstellungen geführt, teils weil halt keine freien Stellen verfügbar waren, teils weil man sich diese vermeintliche Problemfigur „Bibel" nicht einhandeln wollte. So spielte ich zwar in allen wichtigen Aktivitäten eine führende und prägende Rolle, wie im Unterabschnitt „KI Aktivitäten" beschrieben ist, blieb aber als „Hans-Dampf-in-allen-Gassen" ohne das auch in einer entsprechenden Position sichtbare Ansehen, das einem Wissenschaftler meines Kalibers sonst in jedem Fall zugestanden hätte.

Diese extreme Demütigung kommt auch in der langen Liste meiner erfolglosen Bewerbungen zum Ausdruck, die ich ab 1980 versucht hatte. So bewarb ich mich 1980 auf den durch den Tod von Herrn Samelson vakant gewordenen Lehrstuhl an der TUM, ohne mir in diesem Fall angesichts der Einstellung der dortigen Informatikprofessoren mir gegenüber wirklich echte Chancen auszurechnen. Später versuchte ich es nochmals erfolglos auf eine an der TUM ausgeschriebene Professur der untersten Stufe (C2), die inhaltlich exakt auf meine fachliche Ausrichtung (ua. Beweisverfahren) zugeschnitten war, was schon als eine besondere Gehässigkeit der hierfür Verantwortlichen angesehen werden könnte. 1983 bewarb ich mich auf die Stelle eines Leiters des Forschungslabors „Grundlagen der Informationstechnik" bei der Fa. Siemens, das unweit unseres Hauses in Waldperlach lokalisiert war. Im gleichen Jahr bewarb ich mich an dem European Computer-Industry Research Centre (ECRC), das ebenfalls in München aufgebaut wurde.

Inzwischen waren meine Kinder soweit herangewachsen, daß wir eine berufliche Veränderung in eine andere Stadt irgendwie hätten bewerkstelligen können. Deshalb begann ich nun auch mit Bewerbungen außerhalb von München. So bewarb ich mich 1982 auf eine Professur für Informatik an der neu gegründeten Universität Passau, auf deren Personalaufbau in der Informatik Herr Bauer wieder einen entscheidenden Einfluß nehmen und seine eigenen Leute dort platzieren konnte. Ebenfalls 1982 sandte ich meine Bewerbungsunterlagen für eine Informatikprofessur an die RWTH Aachen. 1983 folgte die Bewerbung auf die Stelle eines Professors für Informatik an der Universität Bern. Im gleichen Jahr erging eine Bewerbung auf eine Professur in Karlsruhe, wo ich ja bereits ein Jahr lang (allerdings in einem anderen Institut dort) als Professor tätig war. 1984 erneuerte ich meine Bewerbung nach Aachen. Im gleichen Jahr bewarb ich mich in gleicher Weise an die Universität Stuttgart. Inzwischen war auch die Informatik an der LMU München gegründet worden, an der ich promoviert hatte, sodaß ich mich dorthin auf eine Professur der zweithöchsten Stufe (C3) bewerben konnte (während alle anderen hier genannten Bewerbungen Professuren der höchsten Stufe C4 betrafen). Ebenfalls 1984 bewarb ich mich auf einen Lehrstuhl an der Universität Linz. Im gleichen Jahr folgte eine Bewerbung als Präsident des Konrad-Zuse-Zentrums für Informationstechnik in Berlin sowie auf eine Professur in Tübingen. Im Gefolge meiner befristeten Professorentätigkeit an der Duke University folgten 1985 und 1986 noch Vereinbarungen zur Vorstellung an den Universitäten von Tallahassee, Minnesota und Tennessee in den USA und 1987 noch an der McGill Universität im kanadischen Montreal. Ebenfalls 1987 verfolgte ich noch eine Bewerbung an der Universität im attraktiven Konstanz. In diesem Jahr wurde ich zudem als Wissenschaftlicher Leiter der neu geschaffenen Forschungszentren für KI in Bayern, Ulm und dem DFKI in Kaiserslautern in Erwägung gezogen.[202] Und um diese lange Liste ein für alle Mal abzuschließen, erwähne ich schon hier noch drei Bewerbungen 1989 an die Universitäten Linz und Saarbrücken und 1991 an die LMU in München.

Der/die ermüdete Leser|in möge mir diese langweilige Aufzählung von insgesamt *sechsundzwanzig* erfolglosen, gleichwohl aufwändigen Bewerbungen nachsehen. Wie kann es sein, daß ein international so erfolgreicher Wissenschaftler, von dem im Abschnitt 4.2 ausführlich berichtet wurde, so lange erfolglos auf die Suche nach einer adäquaten Stelle gehen mußte? Die Antwort hierauf ist für die Bewerbungen auf Stellen in Bayern durch

[202]Es handelte sich genauer erstens um das bereits erwähnte Bayerische Forschungszentrum für Wissensbasierte Systeme (BayWiss), an dessen Gründung ich mitwirkte; zweitens um das Forschungsinstitut für anwendungsorientierte Wissensverarbeitung (FAW) in Ulm, wegen dessen Leitung ich mit der persönlichen Referentin von Ministerpräsident Lothar Späth verhandelte; und drittens um das Deutsche Forschungs-Zentrum für KI (DFKI), in dessen Gründungsgremium sich mindestens eine Person engagiert für mich als Leiter aussprach, die sich aber nicht durchsetzen konnte.

den dort herrschenden Einfluß von Bauer leicht gegeben, der seine einmal eingeschlagene Linie gegen mich unerbittlich bis zum Ende verfolgte. Durch diese an Hochschulen Deutschland-weit bekannte Ächtung ist es Bauer gelungen, mir auch an anderen deutschen Universitäten den Ruf eines „unverträglichen“ Kollegen anzuhängen, mit dessen Berufung man es sich zumindest mit einem der führenden deutschen Informatiker, nämlich eben Bauer, verscherzen würde. Im österreichischen Linz scheiterte die Bewerbung wohl an der dort gewünschten fachlichen Ausrichtung.[203] In Tallahassee paßte ich überhaupt nicht auf die Position, die für die Betreuung eines Superrechners gedacht war. In Minnesota stimmte wohl die Chemie auch von meiner Seite nicht mit dem dortigen Department Chair. Tennessee und McGill fielen durch die parallel laufenden und erfolgreichen Verhandlungen unter den Tisch, von denen nun gleich noch die Rede sein wird. Insgesamt lautet daher im Wesentlichen die Antwort auf die obige Frage, daß abgesehen von eher zufällig gegebenen Widrigkeiten der Hauptgrund für die meisten der negativen Entscheidungen in dem von den Münchener Informatikern um Bauer über mich verhängten Bann gelegen hatte, dessen offener oder unterschwelliger Einfluß auf so subtile Entscheidungen wie der über die Berufung eines Professors schwer auszuräumen war.

Allerdings habe ich bei dieser Aufzählung noch eine entscheidende Information im Zusammenhang mit diesen Bewerbungen zurückgehalten. Denn zusätzlich zu diesen 26 *erfolglosen* waren auch vier *erfolgreiche* Bewerbungen zu verzeichnen (zu denen sich später noch zwei weitere hinzugesellen sollten, was die Gesamtzahl aller meiner Bewerbungen ab 1980 auf im akademischen Bereich rekordverdächtige 32 summiert). Im Gefolge meiner Rolle im japanischen FGCS Projekt geriet ich in den Fokus des Institutsvorstands für Informatik an der Vrije Universiteit Amsterdam, Herrn Prof. Reind van de Riet. Er suchte mich am 2.7.1982 eigens in München auf, um mich zur Übernahme einer Professur für Künstliche Intelligenz an seiner Universität zu überreden, auf die ich mich dann mit großer Aussicht auf Erfolg bewarb. In einem Schreiben vom 14.4.1983 an den Präsidenten der TUM teilte ich diese Entwicklung in der Hoffnung mit, daß dies, wie in solchen Fällen sonst an Hochschulen meist praktiziert, vielleicht doch zu einer Professur an der TUM führen könnte. Letztlich konnte ich mich immer noch nicht mit dem Gedanken abfinden, unsere stabile Situation in München in Bezug auf Beruf der Frau, Umfeld der Kinder, Haus, Musik etc. aufzugeben und in einem Land mit einer mir unvertrauten Sprache völlig neu zu beginnen.

[203] Dies jedenfalls hat Herr Buchberger in einem Schreiben vom 5.9.1984 ausdrücklich so betont, dem ich für seine Bemühungen bis heute sehr dankbar bin und mit dem mich über Jahrzehnte eine enge wissenschaftliche Freundschaft verband.

Diese Verhandlungen in Amsterdam sowie meine weithin sichtbaren internationalen Erfolge haben dann endlich auch an zwei deutschen Universitäten zu einem Ruf auf eine dortige Professur geführt. Zum einen war dies die Technische Universität im damals noch von der BRD nur über einen Korridor erreichbaren Berlin, zum anderen die Universität Ulm.[204] Gleichzeitig eröffnete sich aber eine dritte Option, für die ich mich dann entschied aus Gründen, auf die ich erst im nächsten Unterabschnitt eingehen werde. Hier sei nur soviel gesagt, daß sowohl in Berlin als auch in Ulm mein zu diesem Zeitpunkt erreichtes internationales Ansehen keine angemessene Berücksichtigung fand, ich vielmehr als akademischer Anfänger und daher im Hinblick auf die Ausstattung der Professur unangemessen eingestuft wurde, ganz im Gegensatz zu der ausgezeichneten dritten Option, von der nun die Rede sein wird und die endlich den am Beginn des Abschnitts genannten „glücklichen Ausgang“ brachte, auf den ich mehr als zwölf Jahre hinarbeiten mußte.

Vancouver

Im August 1986 besuchte ich die von der Association for the Advancement of Artificial Intelligence (AAAI) veranstaltete Fifth National Conference on Artificial Intelligence, die in Philadelphia stattfand. Unter den vielen Gesprächen mit meinen Fachkollegen war auch eines mit Prof. Ray Reiter (im Beisein von Prof. Alan Mackworth). Er zog mich (und Alan) dabei ins Vertrauen über seine Pläne, von seiner damaligen University of British Columbia (UBC) an die University of Toronto zu wechseln. Angesichts seines hohen internationalen Ansehens bedeutete das für die UBC einen großen Verlust, der vor allem seine dortigen Kollegen schmerzen werde. Deshalb wollte er mithelfen, die Lücke mit einem geeigneten Nachfolger schnell wieder zu schließen. Da wir seit Jahren in einem engen wissenschaftlichen Austausch standen und ähnliche wissenschaftliche Ziele verfolgten, dachte er in diesem Zusammenhang an mich und lotete daher in diesem Gespräch gemeinsam mit Alan die Chancen aus, mich aus Deutschland nach Vancouver abwerben zu können.

Im Abschnitt 4.2 wurde schon von meiner Reise zur IJCAI-1981 berichtet, die damals in Vancouver standfand und uns Teilnehmer alle begeistert hatte. Denn Vancouver gehört sicher zu den schönstgelegenen Städten dieser Welt und die Universität dort gehört nicht nur zu den drei besten Universitäten Kanadas, sondern sie verfügt zudem über den schönsten Campus, den ich weltweit kenne. Für mich spielt die mich umgebende Umwelt immer eine wichtige Rolle. Der Gedanke, dort endlich eine adäquate Professur zu bekom-

[204]Die Briefe vom Senator in Berlin vom 8.7.1986 sowie vom Baden-Württembergischen Minister für Wissenschaft und Kunst vom 27.2.1987 finden sich in meinem Archiv. In Berlin bin ich dem inzwischen leider verstorbenen Herrn Prof. Hartmut Ehrig für sein außerordentliches Engagement im Zusammenhang mit diesem Ruf zu bleibender Dankbarkeit verpflichtet.

men, noch dazu als Nachfolger des von mir hochgeehrten Ray Reiter, elektrisierte mich daher über alle Maßen, was ich Ray in dem Gespräch auch entsprechend zu verstehen gab. Er leitete diese Information auch sofort an den Department Chair an der UBC, Prof. Jim Varah weiter, der mich in einem Schreiben vom 2.9.1986 sofort kontaktierte.

Die anschließenden, damals schon überwiegend per email geführten Verhandlungen,[205] unterschieden sich so grundlegend und wohltuend von denen in Deutschland, daß über meine Entscheidungspräferenz bald kein Zweifel mehr aufkommen konnte. Die Kollegen dort orientierten sich ausschließlich an den schriftlichen Gutachten, die über meine wissenschaftliche und persönliche Qualifikation von international führenden Wissenschaftlern eingeholt wurden, während die in Deutschland über mich kolportierten Gerüchte schlicht und einfach ignoriert wurden. Die UBC war sich darüber sehr bewußt, daß die Berufung des Präsidenten der IJCAI, der ich damals war, dem Ansehen der Universität nur förderlich sein konnte. Man scheute daher keine Mühe, mir ein höchst attraktives Angebot unterbreiten zu können.[206]

Meine beiden Kinder waren 1987 inzwischen so weit erwachsen, daß sie ihren Vater für einige Zeit entbehren konnten. Eine Trennung von meiner Frau entsprach unserem arg zerrütteten Verhältnis, von dem bereits die Rede war. Natürlich würde ich viele der in München im Laufe von 25 Jahren gewachsenen Verwurzelungen schmerzlich vermissen. Aber die dort in meiner Stellung als Oberassistent erlittenen jahrelangen Demütigungen würden endlich aufhören. Schließlich reagierte der im Baden-Württembergischen Ministerium zuständige Beamte überhaupt nicht auf die Tatsache des weit attraktiveren Konkurrenzangebotes aus Kanada mit einem entsprechend verbesserten Angebot für Ulm.[207] Kurz, ich entschloß mich, die mir mit Schreiben vom 12.2.1987 und vom 3.3.1987 unterbreiteten Angebote mit Schreiben vom 27.4.1987 anzunehmen und (zunächst ohne Familie) nach Kanada auszuwandern. Das Angebot war deswegen so attraktiv, weil es zusätzlich zur Professur an der Universität den herausragenden Status als Fellow of the Canadian Institute for Advance Research (CIFAR) beinhaltete.[208] Diese Kombination bedeutete für mich eine minimale Lehrverpflichtung, von der jeder Wissenschaftler nur träumen kann, verbunden mit einem hohen Gehalt und dies an einem bestens ausgestatteten und da-

[205] Wenige Zeitgenossen wissen, daß elektronische Korrespondenz auch in Deutschland an ausgewählten Instituten, wie beispielsweise in meiner fortschrittlichen Arbeitsgruppe, schon Mitte der achtziger Jahre üblich war.

[206] Beispielsweise hatte man mich für die Tage der Verhandlungen im damals besten und architektonisch beeindruckenden Hotel in Vancouver, dem PanPacific, einquartiert und selbstverständlich alle Kosten für diese Flugreise übernommen.

[207] Wie so viele vor und nach ihm wurde ich von ihm mutmaßlich unterschätzt, weil er mir einen derart mutigen Schritt wohl einfach nicht zutraute.

[208] https://www.cifar.ca/, Zugriff 29.3.2017.

bei unvergleichlich schönen Arbeitsplatz unter lauter freundschaftlich gesinnten und hoch angesehenen Kollegen.

So wurde ich im vergleichsweise hohen Alter von 48 Jahren am 1.7.1987 erstmals Professor auf Lebenszeit und zwar mit einer Ausstattung, die meinem erreichten internationalen Status angemessen war, wenn auch nun nicht in Deutschland, sondern in Nordamerika, wo ich nun bereits zum dritten Mal tätig war.[209] Bis zum 31.9.1987 war ich von da an von der TUM noch beurlaubt, um im Falle des Falles doch alles rückgängig machen zu können. Dafür gab es dann aber überhaupt keinen Anlaß, sodaß ich nach 18 Jahren und 5 Monaten Tätigkeit an der TUM diese endgültig verließ[210] und mich ganz auf meine neue Tätigkeit konzentrierte.

Ich richtete mich in Vancouver ein, mietete nach einem kurzen Aufenthalt im dortigen TRIUMF Gästehaus der Universität ein möbliertes Haus in der W12th Avenue (Nr. 4178) eines Geologie Kollegen, der mit seiner Frau vorübergehend anderswo tätig war.[211] Das Haus hielt mir eine Deutsch-sprechende Frau in bestem Schuß. Von dort war mein Büro in einer Viertelstunde mit dem Fahrrad zu erreichen, das ich mir schon 1985 in Durham zulegt hatte und das mich seitdem begleitete (und den Atlantik mehrfach im Flieger überquerte). Um aber auch über weitere Strecken mobil zu sein, kaufte ich mir an einem späten Abend einen nagelneuen Mazda RX-7 mit Wankelmotor,[212] den ich sehr gerne gefahren habe. Dessen Zulassung machte zum dritten Mal in meinem Leben die Absolvierung der Führerscheinprüfung erforderlich, nun halt nach den in Kanada geltenden Vorschriften. Zu all diesen Erfordernissen erhielt ich bereitwillig viel Unterstützung vor allem von meinen neuen Kollegen, allen voran Alan Mackworth und seiner Frau Marian.

Von meinem Büro an der Universität aus konnte ich in zehn Fußminuten zum Strand laufen und dort in den Fluten des Pazifik zusammen mit den Seehunden schwimmen, was ich zur Unterbrechung meiner Arbeit und zur Erfrischung abends auch gerne tat. Mit diesen spärlichen Ausnahmen arbeitete ich ansonsten während meiner Zeit an der UBC eher noch härter als bis dahin schon üblich. Ich mußte mich natürlich in einer völlig fremden Komputerinfrastruktur zurechtfinden und dabei viele Klippen meist ohne Unterstützung

[209] Von meinen deutschen Kollegen verabschiedete ich mich mit der folgenden Publikation: „Wolfgang Bibel, KI – Eine deutsche Kirsche, KI, Heft 1, 87–89, 1988.“

[210] In der Festschrift „Friedrich L. Bauer (Hrsg.), 40 Jahre Informatik in München: 1967–2007, Festschrift, 2007“ wird mein langes und international erfolgreiches Wirken und die Existenz meiner Gruppe am dortigen Institut mit keinem Wort erwähnt (und fand seinen Niederschlag nur im Personenverzeichnis).

[211] FAWB7(1), S.41, ist das Haus und auf S.47 der Hausherr zu sehen, von dem ich nur noch den Vornamen Dick (bzw. Richard) in Erinnerung habe.

[212] https://de.wikipedia.org/wiki/Mazda_RX-7, Zugriff 24.8.2016, sowie FAWB7(1), S.34.
Für die Suche und Kaufentscheidung investierte ich unter dem damaligen Zeitdruck insgesamt ganze zwei Stunden und zwar an diesen einzigen Abend kurz vor Mitternacht.

überwinden, woraus ich aber viel gelernt habe. Als Fellow erwartete man von mir überragende Forschungsleistungen, die ich in dem anregenden Umfeld auch erbringen konnte. Beispielsweise entstand in jenem Jahr ein bis heute zitierter Artikel, zu dem ich in Diskussionen mit Alan Mackworth angeregt wurde.[213] Erstmals publizierte ich damals auch einen Artikel, der sich mit den Gefahren auseinandersetzte, die mit der Informationstechnologie für unsere Gesellschaft verbunden sind.[214] Nicht zuletzt erwartete man von mir eine attraktive Lehre für die besten unter den Studenten. Wie immer an Universitäten ergaben sich auch organisatorische Pflichten. So wurde ich Mitglied im Berufungsausschuß, der für die Auswahl von neuen Professoren zuständig war. Während meiner Zeit an der UBC wurde eine Reihe junger Professoren akquiriert wie beispielsweise der weltweit herausragende David Poole. Die Zusammenarbeit mit ausnahmslos allen Kolleg|inn|en gestaltete sich erfolgreich und äußerst harmonisch.

Aber auch meine bisherigen Aufgaben mußten natürlich weiter betrieben werden. Darunter waren die aufwändige IJCAI-Präsidentschaft sowie seit 1986 und bis 1999 eine ebenso aufwändige, aber ehrenvolle Mitherausgeberschaft bei der führenden Zeitschrift unseres Gebietes, nämlich dem Artificial Intelligence Journal (AIJ), dessen auf meine Initiative zurückzuführende neu gegründete Research Notes Section ausschließlich in meiner Hand lag und sich zunehmend großer Beliebtheit bei meinen Kollegen in aller Welt erfreute.[215] Der Umfang meiner Reisetätigkeit wurde durch den Standort im Westen des amerikanischen Kontinents nicht geringer, weil bei den Reisen nach Europa nun ja erheblich größere Distanzen überwunden werden mußten. Der Bau des Doppelhauses, von dem im letzten Abschnitt die Rede war, mußte aus der Ferne gesteuert werden.

Und schließlich hatte ich ja eine große Gruppe von Mitarbeitern in München zurückgelassen, für die ich weiterhin zumindest eine moralische Verantwortung trug. Herr Jessen, von dem im letzten Abschnitt bereits die Rede war, hatte mir zugesichert, sich um die Gruppe an meiner Stelle zu kümmern, obwohl er fachlich mit den von meinen Mitarbeitern verfolgten Arbeiten nicht vertraut war. Er rekrutierte Herrn Furbach von der Hochschule der Bundeswehr als neuen fachlichen Leiter der Gruppe, der mit uns ja schon viele Jahre

---

[213] W. Bibel, Constraint satisfaction from a deductive viewpoint, Artificial Intelligence Journal 35, 401–413, 1988. Unter einer Reihe weiterer Ergebnisse sei zudem genannt: W. Bibel, Short proofs of the pigeonhole formulas based on the connection method, Journal of Automated Reasoning 6, 287–297, 1990.

[214] W. Bibel, The technological change of reality – Opportunities and dangers, Artificial Intelligence and Society 3, 117–132, 1989.

[215] Der Hauptherausgeber des AIJ war zu jener Zeit Danny Bobrow, mit dem ich nicht nur eng und vertrauensvoll zusammenarbeitete, sondern der meine Arbeit auch substanziell unterstützte. Der Gründer des AIJ ist Bernard Meltzer, mit dem mich bis zu seinem Lebensende eine echte kollegiale Freundschaft verband, die zu einer Reihe auch rein persönlicher Begegnungen führte. Eine wichtige Rolle bei meiner Aufnahme als Mitherausgeber spielte der verantwortliche Verlagsredakteur (und spätere Verleger), Herr Dr. Einar Fredriksson, mit dem mich seither ein freundschaftliches Verhältnis verbindet.

kooperiert hatte und der nach seinem späteren Weggang von Herrn Fronhöfer abgelöst wurde. Gleichwohl blieb es nicht aus, daß einige der Mitarbeiter nach meinem Abschied damit begannen, sich nach anderen Tätigkeiten umzusehen, wofür ich ihnen gerne meine Hilfe anbot. Zwei von ihnen, Elmar Eder und Johann Schumann, besuchten mich dazu sogar in Vancouver. Ein Kern der Gruppe arbeitete jedoch weiter an den von mir initiierten oder auch an neu eingeworbenen Projekten. Einige von diesen konnten sich unter der Obhut von Herrn Jessen an der TUM sogar weiterqualifizieren, wobei meine Rolle zu deren Qualifizierung entgegen akademischer Tradition allerdings verschwiegen werden mußte. So kam es, daß die von mir aufgebaute und bis 1987 geleitete Forschungsgruppe an der TUM dort in personell modifizierter Form ungewöhnlicherweise inhaltlich bis etwa 2006 Bestand hatte.

Natürlich hatte mich meine Geige auch nach Vancouver begleitet. Ich schloß mich dort wie bei meinen früheren Orchestern als erster Geiger den „Vancouver Chamber Players“ an, dem bereits fünften Orchesterensemble, mit dem ich wiederum eine Reihe von Konzerten bestritt. Da ich arbeitsmäßig viel zu überlastet war, um ausreichend Zeit zum Üben zu finden, stieß ich in diesem anspruchsvollen Ensemble zugegebenermaßen an die Grenzen meiner geigerischen Fähigkeiten.

Insgesamt durfte ich in Vancouver eine der schönsten und zugleich arbeitsreichsten Phasen meiner beruflichen Laufbahn erleben, an die ich nur zu gerne zurückdenke. Von der herrlichen Landschaft British Columbias zeugen viele Bilder im FAWB7(1), die ich im Laufe des damaligen Jahres, nicht zuletzt auch während einer Reise zusammen mit meiner damaligen Familie gemacht habe. Allerdings erreichte mich schon drei Monate nach meinem Dienstantritt ein erneutes Angebot aus Deutschland, das mich schließlich wieder in meine Heimat zurückholen sollte. Wie es dazu kam, davon wird der nächste Unterabschnitt erzählen.

Darmstadt

Im Abschnitt 4.2 wurde bereits erwähnt, daß ich im Wintersemester 1985/86 an der Technischen Hochschule Darmstadt (THD) (heute Technische Universität Darmstadt, TUD) auf Anregung und Vermittlung von Herrn Prof. H.-J. Hoffmann eine dort unbesetzte Professur vertreten hatte. Gleichzeitig hätte ich damals wie schon im ersten Halbjahr 1985 auch nochmals einer Einladung an die Duke University zu einer befristeten Professur folgen können, bevorzugte aber verständlicherweise das viel näher gelegene Darmstadt, von wo aus ich meine wachsende Gruppe in München viel besser leiten konnte. In diesem Jahr 1986 war mein Fachgebiet Künstliche Intelligenz (das ich selbst lieber mit Intellektik bezeichne) in Deutschland und weltweit in aller Munde. Jede Universität beeilte sich nun, Professoren auf diesem Gebiet einzuwerben. Darmstadt war in dieser Hinsicht im Vergleich etwa zu Karlsruhe oder Kaiserslautern zeitlich etwas ins Hintertreffen geraten. Da man mit meiner Arbeit in diesem Halbjahr offenbar recht zufrieden war und sich davon überzeugen konnte, daß die aus München verbreiteten Gerüchte über meine Person offensichtlich nicht zutrafen, entschied sich der Fachbereich im Laufe des auf meinen Aufenthalt dort folgenden Jahres, mir den Ruf auf diese Professur zu erteilen. Das entsprechende ministerielle Schreiben vom 6.10.1987 erreichte mich dann in Vancouver.[216] Kaum hatte ich mich dort nach wenigen Wochen etwas eingerichtet und eingelebt, stand ich vor erneuten schwierigen und entscheidenden Überlegungen in Bezug auf meine weitere Zukunft.

Die sich an diesen Brief anschließenden Verhandlungen sowohl mit der Universität als auch mit dem zuständigen Hessischen Ministerium gestalteten sich wesentlich günstiger als die vorangegangenen mit Berlin und Ulm. Das lag schlicht daran, daß mir durch meine nun für alle sichtbar herausragende Position als Professor an einer Spitzenuniversität in Nordamerika und zusätzlich als hochdotierter Fellow eines angesehenen nationalen Instituts in Kanada eine wesentlich günstigere Verhandlungsposition zu Gebote stand. Ich hatte inzwischen auch eine reichhaltige Erfahrung in derartigen Verhandlungen, die sich auch in diesem Fall über Monate hinzogen, im Ergebnis aber ein für mich sehr attraktives Ergebnis hervorbrachten.[217] Bei diesem Angebot sprachen deutlich mehr Argumente für als gegen seine Annahme. Positiv ins Gewicht fielen beispielsweise die Ausstattung mit Mitarbeiterstellen, das Gehalt, die Pensionsregelung und die Rückkehr in die Heimat, wo meine Familie ebenso wie meine Immobilien betreut werden wollten und wo die Muttersprache vorherrschte. Deshalb habe ich mit Schreiben vom 28.6.1988 diesen Ruf angenommen und trat am 1.10.1988 den Dienst an der TUD an. Im Alter von 50 Jahren war ich nun erstmals Professor auf Lebenszeit an einer deutschen Universität geworden, die mir eine adäquate Ausstattung und das erforderliche Wirkungsumfeld bieten wollte und konnte, sodaß ich meine Forschungen angemessen vorantreiben konnte. Die TUD war mein sechszehnter und endlich auch letzter Arbeitgeber, mit dem ich mein lange verfolgtes Berufsziel endlich gesichert erreicht hatte.

Gleichwohl ist mir der damit verbundene Abbruch meiner Zelte in Vancouver alles andere als leicht gefallen. Es war völlig klar, daß ich ein derart freundschaftlich miteinander

[216]Für den in derartigen Berufungsangelegenheiten Uneingeweihten sei erläutert, daß es an deutschen Hochschulen durchaus üblich ist, daß ein solches Berufungsverfahren weit über ein Jahr dauern kann (während man sich in Nordamerika dafür höchstens ein halbes Jahr zugesteht).

[217]Auf Seiten des Fachbereichs Informatik bin ich bis heute dem damaligen Dekan, Herrn Professor Helmut Waldschmidt, für sein großes Engagement und seinen fairen und sachlichen Verhandlungsstil sehr dankbar.

kooperierendes Kollegium in Darmstadt nicht wieder antreffen würde, von der landschaftlichen Lage der UBC im Vergleich zu Darmstadt ganz zu schweigen. Zudem hatte ich in der kurzen Zeit dort bereits wieder den Nukleus von einer Handvoll an Studenten um mich geschart,[218] deren Betreuung durch meinen Weggang neu geregelt werden mußte. Ich konnte mich mit der Universität so einigen, daß sie mich erst einmal ein Vierteljahr beurlaubte, um jegliches Risiko beim Start in Darmstadt auszuschließen, und mich danach mit der unbezahlten, aber mit allen sonstigen Rechten eines Professors ausgestatteten Stellung eines „Adjunct Professor“ ausstattete, ein Ehrentitel, den ich bis zu meiner Pensionierung behalten durfte und im Rahmen dessen ich noch zweimal für jeweils etwa zwei Monate vor Ort tätig war und dort beispielsweise Vorlesungen hielt. Umgekehrt lud ich dortige Kollegen zu Aufenthalten in Darmstadt ein, so meinen Freund Alan Mackworth sowie Richard Rosenberg. Darüber hinaus etablierte ich ein Programm, das den besten Studenten in Darmstadt die Möglichkeit eines einjährigen Studienaufenthalts an der UBC ermöglichte. Kurz, meine Beziehungen zur UBC blieben auch weiterhin sehr intensive und wurden damit gekrönt, daß später einer meiner allerbesten Studenten, Holger Hoos, dort zum Professor berufen wurde und bis Ende 2016 als solcher dort tätig war.[219]

Im privaten Bereich war der Abbruch meiner Zelte in Vancouver dagegen sehr leicht vollzogen. Nach der Rückkehr meiner Hausvermieter in ihr Haus zog ich ins TRIUMF Gästehaus der Universität zurück.[220] Meinen ein Jahr alten und attraktiven Mazda RX-7 konnte ich zu einem guten Preis wieder verkaufen. Mit der Fahrt zum Flughafen samt all meinem Gepäck wurden die äußeren Spuren meiner Tätigkeit und meines Aufenthalts in Vancouver gelöscht.

In Darmstadt quartierte ich mich im ersten Jahr zunächst im Hotel Prinz-Heinrich in Griesheim mit einem Sonderarrangement ein und fuhr von unserem Haus in München dorthin für jeweils etwa drei Tage in der Woche, die Fahrt meist gemeinsam mit meinem Mitarbeiter Steffen Hölldobler, dessen Familie in Nürnberg wohnte. Erst nach einiger Zeit mietete ich ein Apartment in der Dieburger Str. 77. Von Anfang an war mir klar, daß nach München und Vancouver eine tiefere Verwurzelung in dieser äußerlich und kulturell

[218]Es handelte sich um Heidi Dangelmaier, V. Küchenhoff, Yunping Li, George Tsiknis und Christian Wagner.

[219]All diese Arrangements mit der UBC strafen zugleich die üble Nachrede Lügen, die Herr Bauer und seine „Bäuerlinge“ in Deutschland über meine Person verbreitet und mir so eine viel frühere Professur in meiner Heimat verbaut und meine Karriere damit derart erschwert hatten.
Holger Hoos ist ab 2017 an der Universität in Leiden tätig, hält seine Verbindung mit der UBC aber gleichwohl weiterhin aufrecht.

[220]Bei den beiden späteren Aufenthalten, zu denen mich meine Familie begleitete, mieteten wir jeweils ein möbliertes Apartment bzw. Haus, sodaß ich auch in Vancouver auf insgesamt vier verschiedene Wohnungen komme, womit sich die Gesamtzahl aller meiner Wohnungen dadurch auf nunmehr 30 erhöhte.

damals recht unattraktiven Stadt einfach nicht gelingen konnte. Darmstadt wurde zu meinem Arbeitsplatz ohne jeglichen zusätzlichen Anspruch.

Das erste Jahr dort gestaltete sich alles andere als leicht und wiederum extrem arbeitsaufwändig. Mein Kollege Wolfgang Henhapl hatte schon vor meiner Ankunft in guter Absicht eine Sekretärin, Frau Pieritz, für mich eingestellt,[221] die ihrer Aufgabe leider einfach nicht gewachsen war. Erst nach geraumer Zeit gelang es mir, Frau Pieritz wegzuloben und mit Frau Tiedemann eine exzellente Sekretärin einzustellen, die bis zu meiner Pensionierung den verwaltungsmäßigen Teil unseres Fachgebiets professionell managete. Bei der Einstellung der Mathematisch-Technischen Assistentin zur Betreuung unserer Rechner erwies sich das angesichts der großen Nachfrage nach Komputerspezialisten viel zu geringe Gehalt als Hindernis für eine dauerhafte und für beide Seiten zufriedenstellende Lösung. Auf dieser Stelle gab es daher über die Jahre mehrere Wechsel, die sich infolge eines uneinsichtigen Personalrats jeweils noch komplizierter als nötig gestalteten. Glücklicherweise hatte dieses Gremium bei den wissenschaftlichen Mitarbeiter|inne|n nichts zu vermelden. Für diese stand mir aus meiner Gruppe in München und ihrem Umfeld noch eine große Auswahl an Kandidaten zur Verfügung. So starteten wir mit den drei ausgewählten Dr. Steffen Hölldobler, Dr. Christoph Kreitz und Josef Schneeberger (die später alle Professoren wurden, was die Richtigkeit der Auswahl im Nachhinein bestätigt hat). Für diese Kerngruppe stand uns ein angenehmer Raumflügel im ersten Stock der Alexanderstraße 10 zur Verfügung.

Einen unangemessen großen Aufwand kostete uns die Beschaffung der Rechner. Während eine solche Aufgabe an der UBC in Stunden gelöst werden konnte, mußte in Darmstadt ein monatelanger Papierkrieg geführt werden, weil an der Finanzierung die Hochschule, das Land und der Bund beteiligt waren. In Ermangelung von Rechnern war ich wochenlang vom email-Verkehr abgeschnitten, was die nahtlose Weiterführung der Arbeit in meinen weiter oben beschriebenen internationalen Funktionen nahezu unmöglich machte und daher viele Klimmzüge erforderte. Nach leidvollen Monaten trafen dann aber die neuen Maschinen ein, bei deren Installation vor allem Herr Schneeberger einen segensreichen Beitrag leistete. Auf einen Antrag an den Senat der Universität hin durften wir unser Fachgebiet mit dem von mir präferierten „Intellektik“ bezeichnen.[222] Meinen Antrag hat vor allem der mehrfach sehr hilfsbereite Präsident, Prof. Helmut Böhme, unterstützt. So ging auch das wegen der Aufbauarbeit sehr schwierige erste Jahr irgendwann vorüber,

[221] Ihm verdanke ich eine Reihe weiterer Unterstützungen zur Überwindung der Startschwierigkeiten.

[222] An der TUD werden die Professuren als Fachgebiete bezeichnet und mit Gebietsnamen versehen. Fachgebiete konnten sich zu Gruppen zusammenschließen und bildeten dann Institute. Alle Fachgebiete eines Faches wie dem der Informatik bildeten dann den Fachbereich. Institute bildeten im Fachbereich Informatik keine nennenswerte Rolle.

in dem meine weiterhin umfangreichen internationalen Tätigkeiten über die Arbeit in der Universität hinaus natürlich nicht unterbrochen werden konnten.[223]

Ich hatte mir in meinen Berufungsverhandlungen mit überzeugenden Gründen das Wintersemester 1989/90 als Forschungssemester ausgehandelt, das mir die Gelegenheit gab, nach dieser Aufbauarbeit und nach den insgesamt vier hektischsten Jahren meiner beruflichen Karriere wissenschaftlich arbeiten und einfach wieder einmal auch durchschnaufen zu können. Gleich im September 1989 machte ich mich auf eine private Reise, um mir für dieses halbe Jahr einen möglichst attraktiven Platz und dort möglicherweise sogar eine geeignete Immobilie zu suchen, die vielleicht auch längerfristige Perspektiven bieten könnte. Die Reise führte mich über St. Moritz an den Lago Maggiore und über die Schweiz wieder zurück bis nach Scheidegg, wo mir das Benzin sehr knapp wurde und zu der späten Tageszeit keine offene Tankstelle mehr aufzutreiben war. Also übernachtete ich im dortigen Hotel Post und setzte am nächsten Morgen warum nicht auch an diesem zufällig erreichten Ort meine Immobiliensuche fort. Das Haus, das mir an diesem Tag im dortigen Ortsteil Lindenau zum Kauf angeboten wurde, erschien mir unter den unzähligen, auf der ganzen Reise gesammelten Angeboten schließlich als die bestmögliche Lösung für ein fruchtbares Forschungssemester und darüber hinaus für eine langfristige Perspektive. So kaufte ich kurzentschlossen dieses Anwesen, in das ich unter dem Vollzug einer endgültigen Trennung von meiner Frau umzog und das von nun an meine neue Heimat werden sollte.[224] Zudem kaufte ich mir einen Nissan 300ZX. Am Ort lernte ich auch meine spätere zweite Frau Monika kennen.[225] Sie beglückte mich mit einer tiefreichenden und dauerhaften Liebe zwischen zwei reifen Personen. Die Erziehung ihres Sohnes Florian wurde von da an unsere gemeinsame Aufgabe. Ende 1991 bekamen wir noch einen zweiten Sohn Hannes als mein drittes leibliches Kind.[226] 1993 erfolgte die juristische Scheidung von Jutta und die Heirat mit meiner attraktiven Monika. Es sollte nun endlich auch privat wieder eine glückliche Lebensphase folgen, die bis heute andauert.

[223] Die Erschwernisse im Zusammenhang mit dieser Aufbauarbeit waren von ganz anderer Art als diejenigen in meinem Lebensmuster *„Erschwernis mit glücklichem Ausgang“*. Denn die Erschwernisse hier waren ausschließlich systemimmanenter Natur und nicht auf meine Person bezogen.

[224] Meine älteste Tochter Miriam war zu jener Zeit bereits im Studium der Biologie an der TUM, während die zweitälteste Nora noch zwei Jahre bis zum Abitur in unserem Münchener Haus mit der Mutter eine wohl nicht ganz einfache Zeit erlebte.
Bilder des Lindenauer Hauses und seiner Umgebung finden sich im FAWB6, S.36–40.

[225] Sie betrieb bis 1991 das Hotel, in dem ich abgestiegen war, sodaß ich ihr zwar schon am ersten Morgen begegnete, eine engere Verbindung mit ihr sich dann aber erst nach mehr als einem Jahr entwickeln sollte.

[226] FAWB6, S.41.
Wie meine anderen beiden Kinder Miriam und Nora war auch Hannes ein ungeplantes Kind der Liebe.

Die vierköpfige Familie zog dann für kurze Zeit in ein gemietetes Reiheneckhaus nach Alsbach,[227] bis wir uns 1994 in Erbach-Günterfürst, Erbacher Str. 3, ein Haus mit schönem Garten kauften,[228] das wir in einem aufwändigen Umbau für unsere Zwecke einrichteten, bei dem ich wieder selbst substanziell beim Bau mitwirkte und nicht zuletzt so sein Gelingen zu einem tragbaren Preis garantierte.[229] Diese beiden Häuser waren für mich dabei emotional immer Zweitwohnungen geblieben, da vergleichsweise nur dasjenige in Lindenau meinen Vorstellungen von einem angemessenen heimatlichen Wohnort genügen konnte.[230] Insgesamt hoben diese erneuten Wohnstätten den Pegel der Anzahl aller meiner Wohnungen nun auf den bislang endgültigen Wert von 35 an. Bis heute habe ich noch niemanden getroffen, den die Lebensumstände auch nur annähernd so viel in der Welt herumgehetzt hatten.[231] Dabei neige ich von Natur aus zur Seßhaftigkeit, es sei denn, die Umstände zwingen mich zur Mobilität, wie sie es ein Leben lang mit mir unerbittlich getan haben.

So waren die ersten fünf Jahre meiner Arbeit in Darmstadt nebenher auch von den privaten Anstrengungen mit dem Ziel eines angemessenen Umfeldes für die Familie geprägt. Der dauerhafte Erfolg dieser Anstrengungen wurde zwischenzeitlich durch ein nochmals attraktives Angebot auf eine Professur an der Technischen Universität Wien (TUW) gefährdet, das mir mit Schreiben vom 1.9.1992 vom österreichischen Vizekanzler Busek unterbreitet wurde und für das sich mein dortiger und höchst geschätzter Kollege Prof. Georg Gottlob eingesetzt hatte. Im Gegensatz zu Darmstadt hätte ich mich mit Wien durchaus auch über die angesehene Universität hinaus identifizieren können und wäre bei einem umfänglich zufriedenstellenden und belastbaren Angebot wohl auch durchaus zur Annahme bereit gewesen. Leider verblieben im erreichten Verhandlungsergebnis eine Reihe von Unsicherheiten, auf die ich mich in meinem damaligen Alter nicht mehr einlassen wollte. Zudem bot mir die TUD, um mich zu halten, eine noch weiter verbesserte Ausstattung und Besoldung, sodaß ich das Wiener Angebot schließlich ausschlug, meine Arbeit in Darmstadt weiter fortsetzte und mir so weitere logistische Belastungen ersparen konnte, die ein erneuter Aufbau mit sich gebracht hätte.

Die insgesamt gut eineinhalb Jahrzehnte, die mir ab 1988 dann für mein Wirken als Professor in einem erstmals stabilen und angemessenen Arbeitsumfeld an der TUD verblieben, entwickelten sich in jeder Hinsicht zu außerordentlich fruchtbaren Jahren, die ich

---

[227] FAWB6, S.44.
[228] FAWB6, S.44, FAWB8, S.7,61.
[229] FAWB6, S.57.
[230] FAWB6, S.57.
[231] Die Mannjahre meines Lebens an Zeitaufwand für die Durchführung der Logistik zur Ermöglichung dieser erzwungenen Mobilität habe ich nicht abgeschätzt. Die dabei entstandenen rein sachlichen Aufwandskosten ergeben jedenfalls einen sechsstelligen Betrag.

hier kurz zusammenfassen möchte. Zuallererst denkt man bei einem Professor an seine Tätigkeit als Lehrer der Studierenden. An deutschen Hochschulen unterscheidet man die Grundlehre, die in riesigen Hörsälen mit bis zu tausend Sitzplätzen dargeboten wird, von der Lehre in den Spezialfächern für kleinere und überschaubare Studentenzahlen. In Darmstadt waren wir Professoren alle an der Grundlehre gleichmäßig beteiligt. So unterrichtete auch ich mehrfach eine der vier Grundvorlesungen für Informatik samt Übungen und Prüfungen, die von vielen Hunderten von Studenten pro Semester durchlaufen werden. Das ist neben einer inhaltlich gut vorbereiteten und didaktisch geeignet präsentierten Vorlesung vor allem auch eine Aufgabe des professionell organisierten Managements, was meinem Mitarbeiterstab unter meiner Leitung offenbar immer zur Zufriedenheit aller gelungen ist.

Den guten Anklang dieser Vorlesungen möchte ich mit einer kleinen Anektode illustrieren. Anfang der 2000er Jahre passierte ich zusammen mit meiner Frau in unserem Wohnort Erbach das dortige Schloß, an dem sich gerade eine Hochzeitsgesellschaft zum Photo-shooting versammelt hatte. Plötzlich stürmte der Bräutigam auf mich mit den begrüßenden Worten zu: *„Herr Professor Bibel, ich war doch bei Ihnen in der Vorlesung!“* Vor Freude mich zu sehen vergaß er ganz seine Braut und begann von meiner damaligen Vorlesung zu schwärmen, obwohl ich ihn leider nicht wiedererkannte. Denn wie sollte ich mir die einzelnen Gesichter von den Tausenden von Studenten merken, die meine Vorlesungen im Laufe der Jahre besucht hatten, während die Studenten umgekehrt das Gesicht des Professors viel leichter im Kopf behalten, den sie monatelang mehrmals pro Woche stundenlang vor sich erleben konnten (oder mußten)?! Die Szene rührte mich sehr an, denn aus seinen Worten sprach eine echt empfundene Verehrung und dies am Tag seiner Hochzeit. Derartige Erlebnisse signalisierten mir, daß die von mir gehaltenen Grundvorlesungen bei den Studenten nicht wirklich schlecht angekommen sein konnten. Die auf Studentenumfragen basierenden Rankings deutscher Universitäten brachten die Informatik der TUD an vorderste Plätze, ein gemeinsam erzielter Erfolg, an dem ich mir einen fairen Anteil zumessen kann.

Die für die höheren Semester von mir angebotenen Spezialvorlesungen waren „Einführung in die Intellektik I und II“, „Inferenzmethoden“ und „Wissensrepräsentation“, die meine Fachexpertise widerspiegeln. Die beiden Teile der erstgenannten verschaffte den Studenten einen Überblick über die Intellektik (bzw. die KI). Die beiden anderen sind von mir ohne Vorbild neu erarbeitet worden und führten dann auch zu jeweils einem daraus entstandenen Lehrbuch.[232] Aus diesen Spezialvorlesungen rekrutierten wir in der Regel die Studenten, die sich auf die von uns betriebenen Forschungen im Rahmen von

[232] „Wolfgang Bibel, Deduktion – Automatisierung der Logik, Oldenbourg Verlag, München, 269 Seiten, 1992“ bzw. dessen englische Fassung „Wolfgang Bibel, Deduction: Automated Logic, Academic Press, Lon-

Seminaren, Praktika und Diplomarbeiten spezialisieren wollten und die sehr oft zu den besten ihres Jahrgangs gehörten. So konnte ich bis zu meiner Pensionierung zusammen mit meinen Mitarbeitern weit über einhundert Diplom- und Studienarbeiten betreuen, von denen über zwanzig mit „Auszeichnung“ bewertet wurden, eine nur für wahrhaft exzellente Arbeiten vergebene Bewertung. Das sind weit über dem Durchschnitt liegende Werte, die umgerechnet auf Jahresdurchschnittswerte nur höchst selten übertroffen werden.

Für die besten unter den Studenten bemühten wir uns um weitere Fördermöglichkeiten durch Stipendien oder Auslandsaufenthalte. Einige von diesen durften beispielsweise ein Jahr an „meiner“ UBC in Kanada studieren. Darunter war beispielsweise Herr Dr. Frank Hutter, der heute als Assistenz-Professor an der Universität Freiburg besonders erfolgreich tätig ist.

Als Professor ist man im Rahmen der akademischen Selbstverwaltung auch zu Beiträgen in der Universitätsverwaltung verpflichtet. So übernahm ich für das akademische Jahr 1991/92 das Amt als Dekan des Fachbereichs Informatik und damit einhergehend das Amt als Senatsmitglied an der TUD, zwei Aufgaben, die im Fachbereich traditionsgemäß von Jahr zu Jahr weitergereicht wurde. Vergeblich versuchte ich dabei meine Kollegen zur Etablierung einer dauerhafteren Fachbereichsstruktur zu bewegen, in der jeder von uns für ein bestimmtes Ressort die Verantwortung für längere Zeit übernehmen würde, um so eine gewisse Kontinuität in der Fachbereichsverwaltung zu gewährleisten.[233] Mehr Erfolg in diesem Amt war mir bei der Ausrichtung der 20-Jahrfeier des Bestehens unseres Fachbereichs beschieden, von der eine ansprechende Festschrift bis heute Zeugnis ablegt. Auch etablierte ich das auf die ganz Region zielende Darmstädter Informatik Kolloquium, in dem ich beispielsweise unseren großen Konrad Zuse zu einem quasi historischen Vortrag im übervollen Hörsaal einlud, bei dem die Studenten angesichts des Andrangs vor ihm auf dem Boden sitzen mußten. Leider ließ mein Nachfolger diese wirkungsvolle Einrichtung dann bald wieder einschlafen.

Weitere Ämter im Fachbereich ergaben sich für mich beispielsweise in einer Reihe von Berufungskommissionen. So führte ich den Vorsitz in drei Berufungskommissionen, die zu den Berufungen von Herrn Prof. Oskar von Stryk und Herrn Prof. Karsten Weihe führte, die bis heute an der TUD mit großem Erfolg tätig sind. Die Zusammenarbeit in diesen uns alle betreffenden Angelegenheiten war unter uns Kollegen dabei immer von einem

---

don, 242 Seiten, 1993“ sowie „Wolfgang Bibel, Steffen Hölldobler, Torsten Schaub, Wissensrepräsentation und Inferenz, Vieweg, Braunschweig, 387 Seiten, 1993.“

[233] Nach meiner Pensionierung haben jüngere Kollegen eine solche Struktur dann vernünftigerweise realisiert.

sachlichen Stil geprägt,[234] in dem gelegentliche Meinungsverschiedenheiten untereinander abgestimmt werden konnten. In diesem Klima der Kooperation nahm die Informatik an der TUD in den eineinhalb Jahrzehnten seit meiner Berufung einen fulminanten Aufschwung,[235] der kurz vor meiner Pensionierung schließlich auch zu dem von der Universitätsleitung lange versprochenen eigenen Informatikgebäude und zu einer Reihe weiterer Professuren führte.

Neben solchen hochschulinternen Verpflichtungen ist ein Hochschullehrer in vielfältigster Weise in öffentlichen Angelegenheiten im In- und Ausland eingebunden. Beispielsweise sei erwähnt, daß ich als Mitherausgeber von zehn wissenschaftlichen Zeitschriften und Buchreihen fungierte und im Laufe meiner Karriere Hunderte von Gutachten zu unterschiedlichsten Entscheidungen verfaßt habe, wobei im Gegensatz zu anderen Disziplinen diese in unserem Fach weitestgehend ehrenamtlich erstellt werden.[236] Die in diesen Gutachten getroffenen Bewertungen wurden selbst in schwierigen Fällen durch die späteren Entwicklungen als zutreffend bestätigt.

Meine seit dem Jahre 1969 betriebenen Forschungen auf dem Gebiet der Intellektik konnte ich an der TUD substanziell unterstützt von Mitarbeitern und Studenten weiter intensivieren. Im Rahmen meiner Berufungsverhandlungen war mir zugesagt worden, eine weitere Professur auf dem Gebiet der Intellektik zu besetzen, auf die dann Herr Christoph Walther berufen wurde. Mit ihm ergab sich so natürlicherweise eine engere fachliche Kooperation, beispielsweise in Form eines wöchentlichen Treffens, bei dem jeweils ein Mitglied unserer beiden Forschungsgruppen oder auch ein Gast über seine Forschungsergebnisse berichtete und mit uns allen darüber diskutierte. Diese Form der wöchentlichen Gruppensitzungen hatte ich schon in meiner Gruppe in München eingeführt und ihre po-

---

[234] Im FAWB6, S.45, findet sich ein Bild des Kollegiums.
Das Arbeitsklima an der TUD unterschied sich von dem an der UBC recht grundlegend. Das beginnt schon damit, daß wir uns damals in Darmstadt noch immer meistens mit „Sie“ und den Familiennamen anredeten, während in den angelsächsischen Ländern unter Kollegen nur der Vorname gebraucht wird. Letzteres fördert einfach das freundschaftliche und zielorientierte Miteinander. An deutschen Universitäten wird vor allem die sichtbare Aktivität als gut organisierter Einzelkämpfer im wettbewerblichen Ringen um Mittel und Projekte honoriert, während man in Nordamerika durchaus auch allein mit individuellen Lehr- und Forschungsleistungen beachtliches Ansehen erringen kann.

[235] Einen herausragenden Anteil an diesem ansonsten gemeinsam geleisteten Aufschwung hatte Herr José Encarnação, der neben seiner Professur das Fraunhofer Institut für Graphische Datenverarbeitung (GDV) und ein weltweit gesponnenes Netz mit Hunderten von Mitarbeitern aufbaute und leitete.
FAWB10 enthält Bilder der 20-Jahr-Feier 1995 des GDV.

[236] Es handelt sich hierbei um Gutachten über Personen, über wissenschaftliche Arbeiten, Projektanträge und vieles andere mehr.
Eine Liste von einer Reihe meiner Aktivitäten findet sich unter
http://www.intellektik.de/resources/ll.pdf, Zugriff 30.7.2016.

sitiven Auswirkungen auf das Engagement und den Zusammenhalt der Gruppe erfahren können.

Auch an der TUD gelang es mir wieder, erhebliche zusätzliche Forschungsmittel einzuwerben. Den Start dazu gab das vom Bundesminister für Forschung und Technologie (BMFT) ab 1989 geförderte Verbundprojekt TASSO (Technische Assistenzsysteme zur Verarbeitung ungenauen Wissens),[237] mit dem drei weitere Mitarbeiter und drei wissenschaftliche Hilfskräfte finanziert werden konnten, sodaß meine Gruppe von Anfang an wie in München gleich wieder etwa ein Dutzend Personen umfaßte und über die Jahre infolge einer Reihe weiterer Projekte weiter wuchs. Dabei organisierten wir die Gruppe lose in drei Ebenen. Ich versuchte, die Übersicht über das Ganze zu behalten und meiner Verantwortung dafür gerecht zu werden. Die drei Kernmitglieder Hölldobler, Kreitz und Schneeberger bildeten eine zweite Führungsebene für die restlichen Mitarbeiter und die betreuten Studenten. Unsere exzellente Frau Tiedemann managete den an deutschen Universitäten überzogenen und erstickenden Verwaltungsaufwand. Und jeder der Mitarbeiter übernahm neben seinen Aufgaben in Wissenschaft und Lehre in der Regel auch die Verantwortung für eine bestimmte Teilaufgabe zugunsten der Gruppe. So entstand auch in Darmstadt wieder eine wissenschaftlich und organisatorisch herausragende Mannschaft, die ihre Spuren bis heute sichtbar hinterlassen hat.[238]

Neben TASSO waren wir an einer langen Reihe von Projekten beteiligt, mit deren Aufzählung ich den Leser nicht langweilen möchte.[239] Es handelte sich um Projekte, die gemeinsam mit Kollegen vor Ort durchgeführt und innerhalb der TUD finanziert wurden, um Projekte, die gemeinsam mit Kollegen der TUD konzipiert und von der DFG oder von der EU-Kommission finanziert wurden, weiter um Projekte, die in Zusammenarbeit auf nationaler Ebene durchgeführt und von der DFG oder den Bundesministern für Bildung und Forschung (BMBF) bzw. für Wirtschaft (BMWi)[240] gefördert wurden, zudem um Projekte, die in Zusammenarbeit auf europäischer Ebene durchgeführt und von der EU-Kommission gefördert wurden, und schließlich um ein Partnerschafts-Projekt zur Ko-

[237] Dieses Projekt wurde gemeinsam mit der Gesellschaft für Mathematik und Datenverarbeitung (GMD) in Birlinghoven durchgeführt und war vom BMFT wohl auch als eine Art Belohnung für mein Engagement bei der Gründung des DFKI und als Ausgleich für dessen große finanzielle Förderung durch den BMFT gedacht. Sicher haben meine guten persönlichen Beziehungen zu den Mitarbeitern der GMD wie beispielsweise Gerd Brewka und Tom Gordon die Bewilligung der Förderung begünstigt, die beide bei mir dann auch promovierten.

[238] FAWB6, S.40 Rückseite, FAWB8, S.3,6,33, FAWB9.

[239] Die Liste findet sich in meinem Lebenslauf unter www.intellektik.de/index/WolfgangBibel.htm (Zugriff 30.8.2016), der viele weitere Detailinformationen enthält.

[240] Der Hauptinitiator dieser ministeriell geförderten Projekte LExIKON und DaMiT war Prof. Klaus Jantke, dem wir daher letztlich diese Förderung zu verdanken hatten. Ihn hatte ich bereits zu einer Zeit kennengelernt und mit ihm kooperiert, in der er noch in der DDR als Wissenschaftler gearbeitet hatte.

operation mit dem Indian Institute of Technology in Kharagpur (Indien) und der Gruppe um Partha P. Chakrabarti, das von der Volkswagen-Stiftung finanziert wurde.[241] Unter all diesen Projekten ragt vor allem das von der DFG geförderte nationale Schwerpunktprogramm Deduktion heraus, das ich initiiert, konzipiert und während seiner sechsjährigen Laufzeit geleitet habe. Dessen finanzieller Rahmen umfaßte insgesamt 20 Mill.DM. Hierdurch wurde Deutschland führend auf diesem auch technologisch bis heute wichtigen Gebiet. Viele der damals beteiligten Forscher findet man heute auf Professuren nicht nur in Deutschland, sondern weltweit verteilt.

Die in all diesen Projekten von uns in Darmstadt erarbeiteten Forschungsergebnisse fanden ihren Niederschlag in vielen Hunderten von Publikationen ebenso wie in prototypisch entwickelten Komputersystemen. Einige unserer Systeme bzw. ihre späteren Abkömmlinge zählten in ihrer Kategorie zu den weltweit führenden Systemen, was durch Teilnahme an internationalen Wettbewerben nachgewiesen wurde. Die in meiner Gruppe ausgebildeten Mitarbeiter[242] erreichten später ausnahmslos herausragende Positionen an Hochschulen oder in der Wirtschaft. Beispielsweise wurden fünfundzwanzig meiner Doktoranden oder Mitarbeiter später zu Professoren ernannt. Zwei weitere habilitierten und arbeiteten in entsprechenden Stellen ebenfalls an Hochschulen. Und von weiteren neunundzwanzig weiß ich, daß sie in der Wirtschaft teilweise führende Positionen einnehmen.[243] Der Leser möge mir den Stolz auf diese sichtbaren Erfolge verständnisvoll nachsehen, die vergleichsweise herausragend sind, selbst wenn man dabei nicht berücksichtigt, daß ich wegen der beschriebenen Probleme an der TUM erst eineinhalb Jahrzehnte später als sonst üblich auf eine dauerhafte Professur berufen wurde.

Neben Lehre und Forschung verfolgte ich auch in diesen anderthalb Jahrzehnten meiner Professorenschaft wie schon in den Jahrzehnten davor auch weiterhin viele zusätzliche Aktivitäten soweit es die verfügbare Zeit noch zuließ. Fünf davon seien abschließend beschrie-

---

[241]Ohne das nachfolgend beschriebene Schwerpunktprogramm handelt es sich um eine Gesamtfördersumme von über 5 Mill.DM. In einer Gesamtbilanz sind hierzu die über 7 Mill.DM an Fördergeldern zu addieren, die ich vor meiner Anstellung in Darmstadt eingeworben hatte.

[242]Eine (unvollständige) Liste von an meinem Lehrstuhl an der TUD vertraglich Beschäftigten weist mehr als 60 Personen aus. In einer Gesamtbilanz kommen dazu noch die bis 1987 vertraglich Beschäftigten in meiner Münchener Gruppe, die knapp 20 Personen umfassen.

[243]Details hierzu finden sich in meinem Lebenslauf unter http://www.intellektik.de/index/Wolfgang-Bibel.htm, Zugriff 30.8.2016.
Zur Einschätzung dieser Zahlen sei beispielsweise erwähnt, daß es bei einer konstanten Professorenzahl genügen würde, wenn jeder Professor im Laufe seiner Karriere einen einzigen Professor ausbilden würde. Würden dagegen alle Professoren wie ich 25 Professoren ausbilden, würde sich die Professorenzahl innerhalb weniger Jahrzehnte ver-fünfundzwanzig-fachen. Zudem sei erwähnt, daß in all diesen Zahlen die unzähligen Studenten nicht berücksichtigt sind, die unter unserer Betreuung lediglich Praktikums-, Studien- oder Diplomarbeiten durchgeführt hatten und die wir danach naturgemäß bis auf wenige Ausnahmen aus den Augen verloren hatten.

ben. Die erste davon war eine weiterhin sehr umfangreiche Vortragstätigkeit, zunehmend auch zu allgemeineren Themen. Zwei Vorträge sind im Kontext des Inhalts dieses Kapitels vielleicht besonders erwähnenswert. So verlieh die Friedrich-Alexander-Universität Erlangen-Nürnberg dem weiter oben bereits genannten, höchstverehrten Gründervater unseres Wissenschaftsgebietes der Artificial Intelligence, Herrn Professor John McCarthy, am 24.11.2000 die Ehrendoktorwürde (Dr.Ing.E.h.) und veranstaltete aus diesem Anlaß ein Festkolloquium zu dessen Ehren. Die Initiative dazu und die Verantwortung für die gesamte Veranstaltung trug der kluge Herr Prof. Herbert Stoyan, mit dem ich mich jahrzehntelang freundschaftlich verbunden fühlte. Er dachte sich eine inhaltlich stimmige, gleichwohl besonders pikante Konstellation für die Veranstaltung aus. Denn er gewann Herrn Prof. Friedrich L. Bauer als Laudator für den Geehrten und Herrn Prof. Wolfgang Bibel als Festredner, von denen jedermann wußte, daß Bauer den Bibel über eineinhalb Jahrzehnte regelrecht gepiesackt hatte. Tatsächlich hatten wir beide uns wohl seit der im Abschnitt 4.2 genannten Gerichtsverhandlung im Jahre 1982 nie mehr gegenseitig zu Gesicht bekommen. Und nun mußten wir nacheinander eine Rede halten und er meinen Vortrag anhören. Auch gehörte es natürlich dazu, beim gemeinsamen Abendessen an einem Tisch zu sitzen, mit John zwischen uns beiden. Dieser hatte fachlich und persönlich eine viel engere Bindung zu mir als zu Fritz, sodaß letzterer sehr bald recht abseits blieb und sich baldigst empfahl. Ich half ihm in den Mantel, was ihm offensichtlich noch peinlicher als alles davor schon war, während ich diese Begegnung als eine Bestätigung dafür empfand, daß Bauer seinen versuchten akademischen Vernichtungskrieg gegen mich letztlich nicht gewonnen hatte.

Von ähnlicher Brisanz war die Einladung, die ich von der TUM zu einem Vortrag auf dem Festkolloquium am 27.1.2003 zu Ehren der Emeritierung von Herrn Prof. Eike Jessen erhielt. Mit diesem verband mich seit seinem unvergleichlichen Engagement für unsere Münchener Gruppe eine von gegenseitigem Respekt geprägte kollegiale Freundschaft. Er war der einzige unter den Informatikkollegen an der TUM, der das Verhalten von Bauer und seinen Ergebenen gegenüber unserer Gruppe nicht nur mißbilligte, sondern der sich in seinem Handeln ohne Rücksicht auf eventuelle Empfindlichkeiten seiner Kollegen von dieser Mißbilligung auch aktiv und konsequent leiten ließ. Diese vorbildliche Haltung von Jessen brachte ihm höchste Verehrung auch an der TUM ein, in der er viele Jahre als Vizepräsident eine führende und wirkungsreiche Rolle spielte. Herr Bauer blieb diesem Festkolloquium fern, der es wohl nicht verwinden konnte, daß er als machthungriger Autokrat sich den aufrechten Jessen nie gefügig hatte machen können.

Höhepunkte meiner Vortragstätigkeit waren diejenigen Anlässe, bei denen ich hohe und höchste Ehrungen entgegennehmen durfte und mich dafür mit entsprechenden Worten und

Fachbeiträgen bedanken konnte. Ich selbst schätze den *„Herbrand Award for Distinguished Contributions to Automated Reasoning“* als die höchste Ehrung ein, die mir zuteil geworden ist. Dieser wurde mir 2006 in Seattle verliehen und ehrt mein wissenschaftliches Lebenswerk auf meinem engsten Fachgebiet, der Automatischen Deduktion. Nicht minder hoch ist der *„The Donald E. Walker Distinguished Service Award“* einzuschätzen, der mir 1999 in Stockholm überreicht wurde[244] und allgemein meine wissenschaftlichen Beiträge in der KI sowie meine Leistungen beim internationalen Aufbau dieses führenden Wissenschafts- und Technologiegebietes der Künstlichen Intelligenz würdigt. Zu diesen gesellten sich über die Jahre unter anderen die AAAI-Fellowship, die ECCAI-Fellowship, die GI-Fellowship, „The Silver Core“ der IFIP sowie der AKI-Preis. Ich fühle mich durch jede dieser Anerkennungen auf das Höchste geehrt und bin mir darüber bewußt, daß zu diesen Ehrungen meine unzähligen Mitarbeiter Entscheidendes beigetragen haben, ihnen also ein beachtlicher Teil der Ehre gebührt.

Die zweite Aktivität, von der am Ende dieses Abschnitts noch die Rede sein soll, betraf die Organisation einer Reihe von Tagungen und anderen Veranstaltungen, von denen nur zwei erwähnt seien. So richtete ich als Conference Chair 1998 die Fifteenth International Conference for Automated Deduction (CADE-98) in Lindau unweit meines Wohnsitzes in Scheidegg-Lindenau aus.[245] Im gleichen Jahr feierte ich meinen sechzigsten Geburtstag mit einem Festkolloquium, das in aller Heimlichkeit meine Mitarbeiter unter Leitung von Herrn Hölldobler organisierten, der inzwischen Professor an der TU Dresden geworden war. Zu meiner völligen Überraschung trat als Festredner neben anderen der von uns allen hochverehrte Prof. Alan Robinson auf, der eigens aus den USA eingeflogen war. Zudem überreichte mir Herr Hölldobler eine Vorversion einer dann als Buch erschienenen Festschrift zu meinen Ehren.[246]

Mit Robinson hatte sich eine besonders enge freundschaftliche Verbindung dadurch ergeben, daß ihm auf meinen Antrag hin 1994 der Humboldt-Preis verliehen wurde, was mit einem halbjährigen Aufenthalt 1995/96 an der TUD verbunden war. Von der Alexander von Humboldt-Stiftung wurde auf meinen Antrag hin auch der einjährige Aufenthalt von Dilip Kumar Pratihar (Indian Institute for Technology, Kharagpur) finanziert, mit dem sich dadurch eine langjährige fruchtbare Zusammenarbeit entwickelt hat. 2001 erhielt auf meine Initiative hin Herr Professor Dr. Wolfgang Wahlster, der Leiter des DFKI, sei-

[244]FAWB8, S.64f.

[245]FAWB8, S.2.

[246]Steffen Hölldobler, Intellectics and Computational Logic, Papers in Honor of Wolfgang Bibel, Kluwer Verlag, 2000.
Bilder von der Feier finden sich im FAWB8, S.6,14, Alan und Gwen Robinson sieht man zusammen mit Koichi Furukawa und mir auf S.53 im FAWB6.

nen damals ersten Ehrendoktor vom Präsidenten der TUD in einer von mir organisierten Veranstaltung überreicht.

Die dritte Aktivität wurde durch meinen Sohn Hannes ausgelöst. Er war ein äußerst aufgewecktes Kind, das auf Anraten des Schulrektors Manfred Kirschner in Erbach die erste Volksschulklasse übersprang und sich beim Einstieg 1998 in die nächsthöhere Klasse in kürzester Zeit zurechtfand und bestens abschnitt.[247] Es war daher eine Selbstverständlichkeit, daß er 2001 ins Gymnasium überwechseln sollte. Leider gab es damals in Hessen zwei Landkreise, in denen dieser Übertritt grundsätzlich nicht möglich war und einer davon war der Odenwaldkreis, in dem wir unseren Wohnsitz hatten. Stattdessen zwang man dort alle Kinder der fünften Jahrgangsstufe zu einer zweijährigen sogenannten Förderstufe, die diesen Namen keineswegs verdiente. Zusammen mit meiner Frau gründete ich daher eine „Initiative fünfte Jahrgangsstufe", deren Ziel es war, die Option des direkten Eintritts ins Gymnasium als eine der Möglichkeiten für die Kinder anstelle der Zwangsförderstufe zu eröffnen. Es entwickelte sich dabei ein harter politischer Kampf mit den Politikern der örtlichen Parteien, vor allem mit denen der SPD und der Grünen, die sich dieser Öffnung vehement widersetzten. Die Debatte fand einen großen Widerhall in der Bevölkerung und in der regionalen und überregionalen Presse.[248] Unsere Initiative war in vollem Umfang erfolgreich und führte in Hessen zu dem vom Hessischen Landtag am 21.3.2002 beschlossenen „Zweites Gesetz zur Qualitätssicherung in hessischen Schulen," mit dem der Kreis Odenwald zur Öffnung des Gymnasiums ab der 5. Jahrgangsstufe verpflichtet wurde. Deswegen hat der Odenwälder Kreistag am 25. Februar 2002 einen dementsprechenden neuen Schulentwicklungsplan verabschiedet und nach Manier der Politik diesen als seinen eigenen Erfolg propagiert. Für unseren Sohn kamen diese Änderungen leider ein Jahr zu spät, sodaß er ab 2001 stattdessen das Gymnasium im nahegelegenen Baden-Württemberger Eberbach besuchte.

Kurz vor meiner Pensionierung empfand ich das Bedürfnis, mir durch eine bewußt geführte Reflexion mein Weltbild auf der Grundlage meines im Leben erworbenen Wissens präzise zu formulieren und in einem Buch zu veröffentlichen.[249] Bis heute kann ich mit großer Überzeugung zu den darin aufgeschriebenen Inhalten und Einschätzungen zu Mensch, Gesellschaft und Wissenschaft stehen, deren Erarbeitung sich auch mir für den bevorstehenden weiteren Lebensabschnitt als sehr nützlich erwies.

[247] FAWB6, S.57.

[248] Sogar das Fernsehen berichtete darüber und zeigte meinen Sohn mit mir beim Tischtennisspielen.

[249] Wolfgang Bibel, Lehren vom Leben – Essays über Mensch und Gesellschaft, Deutscher Universitäts-Verlag, Wiesbaden, 339 Seiten, 2003.

Schließlich bildete nach meiner zweiten Heirat meine Familie wieder den festen Anker, der mir bei aller Geschäftigkeit immer die nötige Ruhe und Sicherheit vermittelte. Von nun an nahm ich Monika, oft aber auch die ganze Familie mit auf meine Dienstreisen.[250] Daneben blieb aber natürlich auch Zeit für private Reisen und sonstige Unternehmungen, die uns viele glückliche Jahre bescherten. Auch allen sich ergebenden Festtagen, wie etwa der Kommunion von Hannes, wurde gebührende Aufmerksamkeit eingeräumt.[251] Glücklicherweise waren dabei auch die Beziehungen zu meinen beiden erwachsenen Töchtern aus erster Ehe immer eng und herzlich geblieben.

4.4 Ruhestand

Die deutschen Universitäten halten es für richtig, ihre Hochschullehrer ebenso wie andere Beamte und Angestellte im Alter von 65 Jahren[252] zwangsweise in den Ruhestand zu schicken (während dies beispielsweise in Nordamerika als eine Form der Altersdiskriminierung sogar gesetzlich verboten ist). So wurde ich zum 31.3.2004 in den Ruhestand versetzt. Nach einem derart ereignisreichen Berufsleben empfand ich diese Entpflichtung von äußeren Zwängen als eine echte Befreiung und nicht als Diskriminierung.

Für die meisten Menschen in unseren Industriegesellschaften bedeutet das Ende des aktiven Berufslebens deswegen oft einen sehr schwierig zu bewältigenden Einschnitt in ihr Leben, weil ihnen damit die beruflich bis dahin verfolgten Ziele, mit denen sie sich über Jahrzehnte identifiziert hatten, mit einem Schlag abhanden kommen. Forscher sind im Gegensatz dazu in der unvergleichlich glücklichen Lage, daß sich ihre Zielsetzungen durch die Pensionierung überhaupt nicht ändern. Im Gegenteil eröffnen sich durch die Pensionierung neue Freiräume zur Verfolgung dieser Ziele. Der durch den Ruhestand sich ergebende Einschnitt wirkt sich bei ihnen also nur peripher aus, sodaß sich das bisher geführte Leben auch in diesem Abschnitt nur mit marginalen Veränderungen kontinuierlich fortsetzt. So waren auch die letzten zwölf Jahre meines Lebens genauso wie vorher von einem reichen Schaffen in der Verfolgung meiner Lebensziele erfüllt. Bis zu diesem Tag übertrifft daher meine wöchentliche Schaffenszeit mit Sicherheit die sonst in Deutschland übliche Wochenstundenzahl von bis zu 40 Stunden, auch wenn dieser Vergleich natürlich hinkt, weil mein Schaffen selbstbestimmt ist und damit in der Regel einen völlig anderen Charakter als das von vielen Arbeitern, Angestellten oder Selbständigen hat.

[250] FAWB8, S.10ff,36.

[251] FAWB8, S.10ff.

[252] Inzwischen ist das entsprechende Alter infolge geänderter Gesetzgebung etwas höher.

Zur Erinnerung sei nochmals erwähnt, daß die im Kapitel 3 geschilderte Zielsuche in meiner Jugend zu einem recht genau vorgezeichneten Weg geführt hatte, von dem im Abschnitt 3.5.5 schon die Rede war. Diesen Weg hatte ich im Verlauf meines gesamten Berufslebens konsequent verfolgt, wovon dieses gesamte Kapitel 4 bis hierher handelte. Zentral ist für mich dabei die Verfolgung der in der Intellektik gesteckten Forschungsziele. Auf meinem eingeschlagenen Weg unterstütze ich alles, was uns diesen Zielen näher bringt. Auch hierin unterscheidet sich ein Forscherleben von dem der meisten übrigen Menschen in unseren Gesellschaften. Denn diese Ziele betreffen letztlich die Zukunft vieler Menschen und die Gestaltung des Kontextes deren künftigen Wirkens. Das Bewußtsein, an der Verwirklichung derart umfassender und weitreichender Zielsetzungen mitzuwirken, beschenkt jeden Forscher mit einem tiefen Gefühl des Erfülltseins, aber auch der Anerkennung und zwar ohne die Notwendigkeit entsprechender Bezeugungen durch Mitmenschen.

Im vorliegenden Abschnitt werde ich nun also die Fortsetzung meines Weges nach dem Eintritt in den sogenannten Ruhestand schildern. Dabei beginnen wir mit dem Wirken, das sich im Umfeld meines bisherigen Berufes als Professor abspielte, und fahren dann in einem zweiten Unterabschnitt fort mit meinem Schaffen, das eher dem Privatmann und Bürger Wolfgang Bibel zuzuordnen ist, obwohl diese beiden Bereiche bei einem Forscher nahtlos ineinander übergehen, also eigentlich nicht trennbar sind.

Berufliches Wirken

Die vorangegangenen Abschnitte in diesem Kapitel sind ein beredtes Zeugnis dafür, daß meine gesamte berufliche Karriere von einer ständigen und extremen Arbeitsüberlastung geprägt war. Meine Strategie, mit dieser Überlastung zurechtzukommen, bestand darin, die anstehenden Aufgaben nach Dringlichkeit zu ordnen und die Konzentration immer nur auf die augenblicklich vordringlichste Aufgabenstellung zu fokussieren. Diese Strategie hat sich zwar als sehr erfolgreich erwiesen, führte aber dazu, daß die Erledigung vieler der weniger dringlichen Aufgaben immer weiter in die Zukunft verschoben wurde. Dazu gehörten vor allem Aufgaben, die nur mich selbst betrafen wie beispielsweise, die Ordnung meiner umfangreichen Akten aufrechtzuhalten, um nur eine davon beispielhaft zu nennen. Mit dem Eintritt in den Ruhestand war endlich die Zeit gekommen, die vielen solcher längst überfälligen Aufgaben nach und nach abzuarbeiten. Es sei betont, daß es sich hier in meinem Fall nicht nur um ein in wenigen Tagen oder Wochen zu erledigendes Aufräumen handelte, das einer Erwähnung eigentlich nicht wert wäre, sondern um eine langfristige und höchst aufwändige Aufgabe, die auch nach zwölf Jahren noch nicht vollends abgeschlossen ist.[253] Ihre Abarbeitung hat schon viele Mann-Monate meines Ruhestandes verschlungen, weshalb dieser Posten hier nicht unerwähnt bleiben sollte.

Die ureigenste Aufgabe eines Forschers ist die Zutageförderung von Erkenntnissen, die dann in Schriften oder Vorträgen publiziert werden. Da der Drang nach solchen neuen Erkenntnissen bei einem Forscher völlig unabhängig von seiner beruflichen Stellung ist und also mit dem Eintritt in den Ruhestand auch nicht schwächer wird, setzt sich diese Tätigkeit auch danach kontinuierlich fort. So sind beispielsweise seit meiner Pensionierung bis heute 44 Publikationen aus meiner Feder entstanden,[254] was einer jährlichen Rate von drei bis vier Publikationsschriften entspricht, ein selbst für einen noch aktiv im Beruf stehenden Wissenschaftler keineswegs schlechter Wert. Analog hat sich meine Vortragstätigkeit bis heute fortgesetzt. Besonders erfreulich ist für mich darunter die Zusammenarbeit mit meinem Schüler, Herrn Dr. Jens Otten, der meiner schon mehrfach genannten Konnektionsmethode durch die Entwicklung darauf basierender Systeme weltweit zu großer Blüte verhalf.

Meinen früheren Schülern und Mitarbeitern fühle ich mich bis heute durch die gemeinsam verfolgten wissenschaftlichen Zielsetzungen eng verbunden. Das beinhaltet für mich auch die Verpflichtung, ihnen jederzeit eine ggf. benötigte Unterstützung zu gewähren. So war ich seit der Pensionierung als Betreuer von Promovenden an zehn Promotionen beteiligt und habe viele Empfehlungsschreiben in unterschiedlichen Angelegenheiten verfaßt.

Um die Zeit meiner Pensionierung wurde ich von meinem langjährigen Freund Mike Rogers kontaktiert, der mich einlud, als „High-Level Expert“ für die Thematik „Convergence of Sciences and Technologies“ — und im Gefolge für die der „Key Technologies“ — für die Kommission der EU tätig zu werden, was ich gerne annahm. Hierbei ging es letztlich darum, im Kreise führender europäischer Wissenschaftler die technologische Entwicklung bis zum Jahre 2020 auszuloten und ein Förderprogramm der EU Kommission vorzubereiten, das dann unter der Bezeichnung Horizon 2020 etabliert wurde. Diese umfangreiche Tätigkeit, die sich über einen Zeitraum von mehr als drei Jahren erstreckte, führte zu einer Vielzahl von teilweise offiziellen Publikationen der EU-Kommission, an deren Erarbeitung ich maßgeblich beteiligt war.[255] Diese in ganz Europa sichtbare Tätigkeit führte zu weiteren Tätigkeiten in verschiedenen Ländern der EU. Beispielsweise habe ich

[253] Beispielsweise warten noch zig-Tausende (sic!) von Dateien in meinem Komputer auf eine Entrümpelung.

[254] Details hierzu finden sich in meinem Schriftenverzeichnis unter http://www.intellektik.de/index/WolfgangBibel.htm, Zugriff 30.8.2016.

[255] Details hierzu finden sich in meinem Schriftenverzeichnis unter http://www.intellektik.de/index/WolfgangBibel.htm, Zugriff 30.8.2016.

seitdem für die Österreichische Forschungsförderungsgesellschaft (FFG) mehr als achtzig Gutachten erstellt.

2010 wurde ich von meinem früheren Schüler Dr. Gerd Große zur Jahrestagung der Gesellschaft zur Förderung des Forschungstransfers (GFFT) eingeladen, die damals bei der SAP AG in Walldorf stattfand. Er regte an, daß ich ein Gremium innerhalb der GFFT initiieren und leiten sollte, das Ehrenmitglieder für diese Gesellschaft auswählt,[256] eine Tätigkeit, die ich bis vor wenigen Monaten ausübte und im Rahmen derer in Deutschland sehr bekannte Persönlichkeiten zu Ehrenmitgliedern ernannt wurden.

Die akademische Gemeinschaft macht in ihrem gegenseitigen Umgang erfreulicherweise keinen entscheidenden Unterschied zwischen ihren aktiven und pensionierten Wissenschaftlern. Der gegenseitige Austausch von Wissen und Forschungsergebnissen setzt sich daher bis zum Lebensende fort und hat dies auch in meinem Fall bis zum heutigen Tag mit vielen meiner Kollegen getan. Einen besonders engen Austausch durfte ich in den vergangenen Jahren mit dem Kollegen pflegen, der als einziger unter den Kollegen an der TU München, mich und meine Gruppe seinerzeit engagiert unterstützt hatte, nämlich mit dem im letzten Jahr leider verstorbenen Eike Jessen. Die gegenseitigen Besuche und langen gemeinsamen Spaziergänge mit ihm, bei denen wir uns intensiv austauschen konnten, werden mir immer in tiefer Erinnerung bleiben.

Bürgerliches Schaffen

Im Unterabschnitt „Privatleben“ des Abschnitts 4.2 habe ich die Beschäftigung mit der Musik als mein „zweites Hauptfach“ apostrophiert, das meinem ersten Hauptfach Intellektik durchaus ebenbürdig wäre. So habe ich auch in den eineinhalb Jahrzehnten meiner Arbeit in Darmstadt zuhause so oft wie möglich meine Geige aus ihrem Kasten geholt und auf ihr gespielt. Nur für die Mitwirkung in einem Ensemble wie in den Jahrzehnten davor hat die Zeit in diesen Jahren einfach nicht mehr ausgereicht. In der umfangreichen Verantwortung als Professor mit unzähligen Funktionen wurde das zweite Hauptfach einfach an den Rand gedrängt. Erst die Pensionierung eröffnete für dieses wieder den nötigen Freiraum. Über ein halbes Jahrzehnt spielte ich ab 2004 als erster Geiger im Orchester der Musikschule Odenwaldkreis mit, das in dieser Zeit eine Vielzahl von Konzerten in dieser Region gestaltete. Mit einigen seiner Mitglieder ergaben sich auch wieder kammermusikalische Zusammenkünfte.

[256] Zum Kern der Gremiumsmitglieder gehörten die beiden einflußreichen Kollegen José Encarnação und Hartmut Raffler, mit denen mich seither eine kollegiale Freundschaft verbindet.

Schon in den siebziger Jahren hatte ich an der Entwicklung einer geeigneteren Technik zur Haltung der Geige am Hals gearbeitet. Als Wissenschaftler nimmt man nichts als gegeben hin, sondern hinterfragt auch weitestverbreitete Selbstverständlichkeiten wie beispielsweise die Tauglichkeit von Schulterstützen, die für Geiger am Markt sind. Seitdem spielte ich mit einem selbstgefertigten Provisorium. Der durch die Pensionierung eröffnete Freiraum gab mir endlich die Gelegenheit, dieses Provisorium zu einem am 19.4.2005 erteilten Patent auszuarbeiten und professioneller gefertigte Prototypen anfertigen zu lassen, wobei mich besonders Klaus Fleischmann unterstützte, den ich schon aus Kinderzeiten kannte und der als Professor für Gestaltung das bestmögliche Knowhow hierfür beisteuern konnte. Leider ist es mir trotz erheblicher Anstrengungen nicht gelungen, eine auf dem Gebiet des Zubehörs für Musikinstrumente tätige Firma zur Aufnahme dieses Produkts in ihr Programm zu bewegen.[257]

Den wichtigsten Anker in meinem Leben bildete zeitlebens meine Familie. Meine Tochter Miriam hatte ihr Studium der Biologie an der TU München mit der Promotion abgeschlossen und schließlich eine attraktive Stelle als „Senior Research Investigator" bei „The Novartis Institutes for BioMedical Research" in Basel bekommen, wo sie seitdem im Sinne ihrer Berufsbezeichnung als Projektleiterin tätig ist. 2009 heiratete sie dort Markus Zimmermann und brachte 2010 meine erste Enkelin Lara Zimmermann zur Welt.

Meine Tochter Nora studierte erst zwei Semester Psychologie in Trier und wechselte dann in das Studium der Photographie am Fachbereich für Gestaltung der Fachhochschule Bielefeld,[258] das sie dort mit dem Diplom abschloß. Danach arbeitete sie als selbständige Photographin in Berlin, wurde für ihre Arbeiten mehrfach ausgezeichnet und ist heute Professorin für Photographie an der Hochschule für Medien, Kommunikation und Wirtschaft (HMKW) sowie an der BEST-Sabel Designschule und nach wie vor auch selbständige Photographin in Berlin.

Der Sohn Florian meiner Frau Monika, der ab seinem siebten Lebensjahr in unserer Familie aufwuchs, ging in Michelstadt im Odenwald auf das Gymnasium, machte dort sein Abitur und studierte dann an der Universität Ulm Informatik. Nach seiner Promotion zum Dr.rer.nat. wählte er die Fa. MSG in München als seinen Arbeitgeber und arbeitet dort inzwischen als Gruppenleiter. 2014 heiratete er Tanja, die 2016 einen Sohn Andrew, den ersten Enkel meiner Frau, zur Welt brachte.

---

[257] Die inzwischen verfügbare Technik des 3D-Drucks würde die Produktion individuell angepaßter Schulterstützen basierend auf dem meinem „Deutsches Patent Nr. 10 2005 018 236" zugrundeliegenden Konzept ermöglichen. Etablierte Firmen sind für derartige Innovationen erfahrungsgemäß zu träge, sodaß die Verwirklichung vielleicht nur mit einer jungen Startup-Firma realisierbar wäre.

[258] Es war tatsächlich nur ein schöner Zufall, daß am gleichen Fachbereich mein geschätzter Freund Gerd Fleischmann als Professor wirkte.

Von unserem Sohn Hannes wurde schon im letzten Abschnitt erwähnt, daß er das Gymnasium in Eberbach besuchte. Dort machte er 2009 sein Abitur und studierte danach an der TUM erst Maschinenbau und dann Informatik. Inzwischen steht er kurz vor dem Abschluß seines Masters. Wie sein Vater lernte auch er Klavier und Violine zu spielen. Für einige Jahre musizierten wir beide im Orchester der Musikschule Odenwaldkreis. Er spielte zusätzlich auch noch im Schulorchester seines Gymnasiums. Im Rahmen einer Städtepartnerschaft von Eberbach mit Ephrata in Pennsylvania, USA, unternahm dieses Orchester 2004 eine Flugreise dorthin, bei der wir ihn angesichts seines damaligen Alters als Eltern tunlichst begleiteten.[259] So ergab sich, daß ich für die Reise meine Geige einpackte und auch dieses Orchester bei den in Ephrata gegebenen Konzerten unterstützte. Um die Gelegenheit dieser Reise auch für mein erstes Hauptfach zu nutzen, hielt ich während dieses Aufenthalts an der nicht weit entfernten University of Maryland einen Vortrag, zu dem ich von dortigen Kollegen eingeladen wurde, mit denen ich seit Jahren einen freundschaftlich-kollegialen Kontakt gepflegt hatte.

Wir hatten uns an unserem Wohnort in Erbach-Günterfürst sehr gut eingelebt. Vor allem hat dort meine Frau eine Reihe enger Freundschaften geschlossen. Wie im letzten Abschnitt erwähnt, war unser dortiges Haus für mich gleichwohl immer Zweitwohnsitz geblieben. Deshalb begannen wir nach meiner Pensionierung mit dem Versuch, das Haus wieder zu veräußern. Um es attraktiver zu machen, ließen wir es von außen mit einer Isolierung verkleiden und mit einer Solarthermieanlage versehen. Wie immer arbeitete ich wieder eigenhändig dabei mit. Es dauerte bis 2009, bis wir endlich einen Käufer fanden, der es zu einem Preis erwarb, bei dem sich der Verlust an eingebrachtem Kapital noch einigermaßen in Grenzen hielt.

Dieser Verkauf verlangte der ganzen Familie nochmals für ein halbes Jahr eine äußerste Anstrengung ab. Denn es galt nun, dem Wunsch des Käufers zu entsprechen und innerhalb eines Monats aus- und nach Lindenau umzuziehen. Unser dortiges Haus mußte aber gleichzeitig grundsaniert und baulich etwas erweitert werden, um unseren Ansprüchen langfristig genügen zu können, was natürlich mehrere Monate in Anspruch nahm und wozu vor dem Verkauf die flüssigen Mittel nicht gereicht hätten. Es handelte sich dabei bereits um das fünfte größere Bauvorhaben meines Lebens, bei dem ich trotz meines fortgeschrittenen Alters wieder eigenhändig mitwirkte. Die Renovierung ist dann aber so gut gelungen, daß ich mir wünsche, hier nie mehr ausziehen zu müssen. Endlich habe ich nach einer wahrhaft langen Odyssee in meiner 35ten Wohnung die Jahrzehnte ersehnte Ruhe gefunden, die meine liebe Frau und ich seit nunmehr sieben Jahren hier genießen.

[259] FAWB8, S.39,52, sowie DVD als Beilage im FAWB8.

„Ruhe“ bedeutet dabei natürlich nicht Müsiggang, sondern vielmehr weiterhin ein relativ umfangreiches, wenn auch altersentsprechend reduziertes Arbeitspensum, das aber nur noch nach Maßgabe der eigenen Bedürfnisse eingeteilt und erledigt wird. Die damit vorangetriebenen Aktivitäten sind vielfältig wie eh und je. So spielte ich wie immer als erster Geiger bis Ende des Jahres 2015 sieben Jahre im Westallgäuer Kammerorchester,[260] meinem inzwischen achten Orchester, machte nun aber für jüngere Geiger|innen Platz. Während dieser Zeit stellte ich dem Förderverein des Orchesters auch mein organisatorisches Knowhow gerne zur Verfügung, um dessen Bestand längerfristig zu sichern.

Dies ist nur eine von insgesamt fünf Vereinstätigkeiten, in denen ich mich seit der Pensionierung zusätzlich zu der im letzten Unterabschnitt genannten GFFT engagierte. So war ich 2003–2008 aktives Mitglied im BürgerKonvent mit Sitz in Bonn und dann Berlin und wirkte dort bei der Erarbeitung von Konzepten zur Hochschulpolitik und allgemeiner zur Bildungspolitik mit. Weiter gehörte ich zum Gründungstrio des Vereins der Freunde und Förderer der Gräflichen Sammlungen Schloss Erbach, in dem ich vor unserem Wegzug noch kurze Zeit als zweiter Vorsitzender im Vorstand mitwirkte. An unserem endgültigen Wohnsitz in Lindenau gelang es mir als erster Vorsitzender des Bürgervereins Lindenau für zwei Jahre, das Leben und Zusammenwirken der Bürger in diesem Ortsteil erfreulich zu aktivieren, bis ich als Zugereister in einer intrigantisch eingefädelten Wahl dann durch einen Hiesigen abgelöst wurde, der den Verein inzwischen leider wieder in die Bedeutungslosigkeit abgleiten ließ. Unmittelbar danach wurde ich in den Vorstand des neugegründeten Westallgäuer Musik- und Kulturfreunde Vereins als Schatzmeister für eine Amtsperiode gewählt. In dieser Funktion war ich unter anderem quasi der Impresario für die Veranstaltung einer einwöchigen Orchesterakademie mit etwa fünfzig jungen Instrumentalisten und hervorragenden Dozenten, die zu zwei beeindruckenden Aufführungen von Beethovens Neunter Symphonie durch insgesamt fast 150 Mitwirkende — und einem beachtlichen Überschuß von 12.000 Euro für den Verein — führte.[261]

Meine Eltern haben mir mit dem ererbten Elternhaus einen wirtschaftlichen Rückhalt zur Verfügung gestellt, ohne den ich meinen Weg nicht so risikoreich hätte gehen und meine Ziele verwirklichen können. Dieses Haus habe ich eigentumsmäßig schon vor Jahren meinem Sohn vermacht und es zugleich durch umfangreiche Renovierungsmaßnahmen über die Jahrzehnte auf ein modernes Qualitätsniveau angehoben.[262] Die letzte größere Maßnahme erfolgte 2014 unter meiner eigenen Bauleitung und war mein sechstes Bau-

[260] FAWB8, S.62.

[261] Die Aufführungen fanden am 17.7.2014 im Oberstdorf Haus in Oberstdorf und am 18.7.2014 in der Peter und Paul Kirche in Lindenberg, hier zum 100ten Jubiläum der Stadterhebung, statt.

[262] FAWB6, S.58.

vorhaben in einer Größenordnung von mehr als 100.000 Euro. Die Instandhaltung von insgesamt vier Gebäuden und die Verwaltung von fünf mir seit Jahrzehnten obliegenden Mietobjekten darf in ihrem erforderlichen Aufwand auch nicht unterschätzt werden. Dabei habe ich mein Leben lang meine Verwaltungsangelegenheiten sowohl in Miet- wie auch in Steuer- und Finanzfragen bis auf ganz wenige Ausnahmen völlig selbständig erledigt und bin dabei immer sehr gut und vor allem kostensparend gefahren. Die Arbeit geht bei all diesen Nebentätigkeiten sicher niemals aus.

Von meiner geliebten, liebenswerten und tüchtigen Frau lasse ich mich in diesen erfüllenden Jahren des Ruhestands gerne auch zu gesellschaftlichen oder sonstigen vergnüglichen Anlässen von meinem Schreibtisch aufscheuchen. Vor allem erfreuen wir uns in solchen Fällen oft auch an unseren vier gedeihenden Kindern und ihren Familien oder Partnern.[263] Schon mehrfach haben sich alle Mitglieder dieser großen Familie an verschiedenen Orten jeweils für einige Tage zusammengefunden. Und bei alledem erfreuen wir beide uns einer guten Gesundheit. Ich bin mir sicher, daß dies zu einem Gutteil auch an meiner auf Reflexionen und erworbenem Wissen basierenden Lebensweise beruht, die ich in den vorangegangenen Kapiteln dargestellt habe.[264] Denn meine Kindheit und Jugend war ja von Krankheiten sehr geprägt. Erst die durch Nachdenken gefundene Lebensweise einerseits und das kompromißlose Verfolgen meines eigenen Weges brachten Körper und Geist so zusammen, daß diese Einheit trotz über Jahrzehnte andauernder extremer Belastungen Krankheiten bis zu meinem jetzigen Alter erst gar keine Chance eingeräumt hatte.

[263] FAWB8, S.36ff, FAWB11–15.

[264] Eine ausführliche Begründung meiner Lebensweise ist dargestellt in: Wolfgang Bibel, Lehren vom Leben – Essays über Mensch und Gesellschaft, Deutscher Universitäts-Verlag, Wiesbaden, 339 Seiten, 2003.

Kapitel 5

Resümee

In den vorangehenden Kapiteln dieses Buches wurden wichtige Linien und Ereignisse meines Lebens aufgezeichnet. Dies erlaubt nun einen umfassenderen Gesamtblick auf dieses Leben und ermuntert geradezu zu seiner Bewertung.

Jedes Leben ist gelaufen, wie es eben gelaufen ist. Jeder Mensch hat nur eine einzige Chance, sein Leben im Rahmen seiner Gegebenheiten zu gestalten. Unter diesem Gesichtspunkt ist eine Bewertung daher eigentlich überflüssig, weil sie ohnehin nichts mehr am vergangenen Verlauf ändern kann. Auch Fragen, ob man irgendetwas im Leben lieber anders gemacht hätte, erscheinen unter diesem Aspekt wenig sinnvoll. Da stimme ich vielmehr mit Edith Piaf und ihrem Lied vollends überein: *„Non! Rien de rien ... Non! Je ne regrette rien.“*[1]

Gleichwohl ist jedes Leben auch ein Lehrbeispiel, aus dem andere sich für ihr noch zu lebendes Leben etwas abschauen können. Vor allem steht die Gesellschaft aller Menschen vor der dauerhaften Aufgabe, die Bedingungen für alle so zu gestalten, daß jedes Leben sich möglichst optimal entfalten kann. Denn eine optimale Entfaltung eines einzelnen Lebens bringt nicht nur diesem Einzelnen, sondern zugleich immer auch der Gemeinschaft Vorteile, in der er eingebunden ist. Wenn einer es ein bißchen besser hat, kann das für viele Verbesserungen nach sich ziehen. In diesem und nur in diesem Sinne kann es daher sehr nützlich sein, einen bewertenden Blick zurück auf ein gelebtes Leben zu werfen, wie wir es nun für den Fall meines Lebens anhand der vorangegangenen Schilderungen tun wollen.

Vorweg seien die gezeichneten Lebenslinien und ihre Höhepunkte noch einmal kurz zusammengefaßt. Ich bin in eine gutbürgerliche Familie in einer Zeit hineingeboren worden,

[1] Nein! Nichts, aber auch gar nichts ... Nein! Ich bereue nichts.

die schlimmer nicht hätte sein können und die auch unsere Familie mit schwersten Schlägen in Mitleidenschaft gezogen hat. Mit dem von unseren Vorfahren ererbten Willen zum Durchhalten und zum Wiederaufbau war mir in der Obhut meiner Familie gleichwohl eine relativ glückliche Kindheit und danach eine erfüllte Jugendzeit gegönnt, die in den Kapiteln 2 und 3 beschrieben sind. Vor allem konnte ich damit beginnen, meinen sehr eigenen Weg auf vielen Umwegen zu suchen und dann auch konsequent zu verfolgen. So eröffnete sich am Ende meiner erfolgreichen Studienzeit die Aussicht auf eine glänzende Karriere mit selbst genau vorgegebenen Zielsetzungen, die sich in den ersten Jahren auch entsprechend gut anließ und mich in eine Position brachte, in der die Aussicht auf eine Verwirklichung dieser hochgesteckten Ziele günstig erschien.

Leider war ich eines Tages und dann gleich über mehr als zwölf Jahre mit massivsten Widerständen gegen die Fortsetzung meines Weges konfrontiert, wurde andererseits in seiner Verfolgung von vielen meiner Zeitgenossen nachhaltigst unterstützt. Mit Beharrlichkeit verfolgte ich in diesem extremen Spannungsfeld meinen Weg, so gut es zwischen den Widerständen hindurch und mithilfe der jeweiligen Unterstützungen eben ging. So waren diese zwölf Jahre von vielen aufreibenden, wenn auch immer lehrreichen Umwegen geprägt, die allerdings soviel an Mehraufwand mit sich brachten, daß diese Jahre von Hektik und Überlastung nur so überquollen. Erst in den letzten fünfzehn Jahren meines Berufslebens ergab sich endlich eine Situation, die man zwar als Zielgerade veranschaulichen könnte, die aber immer noch von einem so hohen Arbeitspensum geprägt war, daß die Verfolgung meiner eigentlichen Ziele meist hintanstehen mußte. Selbst die zwölf Jahre seit meiner Pensionierung waren noch immer mit so vielen Anforderungen angefüllt, daß dieser mein Ruhestand nur insoweit von „Ruhe" geprägt ist, als ich definitiv keine Hektik mehr in meinen ansonsten voll ausgefüllten Arbeitstagen aufkommen lasse.

Ist bei all dieser besonderen Anstrengung in der Verfolgung meiner Ziele irgendetwas Nützliches herausgekommen? Ich will die erzielte Bilanz hier kurz zusammenfassen. Weil das Leben selbst eine dem Menschen gestellte Aufgabe ist, sei zuerst der Erfolg festgehalten, daß ich bis zu meinem jetzigen, schon beachtlich hohen Alter meine körperlichen und geistigen Fähigkeiten entwickeln und bewahren konnte und bis zu diesem Tag ohne irgendwelche medizinische Dauerhilfen (wie beispielsweise Medikamente) in (jedenfalls subjektiv) guter Gesundheit auskomme, was ich nicht nur, aber auch als Ergebnis meiner diesbezüglichen lebenslangen Anstrengungen ansehe. Weiter sind meine Frau und ich noch immer ein glückliches Paar und meine Familie samt Kindern und Enkelkindern befindet sich ausnahmslos in guter Verfassung, was ich ebenso nicht nur, aber auch meinen/unseren darauf gerichteten Bemühungen zuschreibe. Wer kann schon bei vier aufgezogenen Kindern zwei promovierte, eine mit einem Professorentitel versehene und einen vorweisen, der zu diesem Zeitpunkt nur noch Wochen vor dem Abschluß seines Master-Studiums der Informatik steht und sich damit noch am Anfang eines vergleichbar aussichtsreichen Weges befindet?! Zugleich ist mir aufgrund sparsamen und offenbar klugen Wirtschaftens und unter Bewahrung des von meinen Eltern Ererbten die Erarbeitung eines nicht unbeachtlichen Wohlstandes gelungen, der mir nicht nur ein unbeschwertes Leben in einer der schönsten Regionen Deutschlands ermöglicht, sondern auch für meine Nachkommen beste Voraussetzungen zusätzlich zu denen schafft, die sie sich mit ihren eigenen Talenten selbst erarbeiten. Da ich ja erst in den letzten eineinhalb Jahrzehnten als Professor ein besseres Gehalt beziehen konnte, mich bis dahin in den Jahrzehnten davor mit einem recht bescheidenen Einkommen aus meiner wissenschaftlichen Tätigkeit zufrieden geben mußte und für meine erzwungenen zahllosen Umzüge erhebliche Beträge aufbringen mußte, rechne ich mir diesen erreichten wirtschaftlichen Wohlstand auch als einer der in meinem Leben erzielten Leistungen zu.

Ich stelle diese persönliche Bilanz vor ihr berufliches Pendant, weil mir eine allzu altruistische Einstellung in der Lebensgestaltung schon immer verdächtig erschienen ist. Das Lebensglück nährt sich aus beiden Quellen, sowohl der persönlich-privaten wie auch der beruflich-sozialen. Hier eine ausgewogene Balance zwischen beiden zu finden, ist eine dauerhafte Lebensaufgabe, die mir nach meinem eigenen Empfinden recht gut gelungen zu sein scheint. Meine berufliche Zielsetzung bestand in dem Versuch, die Verfolgung einer langfristigen wissenschaftlichen Zielsetzung mit den jeweils aktuellen Anforderungen der beruflichen Position in Einklang zu bringen. Beides besteht in einem Dienst an der Gesellschaft. In der beruflichen Position werden aktuelle gesellschaftliche Aufgaben erfüllt, die im Gegenzug mit einem entsprechenden Einkommen belohnt werden. Im Falle eines Professors handelt es sich zum einen um die Ausbildung des Nachwuchses und zum andern um die Erarbeitung und Bereitstellung von Erkenntnissen und Wissen für die Weiterentwicklung unseres Gemeinwesens.

Allein einige nackte Zahlen, die meine Bilanz in diesem beruflichen Teil meines Lebens charakterisieren, belegen, daß diese Bilanz keinen Vergleich zu scheuen braucht. So fanden meine Leistungen vor allem die Anerkennung in Form eines halben Dutzend bereits genannter und zum Teil höchster nationaler und internationaler Auszeichnungen, darunter der Herbrand Award und der Donald E. Walker Distinguished Service Award.[2]

[2]https://de.wikipedia.org/wiki/Herbrand_Award, http://ijcai.org/awards, Zugriff 13.9.2016.
Die während der Verleihung des letzteren in Stockholm entstandenen Bilder finden sich im FAWB8, S.9f bzw. S.64f.
Dem Normalbürger sagen diese internationalen Preise nicht wirklich etwas. Das liegt nicht zuletzt auch daran, daß unser Fach noch immer ein sehr junges und zudem für Außenstehende noch schwerer einseh- und vermittelbar als die meisten anderen wissenschaftlichen Fächer ist.

Seit einigen Jahren werden von Google Scholar international tätige Wissenschaftler mit errechneten Indices in Bezug auf ihren Einfluß auf die internationale Wissenschaftlergemeinschaft bewertet. Obwohl diese Indices viele der in den Jahren vor Einführung des World-Wide Web erbrachten wissenschaftlichen Leistungen außer Acht lassen, weil sie im Web noch keinen Niederschlag gefunden haben, und damit meine Jahrgänge im Vergleich zu jüngeren Wissenschaftlern systematisch und drastisch unterbewerten, erreiche ich auch hier beachtliche Werte, die zum Ausdruck bringen, daß meine wissenschaftlichen Beiträge international hohe Anerkennung fanden und noch immer finden.[3] Durch eine umfangreiche Herausgebertätigkeit sowie durch die Organisation von unzähligen wissenschaftlichen Tagungen habe ich mein Gebiet entscheidend mitgestalten können. 36 Studenten haben unter meiner Betreuung ihren Doktortitel erworben und drei weitere ebenso wie eine Reihe meiner Doktoranden unter meiner Betreuung habilitiert.[4] 23 von Schülern in diesem Sinne sind später Professoren geworden. Von diesen spielen einige eine international führende Rolle in unserem Fach. Weit mehr als 100 haben bei mir ihre Studien- und Diplomarbeiten angefertigt, von den Tausenden Studenten ganz zu schweigen, die ich im Rahmen von Vorlesungen unterrichten durfte. In Summa sind das Werte, die nur sehr wenige meiner Kollegen übertreffen können, obwohl wegen der mir in den Weg gestellten Widerstände die meisten von ihnen etwa doppelt so viele Jahre den Beruf des Professors ausüben durften. Ich darf also ohne Überheblichkeit meine Lebensleistung auch für den beruflichen Teil mindestens als sehr erfolgreich bewerten. Dabei ist ein großer Anteil an den erbrachten Leistungen von den genannten Personen mit erbracht worden, denen ich daher großen Dank schulde.

Insgesamt kann ich also mit meiner Lebensleistung mehr als zufrieden sein. Deshalb empfinde ich subjektiv auch eine große Dankbarkeit für das in meinem Leben Erreichten, was mir eine tiefe innere Ruhe verleiht. Dabei beruhigt mich auch die Gewißheit, daß ich

[3] Zitate 3355, h-Index 28, i10-Index 53, Stand 13.9.2016.
Die Listen meiner weit mehr als 300 Veröffentlichungen, darunter 20 Bücher, sowie mehr als 70 zusätzlichen Vorträgen ohne begleitende Veröffentlichungen finden sich unter http://www.intellektik.de/resources/svz-90.pdf. Dort finden sich auch eine Reihe der zugrundeliegenden Texte. Weitere Quellen sind http://dblp.uni-trier.de/pers/hd/b/Bibel:Wolfgang und https://www.researchgate.net/home. Zugriffe 30.7.2016.

[4] Matthijs Leendert den Besten, Mauro Birattari, Gerd Brewka, Stefan Brüning, Marco Chiarandini, Elmar Eder, Uwe Egly, Jutta Eusterbrock, Bertram Fronhöfer, Thomas Gordon, Gunter Grieser, Gerd Große, Christoph Herrmann, Steffen Hölldobler, Klaus-Martin Hörnig, Holger Hoos, María-Blanca Ibáez-Espiga, Hesham Khalil, Daniel Korn, Christoph Kreitz, Franz Kurfeß, Soo Woo Lee, Reinhold Letz, Chunping Li, Gerd Neugebauer, Jens Otten, Luís Paquete, Runping Qi, Torsten Schaub, Stephan Schmitt, Josef Schneeberger, Ulrich Scholz, Johann Schumann, Andreas Strasser, Michael Thielscher, Thomas Stützle, Klaus Varrentrapp, Christian Wagner, Serhiy Yevtushenko. Weitere wurden von mir an der TUM bis zu meinem Ausscheiden dort zwar betreut, dann aber wegen der beschriebenen Problematik allein von Herrn Jessen qualifiziert.

keine Leichen im Keller versteckt halte. Natürlich hätte ich mir gewünscht, daß das eine oder das andere beruflich oder privat noch besser gelaufen wäre. Beispielsweise gibt es etwa eine Handvoll früherer Mitarbeiter|innen, die ihr Ziel des Erwerbs des Doktortitels unter meiner Betreuung schließlich doch nicht erreicht hatten, was mir noch heute leidtut. Aber die Umstände waren in diesen Fällen halt leider so, daß es dann doch nicht geklappt hatte. Mit „Leichen" meine ich nicht solche unglücklich verlaufenen Vorkommnisse, die sich in jedem Leben ereignen und wohl auch nicht gänzlich verhindert werden können. Vielmehr meine ich damit echte Schuld, die ich durch mein Verhalten gegenüber anderen auf mich geladen hätte, etwa indem ich ihnen schweres Unrecht — in einer wichtigen Angelegenheit wie beispielsweise einer Prüfung oder einem entscheidenden Gutachten — zugefügt hätte. Mein Gewissen fühlt sich in dieser Hinsicht (übrigens selbst gegenüber dem Finanzamt) recht frei und unbelastet. Was natürlich nicht ausschließt, daß es Menschen geben könnte und mutmaßlich auch gibt, die sich von mir irgendwann einmal ungerecht oder unangemessen behandelt fühlten, was mir leidtäte, selbst wenn ich ihre Meinung nicht teilen könnte.

Meine Zufriedenheit bezieht sich dabei vorwiegend auf mein eigenes Handeln unter den gegebenen Umständen. Dieses Handeln richtete sich nach den Erkenntnissen, die ich mir über die Welt und das Leben lebenslang durch Studium und Erfahrung sorgfältig erarbeitet und schließlich sogar in dem schon mehrfach erwähnten Buch niedergeschrieben habe.[5] Insofern handelte es sich um ein Handeln, das von Reflexionen in einem Ausmaß geleitet war, wie ich es bei meinen Mitmenschen eher selten beobachten konnte. Die meisten Menschen schwimmmen im Meer ihrer Reflexe durch das Leben und weisen dem anstrengenden Nachdenken bzw. der Reflexion eine eher untergeordnete Rolle zu, dh. Reflexe stehen bei ihnen *vor* Reflexionen. Die zentrale Aussage in diesem Buch ist, daß der Lebenserfolg und die daraus resultierende Zufriedenheit durch eine Umkehr im Sinne von *„Reflexionen vor Reflexen"* enorm gesteigert werden kann, wie es der Titel dieses Buchs zum Ausdruck bringen möchte. Zu Entscheidungen jedwelcher Art sich Zeit zum Nachdenken nehmen, Wissen dazu sammeln, einschlägige Erfahrungen heranziehen, Meinungen auf der Grundlage solchen Wissens gegeneinander abwägen, so rational zu der jeweils bestmöglichen Lösung gelangen und diese dann konsequent und notfalls gegen Widerstände verfolgen, genau das war das meinem Leben zugrundeliegende und immer wieder angewandte Lebensprinzip. Unter *„Reflexionen vor Reflexen"* möchte ich genau dieses Prinzip verstanden wissen.

[5] Wolfgang Bibel, Lehren vom Leben – Essays über Mensch und Gesellschaft, Deutscher Universitäts-Verlag, Wiesbaden, 339 Seiten, 2003.

Leider hat noch niemand den „Stein der Weisen“ gefunden. Die Vorteile meines Prinzips haben daher durchaus auch ihren Preis, der in verschiedenen Formen zu entrichten ist. Eine dieser Formen ist jedem sofort offensichtlich. Nachdenken ist nämlich, wie bereits gesagt, sehr mühsam, anstrengend und zeitaufwändig, wie jeder aus eigener Erfahrung bekunden kann, wenn er ehrlich mit sich ist. Jeder von uns weicht dieser Anstrengung gerne so aus, daß man zur Entscheidungsfindung lieber einen Vertrauten nach seiner Meinung fragt, sich dieser Meinung mehr oder weniger reflexhaft einfach anschließt und sein Handeln danach ausrichtet. Das ist allemal weniger anstrengend als alles selbst durchzudenken und sich das dazu erforderliche Wissen anzueignen. Manchmal klappt diese einfache Form des Entscheidens auch ganz gut. Oft aber kommt dabei eben nur eine suboptimale und keine bestmögliche oder optimale Lösung heraus, was man dann später vielleicht bereut (oder die Schuld für später sich daraus ergebende Probleme dann dem Vertrauten zuzuschieben versucht). *„Ohne Fleiß kein Preis“* triff auf mein Prinzip uneingeschränkt zu.

Eine weitere und weniger offensichtliche Form des Preises, den man bei der Anwendung meines Prinzips zu entrichten hat, besteht darin, daß seine konsequente Durchführung in der Regel auf große Widerstände in der Gesellschaft stößt, die es dann zu überwinden gilt, was zusätzlichen mühevollen Aufwand erfordert. Wer will sich diesen Aufwand schon aufhalsen?! Also folgt man reflexhaft in der Regel doch lieber dem einfacheren Lösungsweg, der zwar nicht optimal ist, in der Gesellschaft aber weniger Widerstände auslöst. Es ist meine These, daß dieses Verhalten nicht nur für den Einzelnen sondern auch für die Gemeinschaft letztlich eine nachteiligere Entwicklung mit sich bringt. Mit anderen Worten, ich glaube, daß in dieser Hinsicht unsere gesellschaftlichen Verhaltensstrukturen einen grundsätzlichen Fehler aufweisen, dessen Beseitigung uns allen zum Vorteil gereichen würde. Mein Lebenslauf macht diesen Fehler in wohl seltener Klarheit sichtbar. Beides möchte ich nun detaillierter ausführen. Zum einen also, um was für einen Fehler es sich dabei genauer handelt und warum es für uns alle besser wäre, wenn wir uns um die Beseitigung dieses inhärenten Fehlers bemühen würden, und zum anderen, warum mein Lebenslauf entscheidend mit diesem Fehler zu tun hat. Beginnen wir mit dem letzteren.

Im Verlauf der vorangegangenen Kapitel habe ich unzählige Geschehnisse in meinem Leben mit dem Muster *„Erschwernis mit glücklichem Ausgang“* charakterisiert. Immer war ich in solchen Situationen unversehens mit Widerständen konfrontiert, die nur mit großer Beharrlichkeit irgendwann überwunden werden konnten. Der eklatanteste Fall unter diesen ist zweifelsohne meine gescheiterte Habilitation und die sich daraus ergebenden massivsten Schwierigkeiten für mein danach folgendes Leben, die im Abschnitt 4.2 ausführlich geschildert wurden. Ich will hier also zunächst zeigen, daß dieser Fall (ebenso wie viele andere unter diesem Muster) auf einen grundsätzlichen Fehler in unserem eingespielten sozialen Verhalten zurückgeführt werden können.[6]

Zunächst halte ich nochmals fest, daß die Entscheidung vom 4.5.1977 des Fachbereichs Mathematik-Informatik der TU München, mein Habilitationsverfahren nicht fortzusetzen, ein selten krasses Fehlurteil war. Denn der Fachbereichsrat kam damit zu dem Schluß, daß ich über keine ausreichenden Fähigkeiten zur Ausübung des Berufs als Hochschullehrer verfüge, was sich angesichts der soeben zusammengefaßten Bilanz jedenfalls im Nachhinein offensichtlich als Fehlurteil erweist. Wie kann ein Gremium zu einem derartigen falschen Urteil gelangen, in dem vermeintlich lauter besonders kluge Leute, weil Professoren und Dozenten, sitzen?

Meine Erklärung ist die folgende. Mein Lebensprinzip hat mich zu einem Menschen geformt, der mit einem recht breiten Wissen ausgestattet und zu tiefstem Nachdenken in höchster Konzentration fähig ist. Dadurch führt mich meine Entscheidungsfindung zu Lösungen, die andere noch nicht als brauchbar erkennen. Im Falle meiner Habilitation war das, allgemein gesprochen, der wissenschaftliche Ansatz, der als „Künstliche Intelligenz“ oder Intellektik bezeichnet werden kann. Heute ist dieser Ansatz weltweit mit größten Erfolgen fest etabliert, damals aber in Deutschland akademisch geradezu verrufen. Gemeinschaften fördern in reflexhafter Weise das Vertraute und sperren sich vehement gegen das Unvertraute, ja bekämpfen es sogar, auch wenn es sich später für die Gemeinschaft letztlich als höchst vorteilhaft erweisen sollte. Genau in diese Lage bin ich damals geraten und es hat mehr als zwölf kampferfüllte Jahre gedauert, bis ich mich daraus befreien konnte.

Vom Wesen her betrachtet und abgesehen von den spezifischen Details tritt eine solche Situation auch heute und überall auf. In allen Berufen gibt es diejenigen, die reflexhaft im Strom der vorherrschenden Meinung erfolgreich mitschwimmen und deshalb immer obenauf sind. Und dann aber eben auch diejenigen, die nachdenklich versuchen eigene Wege zu gehen, weil sie deren Vorteile durch intensives Nachdenken klar erkannt haben, und auf diesen Wegen dann aber auf größte Widerstände aus den beschriebenen Gründen stoßen. Es ist zu vermuten, daß die meisten der letzteren in irgendeiner Weise scheitern. Entweder sie kapitulieren vor den sich aufbauenden Widerständen und passen sich wider besseres Wissen dem äußeren Druck an oder sie gehen vollends unter. Nur die Wenigsten von diesen kommen in eine so glückliche berufliche Position wie ich damals, aus der ich

[6] Für diesen in der nationalen und internationalen akademischen Welt recht bekannt gewordenen Fall wurden viele Erklärungen versucht wie: „da ist halt etwas dumm gelaufen“ oder „da sind sich halt zwei alpha-Tiere ins Gehege gekommen“ oder „der Bibel ist halt ein Michael-Kohlhaas-Typ“ usw. Alle diese mir bisher zugetragenen Erklärungen sind entweder völlig abwegig, zu schwammig oder substanzlos.

nicht leicht entfernt werden konnte, und verfügen dann zudem noch über das Umfeld und die Kraft, diese prekäre Lage über längere Zeiten, etwa mehr als ein Jahrzehnt wie in meinem Fall, durchstehen zu können.

Vielleicht denken Sie nun: „Die Welt ist halt wie sie ist; damit muß man sich eben abfinden." Wenn wir uns damit ins eigene Fleisch schneiden, sollten wir uns nach meiner Überzeugung definitiv nicht damit abfinden, sondern versuchen die Verhältnisse zum Besseren hin zu ändern. Dazu müßte man aber erst einmal davon überzeugt sein, daß das beschriebene kollektive Verhalten so nachteilig wirklich ist. Denken sie an meinen Fall als Beispiel und nehmen wir an, meine Widerstandskraft wäre zusammengebrochen und ich wäre untergegangen. Dann wäre meine für die Gesellschaft erarbeitete Leistungsbilanz schlicht und einfach nicht entstanden. Ich bin mir dessen bewußt, daß viele einen solchen gesellschaftlichen Verlust nur mit einem Achselzucken abtun: „na und?" Wer jedoch auch das Ganze unseres Gemeinwesens im Blick hat, der wird mir zustimmen, daß wir es hier mit einem Fehler im gesellschaftlichen Getriebe zu tun haben, an dessen Überwindung wir arbeiten sollten.

Nur die Nachdenklichen unter uns verfügen über das Potenzial, Innovationen im Kleinen wie im Großen zu schaffen. Und ausgerechnet diese leiden neben dem bis hierher erläuterten Nachteil noch unter einem zweiten fundamentalen Manko. Sie können aufgrund ihrer Fähigkeit zur Reflexion in spontanen Diskussionen keine so gute Figur abgeben wie solche, die in sprudelnder Geschwätzigkeit zu allem und jedem ihre oberflächliche Meinung jederzeit im Brustton der Überzeugung zum Besten zu geben bereit sind. Nachdenken stört den Redefluß. Genau deshalb hinterläßt ein Nachdenklicher im Gegensatz zum Geschwätzigen oft den Eindruck der Unsicherheit, der im Grunde genommen ja auch zutrifft, denn keiner von uns kann sich in schwierigeren Fragen völlig sicher sein. So nimmt der Nachdenkliche auch seine eigenen Meinungen nicht unbesehen als bare Münze, sondern hinterfragt jeden Satz ein zweites Mal und gerät so ins Stammeln. Trotzdem sollte man ihm viel mehr vertrauen als dem oberflächlichen Schwätzer, dem selbstkritische Reflexion fremd ist. Genau das Gegenteil tun wir in reflexhafter Weise. Zudem fallen die Nachdenklichen oft ins Grübeln, wo man Aufmerksamkeit von ihnen erwartet hätte. Genau dieses Verhalten dürfte häufig dem zugrundegelegen haben, was ich in den vorausgegangenen Kapiteln mit dem *Ruisinger-Phänomen* bezeichnet habe. Immer hatte es Nachteile zur Folge und dürfte vielen Nachdenklichen unter uns genauso Nachteile einbringen. Mit all diesem Verhalten erschweren wir ausgerechnet den Nachdenklichen das Fortkommen infolge dieser Äußerlichkeiten, wodurch wir letztlich uns allen schaden.

Die hier aufgezeigte Problematik hat eine viel größere Dimension, als es beim ersten Erkennen erscheint. Wir belohnen doch Menschen mit herausragenden Begabungen in besonderer Weise, oder? Nehmen wir als Beispiel einen Spitzenfußballer wie etwa Messi.[7] Er ist zweifelsohne ein höchstbegabter Fußballer. Entsprechend hoch werden seine Leistungen belohnt. Sein jährliches Einkommen übersteigt selbst das der besten Manager in unserer Wirtschaft, die offensichtlich viel mehr zu unserem Wohlergehen beisteuern. Warum wird er dermaßen hoch belohnt? Weil wir Menschen eine ausgeprägte Lust am perfektionierten Reflexverhalten haben. Keiner wie er kann eine Situation vor dem gegnerischen Tor reflexhaft so schnell erfassen und sie blitzschnell in einen Körperreflex mit dem Ergebnis eines erzielten Tores umwandeln. Das zu beobachten bereitet uns eine Lust, für die wir viel Geld bezahlen.

Genauso gibt es Höchstbegabte[8] auf den Feldern, die von Intelligenz bzw. Reflexionen geprägt sind. Über die Jahrhunderte waren es Menschen dieses Genres, die uns mit ihren geistigen Leistungen den gesellschaftlichen, sozialen und technischen Fortschritt mühevoll erarbeitet haben. Keiner von diesen wurde wie ein Messi belohnt. Im Gegenteil, die Geschichte ist voll von tragischen Schicksalen dieser Höchstbegabten. Die Namen Sokrates, Galileo, Mozart oder Zuse stehen für eine riesige Heerschar der klügsten Köpfe, denen das Leben wahrhaft schwer gemacht wurde. Unter den Höchstbegabten sind auch heute noch viele, die unter massiven, beispielsweise psychischen Störungen leiden. Denn schon im Kindergarten macht sich die besondere Begabung durch Auffälligkeiten bemerkbar, die von der Gemeinschaft der Kinder und Erzieher|innen reflexhaft isoliert und geächtet werden. Dabei müßten gerade solche Kinder mindestens genauso eine besondere Fürsorge erfahren, wie wir es seit langem schon Menschen mit Behinderungen angedeihen lassen. Dann würden auch weniger von ihnen später unter psychischen Problemen leiden müssen. Laßt uns weniger auf die Reflexe eines Messi achten und mehr für die Reflexionen unserer Höchstbegabten tun, damit beide eine vergleichbar faire Behandlung erfahren dürfen!

Für die Ausbildung von Fußballern geben wir Unsummen an Geld aus. In Fächern wie der Mathematik oder der Informatik erfordern die Lösungen von Problemen Konzentrationsleistungen, die nur in einem entsprechend abgeschirmten Umfeld gelingen können, in dem sich die entsprechend Begabten für längere Zeiträume frei von Alltagssorgen wohlfühlen können. Unser im Unterabschnitt „Privatleben“ des Abschnitts 4.2 beschriebenes Feriendomizil in Rehbruck bot mir eine fast klösterliche Abgeschiedenheit von einer Art,

---

[7] https://de.wikipedia.org/wiki/Lionel_Messi, Zugriff 16.9.2016.

[8] Mit den folgenden Ausführungen zum Stichwort „Höchstbegabte“ möchte ich mich selbst nicht in diese Gruppe einreihen. Deren Schwierigkeiten in unserer Gesellschaft habe ich jedoch auch aufgrund meines Begabungsprofils am eigenen Leibe teilweise nachteilig erleben können und müssen.

die ich hiermit meine. Welchem unserer Höchstbegabten wird die Möglichkeit solcher Arbeitsbedingungen zur Erarbeitung von Problemlösungen zur Verfügung gestellt, die anders oder von anderen einfach nicht erbracht werden können? „Sie waren schon in der Schule immer die Gescheiteren. Sollen sie doch mit ihrer Gescheitheit selbst sehen, wie sie zurechtkommen!“ Das ist die übliche Einstellung in unserer Gesellschaft hierzu, die wir im eigenen Interesse ändern sollten.

Noch eine letzte Beobachtung zu dieser generellen Problematik. Unsere Fernsehprogramme sind voll mit Quiz-Sendungen. Auch hier belohnen wir wieder unsere fehlgeleitete Sucht nach Reflexen und ergötzen uns an deren Ansicht. Dabei ist Wissen allein und ohne eine gleichwertiges Training zur Reflexion von recht geringem Nutzen für unsere Gesellschaft. Die Wissensspeicherung können inzwischen unsere elektronischen Speichermedien viel besser und zuverlässiger bewerkstelligen. Produktiver wären daher Sendungen, in denen Wissen in Verbindung mit Nachdenken auf den Prüfstand gestellt würden. Leider benötigt aber Nachdenken halt viel zu lange Zeit, als daß man diese Geduld einem Fernsehpublikum zumuten könnte, das den schnellen Reiz erhaschen möchte. Also kommt auch hier der Nachdenkliche nicht zum Zuge, ebensowenig übrigens in den vielen Talkshows, die gerne von den Geschwätzigen und leider viel zu selten von den nachdenklich Klugen, gleichzeitig aber weniger eloquenten dominiert werden.

Natürlich habe ich keine einfache und pauschale Lösung zur Überwindung dieses grundsätzlichen Fehlers in unserem evolutionär entstandenen sozialen Verhalten parat. Sich des Fehlers bewußt zu werden, was ich mit dieser Analyse zu erreichen versuche, wäre immerhin schon ein erster Schritt hin zu seiner Vermeidung. Seine Ausrottung wird noch viele Jahre und Jahrzehnte des Bemühens erfordern und fundamentale Strukturen der Gesellschaft tangieren, worauf ich hier im Einzelnen nicht weiter eingehen möchte.[9]

Meine oben beschriebene subjektive Zufriedenheit mit dem in meinem Leben Erreichten kann ich daher keineswegs verabsolutieren. Vielmehr, was hätte ich noch alles zum Wohle unserer Gesellschaft schaffen können, wenn mir aufgrund dieses grundsätzlichen Fehlers Zeit meines Lebens nicht so viele Hindernisse in den Weg gelegt worden wären! Weil ich selbst dafür keine Verantwortung tragen muß, kann ich für mich mit diesem Monitum an die Gesellschaft als Ganzes sehr gut leben und insofern beeinträchtigt es meine subjektive Zufriedenheit in keiner Weise. Gleichwohl möchte ich noch einige Andeutungen dazu machen, welche wissenschaftlichen Ziele ich für möglich und von mir erreichbar hielt, die ich angesichts der Umstände dann aber leider doch infolge der widrigen Umstände nicht ansteuern konnte.

[9]Entsprechende Vorschläge finden sich in: Wolfgang Bibel, Lehren vom Leben – Essays über Mensch und Gesellschaft, Deutscher Universitäts-Verlag, Wiesbaden, 339 Seiten, 2003.

Im Unterabschnitt „Wissenschaftliche Inhalte" des Abschnitts 4.1 habe ich von einem universellen Programm gesprochen und dieses kurz mit $\mathcal{P}$ bezeichnet. Mein Forschungsprogramm bestand damals darin, *an der Entwicklung von $\mathcal{P}$ zu arbeiten*, und es hat sich bis zum heutigen Tag nicht geändert. Auf dem Weg zu diesem langfristigen Ziel haben wir in den vergangenen vierzig Jahren viele Fortschritte erzielt. Echte Wissenschaft ist genau von dieser Art: man verfolgt so weitgesteckte Ziele, daß die Spanne eines Menschenlebens nicht ausreicht, sie gemeinsam zu erreichen. Insoweit könnte man durchaus auch generell zufrieden sein. Bedauerlich in einem allgemeinen Sinne ist jedoch die Einsicht, daß in meinem Kopf noch Lösungsschritte ruhen, die ich mit meinem mühsam erarbeiteten Spezialwissen hätte erarbeiten können, wofür mir dann aber angesichts der vielen widrigen Umstände schließlich Zeit und Kraft gefehlt haben. Und jetzt bin ich zu alt geworden, um die dafür nötige Organisation und Konzentration noch zustandebringen zu können. In diesem Sinne verschleudert die Gesellschaft viel Potenzial, worauf ich mit dieser Diskussion nochmals nachdrücklich aufmerksam machen möchte. Es geschieht täglich und massenhaft; ich war nur einer unter sehr vielen, die darunter zu leiden haben.

Wie ich in dem genannten Unterabschnitt ausführte, spielen für dieses $\mathcal{P}$ sogenannte Beweisverfahren eine fundamentale Rolle. Ich bin bis zu diesem Tag davon überzeugt, daß der von mir und meinen Mitarbeitern entwickelte Ansatz den konkurrierenden Ansätzen letztlich überlegen sein wird.[10] Unter günstigeren Umständen wären wir auf diesem Wege schon wesentlich weiter. Darüber hinaus warten eine Reihe weiterer aussichtsreicher Ansätze, die ich angestoßen habe, aber nicht zu Ende bringen konnte, auf ihre Weiterführung.[11] In dem aus geschichtlicher Erfahrung gewachsenen Bewußtsein, daß sich in der Wissenschaft die besten Lösungswege irgendwann meistens doch durchsetzen werden, bin ich jedoch guter Hoffnung, daß nachfolgende Wissenschaftlergenerationen diese unvollen-

[10] Es handelt sich hier um die sogenannte Konnektionsmethode, die ihre Überlegenheit in Systemen wie leanCoP bereits eindrucksvoll angedeutet hat. Siehe zB.: Wolfgang Bibel, Jens Otten, From Schütte's Formal Systems to Modern Automated Deduction. In: The Legacy of Kurt Schütte, Reinhard Kahle, Michael Rathjen, Hrsg., Springer, Heidelberg, in Vorbereitung, 2016.

[11] Beispiele sind, um nur drei von vielen zu erwähnen, zum einen der noch immer aussichtsreiche Ansatz zur automatischen Programmierung, der in der folgenden Arbeit begonnen wurde: Wolfgang Bibel, Syntax-directed, semantics-supported program synthesis, Artificial Intelligence, *14*, 243–261, 1980. Dieser Ansatz wurde in einer Reihe von Publikationen weitergeführt wie beispielsweise in: W. Bibel, K.M. Hörnig, LOPS – A system based on a strategical approach to program synthesis, Automatic program construction techniques (A. Biermann, G. Guiho, Y. Kodratoff, eds.), MacMillan, New York, 69–89, 1984. Besonders aussichtsreich erscheint mir in diesem Zusammenhang die Synthese von Answer Set Programmen (s. zB. M. Gebser, T. Schaub, Modelling and Language Extensions, AImagazine *37*(3), 33–44, 2016). Weiter verweise ich auf den Ansatz zur Dynamisierung der Logik: Wolfgang Bibel, Transition logic revisited, Logic Journal of IGPL (Interest Group for Pure and Applied Logic), *16*(4), 317–334, Oxford University Press, 2008. Schließlich seien die offenen Fragen aus der folgenden Arbeit genannt: W. Bibel, E. Eder, Decomposition of tautologies into regular formulas and strong completeness of connection-graph resolution, Journal of the ACM, *44*(2), 320–344, 1997.

deten Arbeiten einer endgültigen Lösung zuführen werden. Dies könnten kleine Bausteine beim Bau intelligenter Systeme sein, die in absehbarer Zukunft den Menschen dabei unterstützen werden, in der Gestaltung ihres Lebens und Zusammenlebens den Reflexionen die Oberhand über die Reflexe einzuräumen.

Hinter all diesen Zielsetzungen steht die im Verlauf meines Lebens gewonnene Erkenntnis, daß uns Menschen nur der vorangetriebene technologische Fortschritt eine langfristige Überlebenschance bringen dürfte. So wie wir evolutionär angelegt sind, kann es eine Art „zurück zur Natur“ nicht geben, an die ich in einer gewissen Lebensphase wie manche andere geglaubt habe. Diese Überzeugung hat nichts mit blinder Technikgläubigkeit zu tun. Denn jede Technologie birgt eben auch ihre Gefahren in sich. Vielmehr steckt dahinter die Hoffnung, daß die Technologie uns dazu verhilft, daß wir uns in irgendeiner Zukunft vernünftiger in Bezug auf Nachhaltigkeit und Fairneß gegenüber allen Lebewesen verhalten, als wir es bislang getan haben.

Abschließend möchte ich nochmals auf das Muster *„Erschwernis mit glücklichem Ausgang“* zu sprechen kommen. Nicht immer konnte ich in Fällen dieses Genres den glücklichen Ausgang mit Reflexion und Beharrlichkeit allein herbeiführen. Vielmehr gibt es darunter eine Reihe von Fällen, die zusätzlich einen schicksalhaften Charakter aufweisen, sodaß man selbst als Rationalist (wie der Autor) höhere Fügungen am Werke vermuten könnte. Die Schilderung eines besonders beeindruckenden Beispiels dieser Art soll den Schlußpunkt dieser Memoiren bilden.

Am 3.8.2015 wurde in Berlin die 25. International Conference on Automated Deduction (CADE-25) eröffnet. Für den Abend war die Eröffnungsfeier im Botanischen Garten angesetzt, bei der ich einen Eröffnungsvortrag halten sollte, den ich mit einem Redemanuskript sorgfältig vorbereitet hatte. Mit meiner Frau wohnte ich im nahegelegenen Campus Hotel. Dort verabredeten wir uns mit zwei Kollegen, um mit ihnen gemeinsam zum Gebäude im Botanischen Garten zu spazieren. Mit meinem in eine Klarsichthülle gesteckten Manuskript in der Innentasche meines Jacketts machten wir uns entlang der Königin-Luise-Straße auf den viertelstündigen Fußweg vom Hotel zum Botanischen Garten und dort vom Eingang zum Veranstaltungsgebäude. Kurz vor diesem griff ich sicherheitshalber noch einmal an mein Jackett, um mich nochmal des Manuskripts zu vergewissern. Welch ein Schock! Das Manuskript war nicht mehr da.

Mit einer Erfahrung von Hunderten von Reden zusätzlich zu wohl weit mehr als tausend Vorlesungsstunden bin ich wahrhaftig ein routinierter Redner. Entsprechend meiner spezifischen Begabung zur Reflexion und nicht zum reflexhaften Reagieren beispielsweise in Form einer spontanen Rede, bin ich aber ohne Manuskript vor einem internationalen

Publikum mit höchster Expertise doch ziemlich aufgeschmissen. Ich stand also in größter Gefahr einer drohenden Blamage. Die sich ab diesem Zeitpunkt abspielenden Abläufe erscheinen objektiv als so unwahrscheinlich, daß sie sich in ihrer Gesamtheit nach menschlichem Ermessen schwerlich als reine Zufälligkeiten einstufen lassen.

Ich ging zurück zum Eingang, um mich mit der dort noch vermuteten Konferenzsekretärin, Frau Geiger, wegen beispielsweise einer Verschiebung des Beginns oder ähnlichem zu beraten. Dort wurde mir gesagt, daß sie nochmals ins Büro mußte, also hier nicht mehr greifbar war. Auch könne an eine Verschiebung des Beginns nicht gedacht werden. Aufgeben kam für mich nicht infrage. Ich ging also zurück zum Veranstaltungsort und notierte mir aus meinem Gedächtnis im Gehen noch ein paar Stichpunkte zu meiner Rede. Weit kam ich damit nicht, denn vor Ort geriet ich mitten in das Veranstaltungsgeschehen, in dem man alte Freunde trifft und zum Nachdenken keine Chance mehr erhält. Es ging auch recht bald los mit einer Rede des veranstaltenden Kollegen, Herrn Benzmüller, gefolgt von der Rede einer Politikerin aus dem Berliner Senat, und dann kam ich an die Reihe.

In meinen einleitenden Worten gestand ich meinen Zuhörern mein Malheur und legte dann los. Die erste Hälfte meines Vortrages gelang mir aus dem Gedächtnis noch recht gut, wobei mir halt meine große Routine zuhilfe kam. Da schlich sich Herr Benzmüller unauffällig ans Rednerpult und schob mir etwas zu. Da war es — mein Manuskript! Ich war gerettet! Entspannt konnte ich meine Zuhörer mit der Bemerkung erheitern, daß ich nun schon so ins Reden gekommen wäre und daher das unversehens wieder aufgetauchte Manuskript auch ganz entbehren hätte können. In Wahrheit war die Blamage zu diesem Zeitpunkt noch lange nicht abgewendet. Aber geschickt fand ich im Reden die aktuelle Stelle im Manuskript und konnte von nun an den Rest aufgrund der verfügbaren Unterlage bestens zuende bringen, ein glücklicher Ausgang.

Wie aber war das Manuskript unversehens wieder aufgetaucht? Die Antwort hierauf ist eben die fast unheimlich anmutende Geschichte, die ich oben angekündigt habe. Wie erwähnt, ist die genannte Frau Geiger zufälligerweise mit dem Fahrrad noch einmal ins Büro gefahren (1), um von dort etwas Fehlendes zu holen. Den Rückweg nahm sie über die genannte Königin-Luise-Straße (2). Dort sah sie einen mit dem Gesicht zum Boden gerichteten, an einen Laternenpfahl gebeugten älteren Mann, der ihr den Eindruck von Hilfsbedürftigkeit machte. Deshalb hielt sie an (3), obwohl sie eigentlich in großer Eile war, und fragte besorgt nach seinem Befinden. Nein, es ginge ihm gut, er habe hier nur einen Text auf der Straße entdeckt (4), von dem er aber gar nichts verstehen könne. Der Text enthielt handschriftliche Anmerkungen. Da sie mit mir am Vormittag einige bürokratische Prozeduren abgewickelt hatte und ihr dabei meine krakelige Handschrift aufgefallen war

(5), erkannte sie diese als die meinige in dem Manuskript, das nicht mit meinem Namen versehen war. Sie nahm es also zu sich (6), fuhr damit zurück zum Veranstaltungsort und übergab es dort sofort ihrem Chef (7). Der wußte ja aus meiner Rede von dem Verlust und reichte es daher unverzüglich an mich weiter.

Die sieben hervorstechendsten Zufälligkeiten in dieser Geschichte habe ich mit Ziffern versehen. Wenn auch nur eine davon nicht eingetreten wäre, hätte ich das Manuskript nicht mehr (rechtzeitig) in meine Hände bekommen. Schon (2) war eher unwahrscheinlich, weil der kürzeste Weg mit dem Rad vom Büro nach Aussage von Frau Geiger eigentlich nicht über die Königin-Luise-Straße geführt hätte. Irgendetwas brachte sie dazu, ihn zu wählen. Was liegt nicht alles auf einer Straße herum und wird von niemandem beachtet. Ausgerechnet zum Zeitpunkt, als Frau Geiger die Straße entlang fuhr, beugte sich dagegen laut (4) der Mann über das Manuskript auf der Straße, das mir an dieser Stelle offenbar unter dem Jackett unbemerkt von uns vieren weggeglitten war. Wen kümmern schon ältere Menschen in den Straßen unserer Städte, auch wenn sie hilfsbedürftig erscheinen und vor allem, wenn man selbst in Eile ist. Ausgerechnet Frau Geiger fühlte sich laut (3) aber doch so angesprochen, daß sie sich zum Halten genötigt sah. Wäre ihr meine Handschrift am Morgen nicht aufgefallen, worauf (5) hinweist, hätte sie trotzdem dem Fund des älteren Mannes keinerlei Bedeutung zumessen können. Nur sie konnte auch dessen mögliche Bedeutung erahnen und war dann so engagiert, den Fund auch mitzunehmen und gleich bei der Ankunft weiterzureichen, was ebenfalls alles andere als selbstverständlich war und mich schließlich gerettet hat.

Gerade wenn man als Mathematiker weiß, wie sich die Gesamtwahrscheinlichkeit einer solchen Folge von Zufälligkeiten aus den Einzelwahrscheinlichkeiten berechnet, muß einem dieses Geschehen insgesamt als eigentlich völlig undenkbar erscheinen. Es sei denn, es gäbe doch Zusammenhänge oder Kräfte in dieser Welt, von denen wir rational oder wissenschaftlich gesehen noch überhaupt keine Ahnung haben. Als Wissenschaftler glaube ich nur dann an Behauptungen, wenn sie von einsichtigen Evidenzen gestützt sind. Eine solche Geschichte könnte nun ja als Evidenz herhalten. Aber als Evidenz wofür? Eben als Evidenz dafür, daß wir mit unserer Ratio zwar schon viel über diese Welt herausgefunden haben, das uns das Leben außerordentlich viel leichter gemacht hat, daß wir aber mit diesen Erkenntnissen bislang halt doch erst einen vielleicht nur winzigen Einblick in das wirkliche Geschehen in dieser Welt erhaschen konnten. So kommt man auch als Forscher gegen Ende seines Lebens letztlich zu der jahrtausende alten Einsicht: *„Ich weiß, daß ich nichts weiß.“*[12]

[12] https://de.wikipedia.org/wiki/Ich_weiß,_dass_ich_nichts_weiß, Zugriff 25.9.2016.

Index